2003年8月15日至16日，中共中央、国务院在北京召开全国再就业工作座谈会。中共中央总书记胡锦涛出席会议并发表重要讲话。胡锦涛指出，各级党委和政府要从贯彻落实“三个代表”重要思想和十六大精神的战略高度，从坚持立党为公、执政为民的战略高度，从实现全面建设小康社会宏伟目标的战略高度，充分认识做好就业和再就业工作的重要性、紧迫性和长期性，切实加强对再就业工作的领导，坚决落实中央关于促进再就业工作的方针政策和各项措施，发动社会各界共同努力，开拓创新，扎实工作，不断取得再就业工作的新成绩。国务院总理温家宝主持会议并讲话。国务院副总理黄菊作会议总结。中共中央政治局常委曾庆红、李长春出席会议。

2003年8月20日，国务院再就业工作部际联席会第三次全体会议召开，中共中央政治局常委、国务院副总理黄菊与部际联席会议全体成员合影并作重要指示。劳动保障部部长郑斯林主持会议，国务院副秘书长尤权、劳动保障部副部长张小建和联席会议13个成员单位的负责同志出席会议。图为黄菊副总理与部际联席会议全体成员合影。

2003年3月12日，十届全国人大一次会议举行记者招待会，劳动保障部部长张左己、民政部副部长杨衍银出席，并就就业、社会保障、最低生活保障等问题回答了中外记者的提问。

2003年3月19日，劳动保障部召开会议，中组部副部长王东明到会宣读中共中央决定：郑斯林同志任劳动保障部部长、党组书记，张左己同志另有任用。图为宣读完中央决定，郑斯林与张左己亲切握手。

2003年12月21日至22日，全国劳动和社会保障工作会议在京召开。劳动保障部部长郑斯林作重要讲话，副部长李其炎主持会议，副部长王东进在会议结束时作总结讲话。会议传达学习了胡锦涛、温家宝、曾庆红同志在全国人才工作会议上的重要讲话和黄菊同志在与出席全国劳动和社会保障工作会议代表座谈时的重要讲话精神。副部长步正发、华福周、张小建、刘永富，驻部纪检组组长崔会烈和王建伦同志出席会议。

2003年8月18日，劳动保障部部长郑斯林，副部长李其炎、王东进、步正发、张小建、刘永富出席劳动保障部传达贯彻中央再就业工作座谈会精神大会。

2003 年 2 月 20 日，劳动保障部副部长王东进、刘永富考察福建省医疗保险管理中心。

2003 年 9 月 2 日，劳动保障部副部长步正发视察宁夏石嘴山市社区劳动保障服务所。

2003 年 11 月，劳动保障部副部长华福周视察天津市劳动力市场金保工程建设。

2003 年 12 月，劳动保障部副部长张小建在湖南省常德市考察劳动力市场。

2003年4月，劳动保障部副部长刘永富在吉林省长春市调研街道社区工作平台建设情况。

2003年10月20日至31日，中纪委驻劳动保障部纪检组组长崔会烈率中央再就业督查组赴广东、广西督查再就业工作情况。

2003年9月23日至24日，全国劳动和社会保障信息化工作座谈会在江西省南昌市召开。劳动保障部副部长李其炎、华福周出席会议并讲话。

2003年9月16日至17日，全国部分省市医疗保险专题座谈会在浙江省杭州市召开。劳动保障部副部长王东进出席会议并讲话。

2003年8月11日至12日，全国部分地区劳动保障监察工作座谈会在山东省青岛市召开。劳动保障部副部长步正发出席会议并讲话。

2003年7月30日至31日，全国社会保险局长会议在湖北省武汉市召开。劳动保障部副部长刘永富出席会议并讲话。

2003年3月21日至22日，全国劳动保障系统纪检监察工作座谈会在福建省厦门市召开。驻部纪检组组长崔会烈出席会议并讲话。

2003年12月2日，中国劳动保障科学研究院召开庆祝建院十周年纪念大会。劳动保障部副部长王东进、华福周、刘永富，驻部纪检组组长崔会烈出席会议。

中国劳动和社会保障
年　鉴

CHINA LABOUR AND SOCIAL SECURITY YEARBOOK

2004

中国劳动社会保障出版社

图书在版编目(CIP)数据

中国劳动和社会保障年鉴. 2004/中华人民共和国劳动和社会保障部编. —北京：中国劳动社会保障出版社，2004.12
ISBN 7-5045-4751-4

Ⅰ. 中… Ⅱ. 中… Ⅲ. ①劳动经济-中国-2004-年鉴②社会保障-中国-2004-年鉴
Ⅳ. ①F249.2-54②D632.1-54

中国版本图书馆 CIP 数据核字(2004)第 106594 号

中国劳动社会保障出版社出版发行
(北京市惠新东街 1 号 邮政编码：100029)
出 版 人：张梦欣
*
新华书店经销
中国青年出版社印刷厂印刷 北京密云青云装订厂装订
880 毫米×1230 毫米 16 开本 37.25 印张 2 印张彩页 954 千字
2005 年 3 月第 1 版 2005 年 3 月第 1 次印刷
印数：3000 册
定价：258.00 元
读者服务部电话：010-64929211
发行部电话：010-64911190
出版社网址：http：//www.class.com.cn

(附赠光盘)

《中国劳动和社会保障年鉴》
编辑委员会成员

《中国劳动和社会保障年鉴》编辑部成员

编辑说明

一、《中国劳动和社会保障年鉴（2004）》是关于劳动和社会保障工作的专业性史料工具书。全书通过翔实的资料和系统的阐述，介绍了2003年我国劳动和社会保障事业的发展概况，反映了劳动和社会保障工作改革与发展的成就、经验和今后需要继续研究解决的问题。它是党政机关领导干部、各部门工作人员、劳动和社会保障系统干部、工会工作者、企业领导及劳资干部以及劳动和社会保障科学理论工作者有价值的参考用书和工具书。

二、本年鉴的内容共分6个部分，即劳动和社会保障工作概览、劳动和社会保障重要文献、全国劳动和社会保障工作、地方劳动和社会保障工作、劳动和社会保障大事记、劳动和社会保障统计资料。

三、本年鉴中，全国劳动和社会保障工作分为：就业和再就业、职业培训、劳动关系、企业工资收入分配与劳动标准、养老保险、失业保险、医疗保险、工伤保险、生育保险、农村养老保险、社会保险基金管理与监督、法制建设、规划统计、劳动保障信息化建设、科学研究、新闻宣传与出版、国际交流与合作、学会与协会。

《中国劳动和社会保障年鉴（2004）》的编辑出版是在全国劳动保障系统的共同努力下完成的，在此，向参加编辑出版工作的同志表示衷心的感谢。

《中国劳动和社会保障年鉴》编辑部

2004年12月

目　　录

劳动和社会保障工作概览

2003 年劳动和社会保障工作概览 …………………………………（3）

劳动和社会保障重要文献

一、党和国家领导人关于劳动和社会保障工作的重要讲话

胡锦涛、温家宝　在全国再就业工作座谈会上发表重要讲话……………（13）
黄　菊　在辽宁考察工作时发表重要讲话………………………………（16）
黄　菊　在国务院再就业工作部际联席会议上发表重要讲话
………………………………………………………………………（18）
黄　菊　与全国劳动保障工作会议代表座谈时发表重要讲话…………（19）

二、劳动和社会保障部领导讲话和文章

郑斯林　在全国劳动和社会保障厅局长座谈会上的讲话…………………（23）
郑斯林　加快推进就业和再就业工作　全面完成今年各项劳动保障工作任务——在全国劳动和社会保障厅局长座谈会上的讲话………（30）
郑斯林　在加快推进再就业工作电视电话会议上的讲话…………………（38）
张左己　在机关工作总结大会上的讲话……………………………………（44）
李其炎　抓住机遇　扎实工作　全面加快金保工程建设——在全国劳动和社会保障信息化工作座谈会上的讲话……………………………（53）
王东进　深入学习贯彻十六大精神　开创医疗工伤生育保险事业新局面——在全国医疗保险工作座谈会上的讲话…………………………（59）
步正发　在部分地区劳动保障监察工作座谈会上的讲话…………………（70）
华福周　在全国劳动和社会保障信息化工作座谈会上的总结讲话………（78）
张小建　明确任务　规范运作　充分发挥街道社区劳动保障工作平台的作用………………………………………………………………（83）
刘永富　认真学习贯彻“三个代表”重要思想　进一步做好社会保险经办工作——在全国社会保险局长会议上的讲话……………………（88）

崔会烈　贯彻落实中央纪委第二次全会精神　推动劳动保障系统纪检监察工作的深入开展——在全国劳动保障系统纪检监察工作座谈会上的讲话…………（96）

三、重要文件

工伤保险条例…………（107）
社会保险稽核办法…………（115）
工伤认定办法…………（117）
因工死亡职工供养亲属范围规定…………（119）
非法用工单位伤亡人员一次性赔偿办法…………（121）
中共中央办公厅　国务院办公厅关于转发劳动和社会保障部等部门《关于积极推进企业退休人员社会化管理服务工作的意见》的通知　……（123）
国务院批转劳动保障部等部门关于辽宁省完善城镇社会保障体系试点情况报告的通知…………（127）
国务院办公厅关于做好农民进城务工就业管理和服务工作的通知………（131）
国务院办公厅转发国家经贸委等部门关于解决国有困难企业和关闭破产企业职工基本生活问题若干意见的通知…………（134）
国务院办公厅关于加快推进再就业工作的通知…………（137）
国务院办公厅转发农业部等部门2003—2010年全国农民工培训规划的通知…………（141）
国务院办公厅　中央军委办公厅关于印发《中国人民解放军军人配偶随军未就业期间社会保险暂行办法》的通知　…………（145）
劳动和社会保障部关于印发《社会保障基金现场监督规则》的通知　…（149）
劳动和社会保障部关于贯彻落实《工伤保险条例》的通知　………（153）
劳动和社会保障部关于非全日制用工若干问题的意见…………（155）
劳动和社会保障部关于进一步推动再就业培训和创业培训工作的通知…………（157）
劳动和社会保障部　财政部　国务院国有资产监督管理委员会关于印发国有大中型企业主辅分离辅业改制分流安置富余人员的劳动关系处理办法的通知…………（160）
劳动和社会保障部　财政部关于妥善处理国有企业下岗职工出中心再就业有关问题的通知…………（163）
劳动和社会保障部　人事部　卫生部　中华全国总工会　中国企业联合会关于劳动能力鉴定有关问题的通知…………（165）
劳动和社会保障部　信息产业部关于实施电子信息产业高技能人才培训项目的通知…………（166）

劳动和社会保障部　建设部关于切实解决建筑业企业拖欠农民工工资问题的通知……………………………………………………………………（169）
劳动和社会保障部　财政部　卫生部　国家安全生产监督管理局关于工伤保险费率问题的通知…………………………………………………（172）
劳动和社会保障部　财政部关于进一步做好企业工资总额同经济效益挂钩工作的通知…………………………………………………………（174）
劳动和社会保障部　电力企业联合会关于实施电力高技能人才培训项目的通知……………………………………………………………………（177）
劳动和社会保障部关于印发2004年就业再就业专项计划的通知 ………（181）
劳动和社会保障部关于贯彻实施《行政许可法》的意见 ………………（183）
劳动和社会保障部关于贯彻落实中共中央国务院关于进一步加强人才工作决定做好高技能人才培养和人才保障工作的意见……………………（186）
劳动和社会保障部关于印发《三年五十万新技师培养计划》的通知 …（189）
财政部　劳动保障部　国家税务总局关于促进下岗失业人员再就业税收优惠及其他相关政策的补充通知……………………………………（192）
国家税务总局　劳动和社会保障部关于落实劳动就业服务企业中的加工型企业和街道社区具有加工性质的小型企业实体再就业税收政策具体实施意见的通知…………………………………………………………（193）
国资委　财政部　劳动保障部　税务总局关于进一步明确国有大中型企业主辅分离辅业改制有关问题的通知……………………………………（196）
劳动和社会保障部办公厅关于进一步做好扩大城镇职工基本医疗保险覆盖范围工作的通知……………………………………………………………（198）
劳动和社会保障部办公厅关于城镇灵活就业人员参加基本医疗保险的指导意见……………………………………………………………………………（200）
劳动和社会保障部办公厅关于进一步做好城镇从业人员参加社会保险工作有关问题的通知……………………………………………………………（202）

全国劳动和社会保障工作

就业和再就业………………………………………………………………（207）
职业培训 ……………………………………………………………………（210）
劳动关系 ……………………………………………………………………（212）
企业工资收入分配与劳动标准 ……………………………………………（215）
养老保险 ……………………………………………………………………（217）
失业保险 ……………………………………………………………………（219）
医疗保险 ……………………………………………………………………（221）

工伤保险 …………………………………………………………………………… (223)
生育保险 …………………………………………………………………………… (225)
农村养老保险………………………………………………………………………… (226)
社会保险基金管理与监督 ………………………………………………………… (228)
法制建设 …………………………………………………………………………… (233)
规划统计 …………………………………………………………………………… (235)
劳动保障信息化建设 ……………………………………………………………… (238)
科学研究 …………………………………………………………………………… (241)
新闻宣传与出版 …………………………………………………………………… (244)
国际交流与合作 …………………………………………………………………… (247)
学会与协会 ………………………………………………………………………… (249)

地方劳动和社会保障工作

北京市 …………………………………………………………………………… (255)
天津市 …………………………………………………………………………… (258)
河北省 …………………………………………………………………………… (267)
山西省 …………………………………………………………………………… (276)
内蒙古自治区……………………………………………………………………… (280)
辽宁省 …………………………………………………………………………… (283)
　大连市 ………………………………………………………………………… (287)
吉林省 …………………………………………………………………………… (289)
黑龙江省 ………………………………………………………………………… (295)
上海市 …………………………………………………………………………… (300)
江苏省 …………………………………………………………………………… (303)
浙江省 …………………………………………………………………………… (306)
　宁波市 ………………………………………………………………………… (309)
安徽省 …………………………………………………………………………… (313)
福建省 …………………………………………………………………………… (319)
　厦门市 ………………………………………………………………………… (323)
江西省 …………………………………………………………………………… (326)
山东省 …………………………………………………………………………… (335)
　青岛市 ………………………………………………………………………… (338)

河南省 ………………………………………………………………（341）
湖北省 ………………………………………………………………（344）
湖南省 ………………………………………………………………（347）
广东省 ………………………………………………………………（351）
　深圳市 ……………………………………………………………（355）
广西壮族自治区 ……………………………………………………（368）
海南省 ………………………………………………………………（373）
重庆市 ………………………………………………………………（376）
四川省 ………………………………………………………………（385）
贵州省 ………………………………………………………………（391）
云南省 ………………………………………………………………（395）
西藏自治区 …………………………………………………………（398）
陕西省 ………………………………………………………………（403）
甘肃省 ………………………………………………………………（407）
青海省 ………………………………………………………………（412）
宁夏回族自治区 ……………………………………………………（416）
新疆维吾尔自治区 …………………………………………………（422）
　新疆生产建设兵团 ………………………………………………（426）

劳动和社会保障大事记

2003 年劳动和社会保障大事记 ……………………………………（431）
2003 年劳动和社会保障十大新闻 …………………………………（449）

劳动和社会保障统计资料

一、2003 年度劳动和社会保障事业发展统计公报

2003 年度劳动和社会保障事业发展统计公报 ……………………（457）

二、统计资料

（一）综合 ………………………………………………………（463）
历年国内生产总值、增长及构成……………………………………（463）
历年分城乡就业人员年末人数………………………………………（463）
历年分产业就业人员年末人数………………………………………（464）

历年城镇就业人员构成……………………………………………………………………（464）
历年城镇分经济类型单位就业人员构成……………………………………………………（464）
历年分登记注册类型职工年末人数及增长情况……………………………………………（465）
历年企业、事业、机关单位职工人数………………………………………………………（466）
历年分登记注册类型在岗职工工资总额及增长情况………………………………………（466）
历年分登记注册类型在岗职工平均工资及增长情况………………………………………（467）
历年全国企业、事业、机关单位职工平均工资……………………………………………（467）
分地区企业、事业、机关单位在岗职工平均工资和离岗职工平均生活费（2003）………………………………………………………………………………………（468）
历年全国居民消费价格指数…………………………………………………………………（470）
历年城乡居民收入……………………………………………………………………………（470）
（二）就业与失业 ……………………………………………………………………………（471）
分地区城镇单位就业人员年末人数（2003）………………………………………………（471）
分地区城镇单位在岗职工人数（2003）……………………………………………………（472）
分地区城镇私营个体就业人员年末人数（2003）…………………………………………（473）
历年城镇失业人数及失业率（年末登记数）………………………………………………（474）
分城市城镇就业人员和登记失业人员情况（2003）………………………………………（474）
分地区城镇登记失业人数和登记失业率（2003）…………………………………………（475）
分地区城镇登记失业人员情况（2003）……………………………………………………（476）
历年国有企业下岗职工人数…………………………………………………………………（478）
历年分地区国有企业下岗职工人数…………………………………………………………（479）
历年分地区国有企业下岗职工再就业人数…………………………………………………（480）
企业下岗职工情况（2003）…………………………………………………………………（481）
分地区企业下岗职工情况（2003）…………………………………………………………（482）
分地区国有企业下岗职工情况（2003）……………………………………………………（484）
国有企业再就业服务中心资金筹集与使用情况（2003）…………………………………（487）
分地区国有企业再就业服务中心资金筹集与使用情况（2003）…………………………（488）
职业介绍工作情况（2003）…………………………………………………………………（490）
分地区职业介绍工作情况（2003）…………………………………………………………（491）
劳动就业服务企业、社区就业实体和生产自救基地综合情况（2003）………………………………………………………………………………………………（494）
（三）职业培训与技能鉴定 …………………………………………………………………（496）
历年技工学校综合情况………………………………………………………………………（496）
分地区技工学校综合情况（2003）…………………………………………………………（498）
分地区技工学校培训情况（2003）…………………………………………………………（502）
分地区就业训练中心综合情况（2003）……………………………………………………（506）

分地区社会力量办职业培训机构综合情况（2003）……………………（510）
分地区职业技能鉴定综合情况（2003）……………………………（514）
（四）劳动关系…………………………………………………（518）
历年劳动争议处理情况…………………………………………（518）
劳动争议处理情况（2003）………………………………………（520）
分地区劳动争议处理情况（2003）…………………………………（523）
（五）劳动保障监察……………………………………………（527）
劳动保障监察案件结案情况（2003）………………………………（527）
劳动保障监察工作情况（2003）……………………………………（527）
（六）社会保障…………………………………………………（528）
历年全国离休、退休、退职人员年末人数…………………………（528）
历年企业单位离休、退休、退职人员年末人数……………………（528）
分地区离休、退休、退职人员年末人数（一）（2003）……………（529）
分地区离休、退休、退职人员年末人数（二）（2003）……………（530）
分地区企业单位离休、退休、退职人员年末人数（2003）…………（531）
分地区事业单位离休、退休、退职人员年末人数（2003）…………（538）
分地区机关单位离休、退休、退职人员年末人数（2003）…………（539）
截至年末分地区由民政部门支付离休、退休、退职费的人数(2003）…（540）
历年全国离休、退休、退职费……………………………………（541）
历年全国企业、事业、机关单位离休、退休、退职人数及人均离休、退休、退职费…………………………………………………………（541）
历年全国离休、退休、退职人员保险福利费用构成情况……………（543）
历年全国企业单位离休、退休、退职人员保险福利费用构成情况………（544）
历年分地区人均离休、退休、退职费………………………………（545）
全部离休、退休、退职人员人数及保险福利费用构成情况（2003）…（551）
分地区全部离休、退休、退职人员保险福利费用构成情况（2003）…（552）
分地区企业单位离休、退休、退职人员保险福利费用构成情况（2003）…………………………………………………………………（553）
分地区事业单位离休、退休、退职人员保险福利费用构成情况（2003）…………………………………………………………………（554）
分地区机关单位离休、退休、退职人员保险福利费用构成情况（2003）…………………………………………………………………（555）
历年全国社会保险基金收支及累计结余情况…………………………（556）
历年全国基本养老保险基金收支及期末结余情况……………………（557）
历年全国参加基本养老保险职工人数及离休、退休、退职人员人数……（557）
历年分地区基本养老保险年末参保人数……………………………（558）

分地区基本养老保险基本情况（2003） ……………………………………（560）
分地区养老金社会化发放人数情况………………………………………………（561）
历年失业保险、医疗保险、工伤保险、生育保险基本情况…………………（562）
历年分地区基本医疗保险年末参保人数…………………………………………（563）
分地区基本医疗保险基本情况（2003） ……………………………………（565）
历年分地区失业保险参保人数……………………………………………………（566）
分地区失业保险基本情况（2003） …………………………………………（568）
分地区失业保险基金收支情况（2003） ……………………………………（570）
历年分地区工伤保险基本情况……………………………………………………（573）
分地区工伤保险基本情况（2003） …………………………………………（575）
历年分地区生育保险基本情况……………………………………………………（577）
分地区生育保险基本情况（2003） …………………………………………（579）
农村社会养老保险情况（2003） ……………………………………………（580）

劳动和社会保障
工作概览

2003 年劳动和社会保障工作概览

2003 年是我国把就业再就业纳入国民经济和社会发展宏观调控目标的第一年。党的十六届三中全会通过《中共中央关于完善社会主义市场经济体制若干问题的决定》，对深化改革、完善社会主义市场经济体制作出全面部署，明确提出要把扩大就业放在经济社会发展更加突出的位置，推进收入分配制度改革，加快建设与经济发展水平相适应的社会保障体系。这一年，新一届党中央、国务院召开全国再就业工作座谈会，对就业再就业工作进行再动员、再部署。各级劳动保障部门按照党中央、国务院的决策部署，认真贯彻“三个代表”重要思想和十六大精神，克服“非典”疫情对劳动保障工作造成的不利影响，坚持“两手抓”，不断加大就业和再就业工作力度，继续巩固两个确保，积极推进社会保障体系建设，努力维护劳动者合法权益，劳动保障各项工作取得新进展。

——就业与再就业 劳动保障系统认真贯彻落实党中央、国务院关于就业再就业的一系列重要指示，特别是 8 月份中央召开全国再就业工作座谈会后，在建立责任体系、制定配套政策、开发就业岗位、增加资金投入、搞好就业服务等方面狠抓落实，克服诸多不利因素，就业和再就业取得明显成效。2003 年，全国累计新增城镇就业岗位 859 万个，在领取《再就业优惠证》的下岗失业人员中，共有 440 万人实现了再就业，其中，“4050”人员 120 万人，全面完成全年的目标任务。2003 年年底，全国城镇登记失业人数为 800 万人，城镇登记失业率为 4.3%，比上年底上升 0.3 个百分点，实现了全年控制在 4.5% 以内的目标。

按照制度化、专业化、社会化要求，劳动力市场信息网络进一步完善，全国就业服务体系建设取得较大进展。到 2003 年年末，全国已有 108 个城市实现职业介绍信息市内联网，联网的职介机构达1 219个，92 个城市开展了职业供求信息季度分析并向社会发布。全国共有各类职业介绍机构31 109所。各级劳动保障部门举办的公共职业介绍机构21 515所，接受登记求职2 169万人次，比上年增长 14%；介绍成功1 155万人次，比上年增长 18%。

2003 年年末，全国城乡就业人员74 432万人，比上年末增加 692 万人，其中第一产业36 546万人，占全国城乡就业人员的 49.1%；第二产业16 077万人，占 21.6%；第三产业21 809 万人，占 29.3%。城镇就业人员为25 639万人，比上年末增加 859 万人，其中，城镇单位就业人员10 970万人，比上年末减少 16 万人；城镇私营企业和个体经济组织就业人员4 922万人，比上年末增加 654 万人。在城镇单位就业人员中，在岗职工10 492万人，比上年末减少 66 万人。

——职业培训 2003 年，各级劳动保障部门认真贯彻全国再就业工作座谈会和全国人才工作会议精神，大力加强职业教育和培训，职业培训和职业技能鉴定工作取得较大进展。2003 年，全国技工学校为2 970所，比上年减少了 105 所，但招生人数大幅提高，达到 91 万多人，比上年增长 25%，技工学校在校生达到 193 万人，比上年增加 40 万人，技工学校毕业生平均就业率达到90%。技工学校、就业训练中心、民办职业培训机构开展的企业职工在职培训、劳动预备制培训、下岗失业人员再就业培训人数明显增加。全国技工学校全年面向社会开展培训和再培训227万人次，比上年增长8.8%。2003年年末，全国有就业训练中心3 307所，社会培训机构19 139所，全年共开展培训1 166万人次，比上年增长8.8%。全年有549万失业人员和下岗职工参加了再就业培训，其中29万人参加了创业培训。全年共有126万城镇未能继续升学的初、高中毕业生参加了劳动预备制培训。高级职业培训增幅显著，高级技校培养规模进一步扩大。2003年，在技工学校、就业训练中心、民办职业培训机构培训的学员中，有近40万人获得高级职业资格证书。年末，全国职业技能鉴定机构7 252个。全年共有687万人参加了职业技能鉴定，其中584万人获得职业资格证书，职业技能鉴定平均通过率为85%。

——劳动关系 各级劳动保障部门紧紧围绕企业改革和经济结构调整，在贯彻落实中央12号文件促进再就业、做好国有企业改革中职工安置劳动关系调整、加强劳动关系自主协调机制建立、完善三方机制建设等方面积极开展工作，并取得了明显进展。一是贯彻落实中央促进再就业文件，规范国有企业改革和非全日制用工的劳动关系。劳动保障部与财政部、国资委联合下发了《关于做好国有大中型企业改制中劳动关系处理等工作的通知》，对国有大中型企业实施改制分流涉及劳动关系处理的实体政策和分流安置方案审核备案等问题提出了具体政策意见；同时与国资委、财政部联合下发了《关于中央企业报送主辅分离改制分流总体方案基本内容和有关要求的通知》，对中央企业报送备案的内容进行了规范；下发了《关于非全日制用工若干问题的意见》，从非全日制用工的劳动关系、最低小时工资标准、社会保险、劳动争议以及管理和服务等方面进行了规范，对规范非全日制用工行为，保障劳动者合法权益，促进非全日制就业健康发展，起到了积极的作用。二是着力推行劳动合同制度。北京、河北、辽宁、上海、江苏、山东、安徽、湖南、广东等十多个省市先后出台了地方性法规或规章，较好地解决了各地推行劳动合同制以来出现的新情况、新问题。同时，各级劳动保障部门加大了检查督促企业签订劳动合同的力度，促进了劳动合同制度的贯彻执行。三是修订《集体合同规定》，推进企业建立集体协商机制。劳动保障部颁布了新修订的《集体合同规定》，于2004年5月1日起实施。四是协调劳动关系三方机制的作用日益显现。劳动保障部、中华全国总工会、中国企业联合会/中国企业家协会在劳动保障立法、促进就业和协调劳动关系等方面发挥了积极作用。五是积极应对“非典”时期劳动关系协调工作中的新情况、新问题。劳动保障部下发了《关于切实做好非典型肺炎防治工作的紧急通知》及《关于妥善处理劳动关系的通知》等文件，应对“非典”疫情造成企业停工停产等因素对劳动关系带来的影响。六是劳动争议处理工作进一步加强。2003年全国各级劳动争议仲裁机构立案受理了22.6万件劳动争议案件，涉及劳动者80.1万人，结案率为92%。其中，集体劳动争议案件1.1万件，涉及劳动者51.5万人。此外，各地劳动争议仲裁机构还以非立案方式处理争议7.8万件。

——企业工资分配 企业工资收入分配宏观调控体系建设和工资决定机制改革积极推进。一是各地修改完善工资支付法规。截止到2003年年底，北京、上海、天津、河北、湖南、广西、浙江、江西、珠海、青岛10个地区修订并颁布了新的工资支付法规或规章。浙江、江西、湖南、山西、宁夏、成都6个省市2003年首次制定颁布了小时最低工资标准，全国共有22个地区制定并颁布了小时最低工资标准。全国31个省（自治区、直辖市）建立了最低工资保障制度。同时，上海、浙江、河南、湖南、山西、深圳等省市，根据地区发展水平、物价上涨等因素，适时调整了月最低工资标准，北京、上海等省市重新调整了小时最低工资标准。二是继续加强对企业工资收入分配的宏观管理。截止到2003年年底，全国29个省（自治区、直辖市）建立了工资指导线制度，发布了2003年工资指导线。劳动力市场工资指导价位制度建设继续推进，全国共有124个大中城市建立了工资指导价位制度，发布了劳动力市场工资指导价位，18个大中城市发布了行业人工成本。随着制度建设的不断完善，各地发布职位的数量不断扩大，行业覆盖范围不断增加。部分城市根据市场需求的变化，将收集的数据按性别、职称、行业、所有制类别重新进行分类整理，提高了发布信息的质量和针对性。职工工资水平进一步提高。2003年，全国城镇单位在岗职工年平均工资14 040元，比上年增长13%，扣除价格因素，实际增长12%。国有单位在岗职工平均工资14 577元，城镇集体单位8 678元，其他单位14 574元。三是研究制定与“非典”疫情有关的劳动工资政策。劳动保障部下发了《关于切实做好非典型肺炎防治工作的紧急通知》，明确了有关“非典”患者及疑似病人工资支付问题的处理意见；下发了《关于妥善处理劳动关系的通知》，指导各地和企业妥善处理与“非典”疫情有关的劳动关系以及工资待遇等方面的问题。

——养老保险　在继续确保企业离退休人员养老金按时足额发放的同时，狠抓各项工作的落实，积极开展调查研究，在依法扩大养老保险覆盖面、完善基本养老保险政策、实现养老保险的社会化管理服务等方面取得了较大进展。2003年年底，全国基本养老保险参保人数为15 506万人，比上年末增加770万人。其中参保职工人数为11 646万人，比上年末增加518万人，离退休人数为3 860万人，比上年增加252万人。全年基本养老保险基金收入3 680亿元，同比增长16%，基金收缴率为95.41%。其中企业征缴收入3 044亿元，同比增长19.3%；基金总支出3 122亿元，同比增长9.8%，基金历年累计结余2 206.5亿元。全国参保职工的月人均缴费工资为898元，参保的离退休人员月人均养老金674元。2003年年底，全国已有2 933万名企业退休人员实行社会化管理服务，社会化管理率为84.5%。

——失业保险　各级劳动保障部门认真贯彻中共中央、国务院召开的全国再就业工作会议和再就业工作座谈会精神，配合企业改革和就业再就业工作，推动失业保险制度取得新的进展，在保障失业人员基本生活、促进再就业方面发挥了重要作用。2003年年底，全国参加失业保险人数为10 373万人，比上年底增加191万人。年末全国领取失业保险金人数为415万人，比上年末减少25万人。2003年，失业保险基金收入249亿元，支出200亿元，分别比上年增长15.5%和7.2%。基金用于职业培训、职业介绍补贴的比例进一步提高。自1998年全国普遍建立国有企业再就业服务中心后，至2003年年末，失业保险基金累计向中心调剂资金206.4亿元。

国有企业下岗职工基本生活保障向失业保险并轨工作稳步推进，北京、天津、辽宁、上海、浙江、福建、山东和广东8个省份已经关闭了再就业服务中心，实现了下岗职工基本生活保障向失业保险并轨。“三条保障线”的衔接进一步加强。

——医疗保险　各级劳动保障部门从维护改革、发展、稳定的大局出发，以高度的政治敏锐性和责任感，坚决贯彻落实党中央、国务院“抗击非典和经济发展两手抓”的战略方针，按照年初确定的工作目标，及时调整工作思路，在扩大覆盖范围、促进灵活就业人员参保、完善有关政策、强化管理服务等方面取得积极进展。2003年年底，全国医疗保险参保人数为10 902万人，比上年底增加1 501万人，其中，参保职工人数为7 975万人，参保退休人数为2 927万人，分别比上年底增加1 049万人和452万人。各统筹地区医疗保险制度运行平稳，全年基本医疗保险基金收入890亿元，支出654亿元，基金收支平衡。进一步加强了医疗保险管理服务，全国定点协议签订率达到了94%，各地普遍落实了基本医疗保险药品

“三率”（即基本医疗保险药品备药率、医疗服务中的基本医疗保险药品使用率和个人自费药负担率，下同）控制指标，进一步细化了定点协议和结算考核办法。按照防治“非典”工作的统一部署和要求，积极采取适当放宽定点医院选择条件、简化就医程序、预付医疗机构医疗费用等措施，确保了参保患者得到及时救治，为控制疫情蔓延起到了积极作用。

——工伤保险 2003年是工伤保险制度建设取得突破性进展的一年。4月27日，国务院颁布《工伤保险条例》，并于2004年1月1日起正式施行。12月，中央编办批准劳动保障部设立工伤保险司，承担综合管理机关、企事业单位人员工伤保险的职能。2003年年底，全国参加工伤保险的人数为4 575万人，比上年底增加169万人。全年工伤保险基金收入38亿元，支出27亿元，当年结余11亿元，累计结余91亿元。全年享受工伤保险待遇33万人。《工伤保险条例》颁布后，劳动保障部及时研究制定相关配套政策，下发了《工伤认定办法》《因工死亡职工供养亲属范围规定》和《非法用工人员伤亡一次性赔偿办法》等配套部颁规章；报经国务院同意，与有关部委联合下发了《关于工伤保险费率问题的通知》和《关于劳动能力鉴定有关问题的通知》。

——生育保险 围绕贯彻落实党的十六大精神和落实《中国妇女发展纲要（2001—2010年）》提出的生育保险覆盖面达到90%的目标要求，在管理上探索生育保险与医疗保险协同推进的方式，生育保险扩面工作取得积极进展。2003年年底，全国有29个省份开展了生育保险工作，参加生育保险的人数为3 655万人，比上年增加167万人。全年生育保险基金收入25亿元，支出13亿元，有36万职工享受生育保险待遇。

——农村养老保险 加强理论和政策研究，在积极探索农民工、被征地农民、小城镇农转非人员和农村计划生育人员的养老保险办法，改革和完善农村社会养老保险制度，规范基金管理等方面取得了一定进展。截止到2003年年底，全国31个省（自治区、直辖市）的1 870个县（市、区）不同程度地开展农保工作，积累保险基金259.1亿元，5 428万人参加保险，198万名参保农民领取养老金，当年支付养老金15亿元。

——社会保险基金监管 以加强部门协同机制、完善监管制度、规范监管行为、改进监管方式、拓展基金投资渠道为重点，努力创新，较好地完成了全年各项任务。一是贯彻落实劳动保障部等七部门《关于加强社会保障基金监督管理工作的通知》，把基金监管工作落实到地市一级，选择有条件的城市开展试点，初步建立起有关部门协同监管的机制，逐步开展对税务征收社会保险费、银行发放社会保险金和财政专户基金管理情况的监管。二是建立完善基金监管制度，规范监管程序和行为。劳动保障部发布《社会保障基金现场监督规则》，规定了现场监督的基本原则，明确了工作程序和方法，为依法开展现场监督检查提供了政策依据；下发了《基金监督统计报表》，普遍建立了企业年金和企业补充医疗保险基金管理统计制度。三是研究拓展投资渠道，加强投资运营基金监管。针对辽宁省做实的个人账户基金，及时制定了购买国债和协议存款的政策，指导地方研究制定管理办法和投资运营监管办法，会同有关部门引入基金托管机制，完善风险监控制度，初步建立了政府决策、劳动保障和财政部门监督、社保经办机构管理的管理监督体制。2003年，辽宁省积累个人账户基金88亿元，投资收益率为2.58%，实现了基金保值增值。四是加强监管机构队伍建设，提高监管能力。全国有31个省（自治区、直辖市）、500多个地县建立了基金监管机构。19个省市、143个地市建立监督委员会。全国培训了3 000多名监管人员，为1 597名考试合格者颁发了社会保险审计检查证。

2003年劳动保障工作有以下几个方面的特点：

1. 将就业和再就业工作摆到更加突出的

位置，年度目标任务圆满完成

2003 年，新增就业岗位第一次纳入国民经济和社会发展宏观调控目标，全党重视，举国关注。各地着重抓了以下几个方面的工作：一是按照党中央、国务院的部署和要求，层层分解指标，确保就业再就业目标任务落到实处。2003 年年初，党中央、国务院从解决困难群众生产生活问题入手，强调要做好就业再就业工作，明确提出全年新增城镇就业 800 万人、下岗失业人员再就业 400 万人，其中“4050”人员再就业 100 万人的目标。第二季度，在“非典”疫情对就业再就业工作造成较大冲击的情况下，党中央、国务院明确提出坚持就业和再就业既定的工作目标不动摇，并决定成立由发展改革委、财政部、劳动保障部等 13 个部门和单位组成的国务院再就业工作部际联席会，加强对再就业工作的协调。国务院办公厅下发《关于加快推进再就业工作的通知》，对各地完善再就业政策和加快街道社区劳动保障工作平台建设等项工作提出明确的进度要求。8 月中旬，党中央、国务院召开了全国再就业工作座谈会，对就业和再就业工作进行再动员、再部署，强调要以增加就业岗位为目标，以落实再就业政策为主线，以强化再就业服务为手段，以加大资金投入为保障，以帮助困难人员就业为重点，切实把再就业工作抓出成效。针对农村劳动力向城镇转移和大学毕业生就业问题，国务院办公厅先后下发了《关于做好农民进城务工就业管理和服务工作的通知》和《关于做好 2003 年普通高校毕业生就业工作的通知》，对引导农村劳动力有序转移和促进大学毕业生就业工作起到重要推动作用。二是完善就业和再就业的配套政策。在《中共中央、国务院关于进一步做好下岗失业人员再就业工作的通知》（中发［2002］12 号）及 8 个配套文件的基础上，针对再就业政策落实中的难点，劳动保障部等部门研究制定了 15 个操作性文件，进一步细化了各项扶持政策，放宽了下岗失业人员再就业享受社保补贴和税费减免的条件，为下岗失业人员再就业创造了更加宽松的政策环境。地方各级政府也结合本地实际出台了再就业的配套政策。三是增加对再就业的资金投入。2003 年中央财政在继续安排地方国有企业下岗职工基本生活保障资金 100 亿元的基础上，增加了再就业专项转移支付资金 47 亿元。地方财政也相应调整了财政支出结构，增加了对再就业的投入。初步统计，全年各级财政用于再就业的资金达 95 亿元。四是加强职业培训和就业服务。加强劳动力市场信息网络和社区劳动保障工作平台建设，为下岗失业人员提供求职登记、职业指导、职业介绍、职业培训、社会保险关系接续等“一站式”服务。2003 年，全国地级以上城市的街道社区基本上建立了劳动保障工作平台，绝大多数社区已聘用人员开展服务工作，全年共为1 038万名下岗失业人员审核发放了《再就业优惠证》（或相应证明）。继续实施第二期“三年千万”再就业培训计划，推动培训体系的社会化，逐步建立和完善培训经费补贴与再就业效果直接挂钩的工作机制，2003 年共培训下岗职工和失业人员 549 万人。五是加强督促检查，及时研究解决再就业工作的难点问题。2003 年年初，中央专门派出督查组，检查困难群众工作和生活问题。全国再就业工作座谈会后，中央又组成 13 个再就业督查组，赴全国 25 个省市进行督促检查，推动工作落实。针对调研和督查中发现的小额担保贷款、国有大中型企业主辅分离政策落实难等问题，劳动保障部会同有关部门进一步完善了相关政策。

2. 继续巩固两个确保，农垦企业属地参保政策取得突破

两个确保直接关系困难群众切身利益，党中央、国务院一再提出明确要求。2003 年，劳动保障系统继续以两个确保为工作重点，坚持已经形成的工作机制和工作方法，重点解决影响两个确保的重点、难点问题。在下岗失业人员基本生活保障方面，随着再就业和并轨工作的推进，中心内下岗职工人数逐步减少，领取失业保险金人数逐年增加。2003 年年底，

全国国有企业下岗职工为260万人，比上年底减少150万人。进入再就业服务中心的下岗职工为194万人，比上年底减少145万人，进中心的下岗职工基本上能够领到基本生活费和代缴了社会保险费。

在企业离退休人员基本养老金发放方面，通过加强扩面征缴、加大资金投入、积极推进社会化管理服务等措施，企业离退休人员基本养老金基本做到按时足额发放。对群众举报的拖欠养老金个案问题，坚持做到发现一起，查处一起。2003年年末，全国参加基本养老保险的企业离退休人员达到3 557万人，比上年增加208万人，全年发放企业基本养老金2 716亿元，比上年增加213亿元，基本做到了按时足额发放，并基本实现社会化发放。2003年，中央财政补助两个确保的资金达到574亿元。为解决农垦企业养老金拖欠问题，党中央、国务院决定将农垦企业按属地原则纳入当地企业职工基本养老保险，对新参保出现的资金缺口由中央财政给予适当补助。同时，离休人员离休费和医疗费用保障机制建设取得新进展，离休人员的离休费和医疗费得到有效保障。

3. 辽宁省完善城镇社会保障体系试点工作取得明显成效

辽宁省试点工作从2001年7月1日起开始启动，至2003年年底已基本完成，取得明显成效。一是基本做实养老保险个人账户，完善了统账结合的城镇企业基本养老保险制度。截止到2003年年底，全省累计做实个人账户基金88.8亿元。二是通过推进国有企业下岗职工基本生活保障向失业保险并轨，促进了国有企业改革和经济结构调整。试点期间，辽宁省完成175.5万人的并轨工作。全省国有企业全员劳动生产率由试点前2000年的1.6万元/人上升到2.5万元/人，提高56%。三是建立市场导向的就业机制，促进了劳动力结构的调整。试点以来，全省4 801个国有企业再就业服务中心已全部关闭，一半以上的并轨人员实现了再就业，其中70%左右进入第三产业，10%左右进入第一产业，就业结构得以调整，促进了老工业基地第三产业和非公有制经济的发展。四是通过“三条保障线”的工作衔接，保证了下岗职工、失业人员和城市最低生活保障对象的基本生活，健全了社会保障体系，维护了社会稳定。五是增加社会保障资金投入，促进了政府职能转变。通过中央财政补助、地方财政配套和企业自筹三方负担解决所需资金的办法，调动了地方财政调整支出结构、增加社会保障投入的积极性，体现了政府职能转变的要求。六是提高了劳动保障管理服务水平。试点中，辽宁省加快了街道、社区劳动保障服务平台和信息系统建设，企业退休人员、失业人员、低保对象实行社会化管理，从企业剥离出来的劳动保障事务性工作主要由街道和社区劳动保障服务组织承担，减轻了企业社会事务负担。同时，通过加快劳动保障信息系统网络建设，提升了管理手段和水平。全省586个街道全部建立了城市低保科（股）、劳动保障事务所，98%的社区建立了社区社会救助站、劳动保障服务站；261.6万名企业退休人员纳入了社会化管理服务，占2003年年末企业退休人员总数的91%，城镇登记失业人员和城市低保对象全部纳入了社会化管理。

劳动和社会保障重要文献

一、党和国家领导人关于劳动和社会保障工作的重要讲话

胡锦涛、温家宝在全国再就业工作座谈会上发表重要讲话

全国再就业工作座谈会8月15日至16日在京举行。中共中央总书记、国家主席胡锦涛在会上发表重要讲话指出，各级党委和政府要从贯彻落实“三个代表”重要思想和十六大精神的战略高度，从坚持立党为公、执政为民的战略高度，从实现全面建设小康社会宏伟目标的战略高度，充分认识做好就业和再就业工作的重要性、紧迫性和长期性，切实加强对再就业工作的领导，坚决落实中央关于促进再就业工作的方针政策和各项措施，发动社会各界共同努力，开拓创新，扎实工作，不断取得再就业工作的新成绩。

中共中央政治局常委、国务院总理温家宝主持会议并讲话。中共中央政治局常委曾庆红、黄菊、李长春出席会议。

这次会议是党中央、国务院根据目前我国就业形势决定召开的一次重要会议。会议的主要任务是：以“三个代表”重要思想和十六大精神为指导，检查贯彻落实去年全国再就业工作会议精神和《中共中央、国务院关于进一步做好下岗失业人员再就业工作的通知》的情况，总结交流做好再就业工作的经验，研究解决存在的问题，进一步推动再就业工作。

胡锦涛在讲话中说，做好就业和再就业工作，关系人民群众的切身利益，关系改革发展稳定的大局。去年全国再就业工作会议后，各地区、各部门高度重视再就业工作，认真贯彻落实中央的方针政策和工作部署，加大了工作力度，开展了形式多样的促进再就业活动。到7月底，全国新增就业370万人，下岗失业人员实现再就业210万人。在“非典”疫情严重影响下，上半年能取得这样的成绩很不容易。当前和今后一个较长时期内，我国就业形势都将比较严峻，就业和再就业工作相当艰巨。但我们也具有进一步做好工作的有利条件。我国经济保持较快增长的良好势头，这是做好就业和再就业工作的根本保证。产业结构调整不断推进，这是增加就业的有利因素。各项再就业扶持政策的效应将进一步释放，这是对再就业工作的有力推动。只要我们坚定信心，努力工作，认真落实各项扶持政策，积极调动各类企业和下岗失业人员的积极性、主动性，充分发挥我们的政治优势，再就业工作一定能不断取得新的成绩。

胡锦涛指出，中央关于再就业工作的大政方针和政策措施已经明确，关键是要全力以赴抓好落实。各级党委和政府要以增加就业岗位为目标，以落实再就业政策为主线，以强化再就业服务为手段，以加大资金投入为保障，以帮助困难人员就业为重点，继续把再就业工作抓紧抓实，切实抓出成效。要集中力量抓好以下几个方面的工作。第一，大力开发就业岗位。要坚持把抓好发展作为促进就业和再就业的根本途径，确立经济发展和扩大就业并举的发展战略，积极培育和发展新的就业增长点，大力发展吸纳劳动力容量大的产业和企业，鼓励劳动者自谋职业、自主创业和灵活就业，实现经济持续快速健康发展和就业岗位增加的目标。第二，全面落实再就业扶持政策。要全面落实鼓励企业吸纳下岗失业人员再就业的政

策，充分运用税收减免和社会保险补贴等项政策，根据需求发展各类服务性企业，开辟一批面向社区的服务网点和实体，更多地吸纳下岗失业人员。全面落实鼓励下岗失业人员自主创业、自谋职业、合伙经营等方面的扶持政策，把减免税费和小额贷款政策落实到位。全面落实鼓励国有企业挖掘内部潜力分流安置富余人员的政策。全面落实对有特殊困难人员实行再就业援助的政策。第三，增加再就业资金投入。充分运用财政、税收、信贷等手段，加大再就业资金投入，增强对下岗失业人员再就业的援助。各地要切实调整支出结构，在财政预算中安排一定数量的再就业资金，并逐步形成再就业资金的制度性安排。第四，强化再就业技能培训。各地区和有关部门要把增强劳动者就业和创业能力作为一项战略任务来抓，推动培训模式和工作机制的创新，广泛动员社会各方面力量参与再就业培训。大力推广一些城市将创业培训与开业指导、小额贷款、税费减免、后续扶持相结合，为下岗失业人员创业提供一条龙服务的经验。第五，进一步搞好再就业服务。大力改善公共职业介绍服务机构的设施和手段，进一步探索和完善再就业服务的运行机制，实现再就业服务体系的制度化、专业化和社会化，尽可能为下岗失业人员提供更好的服务。第六，引导下岗失业人员转变就业观念。在全社会加强就业观念教育，摒弃只有正规就业或端“铁饭碗”才算就业的传统观念，树立从事非全日制、临时性、季节性等灵活形式工作也是就业的观念，树立职业平等和劳动光荣的观念。第七，落实下岗失业人员的社会保障。继续做好下岗职工基本生活保障和企业离退休人员基本养老金的按时足额发放，进一步做好“三条保障线”的衔接工作。

胡锦涛说，解决好就业和再就业问题是一项长期的艰巨任务，要着眼长远，创新思路，积极探索符合我国国情的就业发展战略：坚持抓好发展这个党执政兴国的第一要务，把就业和再就业工作放在更加突出的位置；大力提高经济竞争力，注重发展就业容量大的产业和企业；继续深化国有企业改革，采取多种方式分流富余人员；加强人力资源能力建设，不断提高劳动者的创业和就业能力；提高对外开放水平，通过扩大国际交换发挥我国劳动力资源优势。

温家宝在讲话中说，必须充分认识做好就业和再就业工作是一项紧迫而长期的任务，必须始终把做好就业和再就业工作作为党和政府的重要职责，必须全面贯彻做好就业和再就业工作的指导方针与政策措施。政府要实行积极的就业政策，制定就业发展战略，完善就业服务体系，引导全社会转变就业观念，努力改善就业和创业环境。必须注重发展就业容量大的劳动密集型产业和第三产业，注重发展吸纳劳动力多的中小企业和个体私营等非公有制经济，注重采用灵活多样的就业形式，鼓励下岗失业人员自谋职业、自主创业。

温家宝指出，尽管目前面临一些困难，但今年的就业和再就业目标任务一定要努力实现。今后一个时期，要继续努力做到新增就业岗位不断增加、城镇登记失业率基本稳定。要落实和完善促进再就业的政策，重点做好困难地区、困难行业和困难群体的再就业工作，统筹做好全社会就业工作，强化政府公共就业服务，继续加强社会保障工作。

温家宝强调，做好新形势下的就业和再就业工作，关键在于切实加强领导，在狠抓落实上下工夫。各级党委、政府主要负责人要亲自抓、负总责，层层建立责任制，层层抓落实，做到责任、政策、资金、措施四到位。各有关部门都要从大局出发，把促进就业和再就业作为应尽的责任，加强协作，密切配合，形成统一领导、分工协作、部门联动、齐抓共管的工作格局。各地区、各部门要加强督促检查，重点检查增加就业岗位、落实再就业政策、强化再就业服务、加大资金投入、帮助困难人员就业等情况，深入实际，调查研究，掌握新情况，提出新对策。

中共中央政治局常委、国务院副总理黄菊在会议总结讲话时说，在抗击“非典”取得阶段性重大胜利的形势下，党中央、国务院召开这个座谈会，对就业和再就业工作进行再动员、再部署、再推动，充分体现了新一届中央领导集体对这项工作的高度重视，体现了对广大人民群众切身利益的极端关切。只要我们抓住有利时机，认真落实各项政策措施，加紧工作，就能够克服困难，全面实现今年就业和再就业工作的目标。推动再就业工作，关键在于领导靠前指挥，组织推动得力；落实再就业政策，关键在于从实际出发，既要不折不扣，又要创造性地开展工作；开发就业岗位，关键在于抓住经济增长和扩大就业的结合点；加大再就业资金投入，关键在于下决心调整财政支出结构；搞好就业服务，关键在于提高针对性和实效性；帮助困难对象再就业，关键在于把再就业援助做细、做实、做好；转变思想观念，关键在于加强宣传教育和舆论引导，营造良好的社会氛围。

王兆国、回良玉、刘云山、吴仪、周永康、贺国强、曾培炎、王刚、唐家璇、华建敏、陈至立、肖扬、贾春旺、王忠禹等出席会议。

天津、吉林、江西、湖北、四川及劳动和社会保障部负责人在座谈会上作了发言。各省、自治区、直辖市、计划单列市、新疆生产建设兵团负责人，中央和国家机关有关部门负责人参加了会议。

（新华社 2003 年 8 月 16 日电）

黄菊在辽宁考察工作时发表重要讲话

中共中央政治局常委、国务院副总理黄菊近日在辽宁考察时指出，不断完善社会保障体系、积极促进就业再就业，事关东北地区等老工业基地的调整改造和振兴，事关现代化建设全局和国家长治久安。辽宁省要在认真贯彻落实全国再就业工作座谈会精神中，加强领导，精心组织，强化督查，不断取得社会保障体系建设和再就业工作的新成绩。

8月28日至9月1日，黄菊在辽宁省委书记闻世震、省长薄熙来的陪同下，先后来到阜新、锦州、沈阳、辽阳、鞍山和大连市的企业、社区、劳动力市场，重点考察了社会保障体系建设、下岗失业人员再就业和国有企业改革发展工作。考察期间，黄菊还听取了辽宁省委、省政府的工作汇报。

8月28日，黄菊一下飞机就来到阜新市太平煤海采煤沉陷搬迁改造新区。看到新区环境整洁，配套设施齐全，住房宽敞明亮，他十分满意。他走进搬迁户魏世功老人家中，看望了他们一家人，详细询问了他们搬迁后的生活状况和养老金发放、看病就医等社会保障情况。他叮嘱随行的各级领导干部，群众利益无小事，一定要认真细致地做好采煤沉陷区居民的搬迁工作，加强社区服务，为群众实实在在地排忧解难。

辽宁是我国完善社会保障体系的试点省份。黄菊在深入考察了试点工作后指出，辽宁试点工作是成功的，经验是宝贵的，要继续把完善社会保障体系试点工作切实做好。一是再接再厉，善始善终，确保年内完成试点工作任务。二是进一步总结试点工作的经验，为扩大试点提供更完善的方案。三是继续做好并轨人员的社会保障和再就业工作。四是加强养老保险个人账户资金的管理和保值增值。

黄菊十分关心辽宁的就业再就业工作。他先后到锦州市劳动保障服务中心、沈阳皇姑区职业技术培训学校、鞍山市再创业服务中心和大连戚秀玉职业介绍所，与工作人员和前来求职的下岗失业人员亲切交谈，倾听他们的意见，了解当地的再就业工作情况。黄菊要求，各级党委和政府要把刚刚结束的全国再就业工作座谈会精神和中央的各项政策措施宣传好、贯彻好、落实好。一要抓住有利时机，加紧工作，落实责任，强化督查。二要从实际出发，创造性地开展工作。三要在落实政策过程中不断完善政策，使政策效应得到充分发挥。四要搞好就业培训和服务，提高针对性和有效性，帮助更多的下岗失业人员走上新的岗位。

考察期间，黄菊来到鞍山钢铁集团公司、中国石油天然气总公司锦州石化分公司、沈阳远大集团、华晨金杯汽车公司、辽宁忠旺集团、大连造船重工公司、大连西太平洋石化公司、实德工业园区等16家企业，与企业负责人共商企业发展和加快振兴老工业基地大计。黄菊指出，支持东北地区等老工业基地加快调整和改造，是党中央从全面建设小康社会着眼作出的又一重大战略决策，具有重要的政治意义和经济意义。实现东北地区等老工业基地振兴，一要贯彻落实中央的决策和部署，充分发挥中央、地方和各个方面的积极性，用改革的办法，开放的思路，创新的精神，做好规划，突出重点，分步实施，扎实推进。二要继续深化国有企业改革，加快国有经济结构和布局调整。三要集中力量对重点行业、重点骨干企业、重点产品加快技术改造，提高老工业基地的竞争力。四要在老工业基地调整改造过程中，做好完善社会保障体系和就业再就业工作，确保社会稳定。

黄菊强调，我们要在以胡锦涛同志为总书记的党中央领导下，认真贯彻“三个代表”重要思想和十六大精神，深化改革，扩大开放，开拓创新，艰苦奋斗，做好完善社会保障体系和就业再就业工作，走出一条加快老工业基地振兴的新路子，夺取现代化建设的更大胜利。

（新华社2003年9月1日电）

黄菊在国务院再就业工作部际联席会议上发表重要讲话

中共中央政治局常委、国务院副总理黄菊11月18日主持召开会议，听取国务院再就业工作部际联席会议关于再就业工作督查情况汇报。他强调，各地区、各有关部门要认真贯彻党的十六届三中全会精神，把扩大就业放在经济社会发展更加突出的位置，在就业再就业工作取得成效的基础上，进一步完善政策，狠抓各项政策措施的落实，为下岗失业人员创业和再就业创造良好的环境。

根据全国再就业工作座谈会精神，10月中下旬，中央派出13个督查组对全国25个省、自治区、直辖市和新疆生产建设兵团的就业再就业工作进行了全面督查。从督查情况看，今年虽然遭受到“非典”疫情的严重影响，但各地区、各有关部门认真贯彻落实全国再就业工作座谈会精神，普遍加大了工作力度，结合实际，抓紧落实和完善促进就业再就业的各项政策措施，就业再就业工作取得较大进展。各地在就业再就业的实践中积累了很多经验，探索了一些行之有效的做法，为完成今年就业再就业工作打下了基础，也为明年及今后做好这项工作创造了条件。在督查中也发现，目前政策实施中还存在一些具体问题，需要进一步解决和完善。

黄菊要求，有关部门对督查中发现的问题，要提出切实可行的解决办法，突破政策执行中的难点；对督查组提出的整改建议，要继续跟踪检查、督促落实；对各地创造的好的经验和做法，要认真总结，广泛宣传，积极推广。各地区、各部门要再接再厉，扎实工作，确保完成年初确定的目标。

黄菊指出，当前就业再就业压力仍然很大，在做好当前经济和社会发展各项工作的同时，要把就业再就业工作摆在更加突出的位置，及早谋划明年的工作，抓早抓实。明年要以增加就业岗位为目标，将就业再就业工作与经济社会发展政策更紧密衔接；以落实再就业政策为主线，集中力量解决政策实施操作难点；以强化再就业服务为手段，把职业培训摆在更加重要的位置；以加大资金投入为保障，切实提高资金使用效益；以帮助困难人员再就业为重点，推动再就业援助制度化。

黄菊还要求结合扶贫帮困送温暖和社会稳定工作，指导各地开展送岗位、送技能的再就业援助活动。

国务院再就业工作部际联席会议各成员单位的负责同志，中央、国务院有关部门的负责同志出席了会议。

（新华社2003年11月18日电）

黄菊与全国劳动保障工作会议代表座谈时发表重要讲话

中共中央政治局常委、国务院副总理黄菊12月21日在与出席全国劳动和社会保障工作会议的代表座谈时强调，要以邓小平理论和“三个代表”重要思想为指导，从全局和政治的高度重视劳动保障工作，增强主动性和创造性，大力促进就业再就业，加快建设社会保障体系，努力维护劳动者合法权益。

黄菊在讲话中对今年劳动保障工作取得的成绩予以充分肯定。他指出，党中央、国务院高度重视劳动保障工作，今年以来多次进行专题研究，召开了全国性会议，作出了一系列新的决策和部署，把就业作为民生之本和安国之策，摆在了更加突出的位置。一年来，按照党中央、国务院的决策和部署，各级党委、政府加强领导，有关部门积极配合，劳动保障系统同志奋力拼搏，克服了“非典”对就业的影响，各项劳动保障工作都取得了积极进展，中央确定的全年就业目标已经实现，成绩显著，来之不易。

黄菊指出，做好明年劳动保障工作，对贯彻落实十六大、十六届三中全会和中央经济工作会议、全国人才工作会议精神，实现国民经济持续快速协调健康发展和社会全面进步十分重要。必须增强工作的主动性和创造性，坚定做好工作的决心和信心，准确把握劳动保障工作的阶段性特点，突出重点，突破难点，找准平衡点，协调推进各项劳动保障工作。

黄菊要求，要着力抓好就业再就业工作，努力完成中央经济工作会议确定的明年就业再就业的工作目标。当前我国就业再就业压力依然很大。各地区、各部门要从全局和政治的高度切实抓好落实，把中央确定的促进就业再就业的各项政策措施落到实处。要以增加就业岗位为目标，把深化改革、促进发展、调整结构和扩大就业有机结合起来。以落实再就业政策为主线，努力改善创业和就业环境。以强化再就业服务为手段，进一步加大职业培训和高技能人才队伍建设工作的力度。以加大再就业投入为保障，切实提高资金使用效益。以帮助大龄就业困难人员再就业为重点，健全再就业援助制度。与此同时，要统筹做好大学毕业生和进城务工农民的就业工作。

黄菊说，要深化改革，建立健全与我国经济发展水平相适应的社会保障体系。要继续巩固“两个确保”，做好“三条保障线”的衔接。进一步完善基本养老保险制度，继续推进医疗保险制度改革，全面实施《工伤保险条例》；要认真做好完善城镇社会保障体系试点工作，为全国完善社会保障体系探索和积累经验；要积极探索劳动保障事业发展的长效机制，努力构建起全面、协调、可持续发展的就业和社会保障体系。

黄菊指出，就业再就业、劳动关系、收入分配和社会保障是一个有机整体，要统筹兼顾，继续加大这些方面的工作力度。一是加大调整劳动关系的力度，建立和谐稳定的劳动关系。二是继续推进收入分配制度改革，规范收入分配秩序。要严厉打击无故拖欠和克扣劳动者特别是拖欠农民工工资的行为。三是推进依法行政，维护劳动者合法权益。各级劳动保障部门要进一步转变职能，创新管理体制，维护群众利益。

新年春节将到，黄菊要求劳动保障部门开展对困难群体的就业援助活动，开展对下岗失业人员和困难职工的送温暖慰问活动，引导民工有序流动，维护社会安定，使群众在安居乐业的气氛中过一个祥和的节日。

黄菊最后说，明年劳动保障工作任务十分繁重，但有利条件也很多，我们要在以胡锦涛同志为总书记的党中央领导下，认真贯彻落实中央部署，同心同德，扎实工作，为实现我国经济社会全面发展做出新的贡献。

（新华社 2003 年 12 月 21 日电）

二、劳动和社会保障部领导讲话和文章

在全国劳动和社会保障厅局长座谈会上的讲话

劳动和社会保障部部长　郑斯林

（2003 年 4 月 8 日）

这次全国劳动保障厅局长座谈会的主要任务是，传达贯彻党中央、国务院有关会议精神，研究部署当前的主要工作。刚才，其炎、东进同志分别传达了胡锦涛总书记在中央政治局第三次集体学习时的重要讲话和黄菊同志听取我部工作汇报时的重要指示精神，我们要认真学习，深刻领会，全面贯彻落实。

一、充分认识做好劳动保障工作的重要意义，进一步增强责任感、使命感和紧迫感

党中央、国务院历来高度重视劳动保障工作，将就业作为民生之本，将社会保障体系作为社会主义市场经济体制的重要支柱，作出了一系列重大决策和部署。经过各地区、各部门和社会各方面的共同努力，在巩固两个确保、促进再就业、完善社会保障体系、维护劳动者合法权益等方面，都取得了重大进展，为改革发展稳定大局发挥了积极作用，也为今后的工作打下了一个坚实的基础。劳动保障系统的广大干部职工为此付出了艰苦努力，功不可没。

新一届党中央、国务院从全面贯彻落实“三个代表”重要思想的高度，把劳动保障工作摆在十分重要的位置。从十六届一中全会到中央经济工作会议和今年的“两会”，中央领导同志的一系列重要讲话，都对劳动保障工作提出了新的任务和要求。胡锦涛总书记在中央经济工作会议上的讲话，强调要着重把握好四个方面的重点问题，其中一个重要方面就是加强就业和社会保障工作。温家宝总理在国务院第一次全体会议上的讲话，对今后五年的主要任务着重强调了五个方面，进一步加强就业和社会保障工作是其中之一；对当前的工作，提出要着力抓好七件事，其中之一就是解决困难群众生产生活问题，强调重点抓好下岗职工再就业工作，有关部门要检查再就业各项政策措施的落实情况，进一步落实好社会保障各项措施。

特别是最近一个时期，针对再就业工作和困难群众生产生活问题，党中央、国务院相继召开了几个重要会议，专题听取劳动保障工作汇报，或就有关问题进行专题研究，作出新的决策部署，提出了新的工作要求。

3 月 28 日，中共中央政治局以“世界就业发展趋势和我国就业政策研究”为内容进行第三次集体学习。总书记的讲话，高屋建瓴，内涵丰富，论述精辟，对于我们认清形势，把握大局，进一步做好就业和再就业工作，具有十分重要的指导意义。劳动保障系统要组织全体干部职工深入学习，认真贯彻落实到实际工作中去。在学习贯彻过程中，要注意

把握好以下几点：一是通过学习，进一步提高对就业问题重要性的认识，进一步增强做好就业和再就业工作的自觉性和主动性。总书记指出："就业是民生之本，是人民群众改善生活的基本前提和基本途径。做好就业和再就业工作，关系到人民群众的切身利益，关系到改革发展稳定的大局，关系到实现全面建设小康社会的宏伟目标，关系到实现全体人民的共同富裕。"一个"民生之本"、两个"基本"（基本前提和基本途径）和四个"关系到"，这就把就业工作摆在了一个更加突出、更加重要的位置。二是深入学习讲话关于就业工作"六个重大问题"和"两个方面重点工作"的重要论述，把握好工作的重点和当前工作的着力点。总书记重要讲话关于"六个重大问题"的论述，从党和国家工作全局的战略高度，深刻揭示了就业工作与经济发展、扩大内需、产业结构调整、所有制结构调整、发挥市场机制的基础性作用以及城乡经济协调发展之间的有机联系和内在规律，对于我们根据社会经济发展规律，制定实施科学的就业战略和对策，不断完善就业机制，具有重要的理论和实践意义。三是深刻理解讲话关于全面加强人力资源能力建设问题的重要论述，把加强职业培训工作，增强劳动者的就业和创业能力作为一项战略任务来部署、来落实，在促进就业和再就业工作中发挥更大的作用。

3 月 26 日，为落实胡锦涛总书记 3 月 11 日关于"在解决群众生活困难和再就业问题上，一要抓落实，二要有针对性地解决一些突出矛盾"的重要指示精神，温家宝总理主持召开国务院常务会议，专题研究解决困难群众生产生活问题。我部、民政部、国务院扶贫办作了工作汇报。会议认为，解决困难群众生产生活问题取得了明显成效，但目前群众生产生活中还有不少实际困难，有的问题还比较突出。要求有关部门要针对亟须解决的突出问题，抓紧研究落实具体措施。要进一步做好就业和社会保障工作。各级财政要加大投入力度，确保国有企业下岗职工基本生活费、企业离退休人员基本养老金、失业保险金按时足额发放。针对农垦企业和集体企业退休人员养老保险问题，会议提出了明确的措施和要求。对农垦企业，按照属地管理原则将农垦企业及其职工纳入当地养老保险体系。对解决未参保困难集体企业退休人员的基本生活保障问题，明确主要由地方负责。

3 月 25 日，黄菊同志听取我部的工作汇报，并作了重要指示。黄菊同志的讲话，充分肯定了过去五年来劳动保障工作所取得的成绩，充分强调了进一步做好就业和社会保障工作的重要性、艰巨性和紧迫性，明确了当前及今后五年的工作重点、工作目标和实施步骤。对今后五年的工作，总的要求就是坚持用改革的办法来统筹处理劳动就业工作和社会保障工作，经过五年的努力，建立起社会保障的良性运行机制，为此要在体制和机制上进行新的探索，健全、完善、开拓、创新，走出一条有中国特色的劳动和社会保障发展之路、改革之路。对实现这一目标涉及的做实个人账户、建立多渠道筹资模式和基金保值增值等事关长远的重大战略问题，提出了新的思路。关于当前工作，着重强调了四个方面，要求切实做好保障困难群众基本生活的工作，继续加大两个确保的力度，不留死角；认真抓好就业和再就业各项政策措施的落实；继续抓好完善城镇社会保障体系试点工作；进一步加大维护劳动者合法权益工作的力度。

按照党中央、国务院的安排，近期还将召开一系列重要会议：4 月中旬国务院将召开经济形势分析会，对今年以来的经济运行情况以及影响全年走势的主要因素和突出问题进行分析，研究采取应对措施，劳动保障工作是其中的一个重要方面；4 月中下旬，国务院常务会议和中央政治局常委会还将先后专题听取关于全国再就业工作会议精神落实情况和下一步工作建议的汇报；"五一"前后，中央将召开全国再就业工作座谈会。

这一切都充分说明，党中央、国务院对劳动保障高度重视，我们的工作在改革发展稳定的大局中占有十分重要的地位，面临着十分繁重的任务，责任重大，使命艰巨。全国劳动保障系统的同志一定要增强工作的责任感、使命感和紧迫感，以奋发有为、昂扬向上的精神状态和满腔热情、脚踏实地的工作态度投入到工作中去，不折不扣地贯彻落实中央的决策和部署，努力开创劳动保障工作的新局面。

二、关于当前的几项重点工作

今年是全面贯彻落实十六大精神的开局之年，是全面建设小康社会，开创中国特色社会主义事业新局面的重要一年。按照党中央、国务院的部署，今年劳动保障工作的总体要求是：以“三个代表”重要思想为指导，全面贯彻落实党的十六大精神，按照中央经济工作会议、全国再就业工作会议和“两会”的要求，继续巩固两个确保，加大就业和再就业工作力度，进一步完善社会保障体系，切实维护劳动者合法权益，协调推进劳动保障事业的发展。关于今年各项工作的具体目标任务，在去年年底召开的全国劳动和社会保障工作会议上已经作出部署，各地要进一步抓好落实。在就业和再就业工作方面，要确保实现全年新增就业800万人以上，其中帮助下岗失业人员再就业400万人以上，城镇登记失业率控制在4.5%的目标。在社会保障工作方面，要继续巩固两个确保，加强养老、失业、医疗保险扩面征缴工作；养老保险参保人数在去年基础上再增加200万人，全年养老保险基金征缴增收220亿元以上；失业保险要遏制参保人数减少的趋势，增强基金支付能力；医疗保险参保人数突破1亿人；大力推进退休人员管理社会化，力争年底将80%（2 600万人）的退休人员纳入社会化管理。在维护职工权益方面，要加强劳动保障执法监察，严厉打击侵害劳动者合法权益的行为。同时，要按照已有的工作部署，搞好街道社区劳动保障工作平台建设和金保工程建设。

最近，部领导到一些地区就当前的工作情况进行了调研，并对今年以来全国劳动保障工作的总体形势进行了初步分析。总的来看，今年以来，各地按照党中央、国务院的部署，进一步加大落实两个确保、三条保障线和再就业工作力度，劳动保障工作取得新进展，发展态势是好的。面临的主要问题是就业和再就业形势严峻，社会保险基金支付压力继续加大，影响困难群众基本生活的问题比较突出。按照“一要抓落实，二要有针对性地解决一些突出矛盾”的总体部署，当前在继续抓好劳动和社会保障各项政策措施的落实，整体协调推进各项工作的同时，要重点抓好以下几项工作：

（一）以贯彻落实中央即将召开的全国再就业工作座谈会精神为契机，进一步加大就业和再就业工作力度，务求取得更大实效

去年9月中央召开全国再就业工作会议之后，各地积极贯彻落实会议精神，工作已经初步铺开。一是制定出台了一批配套政策。29个省区市党委、政府结合当地实际对中央的政策进行细化，出台了促进下岗失业人员再就业的政策措施。如江苏、浙江、山东等地将集体企业下岗失业人员纳入了享受政策范围，北京将国有企业搬迁需安置的人员纳入了政策范围。北京、江苏、浙江等地在社会保险补贴政策方面增加了医疗保险补贴。二是建立了工作目标责任制和政策落实机制。天津、内蒙古、辽宁、吉林、河南、重庆、贵州、云南、陕西等地都明确提出了再就业工作目标，建立了政府目标责任制。吉林省政府明确提出将2003年确定为“再就业扶持政策落实年”。三是加大再就业资金投入。广东省今后三年将安排7.42亿元再就业资金，还安排1.5亿元作为民营经济吸纳下岗失业人员再就业的补助资金。浙江、云南省计划每年安排再就业资金分别为1亿元和5 000万元。山东、江苏省分别投入1亿元建立了小额贷款担保基金，江西省已发放小额贷款222万元。

但是，总体上看，工作的进度还不够快，效果还不够明显。不论是在政策的落实上，还是在推进工作取得的实效上，都与全国再就业会议提出的目标要求有较大差距。

为进一步推动全国再就业工作会议精神的落实，中央决定“五一”前后再召开一次全国再就业工作座谈会。这是继去年全国再就业工作会议之后，中央就做好就业和再就业工作召开的又一次十分重要的会议，对这项工作将是一个极大的推动。各地劳动保障部门要尽快行动起来，把工作做在前面、做到实处。会前，要充分利用好这段时间，对当地贯彻落实全国再就业工作会议精神的进展情况进行一次深入细致的调查研究，把情况摸清楚、搞准确，特别是要围绕落实中央12号文件提出的净增就业岗位、落实再就业政策、强化再就业服务、加大再就业资金投入和帮助困难群体就业这五项具体工作目标的落实情况，实事求是、不遮不掩地分析存在的问题及其原因，提出解决问题的意见和建议，及时向党委、政府汇报。会后，要按照中央的部署，在党委、政府的统一领导下，积极主动地会同各部门、各方面抓好贯彻落实，切实做到“四到位”，即领导到位、责任到位、政策到位、资金到位。今年新增就业800万人以上，其中下岗失业人员400万人以上，城镇登记失业率控制在4.5%，是党中央、国务院确定的今年国民经济和社会发展的重要指标，必须完成，不能打任何折扣。三项指标是全国性的，工作的基础则在各个地区。各地落实情况的好坏，不仅是考核各地劳动保障部门工作情况的重要指标，也是党政领导政绩考核的重要内容。对此，中央12号文件有明确规定。希望各地劳动保障部门务必进一步提高认识，下更大的决心，花更大的力气，把这项工作落实好。

这里需要强调的一点是，各地在再就业工作中，要重点做好“4050”大龄困难群体的再就业工作，这是解决好困难群体生产生活问题的重要内容和治本之策。应当说，由于用以安置这部分人员的社区公益性岗位大都掌握在政府和社区手里，只要下决心去推动，并且与街道社区劳动保障工作平台建设结合起来，工作就能比较快地见到成效。今年安置“4050”人员再就业总的目标是达到100万人以上，这同样要作为一项硬指标。

（二）继续巩固两个确保，搞好三条保障线的衔接

总体上看，今年以来，下岗职工基本生活费和失业人员的失业保险金基本做到了按时足额发放；养老保险除海南省农垦企业外，也基本没有发生新的拖欠。但是，两个确保方面仍然存在一些值得注意的问题：一是领取失业保险金人数持续增加，预计今年高峰月份领取人数将超过500万人，失业保险基金面临更大的支付压力。二是失业保险和养老保险参保缴费人数下降的问题十分突出。2月底，全国参加失业保险人数10 081万人，比上年末有所减少。养老保险参保人数为14 903万人，比上年底增加166万人，但缴费人数却减少169万人。三是由于离退休人数持续增长（2月底比上年底增加54万人）和缴费人数下降等原因，养老保险基金支付压力加大，保发放的基础非常脆弱。

为此，我们要继续加大两个确保工作力度。在下岗职工基本生活保障方面，对中心内的下岗职工，继续保障其按时足额领取基本生活费和代缴社会保险费；对协议期满暂时无法解除劳动关系的下岗职工，继续运用现有各类渠道筹措的资金保障他们的基本生活。在企业离退休人员基本养老金发放方面，继续加强扩面征缴、提高统筹层次、增强基金调剂能力，切实做到企业离退休人员基本养老金按时足额发放。同时，进一步加大两个确保的督促检查和社会监督力度，对存在的问题发现一起，查处一起。在做好面上工作的同时，要着力解决好两个突出问题：

一是按时完成农垦企业纳入地方养老保险统筹的任务。国务院第2次常务会议明确：要按照属地管理原则，将农垦企业及其职工纳入当地养老保险体系，由此增加的养老保险基金支出缺口，中央财政区别情况予以处理，对已参保企业和东部沿海省市不予补助，中央直属企业全额补助，中西部地区的地方垦区适当补助，具体由中央财政在确定对地方养老保险专

项转移支付时算账，给予追加。会议要求劳动保障部、财政部、农业部结合农垦体制改革，研究提出农垦企业参加养老保险的具体办法。我们要按照国务院的部署，抓紧会同有关部门认真进行调查摸底和资金测算，研究提出具体意见，报国务院批准后尽快组织实施。

二是积极应对失业保险基金缺口。去年，辽宁、陕西、重庆、浙江、天津、吉林6个省市基金当期收不抵支，还有一些省市的部分统筹地区也出现了较大基金缺口。今年随着并轨工作的推进，出中心未就业的下岗职工和企业新裁员直接进入失业保险，基金支付压力将进一步增大。各地要未雨绸缪，及早测算，进一步加强失业保险扩面征缴工作，保证符合条件的失业人员都能按时领到失业保险金。

（三）切实做好解决群众生产生活困难的工作

解决困难群众生产生活问题，是国务院第一次全体会议确定的七项重点工作之一。我们要按照国务院领导同志提出的要求，同有关部门一道，进一步加大工作力度，切实做到群众的生活困难有人问、有人帮、有制度保障。应当看到，劳动保障工作在解决困难群众生产生活问题方面占有很重的分量，不论是两个确保、再就业，还是解决未参保集体企业退休人员基本生活保障问题、农垦企业退休人员养老保险问题、困难职工医疗保障问题以及遏制工资拖欠等等，都是解决困难群众生产生活问题的重要内容。按照中央的部署，我们的工作要从两个方面着手：一方面是要抓好现行各项政策措施的落实，重点是抓好两个确保、三条保障线和再就业政策的落实。这三个方面的工作抓好了，就能基本解决大多数困难群众生产生活问题。另一方面，要有针对性地解决一些突出矛盾和问题。一是农垦企业问题，政策已经明确，主要是落实。二是未参保困难集体企业退休人员基本生活问题。国务院明确要求，这项工作主要由地方负责，对未参加过养老保险统筹、无缴费能力的城镇困难集体企业退休人员，各地可根据实际情况确定具体解决办法。按照《国务院批转劳动保障部等部门关于辽宁省完善城镇社会保障体系试点情况报告的通知》精神，有条件的地区也可以采取按当地城市居民最低生活保障标准全额发放生活费的办法来解决这一问题。三是采取典型引路的办法，完善有关政策，逐步解决困难职工医疗保障问题。对有部分缴费能力的企业，采取先建统筹基金、不建个人账户的办法，将其纳入基本医疗保险。同时，积极配合民政部门加快建立社会医疗救助制度。

（四）进一步加大维护劳动者合法权益的工作力度

切实维护劳动者的合法权益，是贯彻落实“三个代表”重要思想，实践执政为民的具体体现，是劳动保障部门依法行政的重要内容，必须作为一项重点工作来抓。当前的重点，一是要加大劳动保障监察执法力度，督促用人单位严格遵守劳动合同制度，规范用工行为，加大劳动关系调整力度。二是切实加强关闭破产企业职工安置和社会保障工作。认真审核关闭破产企业职工安置方案和社会保障处理办法，凡方案不明确、资金不到位的，不得进入关闭破产程序。三是加强工资发放的监督检查，重点是遏制发生新的拖欠，严厉查处恶意拖欠。四是做好突发事件的预防处理工作，逐步将劳动争议、群体上访等纳入法制化轨道，把矛盾化解在基层、化解在萌芽状态，严防事态扩大。

（五）积极稳妥地推进完善城镇社会保障体系试点工作

前不久，国务院批转了我部和有关部门上报的《关于辽宁省完善城镇社会保障体系试点情况的报告》。按照国务院通知要求和国务院领导同志指示精神，今年试点工作的主要任务：一是指导辽宁省进一步做好试点工作，跟踪了解辽宁试点的动态和运行情况，完善和落实有关政策，搞好试点的总结评估。二是指导黑龙江、吉林两省制定试点方案，并认真组织实施。三是对其他有条件的地区自行开展试点进行指导。

三、切实转变工作作风，加强党风廉政建设

作风建设、廉政建设，关乎一个部门的形象，关乎执政党地位的巩固，关乎国家的前途命运。劳动保障工作涉及广大职工群众的切身利益，直接面对职工、面对百姓、面对企业，加强劳动保障部门的作风建设和廉政建设显得尤为重要。各级劳动保障部门要认真学习贯彻中纪委二次全会和国务院廉政工作会议提出的各项要求，切实转变工作作风，加强廉政建设。

（一）切实增强加强廉政建设和反腐败工作的自觉性

加强党风廉政建设和反腐败工作，是贯彻“三个代表”重要思想的必然要求，是提高政府行政能力和水平的迫切需要，也是完成新世纪新阶段各项任务的重要保证。各级劳动保障部门的同志一定要站在全面贯彻“三个代表”重要思想的高度，站在认真履行人民政府职责的高度，站在全面建设小康社会的高度，进一步提高对这项工作重要性、紧迫性和艰巨性的认识，以更大的决心、更高的自觉性、更扎实的工作，旗帜鲜明、坚定不移地加强党风廉政建设和反腐败工作。

（二）认真落实中央关于廉政建设和反腐败工作的各项规定

按照今年政府系统廉政建设和反腐败工作的总体要求，各级劳动保障部门要切实做到坚持从严执政、依法行政的方针，标本兼治、综合治理。一是要进一步落实廉洁自律规定，规范从政行为。当前重点是落实好“四个不准”“五个严禁”“四个严格控制”和“四个坚决制止”。二是深化改革，创新体制，加大从源头上预防和解决腐败问题的力度。三是严格依法行政，强化对行政权力的制约和监督。四是进一步转变工作作风，努力树立行为规范、运转协调、公正透明、廉洁高效的劳动保障部门新形象。

这里我想特别强调一下监督问题。权力只有在监督下才能得到有效地行使。失去监督的权力、绝对的权力，必然导致腐败。我们一定要牢牢记住，权力是党和人民给予的，绝不能滥用权力。这里，我要郑重地承诺，我本人、部党组各同志以及各司局的同志，一定从自身做起，廉洁自律，以身作则，自觉接受监督。希望我们全系统的同志，都要廉洁从政，自觉接受人民群众的监督，使我们这个部门真正成为一个廉洁的部门，党和人民信得过的部门，努力为人民群众办实事的部门。

（三）厅局一把手要带头加强作风建设

第一，一把手要做贯彻党的民主集中制的模范。党的十五届六中全会提出“八个坚持、八个反对”，其中之一就是坚持民主集中制原则，反对独断专行、软弱涣散。民主集中制是马克思主义政党的伟大创造。中国共产党从成立之初，就将其作为一项根本组织制度和领导制度，党的三代领导人对此都很重视，毛泽东、邓小平、江泽民同志都作过许多深刻的阐述。一个单位民主集中制执行得好不好，很大程度上取决于这个单位党组织的状况，其中关键是一把手。民主搞得好不好取决于一把手，集中搞得好不好同样取决于一把手。一把手必须做到政治坚定、作风端正、政绩突出、群众公认，这是基本要求。要做到这一要求，我认为应当把握和处理好五个关系：一是要当好班长，但不要当家长；二是处事果断，但不要武断；三是工作要放手，但不要撒手；四是要统揽全局，但不要包揽一切；五是工作要过细，但不要事无巨细、事必躬亲。总之，一把手要认真履行职责，对党和人民的事业负责，对同志重原则、讲感情，对工作有新意、不犯忌，要善于充分调动一切积极因素。

第二，一把手要有大局意识。劳动保障工作是党和国家全局工作的一部分，要从经济社会发展的总体部署来考虑，结合改革发展稳定的各项工作来安排，作为关心群众生产生活的重点任务来落实。此外，从劳动保障工作自身看，也有个就业工作、社会保障和劳动工资三块业务之间，如何通盘考虑、协调推进的问题。一把手必须做到胸怀全局，放眼长远，突出重点，统筹兼顾。要学会运用弹钢琴的方法，在集中力量完成好重点工作的同时，协调推进各项劳动保障事业的发展。

第三，一把手要两手抓，两手都要硬。劳动保障部门是政府的职能部门，既要抓业务工作，也要抓思想建设，业务工作和思想作风建设要一起抓，两手硬。思想不对头、作风飘浮、对人民群众没有深厚的感情，是难以做好劳动保障工作的。要认真贯彻落实胡锦涛总书记在考察西柏坡时提出的“两个务必”的要求，切实做到权为民所用、情为民所系、利为民所谋，心中始终装着人民群众，用实际行动为人民群众排忧解难。要深入实际，深入群众，力戒形式主义，反对搞不切实际的花架子，说实话，办实事，求实效。

让我们在以胡锦涛同志为总书记的党中央领导下，高举邓小平理论伟大旗帜，全面贯彻“三个代表”重要思想，认真落实党的十六大精神，同心同德，扎实工作，努力开创劳动保障工作新局面，为改革发展稳定大局做出新的贡献。

加快推进就业和再就业工作
全面完成今年各项劳动保障工作任务

——在全国劳动和社会保障厅局长座谈会上的讲话

郑斯林

（2003年8月16日）

刚刚结束的全国再就业工作座谈会，是继去年9月全国再就业工作会议之后，新一届中央领导集体专门研究部署就业和再就业工作的一次十分重要的会议。会上，胡锦涛总书记发表重要讲话，温家宝总理作部署安排，黄菊副总理作总结讲话。中央领导同志的讲话，高屋建瓴，总揽全局，从深入贯彻“三个代表”重要思想的高度，深刻分析了当前就业和再就业工作面临的形势，对进一步做好就业和再就业工作提出了明确的目标任务和工作要求。全国再就业工作座谈会之后，我们紧接着召开劳动保障厅局长会议，主要任务是：深入学习中央领导同志重要讲话精神，抓紧贯彻落实会议提出的要求，细化目标任务，强化工作措施，全力以赴地做好就业和再就业工作，不折不扣地完成年初确定的各项劳动保障工作任务。

一、加大工作力度，加快工作节奏，千方百计完成今年就业和再就业工作任务

党中央、国务院高度重视就业和再就业工作。从去年全国再就业工作会议到这次会议的召开，在不到一年的时间里，中央两次专门召开会议研究部署就业和再就业工作，出台了一系列政策措施。今年以来，以胡锦涛同志为总书记的新一届中央领导集体，将就业和再就业工作摆到更加突出的位置，作为实践“三个代表”重要思想、实践执政为民的一项重大措施，作为经济和社会发展全局工作的一项重要内容，多次听取汇报，进行专题研究，并深入基层考察调研，作出了一系列重要指示。在这次全国再就业工作座谈会上，胡锦涛总书记的重要讲话，全面分析了当前及今后一个时期的就业和再就业形势，明确提出了做好再就业工作的任务和要求，强调要着眼长远，创新思路，积极探索符合我国国情的就业发展战略，继续把就业和再就业工作作为一项利国利民的重大任务抓紧抓好，特别是要集中力量抓好开发再就业岗位、落实再就业扶持政策、增加再就业资金投入、强化再就业技能培训、搞好再就业服务、转变就业观念、落实社会保障政策等方面的工作，提出并深刻阐述了涉及长期就业战略的五个重要问题：一是要坚持抓好发展这个党执政兴国的第一要务，把就业和再就业工作放在更加突出的位置；二是大力提高经济竞争力，注重发展就业容量大的产业和企业；三是继续深化国有企业改革，采取多种方式分流富余人员；四是加强人力资源能力建设，不断提高劳动者的创业和就业能力；五是提高对外开放水平，通过扩大国际交换发挥我国劳动力资源优势。温家宝总理的重要讲话，对做好当前就业和再就业工作进行了全面部署，提出了就业和再就业工作的具体任务和工作要求，重点强调了五个方面的工作：一是落实和完善促进再就业的政策，进一步明确了有关政策界限；二是重点做好困难地区、困难行业和困难群体再就业工作；三是统筹做好全社会就业工作；四是强化公共就业服务；五是继续加强社会保障工作。黄菊副总理的总结讲话，对各地贯彻落实再就业工作座谈会精神作出了具体安排，强调将学习贯彻会议精神与推进就业再就业工作取得实效相结合，进一步明确了再就业的政策措施和实现今年目标任务的工作要求。我们一定要认真学习、深刻领会中央领导同志的重要讲话精神，从全局和战略的高度进一步增强对就业和再就业工作重要性、紧迫性的认识，进一步增强责任感和使命感。

今年后4个月，就业和再就业工作任务十分艰巨。各级劳动保障部门要将贯彻落实全国再就业工作座谈会精神，切实完成中央确定的就业和再就业工作目标，作为劳动保障系统的一项重要任务，振奋精神，坚定信心，加大工作力度，加快工作节奏，确保全面完成今年新增就业800万人以上，实现下岗失业人员再就业400万人以上（其中“4050”人员100万人），将城镇登记失业率控制在4.5%的目标任务。

（一）强化责任体系，落实工作目标

健全责任体系，完善工作机制，是抓落实的重要保证。各地的工作实践表明，哪个地方责任体系健全，目标明确，责任明确，哪个地方的工作就起步快、起点高、进展快。全国再就业工作座谈会进一步强调要建立健全再就业工作责任体系，并要求劳动保障部门切实负起组织协调的责任。落实这一要求，劳动保障部门要抓住三个环节：一是要积极向党委、政府提出建议，切实把就业和再就业工作作为当地党委、政府的一把手工程，由主要负责同志亲自部署和检查，根据会议精神细化各级政府、各部门的责任。还没有建立目标考核与责任追究制度的地区，要尽快建立这一制度，已建立的要根据这次会议精神进一步完善。二是加强与有关部门的协调配合，巩固和发展已经形成的良好工作机制。去年全国再就业工作会议以来，再就业的部门协作机制得到加强。今年5月，国务院建立了再就业工作部际联席会议制度，各地也相继建立了再就业工作联席会议制度，并在完善细化优惠政策、研究解决具体问题、推动政策落实等方面逐步发挥重要作用，这是进一步做好再就业工作的组织保证。各地要在当地政府统一领导下，进一步发挥联席会议制度的作用，针对工作中存在的问题，积极提出建议，及时组织协调有关部门研究解决。三是要切实履行好劳动保障部门自身所承担的职责。从现在到年底仅有4个半月的时间，要完成全年差不多一半的工作量，任务相当艰巨。各级劳动保障部门要抓紧制定详细的工作计划和时间进度表，并落实到具体的部门和人员。要扎扎实实地做好职业介绍、职业培训、社区劳动保障服务、社保关系接续等工作。要以开发就业岗位、落实优惠政策、强化就业服务、完善工作手段，以及解决好困难群体再就业为重点，层层建立目标责任制，层层分解具体指标，层层抓好落实。

（二）全面落实再就业政策，着力解决重点、难点问题

从各地反映的情况看，优惠证发放进展慢、税收减免政策落实难、小额贷款发放难和公益性岗位开发力度不够等，是影响再就业政策全面落实和取得实效的突出问题。产生这些问题的原因，主要还是工作不到位、环节不配套。解决好这些问题，必须紧密结合当地实际，采取有针对性的对策措施。会前，各部门制定出台了十多个涉及几项主要政策的规范性文件，进一步明确了落实这些政策的具体操作办法和程序。这次全国再就业工作座谈会上，温家宝总理、黄菊副总理在讲话中又进一步明

确了有关政策的界限，很有针对性，非常及时，不仅更便于操作，而且进一步降低了门槛，放宽了享受范围，并在调整资金使用方向、有效地运用现有资金妥善解决经济补偿和促进再就业上给地方更大的政策空间，各地要认真落实。这次全国再就业工作座谈会上交流了一批落实再就业扶持政策的经验和做法，各地要认真学习借鉴，结合当地实际，创造性地开展工作。在再就业政策的贯彻落实过程中，要从有利于解决实际问题和促进再就业出发，从宽掌握，为就业和再就业创造更宽松的环境。

（三）积极推进岗位开发，切实帮助困难群体再就业

各地要结合本地实际，找准就业增长点，推进岗位开发，并将岗位开发与促进困难群体再就业结合起来，通过岗位开发特别是社区公益性岗位的开发，千方百计帮助困难群体再就业。加大对服务业、非公有制经济、中小企业、劳动密集型企业等新的就业增长点的扶持力度，保证新增就业岗位任务的实现。当前重点要加大公益性岗位开发力度，这不仅有利于安排就业困难人员就业，增强下岗失业人员再就业的信心，也将对地方改革发展稳定大局产生直接的积极影响和作用。一些地方将近期工作的着力点放在开发公益岗位上，效果很明显，这一经验值得推广。年底前，各地应把开发社区公益性岗位，帮助就业困难群体再就业作为重中之重，下决心抓出成效。依托街道社区开展再就业援助，努力实现帮助100万困难对象再就业的任务。

（四）加强就业的宏观调控，统筹做好大学生就业和农民工流动就业工作

受“非典”疫情影响，今年高校毕业生就业和农民工流动就业出现了一些新情况和新问题。虽然7月中旬高校毕业生就业签约率与去年持平，但由于全年高校毕业生基数大，目前尚有70多万高校毕业生需要安排就业；疫情期间返乡的农民工大多数又返城就业，预计下半年农村劳动力转移就业规模将继续扩大。针对这种情况，必须充分发挥市场就业机制的作用，加强就业宏观调控，积极落实各项政策，统筹做好这两部分人员的就业工作。一是继续做好未落实工作单位的大学毕业生就业服务工作。认真贯彻国务院关于大学生就业工作的部署和要求，继续在职业院校推行“双证”制度，组织实施“高职毕业生职业资格培训工程”和多种形式的创业培训。充分发挥公共职业介绍机构的作用，对高校毕业生加强职业指导和就业信息服务。加强失业登记和组织管理，对未就业和生活困难的高校毕业生给予生活和就业方面的帮助。二是加强农民工流动就业的管理和服务工作。按照确保安全、按需有序的原则，做好农民工进城就业的指导工作。加紧会同有关部门制定和实施农民工培训规划，大力推进农村富余劳动力的职业培训工作，促进农村富余劳动力转移就业。三是加强宏观调控，规范企业减员程序，合理调控企业分流减员的规模和节奏，有效地控制失业率过快增长。企业关闭破产必须在落实好职工安置的方案、资金和措施后才能实施。大力推动国有大中型企业更好地运用主辅分离、辅业转制政策，分流安置富余人员，尽量减少推向社会的人数。

（五）加强工作调度，建立督促检查制度

各地要抓紧建立政府有关部门自上而下的监督检查制度，建立社会和群众自下而上的监督举报制度。继续加强每月的进度检查，认真检查岗位开发计划的落实、实现再就业的人数等情况，及时报告工作进度，不得虚报、误报，切实做到领导到位、责任到位、政策到位、资金到位。这次座谈会上，中央已部署对全国再就业政策和工作落实情况进行专项检查，初步安排是8月发出通知，9月由各地自查，10月由中办、国办组织中央督查组进行联合检查。督查的目的是推动工作，保证今年任务目标的完成。各地要以此为契机，积极开展工作，突破难关，抓实工作，推进本地再就业工作取得实效。

在努力完成今年就业和再就业工作目标和

任务的同时，各地要着眼长远，重点围绕胡锦涛总书记重要讲话提出的五个重大战略问题，着眼长远，创新思路，进行新的探索，积累新的经验。要瞄准国民经济发展和结构调整的总体战略需要，研究探索开发就业岗位、实现就业可持续增长、多渠道分流富余人员、提高劳动者创业和就业能力以及开拓国际劳务市场的新举措。加快就业工作的制度化建设，为促进就业和再就业创造稳定、宽松的制度环境。逐步消除制约劳动力市场健康发展的制度障碍，进一步完善劳动者自主就业、市场调节就业、政府促进就业的就业机制。加强形势分析和预测，从现在起就要着手研究制定今后一个时期特别是明年的就业工作计划，科学确定就业和再就业的任务目标，做到心中有数，把握主动权。就业的战略研究和就业工作计划，部里要拿一个框架性的方案。各地也不要等，应结合本地实际，积极开展研究，把工作做在前面。

二、统筹兼顾，协调推进，全面做好各项劳动保障工作

在这次全国再就业工作座谈会上，中央领导同志在讲话中明确强调，搞好社会保障和扩大就业，是相辅相成的两个重要方面，在进一步做好就业和再就业工作的同时，要进一步加强两个确保和城市低保工作，并对进一步做好其他各项劳动保障工作提出了明确的要求。从今年以来的情况看，虽然经受了“非典”疫情的严峻考验，但劳动保障工作总的形势是好的，在就业和再就业工作取得初步进展的同时，两个确保继续得到巩固，社会保险覆盖范围继续扩大，基金收入增长较快，完善城镇社会保障体系试点工作平稳推进，劳动工资和其他各项工作都得到进一步加强。后4个月，我们要按照这次会议的要求，在加快推进就业和再就业工作的同时，统筹兼顾，协调推进，全面完成今年的各项劳动保障工作任务。

（一）继续巩固两个确保，切实做好困难群众的基本生活保障工作

继续巩固两个确保，搞好三条保障线衔接，是劳动保障部门贯彻落实中央要求，解决好困难群众生产生活问题的重要工作。当前的工作重点：

一是抓紧落实农垦企业按照属地原则参加基本养老保险的政策。农垦企业拖欠养老金，是近年来影响两个确保的一个突出难点。经国务院批准，我部会同有关部门制定的《关于农垦企业参加企业职工基本养老保险有关问题的通知》下发后，各地高度重视，劳动保障部门会同有关部门认真开展调查研究，抓紧制定实施办法。目前，多数地区已经形成了初步意见。但从总体上看，这项工作进展不够快。各地要严格按照规定，结合本地实际，尽快抓好落实，实施办法要保证在8月底前上报部里。在落实过程中，要加强对拖欠问题比较突出地区的工作指导。对已经纳入当地统筹的，要确保基本养老金按时足额发放。总的目标，就是通过解决农垦企业这个难点问题，做到不再出现新的拖欠，力争实现全年无拖欠。

二是切实搞好失业保险工作，加强并轨过程中与下岗职工基本生活保障的衔接。7月份，全国领取失业保险金的人数为442.6万人，比上年同期增长16.9%。目前，北京、辽宁、上海、浙江、福建、广东6省市的再就业服务中心已全部关闭，天津、内蒙古、江苏、安徽、山东、广西、海南等省份，失业保险已成为下岗失业人员的主要保障形式。从全国情况看，目前有部分省份失业保险基金出现当期收不抵支，加之下半年失业率有可能继续攀升，领取失业保险金人数呈较快增加趋势。各地要进一步加强失业保险工作，切实保障失业人员的基本生活。对所有符合条件的失业人员都要按时足额发放失业保险金，并提供再就业服务。对失业保险基金可能发生收不抵支的，要及时向政府汇报，积极筹措资金，确保支付。对于享受失业保险待遇期满而未再就业的人员，要及时向民政部门通报情况，将符合条件的人员纳入城市低保。

三是落实特殊人员的社会保障政策。要按照国务院的要求，积极做好企业复转军人等人员的稳定工作，认真落实其社会保障待遇。根据中央关于推进国有林场改革的决定，研究解决国有林场职工的社会保险问题。

（二）继续抓好扩面征缴工作

今年以来，社会保险扩面和基金征缴工作进展较快。7月底，养老和医疗保险参保人数分别达到15 124万人和10 198万人，比去年底分别增加388万人和798万人，均提前完成了年初确定的工作目标。失业保险在国有和集体企业职工持续减少情况下，促进其他企业和事业单位人员参保234万人，参保人数为10 102万人。1—7月，企业基本养老保险基金征缴收入1 403亿元，同比增收231亿元，增长19.7%；医疗保险基金总收入475亿元，同比增收167亿元，增长54.2%；失业保险基金收入130亿元，同比增收20.3亿元，增长18.4%，三项基金都保持了较高增幅。在上半年“非典”疫情比较严重的情况下，这样的成绩来之不易。但是，我们仍然必须保持清醒的认识，因为不论是从当前看还是从长远看，我国社会保险都面临着许多困难，如起步比较晚，历史积累问题很多，覆盖范围还比较窄，大量的个体从业人员和灵活就业人员尚未纳入社会保障体系，中断缴费的下岗失业人员还有不少人尚未继续缴费，基金还存在着较大的缺口，扩面征缴工作不能有丝毫放松。

一是继续狠抓扩面。要通过实施月调度、季通报以及加大信息交流力度等措施，加强对扩面工作的指导，着力指导工作进展较慢地区加快进度。要以个体工商户和灵活就业人员为重点，落实他们参加社会保险的有关政策措施。普遍开设下岗失业人员和灵活就业人员专门缴费窗口，方便他们续保和参保。要做好国有企业下岗失业人员灵活就业后参加基本医疗保险工作，积极研究解决困难企业及关闭破产企业人员医疗保障资金问题。失业保险要进一步加大向非公有制企业和事业单位扩面力度，有效遏止参保人数下降局面。

二是强化基金征缴。要认真落实《社会保险费征缴暂行条例》和《社会保险稽核办法》，坚持集中统一征收，按险种记账，严格、规范、持续地开展稽核工作，做到应收尽收。以欠缴社会保险费企业大户为重点，加大追缴欠费力度。确保养老保险基金征缴收入增加320亿元，力争做到增收大于增支。

三是要积极做好《工伤保险条例》实施前的各项准备工作。明年1月1日条例正式实施前，各地要按照部里的统一部署，抓紧制定配套文件，做好机构、人员、政策衔接、数据信息准备和宣传等工作，确保条例顺利实施。

（三）加快推进企业退休人员管理服务社会化

推进企业退休人员社会化管理服务，是在基本实现企业离退休人员养老金社会化发放后，社会保障体系建设与时俱进的具体体现。为推动这项工作，中办、国办转发了我部等部门《关于积极推进企业退休人员社会化管理服务工作的意见》，这对于各方面形成工作合力，加快企业退休人员社会化管理服务步伐创造了条件。7月底，全国已实现社会化管理服务的企业退休人员1 830.2万人，占企业退休人员总数的54.2%，北京、辽宁、上海达到80%以上，吉林、湖北、湖南、重庆和四川达到60%以上。但总体上看，离年初确定的工作目标还有相当大的距离，必须下更大力气才能完成。下半年，要全面落实中办、国办的通知要求，认真做好政策宣传工作，继续按月通报各地和全国重点联系城市社会化管理工作进度，开展企业退休人员社会化管理服务评估，督促工作进展较慢地区采取措施，加快进度，力争年底完成80%的企业退休人员纳入社会化管理的目标。

（四）认真开展完善城镇社保体系试点工作

今年以来，辽宁省完善城镇社会保障体系试点工作取得新进展。6月底，全省累计做实个人账户基金64.9亿元，累计完成并轨156.6万人，关闭了全省再就业服务中心。试点情况表明，在辽宁这样一个国有企业比较集中、下岗失业人员较多的地区，完善城镇社会保障体系实现突破并取得初步经验，不仅有利于加快形成独立于企业事业单位之外、资金来源多元化、保障制度规范化、管理服务社会化的社会保障体系，而且对振兴东北等老工业基地，推动国有企业改革具有重要意义。按照国务院的要求，下半年，要指导辽宁省善始善终地完成试点任务，做好总结评估工作，研究制定扩大试点的工作方案。

（五）加强劳动保障监察和劳动争议处理工作，维护劳动者合法权益和社会稳定

今年以来，劳动工资和劳动保障监察工作进一步得到加强。各地按照部里下发的《关于非全日制用工若干问题的意见》和《关于加强劳动保障监察工作的通知》，加强了对用人单位非全日制用工的管理，加大了对侵害劳动者权益案件的查处力度。1—6 月，全国劳动保障部门共受理劳动争议案件 5.3 万件，涉及劳动者 16 万余人，并及时认真处理，结案率达 84.5%；共查处各类违法案件 13.2 万件，责令用人单位补签劳动合同 381.5 万份，为劳动者追回拖欠的工资 11.1 亿元，追缴社会保险费 12.7 亿元。下半年，涉及“非典”的劳动争议案件有可能增加，各级劳动保障部门要加强对用人单位特别是非公有制企业执行国家劳动和社会保障法规政策情况的监督检查。按照国务院办公厅最近下发的《关于妥善处理因防治非典型肺炎引发的矛盾和纠纷的通知》及部里下发的有关通知要求，依法妥善处理好与防治“非典”有关的劳动争议案件，对用人单位以感染“非典”为由解除与劳动者的劳动合同，不按规定支付“非典”患者、疑似病人和被隔离人员在治疗、隔离期间工资的违法行为，要及时严厉查处。要抓紧研究修订有关工资支付、最低工资保障等方面的规章，规范企业工资支付行为。要继续将解决拖欠工资问题尤其是拖欠农民工工资问题作为一项重要工作来抓，严厉打击恶意拖欠和无故克扣劳动者工资的行为。要落实维护稳定的工作责任和制度，加强对重点企业的监控和分析，注意排查并及时消除各种群体性事件隐患，切实维护企业和社会稳定。

（六）加快金保工程和街道社区劳动保障机构建设

这两项基础工程在上半年取得明显进展，各地建立了金保工程建设调度制度，辽宁、天津已实现与部里的养老保险信息联网；7 月底，已建立劳动保障工作机构的街道占街道总数的 95%，已聘用人员开展劳动保障服务工作的社区占社区总数的 80%，内蒙古、吉林、黑龙江、上海、河南、青海等省份在所有城区（包括地级以上城市和县级市）的街道社区均已建立了劳动保障工作平台。下一步，要按照统一规范、养老先行、分步实施、全国联网的要求，加快金保工程建设。年内计划与部联网的省市要确保完成任务，其他地区也要争取早日实现部省联网。要进一步加快街道社区劳动保障机构建设，加强分类指导，对于机构建设进度较慢的地区，要督促其采取切实有效的措施，加快工作进度；已经建立机构的地区，要注重培训队伍，夯实工作基础，完善工作程序，提高工作效率，为下岗失业人员和企业退休人员提供及时便捷的服务。

这里要特别强调的是，各地要继续落实好中央关于“两手抓”的战略部署，坚持一手抓防治“非典”这件大事不放松，一手抓经济建设这个中心不动摇，提早制定工作预案，认真落实责任制，坚持完善经常性预防工作机制，常抓不懈，确保“非典”防治和业务工作两不误。

三、以“三个代表”重要思想为指导，进一步加强劳动保障队伍的思想建设和作风建设

下半年劳动保障工作任务十分繁重。越是在任务繁重的时候，就越是对我们克服困难的勇气和奋发有为的精神状态进行考验的时候，就越需要加强学习，振奋精神，转变作风，为做好就业和再就业工作，全面完成今年的各项劳动保障工作提供思想政治保障。

（一）深入学习贯彻“三个代表”重要思

想，用“三个代表”统领劳动保障工作全局

兴起学习贯彻“三个代表”重要思想新高潮，是当前全党全国的首要政治任务。前不久，为推动全系统的学习，部里连续下发了几个通知，对学习贯彻工作作了全面部署。我们要按照中央通知要求，认真学习胡锦涛同志“七一”重要讲话，在劳动保障系统兴起学习贯彻“三个代表”重要思想的新高潮，把思想和行动统一到中央的决策部署上来。一是要在深入学习上下工夫。“三个代表”重要思想博大精深，是马克思主义在中国发展的最新成果。学习“三个代表”重要思想，要同研读党的十六大报告和党章结合起来，同研读江泽民同志的一系列重要著作和讲话结合起来。通过学习，在对“三个代表”重要思想的时代背景、实践基础、科学内涵、精神实质和历史地位的认识上达到新的高度，在认真贯彻“三个代表”重要思想的根本要求上取得新的成效。二是要在结合实际上下工夫。要结合全面建设小康社会的奋斗目标进行学习，加深对社会主义建设规律和发展规律的认识，提高劳动保障系统干部职工的思想理论水平；要结合当前改革开放的全局工作进行学习，准确把握劳动保障工作在党和国家全局工作中的地位和作用，增强为改革开放全局服务的意识，增强做好劳动保障工作的责任感和紧迫感；要结合当前劳动保障工作实际情况进行学习，用“三个代表”重要思想分析当前形势，查找存在的问题，推动实际工作。三是要在贯彻落实上下工夫。学习的目的在于应用，要把学习的成果贯彻落实到促进就业和再就业的实践中去，贯彻落实到加快完善社会保障体系的实践中去，贯彻落实到深化劳动工资制度改革的实践中去，以学习贯彻“三个代表”重要思想焕发出的热情和干劲，全面完成今年各项劳动保障工作任务。

（二）创造性地开展工作，增强工作的预见性、系统性和主动性

当前和今后一个时期，劳动保障工作任务繁重而艰巨。在这种情况下，我们不仅要有不怕疲劳、连续作战的勇气，有不怕吃苦、甘于奉献的精神，还要有科学的工作方法，善于把当务之急与长远规划结合起来，把贯彻落实中央的方针政策与创造性开展工作结合起来，在完成好当前工作任务的同时，逐渐形成良好的工作机制和制度模式，增强工作的预见性、系统性和主动性。一是要注重因地制宜开展工作。由于各地经济发展水平和产业结构情况差别较大，工作的重点和难点也不尽相同，这就要求我们必须因地制宜，分类指导，创造性地开展工作。一些地方在小额贷款操作办法、解决困难群体再就业等方面的生动经验说明，只有植根于地方实际，才能把就业和再就业工作开展得有声有色，并做出成效。二是要注重调研工作。各级领导干部要集中精力和时间，深入基层，深入群众，特别是要到最困难的地方去，到群众意见多的地方去，到工作进展慢的地方去，研究新情况，解决新问题。要善于发现典型，总结新鲜经验和做法，发挥典型经验的示范引导作用。三是要注重对涉及劳动保障长远发展重大问题的研究。按照胡锦涛同志“七一”重要讲话中提出的要求，加强对“如何扩大就业和再就业，如何进一步深化收入分配制度改革、健全社会保障体系”问题的研究，不断推进劳动保障的理论创新、制度创新和机制创新。最近，部里按照国务院领导同志的要求，开展了养老保险的综合调研，就如何建立养老保险的良性机制问题进行了初步的探索。各地也要结合工作实际，加强对劳动保障工作重大问题的研究。

（三）加强劳动保障系统作风建设，满腔热情，脚踏实地地为职工群众办实事

劳动保障工作涉及广大职工群众的切身利益，直接面对职工、面对百姓、面对企业，我们的政策制定是否体现了广大人民群众的根本利益，在具体落实中是否能让群众满意，发现问题后是否能及时纠正，不仅关系到劳动保障部门的形象，而且关系到我们党和政府的形象，关系到党同人民群众的血肉联系。我们要按照“三个代表”重要思想的要求，不断加

强劳动保障系统作风建设。一是要切实树立"立党为公，执政为民"的根本理念，以广大人民的根本利益为劳动保障工作的出发点和归宿，不论是制定政策还是具体抓落实，都要真正做到权为民所用，情为民所系，利为民所谋，心中始终要装着人民群众。二是要树立群众利益无小事的观念，一个就业岗位、一份养老金，都关系到群众的基本生活，必须满腔热情，脚踏实地，想群众之所想，急群众之所急，积极主动地为人民群众排忧解难。三是要大力倡导求真务实的作风，摸实情、出实招、办实事、求实效，力戒形式主义，反对搞不切实际的花架子。制定政策要从我国的国情出发，要充分考虑各方面的承受能力。

全面落实全国再就业工作座谈会精神，加快推进就业和再就业工作，完成今年的各项劳动保障工作任务，时间紧，任务重。我们要在以胡锦涛同志为总书记的党中央领导下，深入学习贯彻"三个代表"重要思想，克服困难，扎实工作，为开创就业和再就业工作新局面，确保完成今年的各项目标任务做出新的更大的努力。

在加快推进再就业工作电视电话会议上的讲话

郑斯林

（2003 年 5 月 23 日）

这次加快推进再就业工作电视电话会议的主要任务是：传达党中央、国务院领导同志的重要指示精神，贯彻《国务院办公厅关于加快推进再就业工作的通知》要求，交流各地促进再就业工作的先进经验和做法，对加快推进再就业工作做进一步部署。

一、认真学习，全面领会，进一步强化对做好再就业工作的认识

党中央、国务院高度重视就业和再就业工作，将其作为维护改革发展稳定全局的大事，从去年 9 月全国再就业工作会议，到党的十六大、中央经济工作会议和今年的两会，都对做好就业和再就业工作提出了明确任务和要求。新一届中央领导集体把解决困难群众的生活和再就业问题作为一项十分重要的工作来抓，多次听取劳动保障部等部门的专题汇报，作出重要指示，强调一要抓落实，二要有针对性地解决一些突出矛盾。特别是胡锦涛总书记在主持中央政治局第三次集体学习时的重要讲话，为我们进一步做好就业和再就业工作指明了方向。前一个时期，在全国防治非典型肺炎工作任务十分繁重的情况下，党中央和国务院还专门研究了再就业工作，做出新的部署，提出了新的要求。

4 月 24 日，胡锦涛总书记主持召开中央政治局常委会议，听取再就业工作汇报。明确提出，在非典型肺炎疫情严重的情况下，召开再就业工作座谈会的时间可作适当调整，但再就业工作必须紧抓不放，要求国务院办公厅立即按照会议精神发出通知，督促各地、各部门加快推进再就业工作。

4 月 23 日，温家宝总理在主持召开国务院常务会议听取我部再就业工作的汇报时强调，要克服困难，千方百计实现今年促进就业和再就业工作的目标任务；要切实加强领导和组织协调，建立再就业工作联席会议制度和定期通报制度；要在下半年开展一次再就业政策落实情况的督促检查；同时，对切实加大再就业资金投入、加快再就业优惠证发放、进一步完善小额担保贷款和税费减免政策等方面提出了具体要求。

5 月 8 日，也就是“五一”假期后的第一天，黄菊副总理主持召开国务院再就业工作部际联席会议第一次全体会议，研究在抗击非典型肺炎的新形势下加快推进再就业工作的有关问题。黄菊同志强调，目前全国非典型肺炎防治形势依然严峻，党中央要求各地区、各部门站在全局的高度，处理好非典型肺炎防治工作和经济工作的关系，一手抓防治“非典”这件大事，一手抓经济建设这个中心不动摇。既要充分认识到解决再就业问题的艰巨性、紧迫性，要有做艰苦努力的思想准备，又要看到各种有利条件，增强工作的信心。各级政府和各有关部门要按照党中央、国务院的统一部署，坚持两手抓，正视困难，捕捉机遇，以更大的决心、更积极的态度、更得力的措施、更扎实的工作，切实推动再就业工作。5 月 14 日至 17 日，黄菊同志在重庆考察工作时，对防治“非典”工作和再就业工作进行了深入调研，强调各级干部要想下岗职工所想，急下岗职工所急，加快落实中央制定的各项再就业扶持政策，千方百计扩大就业。

党中央、国务院对就业和再就业工作的一系列部署安排，为我们进一步做好就业和再就业工作指明了方向。全国劳动保障系统的同志一定要认真学习，全面领会，进一步提高做好再就业工作的自觉性和紧迫性，坚定不移地贯彻执行中央确定的各项方针政策，千方百计完成今年再就业工作的各项目标任务。

二、正视困难，坚定信心，坚持完成再就业工作目标任务不动摇

去年 9 月全国再就业工作会议以来，各地区、各部门认真贯彻落实会议精神和《中共中央、国务院关于进一步做好下岗失业人员再就业工作的通知》，加强对再就业工作的组织领导，制定出台配套实施办法，建立目标责任体系，加大再就业资金投入，帮助困难对象再就业，做了大量工作。但是，目前地区间工作进展不平衡，一些地区存在着工作进展缓慢、责任不够明确、政策措施不够得力、工作尚未取得明显实效等问题。当前，我国就业压力很大，就业结构性矛盾尖锐，困难群体再就业问题十分突出，再就业形势依然严峻。特别是非典型肺炎疫情的突发，给就业工作带来了一些新的困难和不利影响。总体上看，“非典”疫情对就业的负面影响，主要集中在吸纳就业容量大的服务业和劳动密集型企业，而这些行业和企业又是吸纳下岗失业人员的主要渠道，因此，实现今年的工作目标，任务将更加艰巨。对此，我们要有足够的重视，充分认识做好再就业工作的艰巨性、紧迫性。同时，我们也要坚定信心，看到做好再就业工作所具备的有利条件：

一是经济持续快速增长为做好再就业工作提供了物质准备。今年第一季度，我国经济发展开局良好，增长速度明显加快，效益大幅提高，结构调整稳步推进，国民经济呈现出速度、结构、质量和效益相统一的良好发展势头。尽管“非典”疫情会对我国的经济发展，特别是交通运输、旅游、餐饮等服务性行业的发展和就业造成一定影响，但我们更应当看到，目前我国经济基础、技术结构和发展动力是稳定的，经济发展后劲和市场需求仍保持较大规模，只要坚决贯彻落实中央关于“两手抓”的重大战略部署，一定能取得防治“非典”斗争的胜利，并继续保持经济持续快速健康发展的势头，从而为解决再就业问题提供强有力的物质基础和可靠保障。同时，防治“非典”为社区公共卫生、医疗保健、环境保护以及医务护理、家政服务等带来更多的需求，医疗器械、药品药物等相关产品销量大增，也有利于在这些领域扩大就业。

二是各地的探索实践为做好再就业工作创造了有益经验。去年 9 月以来，各地在贯彻落实全国再就业工作会议精神和中央 12 号文件的过程中，创造出许多新经验、新做法。截止到 4 月底，30 个省份的党委、政府下发了贯彻中央 12 号文件的实施意见，24 个省份已经制定出台了各项配套政策。30 个省份的省本级财政预算已安排再就业资金 47 亿元。各地还在协调政策、开发公益岗位、推进再就业培训和创业培训、落实“一站式”服务和健全劳动力市场信息网络等方面，取得了新的进展。天津、上海等城市在结合非典型肺炎防治开发公益性岗位方面取得了显著成效；湖北、湖南等省份在创造更宽松的再就业政策环境方面积累了新经验；江西、重庆等省市在政策协调方面积极主动，在较短的时间内就完成了多项再就业扶持政策的制定等等。这一切都为再就业工作奠定了很好的基础。

在全面客观地分析就业和再就业工作形势的基础上，党中央、国务院要求我们按照年初的工作部署，坚持完成目标任务不动摇。各级劳动保障部门要克服各种困难，千方百计实现今年的工作目标任务。就是要实现全国净增就业800万人以上，实现下岗失业人员再就业400万人以上（其中“4050”人员100万人），城镇登记失业率控制在4.5%左右的任务目标。就各地来讲，就是要将这些目标层层分解、层层落实、不打折扣。

三、加快进度，加大力度，推进再就业工作取得实效

按照党中央、国务院的要求，针对当前再就业工作中存在的突出问题，5月12日，国务院办公厅下发了《关于加快推进再就业工作的通知》，明确要求各地区、各部门要按照中央要求，一手抓防治非典型肺炎这件大事，一手抓经济建设这个中心不动摇。各级劳动保障部门要认真贯彻落实国办《通知》精神，加快进度、加大力度、狠抓落实、务求实效，全面推进再就业工作。

（一）*在政策落实上加快进度*

具体要求有三条：

一是加快配套政策的研究制定和实施。针对一些地区配套政策制定出台滞后，政策迟迟没有得到落实的问题，国办《通知》要求，6月底前，地级城市所有配套政策的实施办法必须制定出台，7月底前，全面进入政策实施阶段。各地必须采取有力措施，加强调度，明确时限，确保按时完成任务。湖北在省里文件出台后，就派出14个督查组到地市，督促地市尽快出文件，就是很有效的做法。针对政策落实中反映的一些难点问题，比如小额担保贷款的实施细则、税费减免的抵顶办法、商贸企业的界定标准、国有大中型企业主辅分离的操作程序等，国务院已要求有关部门抓紧制定具体操作办法，昨天我们又召开了第二次部际联席会，几项办法已经准备好，力争5月底前全部出台，各地劳动保障部门也要积极配合做好政策的操作实施。

二是加快街道、社区劳动保障机构平台的建设。街道、社区工作平台建设是抓好组织落实、政策落实、工作落实的最基础环节。目前，全国已建立街道劳动保障工作平台3 678个，占地级以上城市街道总数的77%。但这与6月底前完成平台建设的任务要求还有一定的距离，各地特别是进度较慢地区的劳动保障部门必须下大力气，6月底前，在街道、社区普遍建立劳动保障工作平台，并切实做到机构、人员、经费、场地、制度和工作的“六到位”。

三是加快再就业优惠证的发放。再就业优惠证是执行各项政策的基本前提，是全面实施政策的重要依据。各地劳动保障部门要按照国办《通知》要求，结合本地实际，进一步完善再就业优惠证的发放办法，加强规范管理，加快优惠证的审核、发放，6月底前，要确保符合条件的下岗失业人员都能及时领到优惠证。要尽快建立信息管理网络，做好调查摸底和统计工作，真正做到心中有数，并定期向税务、工商等部门通报有关情况。这项工作是劳动保障部门当前最紧要的工作，在这一两个月里，各地要全力以赴，务求做到发放到位。

（二）*在工作协调上加大力度*

必须抓紧建立三项制度：

一是建立联席会议制度。建立再就业工作联席会议制度，是加快推进再就业政策落实工作的重大举措。目前，国务院部际联席会议制度已正式建立，办公室设在我部。从最近一段时间的运转看，在强化贯彻落实领导要求，增强各部门对再就业工作的了解，协调统一部门行动，及时完善有关政策，加强对各地区、各系统的工作督促和指导等方面，已经开始显现效果。国办《通知》对各地也提出了同样要求，各级劳动保障部门一定要以此为契机，尽快配合各级政府建立健全相应的再就业工作领导机构，形成统一领导、分工协作、齐抓共管的工作机制。

二是建立定期通报制度。这项制度是督促、推进各级政府和有关部门抓好政策落实的重要手段。按照国务院的要求，部里将汇总各地再就业工作进展情况，及时向地方政府和有关部门进行通报。各级劳动保障部门要高度重视，积极配合各级政府相应建立此项制度，及时了解有关情况，有效调度工作进展。关于按月统计通报配套政策出台、再就业优惠证发放和社区平台建设三项指标，主要考虑这是保证在7月份再就业政策全面实施的前提和基础。除了个别非典型肺炎疫情重点地区外，其他地区都要在两个月内把工作落实到位。关于按季统计通报再就业工作目标完成情况和政策落实效果两项内容，主要是为了更好地了解各地区、各部门执行再就业政策的实际效果，督促重点工作、重点目标的落实。

三是建立督促检查制度。为了使再就业工作按照党中央、国务院的要求不折不扣地得到落实，国办《通知》要求，各级政府和有关部门要抓紧建立政府和部门自上而下的监督检查制度，建立社会和群众自下而上的监督举报机制。国务院还将在第三季度安排专项督查。为此，各地要在党委、政府的领导下，积极参与制定督查方案，主动做好组织工作，认真研究一套科学、客观的评估指标体系，健全完善督查反馈和奖惩机制。根据国办《通知》要求，5月底前，地级以上城市要设立监督举报和政策咨询电话，向社会公布并报部里备案，开展日常再就业政策咨询服务工作。在有条件的大中城市建立劳动保障电话咨询服务中心，在重点做好下岗失业人员政策咨询服务的同时，面向广大人民群众提供各项劳动保障业务的咨询服务。电话咨询服务中心统一使用劳动保障公益服务专用号码——“12333”。劳动保障电话咨询服务是社会公益性服务，应免收信息服务费。

（三）在开发岗位上花大力气

重点要搞好两个结合：

一是把扶持政策与岗位开发相结合。解决再就业问题关键在岗位开发，而实现岗位开发，更多安排下岗失业人员，关键在用好政策。各地要积极运用再就业扶持政策，大力发展第三产业以及有比较优势和市场需求的劳动密集型产业，鼓励发展就业容量大的个体、私营、外商投资、股份合作等多种所有制经济，积极发展有市场需求的中小企业，促进跨地区的劳务协作和对外劳务输出，要通过政策引导和扶持，在这些领域千方百计为下岗失业人员再就业创造更多岗位和机会。再就业扶持政策的重点在四个方面：鼓励服务型企业和商贸企业吸纳下岗失业人员，鼓励劳动者自谋职业和自主创业，鼓励国有大中型企业主辅分离分流安置富余人员，以及在社区开发公益性岗位安排大龄就业困难对象。各地一定要在工作中突出这几个重点，务求抓出实效。

二是把针对防治“非典”的特定需求与岗位开发相结合。当前，要特别注意把防治非典型肺炎与组织下岗失业人员开发社区环境卫生、清洁消毒等公益性岗位结合起来。上海、天津等城市的做法值得各地认真借鉴。它们运用岗位补贴、培训补贴等扶持政策，将社区消毒保洁岗位纳入公益性岗位统一管理，还通过资金补贴政策，鼓励家政服务公司为一线医护人员家庭提供免费服务。这些措施使得防治“非典”与开发岗位结合起来，增加了更多的公益性岗位和家政服务岗位。实践证明，只要各地充分发挥积极性、主动性、创造性，克服当前困难，开发新岗位是大有可为的。

（四）在帮助大龄困难对象上下大工夫

主要采取两项措施：

一是逐一提供再就业帮助。针对目前大龄困难对象再就业难的问题，国办《通知》要求，各地要抓紧建立健全再就业援助制度，千方百计帮助大龄就业困难对象实现再就业。今年帮助100万以上“4050”人员再就业是考核各地再就业工作实绩的一项硬指标，各地要依托街道劳动保障工作机构和社区工作人员，摸清“4050”人员底数，并逐一建立台账，把帮助困难对象再就业，按人头落到实处。

二是建立健全再就业援助制度，强化有针对性的服务。各地要抓紧建立完善公共就业服务制度，全面落实免费再就业培训和免费职业介绍政策，广泛推行上门服务、即时服务、承诺服务和“一站式”服务，努力提高再就业培训的针对性、实用性和有效性。特别是对大龄就业困难对象，要充分发挥街道社区工作平台的作用，提供专门的帮助和便捷的服务。四川省建立“再就业救助中心”、长春市设立就业援助专线，统一收集岗位信息，直接提供给再就业困难对象。这种有针对性的服务，值得各地认真学习借鉴。

在这里，我还要再强调一下再就业资金的使用问题。再就业资金是贯彻实施各项再就业政策的物质基础。2003 年度中央财政补助地方国有企业下岗职工基本生活保障和再就业专项转移支付资金已经下达，各级劳动保障部门要与财政部门密切配合，统筹安排再就业资金与下岗职工基本生活保障资金，并及时拨付到位。5 月底前要将资金拨付和使用情况上报部里。明年中央财政的转移支付，将主要与今年地方资金实际投入情况和工作成效挂钩。各地一定要对再就业资金进行专门研究、专门安排，务求加强管理，提高效益。

四、统筹兼顾，合理安排，做到“非典”防治和劳动保障工作两不误

4 月 28 日，胡锦涛总书记在主持召开的中央政治局会议上明确提出，各地区、各部门要站在全局的高度，处理好防治非典型肺炎和经济工作的关系，一手抓防治非典型肺炎这件大事，一手抓经济建设这个中心不动摇。5 月 7 日，温家宝总理主持召开国务院常务会议，研究应对非典型肺炎的影响和做好当前经济工作的措施，要求在抓好防治非典型肺炎的同时，努力保持经济的稳定发展，把损失减少到最低限度。5 月 21 日国务院召开第二次全体会议，温家宝总理专门就一手抓防治“非典”工作，一手抓经济建设这个中心不动摇，作了重要部署。按照党中央、国务院的部署，各级劳动保障部门要重点做好两方面的工作。

1. 在防治“非典”工作方面，要从维护改革发展稳定大局和劳动者身体健康与生命安全的高度，继续做好与防治“非典”有关的各项劳动保障工作。一是要将劳动密集型企业和使用农民工较多企业作为防治和控制的重点，加强指导、监督和管理，按照国家和当地政府关于“非典”防治工作要求，将农民工纳入统一的防治范围进行管理。二是积极采取措施，做好职业介绍、社保经办、职业培训、技能鉴定、劳动争议处理、劳动保障监察和信访等窗口单位预防和控制非典型肺炎工作，严格按要求进行消毒，保持工作场所和住所的良好通风。三是督促各类用人单位做好工资支付工作。对“非典”病人治疗期间的工资要按规定支付，对疑似病人及密切接触者隔离观察期间的工资由用人单位按出勤照发。四是医疗保险经办机构要积极采取应对措施，做好对基本医疗保险参保人员中“非典”患者的医疗保险服务和费用结算工作。五是加强对企业裁员工作的监督检查，疫区企业不得随意解雇员工，尽可能稳定就业状况。

2. 在劳动保障业务工作方面，要按照中央提出的进一步做好就业和社会保障工作的要求，毫不放松地推进各项工作。一是要努力做好当前的各项重点工作。要继续巩固两个确保，抓紧资金拨付到位，不得影响发放，不得发生新的拖欠。抓紧落实农垦企业退休人员纳入地方基本养老保险统筹的政策。要按照已经确定的工作步骤，抓紧做好扩大城镇社会保障体系试点的工作。二是要坚持已经确定的各项工作目标不动摇。继续做好养老、失业、医疗保险扩面征缴工作，养老保险参保人数在去年基础上再增加 200 万人，全年养老保险基金征缴增收 220 亿元以上；失业保险要遏制参保人数减少的趋势，增强基金支付能力；医疗保险参保人数突破 1 亿人；年底纳入社会化管理的企业退休人员要达到 80%；要搞好金保工程建设。这些都是硬任务、硬指标，绝不能有丝毫放松，要加强督查和调度，确保完成今年劳动保障工作的各项目标任务。三是要认真分析形势，积极研究“非典”对今后一个时期劳动保障工作可能带来的影响，判断就业、社会保障、劳动关系和收入分配等方面的发展趋势，制定相应的预案和对策措施，争取工作主动。

让我们在以胡锦涛同志为总书记的党中央领导下，高举邓小平理论伟大旗帜，全面贯彻“三个代表”重要思想，认真落实党的十六大精神，同心同德，扎实工作，努力开创再就业工作新局面，为改革发展稳定大局做出新的贡献。

在机关工作总结大会上的讲话

劳动和社会保障部部长　张左己

（2003年1月29日）

2002年是我们党和国家历史上具有特殊重要意义的一年，也是劳动保障工作极不平凡的一年。对2002年和过去五年来劳动保障事业发展情况及其基本经验，已经在全国劳动保障工作会议上作了全面总结，对过去13年劳动保障工作的历史成就，已作为五部委组织的系列报告之一发表。今天，主要从五个方面对过去一年来的机关工作作一简要总结。

一、深入学习贯彻十六大精神，以“三个代表”重要思想为指导，机关党的建设全面加强

2002年11月，举世瞩目的党的十六大胜利召开，提出了全面建设小康社会，开创中国特色社会主义事业新局面的奋斗目标。部党组组织全体党员干部围绕主题，把握实质，联系实际，相继召开了党组会、党组理论中心组扩大会、部属各单位主要负责人会议、党员干部大会和青年干部座谈会等一系列会议，将十六大精神学习不断引向深入，其主要成果集中体现在部党组关于学习贯彻十六大精神的22条意见中。通过学习，广大党员干部对“三个代表”重要思想的历史地位和重大意义的认识进一步提高，以十六大精神为指导，贯彻落实“三个代表”重要思想，努力开创劳动保障事业新局面的自觉性和坚定性进一步增强。

十六大精神和“三个代表”重要思想学习的不断深入，强有力地促进了机关党的建设各项工作的开展。在组织建设方面，按照中央的统一部署，在充分发扬民主的基础上，圆满完成了推选出席党的十六大代表和出席中央国家机关党代会代表以及北京市政协代表的工作。相继完成了部属11个单位的党组织换届改选工作。组织召开了处以上党员领导干部民主生活会，开展批评和自我批评，广泛听取群众意见和建议，并认真整改，进一步增强了领导班子的凝聚力和战斗力。在庆祝建党81周年大会上，表彰了5个先进基层党组织、30名优秀共产党员和19名优秀党务工作者。前不久又结合年终工作总结，认真开展了党员民主评议活动，评议出35名优秀共产党员。

在党风廉政建设方面，始终坚持“两手抓、两手都要硬”的方针，落实“一岗双责”，部属各单位在抓业务工作的同时注重抓行风建设，责任意识不断增强。驻部纪检组、监察局和机关纪委加强组织协调和监督检查，驻部审计局加强财政纪律监督审计工作，通过组织学习贯彻中央纪委全会和国务院廉政会议精神、开展典型案例教育、处理群众来信来访、组织交流劳动保障系统纪检监察工作经验、开展重点抽查等措施，增强了广大干部的服务意识、公仆意识和部门工作责任感，促进了部党员领导干部廉洁自律。对群众来信来访集中反映的个别单位办班收费偏高、质量和效果不好或借办班之机组织公款旅游等问题进行了严肃查处，实行责任追究。同时责成有关单位开展批评教育，根据办班中暴露的问题举一反三，提出了整改和防范措施。对个别反映不实的问题，认真予以甄别。为从源头上预防和治理腐败，对部属20个单位91个银行账户进行了清理整顿，撤销账户16个，进一步加强了管理。

在精神文明建设方面，进一步规范了系统“三优”文明窗口的创建工作，修改制定了新标准，评选范围从原来的5类扩大到10类。部机关、社保中心、劳科院、出版社、指导中心荣获“中央国家机关文明单位”称号，部机关还获得“首都文明单位”“和平里社区精神文明单位”等多项荣誉称号。

在群众工作方面，机关工会、青年和妇女组织充分发挥桥梁纽带作用，积极开展丰富多彩的群众性学习活动和文体活动，活跃了气氛，增强了凝聚力和向心力。组织开展了“三个代表”知识竞赛、“部长寄语团员青年”、青年干部座谈会、老红军给青年干部上团课、中秋联谊等一系列适合青年特点的活动。“七一”前夕开展了慰问走访老党员和困难党员活动。“八一”期间开展了纪念建军节系列活动。我部还组队参加了社区运动会并取得较好的成绩，组织开展了趣味体育运动比赛、登香山比赛等多种形式的活动，丰富了干部职工的文体生活。

二、以学习贯彻《党政领导干部选拔任用工作条例》为契机，完善干部选拔任用制度，调整充实各级领导班子，干部队伍建设取得新进展

在干部选拔任用方面，主要做了三个方面的工作。一是深入学习贯彻中共中央颁布的《党政领导干部选拔任用工作条例》，部党组专门下发了《劳动保障部关于认真学习贯彻〈干部任用条例〉的通知》，并结合我部实际制定了《劳动保障部领导干部选拔任用实施办法》，进一步完善了领导干部选拔任用制度和程序。同时还对地方劳动保障厅局人事教育处长、部属单位主要负责同志和人事（综合）处长进行了培训，有力地促进了《党政领导干部选拔任用工作条例》的贯彻落实。二是调整充实领导班子，通过抓班子来带队伍、带作风。2002年一年，有11个单位的一把手或主持工作的同志是调整后走向新岗位或新提拔的。全年共调整司局级干部35名，调整机关处级干部85名。干部队伍的年龄结构和知识结构更趋于合理。三是抓事业单位班子考核。从9月下旬开始，集中一个多月时间，组织了1998年新部组建以来第一次对12个事业单位班子的全面考核，客观地总结了部属事业单位领导班子取得的成绩，研究分析了存在的问题，为下一步深化事业单位改革，加强部属事业单位领导班子建设奠定了基础。

在干部培养方面，党组高度重视青年干部的培养和使用，放手、放心地把青年干部放在责任大、担子重的岗位上锻炼，在培养中使用，在使用中培养。同时，加大了干部交流力度，有22名司局级干部进行了交流。这既是调整充实领导班子的需要，也是加大干部培养力度的重要举措。为提高干部队伍的政治理论素质，我们还先后派出5位部、司级领导到中央党校学习，选派2位司局级领导到国家行政学院培训，28人到部党校学习，先后安排2名正司级干部到地方挂职锻炼，选派1名副司级干部援疆，选派2名处级干部到我部定点扶贫县挂职锻炼。目前在地方挂职的司局级干部达到7名，处级干部2名。同时，还接收了新疆、西藏、浙江、四川等地2名副厅级干部和5名处级干部到我部挂职锻炼，干部挂职锻炼工作更加规范。选派3位同志到英国和澳大利亚留学。

2002年也是我部组建以来录用高校毕业生最多的一年，报名十分踊跃，多达2 000人。经过笔试、面试、考核、体检层层甄选，部机关录用公务员17人，事业单位接收高校毕业生26人。这些新人的到来，为劳动保障事业注入了新生力量。目前，我部共有工作人员974名（其中机关271人，事业单位703人；司局级干部109人，机关处级干部132人），平均年龄36.9岁，党员占94.1%，大学以上学历占83.1%（其中硕士75人，占29.4%，博士7人，占2.7%）。应当说，目前我部已经建立起一支政治素质过硬、业务素质较高、思想作风较好的干部队伍。在年终考核中，有42人被确定为优秀公务员，有105人被确定为优秀工作者。

在机构建设方面，为适应劳动保障事业的不断发展，加大劳动保障宣传工作力度，拓展国际交流与合作领域，加强境外就业组织与管理，在中央严格控制机构和编制的情况下，经过积极争取，组建了宣传中心和国际交流服务中心两个司局级事业单位。两中心边组建边积极投入工作，在宣传再就业会议精神、筹备中国就业论坛等方面发挥了重要作用。

在指导推动系统干部队伍建设方面，一是加大了系统干部培训力度，分3期举办了“加入世贸组织与劳动保障工作”专题研讨班，部领导和主要业务司领导亲自讲课。先后举办了系统和部属各单位人事处长培训班、36期地方劳动保障干部培训班，培训各类人员7 000多人次。另外，还与中央党校联合举办了面向全系统的在职研究生班。二是成功组织了全国劳动保障系统表彰工作，对105个先进集体和260名先进个人进行了记功表彰。中共中央政治局常委、国务院副总理吴邦国同志亲切接见了与会代表并发表了重要讲话，极大地鼓舞了劳动保障系统的士气。

三、集中精力抓大事、抓调研，集中精力抓管理、抓落实，机关作风建设呈现新气象

过去一年来，按照党中央、国务院的部署，在党组正确领导下，经过全体同志的艰苦努力，两个确保继续巩固，再就业工作力度明显加大，完善社会保障体系取得新突破，其他各项工作都取得新进展。这是党中央、国务院英明决策、正确领导的结果，是劳动保障系统上下共同努力的结果，也是部机关广大干部职工落实“三抓一加强”的结果。

一年来，我们集中精力抓大事，并围绕抓大事集中精力抓好重点问题调查研究，赢得了工作的主动。

比如，针对越来越严峻的就业形势，党组在第一季度形势分析会上提出要对就业和再就业工作进行充分调研，为时机成熟时召开再就业工作会议做好准备。从3月份起，我们在随同国务院领导同志进行调研、座谈的同时，与有关部门一道，兵分18路，开展了近年来最大规模的一次调研，并进行了10城市抽样调查，掌握了大量基础数据特别是各地的新鲜经验和做法。由于准备比较充分，因而在中央确定召开再就业工作会议以后，我们较早地拿出了一套政策框架，在之后各个阶段的工作中，也一直比较主动。

又比如，针对企业退休人员养老金水平偏低，与机关事业单位水平相差过大的问题，我们在调研的基础上及时向中央、国务院提出报告，得到重视，在机关事业单位养老金水平未作调整的情况下，先行调整了企业退休人员待遇，不仅部分地解决企业退休人员本身的问题，同时也较好地解决了企业复员退伍转业军人待遇问题，社会反映非常好。

再比如，针对部分困难行业和企业无力参加医疗保险问题，我们在深入调研的基础上，提出了允许这些行业和企业采取不建立个人医疗账户、只建立统筹基金的办法启动医疗保险的政策。有效地扩大了医疗保险的覆盖面，扩大了基本医疗保险保障范围，实践证明是符合实际的。

还比如，针对“中国制造”谁来制造的问题，我们在调研的基础上充分反映技工培养的严峻形势，使职业培训、职业资格证书制度特别是技工培养问题在全国职业教育工作会议上得到高度重视和充分反映，取得了良好效果。

特别值得提出的是，对农村养老保险问

题，我们在深入调研、广泛听取各方面意见的基础上，就整顿规范农村养老保险问题向国务院作了专题报告。最近农保司又在务虚会上提出了新思路，这种孜孜以求为农民服务的精神，难能可贵，气可鼓而不可泄。

在调研过程中，部领导身体力行，司局长带头落实。一年来，党组同志人均调研 8 次 39 天，司局级领导干部人均调研 5 次 28 天。正是由于有充分调研的基础，我们才能做到及时发现问题，及时总结各地解决这些问题的好的经验和做法，及时向党中央、国务院提出翔实的报告并提出我们的意见，我们的工作才比较主动、比较自觉。由于集中精力抓大事抓调研、未雨绸缪做好政策储备，并且准备了多个方案，有一定的超前性，回旋余地比较大。

在把握形势、理清思路方面，三次形势分析会集调研成果之大成，相互交流、相互碰撞、相互启发，发挥了重要作用。第一次形势分析会的主要成果是形成了及早开展再就业调研，为再就业工作会议做好准备的共识；第二次形势分析会则直接围绕开好全国再就业工作会议和贯彻再就业工作会议精神的相关工作进行了深入分析、论证；第三次形势分析会研究问题更加深入，围绕贯彻落实十六大精神，理清了今年的工作思路，为南海会议做好了准备。

一年来，我们集中力量抓管理，集中力量抓督促、抓落实，有力地保证了两个确保的落实，促进了各项业务工作的加强，并及时妥善地处理了一大批突发事件，维护了稳定大局。

一是继续坚持过去业已形成的各项工作措施，包括工作调度、重点监控、督促指导等，对领导批示和来信来访举报电话等其他各种渠道反映的两个确保不落实等方面的问题，坚持做到发现一起查处一起。特别是建立了年初定盘子、按季拨付的中央财政缺口补助拨付机制，从制度上促进了两个确保的进一步落实。为推动工作，督促政策落实，几位部领导还先后随同人大、政协领导同志或带领中央督查组、国务院安全生产检查组深入一些地方进行督促检查。

二是按照国务院要求，开展了社会保障政策落实情况大检查。会同民政部、财政部、国家经贸委和全国总工会成立了办公室，指导检查工作，在各地自查的基础上，组成了 8 个联合检查组对北京等 18 个省区市进行了抽查，对推动社会保障政策落实起到了积极作用。

三是做好维护稳定工作，及时妥善处理个案问题，对影响企业和社会稳定的因素进行了四轮排查，对存在群体性事件隐患的企业进行重点监控，总体上保持了企业和社会的稳定。为此，我部专门成立了维稳办，从组织上保证这项工作的开展。在做好面上和重要节假日稳定工作的同时，对个案问题迅速作出反应。白沟的苯中毒事件，我部反应迅速，及时报告。之后，又按照总理在我部报告上的重要批示及时派出工作组，由部领导带队，协助有关部门和地方妥善处理，并及时向国务院报告工作进展情况，得到了国务院领导同志肯定。所谓太原一条街的问题，我部及时派出调查组，深入群众调查研究，及时向中央报告实际情况，反映我们的看法和意见，对统一认识、推动工作起到了应有的作用。对大同矿务局的问题，我们也是按照总理的指示，迅速派出调查组，督促了两个确保和低保的落实。这些事情的处理，都说明我们各司局在处理突发事件方面，敏锐性、时效性在不断增强。

四是强化社会保险扩面征缴并取得显著效果。针对第一季度开始养老保险参保缴费人数的下降问题，我们组织力量，建立扩面情况调度制度，各地确定专门人员和处室负责扩面工作，遏制了参保缴费人数的减少，基本养老保险参保职工比上年增加 326 万人，基金增收 250 多亿元。医疗保险一年扩面1 770万人，失业保险基金增收 20 多亿元，这些都是加强管理的结果。

五是加强基金监督工作。我部和有关部门联合下发了《关于加强社会保障基金监督管理工作的通知》，建立了部门协调机制，巩固了劳动保障部门基金监管的主体地位，确立了劳动保障部门对税务征收、银行发放、财政专户的监督职责，建立监督检查规则，完善了监管程序。

与此同时，我们还在全国组织开展了民工有序流动、清理整顿劳动力市场及职业资格规范、农民工权益保护、女职工权益保护、贯彻实施《禁止使用童工规定》、农民工工资支付情况等专项检查或自查工作，推动了各项政策措施的落实。提案办理工作继续发扬过去好的做法，高度重视、精心组织、认真办复，得到人大代表和政协委员的好评，被评为政协第九届全国委员会提案先进承办单位。试点办、破产办等办公室也在抓督促、抓落实方面发挥了重要作用，其中破产办参加了 70 多户中央企业和 200 多户三峡库区搬迁企业关闭破产方案的审查，及时处理重点个案 30 多个。

特别值得提出的是信访工作。2002 年，我部信访工作任务量相当大，信访量仅次于高法、公安部，排名第三，而我们仅有 4 个人的编制。在信访大量增加，特别是集体访大量增加的情况下，从事信访工作的同志本着“乱在信访处，不乱部机关”的精神，心甘情愿地充当部机关的“护城河”，全力以赴做好每一次来访的接待工作，与维稳办、保卫处等部门一起，慎重处理每一起集体访和群体性事件，认真回复每一封群众来信，正确引导来访群众走以法维权的道路，赢得了上访人员的好评。锦州市 180 家企业退休人员在送给他们的锦旗上写道：“热情接待人民来访，社会保障万民称颂。”信访处年年被国家信访局评为信访工作先进单位。

机关作风的转变还表现在其他多个方面，比如，各司局大局意识、协作精神进一步增强，这在再就业会议、社保大检查等项工作中得到了充分体现。就是从组织会议和接待工作一个侧面来看，也反映了作风转变的成果，不论是省市负责同志、地方厅局长，还是有关部门的同志，都对我们的会议组织和服务接待工作有较高的评价。

四、信息化建设、统计、法制、新闻宣传、国际合作、报刊出版、科研等项工作取得新成果，对中心工作发挥了重要作用

在信息化建设方面，社会保险信息网、劳动力市场信息网、劳动保障信息网站三项重点工程的建设和部内办公自动化系统建设均取得新进展。“金保工程”建设已经列入国家“十五”期间 12 个重点建设的电子政务工程，目前已经组织专家对工程建设方案进行了两次大的修改，项目规划已初步通过国务院信息化领导小组办公室的审核，朝着立项的方向迈出了重要的一步。中国劳动力市场信息网 9 月份正式开通，上网资料1 200万字，与 68 个地方网站实现了连接。改进了劳动保障政府网站的信息发布和管理手段，目前政府网站每天的点击次数达到5 000人次，月访问人数达到 15 万人次。劳动保障电子政务系统已初步成为宣传劳动保障政策、解答劳动保障问题的重要渠道。

在统计工作方面，组织开展了全国下岗职工分类调查和 10 城市下岗失业人员抽样调查，为筹备全国再就业工作会议和制定再就业政策提供了重要依据。制定了《劳动保障统计基础数据会审制度》，定期编印《劳动保障基础统计数据》，初步解决了数出多门、数字多变的问题，并逐步走向制度化、规范化。年底组织了 66 个城市的劳动力就业和社会保障状况抽样调查，这是劳动保障部门历史上规模最大、范围最广、动员人力和物力最多的一次调查，全国直接参与调查的人员近6 000人，仅部里就派出 30 位联络员赴各省指导调查工作。

在法制建设方面，国务院重新修订发布了《禁止使用童工规定》，加大了对非法使用童工行为的处罚力度。这是继 1999 年《失业保险条例》《社会保险费征缴暂行条例》后，本届政府在劳动保障方面颁布的第三个行政法规，标志着劳动保障法律体系建设的新进展。基本完成了《工伤保险条例》和《劳动和社会保障监督检查条例》草案的起草、修改工作，积极参与《民办教育促进法》和《使用有毒物品作业场所劳动保护条例》的起草，出台了《境外就业中介管理规定》。依法进行行政监督，处理行政复议案件61件。按照国务院行政审批制度改革的工作安排，清理取消行政审批项目12项，在推进行政审批制度改革的同时，保障了各项工作的正常进行。

在新闻宣传方面，以两本书出版发行为契机，宣传力度进一步加大。两本书发行达40多万套，成为劳动保障系统干部案头必备读物，对宣传普及劳动保障理论知识起到了重要作用。新成立的宣传中心紧紧围绕部中心工作组织宣传活动，重点开展了再就业宣传，中央各大新闻媒体都开辟了再就业宣传专栏，仅在全国再就业工作会前后，在中央媒体上各类宣传报道就有200多篇，社论、评论员文章40多篇。精心组织首届全国劳动保障知识竞赛活动，参赛人员达1 690多万人，收回答题卡突破1 000万份，创下知识竞赛新纪录。以国务院新闻办公室名义发表首部《中国的劳动和社会保障状况》白皮书。坚持了按季度召开新闻发布会制度。在中央电视台评出的2002年国内十大新闻中，“全国再就业工作会议明确提出积极的就业政策体系，就业规模不断扩大，社会保障体系建设取得重大进展”名列第三。

在国际交流合作方面，中德社会保险双边协定开始实施，为中国公民签发了122件证明文件。紧张有序地开展了中国就业论坛的一系列前期筹备工作。与国际社会保障协会就2004年在北京举办国际社会保障协会（ISSA）全球大会签署协议，筹备工作全面启动。与韩国草签了《互免征缴养老保险费临时措施协议》。组织参加了第90次国际劳工大会和国际劳工局3次理事会。批准了国际劳工组织《1999年最恶劣形式童工劳动公约》。配合外交部开展了大量多边领域和人权领域的活动，受到外交部的肯定和书面表扬。先后接待了印度、澳大利亚、南非、蒙古4个国家的部级来访团组和应其他部委邀请来我部拜会的20个部级团组，接待了来我部了解相关政策和劳动保障制度改革情况的各类团组160多个。境外就业管理工作全面展开。新成立的国际交流服务中心在建章立制、抓好队伍建设的基础上，发挥自身优势，向日本派遣研修生工作稳步开展。在与非政府机构和民间团体合作方面进行了积极探索。

就业培训技术指导中心的各项工作取得积极进展。劳动力市场供求状况分析城市的数量从62个增加到89个，分析质量有所提高。成功组织了第六届中华技能大奖赛和全国技术能手评选表彰活动，完成了各类竞赛12项，包括成功组织了26届亚洲发型化妆大赛，取得优异成绩。完成了100个国家职业标准、61个国家题库的开发工作。企业内鉴定、职业学校鉴定和技师社会化考评取得重要进展，参加职业技能鉴定人数比2001年增长24%，达到662万的历史最高水平，鉴定质量有所提高。

劳动保障报及时宣传报道了劳动保障工作的重大新闻、方针政策、先进典型和热点问题，重点组织了对十六大、全国再就业工作会议和全国职教会的宣传报道。针对不同读者群的需求，加强了专题和栏目策划，实行好版面、好新闻、好专栏评选奖励措施，涌现出一批在社会上有影响的专题和栏目。根据劳动保障事业发展的需要，报纸由周五刊增加到周六刊。报刊发行量稳中有升，去年发行量达9.5万份，超额完成了年初确定的8万份的指标。通过打破分配上的“大锅饭”，实行按业绩发奖金等办法，进一步调动了职工参与经营创收的积极性，经营创收比2001年增长8.7%。

中国劳动社会保障出版社的社会效益和经济效益均取得了可喜成绩。一大批劳动保障图书和职业教育、培训教材出版，全年出版新书819种，在销出版物2 525种，分别比2001年增长12%和11%。出版质量有所提高，一套9种图书获得第十三届“中国图书奖”，实现了在这一奖项上零的突破。发行码洋1.799亿元，比2001年增长55%，超额完成年度发行目标，达历史最高水平。《劳动保障通讯》和部里办的其他期刊杂志编辑质量不断提高，发行量有所扩大，宣传效果不断增强。

加强科技管理工作，颁布了《劳动和社会保障部科技项目管理办法》。去年全部共完成了60多项课题研究报告，许多科研成果直接进入决策领域，为制定相关政策提供了重要依据。根据中央要求，年初关于就业和社会保障两个研究报告作为基础素材提交十六大报告起草组，向中央领导同志进行了专题汇报，一些内容已经体现在十六大报告之中。根据江泽民同志的指示，在再就业政策决策之前非常紧张的一个月时间里，完成了国外促进就业的政策措施、国际养老保险模式与改革趋势两个课题，为研究再就业政策提供了重要参考，前者还作为全国再就业工作会议参阅资料印发。指导中心关于国外新职业发展趋势的研究成果，反应迅速，上报及时，得到了国务院领导同志的肯定。劳科院开通了“中国劳动保障科研网”，使院内每位工作人员均可通过计算机在不同的地方查阅国内外各种信息和院内的最新动态，改善了科研的支撑条件。

2002年是中国劳动学会成立20周年，召开了周年纪念大会。中国社会保险学会正式成立，为筹备ISSA大会做了大量工作。中国职协积极协助筹备全国职业教育工作会议，并召开了全国企业职工培训经验交流及工作推动会议。中国劳企协在做好劳服企业日常工作的基础上，积极参与全国再就业工作会议的筹备工作，指导100个重点联系城市开展社区就业工作取得积极进展。

五、高度重视做好老干部工作，积极改善部机关办公环境和生活条件，老干部和机关后勤保障工作取得新成效

离退休老干部是我们的宝贵财富。使广大老干部老有所为、老有所养、老有所医、老有所乐、老有所学、老有所教，一直是党组十分关心的一项重要工作。过去一年来，在老干部工作方面，继续发扬以前好的传统和作风，首先从政治上关心老干部工作，重点抓好离退休人员支部建设，完善了支部联络员制度，每季度召开一次支部联络员情况通报会，提高了联络员的组织管理水平，发挥了联系离退休人员的桥梁纽带作用。年底评选出4个先进支部、14名优秀党员和12名优秀党务工作者。组织召开了首次部属事业单位专（兼）职离退休干部工作人员座谈会，建立了情况通报制度。在生活服务方面，全年医疗门诊2 400多人次，并积极开展医疗咨询、保健讲座、体检等工作，建立健全了医药费报销、对生病住院人员通报与看望慰问等项制度。在文化活动方面，为丰富老干部的组织生活和文化生活，组织老干部开展了政治学习和书画、演唱、京剧、门球等一系列活动，组织春秋游共500多人次参加。在国家机关组织的迎接十六大文艺汇演中，我部老同志自编自演的京剧联唱，讴歌党领导改革开放的伟大成就，展示了我部老同志的风采，赢得了中央领导和同志们的好评。一些司局还经常上门慰问离退休干部，请他们到司局座谈，向他们通报工作情况，得到离退休干部的欢迎。

机关办公条件明显改善。在不影响部机关正常运转的前提下，利用“五一”“十一”两个黄金周，对部机关大院办公楼48套卫生间进行了装修改造，更换了上下水管线，对楼道进行了粉刷，并完成了开水房改造、配电室防水治理、办公楼设施更新改造等基建工程。在住房工作方面，为事业单位职工联系购买北京市经济适用住房150多套，总计16 000多平方米。对芍药居职工宿舍氨气超标住房进行了治理，取得了明显成效，为盘活房源创造了条件。收回供暖费等资金共计350多万元，堵塞了资金跑、冒、滴、漏现象。办理完成615户房屋产权证，占应办房产证的71%。为机关职工发放购房补贴98人次，金额114万元，部所有宿舍楼居民基本实现“一户一电表”。为了从根本上改善办公条件，我们积极反映客观困难，争取各方面的理解和支持，使新办公楼最终得以立项。这是2002年的一件大事、一件喜事。目前，围绕大楼功能论证等后续阶段的工作正在紧锣密鼓地进行，规划设计、前期手续、旧楼拆迁、组织施工等方面已形成了初步的工作方案，正在抓紧落实。

机关后勤服务社会化改革取得进展，后勤保障能力和服务水平进一步提高。职工福利货币化和服务市场化迈出重要步伐，在细致准备的基础上，进行了机关职工班车改革，全年共发放交通补助75万元，人均增加交通补助2 322元，使机关职工得到了实惠。为改善机关职工的就餐水平，在2001年彻底改造机关职工食堂的基础上，2002年再次提高了机关公务员日均伙食补助标准，由8元提高到10元，年均增加投入近22万元。食堂管理体制改革进一步推进，通过招投标方式完成了新一轮餐饮公司的招标工作。成立了职工生活委员会，扩大了群众参与监督的范围，制定了加强监管确保服务质量的具体措施，加大了对食堂环境卫生、原材料进货、食品制作加工等环节的监管力度。职工就餐方式实现了全自助，饭菜质量进一步提高，机关职工基本满意率达到99%以上。圆满完成了部党组形势分析会等10项重大活动的会务保障任务。

爱国卫生、计划生育、交通安全、义务植树、义务献血和冬季供暖连续第四年被授予中央国家机关先进单位称号。增加了机关公务员医疗保健检查项目，组织了年度例行体检。公务用车管理更加严格规范，车况进一步改善。通讯、洗理等各项服务工作保障了机关职工的需要。加强部国有资产管理，颁发了《劳动和社会保障部国有资产管理暂行规定》，进行了固定资产清理登记工作。

2003年是全面贯彻落实十六大精神的开局之年，劳动保障工作面临着十分繁重的任务。关于2003年的工作，已经在全国劳动保障工作会议上作了部署，总的要求就是一个主题、三大任务、两项工程。落实这一目标，关键要深入学习贯彻十六大精神，以“三个代表”重要思想统揽全局，扎扎实实地夯实基础，集中力量抓好重点，进一步转变工作作风，加强党的建设、干部队伍建设和党风廉政建设。

一是继续把学习贯彻“三个代表”重要思想和党的十六大精神放在首位，抓好理论武装，用“三个代表”重要思想和十六大精神指导和推进机关党的建设。要围绕大局、服务大局、与时俱进、开拓创新，以加强党的建设为重点，全面推进党的思想建设、组织建设和作风建设，不断增强党员领导干部“两手抓，两手硬”的意识和能力，落实好“一岗双责”。

二是要进一步加强干部队伍建设。全面贯彻《党政领导干部选拔任用工作条例》，健全选拔任用和监督管理机制，推进干部工作科学化、民主化和制度化，坚持用好的作风选人，选作风好的人。以提高素质、优化结构、改进作风和增强团结为重点，加强各级领导班子建设。加强干部教育培训工作和人才队伍建设，提高干部队伍素质。

三是继续搞好“三抓一加强”。要坚决贯彻党中央、国务院关于劳动保障的重大决策和部署，认真落实部党组关于2003年工作“一三二”的工作要求。要继续坚持我们过去五年来工作的经验，做到六个坚持，继续发扬好的作风，继续搞好“三抓一加强”。要特别强调的是，要切实转变机关工作作风，改进工作方法，减少会议，减少文件，减少办班，减少应酬，把更多的精力集中用在抓调研、抓管理、抓落实上，用在研究新情况、解决新问题上。今年的各类会议都要从严控制、从严掌握，可开可不开的，一律不开，计划外的会议更要严而又严。切实加强对办班的管理，提高办班质量，坚决杜绝借办班之机公款旅游。

四是进一步加强党风廉政建设和反腐败工作。认真学习贯彻中央的各项部署，按照“八个坚持、八个反对”的要求，认真落实领导干部廉洁自律规定，增强廉洁从政的自觉性，不断提高拒腐防变能力。深入贯彻党风廉政建设责任制，严格执行责任追究，加大治本力度，整顿办班和财经纪律，从源头上治理和预防腐败。严厉查处党员干部违法违纪案件，坚决惩治腐败。积极推进政务公开，加强社保基金的执法监察，深入开展纠风工作的专项治理，努力把行风建设好。需要特别强调的是，要深刻学习领会胡锦涛总书记在西柏坡学习考察时的重要讲话精神，务必保持谦虚、谨慎、不骄、不躁的作风，务必保持艰苦奋斗的作风。牢固树立艰苦奋斗的思想，磨炼艰苦奋斗的意志，始终坚持讲学习、讲政治、讲正气，始终做到自重、自省、自警、自励，始终保持共产党人的蓬勃朝气、昂扬锐气、浩然正气，扎扎实实、踏踏实实、求真务实地工作，为劳动保障事业做出新的贡献。

抓住机遇　扎实工作
全面加快金保工程建设

——在全国劳动和社会保障信息化工作座谈会上的讲话

劳动和社会保障部副部长　李其炎

（2003 年 9 月 23 日）

这次会议是在党中央、国务院召开全国再就业工作座谈会以及国家信息化领导小组召开第三次会议之后召开的。前不久，国务院批准了金保工程项目建议书，标志着金保工程已经在国家正式立项。我们召开这次会议，主要任务就是贯彻国家信息化领导小组会议精神和国务院审批金保工程项目建议书的有关要求，研究部署当前和今后一个时期的劳动保障信息化工作。

一、充分认识实施金保工程的重大意义

进入 21 世纪，计算机技术、通信技术以及互联网技术飞速发展，社会经济的信息化进程加快，以网络经济为主要特征的新经济形态正在发展壮大。适应这一新形势的要求，提高政府的行政管理水平、行政效能和决策的准确性，是各国政府普遍面临的问题。解决这一问题，就要充分运用先进的信息技术构建电子政务，以向社会、企业、公众提供更科学、更有效的服务。

党中央、国务院十分重视电子政务建设，胡锦涛同志 2000 年在上海考察时就提出，科学技术越来越成为推动经济发展的决定性因素，要着力抓住信息化这个关键环节，把推进国民经济和社会信息化放在优先位置。在前不久召开的国家信息化领导小组会上，温家宝总理提出要“按照转变政府职能、提高科学民主决策水平、提高依法行政能力、服务人民群众的要求，落实统一规划、突出重点、整合资源、统一标准、保障安全的原则，逐步建成电子政务体系的基本框架”。这次会议还特别提到要在社会保障领域提高信息化水平和服务能力。中办发［2002］17 号文件提出了“十二金”工程，党中央、国务院领导已经从面向世界、面向未来的需要，把电子政务建设放在了关系到政府职能转变，影响改革大局的重要位置。各级劳动保障部门要进一步把思想统一到党中央、国务院领导要求上来，采取更加有力的措施，努力开创劳动保障信息化建设的新局面。

去年沈阳会议上，部党组根据劳动保障信息化的大趋势，在总结各地信息化工作经验的基础上，正式提出建设金保工程的战略构想。用大家的话讲，金保工程的提出，吹响了劳动保障信息化建设的进军号角，现在金保工程已经成为劳动保障全系统共同奋斗的事业。金保

工程项目的确立对劳动保障事业发展意义重大，影响深远。首先，金保工程的立项，确立了其在国家信息化发展战略中的地位。劳动保障工作关乎国家长治久安，涉及千家万户利益，金保工程的立项和实施，不仅为劳动保障事业的持续稳定发展奠定了坚实的基础，对国民经济、社会健康发展也将产生重要作用。第二，金保工程的立项，标志着劳动保障信息系统建设纳入了国家信息化建设的大盘子，也标志着劳动保障信息化建设进入了国家级项目行列。劳动保障信息化建设驶入我国信息化建设的快车道，这将确保其沿着正确的轨道健康发展。第三，金保工程的立项，大大提高了劳动保障信息系统建设的统一性，将会使信息化建设的整体效能更加充分地发挥出来。

金保工程成功立项，可以归结为三个有利因素。一是党中央、国务院领导高度重视。近几年来，在两个确保、就业和再就业、社会保障体系建设等方面，党中央、国务院领导多次做过重要指示，并进行具体部署。作为劳动保障工作的重要组成部分的信息化工作也得到了重视和支持，并被纳入完善社会保障体系试点的内容之中。今年国务院的工作重点，特别提出要加快社会保障信息化建设。黄菊同志在听取我部工作汇报时也专门指示，金保工程要有一定的超前性，要有利于人的流动。党中央、国务院对劳动保障工作的重视和关心，是立项的关键。二是部党组运筹帷幄，靠前指挥。历届部党组始终将信息化建设作为关系劳动保障事业发展的大事来抓。上一届部党组就把信息化工作作为劳动保障工作的一号工程。郑斯林部长到任以来，亲自部署协调，向国务院领导汇报，与有关职能部门进行沟通，并针对这次会议和金保工程提出总体要求：完整、正确、统一、及时、安全。其他部领导也做了大量工作。部党组的靠前指挥，为金保工程立项创造了条件。三是全系统的团结协作。在各级党委、政府的正确领导下，在各级劳动保障部门的共同努力下，经过近几年的建设，各地劳动保障信息化工作已经有了一定进展，对劳动保障信息化工作的目标、方针已经有了基本共识，这些为立项奠定了重要基础。今年在申请立项中，原国家计委提出，需要各地以政府名义上报投资建设劳动保障信息系统的确认函。各地劳动保障部门积极向当地政府汇报工作，并与相关部门加紧进行协调，经过大家的努力，包括新疆生产建设兵团在内的32个省级单位全部上报了确认函，为金保工程全国统一立项赢得了主动。

去年沈阳会议以后，各地信息化建设步伐明显加快。经过劳动保障全系统的共同努力，我们在以下几个方面取得了积极进展。

首先，部省联网工作取得突破。为了实现辽宁沈阳会议提出的联网目标，部里一手抓争取立项，一手不失时机地抓建设。一年来，统一了联网信息标准，统一了网络线路和关键技术设备，这些工作的开展，为部省联网创造了有利条件。同时，我们建立了联网工作月调度制度，从今年5月开始，要求各地按月将联网工作进展情况向部里通报。通过抓联网、抓调度，目前，天津、辽宁、陕西3个省市进一步完善了省级数据中心，已实现了与部里的联网，还有一批省份正在抓紧工作，近期也将实现部省联网。

第二，在开发推广业务应用系统方面取得重大进展。部里组织国内外信息产业界的专家和技术人员共同开发了核心平台二版，通过了专家验收，并已正式发布。为了推广应用核心平台二版，部里在对国内市场调研和专家论证的基础上，统一采购了用于三层架构业务应用系统的中间件软件，组织开发了全国联网养老保险宏观分析信息采集传输应用软件，并在部省联网中投入应用。同时部里正在对前台技术支持商进行资格认证，通过资格认证，将为各地在信息化建设中利用核心平台进行本地化提供技术支持服务。这些工作都为金保工程建设提供了必要的技术支持。

第三，各地信息化建设有所加快，统一程度进一步提高。沈阳会议后，各地对信息化建设工作给予了高度重视，成立了信息化领导小组，有的省由主管省领导担任组长。同时，各地都指定了专门机构负责信息化的组织、建设工作，也积累了不少成功的经验。天津市在信息化建设中，提出要建立全市统一的劳动保障管理信息系统，即统一的信息网络、统一的数据库。由此出发，制定了三期建设规划和分阶段的建设目标。经过两年多的建设，初步实现了一期建设目标，完成了旧系统向新系统的平稳过渡，实现了数据大集中，提高了数据质量，节省了人力和物力。云南省在信息化建设中，充分利用已铺设到县的全省政务专网建设劳动保障信息网络系统，解决了通信线路的完整性和安全性等一系列问题。全省拟统一做核心平台的本地化工作，从而保证业务应用系统软件的高度统一。同时，他们还整合了全省劳动力市场信息网络，实现全省劳动力供求信息的统一发布，并实现了劳动力市场信息系统与社会保险信息系统的连接，在各级数据中心实现劳动保障业务信息化的统一建设和管理。

在看到成绩的同时，我们也应当充分看到，劳动保障事业的发展对信息化的要求越来越高，建设完善的劳动保障信息系统任重道远。从总体上看，劳动保障工作信息化程度还比较低，我们信息系统建设的统一性还不够高，存在资源分散，甚至重复建设问题，资金投入和技术投入两大瓶颈问题仍然十分突出。劳动保障全系统的同志们一定要增强责任感和紧迫感，集中全系统的力量，同心协力，再接再厉，建设好这项利国利民的大工程。

二、当前信息化工作的主要任务

国务院批准的金保工程一期项目建议书，对“十五”期间的建设任务作了进一步明确，提出到“十五”期末，要建立中央、省、市三级劳动保障数据中心，在全国建设连接三级数据中心安全高效的网络系统；在地级以上城市建集中式劳动保障资源数据库，建设统一的市域网，网络终端延伸到全部已建经办网点和相关服务机构；建立标准统一的业务应用系统，重构和优化业务模式，实现对经办业务全过程的信息化管理，为宏观决策、基金监督监管和社会化服务提供全方位技术支持。

综合分析我们面临的形势和任务，当前和今后一个时期的劳动保障信息化工作将在三个方面协同推进。一是规划与立项工作，包括开展项目可行性研究，进行初步设计，建立相应的项目管理机制；二是项目建设工作，主要是加快建设与整合现有系统，使其尽快发挥作用；三是开发应用好已建成的信息系统，充分运用信息化手段开展劳动保障各项业务工作。这三个方面，可以说是当前和今后一个时期劳动保障信息化工作的三条主线。各地劳动保障信息化基础的差别和劳动保障工作对信息化手段的现实需求决定了我们必须既要抓好总体规划和立项，确保金保工程的统一性和整体性，又要不失时机地推进信息化基础建设，在建设中规范，在推进中整合，还要充分利用好现有信息化工作基础，为政府和公众服务，使之在应用中完善。

（一）尽快完成项目可行性研究及批复工作

根据国家发展改革委的意见，在国务院批准我部的金保工程项目建议书后，各级劳动保障信息化建设项目的立项工作将直接进入项目可行性研究报告审批程序，不再做项目建议书，项目的可行性报告将由中央和地方分别编制、分级报批。各地的项目可行性研究报告要报部里审查，省级信息化建设立项主管部门将根据部里的审查意见进行项目可行性研究报告审批。具体审批程序和内容，各地劳动保障部门要同审批部门协商确定。目前，部里根据国家发展改革委的要求，完成了金保工程项目可行性研究报告的编制工作，对项目的建设目标、工程内容、投资规模都进行了细化，并已上报国家发展改革委，现国家发展改革委正在组织专家对部里的项目可行性研究报告进行评审。各地的可行性研究也要抓紧。为了节约时间，少走弯路，尽快得到批复，部里正在编制金保工程可行性研究报告参考样本，并将组织对各地可行性研究报告编制人员的培训。

各地编制项目可行性研究报告，应遵循以下原则：一要符合金保工程的总体建设目标和指导思想，严格遵守劳动保障部信息化建设的各项规范和管理要求。在此前提下，各地可以根据本地的特点对当地信息化工作的任务和内容进行设计和完善，使之能够适应本地的业务工作需要。信息化建设不是对现有业务的简单复制，我们要主动适应信息化建设的需要，针对信息技术的特点和要求，进行业务重组，增强管理工作的规范性和透明度，提高服务的质量和水平，提高政策制定的科学性和准确性。二要突出超前性、统一性。超前性就是指系统建设在满足目前劳动保障工作实际需要的大前提下，要面向未来，在方案设计和技术选择上，保持一定的可扩展性，以适应劳动保障事业蓬勃发展的需要。统一性就是要在管理体制、业务流程、应用软件、数据指标、技术标准等方面提高统一的程度。各地数据中心的资源数据库要充分集成各项劳动保障核心业务。三要着眼全局、统筹规划。省级项目可行性研究报告必须包含全省的建设内容和全省投资规模，市级项目可行性研究报告应包含全市的建设内容和投资额度。在此基础上，要认真测算项目投资，并根据中办发［2002］17号文件精神，会同同级计委、财政部门协商确定工程建设和运行费用。四要充分发挥专业机构作用，借助专家学者的力量，开放式编制可行性研究报告，使各地的可行性研究报告能够博采众家之长，使项目充分建立在科学论证基础之上。

（二）加快部省联网，整体推进各项社会保险信息化建设

在沈阳会议上我们提出了“全国联网、养老先行”的工作计划，并明确了到2003年年底完成1/3省份与部里联网，并首先实现养老保险数据传输的阶段性目标。目前，部里已经统一租用了部省通信线路，招标了系统集成商，采购了路由设备，开发了软件，并将进行人员培训，部省之间联网条件基本具备。各地对联网工作都要给予高度重视，要从全局、从战略的角度看待联网，切实加快进度。

当前联网工作的重点，一要做好数据的转换和整合。数据的质量是决定信息系统能否应用的关键。数据进不来、上不去，信息系统就是空网、死网。大家必须对此高度重视，下大决心，花大力气，做好数据整理工作。目前，针对养老保险宏观分析提出的80项数据指标，都是经过反复筛选的，是养老保险统计和宏观决策所必需的数据指标。要力争将这80项数据全部准确地纳入数据库，上传到中央数据中心。新旧系统之间的数据转换工作也要切实加快，这项工作不仅涉及今年全国联网省份，其他省份也不能等，早抓早主动。二要抓好工作调度。部省联网工作时间紧、任务重，各地要按照既定的联网进度计划，加强工作调度，确保联网目标实现。

医疗保险工作涉及多个部门和环节，业务流程复杂，基金监管任务重，人民群众关注度高，在医疗保险信息化工作中要充分考虑这方面的特殊性。到2005年，要在全国实现医疗保险所有参保人员的个人账户收支情况计算机网络化管理，在省级数据中心建立覆盖全省的医疗保险信息数据；在全国50%的城市实现与定点医院、定点药店的联网，实现医疗保险经办机构与定点医院、定点药店网上直接结算。要建立完善医疗服务项目管理和医疗费用审核计算机管理，实现对医疗服务行为和医疗费用收支情况的全程监控。按照这一要求，医疗保险信息化建设要着力强化对资金流的管理，切实提高监管效能。

工伤、生育保险的信息化建设也要加快步伐。抓紧做好业务流程、标准等基础工作，争取到2005年，将全国80%的参保单位和参保个人的主要信息纳入计算机进行管理，初步实现网络化管理。

（三）适应再就业工作的新要求，进一步完善劳动力市场信息系统

胡锦涛总书记在前不久召开的全国再就业工作座谈会上指出，要加快建设全国统一、规范的劳动力市场，通过资源整合，特别是信息资源共享，逐步把各地劳动力市场连为一体，

为求职人员提供更加便捷的服务。温家宝总理强调，要加强就业信息服务，健全劳动力市场信息网及其公开发布系统，为劳动者提供及时、便捷和有效的就业服务。全国再就业工作座谈会对劳动力市场与失业保险信息系统建设也提出了更高的要求。

根据再就业工作面临的新形势，从劳动力市场信息化建设的基础出发，当前劳动力市场信息化建设要从四个方面下工夫。一是要在数据集中和网络互联上下工夫。地级城市要建立集中式资源数据库，将全市职业供求、职业培训及失业保险等项业务的基础信息，全部集中起来，统一管理。要把城市公共就业服务机构同街道社区平台连接起来，通过信息化带动街道社区平台的功能建设和完善。二是要在信息共享上下工夫。要研究建立公共就业服务机构劳动力供求信息的共享机制，构建面向社会统一的服务平台，真正做到“一点登录，全市查询”。三是要在系统功能扩展上下工夫。要将职业介绍、职业培训、失业保险、劳动保障事务代理等劳动力市场管理和服务的主要业务纳入到系统中来。要尽快在地市级建立起标准统一的失业登记、领取失业保险金和失业保险参保人员信息库，实现对下岗失业人员的动态管理、实时监测。四是要在信息的整合、上报和发布上下工夫。要以现行劳动力市场监测信息季报和综合月报为基础，落实上报制度，完善公开发布制度，最终实现劳动力市场供求分析信息全国联网，为宏观监测和决策提供支持。

要达到以上信息化建设的总体要求，完成各项具体信息化任务，还必须加强统一领导，建设统一的劳动保障信息系统。

三、整合资源、强化管理，形成推进信息化工作新机制

（一）加强资源整合，促进信息化建设统一协调发展

资源整合不仅可以使已有的系统发挥新的效能，也可以使我们有限的资金、人力、物力得到最大限度的释放利用，对信息化建设尤为重要。各地在加快各业务系统建设的同时，一定要注意资源整合问题，不能东建一个系统，西建一个系统，防止出现“信息孤岛”，造成资源不必要的浪费。各地要尽量在人员、资金、设备、场地等方面，集中使用，统一调配。

随着劳动保障工作的全面深化，各项业务之间的联系越来越密切，各项社会保险业务之间、就业工作与社会保险之间的业务关系也需要在信息系统中体现出来，并且要实现功能与流程的优化。对此，各地一定要有战略眼光，要从金保工程的长远框架中综合考虑各项业务工作的定位。我们所讲的统一性，不仅仅是指机构、设备的统一，还应该包括业务工作机制的内在统一，这是建立“网上劳动保障”“数字劳动保障”的关键。这里要研究的问题很多，比如，数据库建设要在“十五”期间实现“同人同城同库”；再比如，街道和社区劳动保障平台的信息化就必须把各项劳动保障工作有机地整合起来，形成一个统一的终端；另外，还要考虑和其他政府有关部门的信息接口问题，比如和城市低保信息系统的衔接，社会保险费实行税务征收的地区金保工程与地税系统的衔接问题等。把这些问题解决好了，金保工程才能真正运行好。

（二）完善项目管理，广泛争取投入

中办发［2002］17号文件将电子政务建设的机制明确为统一规划、分级建设、分级投入。中央虽然会给地方一定的支持，但据我们了解，数量很小。具体规模和支持方式要等到可行性研究报告批复之后才能确定。我们初步考虑，这些钱主要用在推动信息化建设的“统一”上，花在技术支持和能力建设上，如统一租用通信线路，统一业务、技术标准规范，统一开发业务应用系统软件和购买基础软件，统一购买技术服务，统一对地方人员进行培训提高建设能力等方面。总之，这种投入是补助性的，和两个确保的投入机制不一样，不可能给地方补缺口。各地要尽早向各级政府汇报，争取建设资金，同时还要广开思路，多渠道筹措建设资金。

适应信息化工作的需要，我们必须学会运用现代管理理念，精心组织，科学管理，提高工程建设管理水平。目前，国内外在工程建设中普遍实行项目管理。实行项目管理，不仅可以明确目标和责任，而且可以提高管理效率，促进工程中各子项目之间众多承担单位和相关单位的协调和沟通。我们搞金保工程建设，也要将这一管理方法引进来，贯彻始终。要按照项目管理机制运作，统一建设目标，统一规划设计，统一组织管理。在项目的论证和确立中要借助专家的力量，科学决策；在项目实施中，坚持政府采购原则，能招投标的必须实行招投标。此外，还要引入监理机制。总之，必须保证金保工程是“阳光工程”，是科学的工程，是经得起检验的工程。

部里已经着手制定金保工程管理办法，对项目管理、资金管理、资产管理等方面都作了相应规定，各地要及早研究，因地制宜地制定信息化建设管理办法，切实保证工程建设的质量和水平。

组织机构和人才队伍建设是金保工程建设的重要内容，各地要切实加强对金保工程的领导，完善机构，充实队伍，理顺关系，为金保工程实施提供充分的组织和人才保证。

（三）面向公众，提高服务水平

随着改革的不断深入，劳动保障工作服务的对象和方式，正在由面向企业为主向面向个人为主转变，由企业自行管理为主向社会化管理服务为主转变。从长远看，能否面向公众提供满意的服务是电子政务最终成败的关键。

各地在推进信息化建设中，要充分认识公共服务的重要作用。一要建立多种信息查询方式，如综合利用电话、互联网、触摸屏、大屏幕等方式，公众可以随时随地方便地查询政策、个人账户信息、就业信息等；二要建立稳定、通畅的信息发布渠道，如公告栏、电视、报纸等信息媒体，增强政策信息的透明度；三要建立完善的政府网站，提供网上服务，如网上就业培训、参保登记、网上申报等自主式和交互式服务，方便人民群众。集中经办场所发展“一站式”服务，集中咨询电话发展“12333”一线通服务，建立门户网站发展“一网通”服务，这都代表了信息服务的方向。通过网上服务方式将推动劳动保障各类经办机构从有偿服务向无偿服务、限时服务向非限时服务发展，以此推进政府职能的转变。

（四）切实保障信息安全

随着网络的互联，数据信息共享成为现实，信息安全问题将显得越来越重要。在国家信息化领导小组第三次会议上，温家宝总理提出“必须从经济发展、社会稳定、国家安全、公众利益的高度，充分认识信息安全的极端重要性。要坚持积极防御、综合防范的方针，在全面提高信息安全防护能力的同时，重点保障基础网络和重要系统的安全”。劳动保障数据信息有着高度的敏感性，关乎国家安全和社会稳定，必须将安全性和保密性摆在一个突出重要的位置。部里在做项目可行性研究报告时，重点研究了系统安全问题，并进行了充分论证。各地在信息化建设时，要树立安全意识，建立安全保障体系和安全管理制度，保障数据信息的安全。

建设金保工程是一项功在当代、利在千秋的伟大事业，让我们在以胡锦涛同志为总书记的党中央领导下，高举邓小平理论伟大旗帜，贯彻落实“三个代表”重要思想，抓住机遇，扎实工作，推动劳动保障信息化建设不断取得新的更大的成就。

深入学习贯彻十六大精神
开创医疗工伤生育保险事业新局面

——在全国医疗保险工作座谈会上的讲话

劳动和社会保障部副部长　王东进

（2003年2月18日）

这次全国医疗保险工作座谈会的主要任务是，深入学习贯彻党的十六大精神，根据中央经济工作会议精神和全国劳动保障工作会议的部署，回顾总结2002年及五年来医疗、工伤、生育保险工作，分析当前形势和任务，部署今年主要工作。

一、2002年工作的简要回顾及五年来的基本经验

2002年，各级劳动保障部门按照部里的统一部署和中山会议确定的工作任务，按照“围绕一个大局，抓住两个重点，实现三个突破”的工作思路，大力推进医疗保险制度改革，协同做好工伤、生育保险工作，较好地完成了全年的既定任务。主要做了以下几方面的工作：

一是抓大中城市和中央企业等重点环节，推动启动扩面，到去年年底全国医疗保险参保人数突破9 400万人，超额完成年初预定计划。

二是抓住基本医疗保险定点管理和用药管理重点环节，细化定点协议，完善结算办法，开展药品目录管理落实情况检查，推广医疗服务用药“三率”控制办法，不断完善医疗保险服务管理。

三是落实公务员医疗补助和企业补充医疗保险等各项补充性医疗保障措施，解决部分参保人员医疗费用个人负担偏重的问题。

四是通过多渠道筹资、多方式参保，想方设法解决国有困难企业职工医疗保障问题。

五是协同推进工伤、生育保险的法制建设和规范管理。两项保险参保人数分别达到4 400万人和3 500万人。许多省市同志参与了《工伤保险条例（稿）》的起草工作和有关配套政策的研究。一些省区市已经着手全面贯彻《条例》的准备工作。去年出台生育保险法规的地区有所增加，28个省区市开展了生育保险工作，进一步规范了生育保险医疗服务管理和生育保险待遇项目管理。

医疗保险制度改革是国务院在1998年初确定的本届政府五项重点改革之一。五年来，我们按照《国务院关于建立城镇职工基本医疗保险制度的决定》（国发［1998］44号）的要求，以“三个代表”重要思想为指导，坚持“三改并举”的方针，协调各方、分类指导、坚忍不拔、扎实工作，在全国范围内初步建立起城镇职工基本医疗保险制度，取得了这

项重大改革的阶段性成果。其主要标志有：

一是基本医疗保险制度的政策体系基本形成。以国务院《决定》为核心，从中央到省区市到各统筹地区，制定了改革的配套政策、实施方案和管理措施。其主要内容涵盖了制度框架和基本政策、各类人员基本保障与补充保障的待遇规定、医疗服务与业务经办管理办法等。这些政策的制定出台和贯彻实施，基本实现了城镇职工医疗保险制度的制度创新和机制转换。这是制度安排和深化改革的具体的质的体现。

二是统一的医疗保障管理系统基本建立。初步实现了医疗保障管理职能的归并和统一，逐级建立了医疗保险行政管理和业务经办机构，逐步建立健全了医疗保险管理制度，多数统筹地区配备了信息网络管理系统，绝大多数地区从制度运行之初就实现了社会化管理服务。这是制度稳健运行、可持续发展的组织保证和载体。

三是医疗保险制度实施运行基本平稳。新的医疗保险制度在绝大多数城镇顺利启动实施，覆盖到各类用人单位和参保人员，到目前为止，所有统筹地区都做到了基金收支平衡，统筹基金和个人账户双结余，各方面反映基本满意。这是稳健运行和可持续发展的信心所在。

四是医疗保险机制作用基本发挥。通过建立医疗费用分担机制、医疗服务竞争机制和医疗待遇保障机制，增强了患者自我保障意识和费用意识，促进了医疗服务质量的提高，保证了参保人员基本医疗需求，医疗资源浪费严重和医疗费用不合理增长得到有效遏制，参保人员不合理的费用负担有所减轻。这是改革的出发点和落脚点，也是检验改革成败的标志。

医疗保险制度的顺利推进和平稳运行，对社会经济发展产生了积极的影响。

一是为促进国有企业改革和维护社会稳定发挥了作用。医疗保险制度改革的五年，也是中央实施跨世纪发展战略的关键五年。基本医疗保险制度推进到几乎所有城市，政策覆盖所有的用人单位和职工，反映了党和政府对职工医疗保障问题的高度重视，为国有企业改革创造了制度政策上的条件。9 400万人参加基本医疗保险，对保证他们的基本医疗和稳定社会发挥了重要作用。在这些参保人员中，近65%是企业职工和退休人员，许多是过去保障水平较低甚至已经不能支付医疗费用的困难企事业单位的职工和退休人员。这部分人更能感受改革给他们带来的实惠。稳定了这部分人，就稳定了正处在国有企业改革和结构调整主战场的产业工人，对未参保职工来说也起到了很好的示范和导向作用。

二是为加快和完善社会保障体系建设做出了贡献。社会保障体系是市场经济体制的重要支柱，而医疗保障又是社会保障体系中的基本组成部分。医疗保险制度改革的成功启动和平稳运行，破解了社会保障体系建设中最复杂、最困难的问题，为今后加快推进和完善社会保障体系建设奠定了良好的基础。

三是促进了参保人员就医方式和医疗消费观念的深刻变化。参保人员从没有像现在这样拥有更多的就医选择权、政策知情权，同时也要承担费用责任。许多参保人员讲，过去到哪儿看病由不得自己，现在虽然分担费用了，但看病有了选医院和医生的权利、了解政策和花费的权利，自己既能治好病，又不乱花钱。参保人员消费意识、费用意识、自我保障意识的增强，既促进了医患制约机制的形成，也有利于医疗保险政策和管理措施的落实。

四是推动了医药服务的竞争和健康发展。医疗保险定点管理和医疗服务各项管理措施，对医疗机构不仅产生了压力，更成为推进内部改革、提供更好服务的动力。越来越多的医疗机构和药店争取医疗保险定点，不同级别的医疗机构推出了各类特色服务，一些医疗机构加强了服务价格和服务质量管理，以吸引患者就医。很多地方“平价药房”公开宣布大幅度降价。“三改并举”的认同度越来越高并初步形成良好态势，也将在更深层面推动医疗保障机制的完善和医疗服务的公平竞争与健康发展。

五是抑制了不合理医疗费用增长。据1998年第二次国家卫生服务调查，改革前公费、劳保医疗人群次均住院医疗费用分别为5 095元和4 424元，而改革后根据我部社保中心在17个城市监测数据显示，基本医疗保险次均住院费用为4 990元。改革前后水平相当，但公平度提高，一部分人的浪费得到了控制，改革前保障不足的人群提高了保障水平。据大庆等城市的调查，改革后在住院率总体下降的同时，职工患病未住院率下降幅度更大。说明不该住院而住院的人大大减少，而需要住院的则得到了及时治疗。据统计，1990—1998年卫生系统综合医院次均门诊和住院费用年增长率分别为25.0%和23.7%，2001年分别降低为9%和5%。改革前，次均门诊和住院药费年增长率分别为24.5%和22%，2001年分别下降为5%和4%。如果仅从增量控制对资金使用效率的提高看，目前医疗保险基金全年收入近600亿元，按照改革前年增长20%多的速度，每年要新增120多亿元，增速每降低1个百分点，每年可少开支6亿元。增速降低10个百分点，就是60亿元，五年就是300亿元。这种资金使用效率的作用不可低估，是将浪费的资金真正用于保障，体现了实实在在的制度效率、机制效率和管理效率。

回顾这五年的改革历程，之所以能顺利推进改革，之所以能取得这些成绩，基本经验可以概括为“六个坚持”：

一是坚持“三个代表”重要思想，不断增强改革的坚定性和自觉性。各级党委、政府领导高度重视医疗保障工作，始终用“三个代表”重要思想统一各方面的认识，加强领导和部门协调。面对改革所遇到的复杂局面和各种困难，各级劳动保障部门将推进医疗保险制度改革作为贯彻“三个代表”重要思想的具体体现，牢记为人民服务宗旨，坚定推进改革的决心和信心，积极稳妥地处理好改革发展稳定的关系，精心细致地做好各项工作，推动了医疗保险制度改革的顺利实施和稳健运行，以改革的实际成果使人民群众感受到了党和政府的关怀。

二是坚持中央确定原则、地方分散决策的方针，因地制宜地探索推进改革的实现途径和具体办法。这是实事求是、一切从实际出发的思想路线在医疗保险制度改革中的具体体现，是顺利推进改革的关键所在，是原则性与灵活性的有机统一。国务院《决定》既明确了医疗保险制度改革在基本思路、制度框架、管理体制、基本政策上的统一，也给予地方探索的空间，确保了医疗保险制度改革按照中央总体部署和要求，在全国顺利组织实施。各地根据《决定》确定的基本制度框架和基本原则及政策要求，制定了符合当地实际的改革方案，因地制宜地开展工作。不同地区在许多具体措施上进行了有益的探索和创新。如探索低标准缴费、先建统筹的办法，解决职工大病医疗问题；针对部分中央企业的特殊情况，采取属地参保，委托管理办法，吸纳中央企业参保；探索总额预付下的多种方式相结合的费用结算办法；将定点管理办法细化到执业医师等。这些探索既符合改革的原则要求，又切合当地实际，保证了改革健康有序、扎实有效地推进。

三是坚持国务院《决定》明确的目标任务，精心组织，狠抓落实。在改革的基本方针和推进方式上，坚持用《决定》精神统领医疗保险制度改革全过程，把改革的总体目标和阶段目标有机地结合起来，坚定不移地按照“建立健全政策体系，积极推进组织实施，强化完善基础管理”的“三步走”战略，狠抓落实。在组织实施中，围绕大局定任务，根据形势谋思路，找准问题抓重点，按照目标抓督查。强调目标管理责任到人，具体措施落实到事。在工作方针上，抓重点，攻难点，分类指导。针对不同地区、不同行业、不同人群以及各项工作特点，逐级建立部、省、市重点联系城市和重点联系工作，既积极又稳妥，既指导又督查，共同攻坚克难，一环扣一环，一步一个脚印，一年一个台阶地推进改革。

四是坚持深入实际，研究新情况，解决新

问题，总结新经验。在制定改革政策到组织实施的各个阶段，我们始终强调坚持深入基层第一线调研。各地厅局长、处长和经办主任更是亲临一线。在广泛深入的调研中，各地同志不回避矛盾，不畏惧困难，本着求真务实、开拓进取的精神，既总结经验，又帮助指导解决重点、难点问题，使制定的改革方案、政策措施既符合中央的原则精神，又符合各地的实际，把改革的力度、各地经济社会的承受程度有机地统一起来，使改革不断实现新突破，取得新进展。

五是坚持主动协调配合，凝聚共同推进改革的合力。医疗保险制度改革是一项复杂的系统工程，不可能单兵突进，离不开各有关部门的协调合作，离不开广大职工的理解和支持。几年来，各级劳动保障部门主动向各级党委、政府、人大、政协汇报工作，主动和财政、卫生、药品监督管理等部门协调，始终将社会宣传、部门协调贯穿于改革各个阶段和各项业务活动的始终，从而逐步形成了各级党委、政府坚强领导，有关部门大力支持，广大群众普遍理解的改革合力。

六是坚持抓干部队伍建设，不断提高管理服务水平。医疗保险制度改革成败的关键是管理，管理的关键是人、是队伍。五年来边推进改革边组建队伍，边培训边锻炼，边摸索边总结经验，在人少事多、任务重、情况复杂的工作中，磨炼了意志，增强了才干，树立了作风，增进了团结，形成了一支思想过硬、作风顽强、特别能战斗的干部队伍。通过抓工作带出队伍，抓培训提高素质，抓管理树立作风，为医疗保险制度改革的顺利推进提供了坚强的组织保证。

以上这些经验来之不易，非常可贵，值得我们倍加珍惜，并在今后的工作中发扬光大。经过五年来的不懈努力，我们开创了建立中国特色医疗保险制度的改革之路，为建立健全社会保障体系做出了奠基性的贡献，也对今后全面推进工伤、生育保险制度改革进行了有益的富有成效的探索。这些成绩的取得，靠的是党中央、国务院的英明决策，各级党委、政府的坚强领导，各有关部门的大力支持，也离不开我们这支队伍的顽强拼搏和扎实细致的工作。

二、当前形势和今年的工作任务

党的十六大提出了全面建设小康社会的宏伟目标。实现比较充分的就业，建立比较健全的社会保障体系，使人民过上更加富足的生活，是十六大提出的全面建设小康社会目标的重要内容。全面建设小康社会的内涵十分丰富，而没有健康，就谈不上小康。医疗、工伤、生育保险（以下简称三项保险）工作，说到底都是关系到健康的事业。推进三项保险制度建设，是实现全面建设小康社会宏伟目标的基本内容和重要任务。这是我们当前学习贯彻十六大精神的基本把握，也是今后一个时期推进三项保险事业发展的基本方向和工作目标。从医疗保险制度考虑主要有三个方面：一是在总体目标上，到2020年使所有城镇居民都能够享有基本的医疗保障；二是在制度框架上，坚持大的原则统一，探索适合不同人群的保障方式；三是在工作安排上，充分考虑我国总体经济发展水平、不同地区差距及不同人群特点，分阶段、有步骤、有重点地梯次推进。今后一个时期，要在重点建设医疗保障制度的同时，加快工伤、生育保险制度建设，逐步将所有城镇从业人员纳入保障范围。

当前推进三项保险制度建设有各级领导的高度重视，有各有关部门和广大人民群众的理解支持，有我们五年来扎实工作的基础和勤奋工作的干部队伍，推进三项保险制度建设总体形势是十分有利的。但同时也应该看到，我们目前的工作与形势发展和中央要求及广大人民群众的愿望还有差距，还面临新的矛盾和困难。从当前看，三项保险的覆盖面还比较窄，基础管理还亟待加强。从长远看，伴随城镇化、人口老龄化、就业形式多样化等趋势，将面临两个主要矛盾和三个突出困难。两个主要矛盾是：有限的保障能力与日益增长的消费需求的矛盾；医疗费用控制与医疗服务利益驱动的矛盾。三个突出的困难是：困难人群保障资金筹集困难；基金平衡和医疗服务管理的难度加大；管理机构人少事多，工作任务繁重。对这些矛盾和困难，我们既要有清醒的认识，更要有坚定的信心。只要我们按照十六大精神，充分利用各方面有利条件，在新的发展形势下，研究新思路、新举措，扎实做好当前工作，力争在每一阶段都有新突破，就能够不断开创事业发展的新局面。

今年三项保险工作的主要任务是，按照中央经济工作会议加快推进和完善社会保障体系的要求及全国劳动保障工作会议的部署，以“三个代表”重要思想为指导，与时俱进，开拓创新，进一步扩大覆盖范围，完善有关政策，强化管理服务，实现医疗保险参保人员突破1亿大关，工伤保险实现大的发展，生育保险协同推进。

关于医疗保险工作。总的工作思路和要求是：围绕一个目标，做好三方面工作，推进四化建设，提高两个能力。也就是围绕年底实现参保人数突破1亿人的目标，统筹做好扩大范围、完善政策和强化管理三方面工作，通过探索保障方式多样化解决不同人群医疗保障问题，通过探索医疗服务项目管理标准化增强管理的科学性，通过推进业务经办流程规范化提高管理服务效率，通过管理干部专业化培训提升专业管理水平，由此，整体提高医疗保障能力和管理服务能力。确定上述总体思路，是立足当前，着眼长远，从完成今年工作的任务要求和长远制度建设要求出发的。实现突破1个亿的覆盖目标是今年医疗保险制度改革的一个基本出发点，提高整体保障能力和管理服务水平是实现医疗保险稳健运行和可持续发展的根本落脚点。要既完成当前任务又为今后稳健运行、持续发展打好基础，就要在着力做好扩大覆盖范围、完善政策和强化管理三方面工作的同时，把工作重心下移，落实到“四化建设”的基本层面。重点要做好几项主要工作：

（一）继续狠抓扩面

扩面，是制度建设的基本任务，更是解决人民群众基本医疗需求和维护社会稳定，加快社会保障体系建设的客观要求。大中城市特别是直辖市、省会城市，集中了各类从业人员和主要参保人群，又是维护社会稳定的中心地带，对完成全年扩面任务举足轻重，虽然扩面难度比较大，如果解决得好，辐射作用和影响力比较强，是今年扩面工作的重点。具体要求是，大中城市参保率都要达到60%以上，其中直辖市和省会城市要达到70%以上；其他城市要在去年参保人数的基础上有所增加，参保率都要达到50%以上。今年，部里要继续重点联系京、津、渝、穗、汉等特大城市。各省区市也要确定重点联系城市，根据每个地区的不同情况，加强分类指导和协调。一要及早部署。这几年尽管覆盖面推进速度很快，但总是前松后紧，第四季度非常紧张。第四季度往往各项任务集中，医疗保险管理中的各种矛盾也集中，维护社会稳定的任务也重，在前三季度完成扩面任务，可以更主动。今年要改变以往的被动局面，及早确定工作任务、计划，明确落实措施和责任，力争提前完成任务。二要抓重点人群和解决不同人群参保的关键环节。通过抓紧落实企业补充医疗保险办法，促进中央、省属单位属地参保，带动其他企业参保。要抓紧落实国家公务员医疗补助政策，启动公务员参保，带动其他人群参保。

（二）着力探索解决困难人群医疗保障的有效途径

党中央、国务院高度重视和关心困难人群的生活保障问题。近一段时间来，中央多次研究困难群众生产生活和保障问题，作出了一系列部署，强调这是治本之策，必须认真做好。各级劳动保障部门同志，做了大量的工作，探索了多种办法，将部分困难人群纳入医保范围，成效是明显的，受到了群众的欢迎。今年各地要加大工作力度，把解决困难人群医疗保障问题作为一项重点工作来抓，摆在突出的位置。做好这项工作，意义重大，难度也大。各地同志要有强烈的政治责任感，从贯彻“三个代表”重要思想的高度，满腔热情地积极开展工作，要深入调研，主动与有关部门协商，用科学的精神，研究解决具体办法和措施。解决困难人群的医疗保障要解决两个重点问题：一是解决的重点人群是国有企业的困难职工、退休人员和下岗人员。今年，各地对凡是有缴费能力或能够筹集到资金的这部分人员，都要尽可能地把他们纳入到基本医疗保险制度中来。过去一些地区探索的行之有效的办法，值得其他地方借鉴。当然，一定要从本地的实际情况出发，一定要坚持保障的待遇水平和标准要与其缴费水平相对应的原则。二是对确无能力参保的困难人群特别是“低保”人员，重点是建立社会医疗救助制度。社会医疗救助制度是多层次医疗保障体系的重要组成部分。当前，尽快建立社会医疗救助制度，对于缓解社会特困群体的医疗困难，维护社会稳定具有十分重要的意义。建立社会医疗救助制度，各地要有方案、有办法，不能停留于一般性号召。一些省市加大政府投入，通过多渠道筹资，建立社会医疗救助的办法，取得了很好的社会效果，各地可以借鉴。今年各省区市要对建立社会医疗救助制度作出安排，通过加强政府部门间的协调配合，尽快出台办法，明确资金解决办法、救助范围、救助方式和管理办法，推动各地社会医疗救助制度的建立。

（三）积极推动灵活就业人员医疗保障制度建设

适应多种形式就业格局的变化，个体从业人员、自由职业者以及大量农村进城务工人员等灵活就业人员将越来越多。推动这部分人员参加医疗保险，既是保障他们基本权益的需要，也是整体提高医疗保障能力的需要。这是贯彻十六大精神的新举措，也是推进医疗保障制度建设的新突破。研究这部分人员的医疗保障方式，要在制度安排和管理方式上有所创新，与时俱进。这次会上提交讨论的《关于城镇灵活就业人员参加医疗保险有关问题的指导意见（征求意见稿）》，是总结了一些地方的做法而提出的。主要的政策内容包括如何缴费，如何按照缴费水平确定相应的待遇，如何管理，如何确定等待期和缴费年限等。制定这个文件的目的是在总结各地经验的基础上提出一个原则规范和基本框架，指导各地制定吸纳灵活就业人员参保的具体政策和管理办法，既给灵活就业人员参保，特别是国有企业改革中的下岗失业人员续保明确切实可行的政策，又能够通过合理的政策导向和有效的管理措施，鼓励持续缴费和连续参保。请大家充分讨论，修改完善后要尽快下发。这个文件下发后，各地要制定具体办法，认真落实，并切实做好管理服务工作，力争今年在积极推动灵活就业人员参保方面取得突破性进展。

（四）建立健全多层次医疗保障体系

建立多层次医疗保障体系，是顺利推进基本医疗保险制度改革的重要措施，也是完善医疗保障体系的重要内容。多层次保障体系的作用有两个：一是满足人们不同层次的医疗需求，在参加基本医疗保险的基础上，建立公务员医疗补助、职工大额医疗费用补助和企业补充医疗保险等；二是提供适应不同人群特点的医疗保障方式。目前，有些地方该出台的政策性补充保障项目没有出齐，导致参保人员应补未补增加了费用负担；也有一些地方项目繁多，名称繁杂，叠床架屋，层次不清，管理不够规范，作用发挥不好。所以，建立健全多层次医疗保障体系，并规范各项目间的制度衔接、政策衔接和管理衔接，仍是今年一项重要工作。一是抓紧落实国务院《决定》规定的补充保障项目。今年公务员医疗补助、职工大额医疗费用补助，要在所有统筹地区实施。要积极推动企业补充医疗保险制度的建立，并探索、规范其管理办法。对国有大中型企业和经济效益好的其他企业要加强指导，帮助其建立企业补充医疗保险制度。二是积极探索适合不同人员特点的多种保障方式，并保持医疗保险基本制度框架、政策和管理办法的有机统一和衔接。三是规范各补充保障项目名称、功能、政策和管理办法，与基本医疗保险制度有机衔接，发挥各自作用。

（五）全面落实和细化“三二一”医疗保

险管理措施，探索医疗服务项目标准化管理

管理是医疗保障制度建设的永恒主题，是改革成败的关键。“三二一”管理措施（即基本医疗保险药品、诊疗项目和医疗服务设施三个目录，定点医疗机构和药店两个定点，医疗保险费用结算办法），是实现基本保障和基金平衡的重要手段，是医疗保险管理的核心措施。今年特别强调要从发挥“三二一”管理措施的整体作用出发，在细化各项具体措施上做文章、求实效。怎么叫“细化”，细化就是本地化、具体化、可操作、有实效。我常讲，管理要简便易行，不是越复杂越好，关键是做到有方、有度、有效。“方”，就是方法措施；“度”，就是尺度分寸；“效”，就是效果效率。要做到管理有方、有度、有效，一要找准关键环节，二要在细化措施上下工夫。

从各地情况看，今年全面落实“三二一”管理措施，重点要在以下几个关键环节做细化文章：一是抓住定点环节，细化协议。促进充分竞争和执行医疗保险政策，是实行定点管理的基本要求。当前在定点环节的工作重点是扩大范围和细化协议。在范围的确定上，步子要迈得更大一点，将多种所有制结构，包括企事业单位医疗机构、民办医疗机构和基层（社区）医疗机构凡符合条件的均可纳入定点。签订和细化定点协议是落实“三二一”管理措施的第一个关键环节。要将“三二一”管理措施细化到不同医疗机构的具体对象上，细化到各个医疗服务项目上，细化到质量标准和费用额上，细化到实施医疗服务行为人的奖惩、考核和结算上。二是抓住诊疗和用药环节，细化医疗服务项目管理措施。医疗服务项目内容很多，但关键环节是诊疗和用药。去年我们推广了用药管理的“三率”控制办法，发挥了很大的作用。但仅有用药管理是不够的。医疗服务管理涉及服务质量和费用控制两个方面，涉及医疗服务技术规范和医疗费用经济核算两个范畴。如何使之结合起来，既符合技术规范又符合经济核算的要求，从国外已取得的成功经验看，必须在医疗保险管理中探索医疗服务项目标准化管理的途径。各地可通过对一定时期内不同医疗机构提供医疗服务的常规数据整理分析，剔除不合理因素，逐步制定医疗服务质量监控标准、医疗保险费用结算考核奖罚标准等参照指标，以此为据，推行科学管理，避免人为因素，减少在医疗保险服务项目管理上的随意性和不确定性。三是抓住结算环节，细化考核办法。要坚持总量控制下的多种结算方式相结合，逐步探索完善医疗服务项目费用定额控制办法，提高结算的合理性和科学性，要细化、硬化考核办法，明确结算支付程序，照章办事，提高结算的透明度、公正性和及时性。

（六）切实加强基金管理

要保证社会保险的顺利实施和稳健运行，根子是一个“钱”字。医疗保险基金是参保人员的保命钱，必须收足、管好、用好。基金收上来不容易，管好、用好，实现基金平衡也不容易。目前我们的医疗保险基金管理总体是好的，否则保障不了参保人员的基本医疗，实现不了基金收支平衡，也维持不了制度的稳健运行。但同时也要看到，一些地区已经暴露出基金征缴不到位、挤占挪用基金、基本医疗保险和一些补充性保障基金混用等问题。有些问题尽管只是个别现象，但应予警戒。我们在医疗保险基金使用上，没有部门利益，但承担着不可推卸的基金管理责任。如何管好基金，关键是收得上、管得住、用得好。一是要加强基金征缴基数稽核和逐户按率征收，实现基金足额征缴，保证基金到位率在90%以上。二是要按制度规定及时按项目分别建账入户，专款专用，严禁挤占挪用。三是要加强基金支出管理，按政策规定和管理措施要求，严格审核基金支付范围内的各项医疗费用支出，对按规定由基金支付的费用要及时结算，足额支付。对违规费用应坚决拒付。

（七）规范业务经办流程

医疗保险业务经办管理，直接关系到政策的贯彻实施和制度的稳健运行。五年来，医疗保险管理部门的同志承担了繁重的任务，在广大参保人员和医疗服务机构中赢得了良好声誉。但也有一些地方参保人员和医疗机构反映，目前医疗保险经办管理手续繁杂，效率不高，应引起各地重视。从调研情况看，造成手续繁杂的原因，主要是业务流程设计不规范，由于内部运行流程庞杂，造成窗口服务忙乱，弄得参保人员和医疗机构不胜其烦。业务经办管理规范化，既关系到我们工作的效率，又影响到窗口服务的形象，窗口服务形象的好坏，很大程度上取决于工作效率。因此，今年必须把推行业务经办管理规范化，作为全面提高管理服务水平和运行质量的一项重要措施。当然，规范化不可能一步到位，有个不断改进完善的过程。从当前经办管理的现实基础出发，要着力在“规范程序、简化手续、周到服务”上下工夫。一是要牢固树立“管理即服务”的理念，在业务经办的各个环节，从系统程序设计到窗口服务，都要尽可能为参保单位、参保人员和定点医疗机构等服务对象，特别是为参保患者着想，提供简捷、方便、高效、周到的服务。二是要处理好内部运行机制与对外窗口服务的关系，内部运行机制及程序设计要严谨、规范、运行有序，对外窗口服务要简便、高效、热情周到。工夫要下在里边，效率才能体现在外边。要从优化管理中要效率，从效率中体现服务。三是要重点推进就医和结算两个环节的管理规范化。业务经办涉及参保登记和基金征缴、就医管理、医疗服务协议管理、医疗服务质量与费用支出管理、审核结算、统计与运行分析六个环节，当前参保人员和医疗机构反映较强烈的是就医、费用审核和结算等手续繁杂。各地今年要把这两个环节的规范工作作为重点解决的问题。要与有关部门和医疗机构共同协商，研究办法，明确责任，充分利用计算机网络系统实时监控和审核功能，尽量简化就医和审批手续，方便病人就医、购药，缩短审核、结算周期。四是要明确岗位职责，建立严格的考核制度。在对外服务窗口岗位，要大力推行“首问负责制”，为服务对象提供“一站式”服务。今年部里要在规范医疗保险业务经办管理上，选择几个重点联系城市进行指导，总结一套基本业务流程规范，在全国推广。各省区市也要拿出相应措施，提升各地的业务经办水平。

（八）健全和完善信息网络服务功能

信息网络系统建设，不仅是提升医疗保险管理服务水平的必需手段，也是推行管理服务规范化的重要措施。没有现代技术支撑的信息网络系统，要处理如此大量、复杂的管理工作几乎是不可能的。但信息系统建设要根据工作需要和现实条件，不能一味追求高配置，贪多求全。我考察过很多城市的网络系统，配置都很高，也很复杂，提供一堆数据，却少有反映制度运行评估的核心数据，如全部医疗费用支出统计，同口径比较改革前后医药费增长对比数据等。我也考察过一些医疗保险搞了几十年的国家，计算机配置没有我们高，但基本做到监管到位，提供数据既能反映运行情况，也能提供决策依据，这些很值得我们借鉴。信息网络一定要讲究实在管用，真正发挥日常经办、协助监管、帮助决策三种基本功能。一是发挥系统日常业务经办功能。这是最基本的运行功能，但要做好，使系统运行既符合制度、政策、管理的要求，又能做到流程简化，提高效率。二是发挥系统程序实施过程监控的功能。监管到哪里，计算机程序就要反映到哪里；监管什么，计算机就能反映什么数据。要通过计算机程序管理、数据化管理，提高管理科学化、透明度和公正性。三是能够提供完整数据并进行运行分析、制度评估和决策参考的功能。这就要求指标体系既科学又简明。用数字说话，首先要求数字能反映真实情况，其次要求数字要准确，再就是反馈要及时。这些都需要我们在建设和完善信息管理网络系统中下工夫。

关于工伤保险工作。总的要求是，围绕全面建立工伤保险制度，加快两个建设，实现三个提高，建立一个体系。也就是加快推进工伤保险制度建设和工伤保险组织机构建设；提高工伤保险的参保率、工伤保险管理人员的政策水平和服务意识；建立以《工伤保险条例》为主体的工伤保险配套政策体系并推动组织实施，力争工伤保险取得较大的发展。

今年的工作主要抓两项：一是已经实施工伤保险的地区，要继续按照政策规定做好日常工作，严格工伤认定和伤残鉴定，规范待遇项目，保证合理支付。特别是规范工伤保险管理程序，妥善解决好工伤职工的待遇保障，减少工伤争议和纠纷，维护社会的稳定。二是提前做好《工伤保险条例》实施前的准备工作。对《条例》的贯彻实施，要在《条例》颁布时具体部署。这同样是一项复杂而难度极大的改革，准备工作要走在前面。在《条例》颁布前，各地要调研摸底，做好实施方案和配套政策制定的准备工作，做好政策调整的预案，以及组织实施中包括政策宣传、机构建设、人员培训、业务经办等各项准备工作。

关于生育保险工作。总的要求是，抓住医疗保险全面推进的有利时机，继续认真贯彻落实《中国妇女发展纲要（2001—2010 年）》及《劳动保障部门贯彻落实〈中国妇女发展纲要（2001—2010 年）〉实施方案》，按照“政策先行，协同推进”的工作思路，积极推动生育保险工作。

所谓“政策先行”，就是还没有出台政策的，要在年内出台生育保险政策，并组织实施；已经开展生育保险的地区，要进一步规范待遇保障标准，认真总结、检查生育保险基金管理、待遇保障、社会服务等方面的问题和漏洞，规范管理，提高服务水平。

所谓“协同推进”，就要认真分析生育保险与医疗保险在管理上的内在联系，相互借力，探索与医疗保险信息系统相连接的管理办法，与医疗保险制度改革同步推进，实行“三统三分”：即在同一参保范围内的单位和人群，实行统一缴费、统一参保，与医疗保险定点医疗机构管理、医疗服务管理和费用结算管理等实行统一管理；两项保险的费率分别确定，基金分别列账，待遇按规定分别支付。

三、全面加强队伍自身建设，努力开创医疗、工伤、生育保险事业发展新局面

加快推进和完善社会保障体系建设，是全面建设小康社会的一项基础性工程，也是各级劳动保障部门同志肩负的光荣而艰巨的使命。今年工作的任务和要求已经明确，必须坚持制度建设与队伍自身建设两手抓，以更高的政治责任感，更加顽强的团结拼搏精神，更高的专业素质，更扎实的工作，全面完成今年各项任务。全面加强队伍自身建设，主要抓六个方面。

（一）抓组织建设

从全国看，我们已经有了一支从事医疗、工伤、生育保险工作的基本队伍。但也存在着工伤、生育保险机构不全，三项保险人员编制偏少，整体素质亟待提高的问题。现在社会保障制度建设已经成为各级政府的重要工作，各级党委、政府也比任何时候都更重视社会保障工作。因此，当前加快社会保障机构建设，加强队伍建设，既是一项紧迫的任务，也有十分有利的条件。今年加强队伍建设的重点：一是围绕大力推进工伤保险工作，必须把组建机构、配备干部、建立制度、装备系统作为贯彻《工伤保险条例》的首要工作来抓。同时，也要协同抓好生育保险队伍建设。二是围绕建立讲政治，懂业务，勤政廉洁，开拓进取的高素质、专业化的管理队伍，强化三项保险管理队伍的职业培训。培训是一项长期的任务，要贯穿于事业发展的始终。要通过多渠道、多层次、多样化培训，使干部队伍素质有较大的提高，并逐步探索三项保险中的医疗服务管理、费用审核、计算机网络管理等一些专门岗位职业化，实行持证上岗。今年部里还将一如既往地开展一些综合业务培训，开辟一些国外考察学习渠道，为各地服务。各地也要在坚持日常培训的同时，采取走出去、请进来的办法，为更多的业务干部创造学习培训的条件。

（二）抓思想建设

深入学习贯彻十六大精神，是今年劳动保

障工作的主题，也是从事三项保险工作同志的首要任务。学习贯彻十六大精神，关键是学习好十六大报告，做到“三个深刻领会”：深刻领会“三个代表”重要思想，并在改革实践中身体力行；深刻领会党在全面建设小康社会新的历史时期的任务、路线、方针，提高理论水平、政策水平和把握全局的能力；深刻领会加快推进和完善社会保障体系建设在实现全面建设小康社会伟大目标中的作用和意义，增强推进三项保险制度发展的自觉性、信心和决心，与时俱进，开拓创新，努力做好各项工作。

（三）抓作风建设

作风反映了一个人、一支队伍的工作态度、责任心和精神风貌。五年来，正是靠我们这支队伍顽强拼搏、团结奋战的工作作风，才取得了三项保险事业开创性、奠基性的工作基础。作风建设是一项长期任务，今年作风建设要根据当前队伍状况和工作需要，着力于两个方面：一是克服满足现状、松口气的情绪，继续发扬团结拼搏的精神，以积极负责的态度开展工作。二是克服遇到矛盾和困难时的浮躁畏难情绪，大兴调查研究之风，培养深入细致的工作作风和按规律办事的科学精神。我重点要强调调查研究，这是我党长期保持的优良传统，也是转变工作作风的具体体现。这几年我深切感受到，没有各级领导同志带头调研、果断决策，没有各地同志艰苦的努力和创造性的工作，要推进这么复杂的改革是不可想象的。随着三项保险制度改革越深入，遇到的矛盾和困难会越多。只有深入调研，充分尊重群众的首创精神，及时总结新经验，研究新情况，解决新问题，才能有所创新，不断推动事业发展。同时，我们搞调研要讲究方法，注重实效。一是调研既要及时又要有一定的前瞻性。当前，既要结合三项保险制度改革中存在的问题进行调研，也要根据社会保障体系长远建设的需要，开展综合性调研。二是要围绕中心工作，研究重点、难点问题，主题明确但也不能就事论事。三是调研要讲究面更要讲究深度，要真正深入到基层去，倾听老百姓呼声。四是调研要重视过程更要重视结果，要能运用调研成果指导工作。

（四）抓宣传

这几年医疗保险制度改革所以能够得到各方面的理解和支持，除了制度、政策和我们的工作深入人心外，重要的是做了大量的宣传工作。从我们这几年的工作情况看，一项重要的内容就是做宣传，走到哪里，宣传到哪里。与各部门、各地领导同志及各个方面诚恳交换意见，不厌其烦地讲改革意义、讲政策。现在医疗保险制度改革进入更深层面、更宽领域、更具体操作，工伤、生育保险正待全面展开，更需要加强宣传。抓宣传不是造声势，不是新闻炒作。抓宣传要围绕中心工作，针对不同对象，采取有效方式，做到有的放矢，宣传什么，怎么宣传，达到什么宣传效果，要心中有数。一要围绕推进改革做好政策和管理措施的宣传；二要善于用典型事例、客观数据、参保人员的切身体会，做到有理有据，既不能泛泛而论，也不能居高临下；三要善于用通俗易懂的语言和喜闻乐见的形式去沟通各方面的思想，达到化解疑虑、理解政策、统一认识、形成合力的宣传作用。

（五）抓协调配合

协调是事物发展的基本要求，是行政工作和经办管理的重要职能，协调是一门大学问，协调得如何，从一个侧面反映了我们的工作能力和水平。三项保险涉及各个方面和各个层面，哪一个环节衔接不好，哪一个方面协调不到，都可能发生问题。我们讲制度政策要衔接配套，业务工作要协调发展，相关部门要协同配合，关键是抓好协调。这几年在推进医疗保险制度改革中，从中央到地方的各个部门，从制定政策、组建机构到抓启动扩面、属地参保，从“三改并举”到三项保险协调发展，哪一项工作都离不开协调，都离不开各地同志的努力。从实际效果看，哪个地方协调工作做得好，那个地方的工作就能顺利进行。从今后的工作要求看，协调难度、协调频率只会增加不会减少。特别是工伤保险制度改革全面启动，生育保险与医疗保险协同推进，更需要加大协调力度。需要马上协调的，不能拖延，需要你那个层面协调的，不能指望上面。抓协调，一要懂行，二要公正，三要讲究方式方法，四要有人格力量。

（六）抓理论研究

在地方调研的时候，有同志提出一个命题：如何实现医疗保险可持续发展，这是一个重大课题。这五年的医疗保险制度改革，我们就是在破这个题。但从长远看，目前的改革还处在起步阶段，一些政策措施和做法还只是探索。因此，围绕如何实现医疗保险可持续发展的大课题，除了不断实践，还要加强理论研究。理论研究要基础研究、政策研究和前瞻性研究并重，特别是要重点研究带规律性的发展理论，如现行的制度安排行不行，是不是反映了客观发展规律和趋势，能不能可持续发展。对改革中一些做法也需要从理论的高度加以总结。要通过科研和交流，提高干部的理论水平，增强改革的预见性和解决实际问题的能力。我希望各地从今年开始，把医疗（包括工伤、生育）保险科研抓起来。一些启动时间早的省市，可以首先把建立医疗保险制度运行评估指标体系作为今年的科研任务。中国社会保险学会医疗保险分会即将成立，我们要充分利用好这块阵地，进一步加强与国内外同行和有关方面的合作交流，全面推进医疗、工伤、生育保险事业的发展。

在过去不平凡的五年中，我们走过了光荣而艰辛的历程。随着党的十六大的胜利召开，全面建设小康社会的新征程已经开始。让我们努力实践“三个代表”重要思想，牢记为人民服务的宗旨，勇于肩负使命，与时俱进，开拓创新，励精图治，团结拼搏，全面推进医疗、工伤、生育保险工作，为健全和完善有中国特色的社会保障体系做出新的贡献！

在部分地区劳动保障监察工作座谈会上的讲话

劳动和社会保障部副部长　步正发

（2003 年 8 月 11 日）

这次会议的主要任务是：以“三个代表”重要思想和党的十六大精神为指导，认真总结上半年劳动保障监察工作情况和这项工作在全国开展十年以来的基本经验，分析研究当前面临的新形势，进一步明确做好劳动保障监察工作的努力方向，部署近期主要工作。

一、上半年监察工作主要情况和十年来的基本经验

今年上半年，面对突如其来的“非典”疫情，党中央、国务院从实践“三个代表”重要思想的高度，统揽全局，及时作出了一手抓防治“非典”，一手抓经济建设的重大决策。全国上下万众一心，众志成城，夺取了抗击“非典”的阶段性重大胜利，保持了国民经济较快增长的良好势头。在劳动保障工作方面，我们及时研究解决防治“非典”过程中出现的劳动保障问题，对处理“非典”防治中涉及的医疗保险、劳动关系和劳动者权益维护等问题，先后下发了多个政策性文件。同时，抓紧做好日常的劳动保障工作。落实再就业政策取得初步进展，两个确保继续得到落实，社会保障体系试点取得新进展，养老保险、医疗保险扩面稳步推进，劳动关系协调、维护劳动者权益和社会稳定工作得到加强。

在整体推进各项劳动保障工作的过程中，各级劳动保障监察机构坚决贯彻党中央、国务院的战略决策，按照部里的统一部署，一手抓“非典”防治，一手抓监察执法，克服困难，扎实工作，各项工作都取得了新的进展。

（一）“非典”防治工作和重点监察执法工作同步到位，确保特殊时期劳动者合法权益不受损害

上半年突发的“非典”疫情，给监察工作增加了难度，提出了新的挑战。各地监察机构在做好自身防护工作的同时，积极应对，确保特殊时期监察执法力度不减，劳动者合法权益不受损害。部里和各地相继下发关于加强劳动保障监察工作的通知，采取了两大举措：一是进一步畅通维权渠道。为避免出现人群聚集的情况，各地一方面由负责同志深入基层调研督导；另一方面加大群众举报案件查处工作力度，再次公布举报电话，实行投诉举报专人值班制，方便劳动者举报投诉，及时发现和处理各种违法行为。广东、河南、天津、厦门等地还设立了专门的投诉举报网站。二是突出重点进行针对性检查。各地以劳动密集型尤其是农民工较多的企业为重点，深入厂矿、建筑工地等生产一线，深入农民工居住的工棚，宣传国家有关“非典”防治工作的要求，督促企业

改善农民工生产生活条件，提供有效防护，保障基本生活，并要求不得集中遣散农民工，防止“非典”疫情向农村地区扩散。北京市制止了多起集中遣散农民工事件；山西省劳动保障厅负责同志带领监察员，深入建筑施工企业进行检查；广东省劳动保障监察员冒着风险，接待了投诉的发热病人；广西南宁市突击检查了120多个建筑工地；海南省开展农民工进城务工及防治“非典”情况大检查；贵州省把用人单位落实防治“非典”措施的情况，列为劳动保障年检内容；内蒙古等地监察机构直接参与了机场等重点部位的防控工作。广大劳动保障监察员以对人民群众生命健康和切身利益高度负责的精神，用实际行动，谱写了一曲战“非典”、保权益的动人乐章。

（二）专项执法检查和综合治理并举，对各类违反劳动保障法律法规的行为进行了严肃查处

各地劳动保障监察机构紧紧围绕年初确定的劳动保障工作三大任务，从整顿规范劳动力市场秩序入手，督促用人单位依法签订劳动合同、缴纳社会保险费，打击非法职业中介行为，在促进下岗失业人员再就业、社会保险扩面征缴和劳动者合法权益维护等方面，发挥了重要作用。北京市按照地区切入、整体规范的工作思路，开展了“劳动用工管理规范一条街”活动。黑龙江省采取分类指导、区域联动、集中整治的工作方法，集中力量开展规范劳动用工管理“百日攻坚战”，取得了明显成效。

在开展常规检查的同时，各地还针对社会反映强烈的突出问题，在侵犯劳动者合法权益案件的高发领域和高发时期，组织开展专项执法检查活动。一是在全国范围内组织开展了农民工工资支付专项检查活动，重点查处建筑施工等行业拖欠农民工工资的行为，共检查用人单位近18万户，帮助农民工追回工资及赔偿金8亿多元，涉及农民工400多万人。今年4月份到5月份之间，上海市受理和查处群众举报案件近1 200起，为农民工追回工资160多万元；北京市查处拖欠农民工工资案件132件，为农民工追回工资147万元。二是各地深入贯彻国务院新颁布的《禁止使用童工规定》，组织开展了禁止使用童工执法检查活动。山西省查处了两起恶性使用童工案件，清退童工14人，并提请公安机关以涉嫌非法使用童工罪对11名犯罪嫌疑人予以刑事拘留。这些执法检查活动，受到了广大劳动者及社会各方面的欢迎和好评。

据统计，上半年全国各地劳动保障监察机构主动检查用人单位49.5万户，同比增长48.2%；年检用人单位78.4万户，同比增长34.3%；查处各类违法案件13.2万件，同比增长16%。通过监察执法，责令用人单位为381.5万名劳动者补签了劳动合同，同比增长4.8%；责令用人单位支付劳动者被拖欠的工资等11.1亿元，同比增长133.1%；责令用人单位缴纳社会保险费12.7亿元，同比增长64.2%。

（三）劳动保障监察制度和机构队伍建设取得新进展，执法力量得到进一步加强

今年上半年，我们在加强监察制度建设方面采取了两项举措：一是加快了劳动保障监察立法。配合国务院法制办修改《劳动保障监察条例》草案，收集各地劳动保障监察法规和案例，撰写了中外劳动保障监察制度建设情况的报告，形成了新的条例草案修改稿。二是在工作制度建设方面进行了积极探索，并取得了一定成效。湖北、大连、青岛等地实行用人单位劳动保障守法诚信评估制度，引导并鼓励守法经营的用人单位；山东、黑龙江等地采取集中执法方式，扩大年检覆盖面；北京、天津、深圳等地推行首席劳动保障监察员制度；天津等地采取了劳动保障监察执法调查和处理分离的工作方式，把执法责任制进一步做细做实。

在劳动保障监察机构队伍建设方面，各地按照《中共中央、国务院关于进一步做好下岗失业人员再就业工作的通知》以及劳动保障部等11个部门联合发文的有关要求，把劳

动保障监察机构队伍建设作为今年工作的重点之一，积极争取有关部门的支持，使监察队伍建设取得了新的进展。河北省以县级监察机构为重点，以点带面，开展机构建设示范单位活动；湖北省将市县级监察机构队伍建设列为监察工作目标责任制的主要内容，进行检查和督促；吉林、湖南等地加强对基层监察机构的督导，编发机构建设情况通报；黑龙江省把县级监察机构建设作为重点，组织开展专题调研。截止到6月底，全国各级劳动保障监察机构共配备专职监察员17 700多名，兼职监察员23 000多名，分别比2002年年底增长4.1%和12.6%，执法力量得到了进一步加强。

今年上半年监察工作的进展，是在过去多年工作的基础上取得的。自1993年8月原劳动部发布《劳动监察规定》以来，全国劳动保障监察工作已走过了十年的风雨历程。十年来，我们确立了日常巡视检查、群众举报专查、劳动保障年检、专项检查等监察执法方式，制定了基本执法规范及统计报告、目标管理等内部管理制度，形成了“职能统一、制度统一、程序统一”的工作体制，初步建立了有中国特色的劳动保障监察制度体系。十年来，我们按照“省级全面建立、省会城市重点充实、地市县普遍建立”的思路，一步一步巩固发展，一点一点充实提高，建立了3 196个监察机构，配备了41 000多名监察员，初步形成了省、地、县三级监察执法组织网络。十年来，各级劳动保障监察机构不断加大执法力度，严肃执法，共检查各类用人单位639万户，查处各类违法案件139.9万件，在维护改革发展稳定大局、促进劳动保障中心工作、维护劳动者合法权益方面，做出了突出贡献，涌现了一大批可歌可泣的先进人物，被社会誉为“劳动者权益的忠诚卫士”。

这些成绩的取得，是劳动保障监察战线认真贯彻执行党中央、国务院一系列方针政策的结果，是各地党委、政府的正确领导和各有关部门、社会各界热忱关心和支持的结果，凝聚了广大劳动保障监察员的艰辛和奉献。在这里，我代表部党组，向战斗在一线的全体劳动保障监察人员表示亲切的慰问！向多年来为劳动保障监察工作呕心沥血、做出重大贡献的同志表示崇高的敬意！向所有关心、支持劳动保障监察工作的部门和社会各界表示衷心的感谢！

认真总结十年来的成功做法和宝贵经验，对于我们大力推进新时期劳动保障监察工作，有着十分重要的意义。这些做法和经验归纳起来主要有以下几方面：

一是始终坚持把维护和发展广大人民群众的根本利益作为劳动保障监察工作的根本出发点和落脚点。十年来，我们始终把维护劳动者权益放在第一位。特别是江泽民同志提出“三个代表”重要思想以来，我们结合劳动保障工作实际，不断增强学习、实践“三个代表”重要思想的自觉性和坚定性，进一步加大执法力度，切实维护劳动者合法权益。我们针对不同时期的突出问题，多次组织开展了农民工权益保护、女职工权益保护、禁止使用童工等专项检查活动，对侵害劳动者权益的案件进行了严肃查处。实践证明，牢牢把握立党为公、执政为民这一“三个代表”重要思想的本质，时刻把群众切身利益放在心上，是劳动保障监察工作不断推进的力量源泉。

二是始终坚持围绕经济建设中心、社会稳定大局和劳动保障重点任务开展监察工作。十年来，我们始终把劳动保障监察工作放到以经济建设为中心和维护社会稳定的大局中去思考，做到服从、服务于大局和劳动保障重点任务。1993年劳动监察制度建立伊始，我们围绕经济体制改革中劳动用工制度的变化，把规范企业劳动用工作为监察工作重点。1998年，我们根据经济结构调整和国有企业改革的需要，围绕两个确保中心工作，把社会保险扩面征缴和下岗职工基本生活保障作为监察工作的新重点。2000年以来，针对深化改革中出现的新的情况和问题，我们把整顿规范劳动力市场、为下岗失业人员再就业创造良好环境，作为监察工作的一项重要任务。十年来，各级监察机构共责令用人单位为5 000多万名劳动者补签了劳动合同，补发劳动者被克扣或无故拖欠的工资等待遇75.2亿元，补缴各项社会保险费184.5亿元，有力地促进了劳动保障各项重点工作的开展，维护了改革发展稳定大局。

三是始终坚持实事求是、分类指导、勇于实践并在实践中不断完善的工作思路。根据我国区域经济发展不平衡的实际，我们从不同地区经济结构调整、城市化进程和劳动保障制度改革的具体情况出发，针对不同领域、不同性质的问题，特别是根据劳动力市场的动态变化和突出问题，勇于实践、大胆探索，形成了很多适应新情况、解决新问题的工作方法，有效地推动劳动保障监察工作不断向前发展。在处理欠缴社会保险费、拖欠农民工工资等问题方面，采取了常规巡视监察重点预防、专项检查集中整治的做法，取得了较明显的成效。

四是始终坚持和完善齐抓共管的综合治理机制。劳动保障监察工作，关乎千家万户劳动者的切身利益，涉及全社会的方方面面。劳动保障监察执法必须大力争取有关方面的支持和配合，协调沟通，共同作战。十年来，我们积极主动地与法院、公安、建设、卫生、工商及工青妇等单位协调，建立了劳动保障监察执法为主、其他部门和组织配合的劳动保障监督检查机制，并在工会、妇联等系统聘请劳动保障法律监督员，扩大劳动保障法律社会监督的覆盖面，形成了强有力的劳动者权益保护网络，取得了较好的成效。

五是始终坚持依靠各级党委、政府的领导和支持。劳动保障监察工作的顺利开展，必须依靠各级党委、政府的领导、重视和支持。同公安、工商等行政执法工作相比，劳动保障监察工作起步较晚，且日益繁重的工作任务同机构设置、人员编制不相适应的情况较为普遍。根据新时期劳动关系、社会保障关系发展的实际，我们不断提高对市场经济条件下监察工作地位、作用的认识，加强重大问题的请示汇报，加大维权的宣传力度，并以维护劳动者权益的实际行动和工作成效，争取各级党委、政府的了解、重视和支持，帮助解决监察工作中存在的实际困难，推动劳动保障监察工作的稳步发展。

二、不断提高新形势下劳动保障监察执法的水平

经过大家共同努力，监察工作取得了来之不易的成绩，初步建立了与社会主义市场经济体制相适应的劳动保障监察工作体制。在总结和充分肯定成绩的同时，我们必须清醒地看到，同“三个代表”重要思想的要求相比，监察工作还存在一定的差距。随着全面建设小康社会各项工作的发展，我国更加注重经济社会、城乡、地区、人与自然之间的协调发展，党的十六大将社会保障体系比较健全、社会就业比较充分，作为全面建设小康社会的目标之一，劳动保障监察工作面临新的形势、新的任务和新的要求。

首先，劳动保障工作出现的新情况、新问题对监察执法工作提出了新的要求。一是国有经济战略性转移过程中劳动力结构调整优化力度加大，农村富余劳动力向非农领域转移的速度加快，新成长劳动力就业和下岗失业人员再就业相互交织，使劳动者充分就业的需求与劳动力总量过大、素质不相适应的矛盾日益突出，就业压力加大，形势严峻。国家采取了一系列具体的政策措施，促进下岗失业人员再就业，处置资源枯竭矿山、规范关闭破产企业职工安置，促进农村劳动力合理有序流动，实施“走出去”战略，加强境外就业服务工作，鼓励灵活多样的就业形式。这些政策规定能否落实到位，下岗失业人员、新成长劳动力以及农民工的就业权益能否得到保障，监察执法工作是其中一个重要环节。二是我国经济成分、用工形式和利益关系的多样化，对进一步完善社会保障“安全网”提出了新的课题和要求，也给监察执法工作带来新的情况，提出更高的要求，需要我们不断加大监察执法力度，督促用人单位依法参加社会保险和缴纳社会保险费，扩大社会保险覆盖范围，加强社会保险基

金的支撑能力。同时，也需要使监察执法的内容和方式更加适应完善社会保障体系的要求。三是随着劳动关系、收入分配方式的日益多样化、复杂化，各种侵害劳动者权益的行为时有发生，有的甚至屡禁不止。一些企业和个体经济组织见利忘义，无视国家的法律法规规定，招工不签订劳动合同，恶意拖欠、克扣劳动者工资，非法职业中介坑骗求职者。这就需要我们进一步整顿、规范劳动力市场秩序，在强化监察功能、加大执法力度、提高执法水平等方面，采取相应的有效措施。

其次，行政管理体制改革的深化给监察执法工作带来了新的挑战。随着我国经济体制改革的深化和对外开放的扩大，行政管理体制正在发生深刻的变化。特别是经过这次抗击“非典”的考验，政府公共管理职能和行政管理理念、体制、内容和方式面临新的挑战。对于劳动保障监察来说，主要体现在以下几个方面：一是要求进一步转变政府职能，深化行政审批制度改革，减少市场准入限制，按照市场经济规律加大劳动力市场监管力度。用社会主义市场经济和改革创新的思路，研究解决监察执法中新的实际问题，发挥市场对资源配置的基础作用，探索建立企业守法诚信体系建设，缓解劳动保障监察范围大、工作重与执法人员不足的矛盾。二是要求在监察执法中贯彻公开、公正的原则，全面推行执法目标责任制和评议考核制，保证劳动保障法律、法规和政策在全国范围内的统一实施，提高监察执法透明度。三是要求我们下大力气解决劳动保障监察立法相对滞后同现代行政法制关于职权法定、程序法定、处罚法定等要求不相适应的问题，真正发挥监察执法在预防和处理各种违法行为方面的威慑作用。对此我们应有清醒的认识和紧迫感，抓住契机，抓紧工作，争取主动。四是劳动保障监察工作要适应完善应急机制和公共服务体系的社会管理职能的新要求，及时、有效地应对各种突发事件给劳动保障工作领域带来的影响，做到反应灵敏，运转高效，劳动者合法权益得到有效维护。

第三，执法工作的新形势、新任务给监察机构队伍建设带来了新的考验。总体上看，我们的监察执法队伍是一支爱民敬业、能打硬仗的队伍，各级领导对加强劳动保障监察队伍建设高度重视。同时，我们也应看到，执法工作的新形势、新任务，给监察机构队伍建设带来了新的考验，监察队伍建设还程度不同地存在不适应的问题。一是思想观念不适应。一些监察工作人员责任意识、服务意识还不够强，适应形势变化，主动研究新情况、解决新问题的思路还不宽。一些领导对监察工作的认识不到位，有的甚至存在将招商引资、发展经济同加强监察执法对立起来的偏见和误解。二是监察机构编制、办案设施不尽适应。监察人员配备、执法经费、办案设施同正常履行监察工作职责的要求差距较大，有的甚至缺乏基本的工作条件，成为制约监察执法工作深入开展的“瓶颈”。监察工作网络还不健全，县级劳动保障监察机构建设进展缓慢。三是有些监察人员在法律和经济管理知识、工作能力、服务质量等方面，还不适应新形势下执法工作的需要。

为不断提高新形势下劳动保障监察执法的水平，当前和今后一个时期监察工作主要应把握好以下五个方面：

一是提高监察工作重要意义的认识，切实明确工作责任。劳动保障法律、法规和政策实施的目的，在于保障劳动者权益和实现经济社会的协调发展。而维护好、实现好、发展好广大群众在劳动保障方面的合法权益，是贯彻落实“三个代表”重要思想、实践执政为民的具体体现，是劳动保障部门义不容辞的职责。作为劳动保障法律的实施机构，劳动保障监察在维护职工合法权益和促进社会稳定方面，起着非常重要的作用。必须从思想上不断提高对监察工作地位、作用和重要性的认识，进一步增强责任感。要加强宣传，通过积极的协调和沟通，以我们维护社会稳定和经济发展的实际行动，争取地方党委、政府的重视和支持。各地要结合实际，制定劳动保障监察维权工作规划，明确执法责任，研究解决监察工作中的实际问题，综合运用经济、行政、法律手段，切实维护劳动者的合法权益。

二是建立比较完善的监察法律制度体系。经过十多年的努力，目前已初步形成了以《劳动法》《社会保险费征缴暂行条例》《禁止使用童工规定》等法律和行政法规为核心，以原劳动部《劳动监察规定》及有关地方法规和规章为主干的劳动保障监察法律体系框架。但是，现有劳动保障监察执法依据效力偏低，必须抓紧通过相关立法，从制度建设层面为在新形势下提高监察执法水平，改善监察工作条件，提高队伍素质提供法律保障。当前的一项重要工作，就是加快出台《劳动保障监察条例》，制定相应的配套规章和地方法规，建立比较完善的劳动保障监察法律制度体系。

三是建立比较健全的监察执法组织体系。推进监察工作首先要抓组织落实。没有一套健全的工作机构，劳动保障监察事业发展就会成为无源之水、无本之木。必须把加强监察机构建设，作为今后一项重要任务抓紧抓好。要从为基层服务、加强基层建设着眼，从各地实际出发，使监察工作重心下移。要进一步完善省级监察机构，加强地市级监察机构，健全县级监察机构，并在东部和中西部监察工作任务较重的地区和城市，把执法和服务深入到街道、延伸到乡镇。通过3～5年的努力，形成比较健全的省、地（市）、县监察执法组织网络，使劳动者投诉有门、维权有路。同时，要强化监察机构的统一调度和横向联系，推行联合执法、集中执法等方式，充分利用执法资源，提高执法效果。

四是进一步提高执法工作的科学管理水平。一是结合实际工作，借鉴国际劳工监察的经验，及时分析研究监察工作中的新情况、新问题，增强监察工作的科学性和前瞻性。通过重要案例讲评，全国性或区域性典型案例研讨会等形式，提高案件办理的水平和质量。二是通过推行信息化办公方式，提高监察工作的技术含量，用3～5年时间逐步建立起全国性的劳动保障监察信息统计报告制、网上投诉举报制和信息交流通报制，提高监察工作的效率。三是全面推行企业用工诚信等级制和重大违法案件通报制，针对易发生违法案件的时间、地域和领域，不断改进监察执法内容和执法程序，统筹安排各种检查活动，建立科学、合理、有效的监察执法体制。四是围绕经济社会发展和劳动保障中心任务，每年确定工作重点，集中整治一两个突出问题。

五是形成符合时代要求的监察人才培养机制。为适应劳动保障工作长远发展的要求，各级劳动保障部门必须充分重视监察队伍建设。一是从法学理论、科学管理知识、监察执法技术、职业道德等方面开展培训，进一步提高监察员的法律素质和依法行政的能力。部里将制定全国性的监察员培训规划，依托国际劳工组织及国内高校、研究机构的力量，制定一套理论性、操作性较强的教材，采取常规定期培训和多媒体远程培训等方式，争取用3年左右时间对全体监察员进行一次轮训。二是结合工作实际加强对监察人员的教育，建立合理的激励机制。要通过定期总结、表彰先进、典型引路和批评纠正不良倾向等多种方式弘扬正气，坚持在监察执法的实践和实绩中使用干部，充分调动和发挥监察人员的积极性。三是加强监察队伍的勤政廉政建设，自觉接受行政执法监督机构及人民群众和社会各界的监督，不断改进和完善监察执法的各项工作，努力造就一支政治过硬、业务熟练、纪律严明、作风过硬的劳动保障监察队伍。

三、切实抓好下半年劳动保障监察的几项重点工作

2003年7月，斯林同志代表部党组对下半年劳动保障工作进行了部署，明确下半年的主要任务是：深入学习贯彻“三个代表”重要思想，继续落实中央关于“两手抓”的战略决策，加快推进就业和再就业工作，保证完成今年的就业和再就业目标任务。继续巩固两个确保，做好完善城镇社会保障体系试点，完

成社会保障工作各项任务。加强劳动保障监察和劳动争议处理工作，维护劳动者合法权益和社会稳定。根据部里的统一部署，结合今后一个时期劳动保障监察工作的发展思路，近期要重点抓好以下几方面：

第一，继续抓紧防治“非典”中出现的劳动者权益维护工作。各地特别是“非典”防治重点地区要按照《国务院办公厅关于妥善处理因防治非典型肺炎引发的矛盾和纠纷的通知》要求，从巩固“非典”防治成果，促进经济持续快速健康发展，保护人民群众合法权益和维护社会稳定的高度，切实加强监察执法工作。要根据各地实际，组织开展与“非典”有关的劳动保障政策落实情况专项检查，增加群众投诉举报的渠道，督促用人单位规范招用工行为，不得歧视非典型肺炎康复者、疑似患者，不得以此为由单方面解除与劳动者的劳动合同，并按照国家有关规定按时足额支付职工在防治“非典”时期的工资或生活费。对以“非典”为由解除与劳动者的劳动合同，不按规定支付劳动者工资或者生活费，克扣“非典”患者、疑似患者和隔离人员在治疗或隔离期间工资，强行要求职工超时加班加点的用人单位，要依法从快从严处理，切实维护劳动者合法权益和社会稳定。

第二，围绕劳动保障中心工作，做好常规检查和专项检查工作。各地要按照部里的统一部署，做好日常巡视监察和劳动保障年检等常规检查工作，及时受理群众举报案件，进一步加大对重点地区、重点企业的监督检查力度，加强对各类职业中介机构的监管，严厉打击非法职业中介和各类欺诈行为。同时，要突出重点开展专项执法检查。一是第三季度在全国范围内组织开展贯彻《禁止使用童工规定》及八个部门联合通知情况的自查活动，重点是问题较多的非国有企业特别是劳动密集型的私营企业、个体工商户的劳动用工情况，严厉打击非法使用童工的行为，维护未成年人的合法权益。二是第四季度在全国范围内组织开展以农民工工资支付为重点的劳动者权益保护专项检查，重点检查建筑、餐饮、服装加工等行业农民工工资支付情况，维护农民工及其他困难群众的合法权益。同时，继续加强与有关部门的协调，发挥新闻媒体的宣传推动作用，建立健全劳动保障部门为主、有关部门配合、联手行动、齐抓共管的综合治理机制。下半年我们还将配合有关部门组织开展乡镇企业、农村个体工商户职业病危害专项整治活动，对有关企业和经济实体的劳动用工情况进行检查。

第三，进一步完善监察执法制度，提高执法效果。一是配合国务院法制办做好《劳动保障监察条例》草案调研论证工作，积极推动条例尽快出台，为劳动保障监察执法提供强有力的法律武器。同时，各地要根据当地实际，积极推动地方劳动保障监察立法，为国家立法奠定基础。二是全面建立和完善监察工作目标管理制、评议考核制、执法责任制等工作制度，严格依照法定职责和程序开展执法工作，保障法律法规的严格实施。下半年，要进一步推行主办监察员制。三是发挥监察执法的宣传和教育职能，提高全社会的劳动保障法律意识。拟于10月在全国范围内组织开展一次农民工权益保护普法宣传活动，送法下乡、送法上门，把劳动保障法规知识手册直接送到用人单位和农民工手中，督促用人单位自觉规范用工行为，增强农民工依法维护自身合法权益的意识和能力。

第四，进一步加强监察机构队伍建设。各地要按照中央的统一部署，制定政府劳动者维权工作规划。今年下半年要继续抓好监察机构队伍建设，省、自治区尚未建立总队的和县（市）级尚未建立监察机构的，要争取尽快解决。要积极做好劳动保障监察向街道、乡镇延伸的试点工作。部里将对机构队伍建设进行指导，适时组织总结交流。同时，要积极协调有关方面，在充实人员、保障经费、保证必要工作条件等方面，加大对劳动保障监察工作的支持力度，改善执法设施和执法手段，提高预防和处理各种违法行为的能力。继续加强监察员培训，下半年部里将举办一次监察员骨干培训。

劳动保障监察工作涉及人民群众的切身利益，关乎经济社会的协调发展和改革发展稳定。各地要按照党的十六大关于发展要有新思路，改革要有新突破，开放要有新局面，各项工作要有新举措的要求，根据这次会议的精神，结合实际，认真抓好落实，努力抓出新的成效。让我们在以胡锦涛同志为总书记的党中央领导下，按照“三个代表”重要思想的要求，以对人民群众的深厚感情和高度负责的精神，进一步提高执法水平，不断加大执法力度，切实维护好劳动者的合法权益，为推进劳动保障工作做出新的贡献。

在全国劳动和社会保障信息化工作座谈会上的总结讲话

劳动和社会保障部副部长　华福周

（2003年9月24日）

为期两天的全国劳动保障信息化工作座谈会今天就要结束了。会议开始时，其炎副部长做了重要讲话，全面总结了去年沈阳会议以来金保工程的建设情况，根据国务院通过的金保工程项目建议书的有关要求，部署了金保工程下一步立项工作以及当前和今后一段时期的工作任务，提出了全面实施金保工程、统一建设劳动保障信息系统的工作要求。会议期间，王东岩同志对有关具体问题做了进一步说明；与会同志围绕其炎副部长的讲话和提交会议讨论的文件进行了认真学习和讨论，提出了许多很好的意见和建议；天津、福建、江西三个省市还从不同的侧面、不同的角度，分别介绍了经验；刚才，国家发改委的同志又给我们介绍了全国电子政务工作的基本情况和基本要求，对我们进一步实施金保工程有着重要的指导和帮助作用。

一、关于会议的主要收获

这次会议是新一届部党组组建后，劳动保障部第一次就劳动保障信息化工作专门召开的一次全国性的会议。大家普遍认为，在党中央、国务院全国再就业工作座谈会和国家信息化工作领导小组第三次会议结束不久，在金保工程项目建议书获得国务院批准、正式在国家立项之际，劳动保障部召开这次会议，非常及时，非常必要，也开得很好，这充分体现了部党组对信息化工作的高度重视。郑斯林部长对这次会议给予高度重视，并对实施金保工程提出了总体要求，这就是“完整、正确、统一、及时、安全”。两天来，各地劳动保障部门的同志聚集一堂，共商金保工程建设大计，汇报了工作，反映了问题，提出了建议，在大家的共同努力下，会议达到了预期目的。概括起来，主要有三个方面的收获。

（一）提高了认识，坚定了信心

在不久前结束的国家信息化领导小组第三次会议上，温家宝总理明确提出，要推进包括社会保障在内的各项社会领域信息化的工作，要求在这些领域“大力推广应用信息技术，提高信息化水平和服务能力”。去年召开的全国再就业工作会议和今年8月份召开的全国再就业工作座谈会，对就业服务信息化和劳动力市场信息系统建设提出了明确的要求。这些都体现了党中央、国务院对劳动保障信息化工作的高度重视。通过两天的学习、交流和讨论，与会的同志对劳动保障信息化建设的重要性和迫切性有了进一步的认识，认为加强劳动保障信息化建设既是时代发展的趋势，也是自身发展的必然要求。搞好劳动和社会保障这一关乎百姓生活、关系社会稳定大局的事业，推动这项事业全面发展，离不开信息技术的支持。特别是随着市场导向就业机制的建立和完善，随着社会保障制度改革的不断深化，随着人员流动的逐渐增多和社会保险统筹层次的逐步提高，建立全国统一的劳动保障信息系统，最终实现全国联网已经成为摆在我们大家面前的一项非常重要也是非常紧迫的任务。

大家认为，虽然金保工程建设目前仍然存在一些资金、人才、体制等方面的困难，但我们更要看到建设金保工程的有利条件。一是党中央、国务院领导为劳动保障信息化建设指明了方向，提出了要求；二是金保工程的立项不仅使劳动保障信息化建设列入了全国电子政务工程的总体规划之中，而且有利于获得稳定持续的资金保证；三是多年来劳动保障信息化建设，特别是近一年来金保工程建设成果的取得，为我们这个系统的进一步建设奠定了基础，积累了经验，同时也培养了一支高素质、能吃苦、能战斗的信息化队伍。事实证明，我们长期以来一直坚持的“两手抓”做法是正确的，一手要积极努力争取立项，一手要努力克服困难，不等不靠，开展信息化建设工作。只要我们做到领导重视、认识统一、抓住机遇、下定决心、措施得力，办法总会多于困难，希望总会大于困难。

（二）总结了工作，交流了经验

去年沈阳会议上，劳动保障部正式提出了建设金保工程的战略构想。过去的一年，对金保工程建设来说，是至关重要的一年。我们努力做了以下几个方面的工作：一是金保工程经国务院同意，正式得以在国家立项，确立了金保工程在国家信息化发展战略中的地位，也为提高信息系统建设的统一性奠定了良好基础；二是全国联网工程进展比较顺利，已按计划实现了与辽宁、天津、陕西等省市的联网，其余计划首批联网的省市也正按照要求进行联网的准备工作，预计将于今年年底前陆续实现联网；三是社会保险核心平台二版顺利开发完成，并正式发布，为统一全国社会保险信息系统应用软件创造了条件；四是各地信息化建设步伐进一步加快，各地业务系统建设、市内联网建设取得较大进展。但是，讨论中大家提出了当前存在的一些困难和问题。我想，对这些困难和问题我们首先要正确认识它，并通过大家的共同努力，在今后的工作中认真加以研究、加以解决。

通过多年信息化建设，特别是近一年来金保工程的建设，各地也积累了许多好的经验。比如，天津市从统一规划入手，推进市数据中心和应用系统统一建设，对全市数据实行集中管理；福建省坚持“四个统一”、因地制宜，推进劳动力市场信息系统建设；江西省根据当地实际情况，采取了面向市场的运作机制，多方筹集资金；其他省区市也在小组讨论中介绍了一些好的经验。希望大家能把这些好的经验带回去，加以借鉴。

（三）理清了思路，明确了任务

这次会议对当前和今后一个时期金保工程建设任务做了具体部署和安排，总的说来就是要围绕两个方面来展开工作，一是要按照国家对金保工程项目建议书批复的精神，按照统一规划、分级建设的要求，完成可行性研究报告及批复工作；二是要立足当前的建设成果，全面实施金保工程，统一建设劳动保障信息系统。

今后一段时期内，金保工程建设将按照郑斯林部长提出的“完整、正确、统一、及时、安全”的总体要求，整体部署，全面推进。具体来说，各地的系统建设要做到“四个统一”，即统一规划部署，统一标准规范，统一联网方案，统一使用核心应用软件；劳动力市场和社会保险各项业务之间要实现“三个统一”，即统一建设数据中心，统一公共服务窗口，发行IC卡的地区，要将各项业务覆盖，统一发行社会保障卡。在全面推进城市系统建设的同时，全面抓好全国联网工作，认真做好养老保险宏观决策数据上传和劳动力市场信息监测工作，启动医疗保险管理服务监测、失业登记和失业保险监测、社会保险基金管理与监测以及异地养老、异地医疗、异地社会保险关系转移、异地职介等异地业务协同管理工作。通过这些任务的实施，我们将建立起一个业务经办高效协同、公共服务全面便捷、基金监管及时得力、宏观决策准确科学的劳动保障信息系统。

二、关于金保工程建设的几个具体问题

会议期间，大家对金保工程建设提出了需要进一步研究和解决的问题。比如，如何加快金保工程的立项进度，如何落实金保工程提出的各项任务，如何建设好统一的数据中心，如何理顺金保工程建设的管理体制，如何调动全系统的积极性，如何解决长期困扰我们的资金、技术、人才问题等等。这里，有些问题需要我们的业务部门和信息部门研究之后加以解决，有些问题需要报部党组研究决定。当然，更重要的是需要我们全系统上下一起努力，共同找到解决问题的办法。在这里，就大家反映比较集中的问题，我再强调几点。

（一）关于可行性研究报告的编制和批复

根据国家发改委的意见，在金保工程国家立项之后，各级劳动保障信息化建设项目的立项工作将直接进入项目可行性研究报告审批程序，不再做项目建议书。项目的可行性研究报告将由中央和地方分别编制、分级报批。各级劳动保障部门要切实认识到这项工作的重要性。对于金保工程建设来说，立项是基础，是一切工作的前提和保障，特别是各项建设资金和地方建设规模都要在可研阶段予以落实，可以说可研能否做好，能否尽快获得批复，直接关系到建设资金能否有保证，能否有持续稳定的来源。这项工作做不好，我们提的建设目标就难以实现。如果工作做得早、做得好、做得细、做得主动，就能够得到更好的支持。大家一定要以强烈的紧迫感、责任感和使命感把这项工作作为一件大事来抓，要有专人负责，根据部里和国家发改委的要求认真编制可研报告，争取早日批复。

总结金保工程立项成功的一些经验，我认为，斯林部长、其炎副部长亲自部署、亲自协调是非常关键的原因。因此，与会同志回去以后要认真汇报，请各地的厅局“一把手”亲自向省委、省政府汇报，积极争取把立项工作列入政府的议事日程；积极主动与有关部门沟通、协调，按照批复精神，将可研报批工作做好。为了节约时间，少走弯路，尽快得到批复，部里正在编制金保工程可行性研究报告参考样本，并将组织对各地可行性研究报告编制人员的培训。各地要在这样的基础上因地制宜，制定具有可操作性的工程建设方案。

（二）关于数据中心统一建设问题

各级数据中心统一建设，是指部、省、市三级劳动保障信息系统分别只建一个数据中心，劳动力市场和社会保险各项信息由统一的数据中心进行管理，不再单建数据中心。考虑到各地系统建设的实际情况，我们要求各地首先必须把交换区统一起来，统一建在数据中心；生产区暂时分建的，也要创造条件，逐步过渡到统一的数据中心。

数据中心建设是金保工程建设的重中之重，它不仅需要周密的设计和建设，更需要劳动保障系统各个业务部门之间的相互协调与配合。统一是大势所趋，只有统一建设数据中心，才能将有限的资金集中起来使用，充分发挥资金的作用；才能充分实现信息的共享，避免各业务之间的“信息孤岛”，实现各业务间的协同管理；才能保持信息的一致性，保证宏观决策获得准确的信息；才能在统一的平台上向社会公众提供良好服务；才能实现“一条主干传输”，保证各项业务共用部——省——市主干网络，将各级劳动保障信息系统连成一个整体。需要说明的是，建设统一的数据中心并不会改变业务经办的职责和数据管理权限；相反，由于有统一的数据中心和资源数据库的支持，各个业务间将更加协调，运转将更加高效。

（三）关于全国联网问题

关于全国联网工作需要进一步明确的是，要在省内联网的基础上实现部—省联网。联网

能否顺利实施，省里是关键，省内联网做不好，全国联网获取的数据就不全面、不可靠、不准确。各地应对此项工作高度重视，认真抓好。对于全国联网，部里已经在软件、硬件、环境、线路等方面做了大量工作，集中力量解决了一些关键技术难点，并取得了宝贵的经验，希望各地予以认真吸纳、借鉴。

在联网完成以后，我们将进一步推动联网应用，逐步将更多业务的决策信息、监测信息和异地业务处理信息在网上传输。主要任务是：已经启动的部省联网要将工作重点放在继续推进和抓好数据质量上，要确保今年联网计划的完成，确保明年年底之前绝大部分省区市完成联网任务，无论是已经实现联网的地区还是正在准备联网的地区，要切实下大力气整理养老保险数据，进一步提高数据质量；已经实施的劳动力市场信息监测要把工作重点放在提高月报和季报信息的上报率上，力争到2005年上报率达到70%，同时，要逐步将上报渠道转移到全国联网的专网上来；医疗保险管理服务监测、失业登记和失业保险信息监测要做好启动前的各项准备工作，要在明年年初开始启动，力争在2005年以前建立起全国医疗监测数据库以及全部登记失业人员、全部领取失业金人员和全部失业保险参保人员数据库；基金管理与监测、异地业务协同管理要积极研究实现的方式，争取早日启动。

这些联网应用的推进将对宏观决策起到重要的支撑作用，可使我们从系统中直接获得第一手资料，提高各级政府的知情能力和决策水平。同时，全国联网应用的推进，也为异地养老、异地医保协作等业务的开展提供支持，提高了地区之间业务协作的能力。可以说，实施全国联网，推进网上应用，将为全国劳动保障工作开辟一个崭新的局面。

（四）关于省级劳动保障部门在金保工程建设中的任务

省级劳动保障部门上连部、下接市，是部与城市沟通的桥梁。从网络连接上看，省是枢纽，从信息传输上看，省是中转站。如果全省的网连不起来，全国联网就失去了基础。可以说，省的作用能否充分发挥，直接关系到全国金保工程建设的成败，关系到整个劳动保障信息系统能否建成、能否统一、能否顺利运转。事实上，省级数据中心建设好了，网连上了，可以对省里的各项业务工作开展起到非常大的推动作用，可以实现资源整合，提高应用水平，提高工作质量和工作效率，提高决策的科学性和准确性，从这个意义上讲，省级劳动保障部门也是金保工程建设的最大受益方。各省级劳动保障部门要争取主动，切实认识到自己肩上的重任，把工作做实做好。

概括起来，省里要抓好五个方面的工作。一是抓好规划，要在部里的总体规划部署下，把全省的规划做好；二是抓好建设，就是整合好省本级系统建设，建立统一的数据中心；三是抓好联网，就是与省内各城市之间进行联网，并配合部里做好部—省联网；四是抓好督导，就是对各地信息系统建设进行指导，监督各地统一标准的执行情况、统一软件的应用情况，督促各地推进金保工程建设；五是抓好数据，要按照全国联网的要求，将本省范围内的信息保质保量地集中到省级数据中心，并按照要求上传部里。

各省区要切实承担起系统建设的这些责任。今后信息系统建设，部里将主要抓省里，将重点督促检查省里，由省里督促检查各城市；各项任务也将主要布置给省里，由省里向下布置；全国联网各项信息采集与传输都要通过省里上报和上传。

关于地市金保工程的建设任务，在这次会上也都做了具体布置，各地要切实落实，把整个系统的基础做实打牢。

三、关于会议精神的贯彻落实问题

这次会议结束以后，部里将根据大家意见尽快修改下发《关于全面实施金保工程，统一建设劳动保障信息系统的意见》，大家回去后，要提出贯彻落实会议精神的具体意见和措施。近期要重点抓好以下4项工作：

（一）认真汇报传达好会议精神

各地要以“三个代表”重要思想为指导，认真学习党中央、国务院关于加快信息化建设的一系列重要指示精神，深刻领会斯林部长提出的总体要求，认真学习其炎副部长的讲话，及时把会议精神向各级党委、政府汇报，特别是向“一把手”汇报好，以得到领导的高度重视和有力支持。要通过学习和传达，把大家的思想认识和行动统一到会议精神上来，进一步增强加快全面实施金保工程、统一建设信息系统的紧迫感和责任感。

（二）抓紧项目可行性研究报告的编制和报批工作

大家回去以后，要紧紧抓住当前的有利时机，明确下一步立项工作的任务、要求和程序。要把部里和国家发改委对立项的有关要求向当地政府汇报，同时积极与当地立项审批、财政等部门联系、协调起来。要对省内各地市的立项工作进行指导和监督。要抓紧项目可行性研究报告的编制工作，并争取早日获得批复。从已经实现联网的省市来看，早抓早主动，早落实早受益。

（三）做好全面实施的准备工作

这次会议后，金保工程建设将进入新的发展阶段。各地要根据部里的部署，做好准备，为全面实施打好基础。要在做好可研报批工作的前提下，加强对项目的管理，统筹资金的使用；要充实和完善信息化工作的领导机构和执行机构；要制定和完善相应的管理制度，确立系统建设、运行、应用和管理等方面的工作机制；做好业务流程的统一规范工作，做好人才队伍的引进和培养提高工作。

（四）按照统一要求制定明年工作计划

各地要按照全国金保工程进度安排，在对本省各市信息系统建设状况进行摸底的基础上，制定本省金保工程的实施计划。对于这次会议上布置的重点工作，要拿出详尽的时间表。

让我们以邓小平理论和“三个代表”重要思想为指导，紧密团结在以胡锦涛同志为总书记的党中央周围，认真贯彻党中央、国务院关于信息化建设工作的方针政策和总体部署，全面落实这次会议的部署和安排，立足于发展，立足于创新，振奋精神，坚定信心，加大工作力度，全面实施金保工程，统一建设劳动保障信息系统，提高劳动保障信息化整体水平，做好劳动保障各项工作，为国民经济的持续健康发展做出应有的贡献。

明确任务　规范运作
充分发挥街道社区劳动保障工作平台的作用

劳动和社会保障部副部长　张小建

（2003 年 12 月 4 日）

这次南片重点城市街道社区劳动保障工作平台现场观摩交流活动，是在中央召开十六届三中全会和经济工作会议的大背景下，在全国就业和再就业工作取得重大进展的情况下召开的。我们这次活动，是在全国主要城市已初步建成街道社区劳动保障工作平台的基础上，主要围绕如何规范运作、更好发挥作用这一主题，进行经验交流、现场观摩和实务探讨。也就是要在初步完成怎么建的基础上，进一步解决怎么干、怎么干好的问题。搞好这次交流活动，对于进一步推动就业和再就业工作，推动街道社区劳动保障工作，具有十分重要的意义。相信经过大家的努力，一定能把活动办好。

一、当前就业工作的情况和明年就业、培训工作的部署安排

党中央、国务院高度重视就业和再就业工作，将其作为维护改革发展稳定全局的大事，从去年 9 月到今年 8 月，中央连续两次召开了全国再就业会议，出台了一系列积极的就业政策，对做好就业和再就业工作进行了整体安排。按照党中央、国务院的统一部署，各地区、各部门把就业和再就业工作摆在了更加突出的位置，采取切实有力的措施，使工作取得了明显进展。去年年底，根据中央 12 号文件精神，国务院有关部门研究制定了 8 个配套文件。今年，针对再就业政策落实中出现的难点问题，又及时研究制定了 15 个操作性文件。31 个省份、332 个地级市也全部出齐了地方化、具体化的子文件和配套政策措施，初步形成了中国积极就业政策的完整体系。今年上半年，“非典”疫情造成严重困难，下半年，各地认真落实再就业扶持政策，工作进度明显加快。全国再就业工作座谈会后，各地工作更驶上了快车道。10 月下旬，中央派出 13 个督查组，对全国各地的再就业工作及政策落实情况进行了督查。从督查情况看，就业和再就业政策大部分得到落实，并开始发挥促进就业的效应。大多数吸纳下岗失业人员的企业和实现再就业的人员反映已经享受到扶持政策。到 10 月底，全国累计共实现新增就业岗位 770 万，达到全年目标任务（800 万）的 95%。在领取《再就业优惠证》的下岗失业人员中，共有 392 万人实现了再就业，达到全年目标任务（400 万人）的 98%，其中“4050”就业困难人员 108 万人，完成全年目标任务（100 万人）的 108%。9 月底，全国城镇登记失业率为 4.2%。可以说，再经过年底前的努力，完成全年的目标任务是有把握的。

11月中旬，黄菊副总理在听取督查组汇报时，充分肯定了当前的再就业工作，并对下一步工作作了重要部署。他指出，今后的就业和再就业工作，压力依然很大，形势依然严峻。国务院已确定，2004年就业和再就业工作的目标任务是"95147"，即：全年新增就业900万人，下岗失业人员再就业500万人，其中"4050"人员100万人，城镇登记失业率控制在4.7%左右。按照中央的部署，用三年左右的时间缓解下岗失业人员再就业的压力，2004年是关键的一年。2004年总的思路是，以增加就业岗位为目标，把就业工作与经济社会发展更紧密衔接，形成良性互动；以落实再就业政策为主线，集中力量解决政策落实中的操作难点，全面发挥政策促进就业的效应；以强化就业服务为手段，加大职业培训力度，推进公共就业服务的专业化、制度化和社会化；以加大资金投入为保障，切实提高资金使用效益，加强资金使用管理；以帮助困难人员再就业为重点，落实帮扶措施，推进就业援助制度化，以此来确保全年就业和再就业目标任务顺利完成。

黄菊同志要求，2004年的就业工作，要做到突出重点，突破难点，区别特点，把握平衡点。突出重点，就是要抓重点地区、重点行业和重点人群。突破难点，就是要在小额贷款、主辅分离政策落实上有所突破。区别特点，就是要针对东北地区、中西部地区和东部地区的不同特点进行分类指导。把握平衡点，主要是要统筹兼顾再就业、并轨和控制失业的工作，下岗失业人员再就业与新生劳动力包括大学生就业工作、城市就业与农村就业工作、就业与培训工作，使各项工作协调发展。

2004年要把培训作为促进再就业的重要措施和长效措施，摆在更加突出的位置。2004年职业培训工作，要紧紧围绕提高劳动者的就业能力和培养企业急需的技能劳动者这一目标，将职业培训工作做大做实，将技能鉴定工作做细做好，将职业资格证书制度做快做强。目标任务是"4321"，即：再就业培训400万人，创业培训30万人（100个创业培训试点城市），职业技能鉴定规模增长20%，新培养高技能人才10万人。我们希望各地职业培训工作实现五个转变：一是在处理就业与培训的关系上，要从注重就业的数量扩张转向注重就业数量和质量并举，东部地区更应形成以素质就业为主导的新格局；二是在指导职业培训的方针上，要从以培训资源供给为主导转向以市场需求为主导；三是在劳动保障部门职能定位上，要从管理培训实体转向管理培训市场，特别是要指导技工学校尽快进入市场、适应市场；四是在管理指导职业培训的方式上，要从抓培训的过程转向抓培训的结果，以结果改进过程；五是在确定职业培训的目标上，要从注重培养劳动者的单一技能转向注重培养劳动者的复合技能、创业和创新能力。

二、加强街道社区劳动保障工作，是劳动保障部门适应新形势、完成新任务的重要依托

2002年中央12号文件明确提出，在街道和工作任务重的乡镇建立劳动保障工作机构，在社区聘用专门人员，并提供工作经费，使城乡基层组织承担起做好下岗失业人员再就业和企事业单位退休人员管理、服务工作的责任。为贯彻中央精神，我部去年年底召开了全国街道社区劳动保障工作座谈会，明确提出街道社区劳动保障工作平台建设要在机构、人员、经费、场地、制度和工作方面实现"六到位"的要求。

一年来，各地高度重视街道社区劳动保障工作平台建设，将此作为落实再就业政策的一个重要内容，下大力气抓好落实，从具体政策、工作内容、操作程序到工作要求，层层推进工作，有力地促进了街道社区劳动保障工作平台建设。

通过努力，目前全国地级以上城市已做到：95%以上的街道建立了劳动保障工作机构，95%以上的社区聘用了劳动保障工作人员，逐步形成了为下岗失业人员和企业退休人员提供管理与服务的网络。一年来的实践表明，基层劳动保障工作平台在政策宣传、就业服务、岗位开发和退休人员社会化管理等方面发挥了重要作用。我们在督查中了解到，街道社区工作人员基本做到底数清楚、政策明确、工作细致周到。他们已成为劳动保障政策的宣传员、就业岗位的信息员、就业和社会保险的协管员，受到下岗失业人员和退休人员的普遍欢迎。下岗失业人员说："过去，厂子管我们的一切，我们把厂子当成家；现在，社区对我们关怀备至，社区就是我们的家。"

通过一年来的实践，我们深刻体会到，在当前劳动保障工作的总体格局中，街道社区的工作居于十分关键的基础地位。加强街道社区劳动保障工作，对整体推进劳动保障工作，具有非常迫切、非常现实的意义。

第一，加强街道社区劳动保障工作，使劳动保障部门落实"三个代表"、践行"执政为民"有了最直接的手段。

劳动保障事务直接关系到广大人民群众的切身利益。在下岗失业人员和退休人员由"企业人"走向"社会人"的过程中，街道社区作为社会化依托的代表，承担着劳动保障"港口"的职能。"群众利益无小事"，涉及千家万户的生活保障、促进就业、权益保护、社会保险等，都是与老百姓切身利益关联最紧密的热点问题。街道社区平台是连接政府劳动保障部门和广大人民群众的关键环节。平台建立了，工作做好了，就能将党和政府的关怀及时送给广大老百姓，帮助他们解决实际困难和问题，就能真正落实"三个代表"，增强党和人民群众的血肉联系。

第二，加强街道社区劳动保障工作，使劳动保障工作能够做到"一竿子插到底"，做到政策到位、工作到位。

街道社区平台是劳动保障部门的基层服务窗口，是劳动保障各项工作社会化管理服务的基础。当前，再就业政策的落实，要靠街道、社区开展广泛宣传和调查摸底工作；对下岗失业人员实施就业服务，要靠街道社区提供及时有效的培训和就业信息，开展近距离、针对性强的咨询服务；对就业困难群体实施就业援助，也要靠街道社区组织开发社区公益性岗位；对企业退休人员的社会化管理服务，更要靠街道社区做好基础工作。实践证明，凡是建立了街道社区工作平台的地方，就能准确掌握每位下岗失业人员的自然情况和就业需求，就能有效开发社区就业岗位，就能切实推动各项扶持政策落实到位，就能使就业和社会保险管理服务工作一抓到底，获得实效。

第三，加强街道社区劳动保障工作，使劳动保障部门提高管理服务的水平和质量树立了新的标准，增添了新的动力。

过去，我们在办公室进行管理工作，在市区一级的职介中心和社保中心开展服务工作。尽管有制度要求，但如果没有严格的管理和有效的监督，也容易出现官僚主义、形式主义和敷衍推诿的现象。但在街道社区平台，面对天天与你见面、时时需要直接帮助的工作对象，容不得半点马虎，也等不及十天半月的拖延。面对那些困难对象，你更要主动上门服务，一对一跟踪服务，按时完成服务承诺。我们工作对象最紧迫的需求，与我们街道社区工作人员的高度责任感结合起来，就能创造出劳动保障管理服务的高标准、高质量，并成为我们提高管理服务水平的动力源泉。

三、充分发挥街道社区劳动保障工作平台的作用，在工作中规范运作，完善建设

当前，各地的街道社区工作平台已初步建立，但总体上看，建设水平还参差不齐，有些平台运作还不够规范，最终都影响到应有的作用得不到充分发挥。下一步的关键，是要千方百计发挥平台的作用，使其在劳动保障工作的主战场大显身手，并在发挥作用的过程中进一步规范运作，巩固和完善平台建设。希望大家结合这次现场观摩和相互交流的经验做法，共同研究探索，重点做好以下几项工作：

（一）大力开发社区公益性岗位，促进"4050"人员再就业，促进再就业援助形成制度

街道社区工作平台建起来后，首先要把开发社区公益性就业岗位、促进和帮助一批就业困难人员再就业作为首要任务，下决心抓出成效。依托街道社区平台，形成对大龄就业困难对象的再就业援助制度。

为什么要把开发社区公益岗位作为街道社区工作的首要任务？这是因为：第一，社区蕴藏着大量的就业岗位，特别是适合大龄就业困难人员的社区保洁、保绿、保安等公益性岗位，大都在街道社区，政府可以直接开发并大有作为，可以在短期内见效。第二，集中开发一批公益性岗位，安排一批就业困难人员就业，可以很快兑现党和政府的承诺，增强下岗失业人员再就业的信心，也鼓舞我们一线工作人员的士气，还可以对地方改革发展稳定的大局产生直接的作用。第三，开发社区公益岗位，安排困难群体再就业，对落实再就业扶持政策是一个很好的检验。再就业扶持政策中的工资和社保补贴、工商登记、场地安排、小额贷款、税费减免以及鼓励劳务派遣、灵活就业等政策，都能在这一领域中得到全面体现。同样，对加强就业服务的成效也是一个很好的检验。

做好街道社区扶持困难群体再就业工作，形成一种长效的援助制度，一是要做好基础工作，使符合条件的下岗失业人员都及时领到《再就业优惠证》，特别是摸清大龄就业困难对象的底数；二是进一步拓宽就业渠道，挖掘社区内的各类公益性岗位；三是依托街道社区平台，并在市、区服务网络支持下，为困难对象提供专门的帮助和便捷的服务；四是要协助落实再就业扶持政策，加强对政策的宣传解释，使下岗失业人员对政策能准确把握，很好地运用。

（二）做好退休人员社会化管理和服务工作

2004 年部里对这项工作总的要求是：加强宣传、巩固提高、规范拓展。社会化管理率达到90%，人数达到3 000万人以上。企业退休人员社会化管理服务工作是一项全新的工作，要取得各方面的配合与支持，必须加强对各个层面的宣传。特别是基层的工作人员要直接面对退休人员，在工作中要注意对退休人员的宣传，取得他们的理解，使这项工作既积极、又稳妥地向前推进。要进一步提高社会化管理服务工作质量，拓展和细化社会化管理的内容。有条件的社区，对异地退休但居住在本地的退休人员开展领取养老金资格协查协管的试点工作。

（三）规范制度建设，规范工作流程，规范管理服务标准

当前，各地平台的基本建立及逐步实现“六到位”，已为我们规范运作、发挥作用奠定了良好的基础。但要真正做到严格规范运作，充分发挥作用，还需我们做出更大努力。今后，要进一步规范制度建设，完善工作流程，实行管理服务的达标制。省一级要做出规划，确定标准；市一级要对管理服务的运作规范和效果进行检查评估。目前，一些地方已经在这些方面作了有益的探索。我们将继续总结推广地方经验，引导各地逐步完善。

（四）强化工作人员培训，不断提高工作水平

做好街道社区工作，人是最关键的因素。当前有一部分街道社区工作人员刚到位，他们对有关政策规定、工作方法技术等还不能很好掌握。因此，要把提高基层工作人员素质摆到更加突出的位置，这也是当务之急。下一步，各地要以城市为单位，大力加强工作人员的培训，让所有的工作人员都了解再就业援助和开展退休人员管理服务社会化的措施，都掌握动态管理和统计的方法，都知晓政府促进再就业的政策。要在各地树立一批好的工作典型，推广一系列好的工作方式，通过典型引路，带动全体工作人员素质的提高。同时，要保护他们的工作积极性，为他们创造职业生涯发展的通道，切实帮助他们解决好工作中碰到的难题（如经费问题），并解除后顾之忧（如社保问题）。明年，国务院要召开就业再就业工作经验交流和表彰大会，要将街道社区平台工作作

为交流的一项重要内容，将平台工作人员作为表彰的一个群体。我们要利用这个契机和形式，进一步提高这支队伍的士气，树立这支队伍的良好形象。

我们把工夫下在街道社区基层，实际上对市、区、县和省一级劳动保障部门的工作提出了更高的要求。上级劳动保障部门要在规划目标、政策保障、业务指导、组织协调、人员培训、经验交流等方面做大量的工作，使街道社区劳动保障工作整体推进、整体提高。

认真学习贯彻"三个代表"重要思想进一步做好社会保险经办工作

——在全国社会保险局长会议上的讲话

劳动和社会保障部副部长　刘永富

（2003年7月30日）

这次全国社会保险局长会议，是在全国兴起学习贯彻"三个代表"重要思想新高潮的时候召开的。会议的主要任务是：认真学习贯彻"三个代表"重要思想，总结上半年工作，部署下半年任务，进一步做好社会保险经办工作。

一、以"三个代表"重要思想统领社会保障工作

最近，党中央发出通知，胡锦涛总书记发表重要讲话，号召全党兴起学习贯彻"三个代表"重要思想新高潮。胡锦涛总书记指出：当前，摆在全党全国人民面前的一项重大政治任务就是把"三个代表"重要思想学习好、贯彻好、落实好，务必在武装思想和指导实践两方面都取得新的成效。"三个代表"重要思想是全党和全国各族人民在新世纪、新阶段团结奋斗的共同思想基础，也是指导我们完善社会保障体系，进一步做好社会保险经办工作的根本指针。

（一）学习贯彻"三个代表"重要思想，就要坚持发展是执政兴国的第一要务，围绕全面建设小康社会的总体目标，加快社会保障体系建设

党的十六大提出了全面建设小康社会的宏伟目标。实现这一宏伟目标，进一步增强我国的综合国力，实现中华民族的伟大复兴，提高人民的物质文化水平，让人民过上更加富足的生活，都要靠发展。本世纪头20年，全党全国的主要任务就是紧紧抓住这个重要战略机遇期，聚精会神搞建设，一心一意谋发展。健全社会保障体系是全面建设小康社会的重要内容。社会保障关乎国运、惠及子孙，是国家基本的社会经济制度，是市场经济体制的重要组成部分，是社会的安全网和稳定器。建立健全同经济发展水平相适应的社会保障体系，是社会稳定和国家长治久安的重要保证。社会保障工作必须以"三个代表"重要思想为指导，紧紧围绕全面建设小康社会的战略目标，不断深化改革，为发展服务，逐步建立起以社会保险为主体、覆盖范围比较广泛、保障水平稳步提高、保障方式多层次、资金来源多元化、保障制度法制化、管理服务社会化的社会保障体系，使人民群众得到基本的社会保障。

（二）学习贯彻"三个代表"重要思想，就要坚持立党为公、执政为民，时刻把人民群

众的利益放在第一位，不断完善社会保障制度

"三个代表"重要思想的本质是立党为公、执政为民。劳动保障工作直接关系人民群众的切身利益，我们学习贯彻"三个代表"重要思想，就要制定符合国情和人民愿望、维护人民利益的社会保障制度和政策，并且认真落实到实际工作中去。切实落实权为民所用、情为民所系、利为民所谋的要求，为人民群众诚心实意办实事，竭尽全力解难事，坚持不懈做好事。过去几年，全国劳动保障部门在各级党委、政府的领导下，坚决执行中央决策，在落实执政为民、维护群众利益方面做了大量艰苦细致的工作，取得显著成效。比方说，我们全力确保企业离退休人员基本养老金发放，基本实现养老金社会化发放，按时足额发放率从1998年的95%提高到现在的99.9%，还补发了220亿元历史拖欠。又如，我们努力扩大社会保险覆盖面，越来越多的劳动者被纳入社会保障安全网。养老保险参保人数从1998年年初的11 203万人增加到目前的15 077万人，失业保险参保人数从7 961万人增加到10 080万人，医疗保险参保人数在4年多的时间里达到10 094万人。还有，国家逐步提高社会保障水平，先后三次调整企业离退休人员养老金待遇，月人均养老金从413元提高到618元；1998年普遍调整三条社会保障线的标准，提高幅度达30%。所有这些，有效地促进了社会保障制度建设和政策完善，较好地维护了人民群众的切身利益，保持了经济发展和社会稳定，得到广大人民群众的充分肯定和社会各方面的普遍赞誉。群众利益无小事。做好今后的社会保障工作，还要继续把实现人民的愿望、满足人民的需要、维护人民的利益作为根本出发点和落脚点。凡是涉及群众切身利益和实际困难的事情，再小也要竭尽全力去办，要带着浓厚的感情帮助解决。特别是要考虑长远，着眼于制度建设和机制建立。

（三）学习贯彻"三个代表"重要思想，就要坚持与时俱进、开拓进取，着力解决重点、难点问题，不断推进社会保障事业的发展

胡锦涛总书记在"七一"重要讲话中提出了我国社会主义自我完善和发展的14个重大课题，其中之一就是如何健全社会保障体系。同时，如何进一步完善公有制为主体、多种所有制经济共同发展的基本制度，如何建成完善的社会主义市场经济体制，如何走新型工业化道路、统筹城乡经济社会发展，如何扩大就业和促进再就业等问题也都与社会保障制度密切相关。全国劳动保障系统这几年就是在不断开拓进取、改革创新中走过的：行业统筹下放属地管理，理顺了养老保险管理体制；全面推进养老金社会化发放，有效地保证了按时足额发放；中央财政预算补助地方基金缺口，拓宽了养老保险资金渠道，更好地体现了政府管理社会事务的职能；辽宁试点成效明显，在完善养老保险制度方面取得实质性突破。这些开创性的工作把社会保障体系建设向前推进了一大步。从全面建设小康社会的要求看，我们还面临一系列深层次的矛盾和问题：人口老龄化的加速，使社会保障资金缺口逐年增大，如何增强社会保障制度可持续性的问题越来越突出；经济结构调整和就业方式多样化，要求社会保险进一步扩大覆盖面，并加快改革机关事业单位养老保险制度，以适应统一的劳动力市场运行的需要；随着人民生活水平的提高，单一的国家保障方式已不能满足需求，亟待建立多层次的保障体系；城镇化进程加快，要求统筹考虑城乡的社会保障问题，探索符合农村实际的农村社会保障制度。解决这些问题和矛盾，要求我们把"三个代表"重要思想作为统领全局的根本指针，与时俱进，不断探索，开拓创新，以深化改革来促进社会保障事业的持续发展。

二、全面完成今年的各项工作任务

新一届党中央领导集体和新一届中央政府高度重视劳动和社会保障工作。十六大以来，党中央和国务院多次召开会议，研究就业和社会保障问题。胡锦涛总书记、温家宝总理和黄菊副总理都对劳动保障工作做出了重要指示。

在养老保险方面，做出了一个重要决定——将国有农垦企业职工纳入养老保险统筹；部署了一项重要任务——全面推进企业退休人员社会化管理服务；提出了一个重要课题——探索建立养老保险的长效机制。这些都是重大决策，各级劳动保障部门和社会保险经办机构要认真学习领会，坚决贯彻落实。

今年上半年，突如其来的“非典”灾害给我们带来了意想不到的困难，在党中央、国务院的坚强领导下，全国人民万众一心，众志成城，取得了抗击“非典”和经济建设的双胜利。我们劳动保障系统在这场非同寻常的战斗中经受了考验和锻炼，大家一手抓抗击“非典”，一手抓业务工作，又取得了新的业绩，各项社会保险经办工作总体进展顺利。一是确保发放成果继续得到巩固，除海南农垦企业拖欠退休人员少量养老金外，其他地区都做到了按时足额发放；二是养老保险和医疗保险参保人数分别突破1.5亿人和1亿人，双双提前实现今年确定的目标任务；三是养老保险费征缴收入达到1 177亿元，同比增收192亿元，增长19.5%，再创历史新高；四是企业退休人员社会化管理步伐加快，6月底已达到52%。

现在已经进入下半年，按照中央的要求，部党组明确，今年已经部署的任务目标不变、指标不减，要加倍努力，克服“非典”造成的影响，确保全年各项任务如期完成。具体到养老保险工作，全年的主要任务目标可以概括为5句话：一是力争全年基本养老金无拖欠，继续巩固确保养老金按时足额发放的成果，特别是要做好农垦企业纳入当地养老保险统筹的工作和补发今年的拖欠；二是实现养老保险基金增收大于增支，加强扩面征缴，确保增收320亿元以上；三是企业退休人员社会化管理服务比例达到80%；四是研究提出建立养老保险可持续发展长效机制的办法，在总结辽宁试点经验基础上，扩大完善社会保障体系试点；五是形成养老保险信息网络全国联网雏形，提高管理水平。

（一）关于确保养老金按时足额发放和扩面征缴

确保发放和扩面征缴是社会保险经办工作的永恒任务。能否确保养老金按时足额发放是检验我们学习实践“三个代表”重要思想最直接的体现。这项工作，目标和政策都非常明确，关键在于落实。要细化措施，解决难点，消灭死角，实现全年无拖欠。上半年出现拖欠的地区，下半年一个月也不能再拖欠，而且要把上半年的拖欠补上。要坚持不懈地扩大社会保险覆盖面。去年国家统计局统计的城镇从业人员为2.47亿，说明扩面的潜力很大。要以个体工商户和灵活就业人员为重点积极扩面，实现养老保险参保缴费人数的不断增长；还要落实再就业优惠政策，改进服务，为下岗失业人员接续社会保险关系提供方便。要进一步加强征缴工作，认真落实《社会保险稽核办法》，严格、规范、持续地开展稽核工作，做到应收尽收。继续加大清理企业欠费力度，对欠费大户进行曝光。今年养老保险基金征收增量要确保突破320亿元，实现增收大于增支。

（二）关于全面推进企业退休人员社会化管理服务

6月19日，中办、国办转发了劳动保障部等13个部门《关于积极推进企业退休人员社会化管理服务工作的意见》，明确了七条政策措施。部里发出《关于贯彻落实中办发［2003］16号文件有关问题的通知》，提出了七条贯彻意见，并下发了《关于做好企业退休人员社会化管理服务宣传工作的通知》和《企业退休人员社会化管理服务宣传提纲》。现在，这项工作的目标任务、政策措施、实现途径和工作要求均已明确，如何贯彻落实，我提几点要求。一要充分认识这项工作的重要意义。对企业退休人员实行社会化管理服务，是建立独立于企业之外的社会保障体系的应有之义，是保证企业退休人员晚年幸福安定生活、提高生活质量的重要措施，是社会保障工作与时俱进的新内容，也是今年推进社会保障体系建设的一个突破点。劳动保障部门推进企业退休人员社会化管理服务工作，不是多管闲事，而是职责所在。这项工作不仅要干，而且要快干、干好。社会化管理服务的历史作用，将在实现这一工作目标后显现。二要抓紧制定和上报实施方案并加快工作进度。已经制定出台实施方案的，要加快实施；尚未制定出台实施方案的，要尽快出台实施方案。现在离年底只有5个月时间，下半年社会化管理率平均每个月要增长5个百分点，才能确保完成任务。部里成立了社会化管理服务工作指导小组，各地也可设立类似机构按月实施调度，完善工作措施，层层落实责任制。部里将按月通报各地进展情况，并在中央主要媒体上报道。三要加快街道社区劳动保障工作平台建设。街道社区劳动保障工作平台是开展企业退休人员社会化管理服务的重要载体。在街道社区平台建设中，就业和社会保障的功能都要有，不能单打一，只搞就业服务或者只搞社会保障服务。要两项工作齐头并进，不能一头沉。街道社区劳动保障工作平台建设有个逐步完善的过程，要实行典型引路，以点带面，做到组织、人员、服务项目、场地、经费都落实，为开展工作提供必要条件。四要加强宣传引导，确保社会稳定。企业退休人员实行社会化管理服务是一项复杂的工作，涉及方方面面特别是退休人员的切身利益，必须深入细致地做好宣传工作，让群众和社会各方面都理解并支持这项工作。在企业退休人员向街道社区移交过程中，要加强组织协调，搞好工作衔接，落实好企业在一定时期内应继续承担的责任，避免发生管理服务工作脱节断档问题，实现平稳过渡，确保社会稳定。五要及时研究解决工作中遇到的问题。如统筹外项目养老金问题、企业福利问题、住房和采暖问题、关闭破产企业的问题、管理成本和工作经费问题等等。

（三）关于将农垦企业职工纳入养老保险统筹工作

农垦企业职工参加当地养老保险是两个确保的薄弱环节，多年来一直未能很好解决，部分地区农垦企业养老金拖欠时有发生，已成为确保养老金发放的死角，对此，党中央、国务院非常重视。新一届党中央领导集体和新一届中央政府从贯彻“三个代表”重要思想的高度，作为关心困难群众生产生活的一项新措施，决定将农垦企业职工纳入当地养老保险统筹，从根本上解决农垦企业职工的养老保险问题，这是一项重要决策，也是完善社会保障体系的新举措。各地要从讲政治的高度，充分认识这项工作的重要性，并把这项工作作为下半年工作的一项重要任务抓紧抓好。劳动保障部、财政部、农业部、国务院侨办《关于农垦企业参加企业职工基本养老保险有关问题的通知》（劳社部发［2003］15号）下发后，各地非常重视，许多省市领导亲自抓，及时成立了领导小组或工作班子，制定工作计划，开展摸底调查，做了大量工作。据了解，多数省市已经起草了实施办法，正在与有关部门一起修改完善，有的省市已经上报了实施办法。农垦企业的情况非常复杂，做好这项工作难度很大。按照国务院批准的从今年7月1日起纳入当地基本养老保险统筹的要求，我们的工作尚有较大差距，需要加快工作进度，抓紧落实。一要抓紧制定实施方案。在8月底前正式上报部里。二要从7月起将农垦企业确保发放工作纳入当地工作要求。各地要按照实施办法，先运行起来，不要等中央财政补助。只有正常运行起来，一些深层次的问题才会显现出来，基金缺口的问题才会具有真实性，中央财政才会有针对性地予以补助。三要合理确定待遇水平。将尚未参保农垦企业纳入进来，主要是解决确保发放问题，不能再出现拖欠，是“雪中送炭”，不是普遍提高待遇水平。四要加强征缴。根据农垦企业在职职工逐年减少的实际情况，认真核定农业单位缴费，切实做到应收尽收。

（四）关于养老保险信息网络全国联网

“金保工程”涉及劳动就业和各个险种，部里确定的方针是分步实施，即养老保险先行，抓紧实现全国联网。去年全国劳动保障信息化工作会议后，各地做了大量工作，普遍成立了领导小组，设立了专门机构。今年6月，辽宁、天津已率先实现省部联网，其他地区正在大力推进，势头较好。下半年，一是加快进度。计划与部联网的13个省要保证按计划完成任务，形成全国网的雏形；其他地区也要加快进度，争取早日实现部省联网。二是信息化必须规范化。信息化涉及工作流程的再造，基础是规范化，必须加快完善经办业务规程。经过一年多的精心准备和各地经办机构的充分讨论，部社保中心下发了《基本养老保险经办业务规程（试行稿）》，各地要认真执行，并结合实际操作提出补充完善的意见。三是按规定标准建立健全数据库。不建数据库，无法联网，建了数据库但数据不全不准，联网了也没用。因此，必须按照《养老保险信息系统全国联网实施意见》要求，加快数据库建设和数据整理工作，保证数据采集的全面性、准确性、及时性。

（五）关于养老保险综合调研

调查研究是决策的基础，也是研究制定政策的前提。没有调查研究，就没有发言权，这是我们党长期工作实践的经验总结，是要大力发扬的光荣传统。在新的形势下，按照党的十六大要求，认真贯彻落实“三个代表”重要思想，做好社会保障工作，仍然必须下大力加强调查研究工作。在实际工作中我们也深深体会到，无论是政策的出台，还是工作的落实，都需要有充分的调查研究，否则就底数不清、情况不明、难下决策，即使形成决策，实施起来也会困难重重，难以达到预期目的。近几年，养老保险工作中出现了许多新情况、新问题，需要了解和研究，有很多重要数据，有的发生了变化，有的我们还没有掌握，感到心中无数。因此，部里决定，部内由养老保险司、基金监督司、社保中心三个单位统一调集力量，部外会同财政部社保司等方面共同研究，于7、8月份集中时间，进行养老保险综合调研。养老保险综合调研的重点：一是了解核实基本情况；二是督促检查重点工作；三是研究探讨涉及长远的问题。通过深入的调研分析，集思广益，既对当前存在的问题有一个准确的认识，也能够对解决问题的思路和方法达成共识，更重要的是研究提出一些具有针对性、可行性的政策意见，做好政策储备。请各地予以高度重视，积极协助部里做好这项工作，特别是提供一些基础数据资料。为了摸清底数，就不能怕麻烦。同时，各地也要根据本地实际，积极主动地开展调查研究，全面掌握本省的情况，加强基础管理，有针对性地指导和推动工作。

除了上述五项工作外，我还要通报一下国际社会保障协会（ISSA）大会的筹备情况。成立于1927年的ISSA，是国际社会保障领域规模最大、最具代表性的非政府组织，现有来自149个国家和地区的386个会员机构。我国于1994年由原劳动部作为正式会员加入ISSA。经国务院批准，我国将承办2004年9月在北京召开的国际社会保障协会第28届全球大会，并组建了以我部部长为主席的国家组委会。这是国际社会保障协会第一次在我国召开全球性会议，预计外方参会人员为1 500人左右，其中部分国家可能派部级代表与会；我们还将邀请国家有关部门负责人、省级劳动保障部门及社会保险经办机构负责人、部分专家学者等国内人士参会。会议专门安排了一个中国社会保障特别全会，而且还要发表《北京宣言》。承办并组织好这次会议，有利于宣传和展示我国在社会保障方面的改革成果，有利于加强在社会保障方面的国际交流和合作，有利于学习借鉴世界各国的成功经验，促进我国社会保障体系的建立和完善。部里对此项工作十分重视，郑斯林部长前几天专门听取了筹备工作汇报。部里已经成立秘书处，正在紧锣密鼓地开展筹备工作。做好这项工作也需要各地的积极配合：一是届时要安排人员参会，有的还要在会议上发言；二是共同组织好中国社会保障特别全会；三是协助开展有关筹备工作；四是明年春天组织一次国内社会保障论坛，为大会热身。

三、积极探索实现养老保险制度的可持续发展

胡锦涛总书记在“七一”重要讲话中，要求认真研究如何健全社会保障体系。新一届政府成立以来，多次要求我们从建立机制方面，研究养老保险制度可持续发展的问题。部党组对此非常重视，郑斯林部长多次主持研究，部里还组成了课题小组，对完善养老保险制度的若干问题形成了一些意见。今天作为内部研究，先向大家通报一下，以便共同研讨。这些意见，现在只供内部研讨，是否实施及如何实施需报中央决策。

（一）面对人口老龄化、就业方式多样化、城镇化的趋势，可持续发展能力不强成为当前养老保险制度的突出问题

养老保险涉及人数多，资金规模大，收支平衡周期长，对国家社会经济发展影响深远，是最重要的一项社会保障制度。当前养老保险工作中的突出矛盾：一是资金缺口越来越大。我国人口老龄化来势迅猛，1980 年平均每 13 个职工养 1 个退休人员，1990 年达到 6:1，现在为 3:1。由此造成基金支付规模急剧扩大，收支缺口逐年增加，1998 年缺口为 100 多亿元，2002 年扩大到 500 多亿元。如果维持现行制度，预计 2010 年缺口要增加到1 000多亿元，养老保险制度难以做到可持续发展。二是覆盖面窄，政策不完善。现行养老保险制度不能完全适应我国人口多、劳动力长期供大于求、灵活就业人员在就业总量中占的比重越来越大的现实需要；各级政府在养老保险上的责任体系不明确，多数地区实行市县级统筹，基金难以调剂；退休年龄偏低，提前退休严重；养老金计发办法存在一些缺陷和不足。三是制度体系不健全。企业年金没有普遍建立，多层次的制度体系尚未形成；机关事业单位和企业的养老保险制度不衔接，劳动力流动困难；城镇化进程在加快，城乡之间的联系越来越密切，离土农民越来越多，但农民的养老问题还没有找到可行的解决方案。所有这些，都需要我们围绕全面建设小康社会的总目标，认真研究，长期规划，化解历史包袱，从体系和机制上逐步完善。

（二）多渠道筹集养老保险资金，建立稳定的筹资机制

针对老龄化加速趋势，课题组认为，要成功渡过老龄化高峰，必须建立稳定的筹资机制。一是做实个人账户，实行部分积累，实现养老保险制度的模式转换。从制度设计和长远发展看，做实个人账户，积累养老资金是必然趋势。这个问题拖得越长越被动、越难解决，应该早下决心，采取果断措施。具体步骤上，新人、中人、老人可以有所不同。做实的规模以个人缴费工资的 8% 为宜。做实的方法，可以一步到位也可以分步到位。做实账户后新增的当期支付缺口，实行中央财政、地方财政、基金征缴三家抬。二是做大全国社会保障基金，解决中人的权益。全国社保基金现已积累 1 250多亿元，规模仍嫌小，应争取在 5 年内基金规模达到 1 万亿元左右，并用于投资运营，年投资收益争取达到 500 亿元左右。具体办法可考虑在现有筹资渠道的基础上，划拨一部分国有企业资产，以及将目前国有企业无偿占用土地的资本化收益的一部分划拨给全国社保基金。三是加强基金征缴和加大调整财政支出结构力度，确保当期发放。基金征缴收入是基金的主要来源，要保证在扩面的基础上每年有一定幅度的增收。1998 年以来的 6 年里，中央财政对养老保险的投入已达到1 800亿元，而地方财政投入不到 200 亿元，因此要在保持中央财政支持力度不减的同时，调整地方财政支出结构，把地方财政收入的一定比例用于补助养老保险。四是拓宽投资渠道，实现基金保值增值。全国社保基金按《全国社会保障基金投资管理暂行办法》开展投资运营；个人账户基金主要购买国家发行的特种定向债券，利率按高于普通中长期国债的利率水平确定，资金用于国家重点建设，促进经济发展；企业年金按市场化原则投资管理；社会统筹基金的结余资金，主要存银行或买国债，不进行其他

投资。

（三）完善政策

实现制度的可持续发展，还必须对现行制度进一步完善，实行开源节流并重。课题组提出了4条措施。一是统一城镇个体工商户、灵活就业人员的参保政策。缴费基数统一为当地职工平均工资，缴费比例统一为20%左右。二是统一领取养老金的年龄条件。普遍延长退休年龄需要一个过程，当前可先将女职工的退休年龄统一为55岁，并逐步将提前退休改为企业内部退养。三是调整养老金计发办法。基础养老金按缴费年限，每满1年发给一定比例（如1%），鼓励多工作多缴费；个人账户养老金计发满足支付15~20年的需要，基本实现收支平衡。四是提高统筹层次。在未来5年内实现省级统筹，目前实现省级统筹有困难的也要取消县级统筹，实行地市级统筹。

（四）健全制度体系

在三方面采取措施：一是普遍建立企业年金。通过实行税收优惠政策，即企业缴费在工资总额4%以内部分可以进成本，规范年金管理，推动建立多层次的养老保险体系；二是稳步推进机关事业单位养老保险制度改革，可以考虑事业单位改革先行；三是在有条件的地区，探索建立农村社会养老保障制度。

四、进一步加强社会保险经办机构队伍建设

5年来，经办机构队伍不断壮大，从1998年初的5万多人增加到2002年的10万多人，翻了一番。现在，经办机构的服务职能正在逐步向街道社区延伸，经办服务的内容不断扩展，从实际需要看，这支队伍还会越来越大。在工作中，经办机构锻炼了队伍，培养了作风，涌现出一大批先进集体和先进个人，5年中先后有59个单位和88名个人受到部级表彰，形成了一些很好的精神和作风。如：不折不扣地执行党中央、国务院的决策，对人民高度负责的忠诚品质；出实招、办实事、报实数的实干作风；从实际出发，主动地创造性地开展工作的创新精神；既抓业务发展又抓队伍建设的两手抓经验。同时，也形成了一些良好的工作规范，许多地区在经办大厅实行首问负责制，推行限时办结制度，提出“阳光服务”理念，开通社保咨询热线电话，提供网上查询服务，一些地区还提出对参保人员跟踪一生、记录一生、保障一生、服务一生的管理思想等。所有这些，都要在今后的工作中继续发扬光大，并按照郑斯林部长提出的“满腔热情，脚踏实地，忠诚无私，干练细腻”的要求，把社会保险经办机构队伍建设提高到一个新水平。

（一）加强基础，规范管理

基础工作十分重要。特别是基础数据，是社会保障工作的生命线。多年来，各级劳动保障部门和社会保险经办机构高度重视基础工作，取得不小成绩。我们粗略统计了一下，现在每个月仅在部社保中心汇集生成的数据就有26 640个，全国每天都有数以亿计的社会保险数据在生成和变化。这么大的信息流，能保证及时更新，按月调度，基本准确，这在5年前是不可想象的。各级劳动保障部门要指导和帮助经办机构进一步加强基础工作，提高数据采集的真实性、分析的准确性和传递的及时性，通过数据分析明确目标任务，发现存在的问题，找出改进工作的重点。做好社会保障工作，三分在政策，七分在管理。在基本制度模式确定后，各项政策的执行和操作都要依靠规范的管理工作来落实。各级社会保险经办机构要坚决照政策办事，不断规范工作流程，优化组织结构，提升管理水平，靠我们的工作落实好国家的社会保障制度和政策。

（二）立足当前，着眼长远

多年来，社会保险经办机构前进的道路并不十分平坦，工作和队伍遇到各种挑战。各地在厅局党组的领导下，战胜了困难，确保发放、社会化发放、行业下放和扩面征缴等工作取得较好成绩，完成了党和人民交给的任务。往后，我们要在继续做好当前工作的同时，着眼长远建设，再接再厉、再立新功。如：个人

账户做实后如何管理，实现社会化管理服务如何处理统筹外项目养老金，实行税务征收的地区如何搞好工作衔接等。确立了长远的目标和方向，就要努力去实现，争取每年干成几件事，不断集小成为大成。

（三）树立典型，打造品牌

多年来，各级劳动保障部门和社会保险经办机构通过自己的顽强拼搏，为维护社会稳定做出应有贡献，在社会上树立了良好形象。今年，部社保中心准备组织全国社会保险经办系统先进集体和先进个人巡回报告，这次会上就要安排演讲。各地都要加强对社会保险经办工作先进集体和先进个人的宣传，树立社会保险工作先进典型，推出几个在全国响当当的人物。与此同时，为方便群众，提高社会认同度，加强规范管理，要加快设计社会保险统一标识，打造社会保险品牌。

（四）改善条件，提升手段

当前，经办机构尤其是基层经办机构在工作中遇到不少实际困难，比如经费不足、激励不够、编制紧张、办公条件差等等。对此，一些地方积极与有关部门协商，建立扩面征缴工作经费保障制度和奖励机制，对工作业绩突出的机构和个人给予奖励，增加对经办机构的投入，取得了较好效果。今后，各级劳动保障部门还要一如既往地帮助解决经办机构的实际困难，改善他们的工作条件。目前经办机构管理手段还比较落后，许多地区仍在依靠手工操作，有的地区虽然实现了计算机操作，但没有实现联网。各级劳动保障部门要为经办机构配备必要的设备，支持经办机构进一步提升管理手段，不断提高经办工作的管理效率。

完善社会保障体系任重道远。我们要深入学习贯彻“三个代表”重要思想，紧密团结在以胡锦涛同志为总书记的党中央周围，与时俱进，开拓创新，开创我国社会保障事业的新局面，为全面建设小康社会做出新的贡献。

贯彻落实中央纪委第二次全会精神
推动劳动保障系统纪检监察工作的深入开展

——在全国劳动保障系统纪检监察工作座谈会上的讲话

中纪委驻劳动和社会保障部纪检组组长　崔会烈

（2003年3月21日）

这次全国劳动保障系统纪检监察工作座谈会是在全系统认真贯彻落实党的十六大和中央纪委第二次全会精神，全面推进党风廉政建设和反腐败斗争的新形势下召开的，也是驻部纪检组、监察局成立以来召开的第一次全国性会议。会议的主要任务是：以党的十六大和中央纪委第二次全会精神为指导，总结去年劳动保障系统的纪检监察工作，交流工作经验，研究提出2003年纪检监察工作的总体要求和主要任务，努力开创劳动保障系统纪检监察工作的新局面。

一、2002年劳动保障系统纪检监察工作的基本情况

2002年是劳动保障系统设立双派驻纪检监察机构后正式运转的第一年。为了充分发挥对系统工作的指导职能，从年初开始，驻部纪检组、监察局按照中央纪委第七次全会和国务院第四次廉政工作会议的精神，结合行业特点和劳动保障工作实际，陆续下发文件对全系统的党风廉政建设、行风建设、推行政务公开、加强对社保基金管理情况的监督检查等项工作进行了部署。并通过召开座谈会、开展调研、检查等多种形式，加强对系统工作的督促和指导。从掌握的情况看，各级纪检监察机构在当地党委、政府和部门党组的领导下，认真按照驻部纪检组、监察局的要求，结合本地实际，扎实有效地开展工作，对提高党员干部的政治素质，增强服务意识、责任意识和廉洁从政的自觉性，确保劳动保障政策落实，促进各项中心工作的完成发挥了积极的作用。同时，也为劳动保障系统纪检监察工作探索了新的思路和方法，使我们的工作有了一个较好的开局。

（一）党风廉政建设工作不断深入

一是加强党风廉政教育。各地采取多种形式组织党员干部认真学习党的十六大精神和“三个代表”重要思想；针对党员干部的思想和工作实际，广泛开展理想信念、党性党风、党纪条规教育和正反两方面的典型教育。如劳动保障部机关开展“慕马”案件的警示教育，并编印《廉洁自律手册》发至处级以上党员干部；甘肃省利用三个月时间，在全省劳动保障系统集中开展党风廉政教育；辽宁、云南等省劳动保障部门对新任处级以上领导干部开展党风党纪专题培训；有的省市还通过召开民主生活会、座谈会、举办培训班、知识测验、上

党课等多种形式开展党风廉政教育活动。通过加强教育，广大党员干部树立了正确的权力观、地位观和利益观，增强了廉洁自律意识和抵御腐蚀的思想道德防线。二是加强对廉洁自律规定落实情况的监督检查。各级纪检监察机构认真按照中央纪委的部署和要求，普遍对领导干部执行不准收受有关单位和个人的现金、有价证券；不准利用职务上的影响为配偶、子女谋取非法利益；领导干部配偶、子女从业以及狠刹铺张浪费歪风，禁止到12个风景名胜区开会等规定的情况进行自查和抽查。一些地方还结合实际加大监督检查的力度，如宁夏等地劳动保障部门加强对节日期间吃请送礼等高发问题的检查；湖北、浙江、福建等省劳动保障部门对领导干部收受“红包”、违规多占住房、公款购买股票和保险、违规发送购物券、公款出国（境）旅游和进行高消费等行为进行清理，增强了党员干部的自醒、自警意识，促进了廉洁自律各项规定的落实。三是标本兼治，逐步加大源头治理力度。各级纪检监察机构一方面注意发现问题线索，扩大案源渠道，对不廉洁的问题和构成违纪的腐败案件，积极组织力量调查处理；另一方面加强对那些掌握事权、财权、人权的部门以及容易滋生腐败问题的关键部位和薄弱环节的事前、事中监督，针对容易发生或可能发生的问题，建立和完善制约机制，规范从政行为。如劳动保障部机关纪委会同有关部门对部属20个单位的银行账户进行清理，认真落实“收支两条线”管理规定；上海市劳动保障局建立干部监督联席会议制度，加强对领导干部选拔任用工作的监督；陕西、宁夏、四川、深圳等省（市）劳动保障部门积极推进审批制度、财务制度和人事制度改革，完善领导干部经济责任审计制度，加强对执行财经纪律和大额资金使用等情况的监督检查；北京、福建、湖南、贵州等地劳动保障部门还对装修工程、办公设备采购和招标投标实行全过程监督，针对检查中发现的问题，认真分析原因，研究制定对策，加大了从源头上预防和治理腐败的力度。四是落实党风廉政建设责任制。各地劳动保障部门党组坚持“两手抓，两手都要硬”的方针，强化“一岗双责”和“三抓一加强”，坚持做到劳动保障业务工作与党风廉政建设同部署、同落实、同检查、同考核。如北京、山西、陕西等地劳动保障部门层层签订党风廉政建设责任状，明确领导干部在党风廉政建设中承担的责任，坚持党政主要领导亲自抓、负总责；江西、新疆等地劳动保障部门将党风廉政建设责任逐项分解落实到人；吉林、湖南等省劳动保障厅建立了直属事业单位党风廉政建设报告制度和领导干部廉政述职制度。许多劳动保障部门还建立和完善了落实责任制的配套规定、考核制度和违反责任规定的追究办法，初步形成了领导与群众、上级与下级、纪检监察机构与其他部门同心协力抓党风廉政建设工作的局面，使廉洁自律各项规定得到了较好落实。

（二）政务公开工作在全系统普遍推开

近年来，各地劳动保障部门按照当地党委、政府的要求，在推行政务公开方面已经做了大量工作，取得了一定成效。为了进一步从行业的角度来规范和完善这项工作，去年4月，劳动保障部下发了《关于在全国劳动保障系统推行政务公开的意见》，对政务公开的范围、内容、形式和监督保障措施做出明确规定。各地劳动保障部门对这项工作十分重视，成立了领导小组，下设了办事机构，结合实际制定措施，认真组织落实。一是抓推动和规范。政务公开工作起步比较早、基础比较好的部门，认真对照文件找差距、查问题，积极整改；起步比较晚、工作相对滞后的单位，重点是抓推动。如河北、甘肃等省劳动保障部门针对个别单位公开内容不全、不及时、形式单一和市县工作进度不平衡等问题，制定统一标准，提出明确要求，并利用广播、电视、报纸、互联网等形式开展宣传活动。天津、河南、厦门等省市劳动保障厅（局）在调查研究和广泛讨论的基础上，建立工作制度和落实方案，明确专人负责组织实施，使公开的内容、形式、监督措施进一步规范和完善。为了推动工作的平衡发展，黑龙江、山西、江苏、湖南等省劳动保障部门还召开经验交流会、现场会，表彰先进典型，交流工作经验，使这项工作“学有榜样、比有目标、超有动力”。目前，全国劳动保障系统的政务公开工作已形成一定规模，据统计，有23个省本级和大多数市县劳动保障部门都已建立了政务公开办事大厅，直接为企业和群众服务的审批部门和窗口单位全部进入大厅，实行“一条龙”服务和“一站式”办公；办事大厅设有政务公开栏，发放宣传品，有条件的还开通互联网，配备电子显示屏、触摸屏和语音查询系统，提高了工作透明度，方便了群众办事。二是抓涉及公众利益事项的公开。各地劳动保障部门普遍把那些关系到企业和群众切身利益的事项作为公开的重点，首先向社会公开。如福建省劳动保障部门及时将涉及公众利益、社会普遍关注及其他需要特别予以监督的事项向群众公开；山西等省劳动保障部门首先将养老保险待遇的计算与核准、医疗大额补助、就业服务、工伤鉴定和有关审批事项向社会和服务对象公开；海南等省劳动保障部门还对事关全局的重要事项和群众关心的热点问题，实行了预先公告、事中通报和结果公示，做到让群众应知尽知。目前，全国劳动保障部门普遍在行政审批、就业服务、劳动监察、劳动争议仲裁以及五大社会保险等12个方面实现了政务公开。三是加强对政务公开工作的监督考核。为了确保政务公开工作真实有效，一些地方建立了政务公开的监督制度和责任追究制度。如湖北省劳动保障厅制定了政务公开实施办法、考评办法、公开评议制度和投诉处理实施细则；山西省劳动保障部门建立政务公开工作一票否决制度，对工作达不到标准或受到当地党委、政府批评的单位，主要领导不能参加年终评优；河南省洛阳市劳动保障局对违反政务公开规定的行为，分别给予批评教育、停岗待业和免职等处分，对因违反政务公开制度而引起行政诉讼或造成恶劣影响的，依据有关规定严肃处理。很多地方劳动保障部门还采取召开座谈会、走访、设立举报箱、公布举报电话、建立监督台、发放调查问卷及聘请义务监督员等方法，发动群众监督政务公开工作，形成了组织监督与群众监督、上级监督与下级监督、内部监督与外部监督相结合的制约机制，促进了政务公开工作的规范和完善。

（三）行风建设进一步加强

2002年，各级劳动保障部门认真按照威海会议的部署和要求，把行风建设与“三优”文明窗口创建活动结合起来，积极主动开展工作。一是开展行风评议。为了接受社会监督，进一步改进工作，黑龙江、上海、江苏、安徽、河南等9省（市）劳动保障部门参加了由当地政府组织的民主评议行风活动；北京、天津、福建、广西、四川等省（区、市）劳动保障厅（局）采取调查问卷、座谈会、走访和聘请特邀监督员等形式，主动接受群众对劳动保障工作的监督。有的地方还通过电台、报刊、版画、标语等多种形式，宣传劳动保障政策、部门职责、服务宗旨，发动群众参与监督工作，营造评议的浓厚氛围。对民主评议中反映的问题，各部门都能认真梳理、分析原因、制定措施、积极整改。如上海市劳动保障局对群众反映的劳动就业服务、社会保险经办、劳动监察执法等方面存在的355个问题认真梳理分类，有针对性地制定了以“六个一”工程、“三优”服务、八项守则为主要内容的整改方案，使问题逐项得到解决。江苏省劳动保障厅以民主评议行风为契机，健全制度、加强管理、规范行政行为，收到了较好效果。二是加强行风专项治理。各级纪检监察机构坚持“纠建并举”的原则，对社会普遍关注、群众反映强烈的问题，集中进行整顿。如劳动保障部机关纪委会同有关部门对一些部属单位办班不规范的问题进行清理，严格执行管理和审批制度，重申办班纪律，规范收费行为，对办班严格控制。北京、陕西等地劳动保障部门对事业单位“乱收费”和统计数据失真等问题开展专项治理。吉林、辽宁等省劳动保障厅下发文件，对群众关心的医保大额补助、退休退职审批、劳动能力鉴定和人员选拔录用等项工作进行规范。一些单位还针对社保经办服务、劳动就业服务、职业技能鉴定、劳动争议仲裁等关系群众切身利益的问题开展了专项整治，使劳动保障系统的行业风气有了明显好转。

（四）基金监督检查工作取得进展

2002年5月，驻部纪检组、监察局下发了《关于进一步加强对社会保险基金管理情况监督检查的通知》，明确了纪检监察机构在社保基金管理监督检查中的职责和任务。各地区认真按照通知要求，围绕确保基金安全完整，主动协助有关部门开展工作。一是建立和完善基金监督制度。如河南、海南等省劳动保障部门制定了基金管理暂行规定和基金管理使用违纪违法行为党纪政纪处分规定；山西省劳动保障厅建立了每季度向纪检监察机构报告基金管理情况的制度；重庆市劳动保障局建立了有关部门参加的联席会议制度，及时研究和解决基金监督检查中发现的新情况、新问题；安徽等省劳动保障部门把基金监管作为党风廉政建设责任制的重要内容，对各部门严格进行考核。有的地区针对基金管理各环节容易出现的问题，建立基金管理责任制和违反责任制规定的追究办法，明确了各部门在基金监管中承担的责任。各级劳动保障部门还普遍建立基金监督举报制度，主动接受社会监督，增强了有关部门的监管意识和责任意识，促进了基金管理工作的规范和完善。二是积极参与基金监督检查工作。为了巩固国家四部门前两年专项检查的成果，重庆、四川、湖南等地劳动保障部门继续会同省监察、财政、民政等部门开展四项社保资金专项检查工作。有些单位结合实际自行组织监督检查活动。如宁夏劳动保障厅纪检组会同有关部门对14个市、县养老保险基金管理的自查和整改情况进行督查；广西劳动保障厅纪检组对全区地市开展基金监督检查工作的情况进行普查。北京、安徽、四川等地劳动保障部门还针对基层部门执行基金管理政策、落实“收支两条线”管理规定，专项补助资金管理和挤占挪用资金的清理回收等情况加强检查，对基金管理重视不够、监督机制不健全、整改措施不力等问题及时予以纠正，防止了违规动用社保基金问题的发生。三是严肃查处基金管理中的违纪违法案件。一年来，各级纪检监察机构注意从监督检查和群众举报中发现案件线索，涉嫌违纪的，积极组织和协助有关部门调查处理，并对挤占、挪用的基金进行追缴。如吉林省劳动保障厅纪检组与有关部门联合查处了敦化市社保公司挪用社保基金和违规以物抵费案，对3人给予了党政纪处分；安徽省劳动保障厅纪检组参与查处4起贪污挪用社保基金的案件，追缴违规挪用资金96万元；重庆市劳动保障局纪检组积极协助基金监督部门受理挤占挪用基金的举报13件，现已查结10件，涉及1 070万元资金已全部追回。山西、内蒙古、甘肃等15个省（区）劳动保障部门认真按照驻部纪检组、监察局的要求，对1998年以来基金管理中发生的83起违纪违法案件进行剖析，针对发案原因，制定防范措施，并对尚未办结的案件加强了督办。为了加大办案力度，提高办案质量和效率，一些劳动保障部门还成立执法监察领导小组，建立部门联席会议制度，及时沟通和协调办案工作。

在完成上述工作的同时，各级纪检监察机构还按照当地党委、政府和部门党组的要求，积极参加再就业优惠政策落实情况、妇女权益保障、青少年维权岗、民工权益保护、劳动力市场整顿等监督检查工作，都收到了较好的效果。

一年来，劳动保障系统各级纪检监察机构做了大量的工作，取得了一定成效，但也存在一些不容忽视的问题，一是工作发展不平衡。有些纪检监察机构对基层部门的工作督促、检查和指导不够有力，系统工作还没有全面开展起来；有的部门工作重点不突出，工作思路和方法不适应新形势、新任务的要求。二是查办案件工作比较薄弱。有的纪检监察机构对办案工作重视还不够，抓得不紧；有的对典型案件剖析不够，对基层部门的办案情况缺乏了解。三是纪检监察机构的设置和人员配备与承担的任务还不相适应，特别是一些市县劳动保障部门比较突出。这些问题需要我们在今后的工作中逐步加以解决。

二、2003年劳动保障系统纪检监察工作的总体要求和主要任务

前不久，中央纪委召开了第二次全会，这是贯彻落实十六大精神，研究部署当前和今后一个时期党风廉政建设和反腐败工作的一次十分重要的会议。胡锦涛总书记在会上发表了重要讲话，他从贯彻“三个代表”重要思想、实现全面建设小康社会的宏伟目标、建设社会主义政治文明和加强党的执政能力建设的高度，深刻阐述了党风廉政建设和反腐败工作的极端重要性，全面分析了当前党风廉政建设和反腐败斗争面临的形势，提出了反腐倡廉工作必须把握的主要原则和任务；明确了各级党委和纪委在这项工作中应担负的重要职责。吴官正同志的工作报告以“三个代表”重要思想和党的十六大精神为指导，阐述了当前和今后一个时期工作的总体要求和基本思路，正确分析了进入新世纪、新阶段反腐败斗争的形势，提出了今后五年的工作目标，部署了今年的具体工作。胡锦涛同志的重要讲话和吴官正同志的工作报告，对全党进一步认识加强党风廉政建设和反腐败斗争的极端重要性，全面贯彻落实“三个代表”重要思想和十六大战略部署，进一步推进新时期的反腐倡廉工作具有重要的指导意义。我们要深入学习和领会全会精神，进一步提高对加强党风廉政建设和反腐败工作的重要性、紧迫性认识，增强责任感和使命感，结合劳动保障工作实际，切实抓好落实。

今年，是落实党的十六大提出的宏伟目标和各项任务的开局之年，劳动保障工作面临的三大主要任务和两项基础工程建设，都事关改革发展和社会稳定，认真抓好劳动保障系统的纪检监察工作意义十分重大。我们要以党的十六大精神为指导，全面贯彻“三个代表”重要思想，按照中央纪委第二次全会的部署，紧密结合劳动保障工作实际，落实领导干部廉洁自律规定，认真查处违纪违法案件，加强行风建设，落实党风廉政建设责任制，坚持标本兼治，综合治理，从源头上预防和治理腐败，为完成劳动保障中心工作提供政治保证。为了实现这一总体要求，我们要在巩固去年工作成效的基础上，继续深入抓好以下工作：

（一）认真落实廉洁自律规定，进一步规范领导干部的从政行为

中央纪委第二次全会对领导干部廉洁自律做出了许多新的规定。各级纪检监察机构要紧密结合党员干部的思想和工作实际，认真抓好落实。一是继续加强对党员干部的廉政教育。我们要采取多种形式组织党员干部学习党的十六大和中央纪委第二次全会精神，准确把握中央对反腐倡廉工作的总体部署、基本思路、主要任务和工作目标，把思想真正统一到中央的决策上来，进一步提高对加强党风廉政建设和反腐败工作极端重要性的认识，增强工作的责任感和紧迫感。要针对党员干部在思想作风、学风、工作作风、领导作风和生活作风等方面存在的突出问题，深入开展理想信念、廉洁从政、党纪条规和艰苦奋斗的教育，引导广大党员干部树立正确的世界观、人生观和价值观，增强纪律意识、法制意识和执行廉洁自律规定的自觉性，真正做到依法执政、廉洁从政。要积极宣传廉洁奉公、勤政为民的先进典型，运用违纪违法典型案件开展警示教育，促使领导干部增强道德的约束力，树立正确的权力观、地位观和利益观，进一步提高抵御腐朽思想侵蚀和拒腐防变的能力。二是加强对执行廉洁自律规定的监督。各级纪检监察机构要认真按照中央纪委第二次全会的要求，加强对领导干部执行不准利用职权违反规定干预、插手工程招标投标等市场经济活动，为个人和亲友谋取私利；不准收受与其行使职权有关的单位和个人的现金、有价证券、支付凭证和借节假日、婚丧喜庆等事宜敛财；配偶、子女从业等规定，以及落实禁止以开会、考察、培训等名义变相公费旅游和禁止以各种名义用公款相互宴请、大吃大喝、安排私人旅游、高消费娱乐活动等

情况的监督检查。同时还要结合劳动保障工作实际，对办理行政审批、劳动监察执法、劳动争议仲裁、职业技能鉴定、职业介绍、社会保险经办等项工作提出不准以权谋私的自律要求，并建立必要的监督制度，加强自查和重点抽查。对违反廉洁自律规定的行为要坚决制止和纠正，对构成违纪的要认真调查处理，不仅要处理当事人，还要追究所在部门主要领导的责任。

（二）严肃查处违纪违法案件，维护党纪国法的严肃性

党的十六大报告指出："对任何腐败分子都必须彻底查处、严惩不贷。"我们要坚决贯彻这一精神，进一步增强办案意识，加大办案力度，严肃查处各种违纪违法行为。要按照中央纪委第二次全会的要求，重点查处贪污、受贿、挪用公款和处级以上党员领导干部的违纪违法案件；查处工程招标投标、物资采购等领域和环节发生的案件和违反政治纪律、组织人事纪律以及基层干部以权谋私、侵害群众利益的案件。同时，还要结合劳动保障工作实际，严肃查处贪污、挤占、挪用社会保险基金的案件。各级劳动保障部门党组要加强对办案工作的领导，重视和支持办案工作，为查办案件提供必要的条件。各级纪检监察机构要充分发挥办案工作的组织协调作用，进一步拓宽、畅通信访举报渠道，健全违纪违法线索和案件移送制度，对本机关发生的案件和基层部门的典型案件要直接组织调查，在查清事实的基础上，按照干部管理权限进行处理。要加强对基层部门办案工作的督促和指导，发现瞒案不报、压案不查、查而不处的错误行为要限期予以纠正，对干扰办案工作的，要追究有关人员的责任，确保群众举报和部门移送的案件，件件有着落。

（三）结合劳动保障工作实际，狠抓行业作风建设

劳动保障系统有5万多个窗口直接为企业和群众服务，这些部门的作风好不好，不仅关系到劳动保障政策的落实，而且影响党和政府的形象。因此，我们要积极配合有关部门抓好行业作风建设。一是继续规范和完善政务公开工作。驻部纪检组、监察局在调查研究的基础上，针对部分劳动保障部门在政务公开范围、内容、形式和监督保障措施等方面存在的不规范问题，正会同有关司（局）研究制定《劳动保障系统政务公开工作标准》，拟于近期下发各地试行。各级劳动保障部门要认真对照标准找差距、查问题。凡是工作达不到要求的，要认真进行整改；工作基础比较好的，要不断探索新的公开形式和途径，提高政务公开工作的实效。各部门要结合实际，建立和完善政务公开工作的考核标准、考核方法和程序，加强对本机关、本系统政务公开工作的检查和考核。使这项工作尽快规范和完善，并成为一项长效的工作制度。二是主动接受社会的监督。各级劳动保障部门要把工作置于群众的监督之下，广泛接受社会监督。一方面要积极参加当地政府组织的民主评议行风活动，及时了解群众对劳动保障工作的反映；另一方面要主动采取"走出去、请进来"的方法，听取群众对劳动保障部门服务质量、工作作风、工作效率等方面的意见和建议。对群众反映的问题，要本着高度负责的精神，一项一项地研究整改，使问题真正得到解决。三是有针对性地开展行风专项治理。由于各地的条件不同，工作中反映出来的问题也各不相同。各级纪检监察机构要针对工作中普遍存在、群众反映强烈的突出问题开展专项治理活动。要重点解决好办事不公、执法不严、服务不规范、态度生硬和弄虚作假等侵害群众切身利益的问题，使劳动保障各项政策真正落到实处，人民群众的利益切实得到保护。各部门在行风建设中，还要大力宣传和表彰那些在行风建设中做出突出成绩的先进集体和个人，通过树立典型、弘扬正气，推动行风建设深入开展，使劳动保障系统在社会上树立起良好的行业形象。

（四）坚持标本兼治，加强从源头上预防和治理腐败工作的力度

要按照中央纪委的要求，把源头治理工作

的重点放在加强对权力制约、资金监控和干部任用的监管上，认真查找可能或容易滋生腐败的源头问题，研究提出防范和治理的措施。要积极配合有关部门继续规范行政审批权力，对已经取消的审批事项要加强后续监管；对保留的审批事项，要建立完善的监督制约机制和审批责任追究制度。要加强对执行财经纪律情况的监督检查，重点检查落实“收支两条线”管理规定和规范行政事业单位银行账户的情况，严格预算和财务管理，严肃财经纪律，堵塞财务管理中容易滋生腐败的漏洞。要督促和协助干部人事部门落实好《党政领导干部选拔任用工作条例》，严格履行工作程序，规范干部考察、评价和用人失察失误责任追究等监督制度。要对本机关设备采购、工程招标投标、大额资金使用、重大事项安排等实施全过程监督，针对容易诱发腐败现象的部位和环节，制定预防和解决的办法，清除权钱交易的体制、机制性因素，使腐败问题真正从源头上得到解决。同时，我们还要按照《党章》的要求，认真执行党的民主集中制，完善领导干部民主生活会制度，发挥党内相互监督制约作用，强化对党员领导干部的监督。

（五）加强执法监察，促进劳动保障各项政策的落实

紧贴劳动保障中心工作开展执法监察，确保劳动保障各项政策的落实，是各级纪检监察机构的重要职责。今年，我们要把执法监察与效能监察有机结合起来，围绕劳动保障工作重点抓好两项工作。一是继续协助有关部门加强对社会保险基金管理情况的监督检查。各级纪检监察机构要把监督检查社会保险基金管理情况作为一项长期的工作来抓。今年，要积极会同有关部门采取下查一级的方法，对社会保险经办机构和基金监督部门履行职责的情况进行重点抽查。要检查社保经办机构是否严格执行基金管理政策规定，对不纳入财政专户实行“收支两条线”管理，坐收坐支，甚至挤占、挪用基金等问题，要认真纠正和处理，并对违规动用的基金进行追缴，对涉嫌违纪违法的，要严肃查处。要检查基金监督部门是否认真受理群众的投诉和举报，是否对基金管理中的问题及时调查处理，对有案不查，查而不处，失之于宽，失之于软，甚至滥用职权或徇私舞弊等问题要坚决纠正和查处。基金管理工作涉及部门多、人员多、管理环节多，要通过典型案件剖析，查找制度、管理上存在的漏洞和薄弱环节，督促有关部门建立健全制度，规范基金监管行为。驻部纪检组、监察局拟在调查研究和试点的基础上，会同有关部门制定基金管理责任制，明确部门领导在基金监管中承担的责任和违反责任规定的处理办法。各地也要结合实际，研究和探索这项工作。二是积极参加再就业优惠政策落实情况大检查。全国再就业工作会议以后，劳动保障部把促进再就业作为今年的一项重点工作，并会同国家十部委联合下发通知，对这项工作进行了部署。各级纪检监察机构要按照通知要求，积极参加有关部门组织的落实再就业政策情况大检查。对不执行再就业扶持政策，挤占、挪用再就业资金，以及其他违反法律、法规和行政纪律的行为，要严肃纠正和处理，促进全国再就业工作会议精神的贯彻落实。各级纪检监察机构还要按照当地党委、政府和部门党组的要求，有针对性地开展专项执法监察工作。

三、开展纪检监察工作需要强调的几个问题

中央纪委第二次全会对当前和今后一个时期的反腐倡廉工作进行了部署，我们又结合劳动保障工作实际对贯彻落实会议精神做出了具体安排，目标已经提出，任务已经明确，下一步的关键是抓好落实。为了全面推进今年的各项工作，我再强调几点。

（一）要统筹安排和部署好全年的工作

各级劳动保障部门要坚持“两手抓，两手都要硬”的方针，在大力抓好业务工作的同时，旗帜鲜明、毫不动摇地推进党风廉政建设和反腐败工作。部门党组要正确认识和处理好抓劳动保障工作与抓反腐倡廉工作的关系，

把党风廉政建设纳入党组工作的整体格局中，通盘考虑，统一部署。纪检监察机构要认真履行《党章》赋予的职责，在当地党委、政府和部门党组的领导下，按照中央纪委的部署和这次会议的安排，结合劳动保障行业的特点，针对党员干部的思想和工作实际，针对影响劳动保障政策落实的突出问题，主动提出反腐倡廉和执法监察工作的计划，明确具体任务、目标要求和落实措施，统筹规划好本机关和本系统的纪检监察工作，并通过多种形式及时向基层部门做出部署，使今年的各项工作能够在全系统稳步实施，整体推进。各地工作的安排部署情况，要以书面形式及时向驻部纪检组、监察局报告。

（二）要狠抓各项工作的落实

各级纪检监察机构要以真抓实干的作风，扎扎实实地抓好今年的各项工作。一是要认真落实党风廉政建设责任制。要结合工作实际规范责任制内容，完善落实责任制的配套制度和违反责任制规定的追究办法，加强对责任落实情况的监督和考核。对领导不力，甚至因不抓不管导致不正之风长期得不到解决、屡屡出现重大腐败问题的，要追究主要领导的责任。各地的纪检组组长有不少同志兼管着其他工作，但要把主要精力放在抓好党风廉政建设和执法监察工作上，确保今年部署的各项工作真正落到实处。二是要加强对工作的督促、检查和指导。驻部纪检组、监察局对各地开展工作的情况要进行重点抽查。省市两级纪检监察机构在抓好本级工作的同时，要加强对基层工作的检查和指导，及时掌握和分析工作情况，总结推广好的做法和经验，协调解决遇到的困难和问题，对工作达不到要求的，要督促其限期整改。同时，还要加强与业务部门的工作联系，主动听取他们的意见和建议，争取他们的支持和配合，形成工作的整体合力，确保反腐倡廉各项工作和专项执法监察工作抓一项成一项，真正见到实效。

（三）要加强队伍的自身建设

据统计，目前全国省、市、县劳动保障部门的纪检监察干部已近4 000人，这是我们开展工作的基本力量。面对新形势、新任务，要不断加强队伍自身建设，更好地适应工作发展的需要。市县两级劳动保障部门没有建立纪检监察机构的，要积极创造条件建立专职机构，不能设立机构的，要明确专人分管这项工作；要组织纪检监察干部认真学习党的十六大精神和“三个代表”重要思想，进一步提高对纪检监察工作的重要性和紧迫性认识，增强工作的责任感和使命感；要加强纪检监察干部的经济、金融、法律、科技、管理和劳动保障业务知识的培训，不断提高政策理论水平和调查研究、监督检查、协调指导及运用现代科技知识手段揭露查处案件的能力。要以开拓创新的精神，深入研究探索新形势下劳动保障系统纪检监察工作的特点和规律，不断拓宽思路，改进方法，提高工作的科学预见性和现实针对性；要注意拓宽信息渠道，加强横向和纵向的沟通与交流，推动系统工作的平衡发展。各级劳动保障部门党组要切实按照中央纪委第二次全会的要求，加强对纪检监察工作的领导，在纪检监察机构设置、人员配备和工作条件等方面给予关心与支持。纪检监察机构也要主动向部门党组请示汇报工作，争取领导的重视和支持，使纪检监察工作能够紧贴劳动保障工作实际，更加富有成效。

三、重 要 文 件

中华人民共和国国务院令

第 375 号

《工伤保险条例》已经 2003 年 4 月 16 日国务院第 5 次常务会议讨论通过，现予公布，自 2004 年 1 月 1 日起施行。

总　理　温家宝

2003 年 4 月 27 日

工伤保险条例

第一章　总　　则

第一条　为了保障因工作遭受事故伤害或者患职业病的职工获得医疗救治和经济补偿，促进工伤预防和职业康复，分散用人单位的工伤风险，制定本条例。

第二条　中华人民共和国境内的各类企业、有雇工的个体工商户（以下称用人单位）应当依照本条例规定参加工伤保险，为本单位全部职工或者雇工（以下称职工）缴纳工伤保险费。

中华人民共和国境内的各类企业的职工和个体工商户的雇工，均有依照本条例的规定享受工伤保险待遇的权利。

有雇工的个体工商户参加工伤保险的具体步骤和实施办法，由省、自治区、直辖市人民政府规定。

第三条　工伤保险费的征缴按照《社会保险费征缴暂行条例》关于基本养老保险费、基本医疗保险费、失业保险费的征缴规定执行。

第四条　用人单位应当将参加工伤保险的有关情况在本单位内公示。

用人单位和职工应当遵守有关安全生产和职业病防治的法律法规，执行安全卫生规程和标准，预防工伤事故发生，避免和减少职业病危害。

职工发生工伤时，用人单位应当采取措施使工伤职工得到及时救治。

第五条　国务院劳动保障行政部门负责全国的工伤保险工作。

县级以上地方各级人民政府劳动保障行政部门负责本行政区域内的工伤保险工作。

劳动保障行政部门按照国务院有关规定设立的社会保险经办机构（以下称经办机构）具体承办工伤保险事务。

第六条 劳动保障行政部门等部门制定工伤保险的政策、标准，应当征求工会组织、用人单位代表的意见。

第二章 工伤保险基金

第七条 工伤保险基金由用人单位缴纳的工伤保险费、工伤保险基金的利息和依法纳入工伤保险基金的其他资金构成。

第八条 工伤保险费根据以支定收、收支平衡的原则，确定费率。

国家根据不同行业的工伤风险程度确定行业的差别费率，并根据工伤保险费使用、工伤发生率等情况在每个行业内确定若干费率档次。行业差别费率及行业内费率档次由国务院劳动保障行政部门会同国务院财政部门、卫生行政部门、安全生产监督管理部门制定，报国务院批准后公布施行。

统筹地区经办机构根据用人单位工伤保险费使用、工伤发生率等情况，适用所属行业内相应的费率档次确定单位缴费费率。

第九条 国务院劳动保障行政部门应当定期了解全国各统筹地区工伤保险基金收支情况，及时会同国务院财政部门、卫生行政部门、安全生产监督管理部门提出调整行业差别费率及行业内费率档次的方案，报国务院批准后公布施行。

第十条 用人单位应当按时缴纳工伤保险费。职工个人不缴纳工伤保险费。

用人单位缴纳工伤保险费的数额为本单位职工工资总额乘以单位缴费费率之积。

第十一条 工伤保险基金在直辖市和设区的市实行全市统筹，其他地区的统筹层次由省、自治区人民政府确定。

跨地区、生产流动性较大的行业，可以采取相对集中的方式异地参加统筹地区的工伤保险。具体办法由国务院劳动保障行政部门会同有关行业的主管部门制定。

第十二条 工伤保险基金存入社会保障基金财政专户，用于本条例规定的工伤保险待遇、劳动能力鉴定以及法律、法规规定的用于工伤保险的其他费用的支付。任何单位或者个人不得将工伤保险基金用于投资运营、兴建或者改建办公场所、发放奖金，或者挪作其他用途。

第十三条 工伤保险基金应当留有一定比例的储备金，用于统筹地区重大事故的工伤保险待遇支付；储备金不足支付的，由统筹地区的人民政府垫付。储备金占基金总额的具体比例和储备金的使用办法，由省、自治区、直辖市人民政府规定。

第三章 工伤认定

第十四条 职工有下列情形之一的，应当认定为工伤：

（一）在工作时间和工作场所内，因工作原因受到事故伤害的；

（二）工作时间前后在工作场所内，从事与工作有关的预备性或者收尾性工作受到事故伤害的；

（三）在工作时间和工作场所内，因履行工作职责受到暴力等意外伤害的；

（四）患职业病的；

（五）因工外出期间，由于工作原因受到伤害或者发生事故下落不明的；

（六）在上下班途中，受到机动车事故伤害的；

（七）法律、行政法规规定应当认定为工伤的其他情形。

第十五条 职工有下列情形之一的，视同工伤：

（一）在工作时间和工作岗位，突发疾病死亡或者在48小时之内经抢救无效死亡的；

（二）在抢险救灾等维护国家利益、公共利益活动中受到伤害的；

（三）职工原在军队服役，因战、因公负伤致残，已取得革命伤残军人证，到用人单位后旧伤复发的。

职工有前款第（一）项、第（二）项情形的，按照本条例的有关规定享受工伤保险待遇；职工有前款第（三）项情形的，按照本条例的有关规定享受除一次性伤残补助金以外的工伤保险待遇。

第十六条 职工有下列情形之一的，不得认定为工伤或者视同工伤：

（一）因犯罪或者违反治安管理伤亡的；

（二）醉酒导致伤亡的；

（三）自残或者自杀的。

第十七条 职工发生事故伤害或者按照职业病防治法规定被诊断、鉴定为职业病，所在单位应当自事故伤害发生之日或者被诊断、鉴定为职业病之日起30日内，向统筹地区劳动保障行政部门提出工伤认定申请。遇有特殊情况，经报劳动保障行政部门同意，申请时限可以适当延长。

用人单位未按前款规定提出工伤认定申请的，工伤职工或者其直系亲属、工会组织在事故伤害发生之日或者被诊断、鉴定为职业病之日起1年内，可以直接向用人单位所在地统筹地区劳动保障行政部门提出工伤认定申请。

按照本条第一款规定应当由省级劳动保障行政部门进行工伤认定的事项，根据属地原则由用人单位所在地的设区的市级劳动保障行政部门办理。

用人单位未在本条第一款规定的时限内提交工伤认定申请，在此期间发生符合本条例规定的工伤待遇等有关费用由该用人单位负担。

第十八条 提出工伤认定申请应当提交下列材料：

（一）工伤认定申请表；

（二）与用人单位存在劳动关系（包括事实劳动关系）的证明材料；

（三）医疗诊断证明或者职业病诊断证明书（或者职业病诊断鉴定书）。

工伤认定申请表应当包括事故发生的时间、地点、原因以及职工伤害程度等基本情况。

工伤认定申请人提供材料不完整的，劳动保障行政部门应当一次性书面告知工伤认定申请人需要补正的全部材料。申请人按照书面告知要求补正材料后，劳动保障行政部门应当受理。

第十九条 劳动保障行政部门受理工伤认定申请后，根据审核需要可以对事故伤害进行调查核实，用人单位、职工、工会组织、医疗机构以及有关部门应当予以协助。职业病诊断和诊断争议的鉴定，依照职业病防治法的有关规定执行。对依法取得职业病诊断证明书或者职业病诊断鉴定书的，劳动保障行政部门不再进行调查核实。

职工或者其直系亲属认为是工伤，用人单位不认为是工伤的，由用人单位承担举证责任。

第二十条 劳动保障行政部门应当自受理工伤认定申请之日起60日内作出工伤认定的决定，并书面通知申请工伤认定的职工或者其直系亲属和该职工所在单位。

劳动保障行政部门工作人员与工伤认定申请人有利害关系的，应当回避。

第四章 劳动能力鉴定

第二十一条 职工发生工伤，经治疗伤情相对稳定后存在残疾、影响劳动能力的，应当进行劳动能力鉴定。

第二十二条 劳动能力鉴定是指劳动功能障碍程度和生活自理障碍程度的等级鉴定。

劳动功能障碍分为十个伤残等级，最重的为一级，最轻的为十级。

生活自理障碍分为三个等级：生活完全不能自理、生活大部分不能自理和生活部分不能自理。

劳动能力鉴定标准由国务院劳动保障行政部门会同国务院卫生行政部门等部门制定。

第二十三条 劳动能力鉴定由用人单位、工伤职工或者其直系亲属向设区的市级劳动能力鉴定委员会提出申请，并提供工伤认定决定和职工工伤医疗的有关资料。

第二十四条 省、自治区、直辖市劳动能力鉴定委员会和设区的市级劳动能力鉴定委员会分别由省、自治区、直辖市和设区的市级劳动保障行政部门、人事行政部门、卫生行政部门、工会组织、经办机构代表以及用人单位代表组成。

劳动能力鉴定委员会建立医疗卫生专家库。列入专家库的医疗卫生专业技术人员应当具备下列条件：

（一）具有医疗卫生高级专业技术职务任职资格；

（二）掌握劳动能力鉴定的相关知识；

（三）具有良好的职业品德。

第二十五条 设区的市级劳动能力鉴定委员会收到劳动能力鉴定申请后，应当从其建立的医疗卫生专家库中随机抽取3名或者5名相关专家组成专家组，由专家组提出鉴定意见。设区的市级劳动能力鉴定委员会根据专家组的鉴定意见作出工伤职工劳动能力鉴定结论；必要时，可以委托具备资格的医疗机构协助进行有关的诊断。

设区的市级劳动能力鉴定委员会应当自收到劳动能力鉴定申请之日起60日内作出劳动能力鉴定结论，必要时，作出劳动能力鉴定结论的期限可以延长30日。劳动能力鉴定结论应当及时送达申请鉴定的单位和个人。

第二十六条 申请鉴定的单位或者个人对设区的市级劳动能力鉴定委员会作出的鉴定结论不服的，可以在收到该鉴定结论之日起15日内向省、自治区、直辖市劳动能力鉴定委员会提出再次鉴定申请。省、自治区、直辖市劳动能力鉴定委员会作出的劳动能力鉴定结论为最终结论。

第二十七条 劳动能力鉴定工作应当客观、公正。劳动能力鉴定委员会组成人员或者参加鉴定的专家与当事人有利害关系的，应当回避。

第二十八条 自劳动能力鉴定结论作出之日起1年后，工伤职工或者其直系亲属、所在单位或者经办机构认为伤残情况发生变化的，可以申请劳动能力复查鉴定。

第五章 工伤保险待遇

第二十九条 职工因工作遭受事故伤害或者患职业病进行治疗，享受工伤医疗待遇。

职工治疗工伤应当在签订服务协议的医疗机构就医，情况紧急时可以先到就近的医疗机构急救。

治疗工伤所需费用符合工伤保险诊疗项目目录、工伤保险药品目录、工伤保险住院服务标准的，从工伤保险基金支付。工伤保险诊疗项目目录、工伤保险药品目录、工伤保险住院服务标准，由国务院劳动保障行政部门会同国务院卫生行政部门、药品监督管理部门等部门规定。

职工住院治疗工伤的，由所在单位按照本单位因公出差伙食补助标准的70%发给住院伙食补助费；经医疗机构出具证明，报经办机构同意，工伤职工到统筹地区以外就医的，所需交通、食宿费用由所在单位按照本单位职工因公出差标准报销。

工伤职工治疗非工伤引发的疾病，不享受工伤医疗待遇，按照基本医疗保险办法处理。

工伤职工到签订服务协议的医疗机构进行康复性治疗的费用，符合本条第三款规定的，从工伤保险基金支付。

第三十条 工伤职工因日常生活或者就业需要，经劳动能力鉴定委员会确认，可以安装假肢、矫形器、假眼、假牙和配置轮椅等辅助器具，所需费用按照国家规定的标准从工伤保险基金支付。

第三十一条 职工因工作遭受事故伤害或者患职业病需要暂停工作接受工伤医疗的，在停工留薪期内，原工资福利待遇不变，由所在单位按月支付。

停工留薪期一般不超过12个月。伤情严重或者情况特殊，经设区的市级劳动能力鉴定委员会确认，可以适当延长，但延长不得超过12个月。工伤职工评定伤残等级后，停发原待遇，按照本章的有关规定享受伤残待遇。工伤职工在停工留薪期满后仍需治疗的，继续享受工伤医疗待遇。

生活不能自理的工伤职工在停工留薪期需要护理的，由所在单位负责。

第三十二条 工伤职工已经评定伤残等级并经劳动能力鉴定委员会确认需要生活护理的，从工伤保险基金按月支付生活护理费。

生活护理费按照生活完全不能自理、生活大部分不能自理或者生活部分不能自理3个不同等级支付，其标准分别为统筹地区上年度职工月平均工资的50%、40%或者30%。

第三十三条 职工因工致残被鉴定为一级至四级伤残的，保留劳动关系，退出工作岗位，享受以下待遇：

（一）从工伤保险基金按伤残等级支付一次性伤残补助金，标准为：一级伤残为24个月的本人工资，二级伤残为22个月的本人工资，三级伤残为20个月的本人工资，四级伤残为18个月的本人工资。

（二）从工伤保险基金按月支付伤残津贴，标准为：一级伤残为本人工资的90%，二级伤残为本人工资的85%，三级伤残为本人工资的80%，四级伤残为本人工资的75%。伤残津贴实际金额低于当地最低工资标准的，由工伤保险基金补足差额。

（三）工伤职工达到退休年龄并办理退休手续后，停发伤残津贴，享受基本养老保险待遇。基本养老保险待遇低于伤残津贴的，由工伤保险基金补足差额。

职工因工致残被鉴定为一级至四级伤残的，由用人单位和职工个人以伤残津贴为基数，缴纳基本医疗保险费。

第三十四条 职工因工致残被鉴定为五级、六级伤残的，享受以下待遇：

（一）从工伤保险基金按伤残等级支付一次性伤残补助金，标准为：五级伤残为16个月的本人工资，六级伤残为14个月的本人工资。

（二）保留与用人单位的劳动关系，由用人单位安排适当工作。难以安排工作的，由用人单位按月发给伤残津贴，标准为：五级伤残为本人工资的70%，六级伤残为本人工资的60%，并由用人单位按照规定为其缴纳应缴纳的各项社会保险费。伤残津贴实际金额低于当地最低工资标准的，由用人单位补足差额。

经工伤职工本人提出，该职工可以与用人单位解除或者终止劳动关系，由用人单位支付一次性工伤医疗补助金和伤残就业补助金。具体标准由省、自治区、直辖市人民政府规定。

第三十五条 职工因工致残被鉴定为七级至十级伤残的，享受以下待遇：

（一）从工伤保险基金按伤残等级支付一次性伤残补助金，标准为：七级伤残为12个月的本人工资，八级伤残为10个月的本人工资，九级伤残为8个月的本人工资，十级伤残为6个月的本人工资。

（二）劳动合同期满终止，或者职工本人提出解除劳动合同的，由用人单位支付一次性工伤医疗补助金和伤残就业补助金。具体标准由省、自治区、直辖市人民政府规定。

第三十六条 工伤职工工伤复发，确认需要治疗的，享受本条例第二十九条、第三十条和第三十一条规定的工伤待遇。

第三十七条 职工因工死亡，其直系亲属按照下列规定从工伤保险基金领取丧葬补助金、供养亲属抚恤金和一次性工亡补助金：

（一）丧葬补助金为6个月的统筹地区上年度职工月平均工资。

（二）供养亲属抚恤金按照职工本人工资的一定比例发给由因工死亡职工生前提供主要生活来源、无劳动能力的亲属。标准为：配偶每月40%，其他亲属每人每月30%，孤寡老人或者孤儿每人每月在上述标准的基础上增加10%。核定的各供养亲属的抚恤金之和不应高于因工死亡职工生前的工资。供养亲属的具体范围由国务院劳动保障行政部门规定。

（三）一次性工亡补助金标准为48个月至60个月的统筹地区上年度职工月平均工资。具体标准由统筹地区的人民政府根据当地经济、社会发展状况规定，报省、自治区、直辖市人民政府备案。

伤残职工在停工留薪期内因工伤导致死亡的，其直系亲属享受本条第一款规定的待遇。

一级至四级伤残职工在停工留薪期满后死

亡的，其直系亲属可以享受本条第一款第（一）项、第（二）项规定的待遇。

第三十八条 伤残津贴、供养亲属抚恤金、生活护理费由统筹地区劳动保障行政部门根据职工平均工资和生活费用变化等情况适时调整。调整办法由省、自治区、直辖市人民政府规定。

第三十九条 职工因工外出期间发生事故或者在抢险救灾中下落不明的，从事故发生当月起3个月内照发工资，从第4个月起停发工资，由工伤保险基金向其供养亲属按月支付供养亲属抚恤金。生活有困难的，可以预支一次性工亡补助金的50%。职工被人民法院宣告死亡的，按照本条例第三十七条职工因工死亡的规定处理。

第四十条 工伤职工有下列情形之一的，停止享受工伤保险待遇：

（一）丧失享受待遇条件的；

（二）拒不接受劳动能力鉴定的；

（三）拒绝治疗的；

（四）被判刑正在收监执行的。

第四十一条 用人单位分立、合并、转让的，承继单位应当承担原用人单位的工伤保险责任；原用人单位已经参加工伤保险的，承继单位应当到当地经办机构办理工伤保险变更登记。

用人单位实行承包经营的，工伤保险责任由职工劳动关系所在单位承担。

职工被借调期间受到工伤事故伤害的，由原用人单位承担工伤保险责任，但原用人单位与借调单位可以约定补偿办法。

企业破产的，在破产清算时优先拨付依法应由单位支付的工伤保险待遇费用。

第四十二条 职工被派遣出境工作，依据前往国家或者地区的法律应当参加当地工伤保险的，参加当地工伤保险，其国内工伤保险关系中止；不能参加当地工伤保险的，其国内工伤保险关系不中止。

第四十三条 职工再次发生工伤，根据规定应当享受伤残津贴的，按照新认定的伤残等级享受伤残津贴待遇。

第六章 监督管理

第四十四条 经办机构具体承办工伤保险事务，履行下列职责：

（一）根据省、自治区、直辖市人民政府规定，征收工伤保险费；

（二）核查用人单位的工资总额和职工人数，办理工伤保险登记，并负责保存用人单位缴费和职工享受工伤保险待遇情况的记录；

（三）进行工伤保险的调查、统计；

（四）按照规定管理工伤保险基金的支出；

（五）按照规定核定工伤保险待遇；

（六）为工伤职工或者其直系亲属免费提供咨询服务。

第四十五条 经办机构与医疗机构、辅助器具配置机构在平等协商的基础上签订服务协议，并公布签订服务协议的医疗机构、辅助器具配置机构的名单。具体办法由国务院劳动保障行政部门分别会同国务院卫生行政部门、民政部门等部门制定。

第四十六条 经办机构按照协议和国家有关目录、标准对工伤职工医疗费用、康复费用、辅助器具费用的使用情况进行核查，并按时足额结算费用。

第四十七条 经办机构应当定期公布工伤保险基金的收支情况，及时向劳动保障行政部门提出调整费率的建议。

第四十八条 劳动保障行政部门、经办机构应当定期听取工伤职工、医疗机构、辅助器具配置机构以及社会各界对改进工伤保险工作的意见。

第四十九条 劳动保障行政部门依法对工伤保险费的征缴和工伤保险基金的支付情况进行监督检查。

财政部门和审计机关依法对工伤保险基金的收支、管理情况进行监督。

第五十条 任何组织和个人对有关工伤保险的违法行为有权举报。劳动保障行政部门对举报应当及时调查，按照规定处理，并为举报人保密。

第五十一条 工会组织依法维护工伤职工的合法权益，对用人单位的工伤保险工作实行监督。

第五十二条 职工与用人单位发生工伤待遇方面的争议，按照处理劳动争议的有关规定处理。

第五十三条 有下列情形之一的，有关单位和个人可以依法申请行政复议；对复议决定不服的，可以依法提起行政诉讼：

（一）申请工伤认定的职工或者其直系亲属、该职工所在单位对工伤认定结论不服的；

（二）用人单位对经办机构确定的单位缴费费率不服的；

（三）签订服务协议的医疗机构、辅助器具配置机构认为经办机构未履行有关协议或者规定的；

（四）工伤职工或者其直系亲属对经办机构核定的工伤保险待遇有异议的。

第七章 法律责任

第五十四条 单位或者个人违反本条例第十二条规定挪用工伤保险基金，构成犯罪的，依法追究刑事责任；尚不构成犯罪的，依法给予行政处分或者纪律处分。被挪用的基金由劳动保障行政部门追回，并入工伤保险基金；没收的违法所得依法上缴国库。

第五十五条 劳动保障行政部门工作人员有下列情形之一的，依法给予行政处分；情节严重，构成犯罪的，依法追究刑事责任：

（一）无正当理由不受理工伤认定申请，或者弄虚作假将不符合工伤条件的人员认定为工伤职工的；

（二）未妥善保管申请工伤认定的证据材料，致使有关证据灭失的；

（三）收受当事人财物的。

第五十六条 经办机构有下列行为之一的，由劳动保障行政部门责令改正，对直接负责的主管人员和其他责任人员依法给予纪律处分；情节严重，构成犯罪的，依法追究刑事责任；造成当事人经济损失的，由经办机构依法承担赔偿责任：

（一）未按规定保存用人单位缴费和职工享受工伤保险待遇情况记录的；

（二）不按规定核定工伤保险待遇的；

（三）收受当事人财物的。

第五十七条 医疗机构、辅助器具配置机构不按服务协议提供服务的，经办机构可以解除服务协议。

经办机构不按时足额结算费用的，由劳动保障行政部门责令改正；医疗机构、辅助器具配置机构可以解除服务协议。

第五十八条 用人单位瞒报工资总额或者职工人数的，由劳动保障行政部门责令改正，并处瞒报工资数额1倍以上3倍以下的罚款。

用人单位、工伤职工或者其直系亲属骗取工伤保险待遇，医疗机构、辅助器具配置机构骗取工伤保险基金支出的，由劳动保障行政部门责令退还，并处骗取金额1倍以上3倍以下的罚款；情节严重，构成犯罪的，依法追究刑事责任。

第五十九条 从事劳动能力鉴定的组织或者个人有下列情形之一的，由劳动保障行政部门责令改正，并处2 000元以上1万元以下的罚款；情节严重，构成犯罪的，依法追究刑事责任：

（一）提供虚假鉴定意见的；

（二）提供虚假诊断证明的；

（三）收受当事人财物的。

第六十条 用人单位依照本条例规定应当参加工伤保险而未参加的，由劳动保障行政部门责令改正；未参加工伤保险期间用人单位职工发生工伤的，由该用人单位按照本条例规定的工伤保险待遇项目和标准支付费用。

第八章 附 则

第六十一条 本条例所称职工，是指与用人单位存在劳动关系（包括事实劳动关系）的各种用工形式、各种用工期限的劳动者。

本条例所称工资总额，是指用人单位直接支付给本单位全部职工的劳动报酬总额。

本条例所称本人工资，是指工伤职工因工作遭受事故伤害或者患职业病前12个月平均月缴费工资。本人工资高于统筹地区职工平均工资300%的，按照统筹地区职工平均工资的300%计算；本人工资低于统筹地区职工平均工资60%的，按照统筹地区职工平均工资的60%计算。

第六十二条 国家机关和依照或者参照国家公务员制度进行人事管理的事业单位、社会团体的工作人员因工作遭受事故伤害或者患职业病的，由所在单位支付费用。具体办法由国务院劳动保障行政部门会同国务院人事行政部门、财政部门规定。

其他事业单位、社会团体以及各类民办非企业单位的工伤保险等办法，由国务院劳动保障行政部门会同国务院人事行政部门、民政部门、财政部门等部门参照本条例另行规定，报国务院批准后施行。

第六十三条 无营业执照或者未经依法登记、备案的单位以及被依法吊销营业执照或者撤销登记、备案的单位的职工受到事故伤害或者患职业病的，由该单位向伤残职工或者死亡职工的直系亲属给予一次性赔偿，赔偿标准不得低于本条例规定的工伤保险待遇；用人单位不得使用童工，用人单位使用童工造成童工伤残、死亡的，由该单位向童工或者童工的直系亲属给予一次性赔偿，赔偿标准不得低于本条例规定的工伤保险待遇。具体办法由国务院劳动保障行政部门规定。

前款规定的伤残职工或者死亡职工的直系亲属就赔偿数额与单位发生争议的，以及前款规定的童工或者童工的直系亲属就赔偿数额与单位发生争议的，按照处理劳动争议的有关规定处理。

第六十四条 本条例自2004年1月1日起施行。本条例施行前已受到事故伤害或者患职业病的职工尚未完成工伤认定的，按照本条例的规定执行。

中华人民共和国劳动和社会保障部令

第16号

《社会保险稽核办法》已于2003年2月9日经劳动和社会保障部第16次部务会议通过，现予颁布，自2003年4月1日起施行。

部　长　张左己
2003年2月27日

社会保险稽核办法

第一条　为了规范社会保险稽核工作，确保社会保险费应收尽收，维护参保人员的合法权益，根据《社会保险费征缴暂行条例》和国家有关规定，制定本办法。

第二条　本办法所称稽核是指社会保险经办机构依法对社会保险费缴纳情况和社会保险待遇领取情况进行的核查。

第三条　县级以上社会保险经办机构负责社会保险稽核工作。

县级以上社会保险经办机构的稽核部门具体承办社会保险稽核工作。

第四条　社会保险稽核人员应当具备以下条件：

（一）坚持原则，作风正派，公正廉洁；

（二）具备中专以上学历和财会、审计专业知识；

（三）熟悉社会保险业务及相关法律、法规，具备开展稽核工作的相应资格。

第五条　社会保险经办机构及社会保险稽核人员开展稽核工作，行使下列职权：

（一）要求被稽核单位提供用人情况、工资收入情况、财务报表、统计报表、缴费数据和相关账册、会计凭证等与缴纳社会保险费有关的情况和资料；

（二）可以记录、录音、录像、照相和复制与缴纳社会保险费有关的资料，对被稽核对象的参保情况和缴纳社会保险费等方面的情况进行调查、询问；

（三）要求被稽核对象提供与稽核事项有关的资料。

第六条　社会保险稽核人员承担下列义务：

（一）办理稽核事务应当实事求是，客观公正，不得利用工作之便谋取私利；

（二）保守被稽核单位的商业秘密以及个人隐私；

（三）为举报人保密。

第七条 社会保险稽核人员有下列情形之一的，应当自行回避：

（一）与被稽核单位负责人或者被稽核个人之间有亲属关系的；

（二）与被稽核单位或者稽核事项有经济利益关系的；

（三）与被稽核单位或者稽核事项有其他利害关系，可能影响稽核公正实施的。

被稽核对象有权以口头形式或者书面形式申请有前款规定情形之一的人员回避。

稽核人员的回避，由其所在的社会保险经办机构的负责人决定。对稽核人员的回避做出决定前，稽核人员不得停止实施稽核。

第八条 社会保险稽核采取日常稽核、重点稽核和举报稽核等方式进行。

社会保险经办机构应当制定日常稽核工作计划，根据工作计划定期实施日常稽核。

社会保险经办机构对特定的对象和内容应当进行重点稽核。

对于不按规定缴纳社会保险费的行为，任何单位和个人有权举报，社会保险经办机构应当及时受理举报并进行稽核。

第九条 社会保险缴费情况稽核内容包括：

（一）缴费单位和缴费个人申报的社会保险缴费人数、缴费基数是否符合国家规定；

（二）缴费单位和缴费个人是否按时足额缴纳社会保险费；

（三）欠缴社会保险费的单位和个人的补缴情况；

（四）国家规定的或者劳动保障行政部门交办的其他稽核事项。

第十条 社会保险经办机构对社会保险费缴纳情况按照下列程序实施稽核：

（一）提前3日将进行稽核的有关内容、要求、方法和需要准备的资料等事项通知被稽核对象，特殊情况下的稽核也可以不事先通知；

（二）应有两名以上稽核人员共同进行，出示执行公务的证件，并向被稽核对象说明身份；

（三）对稽核情况应做笔录，笔录应当由稽核人员和被稽核单位法定代表人（或法定代表人委托的代理人）签名或盖章，被稽核单位法定代表人拒不签名或盖章的，应注明拒签原因；

（四）对于经稽核未发现违反法规行为的被稽核对象，社会保险经办机构应当在稽核结束后5个工作日内书面告知其稽核结果；

（五）发现被稽核对象在缴纳社会保险费或按规定参加社会保险等方面，存在违反法规行为，要据实写出稽核意见书，并在稽核结束后10个工作日内送达被稽核对象。被稽核对象应在限定时间内予以改正。

第十一条 被稽核对象少报、瞒报缴费基数和缴费人数，社会保险经办机构应当责令其改正；拒不改正的，社会保险经办机构应当报请劳动保障行政部门依法处罚。

被稽核对象拒绝稽核或伪造、变造、故意毁灭有关账册、材料迟延缴纳社会保险费的，社会保险经办机构应当报请劳动保障行政部门依法处罚。

社会保险经办机构应定期向劳动保障行政部门报告社会保险稽核工作情况。劳动保障行政部门应将社会保险经办机构提请处理事项的结果及时通报社会保险经办机构。

第十二条 社会保险经办机构应当对参保个人领取社会保险待遇情况进行核查，发现社会保险待遇领取人丧失待遇领取资格后本人或他人继续领取待遇或以其他形式骗取社会保险待遇的，社会保险经办机构应当立即停止待遇的支付并责令退还；拒不退还的，由劳动保障行政部门依法处理，并可对其处以500元以上1 000元以下罚款；构成犯罪的，由司法机关依法追究刑事责任。

第十三条 社会保险经办机构工作人员在稽核工作中滥用职权、徇私舞弊、玩忽职守的，依法给予行政处分；构成犯罪的，依法追究刑事责任。

第十四条 本办法自2003年4月1日起施行。

中华人民共和国劳动和社会保障部令

第 17 号

《工伤认定办法》已于 2003 年 9 月 18 日经劳动和社会保障部第 5 次部务会议通过，现予颁布，自 2004 年 1 月 1 日起施行。

部　长　郑斯林

2003 年 9 月 23 日

工伤认定办法

第一条　为规范工伤认定程序，依法进行工伤认定，维护当事人的合法权益，根据《工伤保险条例》的有关规定，制定本办法。

第二条　劳动保障行政部门进行工伤认定按照本办法执行。

第三条　职工发生事故伤害或者按照职业病防治法规定被诊断、鉴定为职业病，所在单位应当自事故伤害发生之日或者被诊断、鉴定为职业病之日起 30 日内，向统筹地区劳动保障行政部门提出工伤认定申请。遇有特殊情况，经报劳动保障行政部门同意，申请时限可以适当延长。

按照前款规定应当向省级劳动保障行政部门提出工伤认定申请的，根据属地原则应向用人单位所在地设区的市级劳动保障行政部门提出。

第四条　用人单位未在规定的期限内提出工伤认定申请的，受伤害职工或者其直系亲属、工会组织在事故伤害发生之日或者被诊断、鉴定为职业病之日起 1 年内，可以直接按本办法第三条规定提出工伤认定申请。

第五条　提出工伤认定申请应当填写《工伤认定申请表》，并提交下列材料：

（一）劳动合同文本复印件或其他建立劳动关系的有效证明；

（二）医疗机构出具的受伤后诊断证明书或者职业病诊断证明书（或者职业病诊断鉴定书）。

工伤认定申请表的样式由劳动保障部统一制定。

第六条　申请人提供材料不完整的，劳动保障行政部门应当当场或者在 15 个工作日内以书面形式一次性告知工伤认定申请人需要补正的全部材料。

第七条　工伤认定申请人提供的申请材料完整，属于劳动保障行政部门管辖范围且在受理时效内的，劳动保障行政部门应当受理。

劳动保障行政部门受理或者不予受理的，应当书面告知申请人并说明理由。

第八条 劳动保障行政部门受理工伤认定申请后，根据需要可以对提供的证据进行调查核实，有关单位和个人应当予以协助。用人单位、医疗机构、有关部门及工会组织应当负责安排相关人员配合工作，据实提供情况和证明材料。

第九条 劳动保障行政部门在进行工伤认定时，对申请人提供的符合国家有关规定的职业病诊断证明书或者职业病诊断鉴定书，不再进行调查核实。职业病诊断证明书或者职业病诊断鉴定书不符合国家规定的格式和要求的，劳动保障行政部门可以要求出具证据部门重新提供。

第十条 劳动保障行政部门受理工伤认定申请后，可以根据工作需要，委托其他统筹地区的劳动保障行政部门或相关部门进行调查核实。

第十一条 劳动保障行政部门工作人员进行调查核实，应由两名以上人员共同进行，并出示执行公务的证件。

第十二条 劳动保障行政部门工作人员进行调查核实时，可以行使下列职权：

（一）根据工作需要，进入有关单位和事故现场；

（二）依法查阅与工伤认定有关的资料，询问有关人员；

（三）记录、录音、录像和复制与工伤认定有关的资料。

第十三条 劳动保障行政部门人员进行调查核实时，应当履行下列义务：

（一）保守有关单位商业秘密及个人隐私；

（二）为提供情况的有关人员保密。

第十四条 职工或者其直系亲属认为是工伤，用人单位不认为是工伤的，由该用人单位承担举证责任。用人单位拒不举证的，劳动保障行政部门可以根据受伤害职工提供的证据依法作出工伤认定结论。

第十五条 劳动保障行政部门应当自受理工伤认定申请之日起60日内作出工伤认定决定。认定决定包括工伤或视同工伤的认定决定和不属于工伤或不视同工伤的认定决定。

第十六条 工伤认定决定应当载明下列事项：

（一）用人单位全称；

（二）职工的姓名、性别、年龄、职业、身份证号码；

（三）受伤部位、事故时间和诊治时间或职业病名称、伤害经过和核实情况、医疗救治的基本情况和诊断结论；

（四）认定为工伤、视同工伤或认定为不属于工伤、不视同工伤的依据；

（五）认定结论；

（六）不服认定决定申请行政复议的部门和期限；

（七）作出认定决定的时间。

工伤认定决定应加盖劳动保障行政部门工伤认定专用印章。

第十七条 劳动保障行政部门应当自工伤认定决定作出之日起20个工作日内，将工伤认定决定送达工伤认定申请人以及受伤害职工（或其直系亲属）和用人单位，并抄送社会保险经办机构。

工伤认定法律文书的送达按照《民事诉讼法》有关送达的规定执行。

第十八条 工伤认定结束后，劳动保障行政部门应将工伤认定的有关资料至少保存20年。

第十九条 职工或者其直系亲属、用人单位对不予受理决定不服或者对工伤认定决定不服的，可以依法申请行政复议或者提起行政诉讼。

第二十条 进行工伤认定调查核实时，用人单位及人员拒不依法履行协助义务的，由劳动保障行政部门责令改正。

第二十一条 本办法自2004年1月1日起施行。

中华人民共和国劳动和社会保障部令

第18号

《因工死亡职工供养亲属范围规定》已于2003年9月18日经劳动和社会保障部第5次部务会议通过，现予颁布，自2004年1月1日起施行。

部　长　郑斯林
2003年9月23日

因工死亡职工供养亲属范围规定

第一条　为明确因工死亡职工供养亲属范围，根据《工伤保险条例》第三十七条第一款第二项的授权，制定本规定。

第二条　本规定所称因工死亡职工供养亲属，是指该职工的配偶、子女、父母、祖父母、外祖父母、孙子女、外孙子女、兄弟姐妹。

本规定所称子女，包括婚生子女、非婚生子女、养子女和有抚养关系的继子女，其中，婚生子女、非婚生子女包括遗腹子女；

本规定所称父母，包括生父母、养父母和有抚养关系的继父母；

本规定所称兄弟姐妹，包括同父母的兄弟姐妹、同父异母或者同母异父的兄弟姐妹、养兄弟姐妹、有抚养关系的继兄弟姐妹。

第三条　上条规定的人员，依靠因工死亡职工生前提供主要生活来源，并有下列情形之一的，可按规定申请供养亲属抚恤金：

（一）完全丧失劳动能力的；

（二）工亡职工配偶男年满60周岁、女年满55周岁的；

（三）工亡职工父母男年满60周岁、女年满55周岁的；

（四）工亡职工子女未满18周岁的；

（五）工亡职工父母均已死亡，其祖父、外祖父年满60周岁，祖母、外祖母年满55周岁的；

（六）工亡职工子女已经死亡或完全丧失劳动能力，其孙子女、外孙子女未满18周岁的；

（七）工亡职工父母均已死亡或完全丧失劳动能力，其兄弟姐妹未满18周岁的。

第四条　领取抚恤金人员有下列情形之一的，停止享受抚恤金待遇：

（一）年满18周岁且未完全丧失劳动能力的；

（二）就业或参军的；

（三）工亡职工配偶再婚的；

（四）被他人或组织收养的；

（五）死亡的。

第五条 领取抚恤金的人员，在被判刑收监执行期间，停止享受抚恤金待遇。刑满释放仍符合领取抚恤金资格的，按规定的标准享受抚恤金。

第六条 因工死亡职工供养亲属享受抚恤金待遇的资格，由统筹地区社会保险经办机构核定。

因工死亡职工供养亲属的劳动能力鉴定，由因工死亡职工生前单位所在地设区的市级劳动能力鉴定委员会负责。

第七条 本办法自 2004 年 1 月 1 日起施行。

中华人民共和国劳动和社会保障部令

第 19 号

《非法用工单位伤亡人员一次性赔偿办法》已于2003年9月18日经劳动和社会保障部第5次部务会议通过，现予颁布，自2004年1月1日起施行。

部　长　郑斯林

2003年9月23日

非法用工单位伤亡人员一次性赔偿办法

第一条　根据《工伤保险条例》第六十三条第一款的授权，制定本办法。

第二条　本办法所称非法用工单位伤亡人员，是指在无营业执照或者未经依法登记、备案的单位以及被依法吊销营业执照或者撤销登记、备案的单位受到事故伤害或者患职业病的职工，或者用人单位使用童工造成的伤残、死亡童工。

前款所列单位必须按照本办法的规定向伤残职工或死亡职工的直系亲属、伤残童工或者死亡童工的直系亲属给予一次性赔偿。

第三条　一次性赔偿包括受到事故伤害或患职业病的职工或童工在治疗期间的费用和一次性赔偿金，一次性赔偿金数额应当在受到事故伤害或患职业病的职工或童工死亡或者经劳动能力鉴定后确定。

劳动能力鉴定按属地原则由单位所在地设区的市级劳动能力鉴定委员会办理。劳动能力鉴定费用由伤亡职工或者童工所在单位支付。

第四条　职工或童工受到事故伤害或患职业病，在劳动能力鉴定之前进行治疗期间的生活费、医疗费、护理费、住院期间的伙食补助费及所需的交通费等费用，按照《工伤保险条例》规定的标准和范围，全部由伤残职工或童工所在单位支付。

第五条　一次性赔偿金按以下标准支付：

一级伤残的为赔偿基数的16倍，二级伤残的为赔偿基数的14倍，三级伤残的为赔偿基数的12倍，四级伤残的为赔偿基数的10倍，五级伤残的为赔偿基数的8倍，六级伤残的为赔偿基数的6倍，七级伤残的为赔偿基数的4倍，八级伤残的为赔偿基数的3倍，九级伤残的为赔偿基数的2倍，十级伤残的为赔偿基数的1倍。

第六条　受到事故伤害或患职业病造成死亡的，按赔偿基数的10倍支付一次性赔偿金。

第七条 本办法所称赔偿基数，是指单位所在地工伤保险统筹地区上年度职工年平均工资。

第八条 单位拒不支付一次性赔偿的，伤残职工或死亡职工的直系亲属、伤残童工或者死亡童工的直系亲属可以向劳动保障行政部门举报。经查证属实的，劳动保障行政部门应责令该单位限期改正。

第九条 伤残职工或死亡职工的直系亲属、伤残童工或者死亡童工的直系亲属就赔偿数额与单位发生争议的，按照劳动争议处理的有关规定处理。

第十条 本办法自2004年1月1日起施行。

中共中央办公厅　国务院办公厅关于转发劳动和社会保障部等部门《关于积极推进企业退休人员社会化管理服务工作的意见》的通知

中办发［2003］16号

各省、自治区、直辖市党委和人民政府，各大军区党委，中央和国家机关各部委，军委各总部、各军兵种党委，各人民团体：

劳动和社会保障部、中央组织部、国家发展和改革委员会、民政部、财政部、文化部、卫生部、国务院国有资产监督管理委员会、国家体育总局、全国总工会、共青团中央、全国妇联、全国老龄工作委员会办公室《关于积极推进企业退休人员社会化管理服务工作的意见》已经党中央、国务院同意，现转发给你们，请结合实际，认真贯彻执行。

企业退休人员实行社会化管理服务，是建立独立于企业事业单位之外的社会保障体系的重要内容，也是深化国有企业改革、解决企业办社会问题的重要措施。切实做好这项工作，对于保障广大企业退休人员晚年生活的安定，提高他们的生活质量，维护社会稳定，具有十分重要的意义。各级党委和政府及各有关部门要高度重视，切实加强组织领导，努力创造条件，加快实施步伐，务求取得应有成效。

2003年6月19日

关于积极推进企业退休人员社会化管理服务工作的意见

近年来，各地按照党中央、国务院的部署，在基本实现企业退休人员养老金由社会服务机构发放的基础上，加大推进社会化管理服务工作的力度，取得初步成效。这对深化企业改革和经济结构调整，保障企业退休人员基本生活，维护社会稳定发挥了积极作用。但由于这项工作目前尚处于起步阶段，一些部门和地区还存在思想认识不到位、工作条件不配套、职责分工不明确、管理服务不规范等问题。为积极推进企业退休人员社会化管理服务工作，现提出如下意见。

一、提高思想认识，切实加强领导

企业退休人员实行社会化管理服务，是建立独立于企业事业单位之外的社会保障体系的重要内容，是贯彻落实“三个代表”重要思想和十六大精神的具体体现，也是党中央、国务院在社会保障方面提出的一项重要任务。按照党的十五届四中全会通过的《中共中央关于国有企业改革和发展若干重大问题的决定》精神，国务院《关于完善城镇社会保障体系的试点方案》（国发［2000］42号）和《中共中央、国务院关于进一步做好下岗失业人员再就业工作的通知》（中发［2002］12号）对做好企业退休人员社会化管理服务工作提出了明确要求。广大企业退休人员长期以来为我国社会主义建设和国家发展做出了重要贡献，他们的晚年生活应当通过实行社会化管理服务得到更加充分的保障。同时，积极推进这项工作，对于深化国有企业改革、建立现代企业制度，对于更好地维护社会稳定，都具有十分重要的意义。各级党委和政府要充分认识做好这项工作的重要性和紧迫性，将其摆上重要议事日程，切实加强领导，精心组织，统筹规划，保证工作的顺利推进。

各地区要按照党中央、国务院提出的完善社会保障体系的有关目标和要求，以深化企业改革、维护社会稳定和不断提高企业退休人员生活质量为宗旨，因地制宜，分类指导，积极探索推进社会化管理服务工作的有效途径和方法，加大工作力度，逐步完善和规范管理服务办法。要充分利用城市社区资源，努力实现企业退休人员老有所养、老有所医、老有所教、老有所学、老有所为、老有所乐，使他们共享经济和社会发展的成果。

二、企业退休人员社会化管理服务的主要内容

企业退休人员社会化管理服务是指职工办理退休手续后，其管理服务工作与原企业分离，养老金实行社会化发放，人员移交城市街道和社区实行属地管理，由社区服务组织提供相应的管理服务。街道和社区的社会化管理服务工作主要包括：配合社会保险经办机构做好确保养老金按时足额发放工作，保障企业退休人员的基本生活；为企业退休人员提供社会保险政策咨询和各项查询服务；跟踪了解企业退休人员生存状况，协助社会保险经办机构进行领取养老金资格认证；帮助死亡企业退休人员的家属申请丧葬补助金和遗属津贴；集中管理企业退休人员的人事档案；组织企业退休人员中的党员经常开展组织活动，加强企业退休人员的思想政治工作；建立企业退休人员健康档案，有计划地开展健康教育、疾病预防控制和保健工作，提供方便的医疗、护理和康复服务；组织企业退休人员开展文化体育健身活动，指导和帮助他们通过各种形式的社会公益活动发挥余热，开展自我管理和互助服务。

企业退休人员中由中央管理的领导干部的移交、管理问题，另行规定。由县（市）以上各级党委管理的企业退休领导干部，在纳入街道和社区管理时，人事档案暂不移交，街道和社区可先建立这些退休人员基本情况的信息库。

三、企业退休人员社会化管理服务的形式

社会化管理服务的基本形式是将企业退休人员直接纳入街道和社区进行管理与服务。大中城市和其他经济比较发达、社区建设比较规范的地区，应主要采取这种形式。中央下放到地方管理的企业的退休人员，原则上应纳入其常年居住地或户口所在地的街道、社区实行属地管理，其养老保险关系和基本养老金的社会化发放工作，仍由省级社会保险经办机构负责管理。

由于各地城市社区建设发展不平衡，部分地区在一定时期内还可以结合实际情况，采取一些现实可行的管理服务形式。在远离城市的独立工矿区和企业退休人员居住比较集中的企业生活区，可以委托企业主管单位或企业，确定或设立企业退休人员管理服务机构，对退休人员实行管理服务。劳动保障部门要通过统一机构名称、统一规章制度和工作职责、对工作人员进行培训考核等方式，加强对这类管理服务机构的指导和规范。有条件的地区可以将企业原有的退休人员管理服务机构、人员和设施一并移交当地政府，对企业退休人员实行集中统一管理。在社区组织不够健全、企业退休人员居住比较分散的县，可以由社会保险经办机构直接对企业退休人员进行管理服务。部分地区经当地政府确定，由有关部门、单位建立的企业退休人员管理服务机构应充分利用现有的组织、人员及活动场所，继续开展社会化管理服务工作。随着企业办社会职能的逐步移交和当地社区建设的发展，这几种管理服务形式应逐步过渡到由街道和社区进行管理服务的基本形式。

四、加强党组织建设和思想政治工作

要加强街道、社区和企业党组织建设，做好企业退休人员党组织关系的接转工作，开展党的组织活动。尚未建立党组织的社区，要加快党组织建设的步伐，努力实现“一社区一支部（总支、党委）”的目标。企业退休人员中党员的组织关系要转入居住地党组织。企业退休人员中的党员，其居住地与户口所在地分离的，应将组织关系转入居住地党组织；又被原单位返聘的，组织关系继续留在原单位；受聘于其他单位或外出务工经商半年以上的，组织关系转入所去地区或单位的党组织。街道和社区党组织要认真抓好这项工作，及时将企业退休人员中的党员编入基层党支部，切实加强对他们的教育管理。要及时组织企业退休人员中的党员学习党的路线方针政策和国家的法律法规，履行党员义务，发挥先锋模范作用。对于转到街道和社区管理的企业退休领导干部，街道党（工）委和上级党组织应积极创造条件，保证这些退休人员能够按原来的职务级别阅读文件，参加相关的会议和活动，确保他们的政治待遇不受影响。

在推进社会化管理服务的过程中，要认真做好企业退休人员的思想政治工作。有关部门和街道、社区要通过多种形式广泛宣传企业退休人员实行社会化管理服务的有关政策、措施，创造良好的社会舆论环境。要把解决思想问题与解决实际困难结合起来，增强思想政治工作的实效，不断提高管理服务水平，消除企业和退休人员的顾虑，争取社会各方面的充分理解和广泛支持。

五、尽快落实社会化管理服务的工作条件

各地区要认真贯彻落实《中共中央、国务院关于进一步做好下岗失业人员再就业工作的通知》（中发［2002］12号）精神，加强街道、社区的劳动和社会保障工作。街道和工作任务重的乡镇可设立或确定负责劳动保障事务的机构，具体由各地党委、政府根据实际情况决定。街道劳动保障机构的人员编制由各地劳动保障部门提出方案，商同级编制部门确定。街道劳动保障机构的人员和工作经费，以及社区劳动保障工作经费由财政安排。要采取措施统筹解决开展社会化管理服务的场所和设施等方面的问题，满足企业退休人员档案管理、政策查询、工作人员办公和组织开展文体活动等方面的需要。

六、继续落实企业在一定时期应承担的责任

企业应加强与退休人员所在街道劳动保障机构的联系，密切配合，共同做好企业退休人员的移交和社会化管理服务工作，及时解决他们的生活和思想问题。移交的人事档案要做到材料齐全、完好。企业退休人员的统筹项目外养老金，由企业继续按有关政策发放。尚未参加基本养老保险和基本医疗保险的企业退休人员的养老金和医疗费，继续由原渠道支付；企业退休人员居住的企业住房，尚未实行房改的，管理和维修工作仍由企业负责。企业不得以社会化管理为由随意减少退休人员的福利待遇。企业现有的用于退休人员活动的场所、设施，要继续发挥作用，并向社会开放。

七、加强协调配合，共同做好企业退休人员社会化管理服务工作

企业退休人员社会化管理服务工作内容多，涉及面广，各地要在党委、政府的统一领导下，动员社会各有关方面的力量，共同把这项工作做好。各级劳动保障部门及其社会保险经办机构要加强对街道（乡镇）、社区劳动保障工作的指导，积极推进医疗保险制度改革，及时将符合条件的社区卫生服务机构纳入城镇职工基本医疗保险定点医疗机构的范围，在医药费结算方式上对社区内的企业退休人员予以适当照顾并提供方便。组织部门要加强街道和社区党建工作，指导街道和社区党组织开展经常性的组织活动，加强对企业退休人员中党员的教育管理。发展改革部门要把社区公共服务体系建设纳入当地国民经济和社会发展计划，加快发展社区服务业，加强社区公共服务设施建设。民政部门要加强社区建设，指导社区服务坚持产业化、社会化发展方向，加快社区老年服务设施和服务网络建设，将有特殊生活困难的企业退休人员纳入社会扶助范围，及时提供公益性养老服务，及时向符合享受低保条件的企业退休人员家庭提供最低生活保障。财政部门在编制预算时，要统筹考虑企业退休人员社会化管理服务工作所需经费。卫生部门要加快社区卫生服务网络建设，为企业退休人员就近医疗提供方便。文化、体育部门要加快社区文体设施建设，组织企业退休人员开展丰富多彩的文化体育健身活动。工会、共青团、妇联、老龄委等组织和机构要充分利用各自的管理服务网络，发挥自身优势，积极组织和指导社会志愿者队伍和其他社会公益组织，为企业退休人员特别是为高龄、孤寡、病残等生活困难的退休人员提供义务服务，并在维护企业退休人员合法权益方面发挥积极作用。

国务院批转劳动保障部等部门关于辽宁省完善城镇社会保障体系试点情况报告的通知

国发［2003］6号

各省、自治区、直辖市人民政府，国务院各部委、各直属机构：

国务院同意劳动保障部等部门《关于辽宁省完善城镇社会保障体系试点情况的报告》，现转发给你们，请认真贯彻执行。

建立和完善社会保障体系，是健全社会主义市场经济体制的客观要求，关系改革发展稳定大局。各地区和有关部门要认真贯彻党的十六大精神，从全面实践“三个代表”重要思想的高度，充分认识做好这项工作的重要意义，加强领导，狠抓落实。要认真学习借鉴辽宁试点经验，结合本地实际，积极稳妥地开展工作。劳动保障部等部门要继续加强指导，总结经验，及时研究新情况、新问题，不断推进社会保障体系建设。

2003年3月5日

关于辽宁省完善城镇社会保障体系试点情况的报告

劳动保障部　国家经贸委　民政部　财政部
国家税务总局　国务院体改办　全国总工会

（2003年2月28日）

国务院：

根据中央的部署和要求，辽宁省从2001年开始在全省进行完善城镇社会保障体系试点。党中央、国务院领导同志十分关心试点工作，多次赴辽宁考察试点情况，作出了一系列重要指示。国务院专门成立了完善城镇社会保障体系试点工作小组，对辽宁试点工作进行指导。辽宁省委、省政府高度重视试点工作，按照试点方案确定的目标任务和工作要求，精心组织，周密部署，积极推进，试点工作取得明显成效。现将有关情况报告如下：

一、辽宁试点进展情况

按照《国务院关于印发完善城镇社会保障体系试点方案的通知》（国发［2000］42号）的要求，辽宁省制定了完善城镇社会保障体系试点实施方案，2001年7月1日开始组织实施。

（一）下岗职工基本生活保障向失业保险并轨任务基本完成

从2001年1月1日开始，国有企业不再建立再就业服务中心，企业新裁员不再进中心，原来在中心的下岗职工协议期满后按规定出中心、享受失业保险和最低生活保障。到2002年底，全省企业再就业服务中心由2000年底的4 801个减少到371个，在中心的下岗职工由44万人减少到3.9万人，享受失业保险的人数由18万人增加到82万人。累计有124万国有企业下岗职工与企业解除劳动关系，达到基本生活保障向失业保险并轨计划人数的95%，其中有近一半人员现已实现了再就业。共支付经济补偿金102.3亿元，人均8 250元。

（二）基本养老保险个人账户基本做实

从2001年7月1日起，全省参保职工个人缴费比例由5%统一调整到8%，个人账户规模由11%调整到8%并实行实账积累，与统筹基金分别管理。到2002年底，累计做实基本养老保险个人账户基金47.9亿元，已全部上解省社会保险事业管理局统一管理，其中13亿元购买国债，其余部分存入国有商业银行。调整了基础养老金计发办法，基础养老金月标准为职工退休时上年度本市职工月平均工资的20%，缴费年限超过15年的，每超过一年增发上年度本市职工月平均工资的0.6%。共有23.7万企业新退休人员按新办法计发养老金，新老办法过渡平稳。

（三）城市居民最低生活保障基本做到应保尽保

全省享受低保的人数由2000年底的71.5万人增加到2002年底的150.1万人，月人均标准为173元，2002年12月全省实际月人均补差70.2元。两年共支付最低生活保障金15.4亿元。

（四）城镇职工基本医疗保险改革步伐加快

全省参加基本医疗保险的人数由2000年底的105万人增加到2002年底的617万人，覆盖范围由12.2%提高到71.7%。企业补充医疗保险在部分行业和大企业开始实施，建立并实施了大额医疗补助和公务员医疗补助制度。统筹地区的医疗保险基金实现收支平衡，参保职工的基本医疗需求得到保障，社会反映良好。

（五）困难集体企业退休人员开始按低保标准领取生活费

据辽宁省统计，全省共有未参加基本养老保险统筹、已没有生产能力、无力缴纳养老保险费的城镇集体企业退休人员5.13万人。到2002年底，已有1.59万人按城市居民最低生活保障标准按月足额领取生活费，共发放1 572.9万元。

（六）社会保障资金的筹集和管理得到加强

试点两年来，全省地方和企业共筹集社会保障资金382.5亿元（包括社会保险费征缴收入282.4亿元，地方财政补助55.7亿元，企业自筹44.4亿元。考虑可比因素不含医疗保险），其中：2001年为169亿元，比上年增长16.6%；2002年为213.5亿元，比上年增长26.3%。各项社会保障基金全部纳入财政专户，实行收支两条线管理。明确地税机关为社会保险费征收主体，省和各市都设立了由政府部门、用人单位、工会、职工代表和专家组成的社会保障监督委员会，加强了对社会保障资金的监督和管理。

（七）社会保障管理服务社会化水平明显提高

全省企业离退休人员基本养老金全部实现社会化发放，失业人员和低保对象全部纳入社区管理。到2002年底，265万企业退休人员中有213万纳入社会化管理，占80.4%，比2000年提高近70个百分点。全省90%以上的街道、社区建立了劳动保障工作机构，有1.67万名工作人员从事社会化管理服务工作。

（八）社会保障信息网络管理系统基本建成

试点启动以来，共筹资2.5亿元用于信息系统建设，有11个市实现与省联网，基本建成覆盖各项社会保障业务的信息网络管理系统。

二、总体评价和主要做法

辽宁试点是党中央、国务院的一项重要决策，是落实“三个代表”重要思想、完善中国特色社会保障体系的重要实践。试点在国有企业下岗职工基本生活保障向失业保险并轨和做实基本养老保险个人账户两个重点上取得突破，实现了养老保险基金的部分积累；在保持企业和社会基本稳定的前提下，100多万国有企业职工从国有企业转移出来。试点达到了预期目标。试点工作的推进，促进了市场导向就业机制的形成，有力地推动了企业改革和结构调整，较好地落实了中央关于“鼓励兼并，规范破产，下岗分流，减员增效，实施再就业工程”的方针。从各级财政、企业的资金投入和各方面的承受能力看，试点成本是合理的。实践证明，中央关于完善城镇社会保障体系并首先在辽宁全省试点的决策是完全正确的，试点方案是可行的，试点是成功的，为全国完善社会保障体系积累了经验。辽宁试点的主要做法是：

（一）加强领导，认真制定实施方案并精心组织实施

辽宁省委、省政府将试点工作作为“一号工程”，主要领导同志亲自抓，深入开展调查研究，对试点实施方案进行充分论证，制定了一系列配套文件。试点启动前，统计、劳动保障、民政、财政、经贸、税务等部门和工会用半年时间开展大规模的普查和专项调查，对全省劳动力资源、离退休人员养老保险、城市低保对象、并轨人员等情况进行全面摸底，为科学决策提供基础数据。在实施过程中，重视做好培训工作，对各市、县党政一把手、政府各有关部门工作人员和企业负责人进行试点政策培训，保证了试点方案的顺利实施。加强政策宣传和思想政治工作，充分发挥工会、妇联、共青团等社会团体的作用，加强街道、社区劳动保障工作机构建设，坚持有情操作，争取群众的理解和支持，为推进试点创造良好的社会氛围。

（二）积极筹措资金，着力解决难点问题

在试点实施过程中，辽宁省始终注意把握试点推进的节奏和力度，充分考虑各方面的承受能力，对涉及职工利益的经济补偿金、职工债务等难点问题，多渠道筹集资金，及时研究提出有针对性的解决措施。在筹措经济补偿资金方面，充分发挥企业的主体作用，对困难企业由政府给予帮助。在已支付的102.3亿元经济补偿金中，企业筹集41.3亿元，占40.4%；各级财政补助40.5亿元，占39.6%；调剂使用下岗职工基本生活保障资金20.5亿元，占20%。为督促企业尽快偿还职工债务，省、市、县均成立专门工作机构，制定了具体实施方案，通过清理库存、盘活资产、土地转让等多渠道筹集资金。到2002年底，已偿还职工债务22.9亿元，占拖欠职工债务总额的50.6%。

（三）加强生活保障和再就业工作，保持企业和社会稳定

在推进试点工作的同时，辽宁省认真贯彻落实社会保障政策，始终抓住两个确保和“低保”不放松，加强失业保险工作，搞好“三条保障线”的衔接，广泛开展扶贫帮困，重视解决困难群体的生活保障问题。千方百计促进就业和再就业，将其与社保试点同时部

署，不断加大工作力度，出台了一系列政策措施，通过创办企业、社区安置、劳务输出、向第一产业转移、自谋职业等多渠道、多形式促进下岗失业人员再就业。试点以来，全省共筹集就业扶持基金 2.1 亿元，实现就业 184 万人。两个确保、最低生活保障、扶贫帮困和就业再就业工作的加强，为试点的顺利推进创造了有利条件，有力地维护了企业和社会稳定。

三、下一步的工作意见

辽宁试点的成功经验，对其他地区具有重要的借鉴意义和示范作用。下一步工作的总体考虑是：认真贯彻党的十六大精神，以“三个代表”重要思想为指导，按照中央关于加快完善社会保障体系的部署和要求，圆满完成辽宁试点任务，总结经验，逐步扩大试点，加强工作指导，研究新情况，解决新问题，推进独立于企业事业单位之外、资金来源多元化、保障制度规范化、管理服务社会化的社会保障体系建设。

（一）圆满完成辽宁试点任务

辽宁省要善始善终地做好试点工作，2003 年全面完成试点任务。继续做实个人账户，稳步推进并轨工作，努力扩大社会保险覆盖范围；解决养老、失业保险参保和缴费人数下降问题；做好社会保险费征缴和社会保险关系接续工作，加大财政投入力度，确保基金稳步增长；健全失业保险制度，增强基金支付能力，保障失业人员的基本生活；积极促进就业和再就业，减少失业人员总量；进一步完善城市居民最低生活保障制度，增加投入，加强管理，发挥其兜底保障作用；对于城镇未参保困难集体企业退休人员按低保标准发放生活费，以及有条件的企业为职工建立企业年金工作，要按照试点方案的要求进一步落实；合理确定企业退休人员的待遇水平，努力建立基本养老保险基金收支平衡机制，加强养老保险个人账户基金管理；多渠道筹措资金，争取年内偿还尚拖欠的并轨人员债务；进一步完善试点的有关政策，加强社区建设，巩固试点成果；根据试点进度，及时做好总结评估工作。国务院试点工作小组将进一步加强指导，保证试点任务圆满完成。

（二）逐步扩大试点范围

扩大试点工作要按照量力而行、逐步扩大的原则，有计划有步骤、分期分批地稳步推行。一是在总结辽宁试点经验的基础上，中央再选择 1~2 个省进行完善城镇社会保障体系的试点，试点工作继续由国务院试点工作小组给予指导，试点方案要报国务院审批，中央财政给予适当支持。其他有条件的地区，也可以根据《国务院关于印发完善城镇社会保障体系试点方案的通知》精神，结合本地实际，在国务院试点工作小组的指导下自行开展试点。二是各地要在保持政策连续性的前提下，充分考虑各方面承受能力，因地制宜，积极稳妥地推进并轨工作，并妥善解决经济补偿金和职工债务等问题。三是对城镇未参保困难集体企业退休人员按城市居民最低生活保障标准发放生活费的试点，各地可根据实际情况开展。

（三）继续落实完善社会保障体系的各项政策

对已有的各项社会保障政策，各地要全面落实。一是继续巩固两个确保，完善失业保险制度和城市居民最低生活保障制度，搞好“三条保障线”的衔接，把党中央、国务院解决困难群众生活的各项政策措施落到实处；二是认真贯彻落实全国再就业工作会议精神，切实做好就业与再就业工作；三是坚持“三改并举”的方针，加快推进城镇职工基本医疗保险制度改革，建立对困难群体的医疗救助制度；四是加快建立社会保障信息网络系统和街道、社区劳动保障工作平台，推进社会保障管理和服务的社会化工作；五是加强社会保障资金的筹集和管理，进一步完善监督管理机制，确保基金的安全与完整。

国务院办公厅关于做好农民进城务工就业管理和服务工作的通知

国办发［2003］1号

各省、自治区、直辖市人民政府，国务院各部委、各直属机构：

党中央、国务院高度重视农民进城务工就业问题，各地区、各有关部门也为促进农民工的合理流动，采取了多种措施，做了大量工作。但是当前在一些地方，农民进城务工就业仍然受到一些不合理限制，农民工的合法权益得不到有效保护，拖欠克扣工资、乱收费等现象严重。同时，农民进城务工就业使社会治安、城市管理等工作面临新的问题。为加强对农民进城务工就业的管理和服务，经国务院同意，现就有关问题通知如下：

一、进一步提高对做好农民进城务工就业管理和服务工作的认识

农村富余劳动力向非农产业和城镇转移，是工业化和现代化的必然趋势。农民进城务工就业，促进了农民收入的增加，促进了农业和农村经济结构的调整，促进了城镇化的发展，促进了城市经济和社会的繁荣。做好农民进城务工就业管理和服务工作，不仅有利于促进国民经济持续快速健康发展，而且有利于维护城乡社会稳定。

各地区、各有关部门要认真学习和领会党的十六大精神，全面贯彻“三个代表”重要思想，充分认识做好农民进城务工就业工作的重要意义，把农民进城务工就业工作列入重要工作日程，在国民经济和社会发展计划中强化政策引导，切实加强领导，按照公平对待、合理引导、完善管理、搞好服务的原则，采取有效措施，全面做好农民进城务工就业管理和服务的各项工作。

二、取消对农民进城务工就业的不合理限制

各地区、各有关部门要取消对企业使用农民工的行政审批，取消对农民进城务工就业的职业工种限制，不得干涉企业自主合法使用农民工。要严格审核、清理农民进城务工就业的手续，取消专为农民工设置的登记项目，逐步实行暂住证一证管理。各行业和工种尤其是特殊行业和工种要求的技术资格、健康等条件，对农民工和城镇居民应一视同仁。

在办理农民进城务工就业和企业用工的手续时，除按照国务院有关规定收取的证书工本费外，不得收取其他费用。严禁越权对农民工设立行政事业性收费项目，提高收费标准。各级物价、财政部门要严格检查、督促落实，防止变换手法继续向农民工乱收费。

要严格执行《城市流浪乞讨人员收容遣送办法》的规定，不得将遣送对象范围扩大到农民工，更不得对农民工强制遣送和随意拘留审查。

三、切实解决拖欠和克扣农民工工资问题

用人单位必须依法与农民工签订劳动合同。劳动合同中要明确规定劳动合同期限、工作内容、劳动保护及劳动条件、劳动报酬和违反劳动合同的责任等内容。其中有关劳动报酬的条款，应明确工资支付标准、支付项目、支付形式以及支付时间等内容。劳动合同履行期间，农民工享有《劳动法》规定的各项权利。解除劳动合同，用人单位应当依法支付经济补偿金。

劳动保障部门要加大对农民工劳动合同的监督检查力度，及时受理劳动合同纠纷。对不与农民工签订劳动合同、采取欺诈和威胁等手段签订合同，以及不履行合同的用人单位，要责令其纠正；对农民工合法利益造成损害的，要责令其进行赔偿；造成严重后果的，要依法严肃处理。

用人单位必须以法定货币形式支付农民工工资，不得以任何名目拖欠和克扣。劳动保障部门要加强对用人单位工资支付情况的监督检查，建立农民工工资支付监控制度。对拖欠和克扣农民工工资的用人单位，要责令其及时补发，不能立即补发的，要制定清欠计划，限期补发。对恶意拖欠和克扣工资的企业，涉嫌犯罪的，移交司法机关依法严肃处理。企业在依法破产、清偿债务时，要按照《企业破产法》的规定，把拖欠的农民工工资纳入第一清偿顺序。

各级建设、劳动保障等有关部门要重点做好对建筑施工企业拖欠和克扣农民工工资违法行为的查处工作，严厉打击恶意拖欠、克扣农民工工资的违法行为。因建设单位拖欠施工企业工程款，致使施工企业不能按时发放农民工工资的，要追究建设单位的责任；施工单位拖欠农民工工资的，要追究施工单位的责任。

四、改善农民工的生产生活条件

各地区、各有关部门要高度重视农民工的生产安全和职业病防治问题。使用农民工的单位，必须按照国家标准和行业要求，为农民工提供必要的安全生产设施、劳动保护条件及职业病防治措施。从事矿山、建筑和危险物品生产经营作业的农民工上岗前必须依法接受培训。要严格执行安全生产规章制度，加大生产安全监察工作力度，严防重大生产安全事故的发生。要做好将农民工纳入工伤保险范围的工作。发生生产安全事故要严格追究事故责任人的法律责任，并保证在事故中受到损害的农民工依法享有各项工伤保险待遇。

要关心农民工的生活，切实解决他们的实际困难。卫生部门要做好农民工的计划免疫和健康教育工作，建立农民工集中居住地的环境卫生和食物安全检查制度，严防发生群体疫病传染和食物中毒事件。用人单位为农民工安排的宿舍，必须具备一定的卫生条件，并保证农民工的人身安全。在农民工居住较集中的地段，当地政府应提供必要的基础设施，改善公共交通和环境卫生状况。有条件的地方可探索农民工参加医疗保险等具体办法，帮助他们解决务工就业期间的医疗等特殊困难。

要认真贯彻落实《禁止使用童工规定》。依法保护女工的合法权益。严厉惩处各种污辱农民工人格、侵害农民工人身权利的违法行为。

五、做好农民工培训工作

各地区、各有关部门应把农民工的培训工作作为一项重要任务来抓，结合实际，制定专门的培训计划，提高农民工素质。流出地政府在组织劳务输出时，要搞好农民工外出前的基本权益保护、法律知识、城市生活常识、寻找就业岗位等方面的培训，提高农民工遵守法律法规和依法维护权益的意识。流出地和流入地政府要充分利用全社会现有的教育资源，委托具备一定资格条件的各类职业培训机构为农民工提供形式多样的培训。为农民工提供的劳动技能性培训服务，应坚持自愿原则，由农民工自行选择并承担费用，政府可给予适当补贴。用人单位应对所招用的农民工进行必要的岗位

技能和生产安全培训。劳动保障、教育等有关部门要对各类培训机构加强监督和规范，防止借培训之名，对农民工乱收费。

六、多渠道安排农民工子女就学

要保障农民工子女接受义务教育的权利。流入地政府应采取多种形式，接收农民工子女在当地的全日制公办中小学入学，在入学条件等方面与当地学生一视同仁，不得违反国家规定乱收费，对家庭经济困难的学生要酌情减免费用。要加强对社会力量兴办的农民工子女简易学校的扶持，将其纳入当地教育发展规划和体系，统一管理。简易学校的办学标准和审批办法可适当放宽，但应消除卫生、安全等隐患，教师要取得相应任职资格。教育部门对简易学校要在师资力量、教学等方面给予积极指导，帮助完善办学条件，逐步规范办学，不得采取简单的关停办法，造成农民工子女失学。流入地政府要专门安排一部分经费，用于农民工子女就学工作。流出地政府要配合流入地政府安置农民工子女入学，对返回原籍就学的，当地学校应当无条件接收，不得违规收费。

七、加强对农民工的管理

流入地政府要高度重视流动人口的治安管理工作。公安部门要及时为进城务工就业农民在现居住地办理暂住户口登记和暂住证。使用农民工的单位和农民工现居住地的社区组织，要实行治安管理责任制，密切配合公安机关对农民工进行遵纪守法教育，最大限度地预防和减少农民工的违法犯罪行为。要把农民工及其所携家属的计划生育、子女教育、劳动就业、妇幼保健、卫生防病、法律服务和治安管理工作等，列入各有关部门和社区的管理责任范围，并将相应的管理经费纳入财政预算，严格禁止向用工企业和农民工摊派。要运用多种形式，特别是发挥新闻媒体的舆论监督作用，引导社会正确对待和尊重农民工，鼓励他们自律自重，积极向上。

流出地政府要主动做好对外出就业农民的管理，向流入地政府通报有关农民工身份、计划生育、子女教育等方面的真实信息。要贯彻中央关于农村家庭承包经营的基本政策，稳定土地承包关系，不得强行收回外出务工就业农民的承包地。支持和鼓励外出农民工自愿、依法、有偿转让承包地使用权，保护农民工的权益，维护农村社会的稳定。要严格执行国家的农村税费改革政策，不得在规定承担的有关税费外，向外出务工的农民加收其他任何费用。

农民进城务工就业管理和服务工作涉及多个方面，各地区、各有关部门要加强协调配合，结合当地社会经济发展，制定农民进城务工就业的具体管理办法和服务措施。近期，要集中对涉及农民进城务工就业的不合理规定进行清理，并针对克扣和拖欠工资等突出问题组织一次专项检查，确保各项政策措施的落实。

2003 年 1 月 5 日

国务院办公厅转发国家经贸委等部门关于解决国有困难企业和关闭破产企业职工基本生活问题若干意见的通知

国办发［2003］2号

各省、自治区、直辖市人民政府，国务院各部委、各直属机构：

国家经贸委、教育部、民政部、财政部、劳动保障部、人民银行《关于解决国有困难企业和关闭破产企业职工基本生活问题的若干意见》已经国务院同意，现转发给你们，请认真贯彻执行。

2003年1月7日

关于解决国有困难企业和关闭破产企业职工基本生活问题的若干意见

国家经贸委　教育部　民政部
财政部　劳动保障部　人民银行

（2002年12月4日）

党中央、国务院对国有困难企业和关闭破产企业职工生活问题非常重视，近年来采取了一系列重大政策措施，进一步健全社会保障体系，不断完善国有企业关闭破产有关政策，对维护广大职工群众切身利益，保持企业和社会稳定，发挥了重要作用。当前，国有企业改革与结构调整正处在攻坚阶段，部分国有企业和关闭破产企业职工生活仍然比较困难。对此，地方各级人民政府和有关部门要高度重视，继续落实和完善现有的各项政策，通过多种渠道，切实解决困难职工群众基本生活问题。为进一步做好这方面的工作，现提出以下意见：

一、继续扎实做好两个确保工作，巩固“三条保障线”

要进一步深化基本养老保险制度改革，增强基本养老保险基金收支平衡能力。各级财政部门要进一步调整财政支出结构，逐步加大对基本养老保险的资金投入，确保企业离退休人员基本养老金按时足额发放。对按照《研究辽宁部分有色金属和煤炭企业关闭破产有关问题的会议纪要》(国阅［1999］33号）和《中共中央办公厅、国务院办公厅关于进一步做好资源枯竭矿山关闭破产工作的通知》（中办发［2000］11号）实施关闭破产的中央企业及中央下放地方企业离退休人员统筹项目内养老保险金，中央财政按政策规定补助后如仍有缺口，纳入中央财政对地方企业职工基本养老保险专项转移支付范围统筹解决。要继续按照“三三制”原则，落实国有企业下岗职工基本生活保障资金，按时足额发放下岗职工基本生活费，并代缴社会保险费。对企业和社会筹集资金不足部分，各级财政要切实予以保证。对协议期满暂时无法解除劳动关系的国有企业下岗职工，地方各级人民政府和企业要继续运用现有各类渠道筹措的资金，保障其基本生活；对国有企业新裁减人员和已出再就业服务中心的下岗职工，要按照规定及时提供失业保险，符合条件的纳入低保范围。对解除劳动关系的国有企业下岗职工，要按照规定做好各项社会保险接续工作。

二、采取有效措施，切实做好困难企业职工最低生活保障工作

为完善现有政策，进一步做好低保工作，今后凡申请最低生活保障金的在职职工，无论其是在岗职工还是下岗职工，如因所在企业长期亏损、停产、半停产的原因，连续6个月以上领不到或未足额领到工资或基本生活费，经当地劳动保障和经贸部门认定并出具证明后，可据实核算本人实际收入，符合低保标准的纳入低保范围，确保其基本生活。对恶意拖欠职工工资或基本生活费的企业，一经发现，要严肃处理。各地要合理确定低保标准和保障对象补助水平，认真做好低保申请人员的收入调查核实工作，严格按政策规定审批最低生活保障对象，并及时掌握其收入变化情况。要将符合条件的困难企业职工全部纳入低保范围，切实做到应保尽保。

三、进一步完善关闭破产企业离退休人员医疗保险有关政策措施

对按照国阅［1999］33号文件和中办发［2000］11号文件规定实施关闭破产的中央企业及中央下放地方企业，中央财政在核定企业离退休人员医疗保险费时，按照企业在职职工年工资总额的6%计算10年进行核定，不再折半。企业所在地财政部门应及时将中央财政补助资金拨付给当地医疗保险经办机构，同时，医疗保险经办机构要将上述企业离退休人员纳入当地医疗保险体系统一管理。

各地政府在扩大医疗保险覆盖面的同时，要尽快通过建立社会医疗救助制度，对暂时无力缴费、没有参加医疗保险的困难企业职工，提供必要的医疗救助。

四、切实关心困难企业和关闭破产企业职工子女就学问题

各级教育、民政、财政等部门，要采取有效措施，加大对这类企业职工子女上学的资助力度。各地要认真做好企业自办中小学校分离移交工作。要首先将困难企业所办的普通中小学校移交地方政府管理，保证其职工子女完成义务教育。要认真落实资助经济困难大学生的各项政策，及时为特困职工子女上大学提供必要的帮助。

五、进一步做好国有企业实施政策性关闭破产工作

在确保企业和社会稳定的前提下，加大国有企业实施政策性关闭破产的工作力度，让那些已不具备市场生存条件的企业尽快退出市场。对拟列入政策性关闭破产范围的企业，有关部门和债权银行、金融资产管理公司要严格按照有关文件的要求抓紧审核，提高办事效率。为了解决企业破产清算经费不足问题，将目前计算破产清算期间职工生活费等有关费用的期限，由3个月延长为6个月。中央企业及中央下放地方企业实施关闭破产时由此所增加的费用，由中央财政解决。

六、妥善解决实施关闭破产的中央企业及中央下放地方企业拖欠职工个人费用问题

对执行国阅［1999］33号文件规定，母公司整体关闭破产或子公司关闭破产且母公司亏损严重的，关闭破产企业拖欠职工的工资由中央财政给予补贴。对执行国阅［1999］33号文件规定实施关闭破产的企业拖欠职工的医疗费用，由地方政府从中央财政继续拨付的亏损补贴和留给地方的盈利企业所得税中解决。对执行国阅［1999］33号文件和中办发［2000］11号文件规定实施关闭破产的企业挪用的职工个人缴纳的住房公积金，可以在售房时相应抵扣；企业已经售房的，对欠付职工的住房公积金，地方政府可以从中央财政继续拨付的亏损补贴和留给地方的盈利企业所得税中解决。

七、加快社区建设，完善社会保障平台

社区管理机构要将国有企业的下岗职工、就业转失业人员（包括有偿解除劳动关系的人员）、破产企业职工、退休人员等纳入管理范围，协助政府有关部门做好这部分人员的社会保障和再就业服务等工作，帮助他们解决实际困难。地方各级政府要按照上述要求完善社区职能，保证社区居民委员会必要的工作条件和工作经费。独立工矿区的社区应按照属地化管理原则，由地方政府实行统一管理。企业破产终结后组建的管理机构应及时移交当地政府，避免出现管理盲区。对按照国阅［1999］33号文件实施关闭破产且地处偏远地区的企业，当地政府有关部门或社区管理机构要负责企业退休人员的管理和社会保障资金的发放，对财政确有困难地区的社区管理机构的管理费用，中央财政在核定企业破产费用时予以适当补助。

国务院办公厅关于加快推进再就业工作的通知

国办发［2003］40号

各省、自治区、直辖市人民政府，国务院各部委、各直属机构：

党中央、国务院对就业和再就业工作高度重视。最近，中共中央政治局常委会和国务院常务会议专门听取了再就业工作情况汇报，并决定在适当时候召开全国再就业工作座谈会，进一步推动再就业工作。去年9月党中央、国务院召开全国再就业工作会议以来，各地区、各部门认真贯彻落实会议精神和《中共中央、国务院关于进一步做好下岗失业人员再就业工作的通知》（中发［2002］12号，以下简称《通知》），加强了对再就业工作的组织领导，陆续出台了配套实施办法，逐步建立了目标责任体系，并在加大再就业资金投入和帮助困难对象再就业等方面做了大量工作。但是，目前地区间工作进展不平衡，一些地区存在着工作进展缓慢、责任不够明确、政策措施不够得力、工作尚未取得明显实效等问题。当前，我国就业的压力很大，就业的结构性矛盾相当突出，困难群体再就业问题还未缓解，就业形势依然严峻。特别是非典型肺炎疫情的突发，使我国经济发展环境的不确定因素增加，给就业工作带来了新的困难和不利影响，实现今年工作目标的任务相当艰巨。为进一步做好就业和再就业工作，千方百计实现今年净增就业800万人以上、下岗失业人员再就业400万人以上（其中“4050”人员100万人）、城镇登记失业率控制在4.5%左右的工作目标，经国务院同意，现就有关问题通知如下：

一、加强领导，落实责任

（一）各地要处理好非典型肺炎防治工作与经济工作的关系，一手抓防治非典型肺炎这件大事，一手抓经济建设这个中心不动摇。各级政府要从实现国家长治久安的高度，把促进就业和再就业作为维护改革发展稳定大局的一件大事来抓，继续巩固和强化再就业工作“一把手”责任制，切实把这项工作摆上重要议事日程。要把净增就业岗位、落实再就业政策、强化再就业服务、加大再就业资金投入和帮助困难群体就业五项具体工作目标，作为考核各级政府和有关部门工作是否落实的重要内容，层层分解，从措施办法、资金投入和督促检查等方面给予保证，除了非典型肺炎疫情暂时比较严重的地区外，其他地区均要按月、按季落实再就业工作目标的完成进度，落实部门责任制。

（二）加强对就业和再就业工作的组织协调。国务院决定建立再就业工作部际联席会议制度，由劳动保障部、国务院办公厅、发展改革委、教育部、监察部、民政部、财政部、建设部、国资委、人民银行、税务总局、工商总局、中央编办和全国总工会组成，在国务院直接领导下，加强部门统一协调，及时通报各部门工作落实情况，分析工作中出现的新问题，研究解决政策难点，督促检查各地区、各部门任务完成情况，更有力地指导和推动再就业工作开展。地方各级政府也要相应建立再就业工作领导机构，形成统一领导、分工协作的工作机制。各有关部门要从上到下建立落实再就业政策的推动机制，按季调度工作进展情况，建立基层单位基础台账和本系统的统计制度。部门之间要加强协调，密切配合，真正形成齐抓共管、共同推动政策落实的合力。要充分发挥工会、妇联、共青团组织的积极性和主动性，动员全社会共同参与，齐心协力做好就业和再就业工作。

二、加大工作力度，全面落实政策

（三）各级政府和各有关部门要全面贯彻《通知》精神，加快落实税费减免、社保补贴、岗位补贴、小额贷款、就业服务、工商登记、场地安排等各项再就业扶持政策。地级城市所有配套政策的实施办法应在6月底前制定出台，并在街道、社区建立劳动保障工作平台，切实做到机构、人员、经费、场地、制度和工作到位，确保7月底前全面进入政策实施阶段。各地劳动保障部门要根据本地实际，进一步完善再就业优惠证发放办法，加强规范管理，加快再就业优惠证的审核、发放，保证符合条件的下岗失业人员及时领到优惠证，并定期向税务、工商等部门通报有关情况。在各项扶持政策的具体实施中，各地及各有关部门要从有利于解决实际问题和积极促进再就业出发，切实保证已经出台的各项再就业政策不折不扣地得到落实，努力为就业和再就业创造更为宽松的环境。各地还要按照属地管理的原则，将中央企业下岗失业人员再就业纳入当地的再就业工作规划，统筹安排落实。

（四）各级政府要根据再就业工作的实际需要，调整财政支出结构，落实再就业资金，并按时足额拨付到位。2003年度中央财政补助地方国有企业下岗职工基本生活保障和再就业专项转移支付资金已下达，并与地方资金实际投入情况和工作成效挂钩。各地应根据当年净增就业岗位、强化再就业服务、帮助困难群体再就业等目标任务的需要，加大再就业资金投入，并与下岗职工基本生活保障资金统筹安排使用，做到及时拨付，加强管理，提高效益。

（五）各地区、各有关部门要结合实际，及时研究解决政策落实中的难点问题。财政部、人民银行负责组织各商业银行抓紧制定下岗失业人员小额担保贷款实施细则，并督促各经办银行按要求加大贷款发放力度，简化贷款手续，提高经办效率。各级政府要积极采取措施，在6月底前将担保基金落实到位，使小额贷款担保业务尽快开展起来。各级税务、工商等部门要将扶持下岗失业人员再就业的工作成效作为部门考核的重要内容，严格按规定执行有关税费减免政策，不得以完成税费征收任务为由对落实税费减免的有关政策打折扣。对按政策减免的税费，可以相应抵减基层单位税费收缴的任务。财政部、税务总局、国资委等部门要进一步明确享受再就业扶持政策的商贸企业的标准，细化国有企业主辅分离的操作程序，简化审批手续，使地方和企业准确执行政策。

三、大力开发就业岗位，多渠道拓宽就业门路

（六）各地要努力实现国民经济持续快速健康发展和促进充分就业双重目标，并结合本地实际，提出发展经济与增加就业岗位有机结合、扩大内需与扩大就业良性互动的具体措施。要大力发展第三产业以及有比较优势和市场需求的劳动密集型产业，鼓励发展就业容量大的个体、私营、外商投资、股份合作等多种所有制经济，积极发展有市场需求的中小企业，继续发展劳动就业服务企业，促进跨地区的劳务协作和对外劳务输出，千方百计为下岗失业人员再就业创造岗位和机会。要积极推进城市社区建设，大力开发社会化服务岗位，引导更多的下岗失业人员在社区服务领域实现再就业。当前，要特别注意把防治非典型肺炎与开发社区环境卫生、清洁消毒等公益性就业岗位结合起来，帮助就业困难对象实现再就业。

（七）各级政府和有关部门要积极运用各项再就业扶持政策，鼓励服务型企业多吸纳下岗失业人员；鼓励下岗失业人员自谋职业、自主创业以及通过非全日制、临时性、季节性、弹性工作等灵活多样的方式实现再就业；鼓励有条件的国有大中型企业通过重组改制、主辅分离分流安置企业富余人员。

四、强化就业服务，建立再就业援助制度

（八）各级政府要建立完善公共就业服务制度，全面落实免费再就业培训和免费职业介绍政策。要加强劳动力市场信息网络建设。要广泛推行上门服务、即时服务和承诺服务，普遍推广在同一场所开展各项就业服务和社会保险业务的“一站式”服务。要努力提高再就业培训的针对性、实用性和有效性，完善免费职业培训和职业介绍制度，动员社会各方面力量开展再就业培训和中介服务。各级劳动保障部门要对社会办的职业培训机构和职业介绍机构进行资质认定，并根据培训和再就业效果给予补贴。要大力开展创业培训，结合项目开发、开业指导、小额贷款、税费减免、跟踪扶持，以创业促就业。要加快研究制定鼓励灵活就业的政策措施，做好下岗失业人员社会保险关系接续服务工作。

（九）建立健全再就业援助制度，千方百计帮助大龄就业困难人员实现再就业。这项工作要从政府、部门一直落实到基层。各级政府要抓紧建立公益性岗位空岗报告制度，凡是由政府投资形成的公益性岗位，要优先安排“4050”人员。街道劳动保障工作机构和社区工作人员要摸清“4050”人员底数，并逐一建立台账，为其提供专门的帮助和便捷的服务，切实帮扶一批大龄就业困难人员实现再就业。

五、巩固两个确保的成果，做好三条保障线衔接

（十）各级政府要继续落实资金，进一步巩固两个确保，不得发生新的拖欠。要进一步加强三条保障线的衔接，积极稳妥地解决下岗职工基本生活保障制度向失业保险制度并轨中出现的问题。对企业新裁减人员和出中心的下岗职工，要做好社会保险接续工作，按规定为其提供失业保险。对符合城市居民最低生活保障条件的，要及时将其纳入最低生活保障。协议期满的下岗职工，原则上应按规定出中心，并与企业解除劳动关系。对协议期满暂时无法解除劳动关系的下岗职工，各级政府和企业要继续运用现有各类资金渠道筹措的资金保障其基本生活。

（十一）做好城市居民最低生活保障工作。将符合条件的城市贫困居民及时纳入保障范围，做到“应保尽保”。要处理好最低生活保障与促进就业的关系，有劳动能力和就业愿望但尚未就业的城市居民，在享受城市居民最低生活保障待遇期间，应当参加社区组织的公益性劳动和就业培训活动。

六、加强督促检查，加大宣传力度

（十二）各级政府和各有关部门要抓紧建立政府和部门自上而下的监督检查制度，建立社会和群众自下而上的监督举报机制，对再就业工作进行督办、督促和检查评估。5 月底前，各地级以上城市和各有关部门要普遍建立再就业政策监督举报制度，向社会公布监督举报电话，接受社会和群众的监督。从 6 月份开始，劳动保障部要按月汇总各地再就业专项工作进展情况，按季汇总主要目标的完成情况，对地方政府进行通报（对非典型肺炎疫情仍较重的地区可适当推迟）。各级政府也要建立再就业工作通报制度，了解工作进展，推动工作落实。国务院将在今年第三季度组织专项督查，采取地方自查与国务院有关部门督办相结合的方式，促使再就业政策切实得到贯彻

落实。

（十三）加强劳动力市场管理，保障劳动者合法权益。各地要结合再就业扶持政策的贯彻落实，加大劳动监察力度，组织开展企业用工情况大检查，对各类用人单位招聘人员不签订劳动合同、滥用试用期、拖欠和克扣工资、拒缴社会保险费等违法行为，要依法查处。要加强对各类中介机构的监管，严厉打击非法职业中介和各类欺诈行为。要进一步做好劳动者的劳动保护和职业安全卫生工作。

（十四）各地区、各有关部门和新闻单位要继续通过多种形式把促进再就业的各项政策宣传到群众、企业和基层单位，并大力宣传党和政府对下岗失业人员的关心和对再就业工作的支持，继续引导下岗失业人员转变就业观念，树立和宣传一批下岗失业人员再就业和企业吸纳下岗失业人员就业的典型，营造全社会支持和帮助再就业的良好氛围。

2003 年 5 月 12 日

国务院办公厅转发农业部等部门2003—2010年全国农民工培训规划的通知

国办发［2003］79号

各省、自治区、直辖市人民政府，国务院各部委、各直属机构：

农业部、劳动保障部、教育部、科技部、建设部、财政部《2003—2010年全国农民工培训规划》已经国务院同意，现转发给你们，请认真贯彻执行。

2003年9月18日

2003—2010年全国农民工培训规划

农业部　劳动保障部　教育部
科技部　建设部　财政部

（2003年9月9日）

为贯彻落实党的十六大精神和“三个代表”重要思想，提高农民工素质和就业能力，进一步促进农村劳动力向非农产业和城镇转移，按照党中央、国务院有关会议和文件要求，制定本培训规划。

一、规划制定背景

农村劳动力向非农产业和城镇转移，是建设现代农业、解决“三农”问题的重要途径，是经济和社会发展的必然要求，是我国社会进步的重要标志。改革开放以来，我国通过发展乡镇企业和促进劳动力跨区域流动就业，加快了农村城镇化进程，促进了城市发展。农村劳动力转移已成为推动城乡经济协调发展的重要途径。

我国是人口大国，农村富余劳动力转移就业的任务非常艰巨。目前，我国农村有1.5亿富余劳动力，每年还要新增600万农村劳动力。农村劳动力素质不高，缺乏劳动技能，影响向非农产业和城镇的转移，难以在城镇实现稳定就业。在9 000多万跨地区进城务工的农民中，有相当数量的人员没有稳定的职业和居所。在农村劳动力中，受过专业技能培训的仅占9.1%。在2001年新转移的农村劳动力中，受过专业技能培训的只占18.6%。随着经济发展水平的提高和新兴产业的兴起，缺乏转岗就业技能的农村富余劳动力的就业难度越来越大。农民工素质亟待提高。

党的十六大提出了全面建设小康社会的奋斗目标，这对加快农村富余劳动力向非农产业和城镇转移提出了新的更高的要求。加快农村富余劳动力转移就业的关键在于加强农民工培训。多年来，各级各类教育培训机构和用工单位开展了形式多样的农民工培训，取得了明显成效。但是应当看到，当前的农民工培训工作还存在认识不到位、激励政策不足以及培训资金缺乏、培训手段亟待加强和培训资源缺乏整合等问题。各地区、各有关部门要充分认识开展农民工培训的重要意义，从贯彻落实“三个代表”重要思想和全面建设小康社会的高度，从国民经济协调发展和社会稳定的大局出发，统筹规划，分工协作，切实做好这项工作。

二、指导思想和基本原则

（一）指导思想

以党的十六大精神和“三个代表”重要思想为指导，围绕全面建设小康社会的目标任务，坚持公平对待、合理引导、完善管理、搞好服务的原则，坚持多予、少取、放活的方针，坚持面向工业化、面向现代化、面向城镇化的方向，以转移就业前的引导性培训和职业技能培训为重点，综合运用财政扶持政策和竞争、激励手段，进一步调动农民工个人、用人单位、教育培训机构、行业的积极性，多渠道、多层次、多形式地开展农民工培训工作，逐步形成政府统筹、行业组织、重点依托各类教育培训机构和用人单位开展培训的工作格局。

（二）基本原则

1. 政府扶持，齐抓共管。各级政府要积极引导和扶持农民工培训事业，加强管理，加大投入。各有关部门协调合作，立足自身职责，发挥各自优势，共同做好政策指导、督促检查以及各项服务工作。

2. 统筹规划，分步实施。农民工培训工作要统筹计划，突出重点，分步开展。把农民工培训作为就业准入制度的重要内容，深入调查研究，认真组织实施。摸清农村富余劳动力和已转移就业农民工的基本情况，制定具体的有针对性的培训计划。要突出重点，逐步对农民工进行培训，当前主要是支持农村富余劳动力较多的地区和贫困地区开展培训，重点支持农民工输出地区开展转移就业前培训。

3. 整合资源，创新机制。以现有教育培训机构为主渠道，发挥多种教育培训资源的作用。充分调动行业和用人单位的积极性，多渠道、多层次、多形式地开展农民工培训。要加强政府引导，制定和完善政策措施，优化配置培训资源，建立新的培训机制。

4. 按需施教，注重实效。要研究农村劳动力资源现状，做好劳动力市场需求预测，按照不同区域、不同行业要求，区分不同培训对象，采取不同的培训内容和形式。以市场需求为导向，以提高就业能力和就业率为目标，坚持短期培训与学历教育相结合，培训与技能鉴定相结合，培训与就业相结合，增强培训的针对性和实效性。

三、培训的目标和任务

（一）培训目标

1. 逐步扩大培训规模。2003—2005年，对拟向非农产业和城镇转移的1 000万农村劳动力开展转移就业前的引导性培训，对其中的500万人开展职业技能培训；对已进入非农产业就业的5 000万农民工进行岗位培训。2006—2010年，对拟向非农产业和城镇转移的5 000万农村劳动力开展引导性培训，并对其中的3 000万人开展职业技能培训。同时，对已进入非农产业就业的2亿多农民工开展岗位培训。

2. 营造良好的社会氛围和政策环境。加

大宣传和引导力度，营造重视农民工培训的良好社会环境。制定有效的农民工培训激励政策，鼓励农民工主动参加培训，鼓励用人单位主动组织农民工参加培训，鼓励各级各类教育培训机构开展农民工培训。加大培训投入，逐步形成政府引导、多元投资的投入机制。完善就业准入制度，加强监督检查力度，逐步形成“先培训后就业”的农村劳动力转移就业制度。

3. 提高培训质量。完善教育培训条件，提高教育培训资源利用效率。创新培训机制，以劳动力市场需求为导向，以项目运作的方式开展培训，努力提高培训质量和培训后的就业率。

（二）培训任务

1. 开展引导性培训。引导性培训主要是开展基本权益保护、法律知识、城市生活常识、寻找就业岗位等方面知识的培训，目的在于提高农民工遵守法律法规和依法维护自身权益的意识，树立新的就业观念。引导性培训主要由各级政府，尤其是劳动力输出地政府统筹组织各类教育培训资源和社会力量来开展。引导性培训要通过集中办班、咨询服务、印发资料以及利用广播、电视、互联网等手段多形式、多途径灵活开展。

2. 开展职业技能培训。职业技能培训是提高农民工岗位工作能力的重要途径，是增强农民工就业竞争力的重要手段。根据国家职业标准和不同行业、不同工种、不同岗位对从业人员基本技能和技术操作规程的要求，安排培训内容，设置培训课程。职业技能培训以定点和定向培训为主，当前的培训重点是家政服务、餐饮、酒店、保健、建筑、制造等行业的职业技能。职业技能培训主要是在各级政府的引导和支持下，由各类教育培训机构、行业和用人单位开展。鼓励和支持社会力量尤其是一些具有特色的民办培训机构开展职业技能培训。对具备相应条件并有创业意向的农民工开展创业培训，提供创业指导。

四、推进农民工培训的政策措施

（一）加强组织领导

建立农民工培训工作部际联席会议制度，研究解决农民工培训工作中的重大问题，编制培训计划，落实扶持政策，统筹规划、综合协调农民工培训工作。各级政府要将农民工培训列入年度工作考核内容，实行目标管理。要结合本地实际制定实施计划，确定各阶段的目标、任务和工作进度，明确各有关部门的工作职责，细化政策措施。要建立统筹协调的领导体制和分工负责、相互协作的工作推进机制，通过制定政策和制度创新，充分调动一切可以利用的资源，广泛开展农民工培训工作。农业、劳动保障、教育、科技、建设、财政等相关部门在职责范围内，切实做好农民工培训工作。

（二）加大农民工培训的资金投入

农民工培训经费实行政府、用人单位和农民工个人共同分担的投入机制。中央和地方各级财政在财政支出中安排专项经费扶持农民工培训工作。用于补贴农民工培训的经费要专款专用，提高使用效益。

（三）制定农民工培训激励政策

用人单位负有培训本单位所用农民工的责任。用人单位开展农民工培训所需经费从职工培训经费中列支，职工培训经费按职工工资总额1.5%比例提取，计入成本在税前列支。

符合条件的教育培训机构，均可申请使用农民工培训扶持资金。获准使用农民工培训扶持资金的各类学校和培训机构，须相应降低农民工学员的培训收费标准。财政部会同农业部、教育部研究提出农民工培训扶持资金审批管理办法，报国务院批准后实施。

对参加培训的农民工实行补贴或奖励。农民工自愿参加职业技能鉴定，鉴定合格者颁发国家统一的职业资格证书。任何单位不得强制农民工参加收费鉴定，鉴定机构要视情况适当降低鉴定收费标准。

（四）推行劳动预备制度，实行就业准入

制度

组织农村未能继续升学并准备进入非农产业就业或进城务工的初高中毕业生参加必要的转移就业培训，使其掌握一定的职业技能并取得相应的培训证书或职业资格证书。

用人单位招收农民工，属于国家规定实行就业准入控制的职业（工种），应从取得相应职业资格证书的人员中录用。对用人单位因特殊需要招用技术性较强，但尚未参加培训的特殊职业（工种）的人员，可在报经劳动保障部门批准之后，先招收后培训，取得相应职业资格后再上岗。

（五）整合教育培训资源，提高培训效率

在充分发挥现有教育培训资源作用的基础上，改造和完善一批教育培训机构，加强基地建设，完善教学培训条件，建设一批能起示范和带动作用的农村劳动力转移培训基地。引导和鼓励各类教育培训机构在自愿的基础上进行联合，增加培训项目，扩大培训规模，提高培训的质量和效益。

引导和鼓励教育培训机构与劳务输出（派遣）机构在自愿的基础上建立合作伙伴关系，通过签订培训订单或输出协议，约定双方责任和权益，实现培训与输出（派遣）的良性互动。对教育培训机构与输出（派遣）机构的合作，地方政府和有关职能部门要制定鼓励措施，加强业务指导。

发展和改革农村教育，使农村职业学校、成人学校成为农村劳动力转移培训的重要阵地。充实农村普通中学职业培训和就业训练的课程安排。具备条件的农村初高中，要结合当地实际情况，将新增劳动力培训作为学校的重要工作内容。各类职业学校要扩大面向农村的招生和培训规模，积极开展农民工的职业技能培训。加强农村成人学校建设，充分利用农村成人学校开展农民工培训。城市职业学校和成人学校要结合市场需求，及时调整专业结构，积极开展进城农民工的教育培训工作。

（六）加强农民工培训服务工作

加强农民工培训师资队伍建设。农民工培训师资可以由教育培训机构通过开展继续教育来解决，也可从职业学校和成人学校、科研单位、企业、技术推广部门聘请。要定期组织开展师资培训，不断提高教师业务水平。

加强农民工培训的教材开发。教材的编写和选用坚持统一规范、实际适用和先进创新的原则。引导性培训教材，技术要求规范、统一的专业教材，全国统一编写；其他教材由各地根据实际需要编写或选用。

做好农民工培训的信息服务工作。定期调查并公布劳动力市场供求状况，定期对不同职业（工种）、不同等级的农民工职业供求和工资价位进行调查，调查分析结果及时向社会公布。

建立农民工培训效果评价制度。以实现高质量就业目标为导向，制定评价标准，定期对开展农民工培训的各类教育培训机构的专业设置、培训内容、课程安排、收费标准、招生情况、学员结业率、结业学员鉴定通过率、就业率、工资水平等状况进行调查统计，并及时向社会公布。

做好跟踪服务和就业指导工作。各类教育培训机构和中介组织要主动参与农村劳动力就业市场体系建设并发挥积极作用，为学员就业创造条件并提供信息服务。建立农民工培训人才资源库，为农村劳动力就业市场体系建设奠定基础。

做好农民工培训工作的督促检查。各级政府和有关部门要督促检查农民工培训计划的落实，保证培训经费及时到位，加强对政府扶持项目的评估。对各类教育培训机构和用工单位要加强监督和规范，防止借培训之名对农民工乱收费，损害农民工的合法权益。具体监督检查办法由农业部会同教育部、财政部、劳动保障部、科技部、建设部制定。

国务院办公厅　中央军委办公厅关于印发《中国人民解放军军人配偶随军未就业期间社会保险暂行办法》的通知

国办发［2003］102号

各省、自治区、直辖市人民政府，国务院各部委、各直属机构，各军区、省军区、各军，各军兵种、各总部、军事科学院、国防大学、国防科学技术大学，武警部队：

经国务院、中央军委批准，现将《中国人民解放军军人配偶随军未就业期间社会保险暂行办法》印发给你们，请认真贯彻执行。

2003年12月25日

中国人民解放军军人配偶随军未就业期间社会保险暂行办法

一、为了解决军人配偶随军未就业期间的基本生活保障和社会保险补贴待遇及关系衔接问题，解除军人后顾之忧，激励军人安心服役，根据有关政策规定，结合军队实际，制定本办法。

二、国家建立军人配偶随军未就业期间基本生活补贴制度和养老、医疗保险个人账户，并给予个人账户补贴。

三、随军配偶符合下列条件之一的（以下称未就业随军配偶），依照本办法规定享受基本生活补贴和养老、医疗保险个人账户补贴待遇：

（一）随军前未就业、经批准随军随队后未就业且无收入的；

（二）随军前已就业但未参加基本养老保险、经批准随军随队后未就业且无收入的；

（三）经批准随军随队后未就业且无收入，已参加基本养老保险，并将基本养老保险关系和个人账户资金转入军队的。

四、军队政治机关和后勤机关按照职责分工负责军人配偶随军未就业期间基本生活补贴的审批与支付、建立养老和医疗保险个人账户的资格认定，以及基本生活补贴资金和个人账户资金的管理，并会同地方人民政府劳动保障部门及其社会保险经办机构，办理未就业随军配偶社会保险关系和个人账户资金的转移、接续工作。

五、军人配偶随军未就业期间基本生活补贴按照下列标准，由军人所在单位后勤机关按月发放：

（一）驻国家确定的一、二类艰苦边远地区和军队确定的三类岛屿，以及一般地区部队的军人，其配偶随军未就业期间基本生活补贴标准，为每人每月320元。

（二）驻国家确定的三、四类艰苦边远地区和军队确定的特、一、二类岛屿部队的军人，其配偶随军未就业期间基本生活补贴标准，为每人每月410元。

国家确定的艰苦边远地区具体范围和类别按《国务院办公厅转发人事部、财政部关于调整机关事业单位工作人员工资和增加离退休人员离退休费四个实施方案的通知》（国办发［2001］14号）执行。军队确定的岛屿类别按《总后勤部关于印发〈军队地区津贴规定〉的通知》（［1998］后财字第331号）执行。

六、驻国家确定的一、二类艰苦边远地区和军队确定的三类岛屿部队的军人，其配偶随军未就业期间领取基本生活补贴标准全额的期限最长为60个月；驻一般地区部队的军人，其配偶随军未就业期间领取基本生活补贴标准全额的期限最长为36个月。未就业随军配偶领取基本生活补贴标准全额期满后，按本人基本生活补贴标准8%的比例逐年递减。递减后的基本生活补贴最低标准，由总后勤部参照省会城市失业保险金标准确定。

驻国家确定的三、四类艰苦边远地区和军队确定的特、一、二类岛屿部队的军人，其配偶随军未就业期间基本生活补贴标准不实行递减。

七、军人配偶随军未就业期间基本生活补贴标准的调整，由总政治部、总后勤部商国务院有关部门确定。

八、军人所在单位后勤机关按照缴费基数11%的规模，为未就业随军配偶建立养老保险个人账户，所需资金由个人和国家共同负担，其中，个人按6%的比例缴费，国家按5%的比例给予个人账户补贴。缴费基数参照上年度全国城镇职工月平均工资60%的比例确定。

个人缴费和国家给予个人账户补贴的比例，根据企业职工个人缴费比例的变动情况，由总后勤部商国务院有关部门适时调整。

九、本办法实施以前随军随队的未就业随军配偶，1998年1月1日至本办法实施前未参加养老保险的随军随队年限，可根据自愿原则，在本办法实施当年，个人按缴费基数11%的比例一次性补缴养老保险费，并全部记入本人的养老保险个人账户。其补缴年限与本办法实施后的缴费年限合并计算。

十、未就业随军配偶随军随队前已经参加地方养老保险的，养老保险关系和个人账户资金转入手续，按以下规定办理：

（一）未就业随军配偶随军随队前，已经参加地方企业职工基本养老保险或机关事业单位养老保险并建立个人账户的，按照国家关于职工跨统筹地区调动的有关规定，由地方社会保险经办机构，将其基本养老保险关系和个人账户资金转入军人所在单位后勤机关。

（二）未就业随军配偶随军随队前，已经参加地方机关事业单位养老保险但未建立个人账户的，以及在未实行养老保险的机关事业单位工作的，按本办法建立养老保险个人账户。其中，已参加养老保险的，由地方社会保险经办机构将其养老保险关系转入军人所在单位后勤机关。

（三）军人所在单位后勤机关应当及时为未就业随军配偶接续基本养老保险关系，并建立养老保险个人账户。

十一、未就业随军配偶实现就业并参加养老保险的，养老保险关系和个人账户资金转出手续，按以下规定办理：

（一）未就业随军配偶就业后，参加基本养老保险的，按照国家关于职工跨统筹地区调动的有关规定，由军人所在单位后勤机关办理养老保险关系和个人账户资金转出手续。

（二）未就业随军配偶在机关事业单位就业，执行机关事业单位的退休养老制度。

（三）未就业随军配偶在军队期间建立养老保险个人账户后的缴费年限，与到地方后参加养老保险的缴费年限合并计算。

（四）地方劳动保障部门及其社会保险经办机构，应当及时按规定办理未就业随军配偶养老保险关系和个人账户接续工作。

十二、军人所在单位后勤机关为未就业随军配偶建立医疗保险个人账户，医疗保险个人账户资金由个人和国家共同负担。未就业随军配偶按照本人基本生活补贴标准全额1%的比例缴费，国家按照其缴纳的同等数额给予个人账户补贴。

十三、未就业随军配偶在就业或者军人退出现役随军后，按照规定应当参加接收地基本医疗保险的，由军人所在单位后勤机关将其医疗保险个人账户资金转入接收地社会保险经办机构，再由接收地社会保险经办机构并入本人基本医疗保险个人账户。按照规定不参加接收地基本医疗保险的，其医疗保险个人账户资金，由军人所在单位后勤机关一次性发给本人。

十四、未就业随军配偶享受本办法规定的基本生活补贴和养老、医疗保险个人账户补贴待遇，应当向军人所在单位政治机关提出书面申请。由军人所在单位政治机关会同后勤机关在10个工作日内完成初审。对符合条件的，经军人所在单位军政主官审查同意后，按隶属关系逐级上报正师级（含）以上单位政治机关。

十五、正师级以上单位政治机关应当会同后勤机关在10个工作日内完成审核；对符合条件的，办理批准手续，并逐级报军区级单位政治机关和后勤机关备案。

十六、军人所在单位政治机关应当将经批准享受军人配偶随军未就业期间基本生活补贴和养老、医疗保险个人账户补贴待遇的人员名单，采取适当形式，每年公布一次，接受群众监督。对群众反映不符合条件的，经核实后要予以纠正。

十七、有下列情形之一的，停止享受军人配偶随军未就业期间基本生活补贴和养老、医疗保险个人账户补贴待遇：

（一）未就业随军配偶已就业且有收入的；

（二）未就业随军配偶无正当理由，拒不接受当地人民政府有关部门或者机构安排工作的；

（三）未就业随军配偶出国定居或者移居港、澳、台地区的；

（四）未就业随军配偶与军人解除婚姻关系的；

（五）未就业随军配偶被判刑收监执行或者被劳动教养的；

（六）军人被取消军籍的；

（七）军人退出现役的；

（八）军人死亡的。

十八、中央财政安排的资金，由总后勤部列入年度军费预算，中央财政每年予以拨付。养老、医疗保险个人账户资金中个人缴费部分，由军人所在单位后勤机关在发放基本生活补贴时代扣代缴。

十九、军人配偶随军未就业期间养老、医疗保险个人账户资金必须存入国有商业银行，专户存储，所得利息直接记入个人账户。

二十、军队政治机关和后勤机关按照规定的职责，对军人配偶随军未就业期间的待遇审批，以及基本生活补贴资金和个人账户资金收支、管理情况，进行监督和检查。

二十一、随军前或随军期间有工作且参加失业保险的未就业随军配偶，在军人退出现役随迁后没有就业的，可按规定享受失业保险待遇。享受期限按其本人实际缴费年限和国家规定计算的工龄累计确定。

二十二、军人所在单位政治机关应当将未就业随军配偶人员名单及时送部队驻地劳动保障部门，办理失业登记。地方各级人民政府参照《中共中央、国务院关于进一步做好下岗失业人员再就业工作的通知》（中发［2002］

12 号）的有关规定，对未就业随军配偶再就业给予扶持。

二十三、本办法同时适用于中国人民武装警察部队。

二十四、本办法自 2004 年 1 月 1 日起施行。无工作随军配偶享受生活困难补助的原有规定即行废止。

劳动和社会保障部关于印发《社会保障基金现场监督规则》的通知

劳社部发［2003］5号

各省、自治区、直辖市劳动和社会保障厅（局）：

为健全社会保障基金监督制度，规范现场监督检查行为，提高监督工作质量，根据有关规定，我部制定了《社会保障基金现场监督规则》，现印发给你们，请遵照执行。

2003年3月5日

社会保障基金现场监督规则

第一条 为健全社会保障基金监督制度，规范监督检查行为，提高现场监督检查质量，根据有关法规政策规定，制定本规则。

第二条 本规则所称现场监督，是指劳动保障行政部门基金监督机构对被监督单位管理社会保障基金情况的实地检查。

被监督单位包括社会保险费征缴机构、社会保险待遇支付机构、社会保障基金管理和运营机构。

第三条 县级以上劳动保障行政部门基金监督机构，依据本规则对下列各项社会保障基金收支、划转及管理运营情况实施现场监督：

（一）基本养老保险基金、基本医疗保险基金、失业保险基金、工伤保险基金、生育保险基金和农村养老保险基金；

（二）企业年金基金、企业补充医疗保险基金。

劳动保障部对全国社会保障基金划转及管理运营情况实施现场监督。

在全国范围内统一部署及与有关部门联合进行的社会保障基金专项监督检查，按照专项监督检查规定执行，不适用本规则。

第四条 社会保障基金现场监督应当遵循依法监督、实事求是、客观公正的原则。

第五条 社会保障基金现场监督人员应具备下列条件：

（一）熟悉社会保障法律、法规和政策；

（二）掌握财政、金融和审计等专业知识；

（三）具有相应的调查研究、综合分析和文字表达能力；

（四）法律、法规规定的其他条件。

第六条 劳动保障行政部门基金监督机构根据现场监督任务，组成检查组并指定检查组长。检查组长有权对检查组成员工作进行监督，对检查质量及结果负责。检查组成员应由两名以上监督人员组成。成员可由基金监督机构工作人员组成，也可由基金监督机构委托的有关单位或中介机构工作人员组成。

检查遇到重大问题应向劳动保障行政部门基金监督机构请示报告。检查组接受基金监督机构领导，不受其他单位和个人干涉。

第七条 实施现场监督前，检查组应收集与检查事项有关的法律法规、政策规定及其他资料，主要包括：

（一）社会保障法律、法规和政策规定及其他相关法律、法规和政策规定；

（二）个人或单位举报、上级机关交办、有关部门移送的材料；

（三）被监督单位有关情况和材料；

（四）与检查有关的其他资料。

第八条 现场监督前，检查组应拟定现场监督实施方案。现场监督实施方案经基金监督机构批准后，由检查组负责组织实施。现场监督实施方案主要包括下列内容：

（一）被监督单位名称和基本情况；

（二）检查目的；

（三）检查范围、内容和重点；

（四）预定检查起止日期；

（五）监督人员及其分工；

（六）编制日期。

第九条 劳动保障行政部门基金监督机构一般应于现场监督3个工作日前，向被监督单位下达现场监督通知书。现场监督通知书应统一编制文号，加盖劳动保障行政部门公章。现场监督通知书主要包括下列内容：

（一）被监督单位名称；

（二）检查依据、范围、内容和方式；

（三）检查起始时间；

（四）要求被监督单位配合事项；

（五）监督人员名单；

（六）签发日期及公章。

基金监督机构认为提前向被监督单位下达现场监督通知书，可能会影响检查结果时，可以选择适当时间或方式下达现场监督通知书。

第十条 检查组按现场监督通知书规定时间进驻被监督单位，出示有效证件。检查组应向被监督单位说明检查依据、目的、内容、范围、时间等，要求被监督单位介绍有关情况，提供有关文件、资料和其他事项。被监督单位应主动配合，全面提供与检查事项相关的资料，真实反映有关问题，并根据监督人员要求，就其真实性、完整性做出书面承诺。

第十一条 现场监督过程中，发现现场监督实施方案与实际情况不相适应或客观情况发生变化等，检查组报基金监督机构同意后，可调整现场监督实施方案。

第十二条 现场监督人员应运用监盘、观察、询问、记录、计算、复核、复制、分析等方法，审查被监督单位的银行开户、会计凭证、会计账簿、会计报表、业务台账、统计报表，查阅与检查事项有关的文件、资料、合同，检查现金、存款、有价证券，向有关单位和个人进行调查，并取得有关证据。

第十三条 监督人员应记录检查发现的重要事项，编制现场监督工作底稿。现场监督工作底稿应一事一稿，并附有关检查证据。现场监督工作底稿经检查组审定后，送被监督单位相关人员签署意见。现场监督工作底稿主要包括下列内容：

（一）现场监督工作底稿编号；

（二）被监督单位名称；

（三）重要事项发生日期、文件号、凭证号、原会计分录和金额等内容摘录；

（四）附件主要内容及数量；

（五）被监督单位相关人员意见及签名；

（六）编制人员签名及日期；

（七）复核人员签名及日期。

第十四条 检查证据是现场监督工作底稿反映重要事项的依据，主要包括财务账表、文件资料复印件及谈话记录等。检查证据应由有关单位人员签名或盖章。有关人员和单位拒绝签名或盖章的检查证据，应注明原因和日期。拒绝签名或盖章不影响客观事实的证据仍然有效。监督人员应对被监督单位或有关人员有异议的检查证据进行核实。

第十五条 现场监督结束时，检查组应向被监督单位通报情况，听取被监督单位意见和建议。

第十六条 检查组应根据现场监督工作底稿及有关法规、政策和资料，综合分析检查情况，及时提出现场监督报告，一般在离开现场后7个工作日内完成。现场监督报告主要包括下列内容：

（一）检查工作情况；

（二）检查范围、内容、方式和时间；

（三）被监督单位基本情况；

（四）被监督单位存在问题、评价、结论和依据；

（五）意见和建议；

（六）检查组长签名和日期。

第十七条 现场监督报告应送被监督单位征求意见。被监督单位应在接到报告10日内提出书面意见。逾期未提书面意见的视同无异议，监督人员应予注明。被监督单位对报告有异议，检查组应进一步研究核实，并据实修改现场监督报告。

第十八条 检查组应在接到被监督单位书面意见后7日内，向劳动保障行政部门基金监督机构提交现场监督报告，并附被监督单位意见。遇有特殊情况，经基金监督机构同意，提交现场监督报告的时间可适当延长。

第十九条 基金监督机构对检查组提交的报告应予以审核。审核主要包括下列内容：

（一）检查的有关事项是否清楚；

（二）检查证据是否充分、合法、具有说服力；

（三）检查程序是否符合有关规定。

对事实不清、证据不足的现场监督报告，基金监督机构应责成检查组长说明情况或核实，也可另行调查取证核实。

第二十条 劳动保障行政部门基金监督机构根据现场监督报告，分别作如下处理。

不需要行政处理的，下达监督意见书。监督意见书主要包括下列内容：

（一）主送单位；

（二）检查情况；

（三）评价和整改意见；

（四）发文机关和日期。

需要行政处理的，下达处理意见书。处理意见书主要包括下列内容：

（一）主送单位及抄送单位；

（二）被监督单位违纪违规事实及处理意见；

（三）处理意见执行期限和要求；

（四）建议政府及有关部门处理意见；

（五）发文机关和日期。

需要政府或上级主管部门处理的重大问题，应及时报告。报告主要包括下列内容：

（一）主送单位；

（二）检查情况；

（三）被监督单位违纪违规事实；

（四）处理建议；

（五）发文机关和日期。

第二十一条 被监督单位接到处理意见书后应按要求进行整改，并将处理和整改结果报基金监督机构。基金监督机构应检查处理意见的执行情况。

第二十二条 现场监督结束后，检查组应做好检查材料的整理归档工作，并及时移交基金监督机构。基金监督机构要做好后续资料的收集归档工作，妥善保管归档材料。归档主要包括下列资料：

（一）现场监督实施方案；

（二）现场监督通知书；

（三）现场监督工作底稿；

（四）现场监督报告；

（五）被监督单位对现场监督报告的书面意见；

（六）监督意见书、处理意见书及建议处理报告；

（七）被监督单位整改及处理结果报告；

（八）其他应归档资料。

附件：1．现场监督实施方案（略）

2．现场监督通知书（略）

3．现场监督工作底稿（略）

4．现场监督谈话记录（略）

劳动和社会保障部关于贯彻落实《工伤保险条例》的通知

劳社部发［2003］11号

各省、自治区、直辖市劳动和社会保障厅（局）：

《工伤保险条例》（以下简称《条例》）已于2003年4月27日以国务院375号令公布，将于2004年1月1日施行。《条例》的公布施行，对于全面建立工伤保险制度，推进工伤保险工作，促进安全生产、保障职工合法权益具有重要意义。各地劳动保障部门要增强贯彻落实《条例》的责任感和紧迫感，抓住机遇，乘势而上，全面推进工伤保险工作。为贯彻落实《条例》，切实做好《条例》施行前的准备工作，现就有关问题通知如下：

一、开展《条例》的学习和宣传工作

《条例》是工伤保险的重要行政法规，各级劳动保障部门要把学习《条例》作为当前的一项重点工作，抓紧抓好，进行思想发动，制定学习计划，保证学习质量。劳动保障系统工作人员特别是工伤保险业务人员，要熟悉《条例》的内容，理解《条例》的各项条款，增强依法行政的自觉性、主动性和准确性。同时，还要组织企事业单位进行学习，让广大管理者和职工了解《条例》的主要精神，自觉地遵守《条例》，推动工伤保险工作的深入开展。我部将组织专项培训，推动学习《条例》活动的深入开展。

要高度重视《条例》的宣传工作。我部将于近期印发《条例》宣传提纲。各级劳动保障部门要利用报纸、电视、电台和互联网等各种新闻媒体，采取群众喜闻乐见的形式，持续广泛地宣传《条例》。要注重政策宣传与典型事例宣传相结合，深入企业、街道和社区，向企业负责人和广大职工有针对性地进行宣传，将《条例》精神宣传到每一个用人单位和职工，让社会各界理解与支持工伤保险制度改革，为《条例》的贯彻实施创造良好的社会环境。

二、做好《条例》施行前的准备工作

各省、自治区、直辖市劳动保障厅（局）以及统筹地区劳动保障部门要尽快开展贯彻落实《条例》的各项准备工作。一是深入调研，摸清底数。要在今年8月底前完成应参保单位和职工的基本情况、工伤保险基金收支情况、工伤职工基本情况的全面调查摸底。二是制定贯彻落实《条例》的总体方案或计划。要对配套文件制定、机构人员落实、宣传培训等重要工作制定出详细计划，排出时间表，落实责任制，确保按时完成。贯彻落实《条例》的总体方案或计划报经省级政府同意后，于今年6月30日前报我部。三是做好有关政策文件的“立、改、废”工作。按照《条例》要求，各省、自治区、直辖市要制定具体的实施办法和政策，统筹地区要制定工伤保险实施办法。

今年年底前，要完成工伤保险的地方法规和政策性文件的清理工作，修改或废止与《条例》精神相抵触的法规和政策。四是搞好“软硬件”建设。要提供办公条件，制定业务流程，建立信息管理系统，准备好业务管理需要的账表卡册等。省级劳动保障部门要加强对统筹地区的业务指导，确定部分城市为重点联系城市，指导其制定实施和管理办法，以其典型示范作用带动其他统筹地区。

三、建立健全工作机构，提高队伍素质

按照《条例》的要求，工伤保险制度的运行，需要行政管理、业务经办和劳动能力鉴定三套机构相互配合、共同完成。目前，各地工伤保险组织管理体系还不健全，现有的机构和人员状况远不能适应贯彻落实《条例》的要求。各地劳动保障部门要积极主动向当地党委、政府和机构编制部门汇报，争取理解和支持，调整职能，理顺关系，尽快建立健全工伤保险工作机构，充实专业人员，为《条例》的施行提供有力的组织保障。

工伤保险工作难度大、程序多、管理复杂、业务量大，政策性、专业性都很强，各地要注意选拔政治素质高、业务能力强的同志到工伤保险部门工作，注重吸收充实相关的专业人才。在当前时间紧、任务重的情况下，要统筹安排好业务工作与培训的关系，加大培训力度，努力提高工伤保险管理人员的政策水平、管理服务水平。省级和统筹地区劳动保障部门要根据工作需要，开展不同层次的业务培训。要始终坚持把队伍的思想建设和作风建设摆在工作的突出位置，牢固树立服务意识，努力培养一支思想好、作风硬、业务精的高素质干部队伍。

四、搞好现有政策向《条例》过渡的衔接工作

原劳动部发布的《企业职工工伤保险试行办法》在《条例》施行生效之前依然有效。从现在到《条例》施行这段时间内，在为《条例》施行进行准备的同时，要做好工伤保险的日常工作，确保新旧制度平稳衔接。一要按照现行政策继续做好工伤保险各项工作。已经实施工伤保险的地区，要继续按照现有政策规定做好工伤认定、劳动能力鉴定、待遇支付等各项工作，不得将现有工伤保险工作推迟到《条例》实施后进行。二要加强监督，严肃纪律。严格执行财务制度和会计制度，保证工伤保险基金的完整和安全。三要分级负责，做好信访工作。各地要对《条例》贯彻实施过程中可能出现的问题进行梳理排查，准备好应对措施，做好思想工作，将问题解决在基层，切实维护社会的稳定。

五、加强组织领导，全面推进工伤保险工作

贯彻落实《条例》，推进工伤保险工作是各级政府的重要责任，劳动保障部门要向当地党委、政府汇报，出谋划策，使贯彻落实《条例》列入政府工作议程，全面推动工伤保险工作。各级劳动保障部门主要领导要亲自抓《条例》落实，积极主动与民政、财政、人事、机构编制、卫生、安全生产监督管理等部门进行沟通，同工会、残联、企业家协会等组织进行联系，争取他们的理解和支持，协同推进工伤保险工作。

2003 年 5 月 19 日

劳动和社会保障部关于非全日制用工若干问题的意见

劳社部发［2003］12 号

各省、自治区、直辖市劳动和社会保障厅（局）：

近年来，以小时工为主要形式的非全日制用工发展较快。这一用工形式突破了传统的全日制用工模式，适应了用人单位灵活用工和劳动者自主择业的需要，已成为促进就业的重要途径。为规范用人单位非全日制用工行为，保障劳动者的合法权益，促进非全日制就业健康发展，根据《中共中央、国务院关于进一步做好下岗失业人员再就业工作的通知》（中发［2002］12 号）精神，对非全日制用工劳动关系等问题，提出以下意见：

一、关于非全日制用工的劳动关系

（一）非全日制用工是指以小时计酬、劳动者在同一用人单位平均每日工作时间不超过 5 小时累计每周工作时间不超过 30 小时的用工形式。

从事非全日制工作的劳动者，可以与一个或一个以上用人单位建立劳动关系。用人单位与非全日制劳动者建立劳动关系，应当订立劳动合同。劳动合同一般以书面形式订立。劳动合同期限在一个月以下的，经双方协商同意，可以订立口头劳动合同。但劳动者提出订立书面劳动合同的，应当以书面形式订立。

（二）劳动者通过依法成立的劳务派遣组织为其他单位、家庭或个人提供非全日制劳动的，由劳务派遣组织与非全日制劳动者签订劳动合同。

（三）非全日制劳动合同的内容由双方协商确定，应当包括工作时间和期限、工作内容、劳动报酬、劳动保护和劳动条件五项必备条款，但不得约定试用期。

（四）非全日制劳动合同的终止条件，按照双方的约定办理。劳动合同中，当事人未约定终止劳动合同提前通知期的，任何一方均可以随时通知对方终止劳动合同；双方约定了违约责任的，按照约定承担赔偿责任。

（五）用人单位招用劳动者从事非全日制工作，应当在录用后到当地劳动保障行政部门办理录用备案手续。

（六）从事非全日制工作的劳动者档案可由本人户口所在地劳动保障部门的公共职业介绍机构代管。

二、关于非全日制用工的工资支付

（七）用人单位应当按时足额支付非全日制劳动者的工资。用人单位支付非全日制劳动者的小时工资不得低于当地政府颁布的小时最低工资标准。

（八）非全日制用工的小时最低工资标准由省、自治区、直辖市规定，并报劳动保障部备案。确定和调整小时最低工资标准应当综合参考以下因素：当地政府颁布的月最低工资标准；单位应缴纳的基本养老保险费和基本医疗保险费（当地政府颁布的月最低工资标准未包含个人缴纳社会保险费因素的，还应考虑个人应缴纳的社会保险费）；非全日制劳动者在工作稳定性、劳动条件和劳动强度、福利等方面与全日制就业人员之间的差异。小时最低工资标准的测算方法为：

小时最低工资标准 =［（月最低工资标准 ÷20.92 ÷8）×（1 + 单位应当缴纳的基本养老保险费、基本医疗保险费比例之和）］×（1 + 浮动系数）

（九）非全日制用工的工资支付可以按小时、日、周或月为单位结算。

三、关于非全日制用工的社会保险

（十）从事非全日制工作的劳动者应当参加基本养老保险，原则上参照个体工商户的参保办法执行。对于已参加过基本养老保险和建立个人账户的人员，前后缴费年限合并计算，跨统筹地区转移的，应办理基本养老保险关系和个人账户的转移、接续手续。符合退休条件时，按国家规定计发基本养老金。

（十一）从事非全日制工作的劳动者可以以个人身份参加基本医疗保险，并按照待遇水平与缴费水平相挂钩的原则，享受相应的基本医疗保险待遇。参加基本医疗保险的具体办法由各地劳动保障部门研究制定。

（十二）用人单位应当按照国家有关规定为建立劳动关系的非全日制劳动者缴纳工伤保险费。从事非全日制工作的劳动者发生工伤，依法享受工伤保险待遇；被鉴定为伤残 5 ~ 10 级的，经劳动者与用人单位协商一致，可以一次性结算伤残待遇及有关费用。

四、关于非全日制用工的劳动争议处理

（十三）从事非全日制工作的劳动者与用人单位因履行劳动合同引发的劳动争议，按照国家劳动争议处理规定执行。

（十四）劳动者直接向其他家庭或个人提供非全日制劳动的，当事人双方发生的争议不适用劳动争议处理规定。

五、关于非全日制用工的管理与服务

（十五）非全日制用工是劳动用工制度的一种重要形式，是灵活就业的主要方式。各级劳动保障部门要高度重视，从有利于维护非全日制劳动者的权益、有利于促进灵活就业、有利于规范非全日制用工的劳动关系出发，结合本地实际，制定相应的政策措施。要在劳动关系建立、工资支付、劳动争议处理等方面为非全日制用工提供政策指导和服务。

（十六）各级劳动保障部门要切实加强劳动保障监察执法工作，对用人单位不按照本意见要求订立劳动合同、低于最低小时工资标准支付工资以及拖欠克扣工资的行为，应当严肃查处，维护从事非全日制工作劳动者的合法权益。

（十七）各级社会保险经办机构要为非全日制劳动者参保缴费提供便利条件，开设专门窗口，可以采取按月、季或半年缴费的办法，及时为非全日制劳动者办理社会保险关系及个人账户的接续和转移手续；按规定发放社会保险缴费对账单，及时支付各项社会保险待遇，维护他们的社会保障权益。

（十八）各级公共职业介绍机构要积极为从事非全日制工作的劳动者提供档案保管、社会保险代理等服务，推动这项工作顺利开展。

2003 年 5 月 30 日

劳动和社会保障部关于进一步推动再就业培训和创业培训工作的通知

劳社部发［2003］18号

各省、自治区、直辖市劳动和社会保障厅（局）：

为贯彻落实《中共中央、国务院关于进一步做好下岗失业人员再就业工作的通知》（中发［2002］12号）和《国务院办公厅关于加快推进再就业工作的通知》（国办发［2003］40号）精神，加大再就业培训和创业培训工作力度，现就有关问题通知如下：

一、建立再就业培训机构资质认定制度，形成动员全社会力量参与再就业培训的工作格局

（一）建立健全再就业培训机构资质认定制度

各级劳动保障部门要按照"条件公开、申请自愿、公平竞争、合理布局、择优认定"的原则，结合本地区再就业培训工作的实际，认定一批培训质量较高、社会信誉较好的再就业培训定点机构（以下简称定点机构），帮助下岗失业人员就地就近参加培训。资质审核与认定的具体办法由各省、自治区、直辖市劳动保障部门确定。

（二）动员全社会力量开展再就业培训

要鼓励和引导社会各级各类教育培训机构，包括劳动保障部门综合管理的技工学校、就业训练中心，教育部门综合管理的职业技术学校及大专院校，行业组织、企业、事业单位所属的教育培训中心，民主党派、工商联所属的教育培训机构，工会、共青团、妇联开办的教育培训中心，劳动保障或教育部门审批的社会力量办学机构（2003年9月1日后为民办培训机构及中外合作培训机构）以及其他合法的教育培训机构，充分发挥资源优势，积极参与实施再就业培训。技工学校、就业训练中心要主动承担再就业培训任务，发挥骨干示范作用。

（三）参照以下条件，对申请定点机构的单位进行资质审核

1. 遵守国家法律、法规，贯彻执行国家教育方针和就业政策，积极推行国家职业资格证书制度和就业准入制度，热心承担下岗失业人员再就业培训任务；

2. 具有开展下岗失业人员职业指导、实用技能培训、职业资格培训、创业培训以及其他与再就业相关知识教育所必需的师资、教学实习场地和设施设备；

3. 专业和课程设置符合劳动力市场需求，培训方法和形式能够满足下岗失业人员弹性学习的需要；

4. 规章制度健全，内部管理规范，社会信誉较好，基本没有学员投诉；

5. 具有一定的培训规模和比较稳定的就业渠道，培训质量好，培训后就业率较高。

（四）做好定点机构资质审核与认定工作

劳动保障部门要成立由工会、企业、职业教育培训机构等方面专家参加的审核小组，审核申请报告，核查办学条件，提出审核意见。劳动保障部门参考审核小组意见，作出是否认定的决定。

劳动保障部门应当自受理申请报告之日起两周内以书面形式作出决定，并送达申请单位。对批准为定点机构的单位，颁发“再就业培训定点机构”证书，并向社会公布；对不批准的，要说明理由。

已经开展资质认定并确定定点机构的地区，要推动定点机构扩大培训规模，提高培训效果；尚未进行资质认定的地区，要抓紧行动，在6月底前认定一批定点机构并组织实施培训。

（五）加强对定点机构的管理、指导和服务

要建立再就业培训效果评估制度，将培训合格率、培训后再就业率、创业成功率以及学员满意程度作为评估的重要标准，并向社会公布。对培训效果明显的定点机构，予以表彰和奖励；对效果不明显的，要限期整改；整改仍不合格的，应取消其定点机构资格。要指导定点机构根据劳动力市场需求信息调整专业设置，提高培训的针对性、实用性和有效性。要进一步提高公共就业服务质量，为定点机构提供培训需求信息，并做好培训结业学员的就业服务。

二、建立和完善培训经费补贴与再就业效果直接挂钩的工作机制，提高再就业培训的有效性和经费的使用效果

（一）结合本地实际，普遍建立培训经费补贴与再就业效果直接挂钩的工作机制，根据培训合格率、培训后一定期限内的再就业率、创业成功率，对再就业培训定点机构进行经费补贴，提高培训的实际效果。

（二）加强分类指导。对于按照培训后实际就业人数对培训机构给予经费补贴的，应重点做好定点机构的组织发动工作，通过培训项目招投标，或指导定点机构开发订单式培训，加强培训与劳动力市场需求的衔接，并强化培训后的就业服务，提高再就业率。对于综合考察培训合格率和培训后的再就业率、创业成功率等指标，对培训机构给予经费补贴的，应进一步加强培训质量管理，并重点做好培训项目开发、职业指导和就业服务，切实提高培训效果。

（三）有条件的地市，经向我部备案，可探索试行核发再就业培训券或个人垫付培训经费、再就业后由财政予以报销等多种灵活的方式，提高培训经费的使用效率。

三、全面推广创业培训与小额贷款等优惠政策整体推动的工作模式，提高下岗失业人员创业成功率

（一）从今年6月起，全国100个社区就业重点联系城市，应参照《关于在十个城市建立国家创业示范基地的通知》（劳社厅发［2003］5号）要求，制定工作计划，全面开展创业培训工作，对有创业愿望和具备一定创业条件的下岗失业人员开展自谋职业和开办小企业培训，并为取得创业培训合格证书和完成创业计划书的学员，优先提供再就业小额贷款担保。各地要组建专家队伍，加强对创业学员的开业指导，并提供创业项目信息和后续咨询服务。要大力推广创业培训与项目开发、开业指导、小额贷款、税费减免、跟踪扶持等“一条龙”服务的工作模式，提高下岗失业人员创业成功率。

（二）北京、天津、鞍山等10个国家创业示范城市要按照工作任务书的要求，进一步加强基地建设，完善工作机制，扩大培训规模，强化培训促进创业的效果，为全国创业培训工作积累经验，提供示范。今年，我部将为各地提供创业项目库光盘、创业促进工作流程、中国版《创办你的企业（SYB）》教材、管理人员和师资培训、现场观摩经验交流等服务。

（三）有条件的地区，可申请建立远程培

训辅导站点，组织下岗失业人员、高校毕业生以及社会其他人员参加由中国就业培训技术指导中心组织实施的远程创业培训项目。

四、强化监督检查，加大宣传力度

（一）定期检查、总结和通报再就业培训工作进展情况。各地应采取多种形式，加强对再就业培训工作的指导和检查，及时总结经验，发现问题，采取对策。从今年下半年起，各省、自治区、直辖市应按季汇总再就业培训任务完成情况，主要包括培训基本情况、主要做法、实际效果、存在问题和对策措施等内容，在季度末15日内报我部培训就业司，并同时向当地政府有关部门和社会通报。

（二）树立一批再就业培训定点机构典型和培训后再就业、创业明星，并通过报纸、广播、电视、杂志、互联网等多种媒体进行广泛宣传。各级劳动保障部门在开展重点技校、就业训练中心评估以及民办职业培训机构年检和评优工作中，要把承担再就业培训任务及效果情况作为一项重要指标加以考核。

各地可登录我部“中国劳动力市场”网站（www. lm. gov. cn），点击“特供专题”栏目中的“再就业培训三年千万”“国家创业示范基地建设”及“西部远程培训工程”等专题，查阅相关政策措施和工作动态。

2003年6月13日

劳动和社会保障部　财政部　国务院国有资产监督管理委员会关于印发国有大中型企业主辅分离辅业改制分流安置富余人员的劳动关系处理办法的通知

劳社部发［2003］21 号

各省、自治区、直辖市劳动和社会保障厅（局）、财政厅（局）、经贸委：

现将《关于国有大中型企业主辅分离辅业改制分流安置富余人员的劳动关系处理办法》印发给你们，请遵照执行。

2003 年 7 月 31 日

关于国有大中型企业主辅分离辅业改制分流安置富余人员的劳动关系处理办法

为贯彻落实《中共中央、国务院关于进一步做好下岗失业人员再就业工作的通知》（中发［2002］12 号），切实做好国有大中型企业主辅分离、辅业改制中分流安置富余人员的劳动关系处理等工作，维护职工的合法权益，促进劳动关系的和谐稳定，根据《关于国有大中型企业主辅分离辅业改制分流安置富余人员的实施办法》（国经贸企改［2002］859 号），制定本办法。

一、关于国有企业改制分流中劳动关系处理工作

（一）国有大中型企业实行主辅分离、辅业改制的企业（以下简称“改制企业”）应当在工商登记后 30 日内，与原主体企业分流到本单位的职工签订劳动合同。

（二）对分流到国有法人绝对控股改制企业的职工，应当采取原主体企业解除劳动合同，改制企业签订新劳动合同的方式变更劳动合同，由改制企业继续与职工履行原劳动合同约定的权利与义务。

改制企业与职工重新签订劳动合同就劳动合同期限不能协商一致的，应当继续履行原劳动合同中尚未履行的期限；原劳动合同未履行期限短于3年的，应延长至3年。

符合签订无固定期限劳动合同条件的，职工提出签订无固定期限的劳动合同，用人单位应当签订无固定期限劳动合同。

（三）对分流到非国有法人控股改制企业的职工，原主体企业应当与其办理解除劳动合同手续，并依法支付经济补偿金；改制企业应当与职工重新签订劳动合同。劳动合同的期限由改制企业与职工协商确定，重新签订劳动合同的期限应不短于3年。

（四）对分流到国有法人绝对控股改制企业的职工，改制企业解除劳动合同时，对符合支付经济补偿金条件的，计发经济补偿金的年限应当将职工在原主体企业的工作年限与到改制企业后的工作年限合并计算。劳动合同期满，终止劳动合同时，支付生活补助费的办法按照《劳动保障部办公厅关于〈国营企业实行劳动合同制暂行规定〉废止后有关终止劳动合同支付生活补助费问题的复函》（劳社厅函［2001］280号）执行。

（五）企业解除劳动合同计发经济补偿金，按照《违反和解除劳动合同的经济补偿办法》（劳部发［1994］481号）的规定，根据劳动者在本单位工作年限，每满一年发给相当于一个月工资的经济补偿金，工作时间不满一年的按一年的标准发给经济补偿金。对从其他国有单位（包括国家机关、事业单位和国有企业）调入本单位的职工，其在国有单位的工龄可计入本单位工作年限。

经济补偿金的工资计算标准是指企业正常生产情况下劳动者解除劳动合同前12个月的月平均工资。其中，职工月平均工资低于企业月平均工资的，按企业月平均工资计发；职工月平均工资超过企业月平均工资3倍以上的，按不高于企业月平均工资的3倍标准计发。企业经营管理人员也应按照上述办法执行。

（六）企业改制分流时，对距法定退休年龄5年以内、符合内部退养条件的职工，原主体企业或国有法人控股的改制企业经与职工协商一致，可以实行内部退养。

职工在改制前已经办理内部退养手续的，一般由原主体企业继续履行与职工的内部退养协议。由改制企业履行原内部退养协议的，应当在改制分流总体方案中明确。

（七）企业改制分流时，已经与原主体企业解除劳动合同的职工，不能再回原主体企业参加改制。

（八）企业改制分流时，原主体企业要妥善处理好拖欠职工的工资和欠缴的社会保险费等债务。具体办法按照《财政部关于印发〈企业公司制改建有关国有资本管理与财务处理的暂行规定〉的通知》（财企［2002］313号）执行。

（九）国有法人控股的改制企业再改制为非国有法人控股时，符合《关于国有大中型企业主辅分离辅业改制分流安置富余人员的实施办法》（国经贸企改［2002］859号）适用范围的，有关职工劳动关系的处理，按照本办法执行。

二、关于劳动保障部门审核国有企业改制分流方案工作

（一）劳动保障部门要按照《关于国有大中型企业主辅分离辅业改制分流安置富余人员的实施办法》（国经贸企改［2002］859号）和《关于中央企业报送主辅分离改制分流总体方案基本内容和有关要求的通知》（国经贸厅企改［2003］27号）的有关要求，对国有大中型企业实施改制分流的方案进行审核备案。

（二）审核备案范围包括：国有大中型企业利用非主业资产、闲置资产和关闭破产企业的有效资产改制为独立核算、自负盈亏的法人经济实体。

（三）国有大中型企业向劳动保障部门报送审核的内容：

1．国有大中型企业确定的实施主辅分离辅业改制分流安置富余人员的工作原则和主要措施；改制企业的人员状况及分流安置意见。

2．吸纳原主体企业富余人员情况。包括：改制后企业职工总数、分流的富余人员数及占职工总人数的比例。

3．劳动关系处理情况。包括：改制为国有法人控股的企业与职工变更劳动合同情况（人数及劳动合同期限）；改制为非国有法人控股的企业与职工重新签订劳动合同情况（人数及劳动合同期限），原主体企业解除劳动合同情况（人数、支付经济补偿金标准、总额及资金来源）。

（四）国有大中型企业报送劳动保障部门备案的内容：

1．债务偿还情况。包括：原主体企业拖欠分流安置富余职工工资、医药费等债务情况及偿还办法。

2．原主体企业偿还欠缴分流安置富余职工的社会保险费情况。

3．社会保险关系接续情况。包括：原主体企业为分流的职工缴纳社会保险费情况；改制企业为职工办理社会保险情况。

4．其他需要提供的材料。包括：有关部门同意改制的批复，职工代表大会通过分流安置人员方案的决议。

（五）劳动保障部门审核备案办法：

1．中央企业所属企业改制分流总体方案经国资委、财政部和劳动保障部联合批复后，由集团公司组织实施。中央企业在组织实施中涉及向劳动保障部门审核备案的内容，由企业所在地省级劳动保障部门审核并备案。其他国有大中型企业改制分流方案中涉及向劳动保障部门审核备案的内容，由省级劳动保障部门制定相应办法。

2．省级劳动保障部门收到中央企业实施改制分流的具体方案后，应当在规定的工作日内完成审核工作，并出具审核意见书。

3．省级劳动保障部门向中央企业出具的审核意见书一式两份，一份交被审核企业，一份报劳动保障部备案。

三、有关要求

（一）劳动保障部门要加强对国有大中型企业主辅分离辅业改制分流安置富余人员过程中劳动关系处理工作的指导，对企业制定职工分流安置方案中存在的问题，应及时与当地政府有关部门和企业进行协调，指导和帮助企业完善安置方案。

（二）各级劳动保障部门要指导改制企业按照劳动法律法规和建立现代企业制度的要求，规范用工行为，依法订立和履行劳动合同，加强劳动合同管理，完善劳动合同内容。

（三）劳动保障部门要与有关部门积极协调，制定和完善本地区的政策规定，充分发挥工会和企业组织的积极性，为企业和职工提供咨询和建议，维护职工合法权益，促进劳动关系和谐稳定，保持社会稳定。

劳动和社会保障部　财政部关于妥善处理国有企业下岗职工出中心再就业有关问题的通知

劳社部发［2003］24号

各省、自治区、直辖市劳动和社会保障厅（局）、财政厅（局），国务院各有关部门：

为切实做好国有企业下岗职工（以下简称为下岗职工）出中心再就业工作，经国务院同意，现就有关问题通知如下：

一、根据《中共中央、国务院关于切实做好国有企业下岗职工基本生活保障和再就业工作的通知》（中发［1998］10号）和《国务院关于印发完善城镇社会保障体系试点方案的通知》（国发［2000］42号）精神，国有企业原则上不再建立新的再就业服务中心，企业新的减员原则上不再进入再就业服务中心。各地要制定工作计划，结合再就业工作的进展，在确保稳定的前提下，推进下岗职工出中心，并积极做好下岗职工再就业工作。对目前仍在中心和协议期满的下岗职工，在保障基本生活的前提下，要通过政策引导扶持、加强就业服务和培训，帮助他们尽快实现再就业，并妥善解决好与原企业解除劳动关系的问题。

二、2005年底以前，各级财政原来安排用于下岗职工基本生活保障的资金规模不减。各地在确保稳定和促进再就业的前提下，可以将下岗职工基本生活保障资金的结余部分，调整用于对国有困难企业与下岗职工解除劳动关系所需经济补偿金的补助，逐步实现下岗职工基本生活保障向失业保险并轨。在《2003年政府预算收支科目》《2004年政府预算收支科目》中第1903款级科目“国有企业下岗职工补助”下相应增设第190303项级科目“下岗职工经济补偿金补助”，用于反映财政对国有困难企业与下岗职工解除劳动关系所需经济补偿金的补助。

中央管理企业原则上执行企业所在地下岗职工出中心再就业政策，中央财政对中央管理企业中的困难企业与下岗职工解除劳动关系所需经济补偿金予以适当补助，具体办法另行制定。

三、各地要从实际出发，区分企业经营状况，指导企业妥善处理好下岗职工出中心解除劳动关系的经济补偿问题，并督促企业采取切实有效措施偿还拖欠下岗职工的各种债务。同时，要认真做好下岗职工出中心后的再就业、社会保险关系接续和三条保障线的衔接工作。在工作中要充分考虑财政、企业、职工和社会保障的承受能力，加强分类指导，把握好工作进度，确保工作稳妥进行，保证社会稳定。解除劳动关系支付经济补偿金的工作，应首先考虑那些已实现再就业的下岗职工。企业要通过多种渠道筹集资金，依法支付与下岗职工解除劳动关系所需的经济补偿金。对特别困难的企业，地方政府可给予必要和适当的补助。

四、各地要切实加强对下岗职工基本生活

保障和再就业资金管理，确保资金规范合理使用。任何单位和个人均不得挤占挪用下岗职工基本生活保障和再就业资金。各级财政、劳动保障部门要加强对下岗职工基本生活保障和再就业资金使用管理的监督检查，发现问题要及时纠正，并对有关单位和责任人进行严肃处理。

五、省级劳动保障、财政部门要根据本通知精神，结合本地实际制定具体实施办法，并报劳动保障部、财政部备案。

2003年9月25日

劳动和社会保障部　人事部　卫生部 中华全国总工会　中国企业联合会 关于劳动能力鉴定有关问题的通知

劳社部发［2003］25号

各省、自治区、直辖市劳动和社会保障厅（局）、人事厅（局）、卫生厅（局）、民政厅（局）、总工会、企业联合会：

为了加强和规范劳动能力鉴定管理，做好《工伤保险条例》实施前劳动能力鉴定的准备工作，根据《工伤保险条例》和国务院有关文件的精神，通知如下：

一、劳动能力鉴定是工伤保险管理工作的基础，关系到工伤职工的切身利益。各地要高度重视劳动能力鉴定工作，通过制定管理规范，建立管理队伍，改进管理方式，实现鉴定程序规范化、鉴定人员专业化、鉴定依据标准化。

二、各省、自治区、直辖市和设区的市级劳动保障行政部门要抓紧与人事行政部门、卫生行政部门、工会组织、经办机构以及用人单位代表协商，尽快建立和规范劳动能力鉴定委员会，并设立劳动能力鉴定委员会办事机构，由专人负责委员会的日常工作。

三、各地要制定劳动能力鉴定具体管理办法，完善鉴定工作管理规范，建立健全工作机制，以保证鉴定工作正常进行。

四、劳动能力鉴定委员会要按照《工伤保险条例》要求建立医疗卫生专家库。专家库的建立要保证一定的数量和专业类别，满足劳动能力鉴定的专业要求和技术要求。劳动能力鉴定委员会做出鉴定结论要充分尊重专家组的鉴定意见，切实保证鉴定结论的客观、公正、准确。

五、劳动能力鉴定应按照国务院劳动保障行政部门会同国务院卫生行政部门等部门制定的劳动能力鉴定标准执行。在该标准颁布前，暂按照《职工工伤与职业病致残程度鉴定》（GB/T 16180—1996）执行。

2003年9月26日

劳动和社会保障部　信息产业部关于实施电子信息产业高技能人才培训项目的通知

劳社部发［2003］26 号

各省、自治区、直辖市劳动和社会保障厅（局）、信息产业厅（局）：

为加快电子信息产业高技能人才队伍的建设，根据劳动和社会保障部实施国家高技能人才培训工程的总体安排，劳动和社会保障部与信息产业部决定联合实施电子信息产业高技能人才培训项目（以下简称培训项目），现就有关事项通知如下：

一、任务目标

根据《国民经济和社会发展第十个五年计划信息化重点专项规划》和电子信息产业发展的需要，按照需求定向、企业主导、条块结合、政府帮助的原则，从 2003 年 10 月至 2006 年底，在部分电子信息产业较为集中的城市和重点企业集团中，加强高级技术工人培养，表彰奖励一批拔尖技术能手，形成培养快、使用好、待遇高的机制，形成争学技术、争当能手的社会氛围，力争使高级工、技师和高级技师数量有较大增加，在技术工人中所占的比重提高3~5 个百分点，缓解电子信息产业高技能人才短缺的状况，为电子信息产业发展提供技能人才支持。

二、实施范围

（一）重点联系城市：先确定北京、天津、上海、广州、深圳、沈阳、大连、南京、杭州、苏州、福州、济南、长沙、成都、西安、哈尔滨、长春、厦门、石家庄、青岛等 20 个城市为本项目重点联系城市。

（二）重点联系企业：先确定中国普天信息产业集团、中国电子科技集团公司、中国电子信息产业集团公司、TCL 集团公司、海信集团有限公司、彩虹电子集团公司、华为技术有限公司、中兴通讯股份有限公司、熊猫电子集团有限公司、四川长虹电器股份有限公司等大型企业集团公司为本培训项目重点联系企业。

（三）重点职业领域：在 IT 企业中从事电真空制造、半导体芯片制造、电子电路制造、通信设备制造、电池制造、无线电整机装配调试、雷达装配调试、电子设备维修、电子产品模具制造、计算机（含外设）服务器装配调试、维修、计算机系统集成等职业的技能人才，以及软件开发、信息服务、计算机信息系统操作人员。

（四）各省（自治区、直辖市）劳动保障部门、信息产业部门可根据本地区电子信息产业发展实际需求，确定实施本培训项目的具体方案。

三、主要内容

（一）选择规模较大、技术设备先进、管理规范、效益较好和具有优势教育培训资源的企业，建立“国家高技能人才培训工程（电子信息项目）培训基地”。依托培训基地开展高技能人才培训。除确定10家重点联系企业建立培训基地外，每个联系城市各确定企业培训基地1~2家，各省（自治区、直辖市）可根据本地区实际确定企业培训基地1~2家，由劳动和社会保障部与信息产业部统一公布。企业要结合本企业发展，充分发挥培训基地的示范和辐射作用，开展以下高技能人才培养工作：

1. 通过多种培训形式，实施高级工、技师、高级技师职业资格培训和“四新”技术技能培训、技能提高培训等。

2. 组织岗位练兵、技能竞赛，同业交流和绝招绝技观摩活动等，表彰奖励技术能手和做出突出贡献的技能人才。

3. 发挥培训资源优势，承担中小企业职工培训任务，为培训机构提供兼职教师、实习场所和设备。

（二）选择专业实习设备先进、师资力量强的电子信息类职业院校和普通高等院校，建立“国家高技能人才培训工程（电子信息项目）培训基地”。面向企业和社会开展高技能人才培训。每个联系城市各确定学校培训基地1~2家，各省（自治区、直辖市）可根据本地区实际确定学校培训基地1~2家，由劳动和社会保障部与信息产业部统一公布。学校培训基地要结合当地高技能人才需求，开展以下工作：

1. 招收技工学校、中等职业学校毕业生和具备条件的中级技术工人，开展高级技工学制教育。

2. 面向社会开展企业在职职工和下岗失业人员、劳动力市场求职人员的高级工、技师和高级技师职业资格培训。

3. 面向高职院校和普通高等院校毕业生中尚未就业的人员开展技能强化训练。

（三）信息产业部电子行业职业技能鉴定指导中心联合有关职业教育培训机构，建立国家高技能人才（电子信息项目）培训工程资源开发中心。资源开发中心要围绕项目的实施，承担以下工作：

1. 跟踪了解新技术、新技能的推广应用情况。

2. 开发培训课程，开展示范性培训。

3. 组织培训方法研究，承担教材开发和骨干师资培训工作。

（四）逐步完善电子信息产业特有职业国家职业标准制定、教材编写、试题库开发等基础工作。依据《国家职业标准》和企业生产岗位规范的要求制定培训教学计划，并根据新技术、新工艺、新设备、新材料的发展，进行动态调整。开发和出版一批体现信息产业高技能人才培养特色的教材。在技术上确保高技能人才培训工程的顺利进行。

（五）组织实施电子信息技术远程培训。根据技术发展和企业需求，陆续开展计算机应用与软件开发、信息服务等领域的远程培训项目。

（六）大力推行职业资格证书制度。企业和学校基地完成重点职业的培训任务后，信息产业特有职业（工种）由信息产业部电子行业职业技能鉴定指导中心组织实施鉴定，信息产业部劳资部门按照规定核发相应的职业资格证书。通用职业（工种）由劳动保障部门组织实施鉴定，核发相应职业资格证书。加大技师考评工作力度，原则上每年组织一次技师资格考评，考评合格颁发职业资格证书。

（七）从2004年开始，每两年组织一次电子行业特有职业的职业技能竞赛，鼓励岗位练兵活动，对大赛和岗位练兵活动中涌现出来的优秀人才进行表彰，鼓励优秀人才脱颖而出。

四、组织推动

（一）由劳动和社会保障部、信息产业部共同成立全国电子信息高技能人才培训项目工作领导小组，负责项目的组织领导，统筹协调和进行重大问题的决策。领导小组下设全国电子信息高技能人才培训项目工作办公室，负责培训项目的日常工作，办公室设在信息产业部。

（二）实施本项目的省（自治区、直辖市）和联系城市成立由劳动保障部门、信息产业部门和企业组成的领导小组，负责本地区项目的统筹规划和组织实施工作，并做好企业和学校的沟通联系工作。

（三）重点联系企业（国家培训基地所在企业）要成立或落实相应工作机构，推动培训项目的实施。

重点联系企业要制定本单位高技能人才培养规划，建立企业职工培训、考核、使用、待遇相统一的政策。提高高级工、技师、高级技师的工资水平、岗位津贴和福利待遇，形成多种形式的有利于高级技能人才成长的激励机制。

五、实施步骤

（一）启动阶段（2003 年 11 月底前）

1．实施本培训项目的省（自治区、直辖市）和重点联系城市、企业成立或落实培训项目领导机构和实施机构。

2．调研了解地区、行业、企业的需求，制定实施方案。

3．确定企业和学校培训基地。

4．陆续开始编写教材，开发课件，开展师资培训。

（二）实施阶段（2003 年 12 月—2006 年 9 月）

1．组织实施培训。

2．做好基础工作和技术支持。

3．进行阶段性总结，推广工作经验。

（三）效果评估（2006 年 10—12 月）

1．各省（自治区、直辖市）和重点联系城市及企业自行评估。

2．劳动保障部和信息产业部组织检查评估。

3．培训项目总结。

2003 年 9 月 29 日

劳动和社会保障部　建设部关于切实解决建筑业企业拖欠农民工工资问题的通知

劳社部发［2003］27号

各省、自治区、直辖市劳动和社会保障厅（局）、建设厅（建委，山东、江苏建管局）：

为进一步贯彻落实《国务院办公厅关于做好农民进城务工就业管理和服务工作的通知》（国办发［2003］1号）精神（以下简称《通知》），切实解决建筑业存在的拖欠和克扣农民工工资问题，保护农民工合法权益，维护社会稳定，现就有关问题通知如下：

一、充分认识维护农民工合法权益的重要意义

当前，建筑业已成为吸纳农村富余劳动力的主要行业之一，广大农民工进入建筑业，促进了农村劳动力就业结构调整，增加了农民收入。但是，由于建筑领域存在劳动力供大于求、拖欠工程款以及劳务用工行为不规范等问题，造成当前一些地区建筑业企业拖欠和克扣农民工工资的现象仍然存在，侵害了农民工的合法权益。解决好拖欠农民工工资问题是保护农民工合法权益、维护社会稳定的大事，各级劳动保障部门和建设行政主管部门，要从贯彻落实“三个代表”重要思想和维护改革发展稳定大局的高度，充分认识解决拖欠农民工工资问题、保护农民工合法权益的重要意义，将其作为当前的一项重要工作，采取切实有效的措施抓紧抓好。

二、认真开展清查工作，严厉打击拖欠和克扣农民工工资行为

用人单位必须以法定货币形式按时足额支付劳动者工资，不得以任何名目拖欠和克扣。各级劳动保障部门和建设行政主管部门要加强协调，积极配合，定期对建筑业企业工资支付情况进行监督检查。对查出拖欠和克扣工资的建筑业企业，要责令其及时补发工资；不能立即补发的，要制定清欠计划，限期补发。对恶意拖欠、克扣工资的企业，严格按国家有关规定进行处罚，并向社会公布有关企业名单。涉嫌犯罪的，劳动保障部门要及时移交司法机关依法严肃处理。

由于建筑领域拖欠工程款问题是造成建筑业企业拖欠农民工工资的主要原因，因此，在解决拖欠工程款问题的同时，也要切实解决好拖欠农民工工资问题。因建设单位拖欠建筑业企业工程款，致使建筑业企业不能按时发放工资的，要追究建设单位的责任；建筑业企业拖欠劳务分包企业分包工程款，致使劳务分包企业不能按时发放农民工工资的，要追究建筑业企业的责任。

三、加强对建设、开发项目的监管，确保建筑业企业农民工工资来源

为有效解决由于建筑领域拖欠工程款造成的建筑业企业拖欠农民工工资问题，各级建设行政主管部门要加强对建设、开发项目的监管，严格施工审批程序，对资金不到位的建设项目不予办理开工手续。特别是对政府投资工程项目，要加强对工程款支付的监督，使建设项目能够按期支付工程款，做到不拖、不欠，真正使政府投资工程成为“示范工程”，起到示范作用，杜绝拖欠工程款的恶性攀比现象。

各级建设行政主管部门要按照《国务院关于促进房地产市场持续健康发展的通知》（国发［2003］18号）要求，加强对房地产企业的资质管理和房地产开发项目审批管理，严格执行房地产开发项目资本金制度、项目手册制度，积极推行业主工程款支付担保制度，从源头上确保建筑业企业农民工工资来源。

四、加强对农民工劳动合同的管理，指导企业依法与农民工签订劳动合同

各级劳动保障部门和建设行政主管部门要加强对建筑业企业招用农民工的管理，要求企业在招用农民工时，必须依法与农民工签订劳动合同，并向劳动保障部门进行用工备案。劳动合同中要明确规定劳动合同期限、工作内容、劳动保护和劳动条件、劳动报酬以及违反劳动合同的责任等内容。其中有关劳动报酬的条款，应明确工资支付标准、支付项目、支付形式以及支付时间等内容。企业符合法定条件与农民工解除劳动合同，应依法支付农民工经济补偿金。因履行、变更、解除和终止劳动合同发生的争议，按国家有关劳动争议处理规定处理。各级劳动保障部门和建设行政主管部门要协调配合，做好劳动合同签订和履行情况的监督检查。对签订劳动合同收取抵押金、风险金等违法行为，一经发现，要按有关规定严肃处理。对不依法与农民工签订劳动合同或采取欺诈和威胁等手段订立劳动合同以及不按规定进行用工备案的企业，要根据国家有关法律法规和政策严肃处理，对农民工造成损害的，企业要依法承担赔偿责任。

五、大力发展建筑劳务分包企业，规范用工行为

要规范建筑业用工行为，禁止无用工资格的个人、组织及“包工头”的非法用工行为。各级建设行政主管部门要大力发展劳务分包企业，指导劳务队伍按资质标准注册成立劳务分包企业。要指导农民工输出较多的地区，以多种形式组建法人形式的劳务分包企业，有组织、有目标地承揽劳务分包工程。总承包企业应通过内部招标或社会公开招标的方式选用劳务分包企业。有条件的地区，可拓展有形建筑市场劳务分包服务功能，及时面向市场公开发布劳务分包信息，为劳务分包企业提供公平、合法的承揽建筑劳务的场所。

六、建立健全农民工工资支付监控制度

各级劳动保障部门要按照《通知》要求，建立健全工资支付监控制度，对企业工资支付情况进行监督检查，定期组织企业进行自查、抽查，并视情况对检查结果进行公布和对有关企业提出预警。充分发挥基层劳动保障平台和社区工会组织的作用，将工资支付监控工作延伸到基层。一旦出现拖欠苗头，要及时采取措施加以解决，避免事态扩大。企业要按照劳动保障部门的要求，定期将农民工工资支付情况报当地劳动保障部门备案。因客观原因不能按时足额支付农民工工资的企业，必须向农民工说明拖欠原因，并向劳动保障部门和建设部门报告。

各地区劳动保障部门要结合本地区情况，制定建立企业工资支付监控制度的具体措施。

七、建立企业工资支付信用制度

各级劳动保障部门要结合劳动保障年检，建立企业工资支付信用制度，将企业工资支付情况作为评价企业劳动用工信用状况的重要内容，记入企业劳动用工信用档案。对拖欠和克扣工资的企业，劳动保障部门要在劳动力市场上公示，视情况通报有关企业及其法定代表人名单，并通告建设部门、工商管理部门以及行业协会。

建设部门在企业资质年检时，应当将企业工资支付信用情况作为考核企业诚信的重要内容，对恶意拖欠和克扣工资的企业，按法律、法规及有关规定进行处理。

各级建设部门要建立房地产开发企业工程款支付信用制度。对违反合同不支付、不足额支付工程款的企业，要在房地产信用档案中公示。

八、完善工作机制，疏通处理渠道

各级劳动保障部门和建设部门要建立健全解决拖欠农民工工资的工作机制，切实做到专人负责、申诉有门、处理及时、客观公正。要按照各自职责，认真负责地对侵犯农民工权益的违法行为进行处理，不得相互推诿。要建立健全拖欠农民工工资举报制度，设立举报箱、开通举报电话，并设专人负责接待来访举报。信访机构要认真接待农民工因被拖欠工资等问题的上访，耐心细致地做好政策宣传解释工作。使用农民工较多的地区，建设行政主管部门要与有关部门协商，成立法律援助工作站，开展法律咨询服务活动。

劳动保障部门除要进行日常巡视检查、举报专查以及劳动保障年检工作外，还要定期进行专项检查。对用人单位拖欠和克扣农民工工资以及不依法与农民工签订劳动合同等违法行为，农民工要及时向当地劳动保障部门举报。对侵害农民工合法权益的违法行为，劳动保障部门要依法查处。

劳动争议仲裁机构要及时受理劳动争议，对用人单位拖欠和克扣工资等行为而引起的劳动争议案件，劳动争议仲裁机构要及时进行调解；对不能达成调解协议的案件，及时作出裁决。农民工也可直接向当地劳动争议仲裁机构申请仲裁。用人单位对劳动争议仲裁机构的裁决无异议又拒不执行的，被侵权的农民工可依法向人民法院申请强制执行。

对拖欠农民工工资严重的施工企业，以及严重拖欠施工企业工程款的建设单位，除按有关规定进行查处外，还要在新闻媒体上予以曝光。必要时，提请有关部门追究责任人的行政责任。

九、充分发挥协调劳动关系三方机制作用，共同采取措施解决拖欠农民工工资问题

各级劳动保障部门、建设部门、建筑业协会和工会，要将解决拖欠农民工工资问题作为协调劳动关系三方会议工作的重要内容，共同研究制定有关政策措施。三方要加强协调配合，发挥三方机制的协同作用。政府劳动保障部门和建设部门要积极制定和实施有关政策措施，积极支持工会组织加强企业工会组织建设，教育和引导农民工依法维护自身合法权益。行业协会要加强对建筑业企业进行有关法律法规的宣传教育，促使企业依法经营、诚实守信，树立良好的行风和建立良好的市场道德规范。

十、开展对农民工工资支付情况专项检查和企业自查活动

建筑业企业要在10月26日前开展农民工工资支付情况及劳动合同签订情况的自查活动，对自查中发现的问题，要及时解决。各省、自治区和直辖市于11月5日前，要将开展自查活动情况报劳动保障部和建设部。今年第四季度，劳动保障部等有关部门将在全国范围内组织开展以工资支付为重点的农民工权益保护专项检查，重点检查建筑等行业工资支付情况，检查的具体事项另行通知。

各级劳动保障部门和建设部门可根据本通知精神，制定具体实施意见。

2003年9月30日

劳动和社会保障部　财政部　卫生部 国家安全生产监督管理局关于工伤保险费率问题的通知

劳社部发［2003］29号

各省、自治区、直辖市劳动和社会保障厅（局）、财政厅（局）、卫生厅（局）、安全生产监督管理部门：

为贯彻实施《工伤保险条例》，合理确定工伤保险费率，促进工伤预防，实现工伤保险费用社会共济，经国务院批准，现就工伤保险费率问题通知如下：

一、关于行业划分

根据不同行业的工伤风险程度，参照《国民经济行业分类》（GB/T 4754—2002），将行业划分为三个类别：一类为风险较小行业，二类为中等风险行业，三类为风险较大行业。三类行业分别实行三种不同的工伤保险缴费率。统筹地区社会保险经办机构要根据用人单位的工商登记和主要经营生产业务等情况，分别确定各用人单位的行业风险类别。行业风险分类见附件。

二、关于费率确定

各省、自治区、直辖市工伤保险费平均缴费率原则上要控制在职工工资总额的1.0%左右。在这一总体水平下，各统筹地区三类行业的基准费率要分别控制在用人单位职工工资总额的0.5%左右、1.0%左右、2.0%左右。各统筹地区劳动保障部门要会同财政、卫生、安全监管部门，按照以支定收、收支平衡的原则，根据工伤保险费使用、工伤发生率、职业病危害程度等情况提出分类行业基准费率的具体标准，报统筹地区人民政府批准后实施。基准费率的具体标准可定期调整。

三、关于费率浮动

用人单位属一类行业的，按行业基准费率缴费，不实行费率浮动。用人单位属二、三类行业的，费率实行浮动。用人单位的初次缴费费率，按行业基准费率确定，以后由统筹地区社会保险经办机构根据用人单位工伤保险费使用、工伤发生率、职业病危害程度等因素，一至三年浮动一次。在行业基准费率的基础上，可上下各浮动两档：上浮第一档到本行业基准费率的120%，上浮第二档到本行业基准费率的150%，下浮第一档到本行业基准费率的80%，下浮第二档到本行业基准费率的50%。费率浮动的具体办法由各统筹地区劳动保障行政部门会同财政、卫生、安全监管部门制定。

各地要认真做好工伤保险相关数据的测算，合理确定行业基准费率，科学制定费率浮动的具体办法。要加强对工伤保险运行情况的监测，定期分析工伤保险费率对工伤保险制度运行的影响，重大问题及时上报。我们将定期了解工伤保险基金收支等情况，及时提出调整行业差别费率及行业内费率档次的方案，报国务院批准后公布施行。

附件：工伤保险行业风险分类表

2003年10月29日

附件

工伤保险行业风险分类表

行业类别	行业名称
一	银行业，证券业，保险业，其他金融活动，居民服务业，其他服务业，租赁业，商务服务业，住宿业，餐饮业，批发业，零售业，仓储业，邮政业，电信和其他信息传输服务业，计算机服务业，软件业，卫生，社会保障业，社会福利业，新闻出版业，广播、电视、电影和音像业，文化艺术业，教育，研究与试验发展，专业技术服务业，科技交流和推广服务业，城市公共交通业
二	房地产业，体育，娱乐业，水利管理业，环境管理业，公共设施管理业，农副食品加工业，食品制造业，饮料制造业，烟草制品业，纺织业，纺织服装、鞋、帽制造业，皮革、毛皮、羽毛（绒）及其制品业，林业，农业，畜牧业，渔业，农、林、牧、渔服务业，木材加工及木、竹、藤、棕、草制品业，家具制造业，造纸及纸制品业，印刷业和记录媒介的复制，文教体育用品制造业，化学纤维制造业，医药制造业，通用设备制造业，专用设备制造业，交通运输设备制造业，电气机械及器材制造业，仪器仪表及文化、办公用机械制造业，非金属矿物制品业，金属制品业，橡胶制品业，塑料制品业，通信设备、计算机及其他电子设备制造业，工艺品及其他制造业，废弃资源和废旧材料回收加工业，电力、热力的生产和供应业，燃气生产和供应业，水的生产和供应业，房屋和土木工程建筑业，建筑安装业，建筑装饰业，其他建筑业，地质勘察业，铁路运输业，道路运输业，水上运输业，航空运输业，管道运输业，装卸搬运和其他运输服务业
三	石油加工，炼焦及核燃料加工业，化学原料及化学制品制造业，黑色金属冶炼及压延加工业，有色金属冶炼及压延加工业，石油和天然气开采业，黑色金属矿采选业，有色金属矿采选业，非金属矿采选业，煤炭开采和洗选业，其他采矿业

劳动和社会保障部 财政部关于进一步做好企业工资总额同经济效益挂钩工作的通知

劳社部发［2003］31号

各省、自治区、直辖市劳动和社会保障厅（局）、财政厅（局），国有资产监督管理委员会、铁道部、国家烟草专卖局、国家邮政局以及有关中央管理的企业：

为了建立健全企业工资总量宏观调控机制，促进企业经济效益的增长和职工积极性的提高，使企业工资增长与经济效益增长保持合理关系，现就进一步做好企业工效挂钩工作的有关事宜通知如下：

一、充分认识做好工资总额同经济效益挂钩工作的重要意义

企业工资总额同经济效益挂钩办法是国家对国有企业工资分配进行调控的重要方式，不仅关系到企业职工工资水平和工资增长，还事关国家、企业和职工个人三者间的利益分配关系，也是调节行业收入分配关系的重要手段。各级劳动保障部门和财政部门以及国务院其他有关部（委）、机构、中央管理的企业，必须充分认识工资总额同经济效益挂钩工作的重要意义，严格按照国家有关政策和要求，切实做好这项工作。

二、工效挂钩方案审核原则

（一）挂钩经济效益指标的选择及基数确定

1．挂钩经济效益指标的选择

要突出综合反映企业经济效益指标，一般以实现利润、实现利税为主要挂钩指标，国有资本保值增值率为否定指标。对目前实行复合挂钩指标、单一业务量（实物量）指标挂钩的企业（企业集团）要降低业务量（实物量）挂钩指标所占的比重，并尽快转为以实现利润和实现利税为主要指标。亏损企业可实行工资总额与减亏指标挂钩办法。少数减亏额较大的企业，可以适当增加工资总额，但不得因增加工资使企业亏损超过上年实际数。

强化国有资本保值增值对工资增长的约束作用，在计提新增效益工资时，应严格按照《国有资本金效绩评价规则》和《国有资本保值增值结果计算与确认办法》有关规定，考核国有资本保值增值情况，当年没有实现国有资本保值增值的企业，不得提取新增效益工资。

2．经济效益指标基数的确定

经济效益指标基数要按照鼓励先进、鞭策后进的原则核定，一般以上年经中介机构审计确认的会计报表中实际完成数为基础，剔除不可比因素或不合理部分，并参照本地区同行业平均水平进行核定。新挂钩企业如果上年实际完成数低于前三年平均数，则以前三年平均数为基础核定。

已实行工效挂钩的企业，核定经济效益指标基数还应考虑以下因素：

（1）列入国家计划的新建扩建项目由基建正式移交生产后的增人和按国家政策接收复转军人、大中专毕业生，应参照同行业或该企业人均效益水平合理核增挂钩的经济效益指标基数。

（2）企业之间成建制划入划出职工，按上年经中介机构审计确认的会计报表数据调整经济效益指标基数。

（二）工资总额基数的确定

1. 新挂钩企业的挂钩工资总额基数，原则上以企业上年劳动工资统计年报中的工资总额实发数为基础，核减一次性补发上年工资、成建制划出职工工资以及各种不合理的工资性支出，核增上年增人、成建制划入职工的翘尾工资后确定。

2. 已实行工效挂钩办法的企业，其工资总额基数以上年应提取的工资总额为基础核定，在坚持增人不增工资总额、减人不减工资总额的原则下，可以考虑以下因素进行适当调整：

（1）上年列入国家计划的新建扩建项目由基建正式移交生产后的增人、按国家政策接收的复转军人和大中专毕业生，可按照企业上年人均挂钩工资水平的标准核增工资总额基数。

（2）上年成建制划入划出人员工资，按劳动工资统计年报数核增核减。

（三）挂钩浮动比例的确定

挂钩浮动比例根据企业劳动生产率、人工成本水平和人均利税率等经济效益指标以及企业工资总额和挂钩经济效益指标的比例关系，按企业纵向比较与企业之间横向比较相结合的方法确定，并适当考虑企业规模、所属行业等因素，一般控制在1∶0.7以内。实行工资总额与经济效益总挂钩的部门，挂钩总浮动比例控制在1∶0.75以内。对工资总额与经济效益指标倒挂的企业及工资水平高、增长快的特殊行业（企业）要适当调低挂钩浮动比例。对实行复合指标挂钩、单一实物（工作）量指标挂钩的企业，要视其工资水平及经济效益情况，适当调整挂钩经济效益指标、挂钩指标权数和挂钩浮动比例。

（四）加强对收入水平过高的少数垄断行业、企业的工资分配调控，严格审核其工效挂钩方案，包括经济效益基数、工资总额基数和浮动比例的确定。

（五）应提工资总额的清算

1. 企业挂钩工资总额，应严格根据企业挂钩效益指标当年实际完成情况，按批复的工效挂钩方案计算提取。经济效益增长时按核定的比例增提工资总额，下降时按核定比例减提工资总额，做到既负盈又负亏。企业当年列入国家计划的新建扩建项目由基建正式移交生产后的增人、按国家政策接收的复转军人和大中专毕业生以及成建制划入人员的增资，可按照企业上年人均挂钩工资水平的标准在应提工资总额外单列。

2. 挂钩经济效益指标增长过快的，在计提新增效益工资时要严格执行分档计提办法：新增效益工资相当于工资总额基数10%以内（含10%）的部分可以全部提取；10%~25%（含25%）的部分最高提取50%；25%~40%（含40%）的部分最高提取30%；40%以上部分最高只能提取10%。

3. 工效挂钩企业的工资总额基数和新增效益工资在企业成本中列支。工资总额应为国家规定的全部在岗职工的工资总额，要将职工全部工资收入逐步纳入挂钩工资总额基数，不得再以其他形式在挂钩工资总额外提取和列支任何工资性项目。挂钩企业所有增资，均应由效益工资列支。

4. 企业要进一步搞好内部分配，合理使用效益工资，做到留有结余，以丰补歉。

三、工效挂钩的管理

（一）劳动保障部、财政部负责制定工效挂钩的政策和实施办法，对企业工资收入水平进行宏观调控；会同审计署对中央管理的企业及有关部（委）、机构所属企业执行国家工效挂钩政策的情况进行监督检查。

（二）中央管理的企业（不含金融企业）工效挂钩方案由国有资产监督管理委员会会同劳动保障部、财政部共同审核；铁道部、国家烟草专卖局、国家邮政局及其他部门所属企业工效挂钩方案报劳动保障部、财政部审核。上述企业工效挂钩方案的清算结果，报财政部审核确认。

（三）中央管理的企业、铁道部、国家烟草专卖局、国家邮政局及其他部门要严格执行国家批复的工效挂钩方案，并组织实施所属企业的工效挂钩工作。

（四）各级劳动保障部门、财政部门及有关部（委）、机构应按照国家政策规定审核企业工效挂钩方案，严格执行工效挂钩政策，做到严格管理，严格考核，严格兑现。

四、2003 年工效挂钩工作安排

（一）铁道部、国家烟草专卖局、国家邮政局及其他部门应于 12 月 10 日前将所属企业工效挂钩方案报劳动保障部、财政部审批。上报的材料中需附上年劳动工资统计年报、经中介机构审计确认的会计报表或财政部门批复的年度财务决算、工资清算表及其他相关划转材料。逾期不报的，劳动保障部和财政部将按照有关政策直接下达各项基数及比例。

（二）中央管理的企业（不含金融企业）应在 12 月 10 日前，将本企业 2003 年工效挂钩方案报国有资产监督管理委员会、劳动保障部、财政部，由国有资产监督管理委员会会同劳动保障部和财政部共同批复。

（三）劳动保障部、财政部、审计署将对企业执行国家工效挂钩政策的情况进行监督检查，对违反国家政策的行为进行严肃处理。

（四）各省、自治区、直辖市劳动保障厅（局）、财政厅（局）根据本文精神对本地区企业工效挂钩工作作出安排，并将工作情况分别报劳动保障部和财政部备案。

附件：工效挂钩申报表（略）

2003 年 11 月 24 日

劳动和社会保障部 电力企业联合会关于实施电力高技能人才培训项目的通知

劳社部发［2003］32号

各省、自治区、直辖市劳动和社会保障厅（局）、各有关电力公司：

为加快电力行业高级技能人才队伍建设，根据实施国家高技能人才培训工程的总体安排，劳动和社会保障部与中国电力企业联合会决定联合实施电力高技能人才培训项目。现就有关事项通知如下：

一、目的

根据国家高技能人才培训工程的部署，结合电力行业高级技能人才的实际需求情况，研究解决电力行业主干工种（岗位）的高级工、技师和高级技师（以下统称“高技能人才”）在职、后备人员培养的途径、方式和手段，加大高技能人才培训工作的力度，并确立与其相适应的选拔、使用、激励机制，以解决电力行业高技能人才严重短缺的问题。

二、目标

先期在电力行业重点企业选择6～8个骨干职业（工种或岗位）进行试点，并逐步扩展工种（岗位），力争通过3年的努力，使电力行业重点企业的相关职业（工种或岗位）的高技能人才比例及其复合能力素质明显提高；初步形成适合电力生产需要的高技能人才培训、成长机制。

通过更长时期的努力，将已取得的成果逐步拓展到电力行业其他企业及其主干职业（工种或岗位）中去，使高技能人才的能力素质和人员比例逐步适应不断发展的电力生产建设新形势需要。

三、实施范围

（一）首批进入项目实施的重点企业：国家电网公司、中国南方电网有限责任公司、中国华能集团公司、中国大唐集团公司、中国华电集团公司、中国国电集团公司、中国电力投资集团公司、国家开发投资公司、北京国华电力有限责任公司、内蒙古电力有限责任公司、广东省粤电资产经营有限公司、中国水利电力建设集团公司、中国葛洲坝集团公司、新力能源开发公司。其他进入项目实施的电力企业，由中国电力企业联合会统一组织申报、核准，并报劳动保障部备案。

（二）实施的工种、岗位：以国家职业标准和国家《职业技能鉴定规范》为依据，结合电力技术和企业发展的实际情况，坚持“先主后辅，先易后难”的原则，先分别在供电、发电、水电类生产岗位中确定变电站值班员、变压器检修工、配电线路工、集控值班员、汽轮机本体检修工、继电保护工、水工浇筑工、水工建筑测量工为实施试点职业（工种），取得经验后，再逐步扩展到电力生产建设其他主干工种或岗位。

四、项目工作内容

（一）开展电力高技能人才培训项目相关课题的研究。分期分批立项研究、开发涉及电力高技能人才培训项目有关方面的政策、评估机制，培训基地建设标准，培训大纲、教材、手段，技能型师资队伍建设等方面的课题，并将课题研究成果应用到项目实施中去。

（二）开展电力主干职业（工种或岗位）高技能人才需求预测和分析。

（三）充分发挥企业在高技能人才培养工作中的主导作用，推动建立并完善电力行业高技能人才有效培养机制。

1．企业要结合自身实际和发展需要，从企业可持续发展角度统筹规划高技能人才培养工作，具体实施岗位适应性培训、转岗培训和技能提高培训等。

2．企业要为职工创造主动学习、终身学习生产技术的良好环境，鼓励职工岗位成才，制定培训、考核、使用、待遇相统一的激励政策，提高高技能人才的工资水平和福利待遇。

3．企业要多渠道筹措、落实高技能人才培训经费，加大培训投入。

4．企业应加大对培训基地建设的投入力度。

（四）推动电力教育培训机构与企业的紧密合作与优势互补，本着优化配置、合理布局、资源共享的原则，依托电力行业现有的骨干职业技术学院、高级技工学校、中等职业学校、培训中心，建立起能覆盖全行业地域和主要职业（工种或岗位）分布的三级电力高技能人才培训基地网络。

1．评估确立30个左右的“电力行业高技能人才培训基地”(简称“行业培训基地”)。每个省依托已具备相应培训资质的教育培训机构原则上设立一个行业培训基地。由中国电力企业联合会统一组织评估后公布，实施以下培训：面向本企业的需求，实施在职、后备人员的高技能人才培训和相关培训资源的研发；面向本省电力企业和社会，通过委托或订单，实施在职、后备人员的培训；同有关职业技术学院、中等职业学校进行联合办学，开展企业需求的各层次技能人才培养；同高级技工学校联合办学，经省级劳动保障部门同意后，面向中等职业学校毕业生和具有同等学力的中级技术工人，开展高级技工学制教育；面向本省各类电力技能人才培训机构，开展培训协作。

2．在行业培训基地的基础上，分期评估确立5～10个“国家级高技能人才（电力项目）培训基地”（简称“国家级培训基地”）。原则上一个大区（电力行业划分标准）设立一个基地，由劳动和社会保障部统一公布，实施以下培训：面向本企业的需求，实施在职、后备人员的高技能人才培训和相关培训资源的研发；定向联系大区内若干重点企业并面向社会，通过委托或订单，实施在职、后备骨干人员的高技能人才培训和相关培训资源的研发；根据自身的师资和设备条件，面向全行业实施部分专业高技能人才培养的师资培训；面向高等教育毕（结）业生中尚未就业的人员或与高等院校联合办学，培养具有较高文化层次、复合型的技能人才；同有关职业技术学院、中等职业学校进行联合办学，开展企业需求的各层次各类别技能人才的培养；同高级技工学校联合办学，面向中等职业学校毕业生和具有同等学力的中级技术工人，开展高级技工学制教育。承担本项目的部分课题研发工作，进行培训计划、培训课程、培训教材、培训方式、培训手段的研究和开发，开展示范性培训；面向本区域各类电力技能人才培训机构，开展培训协作；独立或联合本区域内具有一定特色的电力企业培训基地面向全行业开展高技能人才培训。

3．各电力基层企业根据需要可以自主建立一至若干个“企业高技能人才培训基地”（简称“企业培训基地”），通过与国家级培训基地和行业培训基地的协作联合，充分发挥其与生产实践紧密结合的优势，面向本企业，实施部分工种岗位的高级工、技师培训。

（五）在政府指导、行业自律规范下，建

立行业高技能人才快速成才机制。

1. 建立全行业范围内的中国电力企业联合会与各电网、发电、水电建设公司，各省范围内的省电力行业协会与各企业省级分支机构，各公司范围内的母公司与其基层企业之间的电力高级技能人才培训工作体系，各履其职，分级分类协调管理，促进本项目培训工作的机制建立、措施落实和培训资源的共享。

2. 积极推进电力行业职业资格证书制度和就业准入制度，加大高技能人才的职业资格鉴定和技师考评的改革工作力度，畅通技能人才成长渠道。

3. 通过开展国家、行业、基层企业的分级培训、职业技能鉴定、技术比武和技术创新活动，形成电力行业高技能人才的逐级选拔途径。

4. 逐步完善高技能人才培训的规范、标准、教材等基础工作，促进仿真模拟技术和现代培训技术手段的开发和应用。

5. 开展对培训质量和培训基地的评估、交流工作，逐步建立培训质量评估标准，通过自评自检与行评、交流相结合的方式，促进各级培训基地的培训质量及教学管理的建设，提高办学水平。加强教师特别是生产实习或实操指导教师的培训力度。

6. 加大对培养高级技能人才等方面的宣传力度，在全行业营造尊重技能人才、争当技术标兵的良好氛围，形成有利于高技能人才成长的社会环境。

五、组织推动

（一）劳动和社会保障部是本项目的政府归口主管部门，对涉及项目的国家政策等问题进行协调和决策。

（二）中国电力企业联合会是具体组织本项目的牵头单位，通过成立由中国电力企业联合会有关领导任主任、各实施单位人力资源部主任参加的“电力高技能人才培训项目推动工作委员会”（以下简称“委员会”），在劳动和社会保障部的指导下，负责组织本项目的实施，并对本项目涉及的行业性重大问题进行协调和决策。该委员会办公室设在中国电力企业联合会教培中心。委员会下设工作小组。

工作小组由中国电力企业联合会有关部室负责人任组长，各实施单位人力资源部门有关人员参加，在委员会的领导下，组织开展本项目相关的课题研究，人才需求预测，政策、标准、教学手段与教材的开发，培训质量评估和师资队伍的建设，高级技能人才职业技能鉴定、考评、技术比武等工作，探索职业技能鉴定和技师考评的改革，并推动、协调培训与鉴定各项工作的实施。

（三）各项目实施单位也应成立相应的组织领导和工作机构，负责推动项目在本单位的实施。

六、实施步骤

（一）启动阶段（2003 年 11—12 月）

1. 成立“电力高技能人才培训项目推动工作委员会”及工作小组，各实施单位也成立相应的项目领导与工作机构。

2. 开展相应的课题研究，提出行业培训基地建设标准。

3. 部署开展高技能人才需求预测工作。

4. 确定先期试点工种或岗位。

（二）实施阶段（2004 年 1 月至 2006 年 10 月）

1. 确定遴选行业培训基地和国家级培训基地的原则。

2. 分批实施国家级培训基地、行业培训基地遴选工作，确定企业培训基地。

3. 公布电力高技能人才需求预测统计信息。

4. 公布本项目课题研究、资源开发成果，并组织实施。主要包括：培训大纲、教材和教学手段的研发；确定行业“双师型”标准，开展相应的培训认证工作；确定行业评估标准，开展相应的评估工作。

5. 研究开展与培训相结合的高技能人才考评工作，组织部分工种的各级技能大比武活动。

6．进行阶段性总结、交流，推广工作经验。

（三）项目成果评估阶段（2006 年 10—12 月）

1．由本项目的各实施单位分级进行自行评估。

2．由中国电力企业联合会组织进行整体项目的评估汇总和信息公布。

3．由劳动和社会保障部组织进行检查评估。

4．项目总结并确定下一步工作规划。

2003 年 12 月 5 日

劳动和社会保障部关于印发2004年就业再就业专项计划的通知

劳社部发［2003］35号

各省、自治区、直辖市劳动和社会保障厅（局）：

按照全国再就业工作座谈会和中央经济工作会议对就业再就业工作提出的要求，根据当前和今后一个时期就业再就业工作面临的形势，现将《2004年就业再就业专项计划》印发给你们，请结合本地区实际，认真做好就业再就业专项计划的编制和实施工作。

一、总体要求和目标任务

就业是民生之本，也是安国之策。扩大就业再就业是我国当前和今后长时期一项重大而艰巨的任务，关系到改革发展稳定的大局。2004年我国劳动力资源仍处于高增长时期，城镇劳动力供给将达到2 400万人左右，就业形势依然严峻，就业和再就业任务十分繁重。

2004年就业再就业工作的总体要求和目标任务是：以“三个代表”重要思想为指导，按照全国再就业工作座谈会和中央经济工作会议的部署，继续实行积极的就业政策，以增加就业岗位为目标，把就业再就业与经济社会发展政策更紧密衔接，形成良性互动；以落实再就业政策为主线，集中力量解决政策落实中的操作难点，全面发挥政策的促进效应；以强化再就业服务为手段，加大职业培训力度，推进公共就业服务的专业化、制度化和社会化，加强资金使用管理；以加大资金投入为保障，切实提高资金使用效益；以帮助困难人员再就业为重点，落实帮扶措施，推进再就业援助制度化。全年确保实现城镇新增就业人员900万人、下岗失业人员再就业500万人、“4050”人员再就业100万人，城镇登记失业率控制在4.7%左右。

二、科学制定和实施就业再就业专项计划

各地要充分考虑需要与可能，兼顾当前和长远，结合本地区实际，并考虑经济增长和结构调整对就业的影响等因素，全面正确分析就业再就业形势，根据全国总体目标和增长幅度，结合本地实际抓紧编制本地区就业再就业专项计划，商同级发展改革部门将有关内容纳入经济和社会发展年度计划之中。各地要按照国务院关于巩固和强化再就业工作责任制的有关要求，提请各级政府将新增就业人员、下岗失业人员再就业、“4050”人员再就业、城镇登记失业率作为各地宏观调控的重要指标，作为就业再就业工作的主要任务，层层分解落实到基层。

各地应加强对就业再就业专项计划执行情况的检查评估，定期检查、总结和通报就业再就业计划执行进展情况。要按季度对专项计划指标完成进度、政策落实、资金投入到位等情况进行检查，及时查找问题，提出对策建议。

要科学确定就业再就业统计指标体系，会

同统计、工商行政等部门建立健全统计制度，开展就业再就业统计的部门会审工作。建立劳动力调查制度，坚持开展抽样调查或重点调查，同时结合宏观经济指标的变动情况，对计划执行情况定期开展统计分析，加强检查评估。

要积极开展就业再就业趋势预测分析，在掌握新增就业、下岗失业、劳动力市场供求以及劳动力流动情况和经济增长、结构调整对就业增长影响的基础上，跟踪监测计划执行情况，进行科学的趋势预测，形成动态监控机制。

各地要将计划目标任务完成情况、计划执行中出现的主要问题和原因分析及有关预测分析等形成报告，在每季度末10日内报送劳动保障部。部里将对各地计划完成情况进行检查评估，并向全国通报。各地也要在开展检查评估的基础上，对计划执行情况定期进行通报，督促计划任务的完成。

三、加大工作力度，全面落实就业再就业工作目标任务

各地要切实加强对2004年就业再就业专项计划落实工作的领导，把新增就业人数、落实再就业政策、强化再就业服务、加大再就业资金投入和帮助困难群体就业等具体工作目标，列入年度目标计划。继续巩固和强化再就业目标责任制，层层分解落实，加强考核和督促检查。发挥再就业联席会议的组织协调作用，对工作中的新情况、新问题，及时调查，深入研究，不断完善有关政策措施。

各地要按照中发［2002］12号文件要求，努力拓宽就业和再就业领域和渠道，改善就业和创业环境，抓好就业和再就业政策的落实工作。在强化就业服务和职业培训，统筹抓好农村培训就业和大学生就业工作的同时，注重解决重点地区、行业和群体的就业难问题，抓紧解决小额贷款、主辅分离政策落实难点问题，推进再就业援助计划实施，逐步形成一套长期稳定的援助制度。

各地要根据就业再就业工作的任务，认真测算所需要的资金和政策投入，主动协调各级财政部门把资金足额列入预算。进一步加强资金的管理和使用，加快资金的运转，提高资金使用效益，保障就业再就业计划的顺利完成。

附件：2004年分地区就业再就业专项计划（略）

2003年12月23日

劳动和社会保障部关于贯彻实施《行政许可法》的意见

劳社部发［2003］36号

各省、自治区、直辖市劳动和社会保障厅（局）：

《中华人民共和国行政许可法》（以下简称行政许可法）将于2004年7月1日起实施。这是我国社会主义民主法制建设的一件大事。行政许可法的公布施行，对保护公民、法人和其他组织的合法权益，进一步转变政府职能，推进行政管理体制改革，保障和监督行政机关有效实施行政管理，从源头上预防和治理腐败，都具有极为重要的意义。各地劳动保障部门要高度重视，抓紧做好各项准备工作。

一、从实践“三个代表”重要思想、全面推进依法行政的高度，充分认识贯彻实施行政许可法的重要性和紧迫性

贯彻实施行政许可法，是实践“三个代表”重要思想，坚持立党为公、执政为民的必然要求，是全面推进依法行政、建设法治政府的重要内容，是改革行政管理方式、转变政府职能的重大举措。各地劳动保障部门要切实提高认识，把贯彻实施行政许可法作为推动政府职能转变，提高依法行政水平和能力的重要契机，努力做到在管理理念、管理职能、管理体制、管理方式上有一个大的转变。

贯彻实施行政许可法，是对各地劳动保障部门加快职能转变的一次新的考验。目前，劳动保障部门行政审批实际状况与行政许可法规定存在一定差距。一些重要的行政审批事项，缺乏法律、法规依据，也不符合行政许可法规定的程序要求。各地劳动保障部门要将行政许可法的贯彻实施准备工作作为当前的一项重点任务，加强组织领导，细化操作方案，认真研究落实各项工作任务。

二、加强行政许可法的学习培训

（一）认真学习、全面理解行政许可法

行政许可法是一部规范政府共同行为、专业性和创新性很强的法律。各地劳动保障部门要组织全体工作人员认真学习，准确理解行政许可法，主要负责同志要带头学好行政许可法，并通过专题讲座、报告会、座谈会等多种形式组织好本单位的学习活动，使行政机关工作人员都能全面了解、切实贯彻这部法律。

（二）宣传行政许可法要列入“四五”普法的重点内容

各地劳动保障部门要在“四五”普法内容中增加行政许可法，并作为普法工作重点。要制定学习培训计划，组织行政许可法的专题学习培训。重点对象是处以上领导干部，以及具体办理行政许可的工作人员。通过学习培训，强化行政许可设定要于法有据、行政许可管理要公开透明、行政许可服务要便民快捷、行政许可权力要与责任挂钩的理念。

（三）将掌握行政许可法知识作为公务员

培训考核的重要内容

各地劳动保障部门要在公务员录用考试和岗位培训中增加行政许可法的内容，将行政许可法的执行情况作为公务员考核的重要依据，提高劳动保障部门全体工作人员依法行政能力。

三、抓紧做好行政审批和行政许可规定的清理工作

（一）做好行政审批项目的处理工作

各地劳动保障部门要对照我部取消和调整的行政审批项目作出相应处理，搞好上下衔接。要进一步审核本地自行设定的行政审批项目，对省级和省级以下各级政府规范性文件设定的行政审批项目原则上都要取消；对地方性法规和政府规章设定的行政审批项目，要依照行政许可法和行政审批制度改革的原则作出处理。对国务院已决定取消的行政审批项目，因情况特殊确需保留的，要及时提出制定地方性法规的建议。

（二）做好行政许可规定的清理

根据行政许可法和《国务院关于贯彻实施〈中华人民共和国行政许可法〉的通知》（国发［2003］23号）的要求，各地劳动保障部门清理工作的核心内容是审查、确认、完善现行行政许可事项的法定依据，还应包括与行政许可法不一致的行政许可条件、程序、期限的规定。在清理工作中要体现改革精神，能交给市场和企业决定的事项就不再审批。以上工作要于2004年5月底前完成。

（三）抓紧对清理结果提出处理意见

对地方政府规章或者规范性文件设定的行政许可，确需继续实施的，要提出起草有关地方性法规的意见。对没有合法依据又不符合行政许可法规定的许可设定范围的，要提出予以废止的意见。对增加行政许可条件、与行政许可法规定的程序不一致或者许可期限超出行政许可法规定的内容，要提出按行政许可法规定修改的意见。

（四）抓紧对行政许可实施机关的清理

各地劳动保障部门要严格依照行政许可法的规定，抓紧清理现行各类行政许可的实施机关。对保留的行政许可事项，行政机关内设机构以自己名义实施的，以及法律、法规以外的其他规范性文件授权的组织实施行政许可的，都应当纠正。对没有法规或者规章的依据，确有必要委托其他行政机关实施行政许可的，要依法提请有关机关制定地方性法规或者规章。

四、建立和完善实施行政许可的具体工作制度

（一）建立健全便民的行政许可申请制度

根据行政许可法规定，为方便公民、法人或者其他组织申请行政许可，凡是要求行政许可申请人采用格式文本提出申请的，各地劳动保障部门应当统一制定申请书格式文本，并免费向申请人提供。对申请人通过信函、电报、传真、电子数据交换和电子邮件等方式提出申请的，要制定相应的接收、转批和处理办法。

（二）落实行政许可公示制度

各地劳动保障部门要建立行政许可公示制度，将所有行政许可的事项、依据、条件、程序、期限以及需要提交的全部材料的目录和申请书示范文本，在机关办公场所的醒目位置公示。受理申请场所要安排专门人员负责协调解答申请人提出的咨询。行政许可法正式施行后，有条件的地方劳动保障厅（局）要在机关网站上公开所有行政许可事项和作出的准予行政许可的决定。为此，要积极创造条件，加快电子政务建设，充分利用计算机技术和互联网平台。

（三）完善实施行政许可的具体工作程序制度

各地劳动保障部门行政许可实施机关要建立健全受理、审查、听取行政许可申请人和利害关系人意见、听证、招标、考试、登记等实施行政许可的具体工作程序和有关制度，建立统一受理行政许可申请、统一送达行政许可决定的制度，建立对被许可人的监督检查制度等。

（四）健全行政许可告知制度

对依法作出不予行政许可的书面决定，要严格履行说明理由和告知其享有依法申请行政复议或者提出行政诉讼的权利和义务。各地劳动保障部门要抓紧制定有关行政许可事项直接关系他人重大利益的事前告知办法和听证规则。

五、强化行政许可的监督与责任制度

（一）建立行政许可的规范性文件审查制度

各地劳动保障部门起草的规范性文件，凡涉及行政许可内容的，应征求本部门负责法制工作机构的意见，加强对规范性文件的法律审核。

（二）强化对行政许可实施的监督检查

各地劳动保障部门要定期对是否依法受理行政许可申请、是否依法审查并作出行政许可决定、是否依法履行监督职责等情况作为重点内容进行专项检查，发现不符合行政许可法规定的，依法予以纠正。要建立和完善公民、法人和其他组织对违法和不当的行政许可决定的申诉、检举制度，及时发现、纠正违法设定和实施行政许可的行为。建立实施行政许可的责任追究制度等，全面推进各级劳动保障部门进一步提高依法行政水平。

2003年12月31日

劳动和社会保障部关于贯彻落实中共中央国务院关于进一步加强人才工作决定做好高技能人才培养和人才保障工作的意见

劳社部发［2003］37号

各省、自治区、直辖市劳动和社会保障厅（局），国务院有关部门劳动保障工作机构：

为贯彻落实《中共中央、国务院关于进一步加强人才工作的决定》（中发［2003］16号，以下简称《决定》），切实做好高技能人才队伍建设和人才保障工作，现提出如下意见：

一、深入学习领会《决定》精神，抓紧研究制定贯彻落实的工作措施

全国人才工作会议和《决定》明确提出了新世纪新阶段大力实施人才强国战略的指导思想，全面部署了建设宏大的高素质人才队伍的目标任务。各级劳动保障部门要认真学习，深刻领会，充分认识实施人才强国战略，培养高素质劳动者的极端重要性，把做好新形势下的高技能人才队伍建设和人才保障工作作为劳动保障系统落实《决定》的重要任务，精心部署安排，抓好贯彻落实。省级和地市级劳动保障部门要建立由主管领导牵头、各有关机构参加的高技能人才工作办公室，结合实际，制定实施方案，明确任务目标，落实工作责任，形成推动工作的合力。要在各级党委和政府的领导下，将高技能人才队伍建设工作纳入当地人才队伍建设的总体规划，全力组织实施。积极协调有关部门，加大对这项工作的政策支持和经费投入。将加强高技能人才培养与建设终身教育培训体系相结合，与推动职业培训的整体工作相结合，带动职工岗位培训、再就业培训、创业培训、青年就业培训和农民工培训。

二、加快高技能人才培养，实施“三年五十万”新技师培养计划

结合实施技能振兴行动，全面推进国家高技能人才培训工程。从2004年到2006年，在制造业、服务业及有关行业技能含量较高的职业中，实施50万新技师（包括技师、高级技师和其他高等级职业资格人才）培养计划，紧密结合市场需求，加快培养一批企业急需的技术技能型、复合技能型人才，以及高新技术产业发展需要的知识技能型人才，并以此推动技能人才队伍的整体建设，带动各类高、中、初级技能人员梯次发展。

各级劳动保障部门要通过加强政策支持和技术服务，调动社会各方面的积极性，共同做好高技能人才培养工作。推动企业大力开展技能提升培训和岗位培训，完善推广名师带徒措施，指导企业建立高技能人才业务进修和培训制度。依托高级技工学校、技师学院等高技能培训机构，发挥高职院校和社会各类培训基地的作用，实行校企结合，开展订单培训，并注重运用现代培训技术，提高培训水平。有条件

的城市，可建立高技能人才实习训练基地，搭建强化实践技能培训的平台。

三、组织开展技能竞赛等多种形式活动，完善高技能人才选拔机制

通过技能竞赛、练兵比武和技术创新等活动，在各行业和职业领域不断发现和选拔具有高超技能的人才。各级劳动保障部门和行业部门要大力组织开展企业职工、职业院校师生和社会各方面人员参加的职业技能竞赛活动，并不断提高竞赛的技术含量和技能水平。2004年至2006年，劳动保障部将会同有关部门，组织开展国家级职业技能大赛系列活动。要组织生产一线职工，广泛开展拜师学艺、岗位练兵、技能比武和技术攻关、创新创效、观摩研讨等活动。大力推广一些企业在关键岗位、工序设立首席职位的做法，培育技能领头人并发挥其作用。

四、改进技能人才评价方式，完善国家职业资格证书制度

抓紧修订完善现有国家职业标准，吸纳新知识、新技术、新工艺和新方法，对新兴职业和复合技能岗位，抓紧制定新的国家职业标准。加快建立起以职业能力为导向，以工作业绩为重点，注重职业道德和职业知识水平的技能人才评价新体系。突破比例、年龄、资历和身份界限，促进技能人才更快更好地成长。进一步改革完善社会化的职业技能鉴定工作，大力推广企业生产现场、学校教学过程与国家职业标准相结合的考核方法，不断扩大职业资格证书的覆盖范围。2004年至2006年，要实现职业技能鉴定质量规模的双提高，在进一步保证质量的基础上，实现鉴定数量递增20%，其中新技师数量要有较大幅度增长，质量要有切实保证。全面推进技师考评制度改革，从2004年起，有条件的地市可在省级劳动保障部门指导下，直接组织开展技师社会化考核工作。

五、建立高技能人才开发交流机制，促进其发挥更大作用

依托大中城市的高级技工学校、技师学院，以及企业集团、公共职业介绍机构，建立高技能人才开发交流工作站，开发技能人才、技能成果信息库，为技能人才的交流提供平台，并为高新技术开发、技术成果转让，同业技术交流、绝招绝技展示以及创新创业等活动创造条件，充分发挥技师在技术攻关、传授技艺、传播技能等方面的重要作用。劳动保障部将在“中国劳动力市场网”（www.lm.gov.cn）建立高技能人才交流专栏。有条件的地方，也可开设专门网站，并建立相关的信息库，丰富高技能人才开发交流的服务内容和手段。

六、提高高技能人才的待遇水平，引导更多的技能劳动者岗位成才

总结、交流和大力推行企业中推行的“使用与培训考核相结合，待遇与业绩贡献相联系”的做法，加快建立职工凭技能职业资格得到使用提升，凭业绩贡献确定收入分配的使用待遇机制。在企业薪酬中充分考虑发挥技能做出贡献的因素，建立科学合理的高技能人才薪酬制度。大力推广高技能人才与其他相应专业技术人才在工资福利方面享受同等待遇的做法。积极争取地方政府建立津贴制度，提高高技能人才待遇水平。

七、加大对高技能人才的表彰奖励力度，提高他们的社会地位

大力表彰做出突出贡献的技能人才和有关企业、培训机构，并给予精神鼓励和物质奖励。总结技能人才成长规律和企业、培训机构培养技能人才的方式方法，及时组织推广，充分发挥先进典型的示范带头作用。2004年至2006年，劳动保障部将组织第七届、第八届全国技能表彰活动，并将“中华技能大奖”和“全国技术能手”的表彰奖励规模扩大一倍，同时授予培养技能人才成绩突出的企业和培训机构“国家技能人才培育突出贡献奖”。各地区、各部门要大力组织开展相应的表彰奖励工作，扩大社会影响，提高技能人才的社会地位。

加强宣传工作，优化技能人才成长的社会环境。各地区每年要定期组织技能人才的专项宣传活动。充分利用广播、电视、报纸、网络等多种新闻媒体，大力宣传高技能人才的重要作用和突出贡献，宣传他们的成才和创业之路，宣传国家的培养和使用政策，在全社会营造崇尚技能、尊重技能人才的良好社会氛围，引导更多的劳动者走技能成才之路。

八、建立健全人才保障机制，为各类人才创造良好的社会环境

进一步完善社会保障制度，将企业各类人才全部纳入社会保障覆盖范围。指导企业做好建立企业年金等补充保险工作，并注意向生产、服务一线的高技能人才倾斜。积极探索机关事业单位社会保障制度改革。重点解决各类人才在不同地区、不同行业、不同单位之间流动的社会保障关系转移和接续问题。要采取有效措施，关心技能人才，切实帮助他们解决生产生活及其他保障福利问题。

2003年12月31日

劳动和社会保障部关于印发《三年五十万新技师培养计划》的通知

劳社部发［2003］38号

各省、自治区、直辖市劳动和社会保障厅（局），国务院有关部门劳动保障工作机构：

为贯彻落实《中共中央、国务院关于进一步加强人才工作的决定》（中发［2003］16号）精神，切实做好高技能人才队伍建设，特别是技师、高级技师的培养工作，我部制定了《三年五十万新技师培养计划》，现印发给你们。请结合本地区、本行业实际，分解细化任务，加大工作力度，认真组织实施，并将实施本计划的方案于2004年2月10日前报我部备案。

2003年12月31日

三年五十万新技师培养计划

为贯彻落实《中共中央、国务院关于进一步加强人才工作的决定》（中发［2003］16号）精神，加快高技能人才队伍建设，我部决定在全面实施国家高技能人才培训工程的基础上，从2004年到2006年的三年内，在全国开展“三年五十万新技师培养计划”。

一、目标任务

（一）以实施“人才强国”战略为指导，适应经济发展和技术进步的要求，从2004年至2006年的三年内，在制造业、服务业及有关行业技能含量较高的职业中，实施50万新技师（包括技师、高级技师和其他高等级职业资格人才）培养计划，通过企业岗位培训、学校教育培养、个人岗位提高相结合的方式，加快培养企业急需的技术技能型、复合技能型人才，以及高新技术产业发展需要的知识技能型人才，并以此推动技能人才队伍的整体建设，带动各类高、中、初级技能人员梯次发展，形成“培养快、使用好、待遇高”的高技能人才培养与使用的激励机制。其中，2004年培养10万名新技师，2005年培养15万名新技师，2006年培养25万名新技师。

二、主要内容

（二）鼓励各类企业结合生产实际，开展

技能提升和岗位培训，做到按需施教，学用结合。指导企业高技能人才培训基地开展技师培训，建立高技能人才业务进修和培训制度，采取集中与分散相结合的方式，不断提高他们专业理论知识和技术技能水平。完善推广名师带徒的措施，开展技术攻关、创新创效、拜师学艺、观摩研讨和技能交流等活动。行业组织和企业集团要结合行业企业发展，制定技师培养规划，总结技师成长规律，推广技师培养经验，逐步做到制度化和规范化。

（三）推动高级技工学校、技师学院以及高等职业院校改革，完善教学方法，突出专业技能训练，强化新知识、新技术、新工艺、新方法的内容，充分发挥高技能人才培训基地的作用，采取校企合作、订单培养等方式，开展后备青年技师的培养工作。整合社会培训资源，搭建多功能、高层次的技师培训平台。有条件的城市，可建立高技能人才实习训练基地。

（四）改革技师考评办法，畅通高技能人才成长通道。按照“统一标准、自主申报、社会考核、企业聘任”的原则，全面推进技师考评制度改革。取消技师报考的比例限额，凡符合技师申报条件的各类人员均可自愿申请参加技师资格鉴定。打破资历限定，对掌握高技能、复合技能且有突出贡献的人员可适当放宽技师申报条件。突破年龄限制，鼓励更多具备高超技能的青年职工参加技师考评。打破身份限制，鼓励不同所有制企业的职工参加技师资格鉴定。对专业技术人员和生产管理人员参加技师考核的办法，可由各地结合实际先行试点。

建立和完善以能力评价和业绩考核相结合的技师评价体系和评价方法。考评内容采取技能鉴定和综合评审相结合。技能鉴定按照技师资格标准，重点考核专业知识和操作技能；综合评审突出技能运用及所做贡献，重点考核工作业绩、技术革新、传授技艺及职业道德等。评聘方式实行资格认定与聘任分开，对取得技师资格的人员，由用人单位根据生产实际需要进行聘任。企业可在关键岗位、工序设立首席职位，发挥技师的技能领头人作用。

（五）广泛开展技能竞赛和评选表彰活动，创造技师成长的良好社会环境。注重在不同行业和职业领域中发现和选拔具有高超技艺、突出业绩的技能人才。扩大技能竞赛奖励范围，从2004年起，对各省级和大型企业集团开展的技能竞赛中获各工种决赛第1名的选手，可授予全国技术能手荣誉称号。进一步做好评选表彰工作，对做出突出贡献的技能人才给予相应的奖励，并可晋升为技师或高级技师。要提升技师的社会地位，营造尊重技能人才、争当技师的良好氛围。

（六）提高技师的待遇水平，建立高技能人才开发交流机制。引导企业建立“使用与培训考核相结合，待遇与业绩贡献相联系”的激励机制，大力推广技师、高级技师与相应专业技术人员在工资福利方面享受同等待遇的做法。积极争取当地政府建立技师津贴制度，提高其待遇水平。在各地区、各行业创建的技师工作站中，建立技能人才、技能成果信息库，开展科技成果转让、绝招绝技展示以及创新创业等活动。同时，要发挥各地、各行业技师协会的作用，定期组织同业技能交流活动，做好技术攻关、传授技艺、传播技能等工作。

三、保障措施

（七）加强基础建设和技术支持。根据市场需求和职业发展趋势，按照培养技术技能型、知识技能型和复合技能型人才的要求，充实和完善国家职业标准和国家题库。积极开展远程培训和仿真模拟教学训练。编写和出版一批突出技师培养特色的实用教材。

（八）积极筹措资金，确保经费的落实。各省、自治区、直辖市和重点城市劳动保障部门要向当地政府争取专项经费，用于本计划的组织推动和基础工作开发。行业、企业应从职工教育经费（占职工工资总额的1.5%～2.5%）中落实技师培训经费。教育培训机构可按照物价部门核定的标准向学员收取一定的培训费用。

四、组织领导

（九）各地区、各行业部门要加强对这项工作的统筹规划和组织领导。劳动保障部高技能人才办公室负责本计划的总体规划和组织推动。各地劳动保障部门指定专门人员和机构组成的高技能人才办公室负责制定本地区计划并组织实施。行业部门和企业要做好技师培养的具体组织实施工作。

财政部　劳动保障部　国家税务总局关于促进下岗失业人员再就业税收优惠及其他相关政策的补充通知

财税［2003］192 号

各省、自治区、直辖市、计划单列市财政厅（局）、劳动保障厅（局）、国家税务局、地方税务局，新疆生产建设兵团财务局：

为贯彻落实全国再就业工作座谈会精神，保证再就业工作的顺利进行，经国务院同意，现就促进下岗失业人员再就业有关税收优惠及其他相关政策问题补充通知如下：

一、对劳动就业服务企业中的加工型企业和街道社区具有加工性质的小型企业实体，凡安置下岗失业人员并签订一年以上期限劳动合同的，经劳动保障部门认定，税务机关审核，自 2003 年 1 月 1 日起，每吸纳 1 名下岗失业人员，每年可享受企业所得税2 000元定额税收扣减优惠。当年不足扣减的，可结转至下一年继续扣减，但结转期不能超过两年。具体办法由国家税务总局、劳动保障部另行制定。

二、对财税［2002］208 号、财税［2003］133 号和财社［2002］107 号及其他相关文件规定享受有关税收优惠政策和社会保险补贴的服务型企业、商贸企业与下岗失业人员签订劳动合同的期限由现行 3 年以上调整为 1 年以上（含 1 年），并享受相应期限政策优惠。

三、凡在 2005 年底之前，符合中发［2002］12 号文件优惠政策条件规定的，从事个体经营的下岗失业人员、吸纳下岗失业人员的企业和国有大中型企业主辅分离、辅业改制所兴办的经济实体，可按有关规定享受最长期限为 3 年的税收优惠和社会保险补贴，直至期满为止；凡在 2005 年底之前从事个体经营的下岗失业人员（除国家限制的行业外），可按有关规定享受最长期限为 3 年的免收登记类、证照类、管理类行政事业性收费优惠，直至期满为止。

请遵照执行。

2003 年 8 月 28 日

国家税务总局　劳动和社会保障部关于落实劳动就业服务企业中的加工型企业和街道社区具有加工性质的小型企业实体再就业税收政策具体实施意见的通知

国税发［2003］103号

各省、自治区、直辖市和计划单列市国家税务局、地方税务局、劳动和社会保障厅（局）：

为贯彻落实《财政部、劳动和社会保障部、国家税务总局关于促进下岗失业人员再就业税收优惠政策及其他相关政策问题的补充通知》(财税［2003］192号，以下简称财税192号文件）的精神，现将劳动就业服务企业中的加工型企业和街道社区具有加工性质的小型企业实体吸纳下岗失业人员再就业有关税收政策的具体实施意见明确如下：

一、劳动就业服务企业中加工型企业认定、审核程序

劳动就业服务企业（以下简称劳服企业）是指按照劳动保障部和国家税务总局对劳服企业认定、年检的有关规定，经地方劳动保障部门认定，并发放《劳动就业服务企业证书》的企业。

（一）劳动就业服务企业中加工型企业的认定

劳动就业服务企业中的加工型企业（以下简称加工型劳服企业），是指劳动就业服务企业中从事货物生产或提供加工、修理修配劳务的增值税纳税人。

符合以上条件的加工型劳服企业，吸纳下岗失业人员再就业，并与其签订1年以上期限劳动合同的，可向当地劳动保障部门递交书面认定申请。

（二）企业申请认定需报送下列材料：

1. 认定申请；
2. 营业执照副本；
3. 税务登记证副本；
4.《劳动就业服务企业证书》；
5. 下岗失业人员《再就业优惠证》；
6. 企业与下岗失业人员签订的劳动合同（副本）；
7. 企业为职工缴纳的社会保险费记录；
8. 企业工资支付凭证（工资表）；
9. 劳动保障部门要求的其他材料。

（三）认定办法

县级以上劳动保障部门接到企业报送的材料后，重点核查下列材料：一是核查企业是否持有《劳动就业服务企业证书》；二是核查企业是否与下岗失业人员签订了1年以上的劳动合同；三是核查企业为下岗失业人员支付工资和缴纳社会保险费的记录。

加工型劳服企业经核查，符合条件的，由劳动保障部门核发《加工型劳服企业吸纳下岗失业人员认定证明》。

（四）加工型劳服企业申请税收扶持政策程序

持有《加工型劳服企业吸纳下岗失业人员认定证明》的企业申请减税的，应向其主管税务机关报送下列材料：

1. 减税申请表；

2. 营业执照副本；

3. 税务登记证副本；

4.《加工型劳服企业吸纳下岗失业人员认定证明》；

5. 资产负债表（新办企业）或财务报表（现有企业）；

6. 企业工资支付凭证（工资表）；

7. 主管税务机关要求的其他材料。

经县级以上（含县级，下同）税务机关审核同意后，可以按财税192号文件的有关规定享受税收优惠政策，即加工型劳服企业根据企业吸纳并签订1年以上劳动合同的下岗失业人员实际人数，按每人每年2 000元的标准，扣减企业应缴纳的企业所得税税额。当年不足扣减的，可结转下一年继续扣减。但结转期不得超过两年。

二、街道社区具有加工性质的小型企业实体认定、审核程序

（一）街道社区具有加工性质的小型企业实体认定

街道社区具有加工性质的小型企业实体（以下简称街道社区加工型小企业），是指街道社区兴办的，从事货物生产或提供加工、修理修配劳务，职工总数不超过100人、年销售额在500万元以下的增值税纳税人。

符合以上条件的街道社区加工型小企业，吸纳下岗失业人员再就业，并与其签订1年以上期限劳动合同的，可向当地劳动保障部门递交书面认定申请。

（二）企业申请认定需报送下列材料：

1. 认定申请；

2. 营业执照副本；

3. 税务登记证副本；

4. 下岗失业人员《再就业优惠证》；

5. 企业职工花名册；

6. 企业与下岗失业人员签订的劳动合同（副本）；

7. 企业为职工缴纳的社会保险费记录；

8. 企业工资支付凭证（工资表）；

9. 企业年销售额证明（现有的小企业实体需提供）；

10. 劳动保障部门要求的其他材料。

（三）认定办法

县级以上劳动保障部门接到企业报送的材料后，重点核查下列材料：一是核查企业是否与下岗失业人员签订了1年以上的劳动合同；二是核查企业为下岗失业人员支付工资和缴纳社会保险费的记录；三是核查企业职工总数是否在100人以下。

加工型街道社区小企业实体经核查，符合条件的，由劳动保障部门核发《街道社区加工型小企业吸纳下岗失业人员认定证明》。

（四）街道社区加工型小企业申请税收扶持政策程序

持有《街道社区加工型小企业吸纳下岗失业人员认定证明》的企业申请减税时，应向其当地主管税务机关报送下列材料：

1. 减税申请表；

2. 营业执照副本；

3. 税务登记证副本；

4.《加工型街道社区小企业实体吸纳下岗失业人员认定证明》；

5. 资产负债表（新办企业）或财务报表（现有企业）；

6. 企业工资支付凭证（工资表）；

7. 主管税务机关要求的其他材料。

经县级以上税务机关审核同意后，可以按财税192号文件的有关规定享受税收优惠政策，即街道社区加工型小企业根据企业实体吸纳并签订1年以上劳动合同的下岗失业人员实际人数，按每人每年2 000元的标准，扣减企业应缴纳的企业所得税税额。当年不足扣减

的，可结转下一年继续扣减。但结转期不得超过两年。

三、监督管理

以上两种企业（实体）的监督管理工作，参照《国家税务总局、劳动和社会保障部关于促进下岗失业人员再就业税收政策具体实施意见的通知》（国税发［2002］160号）中的相关规定办理。

2003年8月29日

国资委　财政部　劳动保障部　税务总局关于进一步明确国有大中型企业主辅分离辅业改制有关问题的通知

国资分配［2003］21号

各省、自治区、直辖市、计划单列市及新疆生产建设兵团经贸委（经委）、财政厅（局）、劳动保障厅（局）、国家税务局、地方税务局，各中央企业：

为进一步做好国有大中型企业主辅分离辅业改制分流安置富余人员工作，现就原国家经贸委等八部门《印发〈关于国有大中型企业主辅分离辅业改制分流安置富余人员的实施办法〉的通知》（国经贸企改［2002］859号，以下简称859号文件）中的有关问题通知如下：

一、关于国有控股企业的界定标准

859号文件规定国有大中型企业（以下简称企业）主辅分离、辅业改制的范围是国有及国有控股的大中型企业，其中国有控股是指国有绝对控股。根据国家统计局《关于印发〈关于统计上划分经济成分的规定〉的通知》（国统字［1998］204号），国有绝对控股是指在企业的全部资本中，国家资本（股本）所占比例大于50%的企业。

859号文件提出的改制后为国有法人控股的企业指国有法人绝对控股。国有法人控股企业应尽量减少控股比重，一般不得超过75%。改制为国有法人控股的企业再改制为非国有法人控股时，符合859号文件适用范围的，按照该文件的有关规定执行。

二、关于国有大中型企业划分标准

按照原国家经贸委、原国家计委、财政部、国家统计局联合下发的《关于印发中小企业标准暂行规定的通知》（国经贸中小企［2003］143号，以下简称143号文件）规定的企业划分标准执行。143号文件中的中小企业标准上限即为大企业标准的下限。

三、关于解除劳动关系的经济补偿标准

按照劳动保障部《违反和解除劳动合同的经济补偿办法》（劳部发［1994］481号）有关规定执行。根据劳动者在本单位工作年限，每满一年发给相当于一个月工资的经济补偿金。工作时间不满一年的按一年的标准发给经济补偿金。经济补偿金的工资计算标准是指企业正常生产情况下劳动者解除劳动合同前12个月的月平均工资。其中，职工月平均工资低于企业月平均工资的，按企业月平均工资计发；职工月平均工资高于企业月平均工资3倍或3倍以上的，可按不高于企业月平均工资3倍的标准计发。企业经营者也应按照上述办法执行。

四、关于企业辅业资产的界定范围

企业要按照859号文件要求，以精干壮大主业、放开搞活辅业、提高企业核心竞争力为目标，合理确定企业辅业资产。实施改制分流的辅业资产主要是与主体企业主营业务关联不密切，有一定生存发展潜力的业务单位及相应资产，主要包括为主业服务的零部件加工、修理修配、运输、设计、咨询、科研院所等单位。

五、关于中央企业实施主辅分离改制分流的范围

由于部分中央企业经营业务较宽，主业和辅业的界线不易界定，辅业企业资产规模较大、人员较多，在实施主辅分离时，这部分中央企业辅业改制的范围原则上应确定为辅业中的中小企业。中小企业划分标准按照本通知第二条规定执行。

六、关于中央企业改制分流总体方案联合批复程序

中央企业所属企业改制分流总体方案分别报国资委、财政部、劳动保障部，总体方案的批复采取国资委、财政部、劳动保障部分别审核、联合批复的形式，由国资委代章出具联合批复意见。

2003年7月4日

劳动和社会保障部办公厅关于进一步做好扩大城镇职工基本医疗保险覆盖范围工作的通知

劳社厅发［2003］6号

各省、自治区、直辖市劳动和社会保障厅（局）：

《国务院关于建立城镇职工基本医疗保险制度的决定》（国发［1998］44号，以下简称国发44号文件）下发以来，经过各级劳动保障部门的努力工作，全国绝大部分统筹地区启动实施了基本医疗保险制度，到2002年底，全国基本医疗保险参保人数已经达到9 400万。但目前仍有相当一部分应参保人群还没有纳入到基本医疗保险范围，这些职工的基本医疗得不到有效保障，对新制度的运行乃至对社会稳定都产生了不利的影响。根据部2003年的总体工作部署，为进一步做好扩大城镇职工基本医疗保险覆盖范围工作，现就有关问题通知如下：

一、从实践“三个代表”重要思想和全面建设小康社会的高度，充分认识做好医疗保险扩面工作的重要性

党的“十六大”指出，“建立健全同经济发展水平相适宜的社会保障体系，是社会稳定和国家长治久安的重要保证”。城镇职工基本医疗保险制度是社会保障体系的重要组成部分，不仅直接影响到职工群众的基本生活，也影响着广大人民群众生活质量的改善和生活水平的提高。进一步扩大基本医疗保险覆盖面，将规定范围内的单位和职工纳入基本医疗保险范围，既是贯彻落实“十六大”精神、实践“三个代表”重要思想的具体体现，同时也是实现全面建设小康社会目标的客观要求。各级劳动保障部门要进一步统一思想，提高认识，克服畏难情绪，积极争取政府领导支持，加强与有关部门协调，制定工作方案，明确政策措施，落实工作责任，全力以赴做好医疗保险扩面工作，争取参保人数再上一个新台阶，确保年内实现基本医疗保险参保人数突破一个亿的工作目标。

二、切实落实国务院有关文件精神，继续积极扩大基本医疗保险覆盖范围

各地要认真贯彻国发44号文件精神，加快建设和完善城镇职工基本医疗保险制度。目前尚未实施基本医疗保险制度改革的统筹地区，必须在今年启动并做好扩面工作。已经实施的统筹地区，要进一步扩大覆盖范围。在坚持权利和义务相对应原则的基础上，将城镇符合参保条件的用人单位和职工纳入基本医疗保险范围，大中城市参保率要达到60%以上，其中直辖市和省会城市要达到70%以上，其他城市也要在去年参保人数的基础上有所突破，统筹地区的参保人数要达到50%以上。要采取有效措施，解决好困难群体参保问题。

对只有部分缴费能力的单位，可按照先建立统筹基金、暂不建立个人账户的办法，纳入基本医疗保险范围。对那些因退休人员较多或其他原因目前还没有纳入基本医疗保险范围的单位，要采取积极措施，尽快将其纳入基本医疗保险覆盖范围。要认真贯彻落实《国务院办公厅转发国家经贸委等部门关于解决国有困难企业和关闭破产企业职工基本生活问题若干意见的通知》（国办发［2003］2号）和有关文件的精神，将实施关闭破产的中央企业和中央下放地方的企业退休人员纳入当地医疗保险社会统筹，同时做好地方关闭破产企业的退休人员参加医疗保险的工作。要贯彻落实全国再就业工作会议精神，结合实际情况，将灵活就业人员纳入基本医疗保险范围。

三、强化服务，规范管理，为推进扩面创造有利条件

要按照《关于妥善解决医疗保险制度改革有关问题的指导意见》（劳社厅发［2002］8号）的要求，不断完善政策体系，规范管理，强化服务，为推进扩面创造有利条件。要核实缴费基数，加强基本医疗保险费的征缴，采取措施确保机关、事业单位和关闭破产企业应缴纳的医疗保险费足额到位，做到应收尽收。在坚持总量控制、保证基金平衡和确保参保职工基本医疗需求的原则下，不断完善费用结算办法，严格审核和监督，控制不合理的支出。要确保医疗保险基金专款专用，杜绝挤占挪用基金现象的发生。要进一步规范业务流程，简化不必要的管理手续，方便单位和职工特别是灵活就业人员参保，逐步实现与定点医疗机构和定点药店直接结算，方便参保人员就医购药，指导定点医疗服务机构改进服务，提高医疗保险服务质量和水平。要加快医疗保险信息系统建设，提升管理服务手段。

四、加强监督检查，确保全面完成年度扩面计划任务

各地要将部里下达的扩面指标分解到各统筹地区，明确责任，狠抓落实，请各省（自治区、直辖市）将扩面指标分解情况于2003年4月30日前报部医疗保险司。要加强对扩面工作的分类指导和监督检查，及时了解各地工作出现的问题，主动帮助解决。对拒不参保的单位，要采取行政监察和媒体披露等方式督促其参保。要进一步完善扩面工作调度制度，按月汇总各统筹地区工作进展情况，并及时报送部社保中心。部里将建立基本医疗保险参保人数和完成任务情况季度通报制度，对完成任务好的地区给予表扬，对工作进展不力的地区进行批评。

2003年4月7日

劳动和社会保障部办公厅关于城镇灵活就业人员参加基本医疗保险的指导意见

劳社厅发［2003］10号

各省、自治区、直辖市劳动保障厅（局）：

随着我国经济体制改革的进一步深化和产业结构的调整，以非全日制、临时性和弹性工作等灵活形式就业的人员（以下简称灵活就业人员）逐步增加，这部分人的医疗保障问题日益突出。为解决灵活就业人员的医疗保障问题，落实《中共中央、国务院关于进一步做好下岗失业人员再就业工作的通知》（中发［2002］12号）关于抓紧制定以灵活形式就业的下岗失业人员社会保障配套办法的要求，现就城镇灵活就业人员参加基本医疗保险的有关问题提出如下指导意见：

一、统一认识，积极将灵活就业人员纳入基本医疗保险制度范围

（一）灵活就业人员参加基本医疗保险是解决他们医疗保障问题的重要措施，也是促进就业和再就业与完善社会保障体系的本质要求。各级劳动保障部门要从全面实践“三个代表”重要思想的高度出发，重视灵活就业人员的医疗保障问题，积极将灵活就业人员纳入基本医疗保险制度范围。

（二）结合经济发展水平和医疗保险管理能力，在区分灵活就业人员的人群类别、充分调查分析其基本医疗需求的基础上，针对不同类别的人群，制定相应政策和管理办法。

（三）灵活就业人员参加基本医疗保险要坚持权利和义务相对应、缴费水平与待遇水平相挂钩的原则。在参保政策和管理办法上既要与城镇职工基本医疗保险制度相衔接，又要适应灵活就业人员的特点。

二、明确政策，规范灵活就业人员参保方式、激励措施和待遇水平

（四）已与用人单位建立明确劳动关系的灵活就业人员，要按照用人单位参加基本医疗保险的方法缴费参保。其他灵活就业人员，要以个人身份缴费参保。

（五）可从建立基本医疗保险统筹基金起步，首先解决灵活就业人员住院和门诊大额医疗费用的保障问题，也可为有条件的部分灵活就业人员同时建立个人账户和实行大额医疗补助。

（六）灵活就业人员参加基本医疗保险的缴费率原则上按照当地的缴费率确定。从统筹基金起步的地区，可参照当地基本医疗保险建立统筹基金的缴费水平确定。缴费基数可参照当地上一年职工年平均工资核定。灵活就业人员缴纳的医疗保险费纳入统筹地区基本医疗保险基金统一管理。

（七）采取措施，促使灵活就业人员连续足额缴费。可根据灵活就业人员的缴费水平和缴费时间，参照当地基本医疗保险的待遇水平，确定相应的医疗保险待遇，并明确医疗保险待遇与缴费年限和连续缴费相挂钩的办法。对首次参加医疗保险的灵活就业人员，可规定其参加基本医疗保险到开始享受相关医疗保险待遇的期限。要考虑灵活就业人员收入不稳定等特点，明确中断缴费的认定和处理办法。

（八）灵活就业人员按照基本医疗保险的规定选择定点医疗机构和定点药店，严格执行基本医疗保险用药、诊疗项目和医疗服务设施标准的有关规定。要指导和协助参保的灵活就业人员选择定点医疗机构和定点药店。

三、加强管理，切实做好灵活就业人员的医疗保险管理服务工作

（九）针对灵活就业人员就业形式多样、工作地点和时间不固定等特点，完善医疗保险的业务管理办法，制定相应的个人申报登记办法、个人缴费办法和资格审核办法。鼓励灵活就业人员通过劳动保障事务代理机构或社区劳动保障服务机构等实现整体参保。

（十）经办机构要开设专门窗口，方便灵活就业人员个人直接缴费参保和医疗费用的结算。要进一步提高社会化管理服务水平，做到社会保险经办机构与定点医疗机构和定点药店的直接结算，减轻参保灵活就业人员的事务性负担。

（十一）做好参保灵活就业人员的医疗保险信息管理工作。进一步完善缴费个人基础档案资料的主要项目，建立完整的个人基础档案资料，做好个人缴费记录。根据灵活就业人员就业形式的变化，及时调整或更改个人信息，做好灵活就业人员的医疗保险关系变更服务。对灵活就业人员的缴费收入、医药费用支出等信息，要单独进行统计分析。

四、精心组织，稳妥推进灵活就业人员参保工作

（十二）各级劳动保障部门要努力争取党委和政府的支持，加大宣传力度，为做好灵活就业人员参加基本医疗保险创造良好的氛围。要主动与工商、税务等相关部门沟通，争取支持。

（十三）各统筹地区劳动保障部门要在认真调查和测算的基础上，制定和完善各类灵活就业人员参加基本医疗保险办法，精心组织实施。要及时分析和研究出现的新问题，不断完善政策和管理措施，确保制度平稳运行。

2003 年 5 月 26 日

劳动和社会保障部办公厅关于进一步做好城镇从业人员参加社会保险工作有关问题的通知

劳社厅发［2003］16号

各省、自治区、直辖市劳动和社会保障厅(局)：

最近，一些群众来信反映，当地少数城镇企业尤其是非公有制企业不依法参保缴费的问题仍然比较突出。有的企业不按规定办理社会保险登记，故意逃避参保缴费责任；有的企业只为部分职工参保缴费，不及时为新招用的下岗失业人员办理参保缴费手续；有的企业以招用人员劳动合同期限短为由，拒绝为职工参保缴费，甚至随意解雇提出参保缴费合理要求的职工。这些违法行为，不仅影响了城镇新生劳动力就业和企业下岗失业人员再就业，也直接损害了从业人员的合法权益，甚至影响到社会的稳定。各地要从贯彻落实“三个代表”重要思想的高度，充分认识做好城镇从业人员依法参加社会保险工作的重要性。要根据本地区的实际情况，制定切实可行的政策措施，解决当前工作中存在的突出问题，坚决制止少数企业拒绝为职工参保缴费的行为，以维护职工的合法权益。为进一步做好城镇从业人员参加社会保险工作，现就有关问题通知如下：

一、认真贯彻落实社会保险法律法规及相关政策规定。各地要继续深入贯彻落实《社会保险费征缴暂行条例》和《失业保险条例》等社会保险法规，进一步规范社会保险登记制度和社会保险费申报、缴纳制度，认真落实《社会保险稽核办法》，建立科学规范的社会保险审查、稽核制度，规范城镇用人单位及其职工依法参加社会保险的行为，做到应参保的用人单位和从业人员都能够依法参保缴费。各省区市每年要组织1～2次专项检查，各地市每季度都要进行工作检查，总结经验，查找问题，制定具体工作措施。

二、加强社会保险登记和社会保险费征缴工作。各地要定期开展对城镇各类企事业单位社会保险登记的检查工作，各级社会保险经办机构要与同级工商登记、编制管理等部门密切协作，随时掌握本地区各单位情况，对于尚未按规定进行社会保险登记的单位，要限期办理登记手续。要及时了解和掌握城镇各类企事业单位的参保缴费情况，重点检查核实参保企业的实际用工人数、参保缴费人数、单位工资总额等情况。一经发现单位拒绝为职工参保缴费的行为，要责令改正，限期为应参保职工办理参保缴费手续并补缴费用。

三、加强用人单位劳动合同管理工作。要监督检查用人单位严格按照《劳动法》的规定与职工签订劳动合同，不论劳动合同期限长短，用人单位都应按规定为职工参保缴费。对用人单位以劳动合同期限短为由拒绝为职工参保缴费的行为，一经发现应严肃处理。用人单位应按照《劳动力市场管理规定》，对招用的人员向劳动保障部门办理就业登记后按规定为其参保缴费。

四、做好社会保险关系转移和接续工作。各地区要针对城镇从业人员流动情况，做好社会保险关系转移和接续工作，特别是对下岗失业人员实现再就业的，应及时为其接续社会保险关系，督促新的用人单位为其继续参保缴费，并认真落实社会保险补贴政策。要探索以灵活方式就业的人员参加社会保险的办法，并针对这些人员的特点，研究新的管理服务方式。同时，要避免职工因在多个单位就业重复参加养老保险的现象，一旦发现要及时妥善处理。

五、加大劳动保障监察执法力度。各级劳动保障监察机构要通过日常巡视监察、专项检查、劳动保障年检等方式，加大对用人单位办理社会保险登记、申报缴费情况的监察力度。对用人单位不依法参保缴费等行为，及时依法严肃查处。要认真做好群众举报案件查处工作，公布举报电话，设立举报信箱，对于群众的举报和投诉，及时处理结案。各级劳动保障监察和社会保险经办机构要密切配合，建立和完善定期相互通报制度，全面掌握本地区参保缴费单位的情况，发现问题及时处理。对经查属于未按规定进行社会保险登记和申报缴纳社会保险费的单位，除依法处罚外，还要在新闻媒体上进行曝光，督促其改正。

2003 年 7 月 3 日

全国劳动和社会保障工作

就业和再就业

一、增加就业、控制失业首次被纳入国民经济和社会发展宏观调控目标

新一届中央领导集体，将就业和再就业工作摆到更加突出的位置，首次将就业和再就业纳入国民经济和社会发展宏观调控目标。3月下旬，国务院第一次常务会议，专题研究解决困难群众生产生活问题，将下岗失业人员再就业作为解决困难群众生产生活的一大重要问题。3月底，中央政治局举办关于世界就业发展趋势和我国就业政策研究的集体学习。5月份，国务院建立再就业工作部际联席会议制度，由国家发展和改革委员会、教育部、监察部、民政部、财政部、劳动和社会保障部、建设部、中国人民银行、国务院国有资产监督管理委员会、国家税务总局、国家工商行政管理总局、中央机构编制委员会办公室和全国总工会组成，国务院办公厅参加。主要任务是：学习贯彻党中央、国务院关于促进再就业工作的指示和有关会议精神，各部门通报工作进展情况，讨论确定年度再就业工作计划、任务指标和有关工作安排，分析研究再就业中的新情况、新问题，提出政策措施和建议等。形成了就业再就业工作统一领导、分工协作、齐抓共管的工作机制。10月11—15日召开的中央十六届三中全会进一步提出，把扩大就业放在经济社会发展更加突出的位置，实施积极的就业政策，努力改善创业和就业环境。坚持劳动者自主择业、市场调节就业和政府促进就业的方针。11月27—29日召开的中央经济工作会议提出，“就业是民生之本，也是安国之策”。

二、一手抓抗击“非典”，一手抓再就业，取得抗击“非典”和促进再就业双胜利

初春，突如其来的“非典”疫情，对就业产生了较大冲击，促进就业的任务更加艰巨。疫情高发期的4、5月间，劳动保障部下发了切实做好技工学校等职业培训机构、职业中介等就业服务机构和农民工“非典”防控工作等紧急通知，从思想认识、工作措施等方面提出了指导意见和明确要求，防止疫情发生和蔓延，保持就业的稳定。按照疫区农民工防控“非典”工作的要求，将建筑企业和使用外来工人员较多的企业作为“非典”防控的重点，采取切实措施改善农民工生产生活条件，按时足额发放工资，严禁擅自停工停业和遣散外来工等措施。“非典”期间，在劳动力市场网站上开辟了再就业工作与指导栏目，推出了远程创业培训课程，启动了西部地区创业培训工作项目，有条件的职业中介机构开展了网上职业指导和职业介绍，通过电视电话会议等多种形式，交流各地的经验和做法，推动了“非典”时期各项工作的落实。5月，国务院办公厅印发了《关于加快推进再就业工作的通知》（国办发［2003］40号），从加强领导、落实政策、开发岗位、强化就业服务、巩固两个确保成果、加强督促检查等6个方面提出了工作要求，督促各地进一步加大工作力度，全面贯彻落实全国再就业工作会议精神。

劳动保障部召开了全国劳动保障部门贯彻国办通知的电视电话会议，并会同财政部、人民银行、税务总局等部门研究制定了18个政策性文件，进一步完善了积极就业政策体系。“非典”疫情得到有效控制后，8月份，党中央、国务院召开了全国再就业工作座谈会，对就业和再就业工作进行再动员、再部署，胡锦涛、温家宝、黄菊等中央领导同志出席会议并作重要讲话。10月份，中办、国办组织了全国再就业工作和政策落实情况督促检查活动，由中办督查室、国务院办公厅、发展改革委、劳动保障部等15个部门组成的13个督查组分赴河北、山西等25个省份和新疆生产建设兵团，进一步督促各地落实各项再就业扶持政策。在“非典”对就业再就业工作造成较大冲击的情况下，经过各地各部门的共同努力，到年底，全国新增就业人员859万人，下岗失业人员再就业440万人（其中，“4050”人员再就业120万人），城镇登记失业率为4.3%，全面完成了党中央、国务院确定的新增就业800万人，下岗失业人员再就业400万人（其中，“4050”人员再就业100万人），城镇登记失业率控制在4.5%以内的任务目标。国有企业下岗职工基本生活保障工作成果继续得到巩固。到年底，国有企业（含国有联营企业、国有独资公司）下岗职工260万人，比上年底减少150万人，绝大多数进中心的下岗职工都能按时足额领到基本生活费并代缴社会保险费。

三、农民进城务工管理和服务新政策出台，大学生就业纳入全国就业总体规划

1月份，国务院办公厅印发《关于做好农民进城务工就业管理和服务工作的通知》（国办发［2003］1号），针对当前农民进城务工就业面临的问题，提出了取消对农民进城务工就业的不合理限制、切实解决拖欠和克扣农民工工资问题、改善农民工的生产生活条件、做好农民工培训工作、多渠道安排农民工子女就学、加强对农民工的管理等6项政策措施，形成了新时期农民进城务工就业管理服务工作的政策框架。按照党中央、国务院要求，劳动保障部会同农业部等有关部门共同制定了《2003—2010年全国农民工培训规划》，确定了农村劳动力转移培训和农民工岗位培训的目标、任务及政策措施，并会同有关部门组织拟定配套文件，推进《规划》的贯彻落实。4月份，劳动保障部向国务院上报了《高校毕业生就业形势、问题及对策措施报告》，提出了高校毕业生就业社会化工作的具体方案，明确将高校毕业生就业工作纳入全国就业整体规划，统筹指导，并会同教育部启动《高职院校毕业生职业资格培训工程》，职业培训、技能鉴定和就业服务三位一体，整体运作。全国约有8.5万名高职学生参加了劳动保障部门组织的技能培训，有16.6万名高职学生参加了职业技能鉴定，有15.8万名学生获得了不同级别的职业资格证书，各地提供就业岗位信息36.7万条，召开专场招聘会287次，参加招聘洽谈的学生共有70万人次，达成就业意向19万人次。通过一年的努力，初步形成了帮助和促进大学生就业的政策框架和有效措施。

四、全国就业服务体系建设按照制度化、专业化、社会化要求，取得较大进展

全国地级以上城市的街道社区基本上建立了劳动保障工作平台，绝大多数社区已聘用人员开展服务工作，初步实现机构、人员、经费、场地、制度和工作“六到位”。职业介绍工作有很大发展，各项业务量显著增长。全国共有各类职业介绍机构31 109所。其中，各级劳动保障部门举办的公共职业介绍机构21 515所（县区以上公共职业介绍机构3 886所，街道4 293所，乡镇13 336所），其他组织举办的3 107所，个人举办的6 487所。全国各类职业介绍机构共有工作人员96 545人。其中，劳动保障部门64 631人（县区以上机构27 202人，街道11 373人，乡镇26 056人），其他组织办职业介绍机构有工作人员11 657人，个人办的有工作人员20 257人。全年全国劳动保障部门举办的公共职业介绍机构接受登记求职2 169万人次，比上年增长14%；介绍成功1 155万人次，比上年增长18%。年末，全国已有108个城市实现职业介绍信息市内联网，联网的职介机构达1 219个，92个城市开展了职业供求信息季度分析并向社会发布。

职 业 培 训

一、加大培训力度

围绕贯彻落实全国职业教育工作会议、再就业工作会议、再就业工作座谈会精神，以提高劳动者就业能力、工作能力、职业转换能力和培养企业急需的高技能人才为核心，加大职业培训工作力度。结合实施技能振兴行动，全面推进国家高技能人才培训工程，在继续实施国家高技能人才培训工程机电项目的基础上，启动信息产业和电力高级技工培训项目。为贯彻落实全国人才工作会议精神和《中共中央、国务院关于进一步加强人才工作的决定》（中发［2003］16号），劳动保障部下发做好高技能人才培养和人才保障工作的意见，在全面实施国家高技能人才培训工程的基础上，提出了“三年五十万新技师培养计划”，加快培养一批企业急需的技术技能型、复合技能型人才，以及高新技术产业发展需要的知识技能型人才，并以此推动技能人才队伍的整体建设，带动各类高、中、初级技能人才梯次发展。

加大再就业培训工作力度，建立和完善再就业培训经费补贴与再就业效果直接挂钩的工作机制，增强再就业培训的针对性、实用性和有效性。全年全国共组织520万下岗失业人员参加再就业培训，培训合格率达93%，培训后有322万人实现了再就业，培训后再就业率达62%。全面推广创业培训，依托10个城市建设国家创业示范基地，探索创业培训与小额贷款等优惠政策整体推动促进创业的工作模式，并向100个城市推广。全年全国共组织29万人参加创业培训，培训合格率达90%，培训后有近16万人实现了创业或自谋职业，创业成功率达55%。技工学校围绕市场需求加快调整改革步伐，取得阶段性成果。2003年技校招生总数达到91.6万人，创历史新高，比上年提高25个百分点，面向社会开展各类培训227万人次，比上年增长9%。到年底，全国有技工学校2 970所，其中，国家重点技工学校432所，高级技校274所，在校生总数193万人。全国共有就业训练中心3 307所，民办培训学校19 139所，全国技工学校、就业训练中心、民办培训学校全年共培训1 393万人次。

二、我国职业资格证书制度建设和职业技能鉴定工作取得进展

全年全国共有687万人参加了职业技能鉴定，比上年增长3.87%；有583.9万人取得职业资格证书，比上年增长4.98%。到年底，全国共有职业技能鉴定机构7 252个，职业技能鉴定考评人员15.6万人。劳动保障部组织制定和颁发五批共113个国家职业标准，启动了64个职业的理论考试和实际操作共90个国家题库开发工作。同时，制定了三年三千种职业培训教材开发计划和职业培训教材开发实施意见，发布了全国职业培训和技工教育优秀教材目录。为加强对职业技能竞赛工作的指导，劳动保障部制定了《国家职业技能竞赛技术规程》，颁布了《国家级职业技能竞赛裁判员管理办法》；同时，会同有关部门举办了全国职工职业技能大赛、第二届全国残疾人职业技能竞赛、全国青年创新创效大赛和国防科技工

业技术能手选拔表彰活动等。

三、西部远程培训开播

为实施西部大开发战略，贯彻落实全国再就业工作会议和全国职业教育工作会议精神，解决西部地区培训资源短缺和劳动者素质不高的问题，劳动保障部于2002年12月正式启动国家远程培训——西部远程培训项目。在内蒙古、陕西、甘肃、青海、新疆、四川、广西、贵州8个省、自治区的16个职业培训机构建立远程培训站点，通过劳动保障部中国就业培训技术指导中心将东部地区优秀职业培训师资和优秀课程输送到西部地区，加快西部人力资源开发，促进就业和再就业。2003年4月18日，劳动保障部西部远程培训项目开播仪式在北京和西部8个省、自治区同时举行。

四、建立中国就业培训技术指导中心上海分中心

经劳动保障部批准，2003年7月18日"中国就业培训技术指导中心上海分中心"正式成立。

五、国家题库运行实现全覆盖

2003年实现了国家题库省级地方分库运行的全覆盖，除台湾省外，全国各省（自治区、直辖市）全部使用国家题库开展职业技能鉴定工作。

六、国家职业资格全国统一鉴定职业全面开考

为了适应我国加入世贸组织后与国际接轨以及国内经济高速发展对新职业、新工种职业资格培训和认证不断增长的需要，劳动保障部根据社会新型职业领域的特点，于2002年年底开展了电子商务师、心理咨询师、营销师、企业人力资源管理人员、企业信息管理师、项目管理师6个新职业的统一鉴定试点工作。2003年，秘书、推销员、公关员、物业管理人员、企业人力资源管理人员、心理咨询师、营销师、电子商务师、项目管理师、企业信息管理师10个职业从基础开发、更新改造阶段进入全面正式开考阶段。全国有31个省市共25万余人参加了考核鉴定，比2002年增长近40%。统考职业2003年也首次进入高校领域。

七、引进国际职业资格证书

为了满足国内从业人员对参加高质量的职业资格认证的需要，在高端的职业资格认证领域与国际接轨；同时，为满足中国加入世贸组织后，从业者对国际职业资格认证的需求，劳动保障部在部分职业领域引进了国际商业美术设计师协会的国际商业美术设计师、美国教育考试服务中心的国际交流英语、英国剑桥大学国际考试委员会的商务管理和旅游管理4种国外职业资格证书，为劳动者提供了更为广阔的就业发展空间。

八、国家重点技工学校贯标复评工作

为做好国家重点技工学校贯标复评工作，推动国家重点技工学校加快改革步伐，按照"通过成果发布，加大宣传力度，扩大社会影响"的指导思想，2003年8—9月劳动保障部分别在湖南、新疆、浙江、江苏4地成功举办第二批国家重点技工学校贯标复评试点成果发布会，展示了各试点学校的工作成果，提供了一个相互学习、相互交流、相互沟通的平台，宣传了有关政策，为全面推动这项工作打下了基础。

目前，已有两批试点共27所国家重点技工学校通过了劳动保障部的质量管理体系复评审核。

九、国家职业标准的制定工作

2003年劳动保障部组织有关行业、部门的专家完成了120个国家职业标准的制定工作。标准涉及轻工、有色等十多个行业。截止到2003年年底，劳动保障部共颁布了311个国家职业标准。

劳动关系

2003年，劳动关系协调工作紧紧围绕企业改革和经济结构调整，在贯彻落实中央12号文件，促进再就业、做好国有企业改革中职工安置及劳动关系调整、加强劳动关系自主协调机制建立、完善三方机制建设等方面积极开展工作，各项工作取得了明显进展。

一、贯彻落实中央促进再就业文件，规范国有企业改革和非全日制用工的劳动关系

按照《中共中央、国务院关于进一步做好下岗失业人员再就业工作的通知》（中发［2002］12号）的要求，研究制定和完善国有大中型企业主辅分离辅业改制所涉及的劳动关系政策。为落实中央宏观调控就业政策，稳妥处理富余人员的劳动关系，劳动保障部与财政部、国资委联合下发了《关于做好国有大中型企业改制中劳动关系处理等工作的通知》，对国有大中型企业实施改制分流涉及劳动关系处理的实体政策和分流安置方案审核备案等问题提出了具体政策意见。天津、河北等一些省市也配套制定了本地区国有企业改制中劳动关系处理相关政策。这些政策措施的及时出台，考虑了社会各方面的承受能力以及我国面临的严峻就业形势，有利于解决国有企业冗员负担与社会再就业的矛盾，是新形势下盘活资产、精干主业、搞活辅业，进一步深化国有企业改革的重大举措，是今后国有企业分流富余人员的重要形式。在操作规范上，劳动保障部与国资委、财政部联合会签下发了《关于中央企业报送主辅分离辅业改制分流总体方案基本内容和有关要求的通知》，对中央企业报送备案的内容进行了规范，避免了企业将直接裁减富余人员推向社会，加剧就业压力的局面。

按照中央12号文件关于促进灵活就业的要求，针对现行劳动法律对非全日制用工缺乏规范的情况，劳动保障部下发了《关于非全日制用工若干问题的意见》，从非全日制用工的劳动关系、最低小时工资标准、社会保险、劳动争议以及管理和服务等方面进行了规范，对规范非全日制用工行为，保障劳动者合法权益，促进非全日制就业健康发展，起到了积极的作用。北京等一些地方根据意见制定了本地区的非全日制用工政策。

二、劳动合同制度渐趋完善

《劳动法》实施以来，劳动合同制度建设不断推进，基本实现了用工制度合同化。随着劳动关系日趋多元化、复杂化、柔性化，《劳动法》及其相关配套法规的某些内容已经不能完全适应形势的需要，面对新情况、新问题，各级劳动保障部门不断深入研究，加强劳动合同立法和有关政策制定工作，逐步完善我国劳动关系法律体系。目前，北京、河北、辽宁、上海、江苏、山东、安徽、湖南、广东等十多个省市先后出台了地方性法规或规章，初步解决了各地推行劳动合同制以来出现的新情况、新问题。各地通过立法加强劳动合同管理，进一步完善劳动合同制度，从源头上和法律法规上规范各类用人单位的行为。同时，各级劳动保障部门加大了检查督促企业签订劳动合同的力度，促进了劳动合同制度的贯彻执行。

三、修订《集体合同规定》，推进企业建立集体协商机制

集体协商集体合同制度是劳动关系协调机制的重要形式。2003 年，各级劳动保障部门不断推进集体协商集体合同工作的制度化、规范化和科学化，以工资集体协商为切入点，增加了集体合同的针对性和实效性。鉴于 1994 年颁布的《集体合同规定》对集体协商的具体程序、协商代表的权利义务、集体合同的变更和解除，尤其是集体协商的内容等规定比较原则，已不能完全适应集体协商形势发展的需要，2003 年年底，劳动保障部第 7 次部务会议审议通过了新修订的《集体合同规定》，并以部第 22 号令颁布，于 2004 年 5 月 1 日起实施。新修订的《集体合同规定》采纳了社会相关各方的意见，在集体协商程序、协商代表产生和保护、协商内容完善等方面做出全面规定，为集体协商在企业一级切实发挥自主协调劳动关系作用提供了依据，将进一步促进集体协商集体合同制度的发展。

四、协调劳动关系三方机制作用日益显现

2003 年 8 月，劳动保障部、全国总工会和中国企业联合会三方联合召开全国推进三方协调劳动关系工作经验交流会以来，各地三方积极转变工作重心，变搭台为唱戏，在三方机制架构已基本建立的基础上，逐步将工作重点由建制转移到发挥作用方面。三方在立法、促进就业和化解劳动关系矛盾等方面发挥了积极作用。如江苏省三方联合开展“维权年”活动，并积极参与推动省人大颁布了《江苏省劳动合同条例》；江西省三方建立了工资保障机制，通过欠薪报告制度、欠薪记录制度和欠薪责任追究制度，较好地保护了劳动者的合法权益；上海市静安区三方根据区属企业改制具体情况，稳妥处理转制改制企业劳动关系，努力控制转制改制企业岗位流失，使企业转制改制平稳过渡。同时一些地方三方不断扩大协商议题的范围，并逐步扩大参与三方协商的成员单位。协商范围逐步涉及整个劳动关系领域：劳动立法、经济与社会政策的制定、就业与劳动条件、工资增长水平、劳动标准、职业培训、社会保障、职业安全卫生、劳动争议处理以及对产业行为的规范与防治等，直至扩展到社会经济中涉及企业与职工利益的领域。在协商参与成员方面也逐步将涉及协商议题的有关单位吸纳进来，听取他们的意见和建议，完善三方自身的决策。如成都市三方把工业区迁移问题列入三方协商议题；福建省三方适时邀请经贸部门、建设管理部门加入到三方协商过程中。

五、有效应对“非典”时期劳动关系协调工作中的新情况、新问题

面对突如其来的“非典”疫情，按照党中央、国务院确定的一手抓防治“非典”工作，一手抓经济建设这个中心不动摇的战略部署，劳动保障部下发了《关于切实做好非典型肺炎防治工作的紧急通知》；为应对“非典”疫情造成企业停工停产等因素对劳动关系带来的影响，制定下发了《关于妥善处理劳动关系的通知》等文件，明确要求用人单位不得以“非典”为由解除与职工的劳动合同，用人单位正常生产经营的，不得以防治非典型肺炎为由扣发或减发职工的工资；企业停工停产期间，按《工资支付暂行规定》的规定支付工资。因防治非典型肺炎或受非典型肺炎影响造成当事人申请劳动争议仲裁超过规定申诉时效的，劳动争议仲裁时效相应顺延。地方劳动保障部门在防治“非典”工作方面，从维护改革发展稳定大局和劳动者身体健康与生命安全的高度出发，积极做好与防治“非典”有关的各项劳动保障工作，制定了有关政策，保持企业劳动关系稳定，取得了明显效果。如北京、广东等地将劳动密集型企业和使用农民工较多企业作为防治和控制的重点，加强指导、监督和管理，按照国家和当地政府关于“非典”防治工作要求，将农民工纳入统一的防治范围进行管理；督促各类用人单位做

好工资支付工作。对“非典”病人治疗期间的工资要按规定支付，对疑似病人及密切接触者隔离观察期间的工资由用人单位按出勤照发。加强对企业裁员工作的监督检查，疫区企业不得随意解雇员工，尽可能稳定就业状况。

六、劳动争议处理工作力度进一步加大

2003年全国各级劳动争议仲裁机构立案受理了22.6万件劳动争议案件，涉及劳动者80.1万人，结案率为92%。其中，集体劳动争议案件1.1万件，涉及劳动者51.5万人。此外，各地劳动争议仲裁机构还以非立案方式处理争议7.8万件。

各级劳动争议仲裁部门强化劳动争议的预防和调解工作，努力构筑多渠道、多层次、多元化的劳动争议处理网络。北京市强化基层调解组织建设，形成了企业调解、街道调解、信访行政调解和劳动争议仲裁调解4个层面的调解体系。上海市针对外来务工人员劳动争议数量较多且案件类型趋同的特点，成立了外地人员劳动争议调解中心。

同时，加强劳动争议处理机构及各项制度建设，不断提高劳动争议处理能力。

一是推动劳动争议仲裁机构实体化建设。继广东深圳，广西南宁、柳州等地开展劳动争议仲裁机构实体化建设之后，各地劳动保障部门因地制宜，积极推进劳动争议仲裁机构实体化建设步伐，浙江省建立了省级劳动争议仲裁院，辽宁、黑龙江省也分别在部分主要城市开展了劳动争议仲裁院试点。

二是大力加强劳动仲裁员队伍素质建设。2003年10月，劳动保障部与全国总工会、中国企业联合会联合签发了《关于加强兼职仲裁员队伍建设有关问题的意见》（劳社部发［2003］28号），在落实三方原则、加强兼职仲裁员培训管理方面取得了突破。各地在专职劳动仲裁员培训管理方面也普遍加大了力度。上海市制定了《劳动仲裁员聘任管理办法（试行）》，明确了仲裁员任职资格标准，严格了仲裁员行为规范。湖南省围绕劳动保障和仲裁业务相关领域进行专项培训，收到了明显效果。

三是重视完善劳动争议的处理程序。山东省大力开展地方法律法规的制定工作，2003年先后出台了4项办案规则，完善规范了办案程序。广东省从2003年开始逐步推行劳动争议仲裁“十项制度”，促进仲裁工作走向制度化、规范化和专业化。江苏省制定发布了《劳动争议案件证据审核规则》《劳动仲裁庭开庭规程》和《劳动仲裁庭开庭程序》，进一步保证了劳动争议案件得到合法、公正、及时处理。

四是推动仲裁系统行风建设，着力打造劳动仲裁品牌。各地劳动仲裁机构牢固树立劳动仲裁工作服务于经济发展、服务于企业、服务于劳动者的意识，塑造劳动仲裁系统“依法、公正、廉洁、高效”的行风。北京市开展了以争创人民满意的仲裁委和人民满意的仲裁员为主题的“人民双满意”活动。重庆市采取内部约束与外部监督并行的监督措施，在仲裁系统内实行《劳动争议仲裁员廉洁办案若干规定》，同时建立社会监督制度和新闻通报制度。青岛市制定了仲裁员违法审裁案件和超过审理时限案件等方面的责任处理规定。

企业工资收入分配与劳动标准

一、企业工资分配

职工工资水平进一步提高。2003 年，全国城镇单位在岗职工年平均工资14 040元，比上年增长 13%，扣除价格因素，实际增长 12%。

（一）大力维护劳动者尤其是进城务工人员的合法权益

为贯彻落实国务院办公厅《关于做好农民进城务工就业管理和服务工作的通知》（国办发［2003］1 号）精神，研究提出了解决拖欠农民工工资问题的主要措施，制定了全国性的维权宣传活动工作方案。

1. 针对建筑行业拖欠农民工工资问题比较突出的情况，9 月份，劳动保障部会同建设部下发了《关于切实解决建筑业企业拖欠农民工工资问题的通知》（劳社部发［2003］27 号），提出了解决建筑企业拖欠农民工工资问题的政策措施。主要措施包括：认真开展清查工作，严厉打击拖欠和克扣农民工工资行为；加强对建设、开发项目的监管，确保建筑业企业农民工工资来源；加强对农民工劳动合同的管理，指导企业依法与农民工签订劳动合同；大力发展建筑劳务分包企业，规范用工行为；建立健全农民工工资支付监控制度，加强监督检查，定期组织企业进行自查、抽查，并视情况对检查结果进行公布和对有关企业提出预警；建立企业工资支付信用制度，将企业工资支付情况作为评价企业劳动用工信用状况的重要内容，记入企业劳动用工信用档案；完善工作机制，疏通处理渠道，切实做到专人负责、申诉有门、处理及时、客观公正；充分发挥协调劳动关系三方机制作用，共同采取措施解决拖欠农民工工资问题等。

2. 加大维护农民工合法权益的普法宣传力度。11 月 5 日，劳动保障系统在全国范围内开展了一次维护农民工合法权益法律宣传活动。活动期间，劳动保障部领导亲自带队深入北京市的宣传点，进行现场宣传咨询活动。各地向农民工免费发放《劳动者维权手册》等宣传材料，接受农民工现场咨询，声势浩大，效果明显，国家和地方媒体均进行了相关报道，增强了用人单位的法制观念和农民工依法维权的意识，形成了良好的社会氛围。

3. 认真研究解决拖欠工资问题的政策。一是对各地解决拖欠工资问题好的办法、经验进行了认真研究和总结，提出了加快解决拖欠工资问题制度化建设的政策建议。二是结合部分地区有关国有企业破产清算中涉及拖欠工资问题的请示，对处理国有企业拖欠工资问题的政策进行了深入研究，初步提出了拖欠工资的界定原则。

（二）完善工资分配规章

劳动保障部颁布了《最低工资规定》。

北京、天津、广西、湖北等省市对当地工资支付规章进行了修改完善。截止到 2003 年年底，全国共有北京、上海、天津、河北、湖南、广西、浙江、江西、珠海、青岛 10 个地区修订并颁布了新的工资支付法规或规章。浙江、江西、湖南、山西、宁夏、成都 6 个省市 2003 年首次制定颁布了小时最低工资标准，全国共有 22 个地区制定并颁布了小时最低工资标准。西藏于2003年10月份出台了《西藏自治区企业最低工资暂行规定》，目前正在研究制定最低工资标准，标志着全国最低工资保障制度建设取得重大进展。同时，各地根据地区发展水平、物价上涨等因素，及时调整了月最低工资标准和小时最低工资标准。上海、浙江、河南、湖南、山西、深圳等省市适时调整了月最低工资标准。北京、上海等省市重新调整了小时最低工资标准。

（三）积极开展国有独资商业银行收入分配制度改革研究工作

为贯彻落实《中共中央、国务院关于进一步加强金融监管，深化金融企业改革，促进金融业健康发展的若干意见》（中发［2002］5号）有关精神，建立与现代金融企业相适应的企业薪酬制度，根据国有独资商业银行综合改革专题小组有关工作要求，劳动保障部与有关部门成立了国有独资商业银行薪酬制度改革课题组，制定了金融企业薪酬制度改革研究的工作方案，开展了初步调研。

（四）企业工资收入分配宏观调控体系建设工作顺利开展

截止到2003年年底，29个地区建立了工资指导线制度，发布了2003年工资指导线。其中，劳动保障部对16个地区的工资指导线方案进行了批复，要求各地要根据2003年工资调控目标，充分考虑“非典”疫情及防治工作对企业职工工资收入可能带来的影响，按照分类调控的原则，引导各类企业结合本企业生产经营和经济效益状况，合理安排职工工资增长。

劳动力市场工资指导价位制度建设继续推进。截止到2003年年底，全国共有124个城市建立了工资指导价位制度。随着制度建设的不断完善，各地发布职位的数量在不断扩大，行业覆盖范围不断增加。部分城市根据市场需求的变化，将收集的数据按性别、职称、行业、所有制类别重新进行分类整理，提高了发布信息的质量和针对性。

（五）继续探索企业工资决定机制改革

结合企业工资决定机制改革，稳妥推进工资集体协商试点。截至目前，全国29万多户企业开展了工资集体协商试点，试点地区在总结试点经验的基础上，不断改进措施，完善办法，取得了较好效果。

（六）做好职能调整工作

按照国务院有关规定，原由劳动保障部行使的企业工资分配方面的部分管理职能划归国资委，主要包括推进国有企业经营者收入分配制度改革工作、推动企业内部分配制度改革工作以及审核管理国有企业工资总额工作。

二、劳动标准

2003年，劳动标准工作按照“抓规划、抓重点、抓基础”的工作思路，结合年度工作计划，重点开展了打击非法使用童工专项工作，继续推进劳动标准制定、修订等基础工作。

一是贯彻落实《禁止使用童工规定》。劳动保障部与有关部门联合下发了《关于贯彻落实〈禁止使用童工规定〉的通知》，组织开展禁止使用童工专项检查活动，使非法使用童工的势头得到了遏制。

二是做好劳动标准制定、修订等基础性工作。劳动保障部配合有关部门，制定了有关职工带薪年休假标准；继续开展全国劳动定额定员标准化技术委员会的日常工作，积极指导和督促各行业及企业集团开展劳动定额定员行业标准的制定、修订工作；2003年，组织评审并批准发布了《青藏高原铁路工程施工工作日长度和构成》行业标准、烟草工业劳动定额定员5项行业标准及《铁路工程劳动定员定额》等13项行业标准，对维护劳动者合法权益，加强企业基础管理，完善劳动组织，提高市场竞争力发挥了推动作用。

养 老 保 险

2003年，养老保险工作以巩固两个确保和完善社会保障体系为目标，狠抓各项工作的落实，积极开展调查研究，在确保企业离退休人员养老金按时足额发放、依法扩大养老保险覆盖面、完善基本养老保险政策、实现养老保险的社会化管理服务等方面取得了较大进展。

一、确保养老金按时足额发放

2003年，各级劳动保障部门以确保养老金发放工作为重点，进一步强化基金征缴，清理企业欠费，积极争取财政支持，加大基金调剂力度。2003年，全国养老保险基金总收入3 680亿元，比上年增加508亿元，其中：征缴收入3 044亿元，比上年增加493亿元，收缴率为95.41%；各级财政补助555亿元。在征缴收入中，由企业补缴的历年欠费为139亿元。在财政补助中，中央财政对地方的养老保险基金补助实现了年初一次下达计划、资金按季拨付的新机制，工作进一步规范，全年共补助26个省区市474亿元。全年基金支出3 122亿元，其中全国应发企业离退休人员基本养老金2 631亿元，实发2 630亿元，同时还补发历史拖欠的养老金5.8亿元。通过努力，基本保证了企业离退休人员养老金的按时足额发放，维护了社会稳定。基金历年累计结余2 206.5亿元。全国参保职工的月人均缴费工资为898元，参保的离退休人员月人均养老金674元。

二、依法扩大养老保险覆盖面

2003年，各级劳动保障部门认真落实《社会保险费征缴暂行条例》的规定，把扩面工作作为维护广大职工和离退休人员合法权益的一项重要任务，依法加大工作力度，总体推进，重点突破，使扩面工作取得新的进展。到2003年年底，全国已参加基本养老保险的人数达15 506万人，其中：在职职工人数达11 646万人，比上年增加518万人，增长4.7%；其中企业参保职工为10 325万人，比上年增加396万人，增长3.9%。全国参保的离退休人员达3 860万人，比上年增加252万人，增长6.9%，其中企业参保离退休人员为3 524万人，比上年增加191万人，增长5.7%。在参保职工总数中，实际缴费人数为10 489万人，占90%，其中企业实际缴费人数为9 223万人，占企业参保职工总数的89.3%。经国务院批准，劳动保障部会同财政部等三部门下发了农垦企业参加养老保险的通知，明确了相关参保政策，中央财政下拨了7.3亿元的专项补助资金，各地出台了实施办法，使农垦企业参保工作得到有效落实。

三、开展政策研究，抓紧完善基本养老保险制度

2003年，劳动保障部着眼于建立长效机制，促进可持续发展，围绕完善社会保障体系的总目标，针对改革中出现的新情况、新问题，组织专门力量，从7月下旬至9月上旬赴全国26个省区市开展养老保险综合调研，形成了综合调研报告，汇集了31个省区市的情况统计表，对完善养老保险制度问题进行了深入研究，内容涉及人口老龄化和养老保险基金收支预测、做实个人账户、做大保险基金、基

金投资运营、个体工商户和灵活就业人员参保、养老金计发办法、机关事业单位养老保险制度改革、建立企业年金、企业职工退休年龄和提前退休问题、养老保险管理问题等，提出了下一步完善养老保险制度的思路。

四、组织完善社会保障体系试点，推动建立企业年金制度

按照国务院赋予的职责，劳动保障部及时掌握辽宁省完善社会保障体系试点情况，会同有关部门初步总结评估养老保险试点经验。同时，指导吉林、黑龙江研究制定扩大试点方案，重点就改革基本养老金计发办法进行研究论证，组织对养老金水平的相关测算。为加快完善多层次的养老保险体系，劳动保障部与相关部门多次协商，结合养老保险改革总体思路研究，对企业年金的政策作了进一步研究论证。《企业年金试行办法（草案）》已经基本成熟，将于2004年年初发布。

五、参与相关改革方案研究，处理养老保险各类个案

2003年，劳动保障部参与了多项涉及养老保险问题的改革方案研究，包括文化体制改革、监狱体制改革、人才开发保障机制、企业分离办社会职能过程中的中小学退休教师待遇问题、转制科研机构养老保险问题等。此外，还参与处理了企业军转干部养老保险、特殊工种提前退休减发待遇、水电施工企业统筹外项目、三峡库区破产企业资金缺口、军人配偶未就业期间社会保险和人民银行所属院校移交等个案问题的协调和处理。

六、大力推进养老保险社会化管理服务工作

按照加快建立独立于企事业单位之外的社会保障体系的要求，各地劳动保障部门进一步推动企业退休人员社会化管理服务工作，取得明显成效。各级劳动保障部门和社会保险经办机构在已经实现养老金社会化发放的基础上，通过建立指标考核制度，发挥重点城市的示范作用，及时推广各地的先进经验，加强工作指导和督促检查等，积极推动社会化管理服务工作。到2003年年底，全国共有2 932万名退休人员实行了社会化管理服务，比上年增加1 498万人，增长95.7%；社会化管理率达到84.5%，比上年增长41个百分点。有19个省区市和新疆生产建设兵团的社会化管理率达到80%以上，其中：北京、天津、辽宁、上海的社会化管理率已达90%以上。

失 业 保 险

2003 年，是《失业保险条例》颁布施行的第 5 年。各级劳动保障部门认真贯彻中共中央、国务院召开的全国再就业工作会议和再就业工作座谈会精神，配合企业改革和就业再就业工作，推动失业保险制度取得新的进展，在保障失业人员基本生活、促进再就业方面发挥了重要作用。

一、制度建设取得新进展，依法行政水平得到提高

2003 年，吉林、陕西、山东、浙江、重庆等省市先后颁布了失业保险的地方性法规或政府规章。到 2003 年年底，已有 26 个省、自治区、直辖市制定了地方法规规章。其中，辽宁、四川、黑龙江、海南、天津、河南、广东、浙江和重庆 9 省市颁布了地方法规，上海、北京、内蒙古等 17 个省级人民政府及新疆生产建设兵团制定了规章。经过近 5 年的努力，失业保险法规政策体系已基本形成，为依法推进失业保险制度的发展奠定了良好基础。

二、参保人数增加，保障范围进一步扩大

2003 年年底，全国参加失业保险人数达到 10 372.9 万人，其中企业参保人数为 8 029.8万人，事业单位为2 175.3万人，其他单位为 167.8 万人。参保人数比 2002 年年末增加 190.9 万人，比 1998 年年末增加2 445万人，5 年增长 30.8%，平均每年增长 5.5%。特别是随着经济结构调整，在国有企业和城镇集体企业参保职工分别减少 997 万人和 181 万人的情况下，经过大量工作，外商投资企业和私营企业等其他企业，以及事业单位的参保人数增加3 623万人。

2003 年年末，全国参保人数平均覆盖率为 80%。超过 90% 的有广东、江苏、上海和河南 4 省市，安徽、河北、浙江、内蒙古、辽宁、天津 6 省区市在 80% ~ 90% 之间；12 个地区在 70% ~ 80% 之间；9 个地区在 70% 以下。

三、基金收支继续增长，支出结构进一步调整

2003 年，全国失业保险基金收入 249.5 亿元，比 2002 年增收 33.5 亿元。2003 年同 1998 年相比，全国基金年收入增加 181 亿元，增长了 264.5%，平均每年增长 29.5%。增收超过 10 亿元的有广东、上海、江苏、山东和辽宁；有 20 个地区基金收入增幅超过 2 倍。

2003 年，全国共支出失业保险基金 199.8 亿元，比上年增加 13.2 亿元。2003 年同 1998 年相比，全国基金年支出增加 148 亿元，增长了 285.2%，平均每年增长 31%。增支超过 10 亿元的有辽宁、上海、江苏、山东、广东；有 18 个地区基金支出超过 2 倍。

失业保险基金支出结构进一步调整。随着下岗职工人数减少，基金向再就业服务中心调剂资金数量进一步下降；随着就业再就业工作的加强，基金用于职业培训、职业介绍补贴的比例进一步提高。自 1998 年全国普遍建立国有企业再就业服务中心后，至 2003 年年末，失业保险基金累计向中心调剂资金 206.4 亿元。

四、失业保险作用增强，并轨工作稳步推进

2003 年，全年共为 741.6 万失业人员提供了不同时间的失业保险待遇，比 2002 年增加了 84 万人。《失业保险条例》颁布施行后的 5 年，共为1 400多万失业人员提供了基本生活保障和再就业帮助。

2003 年年末，全国领取失业保险金人数为 414.9 万人，比 2002 年年末减少了 25 万人，主要原因是以下岗失业人员为主要对象的再就业扶持政策全面实施并取得较大进展，另外东部沿海地区下岗职工基本生活保障向失业保险并轨已渡过高峰，规模性失业问题有所缓解。

与 1999 年年末相比，领取失业保险金人数增加了 306.2 万人，增长了 281.8%。同期，国有企业在中心的下岗职工人数由 623.8 万人减少到 174.6 万人，减少了 449.2 万人。失业保险在这两种保障形式总量中所占比例由 1999 年年末的 15% 提高到 2003 年年末的 70%。北京、天津、辽宁、上海、浙江、福建、山东、广东已完成并轨，江苏、重庆、广西、安徽、吉林、海南基本完成并轨。从全国看，失业保险已成为下岗失业人员基本生活保障的主要方式。

五、加强理论政策研究工作，推动可持续发展

全国再就业工作座谈会后，对在扩大就业的同时，如何开展失业调控工作进行了初步研究，提出了失业调控的基本框架，为下一步的工作安排做了必要准备。为推动失业保险制度的可持续发展，劳动保障部于 2003 年组织各地开展了失业保险制度专题研究，分析了《条例》实施中存在的主要问题，总结了有效做法，提出了政策建议，对发展和完善失业保险制度具有积极意义。

医 疗 保 险

2003年，各级劳动保障部门从维护改革、发展、稳定的大局出发，以高度的政治敏锐性和责任感，坚决贯彻落实党中央、国务院“抗击非典和经济发展两手抓”的战略方针，按照年初确定的工作目标，及时调整工作思路，在扩大覆盖范围、促进灵活就业人员参保、完善有关政策、强化管理服务等方面取得积极进展。

一、医疗保险扩面工作进一步推进

通过及早明确任务、加强分类指导、强化督促检查等措施，各级劳动保障部门进一步加大扩面力度。年初，在认真分析形势的基础上，劳动保障部明确提出2003年全国医疗保险参保人数突破1亿的目标。2月在福州召开全国医疗保险工作座谈会，对全年工作进行总体部署，结合各省实际，下达了扩面指标，对直辖市、省会城市和大中城市分别提出了不低于70%、60%的参保率要求。在劳动保障部下达扩面指标的基础上，各级劳动保障部门又将指标层层分解到统筹地区，并提出了扩面的具体要求。针对扩面工作中存在的重点、难点问题，为集中力量抓好大中城市参保工作，劳动保障部下发了《关于进一步做好扩大城镇职工基本医疗保险覆盖范围工作的通知》，加强了对各地的分类指导。按照劳动保障部要求，各地狠抓了省会城市的参保工作，沈阳、合肥、郑州、长沙、南宁、成都、昆明等省会城市进展较快，在新增参保人数中，省会城市新增人数占40%以上。劳动保障部9月份还召开部分省市医疗保险专题座谈会，对重点省份任务指标完成情况逐一对照检查，督促未达标地方采取切实有效措施，确保完成全年任务。10月、11月，又开展医疗保险督查活动。同时，各地也对照全年工作目标进行了自查。

通过上述积极措施，医疗保险扩面工作取得明显成效。截止到12月底，全国参加医疗保险的人数达到10 901万人，比2002年年底增加1 500万人，超额完成年初确定的参保人数1亿的任务。2003年净增参保人数超过100万的有广东、江苏、北京3个省市，超过50万的有浙江、江西、辽宁、湖北、山东、重庆、吉林、河北、四川9个省市。

二、灵活就业人员参加医疗保险工作稳步开展

规范灵活就业人员参保政策。为贯彻落实全国再就业工作会议精神，在总结各地经验并广泛征求各方面意见的基础上，劳动保障部于2003年5月研究下发了《关于城镇灵活就业人员参加基本医疗保险的指导意见》，明确各地可从建立基本医疗保险统筹基金起步，将灵活就业人员纳入医疗保险范围。《指导意见》还明确了防范风险的具体措施，如灵活就业人员的医疗保险待遇可与缴费年限和连续缴费相挂钩，要规定灵活就业人员从参加基本医疗保险到开始享受相关医疗保险待遇的期限，要明确灵活就业人员中断缴费的认定和处理办法等。

推进灵活就业人员参加医疗保险工作。7、8月间，劳动保障部有关单位分赴黑龙江、吉林、浙江和江苏等省调研，针对调研中反映出

来的共性问题和突出矛盾，研究下发了《关于推动灵活就业人员参加医疗保险工作的通知》。9月中旬又在杭州召开部分省市医疗保险专题座谈会，总结交流经验，要求各地要按照部里的统一部署，制定灵活就业人员参加医疗保险的办法，明确目标任务和覆盖计划。到年底，绝大多数省份根据劳动保障部的《指导意见》，下发了有关文件，灵活就业人员参加医疗保险的人数超过500万。

三、困难人群和离休人员的医疗保障问题取得积极进展

探索解决困难人群医疗保障的有效途径。参与制定《贯彻〈国务院办公厅转发国家经贸委等部门关于解决国有困难企业和关闭破产企业职工基本生活问题的若干意见的通知〉（国办发［2003］2号）的实施意见》《中共中央办公厅、国务院办公厅转发人事部〈关于进一步贯彻落实人发［2003］82号文件精神，切实解决部分企业军转干部生活困难问题的意见〉的通知》等文件，明确破产企业退休人员和部分困难企业军转干部的医疗保障经费的来源。同时，通过降低单位缴费率、只建统筹基金的办法，引导困难企业及其职工参保。据抽样调查显示，2003年困难企业职工参加医疗保险已从2002年的22%上升为49%。

建立和完善离休干部医药费保障机制。据统计，目前全国建立离休干部医药费保障机制的市、县约占总数的90%。行政机关和全额拨款事业单位离休干部医药费基本得到保障，自收自支事业单位和企业单位离休干部医药费保障水平有所提高，困难地区和困难企业离休干部医药费保障有了明显改进。

四、医疗保险管理全面加强，医疗保险运行质量有所提高

以协议管理为突破口，落实和细化管理措施。劳动保障部下发了《关于完善城镇职工基本医疗保险定点医疗机构协议管理的通知》（劳社厅函［2003］258号），就规范协议管理、充实协议内容等提出了具体要求。截至目前，全国定点协议签订率达到了94%。各地普遍落实了基本医疗保险药品“三率”控制指标，进一步细化了定点协议和结算考核办法。

探索医疗服务标准化管理。围绕费用结算，进一步强化定点考核监督管理工作，多数地方出台了定点医疗机构考核指标管理办法，明确了指标体系和考核标准，部分省市出台了定点医疗机构考核指标管理办法，明确了指标体系和考核标准。

规范业务经办流程。各地重点围绕就医和结算两个环节，从程序设计到窗口服务，尽力为参保单位、参保个人和定点医疗机构等服务对象着想，提供简捷、方便、高效、周到的服务。

五、应对“非典”，医疗保险发挥重要的保障作用

为指导各地配合做好防治“非典”工作，劳动保障部先后研究下发了《关于在防治非典型肺炎的工作中建立报告制度的通知》《关于因履行工作职责感染传染性非典型肺炎工作人员有关待遇问题的通知》和《关于做好参加基本医疗保险人员非典型肺炎防治工作的通知》，并参与制定《财政部、卫生部、劳动保障部关于妥善解决非典型肺炎患者救助费用有关问题的紧急通知》《卫生部、财政部、劳动和社会保障部、民政部关于非典型肺炎患者和疑似病人缴纳救治费用有关问题的紧急通知》《劳动保障部关于切实做好非典型肺炎防治工作的紧急通知》和《关于妥善处理劳动关系问题的通知》等文件，明确了“非典”患者的医疗费来源、感染“非典”工作人员的待遇等问题，各地普遍采取了适当放宽定点医院选择条件、简化就医程序、预付医疗机构医疗费用等措施，确保参保患者就近及时住院治疗。这些措施，对于维护职工的合法权益、确保“非典”患者得到及时有效救治、控制疫情蔓延等，发挥了重要作用。

工 伤 保 险

2003年，工伤保险工作取得重大进展。4月27日，温家宝总理签署第375号国务院令，颁布《工伤保险条例》（以下简称《条例》），并于2004年1月1日起正式施行。12月，中央编办批准劳动保障部设立工伤保险司，承担综合管理机关、企事业单位人员工伤保险的职能。《条例》的颁布，充分体现了党中央、国务院对劳动者权益保障、对困难群体生活以及对工伤保险制度改革的高度重视，是贯彻落实党的十六大精神和“三个代表”重要思想的具体体现，是推进工伤保险制度改革的必然要求，是社会保障法制化进程中具有里程碑意义的大事，标志着我国工伤保险制度改革进入了一个崭新的发展阶段。

一、积极开展有关配套文件的制定工作

1. 为配合《条例》的实施，做好政策的衔接，劳动保障部单独或会同有关部门出台了一系列配套文件。

一是配合《工伤保险条例》的实施，以第17、18、19号部长令的形式，分别发布了《工伤认定办法》《因工死亡职工供养亲属范围规定》《非法用工单位伤亡人员一次性赔偿办法》，对工伤认定程序、工亡人员供养亲属范围、非法用工单位伤亡人员的赔偿标准等作出了具体规定。

二是会同人事部、卫生部、中华全国总工会、中国企业联合会联合发出《关于劳动能力鉴定有关问题的通知》，对各地建立和规范劳动能力鉴定机构，规范劳动能力鉴定管理，完善劳动能力鉴定专家库等提出了明确要求。

三是经国务院同意，会同财政部、卫生部、国家安全生产监督管理局联合发出《关于工伤保险费率问题的通知》，明确规定了工伤保险行业类别按工伤风险程度划分为三类，三类行业分别实行不同的工伤保险缴费率；各省工伤保险缴费总体水平控制在工资总额的1%左右，三类行业基准费率分别为0.5%左右、1%左右、2%左右；一类行业不实行费率浮动，二、三类行业浮动档次分别为50%、80%、100%、120%、150%。

各地贯彻《条例》的相关配套文件也陆续出台或进入报批程序。截止到2003年年底，已有16个省（自治区、直辖市）颁布了贯彻《条例》的实施意见或办法。中央和省级配套文件的相继颁布，为《条例》的正式实施奠定了较好的政策基础。

2. 针对“非典”期间，有关工作人员感染传染性非典型肺炎问题，会同人事部、财政部、卫生部联合发出了《关于因履行工作职责感染传染性非典型肺炎工作人员有关待遇问题的通知》（劳社部发电［2003］2号），明确了“非典”期间感染非典型肺炎或因感染传染性非典型肺炎死亡的医护及相关工作人员的待遇等问题。

二、广泛开展了《条例》的宣传培训工作

为使劳动保障系统干部学习领会《条例》的精神实质，了解配套政策的思路及要求，保证《条例》的顺利实施，7月，劳动保障部举办了贯彻实施《条例》培训班，同时指导各

地广泛开展了形式多样的培训。据不完全统计，2003 年全国已有万余人接受了不同形式的培训。11 月下旬，劳动保障部发出《关于印发〈工伤保险条例〉宣传提纲的通知》(劳社部发［2003］30 号）和《关于开展〈工伤保险条例〉宣传咨询活动的通知》(劳社厅明电［2003］21 号)，对全国性开展《条例》的宣传工作进行了具体部署。

12 月 6 日，劳动保障部组织开展了全国工伤保险宣传活动。根据部里统一部署，各级劳动保障部门制定了宣传咨询活动工作计划和实施方案。通过开展这些宣传咨询活动，提高了全社会对工伤保险的认同度、参与度和支持度，为《条例》的顺利实施创造了良好的社会氛围。

三、指导督促地方做好《条例》实施前的各项准备工作

5 月，劳动保障部下发《关于贯彻落实工伤保险条例的通知》（劳社部发［2003］11 号)，对各地做好《条例》实施前的准备工作提出了明确要求。指导各地制定贯彻落实《条例》的总体实施方案，建立健全工作机构，制定业务流程，建立信息管理系统，认真做好有关政策文件的“立、改、废”，做好现行政策向《条例》过渡的衔接工作，通过加强组织领导，搞好协调，全面推进工伤保险工作。

12 月 1 日，劳动保障部下发《关于加强〈工伤保险条例〉实施准备工作的通知》（劳社部明电［2003］6 号)，进一步明确要求各地合理确定工伤保险缴费费率，切实履行工伤认定的法定职责，建立健全劳动能力鉴定机构，及时出台相关政策和标准，加快工伤保险管理系统建设，同时要求各地加大检查力度，督促各统筹地区制定管理措施，规范管理行为，扎扎实实地做好《条例》实施前的各项准备工作。

四、继续推进工伤保险扩面工作

在积极做好《条例》贯彻实施准备工作的同时，各级劳动保障部门继续抓好工伤保险扩面征缴和经办服务管理工作，参保人数和基金收入均有一定增长。截止到 2003 年年底，工伤保险参保人数达到4 574.83万人，比上年底增加 169.91 万人，享受工伤保险待遇 29.47 万人。工伤保险基金收入 35.98 亿元，支出 25.58 亿元，当年结余 10.40 亿元。

生 育 保 险

2003年生育保险工作围绕贯彻落实党的十六大精神和落实《中国妇女发展纲要(2001—2010年)》提出的生育保险覆盖面达到90%的目标要求，积极推进生育保险工作。在管理上探索生育保险与医疗保险协同推进的方式，使生育保险扩面工作取得了积极的进展。

2003年生育保险工作的主要特点：一是覆盖人群从原有的国有企业扩展到机关、事业单位以及集体等非国有单位；二是各地探索生育保险与医疗保险协同推进的管理模式，在强化医疗服务管理、优化结构、提高工作效率等方面取得了良好的效果；三是加快了制度建设。全年有2个省、区出台了生育保险规定，2个省对原生育保险办法进行修订，7个省将生育保险办法纳入立法计划。

截止到2003年年底，辽宁等16个省、自治区、直辖市出台了生育保险办法，19个省会城市和计划单列市、175个地级统筹地区、922个县级统筹地区出台了地方生育保险政策和办法，为进一步扩大生育保险范围奠定了基础。2003年，湖南省以及宁波、郑州、厦门、青岛等城市出台了生育保险地方办法；北京、天津、广东、广西、重庆、山东、河南等省市积极准备出台地方生育保险规范性文件；浙江、福建省为了适应形势的发展变化，对1997年、1996年颁布的生育保险法规进行修订，完善生育保险制度。

为了提高管理质量和工作效率，广东、内蒙古、河北等省探索生育保险与医疗保险协同推进的办法，取得了良好的社会效果。部分城市在医疗服务管理方面加强了管理和监督的力度，逐步实现定点医疗机构管理。如大连、广州等市细划了管理办法，方便了广大参保职工就医和提高医疗服务质量。截止到2003年年底，全国参加生育保险的人数达到3 655万人，较上年增加167万人，增长4.76%；基金收入25亿元，支出13亿元，累计结余41.9亿元；当年为36.4万名职工提供了生育保险待遇，人均待遇4 568元。

农村养老保险

根据党的十六大提出的关于在有条件的地方探索建立农村社会养老保险制度的精神，2003 年劳动保障部加强了对农村社会养老保险工作的指导，在开展理论和政策研究，积极探索农民工、被征地农民、小城镇农转非人员和农村计划生育人员的养老保险办法，改革和完善农村社会养老保险制度，规范基金管理等方面取得了一定进展。

一、加强工作指导，明确形势任务

年初，劳动保障部下发了《2003 年劳动和社会保障工作要点》，对农村社会养老保险工作做出了明确部署。2003 年 11 月，为全面贯彻十六大和十六届三中全会精神，劳动保障部又下发了《关于认真做好当前农村养老保险工作的通知》（劳社部函［2003］148 号），要求各地全面理解、深刻领会、准确把握党中央关于农村养老保障问题的决策，按照“三个代表”重要思想的要求，高度重视农民的养老保障，立足当前，着眼长远，因地制宜，分类指导，积极稳妥地推进农村社会养老保险工作。截止到 2003 年年底，全国 31 个省（自治区、直辖市）的1 870个县（市、区）不同程度地开展农保工作，积累保险基金 259.1 亿元，5 428万人参加保险，198 万参保农民领取养老金，当年支付养老金 15 亿元。

二、开展理论研究，完善基本制度

劳动保障部开展了“完善我国养老保险体系”课题研究，其中有关农村社会养老保险分课题研究报告，对完善我国农村养老保险制度提出了建议；劳动保障部有关司局与有关单位合作，开展了“农村社会养老保险制度和管理规范研究”课题研究，对建立农保制度的必要性和可行性、定性定位、制度模式、账户管理、基金运营、管理规程等问题进行了深入研究，赴浙江、上海等地进行了实地调研，先后召开了中日农民养老保险座谈会、中国农保基金管理及有关政策研讨会，完成了《农民养老金国际比较》《中国农村养老保险制度设计与管理规范研究》《中国农村养老保险政策建议》等专题研究报告；与国家人口计生委、中国人民大学等单位合作，对农村计划生育夫妇养老保险问题进行了专题研究，提出了开展农村独生子女和双女父母养老保险试点工作的建议，完成了有关报告；参加国家自然科学基金应急项目研究，承担了农保研究工作；参加国家“十五”重大攻关项目——小城镇就业与社会保障课题研究。

三、开展调查研究，解决突出问题

为研究解决被征地农民、进城务工经商农民和小城镇农转非人员的养老保险问题，劳动保障部组织力量，对上海、江苏、浙江、福建、安徽、河南、黑龙江、云南、新疆等地进行调研。在近年来调研的基础上，对开展农保的基本条件进行了认真分析，提出了分类指导、梯次推进的工作策略和发展规划，完成了《建立农村养老保险制度的条件分析》《农村养老保险深层次问题研究》《农村养老保险改革思路、目标和政策措施》等报告。2003 年 11 月 1 日至 2 日，在上海召开了部分省市农保处长座谈会，重点研究了失地农民养老保险制度建设等问题。

为了指导地方开展调研工作，研究农保工作面临的新情况和新问题，劳动保障部下发了《关于开展农村养老保险调研工作的通知》，并编写了详细的调研提纲。一些省市的调研工作取得了明显成效，提交80多篇调研报告。江苏省根据省委、省政府的要求，在深入调查、广泛征求意见的基础上，研究草拟了《江苏省农村基本养老保险办法》；福建省根据省科技厅软科学项目安排，与厦门大学等单位合作，组成“福建省农村社会养老保险模式及其可行性方案研究”课题组，深入农村和农户，进行抽样调查和实地考察，编制了本省农村人口生命表，完成了“福建省农村社会养老保险方案”，形成了系列研究报告，召开了专家论证会；山西省与有关部门共同研究，把建立农村养老保险制度列入农村小康建设目标，还与人口计生委联合发文，把建立农村独生子女和双女父母养老保险制度作为农保工作重点，落实了各级政府财政补助办法。

四、结合实际情况，进行制度创新

一些省市面对农村社会养老保险工作出现的新情况和新问题，结合当地实际，进行了不同程度的制度创新和探索。一是保险范围上的突破。在传统的务农农民和乡镇企业职工为主要参保对象的基础上，新增了失地农民、进入小城镇的从业人员、农村计划生育户等。各地根据保险对象的不同情况进行分类决策，使政策更加具有针对性和适用性。二是制度模式上的突破。目前，一些试点省市根据当地农村人口的不同结构和老年人口没基金积累的实际，突破了单一的个人账户模式，如江苏省苏州市、山东省青岛市建立了“大账户、小统筹”的制度模式。三是筹资模式的突破。农村社会养老保险的筹资形式是个人缴费为主，集体补助为辅，国家给予政策扶持。现在一些地区实行土地补偿费、地方政府财政投入、农村集体补贴、计划生育补助费等多渠道筹集资金，较好地解决了筹资困难和渠道单一问题。四是保障水平上的突破。传统的农村社会养老保险没有确定明确的缴费基数和缴费比例，保障水平偏低。现在，一些省市出台的失地农民养老保障办法规定了明确的缴费基数和缴费比例，要求保障水平同当地经济社会发展水平相适应。

五、理顺管理体制，防范基金风险

为了进一步规范管理工作，解决工作中存在的基金管理不规范、管理体制不顺、队伍不稳定等问题，2003年7月，劳动保障部下发了《关于做好当前农村养老保险工作的通知》(劳社部函［2003］115号)。目前全国有24个省级农保职能和机构已经移交劳动保障部门，2个省级职能和机构留在民政部门，5个省级职能和机构尚未明确。在逐步理顺管理体制的同时，劳动保障部推广了山东省规范业务管理、开展稽核工作的经验和农保基金投资审核备案制度、风险备用金提取办法。在督促各地加强基金管理并尽快回收风险基金的同时，为解决农保基金在被关闭、撤销、停业整顿金融机构中的债权清偿问题，与银监会等部门多次协商，形成一致意见，决定先开展联合调查，而后研究完善有关政策。

社会保险基金管理与监督

一、社会保险基金管理

2003年，全国各级社会保险经办机构在部党组和各地党委、政府领导下，以邓小平理论和“三个代表”重要思想为指导，紧紧围绕全面建设小康社会的宏伟目标，落实全国劳动保障工作会议部署，克服“非典”疫情影响，团结协作，顽强拼搏，全面完成了全年社会保险管理的各项任务，取得显著成绩。

（一）确保养老金发放工作成果得到进一步巩固

2003年，全国共发放企业离退休人员基本养老金2 630亿元，养老金足额发放率为99.9%，拖欠1.32亿元（全部发生在海南农垦企业），是1998年以来拖欠最少的一年。全国养老金社会化发放率为99.48%，有20个省区市和新疆生产建设兵团的社会化发放率达100%。2003年的确保发放工作有三个显著特点：一是各地不断完善确保发放的工作机制，进一步明确和落实责任，认真抓好监控和调度，及时对困难市县进行资金调剂，监督检查得到强化。二是中央财政补助办法进一步规范，继续实行计划年初一次下达、资金按季拨付的办法，全年共补助474亿元，有力支持了地方确保发放。三是地方财政补助明显增加，达到52亿元，比上年增加7亿元。

在确保发放的同时，各地积极开展了防冒领养老金工作。全年各地共对2 258万名企业离退休人员领取养老金资格进行核查，查出冒领养老金人数17 886人，占核查人数的0.8‰，冒领金额4 647万元。同时，部里还完成了指纹身份认证系统课题研究，下发了《支付养老金指纹身份认证系统技术规范（试行）》，为加强防冒领工作提供了技术支持。

（二）农垦企业养老保险实行属地管理

农垦企业退休人员养老金不能按时足额发放，基本生活得不到保障，成为影响两个确保和社会稳定的突出问题。党中央、国务院高度重视农垦企业参保工作，作为关心困难群众生产生活的重要措施，作出了按照属地管理原则将农垦企业纳入当地养老保险统筹，并由中央财政对困难地区给予适当补助的决定。2003年，劳动保障部会同财政部、农业部、国务院侨办，在广泛听取意见和认真研究分析农垦企业复杂性、特殊性的基础上，经请示国务院同意，于2003年6月发布了《关于农垦企业参加企业职工基本养老保险有关问题的通知》，明确了属地参保的具体政策，提出了工作要求，并在年底前将中央财政补助拨付到位。各地对农垦企业参保问题高度重视，有关部门相互配合，成立专门班子，进行调查摸底，做了大量认真细致的工作。11月底，各地出台了实施办法，多数地区在春节前落实到位，多年来的一个老大难问题开始得到解决。

（三）养老保险扩面工作跃上新台阶

截止到2003年年底，全国养老保险参保人数达到15 506万人，比上年增加769万人。其中，参保职工11 646万人，实际缴费人数为10 489万人，占参保职工人数的90%，增加519万人。

全国企业养老保险参保人数达到13 881万人，比上年增加602万人。其中，参保职工人数10 325万人，比上年增加396万人；离退休人数3 557万人，比上年增加208万人；实际缴费人数9 222万人，占参保职工人数的89%，比上年增加403万人。2003年的一个突出特点就是各地适应经济结构调整和就业形式的变化，以私营企业、个体工商户和灵活就业人员为重点，做好国有企业劳务工、乡镇企业、私营企业、个体工商户的参保工作。各地社会保险经办机构针对破产、改制企业增多及基层社保机构场地、人手、管理手段不足的实际情况，适应以个人身份参保的人群规模不断扩大的变化特点，坚持"以人为本"，转变工作方法和服务方式，比如委托银行或邮政储汇局作为代收代缴机构，实现了"一点申报，多点缴费"，进一步方便了下岗失业人员参保缴费，有的地方开设专门窗口及时接续下岗失业人员养老保险关系，防止了参保人员的流失，维护了广大参保人员的合法权益。2003年个体工商户和灵活就业人员参保职工人数达到1 213万人，比上年增加375万人，是近年来增加最多的一年。

（四）基金征缴收入再创历史新高

2003年，全国企业基本养老保险基金总收入3 209亿元，总支出2 716亿元。其中，征缴收入2 595亿元，比上年增加416亿元，同比增长19%，增收大于增支200多亿元。绝大部分省份的征缴收入增幅在10%以上，征缴收入同比增幅在20%以上的有北京、黑龙江、广东、湖南、山东等12个省市。值得一提的是，北京、广东是受"非典"影响最大的地区，但企业基金征收工作仍取得了好的成绩。广东2003年征缴收入同比增收48亿元，增收额居全国首位，同比增长22%；北京2003年同比增收37亿元，增长31%，高于全国平均水平12个百分点，增幅居全国首位。同比增收率在10%以下的只有3个省份。

各地还加大了清理企业欠费的工作力度。全国共清理收回企业欠费142亿元，完成清欠计划的135%，其中实际收回139亿元，比上年多收回10亿元，按政策核销企业欠费2.8亿元。全国有27个省区市和新疆生产建设兵团完成或超额完成了清欠任务，其中做到当期清欠大于新欠的18个地区和单位是：天津、山西、黑龙江、江苏、浙江、安徽、福建、江西、山东、湖南、海南、四川、贵州、西藏、陕西、宁夏、新疆、新疆生产建设兵团。

除海南省外，全国30个省区市和新疆生产建设兵团对企业养老保险费征缴情况进行了稽核，共对58万户企业的5 190万人进行书面稽核，对35万户企业的4 461万人进行了实地稽核，共查出少报缴费人数263万人，少报缴费基数109亿元，少缴养老保险费28亿元，已补缴到账18亿元。

（五）社会化管理服务工作取得突破性进展

2003年，各地积极贯彻中办16号文件，社会化管理服务工作快速推进。全国有2 933万名企业退休人员纳入社会化管理服务，社会化管理率达84.5%，比2002年年底增加1 499万人，提高41个百分点。其中，纳入社区管理的退休人员1 301万人，比上年年底增加727万人，占实行社会化管理企业退休人员的44%；由社会保险经办机构直接管理的391万人，占13%；由地方工会系统及政府设立临时退管机构等方式管理的127万人，占4%；依托企业管理的1 113万人，占38%。为了推动工作，各地积极创造工作条件，在组织体系上取得了突破，普遍搭建了街道社区劳动保障工作平台，机构、编制、人员、经费等得到初步落实，建立3万多个机构，拥有5万多人的社会化管理服务队伍。

（六）养老保险信息化建设迈出重要步伐

2003年，各地普遍成立了金保工程领导小组，设立了专门机构，做了大量工作。到年底，天津、辽宁、陕西、北京、福建、山东、河南、河北、浙江、湖北、湖南、四川12个省市实现了部省联网和养老保险数据上传，共涉及30多万个参保单位，3 000多万参保人员，8亿多数据项。

与此同时，各地大力开展了数据整理工

作。北京市基础数据整理工作的重心已由整理单一险种的数据，转移到多险种的基础数据整合。北京市上传了390万人的数据，占参保人数的86%。湖北省克服统筹层次低、基础建设落后、经费紧张等困难，保证了养老保险基本项目数据的及时准确报送，上传了460万人的数据，占参保人数的70%。河北省专门申请了专项资金用作数据整理，全省统一布置、统一培训、统一转换程序。黑龙江省虽然没有被列为全国首批养老保险全国联网的省份，但2003年8月便在全省范围内开展了基础数据的整理和整合工作，抓数据初始化，建立健全数据库，不仅整理了历史数据，还整合了不同险种的数据。到年底，已有569万人的数据通过了验收，占该省参保人数的98%。

（七）医疗保险管理服务进一步规范和加强

医疗保险用药“三率”控制办法进一步得到落实和完善，定点协议管理工作加强，协议签订率达到98.7%。部分省市完善了定点医疗机构考核办法，探索了定点医疗机构分类管理的激励措施。各地加强征缴基数核定和基金征缴，基金收入稳步增长。业务经办流程进一步规范、简化，管理效率和服务水平进一步提高。全国医疗保险继续保持平稳运行，全年基金收入891亿元，支出655亿元，累计结余672亿元。

（八）工伤、生育保险管理工作继续推进

2003年，国务院出台《工伤保险条例》，工伤保险费率确定、工伤认定、劳动能力鉴定管理、工亡职工供养亲属范围、非法用工伤亡赔偿等主要配套政策也陆续出台。各省区市出台贯彻《工伤保险条例》的实施方案，积极组建机构，制定管理办法和操作程序，各项准备工作基本就绪。2003年，工伤保险基金收入38亿元，基金支出27亿元，累计结余91亿元。

截止到2003年年底，辽宁等15个省区市出台了生育保险办法，15个省会城市和计划单列市、175个地级统筹地区、922个县级统筹地区出台了地方生育保险政策和办法，开展了生育保险工作。2003年，生育保险基金收入26亿元，支出13亿元，为36万名职工提供了生育保险待遇，累计结余42亿元。

（九）基础管理工作和经办机构队伍建设得到加强

为切实加强基本养老保险基础管理工作，开展试行《基本养老保险经办业务规程》，吉林、重庆、宁夏等省区市制定了本地的实施细则。吉林省还参照《规程》制定了各级社保经办机构内设机构改革办法并已全面启动，基本实现全省机构设置、岗位职责、经办流程的统一。河北省举办了全省养老保险业务经办培训班。省社保局和部分地市依照《规程》统一和规范了业务经办程序，调整了岗位职能，改“专管员制”为“柜员制”。从各地试运行的情况看，《规程》的作用不仅体现在统一经办程序、强化基础管理中，而且对经办机构转变管理理念、创新管理体制也显现出积极意义。

2003年，全国经办机构队伍建设得到加强，在队伍建设方面重点抓了三项工作。一是按计划精心组织业务素质考核的各项准备工作。明确了考核内容和考试方法，规范了考务管理，提出了地方题库建设的相关要求。各地积极贯彻落实，已基本按要求完成了地方题库建设。二是组织了“双先”巡回报告团。为了充分发挥先进典型的示范作用，树立和弘扬社保精神，“全国社保系统先进集体、先进个人报告团”，于10月先后在武汉、郑州、石家庄、大连、沈阳和长春等5省6市举行6场巡回报告，共有9 000多人聆听了报告。报告会在社会上引起强烈反响，报告团在各地都受到当地主要新闻媒体的关注和报道，扩大了社会保险工作的影响。三是全面加强行风建设。各级经办机构在完成业务工作的同时，强调以人为本，强化服务意识，逐步规范各项基础性服务工作标准，开展了“三优文明窗口”建设活动。

（十）国际合作交流进一步加强

2003年，国际社会保障协会第28届全球大会的筹备工作正式启动。为办好这一盛会，劳动保障部拟定了承办工作方案；经国务院批准，调整增补了国家组委会成员；组建了组委会秘书处并启动了相关的工作；起草了中国社会保障自述材料，提出了“中国特别全会”的组织方案；聘请了大会咨询顾问公司等。

2003年5月23日，中国与韩国互免养老保险缴费协议正式生效。这一协议对加强中韩两国在社会保险领域的合作，维护我驻外机构和人员的合法权益将发挥重要作用。2003年，在全国社会保险经办机构的积极配合下，共办理中德、中韩社会保险双边协定证明书280余件，并初步建成了双边协定办理单位工作网络。8月，劳动保障部印发《关于执行中德协定和中韩协议有关问题的通知》，要求开展在华德籍、韩籍人员参加我国社会保险的工作。

二、社会保险基金监督

2003年，社会保障基金监管工作以加强部门协同机制、完善监管制度、规范监管行为、改进监管方式、拓展基金投资渠道为重点，努力创新，较好地完成了全年各项任务。

（一）贯彻落实七部门《通知》，积极推动试点工作

推动各地贯彻劳动和社会保障部、财政部、信息产业部、中国人民银行、审计署、国家税务总局、国家邮政局《关于加强社会保障基金监督管理工作的通知》，开展落实《通知》的监管试点工作，逐步扩大试点成果。3月和9月，劳动保障部分别在云南、重庆召开座谈会，推广云南楚雄、陕西咸阳、湖南长沙、湖北十堰等地的试点经验，推动各地贯彻七部门通知，把基金监管工作落实到地市一级。各地高度重视，积极会同有关部门制定贯彻《通知》的实施意见，选择有条件的城市开展试点，初步建立起有关部门协同监管的机制，逐步开展对税务征收社会保险费、银行发放社会保险金和财政专户基金管理情况的监管。全国已有23个省市制定了贯彻《通知》的实施意见，17个城市启动试点工作。

（二）建立完善基金监管制度，规范监管程序和行为

1. 为进一步完善社会保障基金监管制度，规范监督检查行为，劳动保障部3月颁发《社会保障基金现场监督规则》，规定了现场监督的基本原则，明确了工作程序和方法，为依法开展现场监督检查提供了政策依据。各省市依据《规则》积极开展现场监督检查工作，促进了监督工作制度化和规范化。2003年年底，17个省市制定了《社会保险基金行政监督办法实施细则》，20个省市制定了《社会保障基金现场监督规则》实施细则；经国家统计局批准，劳动保障部下发了《基金监督统计报表》，普遍建立了企业年金和企业补充医疗保险基金管理统计制度，逐步建立起社会保障基金监管的制度框架。

2. 研究起草《社会保险反欺诈暂行办法》。11月，劳动保障部召开“中国—加拿大社会保险基金反欺诈研讨会”，邀请加方专家介绍养老和失业保险反欺诈经验和适用法律法规，借鉴国际反欺诈先进经验，形成《办法》初稿。在制定法规的同时继续推动地方开展社会保险反欺诈试点，全国已有18个省不同程度地开展了反欺诈工作。

（三）进一步改进监管方式，强化监督手段

1. 各地采取联合、委托或自查等方式，对社会保险基金征缴、管理、支付等环节开展检查，及时发现问题，提出规范管理的建议，提高监督检查工作的质量和效率。

2. 加强金保工程建设中基金监管功能，劳动保障部提出了社会保险基金非现场监督指导意见，推动逐步建立监管指标体系，指导广东珠海、云南楚雄和安徽铜陵等地开展社会保险基金非现场监督工作试点，在加快社会保障基金监管信息系统建设，进行全面、动态、适时的监控和预警方面，取得阶段性成果。

（四）研究拓展投资渠道，加强投资运营基金监管

1. 为实现社会保障基金的保值增值，劳动保障部开展了做大全国社会保障基金、做实个人账户基金以及投资运营和监管问题的专题研究，取得了一定的理论和政策成果。

2. 为了做好个人账户基金监管工作，针对辽宁做实的个人账户基金，劳动保障部及时制定了购买国债和协议存款的政策，指导地方研究制定管理办法和投资运营监管办法，会同有关部门引入基金托管机制，完善风险监控制度，初步建立了政府决策、劳动保障和财政部门监督、社保经办机构管理的管理监督体制。2003年辽宁积累个人账户基金88亿元，投资收益率为2.58%，较好地实现了基金保值增值。

3. 劳动保障部着手研究制定《企业年金基金管理试行办法》，采取多种方式反复征求中国人民银行、中国银监会、中国证监会、中国保监会的意见。2003年7月在北京召开《企业年金基金管理试行办法》讨论会，就完善有关条款和规定，听取世界银行和国内外有关金融、咨询机构意见和建议。11月与世界银行在北京举办企业年金管理国际研讨会，介绍全球养老金的发展趋势和管理经验，讨论我国企业年金的治理结构、运作模式、投资管理及与资本市场的关系。

（五）加强监管机构队伍建设，提高监管能力

为提高监管能力，采取三项措施：一是进一步完善行政监管组织体系，全国有31个省区市、500多个地县建立了基金监管机构。二是推动各级社会保障监督委员会建设，全国19个省市、143个地市建立监督委员会，在基金监管工作中发挥了重要的协调作用。三是加强基金监管人员业务培训，提高监管工作人员素质。全国培训了1 800名监管人员，组织学习《社会保障基金现场监督规则》等法规；结合下发的《社会保险审计检查证管理规则》对社会保险基金监管人员及社会保险经办机构稽核人员实行持证上岗制度，为783名考试合格者颁发了社会保险审计检查证。

法 制 建 设

一、《工伤保险条例》及配套规章顺利出台，立法工作取得新的突破

国务院于2003年4月27日颁布《工伤保险条例》，自2004年1月1日起施行。这是本届政府颁布的第一部有关社会保险的行政法规，也是工伤保险领域效力最高的法律文件，对于完善工伤保险制度，推动工伤保险工作，将起到重要作用。

在部门立法方面，配合《工伤保险条例》的贯彻实施，劳动保障部制定颁布了《工伤认定办法》《非法用工单位伤亡人员一次性赔偿办法》《因工死亡职工供养亲属范围规定》3部配套规章。另外，还制定了《社会保险稽核办法》《最低工资规定》《集体合同规定》《企业年金试行办法》等部门规章，为推进社会保险扩面征缴、完善最低工资保障制度和集体协商机制、建立企业年金制度等，奠定了法律基础。

在地方劳动保障立法方面，各地按照劳动保障事业发展的总体要求，结合地区实际，围绕工伤保险、失业保险、劳动合同、工资支付、劳动保障监察等重点领域，出台了多部地方劳动保障法规和政府规章。其中，湖北、四川、甘肃、山东、河南等18个省区市出台了工伤保险实施办法，江西、天津、吉林、陕西等地出台了劳动保障监察条例。

二、集中整治侵害职工权益的问题，监察工作取得新的进展

2003年，全国劳动保障监察机构围绕劳动保障中心工作，把维护劳动者合法权益作为监察执法重点，加大监察执法力度，严肃查处各类违反劳动保障法律法规的行为，在社会保险扩面征缴、促进下岗失业人员再就业、维护劳动力市场秩序和社会稳定方面，发挥了积极作用。2003年全国劳动保障监察机构主动检查用人单位110.7万户，同比增长12.5%；年检用人单位117.2万户，同比增长15%；查处各类违法案件26.4万件。通过监察执法，责令用人单位为895万名劳动者补签了劳动合同，责令用人单位支付劳动者被拖欠的工资27.2亿元，责令用人单位缴纳社会保险费37.2亿元。

针对拖欠农民工工资问题，劳动保障部与建设部联合发布了《关于切实解决建筑企业拖欠农民工工资问题的通知》，并于2003年年底到2004年年初，组织开展了农民工工资支付情况专项检查活动。在与建设、法院等有关方面采取联合行动的同时，各地劳动保障部门集中力量，重点检查了建筑、餐饮服务、劳动密集型加工企业30多万户。据不完全统计，通过组织企业自查自纠、政府部门重点抽查和接受投诉专查、法院审理等措施，共帮助农民工追回历年被拖欠的工资250多亿元。

在“非典”期间，全国劳动保障监察队伍经受了考验。劳动保障部及时下发文件，对监察工作加强调度指导，要求各地一手抓防治“非典”，一手抓监察执法工作。各地在做好自身防护措施的前提下，积极受理群众举报，及时查处用人单位借“非典”影响解除劳动合同、拖欠工资等违法行为，在维护农民工队

伍稳定方面发挥了积极作用。"非典"影响消除后，及时指导各地从实际工作出发，分别围绕劳动合同签订、社会保险费征缴、清理劳动力市场秩序等开展了执法检查，并在第三季度（8月10日至9月10日），会同公安、工商、教育、卫生、全国总工会、共青团中央、全国妇联等部门和组织，如期开展了贯彻《禁止使用童工规定》情况检查活动。共检查了27.2万家用人单位和职业介绍机构，对使用童工的用人单位和介绍童工就业的职业介绍机构依法予以行政处罚。

为进一步推进监察制度向前发展，2003年劳动保障部对劳动保障监察工作开展10年来的情况进行了阶段性总结。8月中旬召开了部分省、自治区、直辖市劳动保障厅（局）长和处长参加的监察工作座谈会，对进一步做好监察工作进行了部署。为加强监察执法的针对性和实效性，及时下发指导性文件，全面推进各地探索建立企业遵守劳动保障法律法规的诚信制度。

三、加快行政审批制度改革，行政执法监督工作稳步推进

按照国务院关于行政审批制度改革的要求，劳动保障部在2001年第一次清理的基础上，再次对行政审批项目进行了清理。两次清理共清理出62项行政审批项目。对国务院第一、第二批决定取消或改变管理方式的17个审批项目，逐步完善了后续监管措施。对其他45个审批项目，研究提出了处理建议并按时报送国务院审改办。各地劳动保障部门在地方党委、政府领导下，也对本地的劳动保障行政审批项目进行了全面清理。

针对近年来劳动保障行政复议案件日趋上升的形势，在人手少、时效紧的情况下，各级劳动保障部门改进工作方式，加班加点工作，认真做好行政争议处理工作。全年共处理行政复议案件2 000余件，行政应诉案件1 500余件。行政复议决定维持原具体行政行为的比例为81%，行政应诉案件被人民法院判决维持的占80%。其中，劳动保障部处理行政复议案件79件，参加行政应诉3件。

四、广泛开展普法活动，普法工作力度进一步加大

完成了"四五"普法教材的组织编写和出版工作，为开展劳动保障普法活动提供了专用教材。同时，为了维护农民工的劳动保障合法权益，加强进城务工人员劳动保障权益普法宣传工作，于11月在全国范围内组织开展了维护进城务工人员劳动保障权益普法宣传活动，组织编写了《劳动者维权手册》，送各地免费向进城务工人员发放。

为进一步推进普法和依法行政工作，劳动保障部举办了全国劳动保障普法和依法行政研讨班，组织各地主管法制工作的厅局长和法制处长进行研讨。

一些地方劳动保障部门在法律咨询服务方面进行了积极探索，通过开通"12333"热线电话、举办企业劳资人员和法律工作者参加的研讨会等形式，提高了普法宣传的效果。

规划统计

一、规划工作

2003年，劳动保障规划工作紧紧围绕劳动保障中心业务，进一步明确思路，改进方法，完善规划指标体系，初步形成了比较规范的规划制定、执行、评估和调控工作机制，劳动保障事业发展规划工作取得了新的进展。

（一）制定并落实2003年劳动保障事业发展计划

劳动保障部在总结分析2002年劳动保障事业发展计划执行情况的基础上，结合劳动保障中心工作任务制定了2003年劳动保障事业发展计划；6月份组织各地劳动保障部门对计划执行情况进行了检查，并形成了计划执行情况评估报告。各地在计划工作中逐步总结出了“四结合”的工作经验，即：注重中长期规划同年度计划的结合；注重规划同劳动保障政策和中心工作的结合；注重同部门乃至各级政府工作目标责任制的结合；注重同政策资金保证、统计信息反馈和检查评估的结合，有力地推动了计划的落实。

（二）组织编制2004年就业再就业专项计划

全国再就业工作会议以后，国家把新增就业岗位、控制失业率作为考核各级政府工作实绩的一项重要指标，纳入了国民经济宏观调控目标。国务院要求把新增就业计划层层分解落实。为此，劳动保障部专门组织制定了就业再就业专项计划下发各地。各地高度重视并制定了本地区量化分解工作目标计划，制定了相关配套政策措施。北京、天津、河北、山西、黑龙江、贵州等地建立了目标责任制，层层签订责任书，列入政府年度考核目标，与工作业绩挂钩；吉林、上海、重庆、广东等地根据计划目标任务要求，加大资金投入，认真落实中央的各项优惠政策，促进计划落实。

（三）开展“十五”计划中期评估

劳动保障部下发了《关于开展劳动保障事业发展“十五”计划中期评估工作的通知》（劳社部函［2003］43号），组织部属各有关单位及地方劳动保障部门重点围绕两个确保、就业和再就业、完善社会保障体系、建立企业工资收入分配制度、健全劳动保障法律体系、加强劳动保障管理和服务等方面的计划指标与内容进行了评估，形成了一整套评估报告。开展中期评估，不仅有利于劳动保障“十五”计划的全面落实，也有利于对不合理的计划目标进行调整，使其更符合实际。如辽宁通过“十五”计划中期评估，发现在当初制定计划时未充分考虑下岗与失业并轨试点的因素，基于此，对计划中的失业率预期控制目标作了调整。

（四）建立和实施计划检查评估工作制度

针对以往计划工作重编制轻落实的问题，劳动保障部下发了《关于开展劳动保障事业发展计划检查评估工作的意见》（劳社部函［2003］103号），要求各地加强对年度计划执行情况的检查督促，确保计划全面落实。各地普遍建立起了计划检查评估工作制度，结合统计数据会审、季度形势分析和政策落实情况专项检查等，采取多种形式大力开展计划检查评估工作，取得了成效。

（五）开展预测工作和中长期规划的调查研究

一是为全面贯彻落实党的十六大和全国再就业工作座谈会精神，组织有关单位开展了就业和社会保障预测预警以及全面建设小康社会劳动保障事业发展主要目标课题研究，取得了初步成果，在全国推广应用，指导地方开展劳动保障前瞻性问题研究，对于进一步明确全面建设小康社会劳动保障事业发展的目标任务、研究建立科学的劳动保障事业发展宏观调控机制起到了积极的促进作用；二是组织开展了劳动保障事业发展“十一五”规划编制前期调查研究工作，搜集整理有关数据资料；三是积极寻求国际合作，启动了养老保险收支预测有关工作。

二、劳动保障统计工作

2003年，紧紧围绕劳动保障中心工作，夯实统计基础，提高分析水平，编印统计资料，参与国际交流，劳动保障统计工作取得了新的进展。

（一）夯实统计基础，加强统计管理

一是劳动保障部下发了《关于进一步改进和加强统计工作的意见》。按照“完整、正确、统一、及时”的要求，将劳动保障统计数据划分为基础数据、核心数据和业务工作数据三类，方便了劳动保障统计数据的管理。同时，要求各地劳动保障部门进一步改进和加强统计工作。二是建立了定期数据会审制度。劳动保障部内有关司（中心）定期对季报、年报数据进行协商、审核，统计数据的一致性和权威性进一步加强。到2003年年底全国已有25个地区建立了会审制度并出台了相关文件。三是坚持统计报表三级审核制度。各地都形成了专业处室初审、综合统计处室复审、主管厅领导终审的统计工作流程，有效地保证了上报数据的质量。四是与统计、工商等部门研究建立新增就业的统计制度。为落实中央再就业工作会议精神，劳动保障部与国家统计局、国家工商行政管理总局协商完善现行的就业统计制度。各地也结合实际积极探索就业数据测算的办法，如江苏省劳动保障厅与省统计局、省工商局联合下发了《关于加强对就业目标与考核工作的通知》，每个季度由三个部门共同开展就业数据会审；安徽省劳动保障厅通过与工商等部门的协调，改进和加强了私营个体就业统计工作。五是开展统计指标体系研究。劳动保障部启动了劳动和社会保障统计指标体系的研究，并取得了阶段性成果。六是修订部内统计报表制度。减少定期报表数量，统计指标也大大简化，使报表制度第一次做到了“三统一”，即“统一修订、统一报批、统一发文”，既减少了发文的数量，也规范了统计报表的管理。七是加强主要统计指标台账的建设。吉林省坚持劳动保障综合台账制度，指定专人负责对年（季）报数据进行及时更新，指定专人按照标准化的要求，对历年的统计档案统一格式、统一封面、统一编号，分卷保管，专柜存放，保证了数据的连续和完整。

（二）开展专题调查，提高分析水平

一是在2002年全国城镇劳动力就业和社会保障状况抽样调查的基础上，劳动保障部组织深入开展了专题分析，形成了质量较高的统计分析报告，为2003年中央再就业工作会议提供了有力的数据支持。同时，指导地方开展劳动力抽样调查的专题分析，形成了部分调查城市的分析报告，对进一步完善就业政策发挥了积极作用。二是各地开展了形式多样的非全面调查。如上海、浙江、山东、陕西等省市组织开展了城镇劳动力抽样调查，湖北省在黄石和随州两市开展了城市劳动力需求调查和社保资金缴付能力的调查，宁夏开展了新增就业岗位抽样调查等。三是及时组织开展“非典”疫情对劳动就业影响的专题调查，广泛收集有关数据，为各级领导决策及时提供了数据支持。如北京市劳动保障局及时撰写了《1—4月份劳动保障工作运行特点及非典对劳动保障工作的影响》，向市政府作了专门汇报；湖南省劳动保障厅撰写了《非典对我省劳动就业的影响》，及时对本省劳动保障工作提出了对策建议。四是组织开展劳动力市场工资价位和企业人工成本状况调查，根据汇总数据进行了专题分析，会同有关部门向国务院上报了我国劳动力成本方面的统计报告。五是开展各地优秀统计分析报告的评比和交流。从各地报送的300多篇统计分析报告中评选出部分优秀报告，并将这些优秀报告汇集成册后在劳动保障系统内进行了广泛交流，促进了统计分析水平的进一步提高。

（三）编印统计资料，扩大统计宣传

坚持定期编印各种统计资料，为各级领导和社会提供了较为丰富的统计信息。在整理1998年以来的数据基础上，编印了《劳动保障统计摘要》，受到各级领导和有关部门的好评；同时，劳动保障部与国家统计局共同出版了《2002年劳动保障统计年鉴》，全面提供了劳动保障领域的基础统计数据；根据季报和年报统计数据会审结果，定期编印《劳动保障统计基础数据》。各地也都不定期地编印了大量的统计资料，如北京市的《劳动保障宏观监测月报》、广东省的《劳动保障统计》、福建省的《福建省劳动保障统计基础数据》、湖南省的《劳动和社会保障统计专报》等。

利用新闻媒体和网络技术加大统计宣传力度。上半年，劳动保障部与国家统计局联合发布了《2002年度劳动和社会保障事业发展统计公报》，通过新闻媒体积极宣传劳动保障各项工作进展情况，受到社会各界的广泛关注；利用网络快捷、方便的优势，劳动保障部每季度的会审数据等内部数据及时上部办公网，统计公报等公开数据及时上政府网，湖南、辽宁、江苏等省也都在厅局域网开辟了统计专栏，有效扩大了劳动保障统计工作的影响。

（四）参与国际交流与合作

2003年11月，由劳动保障部、国家统计局以及港澳台代表共同组成的中国劳动保障统计代表团参加了第十七届国际劳工统计学家大会。中国代表团围绕消费价格指数、家庭收支统计、非正规就业统计、职业分类标准、劳动统计的发展等主要议题进行了重点发言，主要意见被吸纳进会议最后形成的决议中。通过积极参与国际交流与合作，扩大了我国在国际劳动统计领域的影响。

劳动保障信息化建设

2003年，劳动保障信息化建设按照“完整、正确、统一、及时、安全”的总要求，统一规划和指导，积极推进金保工程立项、部省联网工程、统一软件开发等工作，同时加强劳动保障部内网络基础设施、部内办公系统和政府网站建设，各项工作均取得了较大进展，完成了阶段性目标。

一、金保工程立项工作取得突破性进展

2003年上半年，劳动保障部修订完成了金保工程项目建议书，并由国家发改委呈报国务院于8月获得批准，这标志着金保工程完成了全国统一立项的任务。同时，积极做好部本级项目可行性研究报告（以下简称“可研报告”）的编制和初步设计工作，12月部本级项目可研报告通过了国家发改委的审批。

为推动地方立项工作，劳动保障部完成了地方可研报告参考样本的编制工作，并对地方编写可研报告的相关人员进行了培训，指导和推进了地方立项工作。截止到2003年年底，共有29个省级单位上报了可研报告。

二、部省联网工程实现预定目标

2003年，劳动保障部正式开始实施金保工程部省联网工作。年初下发了《养老保险信息系统全国联网实施意见》《金保工程部省联网实施方案》《金保工程部省联网准备工作的技术要求》等文件，明确了“全国统一联网，养老保险先行”的建设方案和数据标准，对联网实施进度作出了安排，信息中心会同规划财务司、社保中心并对首批联网省市的数据分布方案、联网规划、省数据中心建设、地市集中式资源数据库建设方案逐一落实，保证了部省联网工程的稳步推进。从2003年6月份开始到年底，天津、辽宁、陕西、山东、河南、河北、湖南、浙江、湖北、北京、福建、四川12个省市先后实现了同劳动保障部的联网，完成了2003年1/3省份实现部省联网和联网传输部分养老保险数据的预定计划。同时，部分省份开始实现同地市联网。

为进一步加快金保工程建设和扩大全国联网应用，在联网工程实现养老保险宏观分析数据联网传输的基础上，开始设计失业登记和失业保险监测、医疗保险管理服务监测等项全国联网应用方案。2003年年底，劳动保障部下发了《关于印发〈关于全面实施金保工程统一建设劳动保障信息系统的意见〉的通知》（劳社部函［2003］174号）等文件，对部—省、省—市联网及应用做了进一步的统一规划和部署。

三、统一软件的开发应用工作持续取得成果

金保工程主体软件的开发成果显著。采用面向对象的分析、设计和开发技术，基于J2EE标准的B/S/S三层体系架构的社会保险管理信息系统——核心平台二版软件开发完成，并于2003年7月28日正式发布；金保工程全国联网主体软件开发完成，并已投入部省联网、省市联网应用；确定了“劳动99”三版软件技术路线，并开始招标等准备工作。

劳动保障常规统计技术支持系统——劳动

和社会保险统计信息管理系统 SMIS5 软件的推广应用进一步扩大。2003 年年底，软件累计推广突破10 000套，其中综合统计覆盖到 28 个省的地市，社会保险统计覆盖到 26 个省的地市，培训就业统计覆盖到 21 个省的地市，失业统计覆盖到 11 个省的地市。该软件的推广使用在劳动保障统计工作，特别是常规统计、抽样调查、典型调查的数据处理中发挥了重要作用。

四、开展劳动保障公益电话咨询服务系统建设

2003 年，劳动保障部完成了劳动保障公益服务专用号码“12333”的申请、审批工作，下发了《关于开展劳动保障电话咨询服务的通知》（劳社部函［2003］84 号）。目前，各地劳动保障部门已开始筹备建设电话咨询服务中心，部分城市已启用“12333”号码开始为公众提供电话咨询服务，获得良好的社会反映。

五、规范管理，稳步推进社会保障卡建设

为进一步规范社会保障卡的发行和应用，稳步推进社会保障卡工作，2003 年劳动保障部制定下发了《社会保障卡发行注册流程》《社会保障卡密钥申领流程》《社会保障 PSAM 卡申领流程》《社会保障卡通用测试流程》4 项工作流程；发布了《社会保障（个人）卡读写器检测办法》，开展了社会保障卡读写器的通用性检测。为推进国产算法在社会保障卡中的应用，劳动保障部与有关单位进行了多次研讨，研究确定了基于国产算法的社会保障卡安全机制，并与国家密码管理委员会办公室联合下发了《关于社会保障卡应用国产算法有关问题的通知》。截止到2003 年年底，全国累计已有 42 个地区完成发卡注册并领取密钥，其中，34 个地区已通过社会保障卡通用性测试，并有 32 个地区已发卡，累计发卡量达 1 331.9万张。

六、网站建设和电子政务试点示范工程

2003 年，继续加强劳动保障系统网站建设，及时做好部政府网站和内部网的信息更新和系统维护工作。特别是在“非典”时期，充分发挥网站作用，及时发布我部的最新政策和动态，加大与群众的联系和对外宣传工作，取得良好的社会效益。政府网站 2003 年月均访问人数超过 20 万人，月均点击次数超过 1 000万次，全年点击次数平均每月增长 5%。中国劳动力市场网站 2003 年月均访问人数超过 6 万人，月均点击次数超过 400 万次，全年点击次数平均每月增长 10%。

继续做好劳动和社会保障政策法规库的维护和建设工作，2003 年整理入库相关政策法规 300 余篇，截止到 2003 年年底，累计入库政策法规达3 700余篇。

2003 年“劳动保障电子政务试点示范工程”项目进展顺利，网上公共职业介绍应用系统开发基本完成并着手试点工作。电子政务安全应用支撑平台解决方案已通过专家评审并开始实施。

七、加强部网络基础设施建设，完善部办公系统应用

为确保金保工程部省联网工程的顺利实施，2003 年上半年，劳动保障部网络基础设施建设按照部省联网实施方案要求完成了全国联网部端机房（过渡）和软硬件环境的准备工作，为部省联网提供了基础保证。

继续推动和完善劳动保障部办公系统应用，进一步规范了办公系统的用户管理，系统应用由原来的收发文管理、档案管理等扩大到部内通知和司局长请假审批等事务处理。

为保证劳动保障部内网络环境的正常运行，保证上网计算机的信息安全，劳动保障部办公厅与信息中心联合对部内办公网和综合网全部上网计算机共 600 余台逐台进行安全保密检查，进一步加强了部局域网的安全保密工作。

八、为各项调查分析工作提供技术支持

继续做好“2002年全国城镇就业和社会保障状况抽样调查”工作，完成了66个城市19万余人的数据汇总和分析工作，形成城市数据分析表6 300余张，人员数据分析表近2 000张，并完成了近2万字的《2002年全国城镇劳动力市场就业和社会保障状况调查数据处理技术报告》。完成了2003年24个城市5 287个企业招用农民工需求调查的数据处理和分析工作。

继续做好劳动力市场职业供求信息分析与发布工作。完成全国92个城市的劳动力市场职业供求数据汇总季度分析报告和年度分析报告，并通过各类新闻媒体及互联网站向社会公众发布。

科 学 研 究

2003年，劳动保障科学研究工作克服“非典”疫情的影响，始终坚持“把握大局、服务中心、突出重点、形成合力”的指导思想，紧紧围绕劳动保障工作的中心任务和工作目标，坚持与时俱进，不断开拓创新，取得了新的成绩。

一、理论研究工作

劳动保障部属科研院所全年共开展了62项课题理论研究，其中国家级课题12项，部级课题25项，接受横向委托课题23项，承担国际合作课题2项；提交研究报告50多篇；完成40多项科研课题研究报告。这些课题研究报告针对性较强、运用性较广，均受到上级领导的充分肯定和好评，对领导决策和实际工作的开展提供了理论支撑，为推动劳动保障制度改革的进程和顺利发展发挥了重要作用。

1. 在综合理论研究方面。劳动保障部组织有关方面的专家，承担为中央政治局第三次集体学习备课的任务。专家组在认真收集整理有关资料，广泛征求意见，充分进行讨论的基础上，经过两个月的紧张工作，几易其稿形成了《世界就业发展趋势和我国就业政策研究》的讲课提纲。3月28日，由曾湘泉、蔡昉两位专家在中南海怀仁堂为中央领导同志作了专题讲座，受到好评。讲座中的一些重要观点反映出专家组学者们对世界和中国就业发展趋势及其规律性的探索，引起中央领导同志的关注，在此后的高层决策中产生了重要影响。这是一次把理论研究与高层宏观决策结合的成功实践，为今后开展决策研究积累了宝贵的经验。同时，按照中财办、中央政策研究室、中办秘书局、国务院政策研究室、国务院人口领导小组、国务院发展研究中心、国家自然科学基金会等部门的要求及部里业务工作的需要，组织科研力量就有关重大理论问题进行了重点深入研究，完成了十多项应急的课题任务。此外还根据新的形势和工作任务特别是社会突发事件的需要，紧急启动有关对策研究。对就业形势及再就业问题、完善养老保险制度、医疗保险改革的热点难点问题及薪酬、新时期的劳动关系状况、国外劳动保障的借鉴及农村养老保险等项目进行了专题立项研究并提出有关政策建议。许多研究成果直接进入决策领域，为制定相关政策提供了重要依据，对指导各地“非典”时期有关工作的开展起到了一定的作用。

2. 在劳动就业理论方面。完成《非典对我国就业的影响及对策》《今后20年就业形势与政策建议》《我国目前就业状况和未来20年就业压力预测》《加强和改善我国中长期就业工作的指导思想和基本方针》《中国就业状况与政策白皮书》《劳务派遣问题研究》《就业和社会保障预测预警基础研究》《发展社区若干问题研究》《农村劳动力流动就业重点监控分析预报系统大型数据库建设分析报告》《全国农村劳动力流动就业重点监控分析预报系统统计分析软件设计》《小企业发展与就业促进》《广东省社区就业管理模式研究》以及《劳动力市场职业供求状况分析报告》。其中，《劳务派遣问题研究》是我国关于“劳务经济”和“劳务派遣”问题的首次系统研究，提出在我国规范和发展劳务派遣的针对性的政策建议，为制定有关发展劳务派遣的规章制度做了理论上和操作层面上的准备。

3. 在工资分配理论方面。完成了《全面建设小康社会劳动保障事业发展主要指标研究》《企业薪酬体系建设》《中国收入分配关系预警系统》《社会保险缴费工资基数的核定与征缴问题研究》《"非典"对我国职工工资的影响分析》《当前我国劳动关系状况分析与对策研究》《灵活就业形式下的工资收入分配》《如何加快高技能人才队伍的建设》《我国人工成本基本情况和国际对比分析》等课题。

4. 在社会保险理论方面。完成了《促进就业与健全社会保障体系》《中国医疗保障体系研究》《城市贫困群体社会保险研究》《促进就业与健全社会保障体系》《完善养老保险制度研究》《中国企业年金财税政策与运行》《中国企业年金发展问题研究》《医疗保险热点难点问题研究》《全球乙肝医疗费用和医疗服务利用状况情况》《农民工社会保险政策研究》《非正规就业群体社会保障问题研究》《医疗保障体系在公共卫生应急系统中的作用》《小城镇就业政策和社会保障制度研究》《"中国养老保险基金收支预警系统"研究》等国家重大科技项目、政策研究项目和横向合作研究项目。数据测算分析研究取得新的进展。

5. 在国际劳动和社会保障理论方面。完成了《国外应对突发事件促进就业的措施及其借鉴》《全球化条件下我国就业政策研究》《企业薪酬体系建设研究》《国外职业培训政策措施》《国外养老保险制度研究》《国外促进就业再就业的典型做法》《国外在特殊情况下就业的应急措施》《国外促进就业的政策、经验和教训》《国外养老保险研究》《世界主要市场经济国家劳动保障机构设置及其职能情况》等课题。

二、科研宣传工作

科研宣传在不断探索改进中积极开展。劳动保障部逐步建立包括院、所、部机关、直属机构、部外有关方面在内的劳动保障科研宣传网，加大了科研新闻宣传的力度，各类媒体对劳动保障科研成果和学术活动的宣传报道明显增多，影响进一步扩大。劳动保障部科研院所全年在各媒体共发表文章200余篇，接受采访50多次，其中电视采访20次；编印内部信息资料共8种约170万字，及时向部领导、各业务司局报送科研成果，与部直属机构、地方劳动保障部门、企业、专家学者交流劳动保障方面的信息；组织编辑出版了《中国劳动保障科学研究院工作年报（2002）》、《2002年：中国就业报告》（蓝皮书，约37万字）、《悦光昭回忆录》（约20万字）、《劳动科学研究所研究报告集（2002年）》（约53万字），完成了《马文瑞传记》（劳动部分）的编辑工作。

三、国际交流工作

劳动保障部科研院所继续贯彻"走出去、请进来"的方针，进一步加强了国际交流与合作。在科研项目方面，参与了世界银行社会保障基金测算系统软件研究；与国际劳工组织合作，开展劳动领域应对艾滋病研究；与国际劳工组织协商确定了体面工作的中国标准研究；与美国美中关系全国委员会协商确定了中美就业问题研究与交流项目；与英中协会开展了进一步完善劳动争议处理制度合作项目。在交流与合作活动方面，接待了南非共产党总书记一行来访；接待了越南劳科院院长来访；与法国国际社会合作所建立了新的联系，实现了友好往来；组织专家团赴韩国出席第二届东北亚劳动论坛；派专家赴日本作短期访问研究；参加了国际药物经济学会亚太地区会议、国际精算协会第三届亚太地区精算业高层研讨会、亚洲银行和世界银行联合举办的"全国SARS防治工作研讨会"等学术交流活动。

四、图书文献工作

劳动保障部科研院所充实了科研信息网中图书文献、法律法规和典型案例数据库数据，加强了交流，建立并扩大了文献收集渠道，完成《图书文献快报》的编辑印发工作。科研开发和管理服务有了新的突破。在重点做好科研课题研究任务的同时，积极探索在科研领域搞好开发，充分利用院内的智力资源，向社会提供服务，在这方面取得了新的突破。图书文献开发取得新进展。整理专题文献资料1 500多篇，计约250多万字。其中，《西部大开发》和《就业发展战略》两个专题研究资料全部实现了数字化，制作了专题资料光盘。编发《图书文献快报》12期。同时，通过网络发布有关文献信息2 373条，方便了大家查询阅览。

五、科研翻译工作

劳动保障部科研院所组织翻译出版了国际社会保障经典著作《贝弗里奇报告——社会保险和相关服务》《地球村的社会保障——全球化和社会保障面临的挑战》和《劳动监察》，翻译出版了世界银行“中国养老保险债务测算及改革方案”主报告及“运用统计指标，衡量体面劳动”的研究报告。

2003年，是中国劳动保障科学研究院成立十周年，劳科院举行了隆重的庆祝活动。会议总结了建院以来的科研和管理工作，并向38项获得首届科思科研成果项目奖和10项首届科思管理项目奖的人员颁发了证书，聘请了10位客座研究员并颁发了聘书。

新闻宣传与出版

一、新闻宣传和信息工作

2003年是我国全面贯彻落实党的十六大精神，开创中国特色社会主义事业新局面的重要一年。再就业政策不断完善，工作力度不断加大，两个确保继续得到巩固，完善社会保障制度建设稳步向前推进，各项政策措施进一步得到落实。新形势和新发展对新闻宣传和信息工作提出了新的更高的要求。一年来，各地劳动保障部门高举邓小平理论伟大旗帜，以“三个代表”重要思想为指导，认真贯彻落实党的十六大和十六届三中全会精神，按照全国劳动保障工作会议的要求，坚持党的基本路线，坚持团结稳定鼓劲正面宣传为主的方针，坚持全心全意为人民服务的宗旨，紧紧围绕劳动保障中心工作，努力加大宣传力度，新闻宣传产生了良好效果，为促进劳动保障中心工作发挥了重要作用。

（一）中央媒体报道数量增加，质量提高

2003年，劳动保障部在各地劳动保障部门的支持和共同努力下，进一步加大了协调新闻单位的工作力度。全年共安排采访300余人次，组织中央媒体对重要会议采访报道23次，协调中央媒体对地方劳动保障部门的采访报道近30次。中央媒体报道劳动保障方面的新闻数量增加，质量提高。从数量上看，全年中央级媒体共报道2 400余条，比2002年增加540余条。从质量上看，共在中央级媒体的重要版块刊播新闻稿件达820余篇，其中人民日报重要位置刊发新闻、述评、社论、专版等120余篇；新华社通稿120条和动态清样20余条；中央人民广播电台的全国联播和报纸摘要节目播报120余条；中央电视台新闻联播、焦点访谈、现在播报、经济半小时、东方时空等重要栏目播发劳动保障部重要新闻118条。

（二）劳动保障部主管报刊继续发挥着重要作用

《中国劳动保障报》坚持正确的舆论导向，紧紧围绕劳动保障工作，不断加强和改进内部管理和基础建设，宣传质量、出版发行和经营工作都有新的提高，发挥了重要作用。报社广泛深入地宣传报道了劳动保障工作的方针政策，各地工作的动态、经验和热点难点问题；策划出一些很受读者欢迎的好栏目、好专题；加强了对重大事件的正面报道，深入防治“非典”一线和再就业工作基层进行采访，撰写出一批具有较强社会影响力的深度报道，有25篇被中央电视台新闻频道摘播，24人次获第十七届产业经济新闻奖。按照中央统一部署，完成了报刊治理整顿工作，全年共出版《中国劳动保障报》296期，年发行量比上年度增长11.9%，实现了报纸发行稳中有升的目标，较好地完成了年度目标管理任务。

《劳动保障通讯》继续坚持以质量求发展的方针，强化内部管理，在宣传劳动保障政策、主要工作进展和劳动保障重要工作部署上发挥了重要作用。继续坚持贴近生活、贴近群众、贴近实际的原则，创造了一些生动活泼的栏目。《中国社会保障》在强化品牌形象、坚持社会效益和经济效益方面取得新的成效，在传播劳动保障理论和宣传劳动保障政策方面继续发挥着重要作用。《中国劳动》《中国培训》

《中国就业》《职业》《劳工世界》《劳动和社会保障法规政策专刊》等刊物和我部政府网站及中国劳动力市场网站等也在宣传劳动保障政策和劳动保障工作方面发挥了应有的作用。

（三）专题新闻宣传工作策划力度加大

一是中国就业论坛的宣传工作坚持大题大做。为做好就业论坛的前期宣传，劳动保障部协调40多家国内外新闻媒体，对就业政策、就业形势和国际经验进行了报道，形成了良好的舆论氛围。

二是再就业工作座谈会的宣传声势浩大。在全国再就业工作会议前后，劳动保障部协调新华社、人民日报、中央人民广播电台、中央电视台等媒体报道近百篇，中央新闻媒体的主要栏目和专题均有相关报道，形成了多方位、多角度的报道态势，营造了良好的氛围。

三是组织中央媒体记者赴各地采访报道企业退休人员社会化管理服务典型经验。9月9日至17日，劳动保障部组织新华社、人民日报、中央人民广播电台、经济日报等媒体记者分赴长春、大连、郑州、长沙、杭州、福州等地进行采访，并对165名退休人员进行了访谈。中央媒体和部内媒体共发稿件40余篇。

四是组织开展了进城务工人员维权宣传活动，通过发放宣传品、现场咨询等方式，广泛宣传劳动保障政策，同时，组织中央媒体进行了宣传报道，让更多的进城务工人员了解政策，维护权益。

（四）政务信息工作再上新台阶

劳动保障部全年共办理信息阅办件244件，上报《劳动和社会保障情况反映》12期、《劳动保障部专报信息》103期，其中中办采用59条（综合采用11条），国办采用50条（综合采用13条）。编辑下发《劳动和社会保障工作信息》78期，编辑《参阅资料》51期，采用各地信息300余条。信息工作坚持及时报送的原则，注重质量，努力实现上通下达的目的。《劳动和社会保障情况反映》坚持有情况、有分析、有建议的原则，《劳动保障部专报信息》坚持及时上报系统内的工作进展情况；《劳动和社会保障工作信息》及时传递有关政策落实情况及地方先进经验，做到对地方有指导、有借鉴、有启发；《参阅资料》侧重于将地方落实各项政策情况、工作中存在的问题、政策建议及与劳动保障工作有重要关系的事件及时上报。劳动保障部信息工作连续两年被中办评为信息报送先进单位及先进个人。

二、出版工作

2003年，中国劳动社会保障出版社认真学习“三个代表”重要思想，紧紧围绕国家经济发展和劳动保障中心工作，始终保持高度的社会责任感，把全社工作的基础建立在“致力于出版领域产品和服务的创新与优化，使千百万劳动者的职业能力得到提高、劳动权益得到保障”这一根本目标上，进一步解放思想，开拓创新，加快实施两个规划。一年来，全社职工团结协作，努力拼搏，超额完成各项指标，取得了良好的社会效益和经济效益，为实现跨越式发展奠定了良好的基础。全年共印制图书1 140种，其中出版新书496种，重印书644种，重印率达56.5%；销售码洋首次突破2亿元，达2.12亿元，销售实洋1.5亿元，均为建社以来的最高水平，进一步巩固了中国劳动社会保障出版社作为职业教育与职业培训教材重要出版基地和劳动保障和安全生产专业图书权威性出版社的地位。

（一）劳动社会保障专业图书产品体系进一步丰富

教育类图书规模加大，涵盖了劳动保障及相关专业领域；专业类图书一手开发前沿理论性图书选题，一手开发应用实务类专业产品；大众类图书则以维护劳动者权益为主线，多形式地开发大众喜闻乐见、简约实用的通俗图书，先后推出了“金袋鼠丛书·政策法规专辑系列”和“祥琦说法系列”等深受百姓欢迎的普及性读物。

（二）安全生产图书结构日趋科学完善，品种愈加丰富

以增加品种、扩大规模、打造品牌为目

标，整体推出包括国家“十五”重点选题在内的一批成套丛书。在选题方向上突出两个效益并举，在重点开发安全法制类、安全教育培训考核类图书的基础上，逐步向两端产品拓展：高端开发学术专著、大学教材以及业务工具书，低端开发大众安全普及类图书。

（三）职业教育与职业培训教材出版取得较大进展

围绕劳动保障部《三年三千种职业培训教材开发计划》，充分发挥中国劳动社会保障出版社在职业教育与职业培训教材出版中的支柱作用，在中等职业技术学校教材、职业资格培训教材、上海 1 + X 培训教材开发等方面，进一步加大了策划工作力度。2003 年共出版中职技校教材 120 多种，职业资格培训教材近 120 种，上海 1 + X 培训教材近 60 种，其内容的先进性、适用性得到了市场的认可和用户的好评。根据国家高技能人才培训工程和农民工培训规划的总体要求，加快了对高技能人才培训教材和农民工引导性培训教材的开发和出版工作。

（四）出版物立体化开发和产品多元化发展进一步推进

在充分调查和分析音像电子出版现状和发展趋势的基础上，确定了音像电子出版由独立开发制作转向与教材、图书配套的立体化开发，为教材提供技术支持和服务的新方向。在产品多元化发展方面，一方面拓展了该社与国外出版社的合作领域，加大产品引进力度；另一方面，努力提高《职业》杂志的办刊质量，扩大其在就业服务和人力资源管理领域的社会影响。

（五）图书质量进一步提高

出版社进一步完善和细化了图书质量保障体系，坚持图书编校质量抽查和外在质量检查，确保了图书优良品率在70%以上。2003年中国劳动社会保障出版社出版的“社会保障译丛”系列图书荣获中国出版工作者协会“引进版社科类优秀图书奖”；《劳动经济学》等9种教材荣获中国劳动学会、中国社会保险学会劳动和社会保障专业教材奖；《草坪草新品种及其选育、建植与管理技术》被评为“农村读者欢迎的图书”；《福建社会保障》荣获福建省第五届社会科学优秀成果一等奖。

国际交流与合作

2003年，根据我国外交总体战略和劳动保障工作重点，克服“非典”的影响，积极开展和促进多双边高层交往，认真开发和实施多双边技术合作项目，劳动保障领域的国际交流与合作取得了积极成果。

一、高层交往

接待了澳大利亚家庭社区服务部部长和吉尔吉斯社会保险基金会主席两个部级来访团组以及应其他部委邀请来劳动保障部拜会的9个部级团组。

李其炎副部长4月率团出访巴西、阿根廷。王东进副部长5月率团赴印度尼西亚出席东盟+3劳工部长会议，10月率团出访南非、埃及。步正发副部长3月率团赴斯里兰卡出席第一届亚洲劳动力输出国劳工部长会议，9月率团访问德国、英国。张小建副部长9月率团访问俄罗斯、捷克。崔会烈同志8月率团访问意大利都灵中心。

通过高层交往，有力地宣传了我国劳动保障制度改革的成果，增进了了解，加强了合作。与澳大利亚家庭社区服务部在上海举办了中澳社会保障基金监管研讨会，中外代表120多人参加，劳动保障部领导和澳部长出席了会议；与吉尔吉斯签署了合作谅解备忘录。

二、多双边交往与技术合作

4月11日,劳动保障部与美国劳工部就劳动法律项目签署合作谅解备忘录。根据备忘录框架,认真制定了项目活动书,并于11月4日签署,正式启动项目活动。项目资金为410万美元。

与欧盟就社会保障合作项目逻辑框架达成一致意见。欧盟方面已经原则同意为该项目提供2 000万欧元资金支持，并准备就正式签署项目履行内部程序。

向亚行提交2004—2005年度劳动保障部与亚行的合作建议书。经过积极努力，完成了“完善社保经办机构能力建设项目”项目建议书。项目拟于2004年上半年启动，亚行拟提供70万美元技术援助。

正式启动中加能力建设项目（基金反欺诈）、中加失业保险项目（宏观政策）和中德下岗女职工再就业二期项目；与阿斯利康和西安杨森等公司签署合作项目。

继续执行中英失业保险项目、中德职业资格证书项目、中德劳动立法项目，与联合国开发计划署合作的小城镇就业促进合作项目、与国际劳工组织合作实施的城市就业促进项目和社会性别主流化项目，以及与国际劳工组织和瑞士政府合作的经济开发区人力资源和劳动关系管理项目均取得积极进展。

3月,与国际劳工组织共同举办社会保障法研讨会。国内外专家就进一步完善我国社会保障法草案进行了研讨,提出了进一步修改建议。

8月27—28日，在广西柳州市举办了中国—东盟养老保险扩大覆盖范围高层研讨会。

11月6—7日，与德国经济和就业部和德国弗里德里希—艾伯特基金会在京共同召开题为“未来就业与劳动力质量——经济增长和社会发展”的亚欧会议高官会技术准备会，为2004年5月德国柏林会议的召开做好会议理论和技术准备工作。

利用国际劳工组织资金结余开展创业培训活动，开发有关教材，举办师资培训班。

先后接待了国际劳工组织、世界银行、亚洲开发银行等国际组织的政策磋商团或调研团，组织接待了国际劳工组织亚太局组织的非正规就业、就业与扶贫等多个考察团；组织我部有关人员参加了国际劳工组织、东盟、经合组织等举办的研讨会和技术磋商会议。

三、国际组织活动

3 月，李其炎副部长率团出席国际劳工局第 286 次理事会。6 月，李其炎副部长率团出席国际劳工组织第 91 届大会。

9 月 15 日，劳动保障部与国际劳工局在日内瓦国际劳工局总部举行合作谅解备忘录第二次联合委员会会议，确定后续工作计划。

11 月，接待国际劳工组织执行主任胡廷、亚太局局长野寺康幸先生一行。郑斯林部长、李其炎副部长分别会见代表团成员，并就双方加强合作、筹备中国就业论坛等事项交换了意见。

组织参加了国际劳工局第 286、287、288 次理事会。

派员参加了 2003 年亚太经合组织第三次高官会和第十五次部长级会议，提出亚太经合组织劳动保障领域合作方案，启动 2004 年亚太经合组织劳动保障高层研讨会筹备工作。

向国务院报送第 90 届国际劳工大会通过的国际劳工标准；向香港和澳门分别征询关于适用第 155 号国际劳工公约的意见；向国际劳工组织提交我国已批准国际劳工公约报告和关于《宣言及后续措施》的报告；开展关于基本人权公约的调研。

积极筹办中国就业论坛。起草论坛成果性文件——《北京共识》。向国际劳工局提交《北京共识》中英文文本以及对国际劳工局起草的论坛背景文件的意见和建议。妥善处理因“非典”论坛推迟召开的后续事务。

四、社会保险协议谈判

中韩两国政府间互免养老保险费临时协议于 2003 年 2 月 28 日签署生效；与新西兰就有关谈判签署社会保障协议开始磋商。

五、境外就业

根据《境外就业中介管理规定》，开展境外就业中介机构审批工作。截止到 2003 年年底，225 家境外就业中介机构经批准获得境外就业中介机构经营许可。

召开全国境外就业中介管理研讨会，组织多次调研，参加部分省份的境外就业管理工作会，讨论和研究制度建设及市场规范问题。举办了《境外就业中介管理规定》正式实施一周年的宣传活动。

劳动保障部与公安部、交通部、国务院港澳办、外交部、国家工商行政管理总局等有关部委建立了工作联系，通报了工作情况，转发了公安部出入境管理局出台的《关于便利境外就业人员出境有关问题的通知》。

劳动保障部与相关部门配合，妥善处理了在贝劳、毛里求斯等地发生的境外就业人员权益受损事件。

继续赴日研修生的派遣工作，保持与使馆及日方企业的积极沟通，以加强研修生境外管理。积极与韩国劳动部及相关机构进行接触，就向韩国派遣研修生的问题交换意见和信息，开拓技能交流新渠道。

六、非政府和民间国际交流与合作

8 月，与阿斯利康制药公司签订《劳动和社会保障部国际交流服务中心与阿斯利康公司在医疗保险领域开展合作的协议》及《国际交流服务中心与阿斯利康制药公司合作项目实施方案暨 2003—2004 年度项目活动计划》，正式启动合作项目。

8 月下旬，与新加坡 PSB 国际管理学院签署了《中国医疗保险管理能力建设合作项目书》。11 月 21—24 日在海南省成功举办医疗保险服务管理培训班。

学会与协会

一、中国劳动学会工作

（一）重要会议

2003年1月25日，中国劳动学会召开了在京常务理事会议，会议审议和讨论通过了《中国劳动学会2002年总结和2003年工作安排》《中国劳动学会2003—2010年发展规划》《关于增补中国劳动学会副会长的建议》以及《关于增补中国劳动学会常务理事的建议》。

2月25日，中国劳动学会在广西北海市召开了全国劳动学会秘书长工作会议。来自各省、自治区、直辖市劳动学会的秘书长40余人参加了会议。会议对2002年学会工作总结和2003年学会工作计划进行了讨论，对中国劳动学会做大做强提出了建议。

4月17日，中国劳动学会在京召开了“加强学会分支机构培训管理”工作会议。会议要求各分支机构认真贯彻部有关加强培训管理工作的指示精神，做好培训管理工作，提高培训质量。

（二）主要学术研讨活动

2003年9月19日至21日，中国劳动学会在山东济南市召开了“中国劳动学会2003年度年会暨学术研讨会”。来自全国各省市劳动学会、企业团体会员单位、大专院校及台湾劳动学会代表共计200余人参加了这次大会。会议对完善劳动和社会保障制度，促进灵活就业的健康发展进行了深入研讨。

10月21日至22日，由中国劳动学会企业工作委员会主办的“中国劳动学会2003年企业信息经验交流会”在上海宝钢召开。来自冶金、机械、航空、石化、兵器、铁道、电子等行业及部分地方和行业分会的代表共计100余人参加会议。会议收到有关薪酬制度改革和企业人力资源管理方面的学术论文40余篇。

11月20日至21日，由中国劳动学会和全国妇联主办的“2003中国女性创业论坛”在北京召开。来自全国各地的妇联组织、女企业家及首都女新闻工作者协会的代表共计200余人参加了这次论坛。

（三）学术交流活动

2003年，中国劳动学会组织地方劳动保障部门管理干部和企业人力资源专业人员分别赴澳大利亚和瑞典进行“劳动关系”和“劳动力市场政策”专业考察和培训活动。通过考察和培训，了解和学习了市场经济国家劳动力市场的先进理论和管理经验，对开拓思路、促进我国劳动力市场的健康发展发挥了积极作用。

二、中国职协工作

（一）重点工作

为进一步推动企业培训工作的开展，使企业培训工作者队伍实现科学化、规范化、现代化，协会将企业培训师职业资格制度建设工作作为一项重点工作，并通过各种渠道加大了宣传力度。完成了教材的开发工作，并正式启动了企业培训师培训、认证试点及企业培训师师资培训推荐工作，目前已完成首期师资培训班的筹备工作。

（二）重要会议

8月27日至28日，在北京召开了“贯彻

《民办教育促进法》推动民办职业培训事业发展座谈会”，来自各省、自治区、直辖市劳动保障部门负责培训工作的同志以及民办职业培训机构的校长共80余名代表参加了座谈会。这次会议的成功举行，为行政部门与民办培训机构搭建了交流与沟通的平台，为协会开拓新的工作领域奠定了基础。

11月2日至3日，在青岛举办了“高技能人才培养与使用高层论坛”。60多位代表出席了论坛，部分专家、学者围绕“高技能人才的培养与使用”议题作了专题演讲。

11月17日至19日，在广西南宁市召开了中国职协就业培训专业委员会2003年年会。此次会议的主要成果是完善了组织建设，坚定了就业培训机构的工作信心。会议通过了将“教培机构专业委员会”更名为“就业培训专业委员会”。原则通过了《就业培训专业委员会管理办法》；通过了领导机构调整提名和《2004年工作计划》。

11月29日至30日，在海口市召开中国职协地方、企业秘书长工作会议。来自地方、企业的70余名代表参加了会议。会议围绕企业培训师国家职业资格制度建设、如何实施高技能人才培养等主题展开讨论，6家地方、企业的代表介绍了他们在工作中取得的经验。

12月13日至14日，在北京召开中国职协技工学校委员会第十五次年会和职业培训质量管理与新技术应用研讨会。来自全国劳动保障行政部门和技工学校的310位代表出席了会议，苏州市劳动保障局、上海市高级技工学校等7个单位的代表作了大会交流。

（三）主要学术研讨活动

承接并完成了部级课题“构建终身职业培训体系”的研究工作。开展“民办职业培训机构发展现状和对策研究”。

组织专家对2001—2002年申报的优秀科研成果进行了评审，最终评出职工教育类一等奖9篇、二等奖16篇、三等奖25篇、优秀奖19篇；职业培训类一等奖15篇、二等奖20篇、三等奖25篇、优秀奖25篇；教学教研成果奖26项；编著奖7项；6个单位获得优秀科研单位奖，并对获奖单位和个人进行了表彰。

三、中国劳企协工作

2003年，中国劳动就业服务企业协会坚持为企业服务、为企业办实事的宗旨，以贯彻落实再就业扶持政策，促进下岗失业人员再就业为中心，推动劳服企业、小企业、社区就业实体的发展，有效促进了下岗失业人员实现再就业。2003年，全国劳服企业、社区就业实体、生产自救基地24万个，较上年增长13.3%，新增从业人员145.06万人，较上年增长9.7%，其中新增下岗失业人员108.95万人，占新增从业人员总数的75.1%。

（一）推进全国街道社区劳动保障工作平台建设

1—6月，建立了全国街道社区劳动保障平台月统计调度制度，掌握地方工作进度，做好数据汇总、分析。承担设计街道社区劳动保障进展情况统计表，起草了《关于报送街道劳动保障工作机构建设进展情况的通知》《关于加强街道社区劳动保障工作平台建设进展情况统计的函》，并克服“非典”期间与地方联络不便等困难，及时收集了30个省、自治区、直辖市上报的地、县（市）24项科目的3 696个统计数据。汇总形成全国情况报表，并研写分析报告，上报部领导。截止到2003年年底，全国地级以上城市已建街道劳动保障机构达到95%。

12月4—6日，在湖南省常德市举办了南片重点城市街道社区劳动保障工作平台现场观摩交流活动。会上，对南片15个省50个城市230多名代表进行业务指导；交流了40多份典型经验，并现场观摩了湖南常德市街道社区平台。14个单位做了发言，书面交流经验31份；现场观摩了常德市的5个街道和15个社区平台工作情况以及市再就业广场、市劳动力市场；就4个专题进行了分组讨论。

（二）加强协会自身建设，为劳服企业办

实事

3月，为做好中国劳动就业服务协会更名为中国就业促进会的有关前期准备工作，在天津市召开了部分副会长、副秘书长参加的座谈会，研究中国就业促进会职责定位。会后起草了《中国就业促进会章程（草案）》，并下发到各会员单位征求了意见。

为每个会员单位免费提供《贯彻落实党中央、国务院再就业政策部门配套文件汇编》，并在《中国劳动保障报创业周刊》开设了再就业优惠政策栏目，向企业宣传再就业优惠政策。

8月16—20日，在福建南平市举办了全国劳服企业、小企业第十一届优秀质量成果小组发布会。成果发布会达到了相互交流经验、相互启发、共同探讨、取长补短、共同提高的目的。评选出优秀质量管理小组一等奖71个；二等奖19个，评选出优秀质量管理小组三等奖152个；质量管理小组活动优秀企业39个；优秀质量“信得过”班组62个；质量管理推进者65名。

四、中国社会保险学会

（一）成立了中国社会保险学会医疗保险分会

2003年2月27日在北京成立了中国社会保险学会医疗保险分会，召开了首届医疗保险分会会员大会。会议选举了理事和常务理事，以及会长、副会长和秘书长，审议通过了《分会组织管理规定》等相关文件，讨论决定了2003年度工作计划等重大事宜。

（二）加入国际社会保障协会

2003年1月3日，中国社会保险学会申请加入国际社会保障协会，成为其联系会员。2003年5月9日，在日内瓦召开的国际社会保障协会（ISSA）执行局第86次会议决定，同意中国社会保险学会成为ISSA的联系会员的申请。中国社会保险学会加入ISSA后，将努力在社会保障领域开展并加强与ISSA及其会员间的合作与交流，积极宣传我国社会保障事业。

（三）召开了“完善养老保险制度研讨会”和第二次常务理事会

2003年9月2日，中国社会保险学会在沈阳召开了“完善养老保险制度研讨会”，参加研讨会的有各地劳动保障部门实际工作者、大学和研究机构的专家学者、企业有关人士共80多人。会上辽宁省介绍了完善企业基本养老保险制度试点情况；与会代表就完善制度、制度模式、扩大覆盖面、统筹层次、个人账户、退休年龄、养老保险管理体制、企业年金等问题进行认真的讨论，并提出了有意义的建议和意见。

2003年9月3日，中国社会保险学会召开了第二次常务理事会，到会的常务理事有53名，符合学会章程规定。会议认真听取了各位常务理事的意见和建议，同意增聘郑斯林同志为中国社会保险学会名誉会长，增补丁建定等7位同志为常务理事，会议还通过了“变更单位会员代表人的原则”。

（四）加强国际交流，扩大国际影响

2003年11月23日，王建伦会长率团出席国际社会保障协会在塞浦路斯召开的国际会议。会上与国际社会保障协会维斯主席和秘书长等举行了会谈，共商了第28届大会筹备中的主要事宜，并初步协商了中国社会保险学会与国际社会保障协会的今后合作事项。

地方劳动和社会保障工作

北　京　市

2003年是不平凡的一年。北京市劳动和社会保障系统在市委、市政府的领导下，努力实践“三个代表”重要思想，推进改革、优化环境、加快发展，经受住了抗击“非典”的严峻考验，圆满完成各项任务，为首都经济社会发展做出了重要贡献。

一、赢得抗击“非典”和劳动保障工作双胜利

面对突如其来的“非典”疫情，北京市劳动保障系统坚决贯彻“两手抓”的方针，在防治“非典”的同时，坚持年初既定的工作目标不动摇。各级劳动保障部门从维护首都改革发展稳定大局和劳动者生命安全的高度出发，及时调查研究，冷静把握形势，沉着果断应对。市劳动保障局迅速出台了包括“非典”患者医疗费审核结算、参保人员就医管理、对外来务工人员监控防治、禁止随意解雇职工、缓缴社会保险费、借支基本生活费等30多项政策措施。“非典”后期，市劳动保障局及时下发了《做好当前劳动保障几项重点工作的通知》，强调了7个方面的重点工作，及时有力地指导和把握了全市劳动保障工作的方向。各区县劳动保障部门也结合实际制定预案和对策，顾全大局、狠抓落实，形成了坚强的合力。全系统积极落实企业帮扶政策，为85户次餐饮服务等行业中的停工半停工集体企业7 442人借支基本生活费215.8万元，审批社会保险缓缴额1.7亿元。市区县劳动保障部门因地制宜，因势利导，急事急办，特事特办，创造性地开展工作：加强对外地民工进出京的监控，制止企业随意解除职工的行为，确保企业职工队伍稳定；将抗击“非典”的特定需求与促进就业有机结合，快速组织5 000多名失业人员从事医护、清洁、消毒等工作，特别是当医院护工告急的时候，石景山、西城、房山等区县劳动保障部门采取有效措施，紧急调配劳动力，保证了一线护工的急需；迅速调整办法保证参保人员安全就医，并为2 091人次“非典”患者拨付医疗费2 517.3万元；采取远程、分散教育等方式积极推进职业技能培训工作。“非典”期间，全市社保经办、职业介绍等所有窗口单位，恪尽职守，坚持日常对外服务。在疫情尚未完全缓解的情况下，市区县劳动保障部门主动开展专题性调研，采取有力措施，最大限度地消除“非典”对工作的负面影响。在抗击“非典”这场没有硝烟的战斗中，全系统干部职工以高度的责任感、无私的奉献精神和较强的处理危机能力，经受住了考验，赢得了抗击“非典”和劳动保障工作双胜利。

二、就业工作目标全面实现

2003年，是北京市出台再就业政策力度最大、政策最完善的一年。各级劳动保障部门认真落实全国再就业工作座谈会精神，形成有首都特色的促进就业政策体系，调动了全社会促进就业的积极性；注重发挥经济对就业的拉动作用，采取净菜、再生资源回收、早点工程、商业便民连锁“四进社区”等措施，大力开发就业岗位。“四进社区”活动首先从宣武区推开，目前，商业便民连锁安置失业人员

4 213人，早点工程安置1 287人，再生资源回收安置1 176人，净菜进社区安置了500多人。强化职业介绍、职业指导、职业培训、职业技能鉴定“一条龙”服务，将大学毕业生和农村富余劳动力纳入服务范围；且加大再就业援助力度，“4050”失业人员再就业率达到60.6%。

2003年，北京市各级劳动保障部门将大学生就业纳入了全市就业工作的整体盘子，配合人事、教委等部门，加大了对大学生就业的指导和服务，特别是重点做好高职毕业生的招聘、鉴定等就业和指导。2003年全市有大学毕业生11万人，就业率达到83%；中专、技校等中职毕业生8.9万人，就业率达到了95%。与此同时，许多区县对农村富余劳动力的就业服务工作进行了大胆探索。其中，通州、大兴、海淀等区县，率先建立了农村富余劳动力就业服务体系和网络，增加了财政投入，加快了转移就业的速度，年安置本区县农村富余劳动力达到万人左右。积极做好中办机关干部职工失业家属的再就业帮扶工作。这既是一项就业服务工作，也是体现北京为中央服务的一项政治任务。需安置的家属以中央警卫局为主，共有298人，涉及7个城近郊区，尤其是海淀、西城、丰台区任务重。到年底，已有211人上岗，占70.8%；72人找到了单位，等待上岗，占24.2%。

2003年，北京市净增就业岗位20.12万个，超额完成全年目标。其中，开发社区就业岗位13.35万个，安置失业人员11.04万人，同比分别增长8.45%和7.81%。全市“三年三十万”的社区岗位开发目标已于2003年年底顺利完成，超出预定指标的25.9%。培训在职职工、失业人员、农村富余劳动力58.4万人，职业技能鉴定30万人。

2003年，北京市新增城镇就业42.23万人。其中，安置城镇登记失业人员17.92万人，就业率达到68.08%。城镇登记失业率控制在1.43%。帮助3.22万名“4050”失业人员（其中包括4 748名就业特困人员）和7.1万名农村富余劳动力实现就业。

三、养老保险制度改革迈出新步伐

2003年，北京市逐步扩大养老保险制度覆盖范围，自收自支事业单位4万余名职工参加基本养老保险；及时调整政策，加强指导，4.8万余人已参加农转居社会保险试点。这两项改革均是在全国尚无经验的情况下，结合北京实际进行的制度创新。农转居人员参加社会保险的试点，目前已经扩大到石景山、通州、海淀和顺义4个区，为2004年全面推开这项改革，积累了可供借鉴的经验。企业离退休人员月基本养老金分别提高到2 114元和876元，养老保险基金年支出147.7亿元，确保了141.5万名企业离退休人员的基本生活。农村养老保险继续推进。企业退休人员社会化管理服务取得新进展。劳动鉴定质量稳步提高。

四、医疗、工伤保险制度不断完善

2003年，北京市完善合理分担机制，减轻参保人员医疗费用负担。一是调整有关政策，为1.4万名“三特”患者建立台账，逐人落实帮困措施。所谓“三特”患者，是指患癌症、肾透析、肾移植的病人，平均年医疗费要在10万元左右。通过报销政策的调整、补充保险和医疗救助，较好地解决了这部分人负担过重的问题。二是调整退休人员门诊大额互助报销政策，降低起付标准，提高报销比例。三是补充医疗保险制度不断完善，已覆盖347万人，覆盖面达到96%。四是社会救助进一步落实，累计支付1 117万元，救助1 670人。五是清欠成效显著，医改前拖欠职工的10.87亿元医药费基本还清。这项工作各区县、各行业、各系统都付出了极大的努力。尤其是原市经委系统，拖欠3.4亿元，占全市的31.3%；朝阳区拖欠2.7亿元，占全市的24.8%。由于领导重视，措施得力，清欠工作都十分出色。1.4万名市属困难企业和区县离休干部医疗费用已实现社会统筹。六是强化服务管理。对定点医疗机构和定点药店实行分级分类管理；建立医疗保险费用预警预报监控制度；调整“药品目录”，扩大用药范围；简化医疗保险费用审核结算流程，缩短报销周期。同时，为保证《工伤保险条例》的实施，出台了配套政策，完成了6万多名陈旧性工伤职工的认定工作。

五、社会保险扩面征缴成效显著

2003年，北京市社会保险扩面征缴的工作机制和手段不断完善，覆盖范围不断扩大，基金收缴额创历史新高。全市全年养老、医疗、失业、工伤保险参保人数分别达到448.5万人、436.1万人、306.6万人和242.9万人，同比分别新增12.3万人、82.3万人、7.1万人和21.9万人。基金预计累计收缴252.92亿元。各项社会保险基金收缴率均达到95%以上。社会保险费“统一征缴、一单托收”改革取得重大进展，实现了养老、失业和工伤保险征缴地点、缴费基数、报表时间和结算周期的统一。完成了参保单位和个人信息系统整合，在西城区进行了系统模拟运行试点。加大监管力度，保证了基金安全运行。

六、依法维护劳动者合法权益工作进一步加强

2003年，北京市加强劳动合同管理，规范企业用工行为，城镇职工劳动合同续订率为86%，高于历年81.2%的平均水平；对改制调整力度大的企业和地区实施重点指导监控；从规范劳动合同、工资支付和社会保险入手，制定实施了非全日制就业管理办法；劳动关系调整机制逐步健全，目前，市、区（县）及39个街道（乡镇）建立了协调劳动关系三方会议制度；各级劳动关系协调、仲裁、监察、信访部门密切配合，坚持抓预防、抓调解、抓排查，妥善处理突发性、群体性事件，及时化解矛盾，维护企业和社会稳定；妥善处理劳动信访、争议和举报案件，全市共受理信访53.74万人次，同比增长109.17%；受理劳动争议案件1.42万件，结案率为98%；对5.08万户单位开展劳动监察，查处违法案件9 750件，其中受理举报案件7 735件，结案率为95%；开展拖欠民工工资专项大检查，为3.4万名民工追回工资7 211万元。

尤其是“劳动用工规范一条街”活动，取得了显著成效。这项工作是2002年东城区东四街道率先搞起的，2003年全市在18个区县选定了44条大街开展了此项活动。通过实施这一工程，劳动合同签订率由73%提高到95.1%；社会保险参保率由30%提高到97.2%。解决了由于用工不规范，导致社会保险关系不规范的问题，保护了企业和职工的合法权益，促进了劳动关系的和谐稳定。

七、其他各项工作全面推进

2003年，北京市的法制建设进一步加强。出台了《北京市社会保险费征缴若干规定》《北京市工资支付规定》和《北京市实施〈工伤保险条例〉办法》，修订了《北京市基本医疗保险规定》；积极推进行政审批制度改革，大力开展劳动保障政策法规宣传教育；基层组织进一步健全，目前全市315个街道（乡镇）全部建立了社保所，2 179个社区聘用了劳动保障工作人员（占社区总数的90.8%），社保所行风建设取得初步成果，抓培训、抓管理、抓作风，涌现出一批先进社保所，初步实现了劳动保障工作重心下移；管理服务手段进一步现代化，金保工程建设全面启动，可行性报告在全国第一家获得劳动保障部批准，并作为重点项目纳入2004年市发改委计划；作为市政府60件实事之一的劳动保障政策咨询电话“12333”已于2003年10月试运行，12月16日正式开通，到年底共解答群众咨询12万人次。

（北京市劳动和社会保障局）

天　津　市

2003年，天津市劳动保障系统以“三个代表”重要思想和十六大精神为指导，紧紧围绕市委确定的“三步走”战略，坚持思路创新，开拓进取，较好地完成了市委、市政府确定的工作任务，为全市经济发展和社会稳定做出了积极贡献。

一、社会保险

2003年，针对社会保险参保缴费人数连年下降的问题，天津市政府发布了《关于做好2003年扩大城镇职工社会保险覆盖面工作的通知》，通知确定了养老保险15万人、失业保险15万人、医疗保险20万人的扩面工作指标，并将社会保险扩面工作指标直接下达给区县政府，作为政绩考核依据。年内，市劳动保障局先后3次召开扩面工作推动会，通报各区县扩面任务完成情况；适时调整相关政策，解决扩面中存在的问题；同时，加大基金征缴工作力度，加强社会保险基金稽核工作，社会保险扩面征缴工作取得成效。

（一）养老保险扩面征缴工作取得重大进展，养老保险缴费人数增加，基金征缴额创历史新高

2003年，天津市将撤乡建镇、撤县建区后坐落在乡镇的经济效益比较好、经营比较稳定的股份制企业及坐落在城镇中的民办非企业单位纳入全市养老保险统筹参保范围，通过加大工作力度以及政策上的新突破，全年完成扩面23.6万人，超额完成市政府下达的扩面15万人的工作目标。当年增加参保人员29.5万人，全市企业参保人数达到178.4万人，其中实际缴费人数达到168.5万人，比上年净增3.85万人。基金征缴额62.28亿元，比上年增长17%，创历史新高。离退休人员养老金社会化发放率继续保持100%，确保了离退休人员的基本生活。

（二）建立失业保险与再就业联动机制，失业保险在保生活、促就业方面发挥积极作用

2003年，天津市为促进享受失业保险和城镇居民最低生活保障待遇（以下简称“低保”）人员的就业和再就业，从根本上保障其基本生活，依据《天津市失业保险条例》和《天津市最低生活保障办法》，本着“促进就业，辅之保障”原则，市劳动和社会保障局、市民政局、市财政局联合制定《建立失业保险、城镇居民最低生活保障与促进就业联动机制的实施办法》，对申领失业保险和“低保”人员的求职（失业）登记，组织其参加职业指导、职业介绍、就业培训和再就业等内容做出规定，对于享受失业保险金期间自谋职业人员，可将其按规定享受期内剩余失业保险金一次性发给本人，但最高额度不超过其12个月失业保险金。同时，从再就业资金中按照其领取营业执照有效期给予不超过3 000元补助费，作为自谋职业启动资金。营业执照期满后不再经营的，可申领剩余失业保险金。通过建立失业保险与再就业联动机制，加大失业保险扩面征缴力度，失业保险扩面16.4万人，超额完成市政府下达的扩面任务的9.3%；全市参保人数达193.5万人；领取失业保险金人数从上年末的12.44万人下降到期末的9.5万人。完成基金征缴5.6亿元，同比增长5.8%。基金支出4.4亿元，其中：拨付职业培训费和职业介绍费0.3亿元，全年累计为15.2万名失业人员支付失业保险待遇4.1亿元。

（三）医疗保险政策进一步完善，保障范围扩大，初步建立起多层次的医疗保障平台

2003年，天津市继续完善医疗保险制度，根据医疗保险制度运行一年多的情况，调整补充了10项医疗保险政策：降低一级医院住院起付标准；提高一级医院统筹基金报销比例；合并特殊病住院和门诊起付标准；放宽特殊病种用药和检查范围；对享受公务员医疗补助人员实行大额医疗救助办法；建立困难企业退休人员医疗救助制度；出台困难企业参加基本医疗保险办法；实施城镇个人参加基本医疗保险办法；调整门（急）诊大额医疗费补助比例；调整用人单位中断缴纳医疗保险费处理办法。通过10项医疗保险政策调整，扩大了受益人群，初步建立起3个保障平台，即：生产经营正常用人单位统一参加基本医疗保险，享受全市统一规定的待遇标准；困难企业职工和灵活就业人员实行大病统筹办法，享受住院和门诊特殊病以及大额医疗费救助三部分待遇；对无力参加基本医疗保险和大病统筹办法的困难企业退休人员实行医疗救助制度。全市受益人群达51.3万人，已有10万名参保患者直接受益，人均减负205元，增加基金支出2 051万元，个人负担率由上年的30.4%下降到27.2%，下降3.2个百分点。参保患者住院均次医疗费由上年的9 954元下降到9 838元，下降116元；一级医院住院率由政策调整前的4.2%上升到7.7%；平均住院日由上年的22.7天下降到20.73天，下降1.97天。至年末，全市医疗保险实际参保人员242.92万人，比上年末增加34.4万人，参保率为75%。其中参保职工165.17万人，退休人员77.75万人。基金收入19.53亿元，支出20.4亿元，收支基本平衡，参保人员基本医疗得到保障。

（四）工伤和生育保险制度改革稳步推进，为在全市范围内实现社会统筹奠定了基础

2003年，天津市继续做好工伤保险实施社会统筹准备工作。4月27日国务院颁布《工伤保险条例》后，天津市立即成立了工伤保险工作小组，制定落实《条例》工作计划，为实施《工伤保险条例》做好准备工作。12月1日，市政府第12号令颁布《天津市工伤保险若干规定》，自2004年1月1日起与《条例》同时施行。经过调查测算、论证、协商，制定了《关于天津市工伤保险费率有关问题的通知》《天津市工伤职工配置辅助器具管理办法》《天津市工伤停工留薪期管理办法》等有关配套文件。确定天津市工伤保险实行差别浮动费率，即根据工伤风险程度的不同将行业划分为三个类别，缴费基数均为用人单位的工资总额。2004年，一类风险较小行业费率为0.5%；二类中等风险行业费率为1.0%；三类风险较大行业费率为2.0%；行业基准费率具体标准可定期调整。用人单位初次缴费费率，按照行业基准费率确定；以后的缴费费率根据用人单位工伤保险费使用、工伤发生率、职业病危害程度等因素实行浮动。建立市、区两级工伤保险经办机构，制定工伤保险基金管理办法和40多种包括登记管理、基数核定、申报结算、基金支付等相关表册，为顺利开展工伤保险经办工作做好准备。加强工伤保险宣传和培训工作。12月6日，按照劳动保障部的统一部署，全市劳动保障系统800余名工作人员在21个咨询点举行实施《工伤保险条例》宣传咨询活动，发放宣传材料，现场解答问题。结合宣传活动，编印《工伤保险若干规定解评与指南》7 000册。同时，利用电台、电视和报纸等新闻媒体深入宣传，使工伤保险政策深入人心。组织开展工伤保险培训工作，各区县劳动保障局、社会保险基金经办机构、企业主管局及用人单位7 000余人参加了培训。从2003年1月1日起，天津市调整工伤保险计算基数和待遇标准，工伤护理费、工伤津贴、因工死亡丧葬补助金、一次性工亡补助金、一次性工伤医疗补助金和伤残就业补助金、供养亲属一次性支付抚恤费等工伤待遇标准的计算基数由1 020元调整为1 154元。

2003年，天津市按照以支定收、收支基本平衡的原则，进一步完善了职工生育保险实施方案，为生育保险实行社会统筹做好了准备工作。

（五）规范社会保险经办工作流程，强化社会保险基金监督管理工作，确保了基金的安全和完整

2003年，天津市进一步规范社会保险经办业务流程，简化经办手续，服务意识和服务水平明显提高。养老保险改革征缴管理方式，在各区县组织据实缴费结算试运行。建立指纹验证识别系统，开展退休人员基本信息采集。简化基金拨付环节，减少在途时间，增强了养老保险基金的安全性。医疗保险对就医登记、门诊和住院结算、异地就医、转诊转院等30多项经办业务进行改进，与477家定点医疗机构签订《定点医院协议》，与101所定点医院实现计算机联网，使80%以上参保住院人员实现了网上经办，初步解决了手续繁杂、结算周期长的问题。特别是在抗“非典”期间，特事特办，主动服务，给定点医院预拨800万元，确保了“非典”患者的及时救治。

社会保险基金行政监督和审计稽核工作进一步加强，开展了对社会保险基金经办部门及部分用人单位缴费情况的调研和现场监督检查工作，维护了基金的安全和完整。

二、就业和再就业

2003年，天津市就业工作立足当前，着眼长远，超前谋划，制定实施《天津市2003年至2005年再就业规划纲要》，确立了再就业工作的指导思想和全市2003年至2005年的目标任务和政策措施。天津市劳动保障系统带着对下岗失业人员深厚的感情和强烈的责任感，创造性地开展工作，就业再就业工作取得实效。自1998年以来，首次实现新增就业数量大于新增下岗失业人员数量，开始消化下岗失业人员历史存量。全年新增就业岗位18.1万个，安置下岗失业人员12.1万人，其中安置“4050”人员（指女年满40周岁、男年满50周岁大龄下岗失业人员）2.1万人。领取失业保险金人数由上年末的12.4万人减少到9.5万人；享受城镇居民最低生活保障人数由上年末的30.1万人减少到24.1万人，在减少的6万名低保人员中有1.9万人实现了再就业。期末城镇登记失业人数为12.03万人，城镇登记失业率控制在3.8%。9月23日至26日，国务院再就业工作督查组到天津市检查时，对天津市的再就业工作给予了高度评价。11月30日，中共中央政治局常委、国务院副总理黄菊在新华社《国内动态清样》第4241期《天津市完善再就业政策》上批示：天津市完善再就业政策，制定就业规划，抓早抓实是值得肯定的。12月21日，在全国劳动保障厅局长座谈会上，天津市劳动和社会保障局介绍了天津市做好就业再就业工作的经验。

（一）把经济增长点作为就业工作着力点，千方百计开发就业岗位

2003年，按照天津市委确定的“五大战略举措”，市劳动保障部门提出“五个紧紧围绕”的创岗思路。即：围绕海河经济发展，实现开发增岗；围绕优势产业和海洋经济发展，重点是“六大支柱产业”和“十二个产品基地”，实现扩能增岗；围绕个体私营经济发展，鼓励创业增岗；围绕中小企业和劳动密集型企业发展，扶持企业增产增岗；围绕区县经济特别是社区服务业发展，推动社区增岗。各行业通过发展优势产业和劳动密集型企业，发展大型超市、物流配送、连锁经营，开发就业岗位6.5万个，安置下岗失业人员3.3万人。各区县围绕海河开发、社区服务业和个体私营经济发展，创造就业岗位11.6万个，安置下岗失业人员8.8万人。建立“一联盟、二对接、三同时”的工作机制。“一联盟”，就是由劳动保障部门发起并动员各类企业参加，把企业提供岗位、劳动保障部门兑现政策和提供劳动保障管理服务联系起来，形成就业联盟制度。“二对接”，就是把工程项目库与人力资源库相对接，使开发就业岗位与安置下岗失业人员相匹配，实现沟通供求，落实岗

位，合理配置人力资源。“三同时”，就是对政府投资项目、新建扩建项目和公益项目，在立项审批的同时，签订招工协议；在开工奠基的同时，签订员工培训协议；在投入运营的同时，签订劳动合同、社会保险和政策扶持协议。至年末，有640家企业参加就业工作联盟，提供岗位3.1万个；工业系统都市工业园、6大支柱产业、12大产品基地、商业系统35个招商引资项目以及海河开发6个节点项目与人力资源库实现对接；劳动保障管理服务与新扩建项目和公益项目开发进程同步进行，签订招工协议386份、培训协议275份、政策扶持协议183份。

（二）创新思路，在用足用活政策上下工夫，实现政策延伸，效应放大

2003年，按照中央12号文件《关于进一步做好下岗失业人员再就业工作的通知》精神，天津市结合本地实际，先后制定了44个促进就业再就业文件，形成较为完善的再就业政策体系。全年再就业资金投入4.2亿元，比上年增加3倍。发放《再就业优惠证》12.09万本，减免税收6 750万元，减免行政事业性收费987万元，发放小额贷款1 770万元。结合工业战略东移和企业改组改制，劳动保障部门提出扶持东移企业分流安置富余人员方案，出台社会保险补贴政策。市政府安排专项资金1.5亿元，对困难企业“4050”人员从事灵活就业的，分别给予养老保险、医疗保险和失业保险补贴，通过社会保险的连续性增强了就业的稳定性。

（三）加大政府促进就业力度，形成帮扶困难群体就业的长效机制

2003年，面对突如其来的“非典”疫情，天津市劳动保障部门深入贯彻落实5月1日胡锦涛同志来天津视察抗“非典”工作的重要指示及天津市委、市政府防治“非典”的工作部署，一手抓抗击“非典”，一手抓再就业，将抗“非典”与再就业工作有机结合起来。5月2日，天津市劳动保障局向各区县劳动保障局发出《关于组织万名下岗失业人员积极参加社区消毒保洁预防“非典”工作的通知》，要求各区县劳动保障部门结合本区域特点，在街道组建下岗失业人员抗“非典”消毒保洁服务队，在社区居委会组织3~5人的分队，在区县抗“非典”办公室统一指挥下，参加社区消毒保洁工作。各区县高度重视，立即行动，迅速组织，至5月中旬，在全市各街镇全部建立抗“非典”消毒保洁再就业服务队，成立消毒保洁分队1 823个，参加消毒保洁的下岗失业人员达到1万余人，其中“4050”人员占60%。消毒保洁队统一着装、统一标识、统一操作规程，活跃在全市社区街道里巷进行预防“非典”消毒保洁，在抗击“非典”的斗争中发挥了重要作用。劳动保障部门在政策和资金方面给予有力支持，对消毒服务队按公益性灵活就业组织，从再就业资金一次性拨付启动经费，对从事消毒保洁的下岗失业人员，按公益性岗位兑现相关工资补贴。“非典”疫情过后，为了使抗“非典”再就业消毒保洁服务队更好地发挥作用，劳动保障部门顺势将其转变为公益性组织，以区街为单位，与有关部门签订提供公益化岗位协议，把消毒保洁队的下岗失业人员由临时性就业，延伸到园林、绿化、市容、房地产管理等有关部门及各个区街和社区的消毒保洁、道路维护、保安协勤、城市绿化、环境保护及老楼区改造的物业管理等相关岗位，把下岗失业人员短期再就业行为转变为长期就业岗位，把灵活就业转变为相对稳定的就业。把一个部门的责任变成全社会的责任，形成促进下岗失业人员困难群体再就业的长效机制。劳动和社会保障部将天津市的这一做法向全国推广。在5月23日全国加快推进再就业工作电视电话会议上，天津市劳动和社会保障局介绍了把预防“非典”同再就业有机结合起来开展就业工作的经验。

（四）加强就业服务体系建设，构筑“两级政府、三级管理、四级网络”的公共就业服务体系框架，为下岗失业人员就业再就业提供优质服务

2003年，天津市在市、区县、街道、居

委会全部建立了劳动保障服务机构，1 765个社区居委会配备由4 735名“4050”人员组成的劳动保障协管员队伍，市再就业资金出资2 000万元为每个居委会配备计算机、打印机等办公设施，并按年人均4 000元标准拨付协管员工资补贴。劳动力市场建设不断加强。9月2日劳动和社会保障部致函（劳社厅［2003］397号）天津市劳动和社会保障局，将坐落于天津市河西区九龙路58号的就业服务机构正式冠名为“中国天津人力资源开发服务中心”“国家职业展示中心”和“国家职业资格培训鉴定实验基地”。自此，全国第一家国家级、区域性人力资源开发服务机构在津开始筹建，11月25日投入试运行，实现了公益性服务和人力资源全面开发服务双推进。与此同时，市职业介绍中心积极推行包括职业中介、职业指导、培训、鉴定、办理社会保险等“一条龙”服务、岗位援助联盟和中介服务机构联盟服务、“三无三免”（无虚假信息、无劣质服务、无欺诈行为；对下岗失业人员实行免费登记、免费培训、免费中介）承诺服务、劳务派遣服务、专项和定向服务及公益化与经营性相结合的双轨制服务6种服务模式，架设劳动力供需桥梁。全年举办994场招聘会，其中公益化专场375场；接待求职人员87万人次，其中下岗失业人员18.3万人次。举办培训班251个班次。向62户企业派遣劳务人员1.15万人。全市各级职业介绍机构全年接待求职人员249万人次，为49万人次下岗失业人员提供免费服务，使8.6万人实现了再就业。

（五）建立就业工作目标责任考核体系，形成全社会齐抓共管的良好局面

2003年，天津市坚持就业再就业工作党政一把手亲自抓、负总责。把年度新增就业和安置下岗失业人员再就业、城镇登记失业率等指标纳入国民经济和社会发展年度计划，对各区县和各部门实行目标考核责任制，各行业和企业的工作情况与经营者年薪挂钩。建立健全政策落实情况检查、部门协商通气、社会监督举报以及再就业工作联席会议4项制度，形成政府、企业和社会整体联动、相互促进、有效监督的工作机制。

（六）开展对下岗失业人员的系列宣传教育活动，激励他们走上市场就业、自谋职业、自主创业的道路

为促进下岗失业人员转变择业观念，增强市场竞争就业的自信心，12月5日至11日，天津市劳动保障系统组织了万名下岗失业再就业人员参观“三五八十”成就展活动，使他们深入了解“三五八十”奋斗目标的实现给天津带来的可喜变化，自觉投身到为实现“三五二一”奋斗目标、推动天津经济实现跨越发展的建设热潮中去。活动期间，有1万余名下岗失业再就业人员在写有“下岗失业人员再就业，为天津经济跨越发展做出新贡献”字样的条幅上签名，表达出他们积极投身天津市经济建设、重塑人生的决心。条幅被主办者收藏，是“三五八十”成就展主办者收藏的参观者签名人数最多的条幅。天津市经市创业培训中心培训后创业成功的18名下岗失业人员满怀感激之情，向全市下岗失业后创业成功者提出倡议：献爱心回报社会，帮助生活困难的下岗失业人员走出困境。倡议得到百余名自谋职业、自主创业的下岗失业人员和十几家劳动就业服务企业的积极响应，募集慰问款物10余万元，征集就业岗位1 000余个。12月30日，创业成功者在市创业培训中心举行慰问活动启动仪式，崔津渡副市长代表市委、市政府，对创业者的义举表示支持。创业成功者回报社会活动在社会上引起强烈反响，对帮助下岗失业人员树立正确的择业观念、坚定闯市场争上岗的信心发挥了重要的促进作用。

三、职业培训和职业技能鉴定

2003年，天津市以为企业服务、为就业再就业服务为宗旨，做好职业培训和技能鉴定工作。全年培训75.3万人次，其中企业在岗职工培训50万人，社会培训15万人，下岗失业人员培训10万人，创业培训3 030人。完成

职业技能鉴定16.4万人。

（一）落实职业资格证书制度和就业准入制度，提高劳动者的整体素质

2003年，天津市劳动保障部门充分依靠行业管理部门开展职业培训。市劳动保障局与市建委联合下发《关于颁发〈天津市建设行业实行职业资格证书制度管理规定〉的通知》，要求建设行业各类企业遵照国家规定，实行就业准入制度，人员必须参加培训鉴定，取得职业资格证书，实行持证上岗。对不同星级饭店制定职业资格证书持证比例。对药品零售商店医药购销员进行统一职业培训和鉴定，首批有4 000名药品销售员取得职业资格证书。工业系统全年举办各工种培训班450期，培训技术工人4.13万人，其中2.4万人取得职业资格证书。积极推行学历证书和职业资格证书并重制度，提高新生劳动力市场竞争就业能力。2003年，在天津市各类职业学校毕业生中有10万人次取得职业资格证书。其中，技工学校学生每人至少有2个职业（工种）证书。在天津职业大学1 467名毕业生中有1 230人取得不同等级的职业资格证书。职业技术师范学院10名本科毕业生被授予技师资格。

（二）加强再就业培训工作，提高下岗失业人员再就业能力

2003年，天津市适应市场需求，再就业培训工作突出实用性，狠抓培训质量，组织参加职业技能培训的下岗失业人员按照国家职业标准参加职业技能鉴定。全年培训下岗失业人员10万人，有4.5万名下岗失业人员参加技能鉴定，有3.8万人取得职业资格证书。市创业培训中心坚持以创业带就业为宗旨开展创业培训，全年培训3 030人，其中1 755人创业成功，带动2万人实现再就业。市创业培训中心为24个省、市培训师资76名，发挥了全国性创业培训示范基地的作用。12月13日，黄菊同志到天津视察工作时，专程视察了市创业培训指导中心，对创业培训中心的工作给予充分肯定。

（三）搞好技工学校建设，促进新生劳动力资源素质的提高

2003年，天津市制定示范性和国家重点技工学校建设资金扶持办法，促进骨干示范性技工学校完善办学条件，提升办学水平，扩大办学规模。新增1所高级技校、1所国家级重点技校，全市技工学校调整为79所。技工学校逐步走出低谷，步入良性发展阶段，在稳定天津市生源渠道的同时，面向中西部地区开展技能扶贫，扩大外埠招生范围，全市技校招生1.72万人，比上年提高15%。

（四）大力开展职业技能竞赛，在全社会营造学技术、比技能、尊重技能人才的氛围

2003年，天津市把职业技能竞赛与职业技能培训和鉴定相结合，坚持学练赛一体、以赛促培原则，推行职业资格证书制度。举办车、钳、铣、焊、营销师、美容、美发和烹饪8个职业（工种）技能竞赛4场。对120名优秀选手给予晋升一级技术等级奖励。举办全市首届技工学校学生技能大赛，在数控车工、钳工、维修电工、无线电装调工4个工种竞赛中有30名选手分获一、二、三等奖，被晋升为高级工。

（五）加强职业技能鉴定，推动职业资格证书和就业准入制度的落实

2003年，天津市职业技能鉴定工作取得新进展。全年鉴定16.4万人，比上年增长3.8%。鉴定合格取得职业资格证书的有14.4万人，通过率达87.8%，其中初级9.8万人，中级3.7万人，高级0.9万人（含技师）。

1．推行计算机信息等高新技术工种和新工种技能鉴定，成功举办心理咨询师、修脚师等新工种试点考核，鉴定职业（工种）拓展到235个。有8 904人参加计算机信息技术考核，157人参加心理咨询师试点考核。

2．职业技能鉴定工作与国际接轨，引进国际权威职业资格证书。有41名商场员工取得CNG（商品零售管理专业）中英职业资格证书。

3．加强职业技能鉴定工作技术支持和服务，举办心理咨询师、医药购销员等5个工种

考评员资格培训班，有30人取得考评员资格，考评员人数由上年末的1 847人增加到1 877人。

四、企业职工工资

2003年，天津市委、市政府针对天津市经济增长较快而职工收入增长相对较缓的问题，将“居民收入”纳入全市主要经济工作目标考核体系，确定城镇居民人均可支配收入增长10%以上，企业单位从业人员劳动报酬总额增长11%的工作目标。本着劳动报酬总额占增加值比重不降低原则，市计委与市劳动保障局将目标分解下达到21个区县和7个委。为确保工作目标完成，建立统计考核制度，市劳动保障局与市统计局按季度召开各区、县、委工作目标分析例会，对各单位工作目标完成进度、情况、问题进行统计、分析和评估。通过加强工资宏观调控，推行工资集体协商制度，有效地促进了企业单位从业人员的工资增长。至年末，企业单位从业人员145.41万人，劳动报酬总额264.59亿元，比上年增长15.9%；人均劳动报酬18 347元，比上年增长16%。

（一）健全以工资指导线制度、劳动力市场指导价位和人工成本预测预警制度为主体的企业工资调控体系，引导企业建立以市场为导向的内部分配制度，合理确定工资增长幅度，促进工资增长

2003年，天津市加强工资指导线调控力度，市政府直接发布天津市企业工资指导线，将调控对象由企业全部职工调整为企业单位从业人员，与经济工作目标考核一致。2003年，天津市企业工资指导线基准线确定为13%，即人均劳动报酬增长幅度为13%，上线为20%，下线为5%，且企业支付职工工资不得低于天津市公布的最低工资标准。适时公布291个工种（岗位）劳动力价位和人工成本信息，为劳动力市场供需双方确定劳动报酬及企业调整内部分配关系提供社会平均基准参考。做好企业欠薪报告和欠薪预警工作。针对2002年3个月欠薪报告制度运行中出现的问题，对欠薪报告的内容和程序进行调整。至年末，有245户企业执行了欠薪报告制度，涉及职工2.1万人。

（二）推行工资集体协商制度，职工民主参与企业内部分配的权利在制度上得到保证

为推行企业工资集体协商制度，2003年，天津市劳动保障局会同市总工会、市经委、市企业联合会等4部门联合召开了全市工资集体协商工作推动大会，推广和平区、外经贸系统、文光集团有限公司、建筑水电安装总公司等单位工资集体协商的典型经验，并对全市开展工资集体协商的谈判工作做出部署。至年末，全市签订工资集体协议企业1 100户，涉及职工20万人。

（三）规范工资支付行为，完善最低工资保障制度

依据《中华人民共和国劳动法》及有关法律、法规，2003年，天津市政府发布了《天津市最低工资保障规定》，市劳动保障局制定了《天津市工资支付规定》，对企业建立工资支付制度、工资支付形式和办法、最低工资（包括月最低工资和非全日制劳动者小时最低工资）标准的确立和调整，以及最低工资的组成和适用范围做出规定。自9月1日起，天津市调整最低工资标准。市区由每月450元、每小时2.7元调整为每月480元、每小时2.87元；非全日制用工劳动者小时最低工资标准仍为每小时4元。

五、劳动保障法制建设和劳动关系协调机制

（一）加强劳动保障法制建设

2003年，天津市的劳动保障法制建设迈出重要一步。市人大常务委员会审议通过了《天津市劳动和社会保障监察条例》，市政府颁布了《天津市工伤保险若干规定》。市政府、市劳动保障部门先后制定了《天津市最低工资保障规定》《天津市城镇困难企业职工参加基本医疗保险暂行办法》等劳动保障规

范性文件88件。深化行政审批制度改革，审批权由16项减少到6项。加强执法监督，处理行政复议案件31件。加强调查研究，围绕劳动保障中心工作，制定了《天津市劳动和社会保障局2003年调研工作要点》。全年完成调研课题20个，有3个课题在天津市第八届优秀调研成果评选中获奖。其中《新形势下企业工资收入分配制度的思考》获二等奖，《关于政府促进就业问题的思考》《进一步完善我市医疗保险制度的对策研究》2项课题获三等奖。关于促进就业和再就业的多项政策建议被市委、市政府采纳。

（二）规范劳动合同集体合同管理，从源头上预防劳动争议的产生

2003年，天津市各级劳动保障部门完善劳动合同管理制度，强化劳动合同鉴证工作，从劳动合同签约环节入手，依法规范劳动合同签订、履行、解除和终止程序。引导生产经营正常企业与职工续延劳动关系；制定《天津市贯彻〈关于国有大中型企业主辅分离辅业改制分流安置富余人员的劳动关系处理办法〉的实施意见》，规范改制企业劳动关系处理工作；贯彻实施劳动保障部《关于非全日制用工若干问题的意见》，修订小时工合同文本，规范非全日制用工劳动关系。至年末，全市签订劳动合同职工199.2万人，比上年增加17.2万人。办理劳动合同鉴证41.1万人，其中鉴证新签劳动合同18.9万人次，续订劳动合同21.2万人次，变更劳动合同0.98万人次，劳动合同续签率由上年的62%提高到67.2%；鉴证下岗职工临时劳动协议3.1万人次。纠正违法合同4 072人次，查出无效合同930人次。推进集体协商集体合同工作进程，2003年，对273户企业、30.67万名职工进行集体合同审查备案，其中新签企业67户，涉及职工1.4万人；续订企业206户，涉及职工29.27万人。

（三）建立劳动仲裁监督机制，公正、及时处理各类劳动争议

2003年，天津市加大劳动争议处理工作力度，全年处理劳动争议9 000余起。立案处理3 436件，涉案人数14 931人，时效内结案率达95%。处理集体争议案件88件，涉及职工11 535人。2003年劳动争议案件的主要特点：一是案件数量及涉案人数快速增长。案件数量比上年增加656起，增幅23.6%；涉案人数比上年增加6 437人，增幅75.8%。二是涉案主体比例悬殊。劳动者依然是申诉主体，占受理案件总量的98.8%；用人单位作为申诉主体案件仅占1.2%。劳动争议案件主要集中在国有企业和外资企业。在受理的劳动争议案件中，国有企业占32.1%，外资企业占21.2%，私营企业占15.7%，集体企业占15.3%，股份制企业占9.8%。三是涉及劳动报酬、社会保险、工伤待遇、履行合同劳动争议案件占案件总量的前4位。其中劳动报酬案件占30.6%，社会保险案件占23%，工伤待遇案件占13.6%，履行合同案件占10.1%，4类案件合计2 660起，占案件总量的77.4%。

（四）做好劳动保障信访工作，及时化解矛盾，维护劳动关系的和谐稳定

2003年，天津市加强了对劳动保障信访工作的主动性，把宣传劳动保障政策与为民办实事紧密结合，加强办信接访工作的联动与协调，做好突发事件和群体性上访事件的预警、预控、预报，及时稳妥地办理信访。2003年，全市劳动保障系统共接待职工群众来信来访来电12.5万件次，其中接待集体来访667批次，集体来访人数1.62万人次。市劳动保障局接待群众信访3.1万件次，其中办理劳动保障网上信访702件，办理市长电子邮件140件。

（五）加大劳动保障执法监察工作力度，切实维护劳动者的合法权益

2003年1月9日，天津市人大常务委员会审议通过了《天津市劳动和社会保障监察条例》，自3月1日起实施。《条例》对劳动保障监察的管辖和职责、内容和程序以及法律责任做出明确规定。《条例》的颁布填补了天津市劳动保障监察立法的空白，为天津市贯彻实施劳动保障法律、法规，规范劳动监察执法

行为，提供了重要的法律依据。全市各级劳动保障监察机构以《条例》的颁布为契机，利用多种形式宣传劳动保障政策，通过采取在新闻媒体公布举报电话，开通网上举报投诉，开辟专门场所设立现场接待服务窗口，加强日常巡视检查，开展维权执法月等多项措施，加大劳动保障监察力度。一季度两节、两会期间，群众上访投诉量剧增，拖欠职工和农民工工资问题成为举报投诉热点。按照劳动保障部《关于开展农民工工资支付情况检查的通知》精神，天津市劳动保障监察机构从2002年12月26日至2003年2月15日，在全市范围内开展了为期50天的维权清欠活动，并与《每日新报》联合开通“拖欠工资投诉热线”。活动期间，检查用人单位481户，查处拖欠工资案件375件，为15.9万名劳动者追回拖欠工资1 360万元，其中为6.4万名外地农民工追回拖欠工资943.7万元。1月15日至4月30日开展劳动年检工作，参检单位达到2.6万户，比上年增长23.8%。通过年检、日常巡视、专项执法检查及举报投诉查处等各种形式的监督检查，检查用人单位3.62万户，涉及劳动者328万人，分别比上年增长61.6%和65.2%。受理查处举报投诉案件1 687件，比上年增长35.2%，结案1 655件，结案率达98.1%，比上年提高1.1个百分点。对182户违法单位共处罚款62万元。取缔非法职业介绍机构58户，清退童工42人。补办就业证卡1.92万人，清退擅自招用外来劳动力0.83万人，补签劳动合同12.2万份，追缴社会保险费5 402万元。为17.43万人追补拖欠工资3 619万元，为3 200人追回风险抵押金47万元。

（天津市劳动和社会保障局）

河 北 省

2003年，河北省劳动保障部门在各级党委、政府的领导下，在各有关部门的密切配合下，在社会各界的大力支持下，认真学习贯彻党的十六大、十六届三中全会和省委六届三次、四次全会精神，唱响“树正气、讲团结、求发展”主旋律，紧紧围绕全面建设小康社会总体目标，按照年初确定的劳动保障工作思路，到困难的地方去，到群众意见多的地方去，到工作推不开的地方去，同心协力，真抓实干，克服了“非典”疫情带来的不利影响，攻克了一道道难关，劳动保障工作实现了突破性进展，为全省经济社会发展做出了积极贡献，受到各级党委、政府和全社会的充分肯定。

一、劳动就业

（一）城镇就业再就业

2003年，河北省委、省政府把就业再就业工作摆在经济和社会发展更加突出的位置，首次将促进就业列入宏观调控主要目标，组织三次大型督查活动，为推动就业再就业工作发挥了重要作用。省委书记白克明、省长季允石、副省长付双建亲自部署，提出要求，各市县也都是一把手亲自抓。各级劳动保障部门把就业再就业工作作为重中之重，明确责任，分工合作，狠抓落实。各级都建立了再就业联席会议制度、定期通报制度、目标责任考核制度、督导检查制度和政策咨询宣传制度，初步形成了体系比较完整、制度配套、协调联动的工作机制。省委、省政府以冀发［2003］1号文件形式印发《关于贯彻〈中共中央、国务院关于进一步做好下岗失业人员再就业工作的通知〉的实施意见》，省直有关部门和各市出台相关文件130余件，适当扩大了扶持政策实施范围，7个市把集体企业下岗职工纳入扶持范围，解决或缓解了河北省改革发展中诸多突出矛盾。进一步加大了财政用于促进就业再就业的资金投入力度，省和各市先后出台了财政一般预算收入不少于1%用于再就业的政策，再就业资金投入和制度性安排都实现了历史性突破。建立了省再就业资金投入与各地促进就业再就业资金投入、各地再就业工作实绩挂钩的制度。对下岗失业人员实行统一的规范化管理，全省免费发放《再就业优惠证》59.33万册，保证了符合条件的下岗失业人员能够凭证享受各项再就业优惠政策。进一步完善了就业服务机构建设，整合了185个劳动就业服务局，建立了职业指导、职业介绍、就业训练、代办社会保险费和劳动保障事务代理“一站式”的就业服务制度，启动了创业培训，开展了免费职业介绍和就业训练。切实加大了落实就业扶持政策力度，从事个体经营的9 789名下岗失业人员享受减免税额596.5万元，享受减免行政事业性收费1 717.9万元。51户吸纳了961名下岗失业人员的服务型企业享受减免税额624.4万元，2.4万名被服务型企业吸纳的下岗失业人员享受社会保险补贴2 889.6万元。2.93万名从事公益性岗位的下岗失业人员享受岗位补贴3 875.3万元，享受社保补贴1 079.5万元。全省共为178名下岗失业人员发放小额贷款353.5万元。省政府出台了《关于进一步加快经济发展促进就业的通知》，初步建立了经济发展与促进就业协调增长的机制。大力发展服务业、中小企业和非公有制经济，积极发展劳动密集型产业和社区就业，提倡灵活多样的就业方式，多渠道增加就业岗位。大力开发公益性就业岗位，帮助“4050”就业困难群体实现再就业。开展了民营企业吸纳下岗失业人员“光彩事业百、千、万爱心活动”，举办技能培训班、对口帮扶特困户、提供就业岗位促进再就业。据统计，全年新增就业35.8万人，扭转了就业人数多年下滑的局面；安排下岗失业人员再就业23.2万人，其中“4050”人员再就业4.5万人。城镇登记失业率为3.9%。

（二）农村劳动力就业

2003年，河北省坚持“公平对待、合理引导、完善管理、搞好服务”的原则，积极拓展农村富余劳动力转移空间。为促进农村劳动力就业，省政府印发了《关于做好农民进城务工就业管理和服务的通知》，取消了农村劳动力进城务工的限制性规定，降低了农民进城务工的门槛，并加强了对进城务工人员的政策、培训、职介、维权等服务。为了克服“非典”造成的严重影响，省政府下发了《关于加强组织管理，切实做好劳务输出工作的指导意见》，就农村劳动力就业、社会保险等问题提出要求，将农民工纳入养老、医保范围。“非典”疫情结束后，河北省与北京市及时举办了冀京劳务洽谈会，取得了签订70多万协议用工的好成绩，并建立了两省市劳务输出的长效机制，中央电视台等多家新闻单位进行了宣传报道。大力发展县域特色经济，加快小城镇建设，引导农村富余劳动力向农产品深加工和非农产业转移。认真抓好34个农村劳动力开发就业试点县工作，做好国际援款项目工作，实现农村富余劳动力综合开发、多向就业。据统计，全年转移农村富余劳动力212万人次，全省劳务输出总量达到325万人。

（三）其他就业

2003年，河北省劳动保障厅认真做好城镇新成长劳动力就业工作，大力开展各类学校学生毕业前的职业指导教育，引导和帮助大学生通过劳动力市场实现就业。大力促进妇女就业、残疾人就业和“两劳”释放人员就业，落实河北省妇女发展纲要，与省妇联共同开展了“巾帼建功”活动和吸纳妇女下岗失业人员的就业工作。加强对破产企业职工安置的监管，妥善解决国有企业改革过程中的人员安置问题，有效调控失业率。大力规范境外就业行为，促进河北省劳动力到境外就业。努力做好外国人和港澳台人员来河北省就业的工作，为外籍投资创业人员提供优质服务。

（四）职业介绍

2003年，河北省进一步加强劳动力市场科学化、规范化、现代化建设，不断提高服务功能。针对不同时段和不同群体，举办妇女、残疾人、军嫂等特色专场洽谈活动。广泛开展“一站式”就业服务，免费开展下岗失业人员职业指导和职业介绍。加强信息系统建设，开通了河北省劳动力市场网站，初步实现了网上职介。对全省公共职业介绍服务机构1998年以来的工作进行评估联查，提高了整体服务水平。全年全省公共职业介绍机构提供就业岗位119.93万个，开展职业指导83.68万人次，到各级公共职业介绍机构求职登记的有126.68万人次，成功介绍就业66.63万人次，介绍成功率为52.6%，其中免费介绍下岗失业人员25万人次。

（五）就业训练

2003年，河北省认真贯彻落实第二期“三年60万再就业培训计划”，积极开展大中专毕业生就业前培训、非国有企业劳动就业培训和农村劳动力培训工作，在加强培训机构建设、完善政府购买培训制度、多元化开展培训和培训与就业相结合的机制上下工夫、抓突破，努力提高培训后的就业率。实施省会千名“4050”下岗失业人员进社区再就业工程，通过统一培训、统一安置、统一管理，将家政服务、中医保健、美容美发、家庭护理、社区保安等服务性工作全面在社区设点推广，建立社区再就业服务站100个，培训安置“4050”

人员1 000多名。在国家劳动保障部和国际劳工组织的培训和指导下，认真组织创业培训活动，全省共组织创业培训班52期，参训学员1 352名，带动661名下岗失业人员实现再就业。动员教育、工会、妇联和一部分企业兴办的社会培训机构共同开展再就业培训，初步形成“优势互补、科学规范、互动有序、集团化管理”的再就业培训体系。据统计，全省共培训下岗失业人员26.29万人，培训大中专毕业生6.6万人，培训农村劳动力19.6万人次，培训非国有企业员工3.8万人。

（六）社区就业

2003年，河北省按照“统一机构、统一名称、统一职能、统一规格”的原则，将就业服务机构进行整合，街道社区劳动保障工作平台建设取得突破性成果，就业服务实体进一步增加。全省新办社区就业实体2 137个，新办劳服企业、服务型企业和生产自救基地等经济组织482个。全省社区就业实体、劳服企业、服务型企业以及生产自救基地共安置下岗失业人员3.85万人。

二、社会保障

（一）两个确保

2003年，河北省各级劳动保障部门紧紧围绕维护社会稳定大局，坚持在各级党委、政府的领导下，与有关部门协调联动。坚持现有渠道筹集资金，及时将中央转移支付资金拨付到位。坚持重点监控、社会监督、及时督查等各项工作措施，严格资金发放。“非典”期间，克服了支出增加和收入减少的双重压力，采取预拨养老金、暂停下岗职工出中心和建立应急准备金等措施，确保企业离退休人员和国企下岗职工的基本生活。全年发放企业离退休人员养老金100.65亿元，发放国有企业下岗职工基本生活保障金8.75亿元，在非常困难的情况下实现了两个确保。

（二）企业养老保险

2003年，河北省制定了民营企业、个体工商户、灵活就业人员和民办非企业单位职工参加养老保险办法，明确了城市和建制镇行政区划内乡镇企业职工参保的政策，将农村信用社系统职工纳入了基本养老保险统筹范围。开展了扩面续保专项活动和扩面大会战，采取拉网式排查等多种有效措施，一举遏制了多年以来参保人数和缴费人数下滑的势头，取得了显著成效。2003年，全省纳入企业养老保险的职工410.1万人，较上年末增加8.4万人，扩面新增参保人员28万人。

2003年，河北省认真贯彻落实《社会保险稽核办法》，不断加强稽核工作的规范化、制度化、法制化建设和队伍建设，严格核实企业缴费人数和缴费工资。稽核参保企业15 321户，涉及职工246万人，稽核率达60.2%；查出少报、漏报缴费基数2.54亿元，少报、漏报养老保险费0.61亿元；查出冒领养老金1 214人，涉及金额0.06亿元。加强了养老保险费申报、核定工作，核实企业缴费人数和缴费基数，基本上做到了应核尽核，2003年，全省社保经办机构共核定养老保险费92.9亿元。积极开展与养老保险相关的劳动保障事务代理，实行档案管理、接续关系、发放对账单、政策咨询、发放养老金“一条龙”服务。认真贯彻落实省委办公厅、省政府办公厅《关于印发〈河北省企业退休人员社会化管理服务工作实施方案〉的通知》精神，按照因地制宜、分类指导、积极稳妥的原则，结合街道社区劳动保障工作平台建设，大力推进企业退休人员社会化管理服务，全省实行社会化管理服务的企业退休人员达119.4万人，社会化管理服务率达86.6%。配合国有企业改革，在粮食流通体制改革，国有企业改制，国有企业主辅分离、辅业改制和分离办社会职能等重大改革中明确了社会保险各项政策。出台了厂办中小学退休教师与在职人员一并移交，同国办中小学退休教师拉平待遇的规定，解决了多年来的难题，得到了有关部门的肯定。结合农垦体制改革，理顺了农垦企业职工参保问题，确定了农垦企业中农业企业缴费及农工个人缴费实行与土地承包面积挂钩的办法，确保了农垦企业养老保险费征缴的稳定增长。严肃查处纠正了个别地区和企业在改革、改制过程中违反规定办理提前退休的问题，确保了职工的合法权益和养老保险基金的合理支付。开始对特殊工种进行清理，对特殊企业、行业的特殊工种进行了研究和认定，为完善特殊工种退休政策打下了基础。

（三）机关事业养老保险

2003年，河北省积极扩大养老保险覆盖范围，制定出台了机关事业单位聘用人员养老保险政策，并在省直单位和石家庄、保定、唐山、邯郸、承德等市推开，开展了省直流动人员档案管理业务，全年全省有6 900多名聘用人员参加了养老保险。据统计，2003年全省机关事业单位在职人员参保91.8万人，占在职人员总数的45.9%；离退休人员参保21.6万人，占离退休人员总数的47.2%。加强基金征缴，确保按时足额发放，全年征收养老保险费26.4亿元，清欠0.8亿元，征缴率达97.6%；发放养老保险金26亿元，发放率达100%。认真实行会计基础工作规范化，严格财务管理，并在全国介绍经验。

（四）农村养老保险

2003年，河北省进一步理顺了农村养老保险管理体制，除衡水市的7个县以外，全省152个县（市、区）已全部移交完毕。对230万份投保档案、投保金额、缴费证进行了全面核对复查，有条件的县将投保档案输入了微机。规范基金和财务管理，追回违规资金400余万元，另有300多万元进入诉讼程序。完成了承德、石家庄、廊坊、唐山、张家口、邯郸、衡水7个市100余个县（市、区）的验收工作。全年新增参保人数5 762人，新收养老保险费205万元，农村养老保险覆盖总数达到232.99万人，领取养老金人数达到3.6万人。

（五）城镇职工基本医疗保险和生育保险

2003年，河北省城镇职工基本医疗保险制度改革突出抓好扩大覆盖面和深化医疗保险管理，医疗保险制度在确保稳健运行的基础上取得新进展。覆盖面有新突破，全省基本医疗保险覆盖人数达383万人，比2002年年底增加53万人，增长16%；参保人员平均覆盖率为59%。11个设区市和144个县（市、区）启动实施基本医疗保险制度，其中县级统筹地区达到87%。全省机关事业单位人员参保率达到86%，同比增长8%；全省各类企业人员参保率为55%，同比增长7.3%；中央、省属单位参保速度加快，中央驻冀单位在职职工和退休人员已参保63万人，参保率为60%；省属单位已参保56.9万人，参保率为65%。适应就业再就业形势需要，开展了灵活就业人员参加医疗保险工作，参保人数达3.5万人。基金运行平稳，全省基本医疗保险基金收入26.7亿元，其中统筹基金14.4亿元，个人账户12.3亿元；总支出17.9亿元，其中统筹基金9.8亿元，个人账户8.1亿元，总结余率达33%。管理水平上新台阶，管理项目更加完善，各市建立了“两定点”年审制度，开展了全省医疗保险定点医疗机构十佳单位和定点药店十佳单位评比活动，建立了“两定点”准入、竞争、退出机制，定期进行考核，进一步简化了业务流程，规范了医疗服务，在减轻参保职工负担方面发挥了作用。监督检查更加规范，通过日常抽查、季度联查和年终考评，及时发现问题、解决问题，保证了参保人员的合法权益。基础工作更加坚实，11个市本级、省直和80多个县（市、区）建立和完善了一套较完备的、科学的参保登记、门诊住院、手续变更、费用结算等程序；11个市本级、省直和63个县（市、区）建立了微机信息网络管理系统。从省到市、县的医保统计分析、信息反馈、情况报告等制度基本建立。做好参保人员防治“非典”工作，“非典”期间，省劳动保障厅下发三个明传电报，建立“非典”防治工作周报制度，简化程序，缩短结算周期，及时拨付“非典”患者医疗救治费。全省参保人员中“非典”确诊和疑似患者38名，医疗保险经办机构共结算医疗救治费77.5万元。

2003年，河北省积极探索医疗生育保险管理服务一体化方式，不断扩大生育保险覆盖面，全省参加生育保险的职工达94万人，生育保险基金收入1 968万元，支出1 197万元，累计结余5 355万元。

（六）失业保险

2003年，河北省扎实推进失业保险覆盖工作，全年新增参保21万人，其中非公有制经济参保19万人，事业单位增加2万人。覆盖人数达484.2万人。认真做好失业保险缴费申报、缴费基数核定工作，加大稽核工作力度，全年稽核参保单位1.1万个，涉及参保职工205万人，查出漏缴基金1 870万元。经省政府同意，省劳动保障厅下发了《关于失业保险有关问题的通知》和《关于河北省失业保险调剂金管理使用暂行办法》，进一步完善了制度。在全国率先建立失业保险个人缴费记录，启动驻冀部队机关事业单位失业保险工作。加快推进失业保险基金市级统筹，确保符合条件的失业人员“无障碍”地进入失业保险，全年基金收入8.85亿元，支出5.4亿元，其中为13.8万名失业人员发放失业保险金2.64亿元，调剂用于下岗职工基本生活保障2.05亿元，用于职业介绍和职业培训补助支出0.24亿元。年末基金滚存结余17.38亿元。

（七）工伤保险

2003年，河北省认真宣传贯彻国务院颁布的《工伤保险条例》，省政府转发了《关于贯彻落实〈工伤保险条例〉的意见》，省和各市都成立了贯彻落实《条例》领导小组和专门工作机构，制定了实施方案并狠抓落实。认真组织开展了各种形式的学习和培训活动。12月31日，省政府办公厅下发了《关于贯彻〈工伤保险条例〉有关问题的通知》，对《条例》授权省政府规定的政策予以明确。省劳动保障厅与省有关部门联合转发了国家有关部门下发的《关于工伤保险费率问题的通知》和《关于劳动能力鉴定有关问题的通知》，全省工伤保险的主要政策框架基本确立。按照《条例》的实施范围，对管辖范围内应参保的用人单位、职工人数、工资总额、历年伤亡事故发生率和工伤职工人数等情况进行了调查摸底和基础数据测算，开展了基金清理工作，为制定统筹方案和确定工伤保险费率奠定了基础。研究制定了全省统一的业务流程，设计了业务经办所需的账表卡册，开发了全省统一的《工伤保险信息管理系统》软件。集中开展了《条例》的宣传咨询活动。到年底，全省工伤保险参保人数为145.71万人，全年共办理因工负伤职工伤残等级鉴定1 500人次，办理企业因病与非因工负伤丧失劳动能力程度鉴定2 500人次。全年享受伤残待遇人数3 800人，全年基金收入4 430万元，支出3 880万元，累计结余7 843万元。

（八）社会保障基金监督

2003年，河北省充分发挥省社会保障基金监督委员会的作用，加强了机构建设，健全了各项制度。认真开展养老、失业、医疗、工伤和生育保险基金现场监督和按季财务报表审核，确保基金运行安全。制定下发了《河北省社会保险基金监督举报暂行规定》，并通过新闻媒体，面向社会公布了全省基金监督举报电话，接受群众监督。加大对挤占挪用社会保险基金的清收工作，回收被挤占挪用基金3 860万元。

三、劳动关系调整和劳动工资分配

（一）劳动关系调整

2003年，河北省劳动保障部门认真贯彻执行《河北省劳动合同管理办法》，重点推进非公有制企业集体合同的建立、完善和履行工作，加强了对农民工签订劳动合同的工作，督促企业建立健全劳动合同基础管理台账，完善规章制度，全省非公有制企业劳动合同签订率达到80%以上。在建立和完善省级劳动关系三方协调机制的基础上，全省80%的县市区建立起了劳动关系三方协商机制，并逐步将三方机制向乡镇、街道延伸，三方协商的工作内容由劳动合同工作逐步向劳动保障工作的其他领域延伸。建立和规范了非全日制就业劳动管理的有关政策规定，积极稳妥处理下岗职工劳动关系，全省国有企业再就业服务中心有0.87万名下岗职工与原企业解除了劳动关系。"非典"时期及时制定出台了劳动关系、工资标准等政策，有效地维护了职工的自身权益和职工队伍的稳定。高度重视改制企业的劳动关系工作，积极参与企业分离办社会的政策制定、方案审核及实施督导等全过程工作，参与了企业主辅分离、辅业分流安置工作的政策制定、调研、方案审核，有力地促进了国有企业的改革。

（二）企业工资分配

2003年，河北省劳动保障部门认真贯彻《河北省工资支付规定》，按照"市场机制调节、企业自主分配、职工民主参与、政府监控指导"的改革目标，积极构建市场化的工资决定机制。积极推进企业内部分配制度改革，全省部分企业试行了以岗位工资为主的内部分配制度，逐步使工资水平与劳动力市场价位接轨，逐步拉开分配差距，基本建立起符合河北省实际的现代企业分配制度。经省政府批准，发布了企业工资增长指导线，各市及时公布劳动力市场工资指导价位，全省实行工资集体协商办法的企业达到5 200户。强化了最低工资标准制度的贯彻实施。指导企业建立了以岗位工资制为主要形式的多元化工资分配制度。

（三）劳动仲裁

2003年，河北省进一步健全了公开审理、选择仲裁员、仲裁监督制度和多层次、多渠道的劳动争议调解网络。开展了劳动争议仲裁质量年活动，各市、县（区）都建立起专门或兼用的仲裁庭，全年处理劳动争议案件5 412件，涉及劳动者1.93万人，审理结案5 384件，按期结案率达到96.6%。认真处理群众来信来访，建立了领导接待日制度，重点开展了专项治理重复访和非正常访活动，解决了一大批老上访户问题。协调解决了困难企业军转干部的工资待遇、劳动关系等方面的问题。积极处理突发性群体事件，加强了对群体性事件的情况通报制度，完善了预防和处理群体性事件工作预案，对重点企业进行监控和动态分析，对不稳定因素适时排查，有效维护了社会稳定。

四、职业技能培训

（一）职业培训

2003年，河北省实施了技工学校战略性调整，全省技工学校由2000年的305所整合为168所，其中技师学院8所，高级技工学校12所，国家重点技工学校16所，省重点技工学校24所。技校招生走出低谷，全省招生3.02万人，比2000年增长42%。新建并全面启动了8所技师学院，提高了培训能力。规范民办培训机构的办学秩序，在全国率先开展了民办职业培训机构教学质量管理的评估活动，初步建立了教学管理制度，办学条件明显改善。目前全省民办培训机构947所，年培训能力16.4万人。

（二）高技能人才培训

2003年，河北省启动了机电、电子信息产业等项目的高技能人才培训工程，确定石家庄、唐山、保定等市为重点实施城市，石家庄泵业集团等32家单位为省级重点实施单位，秦皇岛市高级技工学校等4所技工学校为国家高技能人才培训基地。到2003年年底，全省高级工、技师、高级技师分别达到22.83万人、2.9万人和0.45万人。

（三）职业技能鉴定

2003年，河北省积极推行职业资格证书制度，不断拓展职业技能鉴定范围，在向企业和大中专院校毕业生扩展的基础上，在教育、建设、技术监督、测绘、通信和供销社等行业开展了全行业技能鉴定。推出了项目管理师、企业人力资源管理人员、营销师、企业信息管理师、企业办税员、医疗保险管理人员、中药购销师、中药调剂员、医药商品购销员9个新职业培训、鉴定项目。组织开展了全省创新能力培训试点活动。开通了"河北省职业技能鉴定工作网站"，开展了政策解读、信息发布和网上查询，增加了技能鉴定工作的透明度。

研制了“河北省职业技能鉴定智能化考试平台”，开发了《河北省国家职业资格全国统一鉴定考务管理信息系统》，提高了技能鉴定的现代化水平和工作质量。全年职业技能鉴定19.25万人。开展了技师社会化考评工作，确定了63家企业和技工学校为河北省技师培训单位。

（四）技能人才评选和职业技能竞赛

2003年，河北省大力开展技能人才评选表彰、职业技能竞赛和群众性岗位练兵活动，举办技能人才表彰3次、职业技能竞赛8次。组织开展了全省首届“明星杯”汽车修理技能大赛，100多名选手参加决赛，取得了良好的效果。

五、劳动保障监察和维护劳动者权益

（一）劳动保障监察

2003年，河北省为适应劳动保障事业发展的需要，大力推进劳动保障监察队伍建设，广泛开展创建劳动保障监察执法示范单位活动，截至年底，全省192个市、县全部建立劳动保障执法监察机构，专职劳动保障监察员增加到1 200人，授予43家劳动保障监察机构“全省劳动保障监察执法示范单位”称号。各地针对两个确保不落实、企业恶意拖欠克扣职工工资、违反《禁止使用童工规定》和违法职业中介等行为，采取日常巡查、举报专查、年度审查和专项检查等形式，依法行政，严格执法，坚持执法必严、违法必究的办案原则，不断提高办案水平和能力。集中组织开展了劳动用工、职工工资支付、社会保险扩面三大战役，加大对违法行为的处罚力度。据统计，全年各级劳动保障监察机构主动监察用人单位6.6万户，涉及职工570多万人，督促补签劳动合同62万份，补办社会保险登记2 900户，督促缴纳社会保险费2.61亿元，清理风险抵押金302万元，清退童工124人，接受群众投诉举报案件1万余起，专查结案率达到91%。

（二）追讨农民工工资

2003年，河北省劳动保障部门按照党中央、国务院和省委、省政府的要求，制定了追讨农民工工资的3年总体进度和目标要求，即2003年春节前基本解决本年度拖欠的农民工工资，2004年解决拖欠农民工工资的80%，2005年全部解决拖欠农民工工资问题。为此，专门成立了领导机构，分解了任务目标，与建设部门联合行动，实行清欠日报制度，及时掌握工作进度。加大宣传力度，开通并向社会公布举报电话，设立举报箱。与《燕赵都市报》共同开通维权热线，简化办案程序，集中开展了追讨农民工工资专项活动。建立农民工工资支付长效机制，落实监控制度，明确企业法人是工资支付第一责任人，定期将工资支付情况备案。建立企业欠薪预警制度，把企业支付农民工工资情况作为评价企业劳动保障诚信等级的重要内容，并向社会公布。对使用农民工较集中的建筑企业建立工资保障金制度，保证按时支付。大力发展劳务分包企业，禁止无用工资格的“包工头”非法用工行为。集中时间开展追讨活动，12月5日开始全省集中全部监察力量，对使用农民工较集中的建筑、餐饮、制衣企业进行大规模、拉网式检查，以解决拖欠问题。据统计，全省共检查企业1.37万户，受理举报投诉案件4 154起，涉及农民工26.3万人，经过调查处理，为农民工追讨工资6.15亿元。

（三）法制化建设

2003年，河北省劳动保障厅配合省人大常委会对《河北省劳动力市场管理条例》进行了修改，并经省十届人大五次会议通过。开展进城务工人员合法权益保护、“12·4”法制宣传周等5次大规模劳动保障法制宣传活动，取得较好效果。举办法律知识培训班80余期，3 000多人参加了培训。开展了《行政许可法》实施的准备工作，依法对劳动保障行政许可项目进行清理。承办并按时结办84件省人大代表建议和省政协委员提案，结案率和代表委员满意率均达100%，被省政府授予“承办工作先进单位”称号。

六、思想政治工作和干部队伍建设

（一）扎实开展“树正气、讲团结、求发展”的教育活动

2003年，河北省劳动保障部门高扬“树正气、讲团结、求发展”的主旋律，努力破除制约劳动保障工作快速发展的思想障碍和体制障碍，充分发扬民主，广泛征求意见，深入查摆问题，制定了24条整改措施，使劳动保障队伍第一要务意识明显增强。围绕促进经济社会发展，自觉把工作坐标定位在高标准、高质量、高效率、高水平上，争一流、求突破，为劳动保障事业的快速发展注入了强大活力。正气得到弘扬，凝聚力、战斗力明显提高，形成了用发展统一思想、用事业凝聚人心的好风气。干部职工主动在劳动保障大局中找准位置，牢固树立一盘棋思想，讲协作、讲配合，相互支持，大局意识、大劳动保障观念进一步强化，形成了推进工作的整体合力，促进了劳动保障事业的健康发展。全系统坚持立党为公、执政为民，集中精力深入基层调查研究，努力解决职工群众最关心的问题，工作作风明显转变，受到职工群众的欢迎。

（二）全面兴起学习贯彻“三个代表”重要思想新高潮

2003年，河北省劳动保障部门通过认真学习贯彻“三个代表”重要思想，把“三个代表”重要思想贯穿到劳动保障工作中，在全系统开展树立“大局意识、责任意识、创新意识和赶超意识”，人人争做实践“三个代表”重要思想的模范，勤奋学习、善于思考、全心全意为人民服务的模范，解放思想、与时俱进的模范，勇于实践、锐意创新的模范，廉洁奉公、遵章守纪的模范，进一步增强了责任感和使命感，强化了群众观点和宗旨观念。

（三）加强干部队伍建设

2003年，河北省劳动保障部门认真开展民主集中制的学习教育活动，以加强领导班子民主集中制建设为核心，以进一步学习掌握民主集中制基本理论为重点，研究梳理了领导班子在民主集中制建设中存在的4个方面的问题，制定了12条整改措施，形成了加强民主集中制建设的长效机制，出现了团结一致、政令畅通、生动活泼的政治局面。落实党建责任制，规范支部工作行为，鼓励干部职工学习业务知识和法律知识。举办了首期新任市、县劳动保障局局长业务培训班，选送党员干部到党校、行政学院、高校培训学习，到农村挂职锻炼，促进了干部的成长，提高了干部队伍的整体素质。

（四）进一步加强党风廉政建设和行风建设

2003年，河北省劳动保障部门建立严格的目标考核责任制，制定行风建设工作标准，加大督促检查力度，强化了争先创优意识，优化了服务质量，活跃了工作全局，为劳动保障工作提供了强有力的思想组织保证。

七、金保工程和社区平台建设

（一）金保工程

2003年，河北省劳动保障部门围绕劳动保障中心工作，按照“统一规划、统一标准、统一指导，分步实施、分级负担、分级管理，网络互联、信息共享”的基本原则，加强领导，健全机构，明确分工，落实责任，加快了金保工程建设步伐。以省政府名义向劳动保障部、国家发改委报送了《关于确认投资建设劳动保障信息系统的函》，省政府同意将河北省金保工程纳入国家金保工程一期。制定出台了《河北省金保工程总体规划》，确立了河北省金保工程建设方案框架。编制了《河北省电子政务社会保障工程社会保险信息系统分工程（金保工程）一期建设项目可行性研究报告》，并报劳动保障部审查。完成了省市交换网建设，实现了与劳动保障部的网络互联，成为全国首批12个实现部——省——市联网的省份之一。整理并通过专网传输上报3 818个参保单位、65.6万名在职人员和25.8万名离退休人员的交换数据。启动了全省统一版本的社会保险业务管理软件的开发工作，对《河北省劳动

和社会保险基础业务信息采集软件》《河北省劳动保障法规库软件》进行了升级和推广应用。加强了劳动保障部门的网站建设,进一步发挥了网站的对外宣传引导和联系群众的纽带作用。

（二）社区平台建设

2003年，河北省街道社区机构平台从无到有，市辖区建立街道（乡镇）劳动保障事务站360个，社区劳动保障工作平台1 809个，全部达到100%。县（市）工作任务重的乡镇建立劳动保障事务站1 347个，全省街道社区机构平台新聘用人员8 027名，广泛开展了就业服务。

八、宣传信息督办工作

（一）新闻宣传

按照“大题大做、统一口径”的原则，2003年，河北省的劳动保障宣传工作紧紧围绕劳动保障工作重点，不断加大力度，采取有效措施，取得突破性进展。宣传制度建设取得新突破，制定了新闻发布会制度、新闻宣传统一口径制度和奖励制度等措施，调动了有关人员搞好宣传的积极性，保证了宣传工作沿着规范化轨道运行。宣传方式取得新突破，坚持全面宣传与重点宣传相结合，广泛宣传与集中宣传相结合，集中开展了“五一”国际劳动节的劳动保障维权宣传活动、再就业集中宣传活动、社会保险扩面宣传活动、河北—北京劳务洽谈会宣传活动和进城务工人员维权宣传活动，取得非常明显的效果。据统计，全系统共组织在各级各类新闻媒体发表新闻宣传稿件1 000多篇次（在省级以上新闻媒体发表360多篇次）。其中在新华社国内动态清样、中央电视台、中央人民广播电台等国家级新闻媒体发表有较大影响的专题新闻稿件6篇次，在省级新闻媒体头版头条和头版显要位置发表有影响的宣传报道稿件20余篇次。

（二）政务信息

2003年，河北省劳动保障厅针对信息工作面临的新形势和新任务，不断拓宽工作思路，拓展信息来源，挖掘深层信息，改进工作方式，取得明显成效。领导重视程度进一步加强，信息工作进一步提高。信息网络更加健全，手段更加先进，初步形成了纵向到底、横向到边的信息工作网络。重点更加突出，大局意识进一步增强，时效性大大提高。2003年上报省委、省政府和劳动保障部的信息近300条，被采用110多条。受到省委、省政府和国家劳动保障部的表彰奖励。

（三）督查督办

2003年，河北省各级劳动保障部门围绕中心工作开展督查，促进了各项目标、任务和政策的落实，有力地推动了各项工作的整体推进，取得了显著成绩。普遍加强了领导，完善了目标考核制度和奖惩制度，建立了处长例会制度，确保了各项目标的完成。逐级制定了考核办法，严格目标考核。针对上级批办件和重点工作、重要会议精神，扎实开展了重点督查，做到了督查到位、落实有力、反馈及时。认真开展定期或不定期督查，专项督查有声有色，《督查专报》受到上级肯定。全年各级劳动保障部门累计承办各类批办（督办）件1 000余件次，按时办结率近100%，办结质量受到上级业务部门、本级党委和政府的肯定。

九、抗击“非典”工作

2003年，面对突如其来的“非典”疫情给劳动保障工作带来的巨大影响，河北省劳动保障系统立即行动起来，成立了防治“非典”工作领导小组，制定了紧急工作预案，先后就医疗保险、企业用工、劳务输出、技校管理等工作发出6个专门通知，调整有关政策，制定了非常措施，开展了有针对性的工作，切实做到抗击“非典”和劳动保障工作“两手抓、两不误”。“非典”疫情刚过，全省劳动保障系统从加强劳务输出入手，采取了组织河北—北京劳务洽谈会等一系列措施，有效地消除了“非典”造成的不利影响，劳动保障工作迅速走上正常发展轨道。

（河北省劳动和社会保障厅）

山 西 省

2003年，在山西省委、省政府的领导下，全省劳动保障部门认真贯彻“三个代表”重要思想和十六大精神，努力克服“非典”对劳动保障工作带来的不利影响，坚持“两手抓”，唱响“树行业新风、塑公仆形象”的主旋律，不断加大就业再就业工作力度，继续巩固两个确保，积极推进社会保障体系建设，大力维护劳动者的合法权益，同心协力，真抓实干，圆满地完成了省政府年初确定的劳动保障重点工作目标任务。

一、就业再就业和职业培训工作目标全面实现

2003年是山西省委、省政府把就业再就业纳入国民经济和社会发展宏观调控目标的第一年。在“非典”对就业再就业工作造成较大冲击的情况下，各市认真贯彻落实党中央、国务院和省委、省政府的一系列重要指示和部署，坚持目标不变，指标不减，迎难而上，奋力拼搏。从省到各市县都实行了“两纵一横”目标责任制和党政“一把手”负责制，建立了再就业工作领导组成员单位定期议事制度、工作情况定期通报和督促检查制度，制定出台了8个再就业配套政策文件，初步形成了一个体系比较完整、制度相应健全、政策相对配套、部门协调联动的工作机制。省委、省政府先后组织了两次大的督查活动，为推动就业再就业工作发挥了重要作用。8月，中央和省再就业工作座谈会后，各市把就业再就业工作纳入“快车道”，抢进度，出实招，好戏连台，演绎了一场场令人叫好的精彩剧目。太原市1—11月共开发公益性岗位10 500个，集中安排下岗失业人员从事保洁、保绿、保安和城市交通协管、公共卫生监督等工作。大同市出台了购买机关企事业单位后勤岗位安置大龄就业困难人员的实施办法，按照各单位经费来源渠道的不同，相应确定不同的安置比例。忻州市启动了“4050”人员再就业“光彩工程”，动员社会各界关心支持下岗失业人员。9月份，长治、太原、晋城、晋中、吕梁提前完成了全年净增就业岗位的目标，临汾市提前完成了下岗失业人员再就业目标。10月份，长治、太原、大同、晋城、朔州、吕梁、临汾提前完成了“4050”人员再就业目标。长治市率先在全省启动下岗失业人员小额贷款。据统计，到2003年11月底，省里确定的全年新增就业人员25万人、下岗失业人员再就业11.8万人、“4050”人员再就业3.7万人的目标都已提前超额完成；年末，全省城镇登记失业率为3.1%，低于4%的计划控制目标，就业再就业工作取得了令人鼓舞的成绩。与此同时，各级劳动保障部门积极配合有关部门做好大学毕业生的就业工作，进一步加强了对进城务工农民的就业管理服务工作。

2003年，山西省的职业培训工作进一步加强，在促进就业再就业工作中发挥了重要作用。到年底，山西省共培训下岗失业人员11万人，再就业培训面达70%。组织6.3万人参加了职业技能鉴定考核，取得相应职业资格证书的6.2万人，占98%。技工教育呈现出前所未有的良好发展势头，2003年招生人数再创历史新高，达2.5万人，比上年增长38%。

二、两个确保继续得到巩固

到2003年11月底，山西省国有企业下岗职工20.9万人，其中16.1万人进入再就业服务中心，签协议下岗职工按时足额领到了基本生活费并代缴了社会保险费。11月份，领取失业保险金的人员为4.1万人，符合条件的失业人员都能按规定领到失业保险金。国有企业下岗职工基本生活保障向失业保险并轨工作稳步推进。2003年前三季度，山西省共为企业离退休人员发放基本养老金45.1亿元，基本上做到了按时足额发放。在各市的努力和省统筹基金的支持下，山西省全部解决了1998年以前拖欠的养老金，甩掉了这一历史性包袱，彻底消除了两个确保中的最后障碍。与此同时，离休人员的离休费和医疗费的保障机制建设也取得了突破性进展，绝大多数地方离休人员的离休费和医疗费得到了保障。

三、社会保险扩面征缴保持较高增幅

到2003年11月底，山西省基本养老、医疗保险参保人数分别达到277万人和242万人，分别比上年增加2万人和27万人。失业保险扭转了参保人数连续两年下滑的局面，11月底达到284万人，比上年增加5万人。2003年1—11月，山西省基本养老保险基金收入49亿元，同比增长26%；医疗保险基金收入6.2亿元，同比增长51%；失业保险基金收入3亿元，同比增长22%，3项基金都保持了较高增幅。省市财政普遍加大了对社会保险基金的支持力度，到11月底，临汾、长治、忻州3市分别注入养老保险基金1 196万元、729万元、479万元。农村养老保险在完成机构划转、整顿规范的基础上稳步推进，并在25个县推行了农村计划生育户的养老保险试点，参保总数达1.7万户，缴费1 185万元。强化社会保险基金的监管职能，建立了以劳动保障部门为主体的行政监管机制。成立了省社会保障监督委员会，开展社保基金现场监督，加强了基金监管工作。

四、劳动关系调整和企业收入分配制度改革继续推进

2003年，山西省积极推进企业建立劳动合同制度、集体合同制度。目前，国有及国有控股企业全部签订了劳动合同；集体、股份制、外商投资、私营、乡镇企业劳动合同签订率分别为93%、85%、82%、43%、56%。县以上煤炭企业经过全面整顿，劳动合同签订率达到100%。全省新报送签订集体合同的外资企业、私营企业达96户，涉及职工20.5万人；其他企业150户，涉及职工1.7万人。从省到各市县普遍建立了协调劳动关系三方机制。企业工资决定机制改革稳步推进。在全省建立了工资指导线制度，太原、大同、阳泉、长治、晋城等市建立了劳动力市场工资指导价位制度。最低工资保障制度进一步完善，制定颁布了小时最低工资标准。到年底，全省推行多种形式岗位工资制的企业达50%以上；实行工资集体协商制度的企业达6 944户；实行经营者年薪制的企业达112户。劳动争议处理工作进一步加强。2003年，山西省共立案受理劳动争议案件2 635件，结案率为93.5%。以改制企业职工安置、劳动关系处理和社会保障政策落实为重点，积极排查不稳定因素和群体性事件隐患，及时妥善处理集体上访和群体性事件。接待处理群众来信来访51 498件次，结案率达98.5%，群众重复上访专项治理工作取得明显成效，维护了企业和社会稳定。

五、法制建设和劳动保障监察工作进一步加强

为贯彻落实国务院《工伤保险条例》，2003年，山西省拟定了《山西省实施〈工伤保险条例〉试行办法》，并以省长令的形式颁布施行。进一步加大劳动保障监察执法力度，在全省范围内开展了煤炭企业用工秩序整顿和维护进城务工人员合法权益执法检查活动。2003年前三季度，各市劳动保障监察机构主

动检查用人单位 1.3 万户，年检用人单位 6 000多户，受理群众举报专查结案3 978件，补签劳动合同16.6万份，督促2 235户企业补缴社会保险费1.2亿元，追发工资等待遇4.8亿元，其中帮助8万多名农民工追回工资及赔偿金1.8亿元。

六、社区平台建设和社会化管理服务工作取得较快进展

到2003年年底，山西省97.3%的城市街道、社区已建立劳动保障工作机构，大部分实现了“六到位”，在政策宣传、就业服务、岗位开发和退休人员社会化管理服务方面开始发挥重要作用。晋中市榆次区在全省率先启动街道劳动保障平台建设，目前已建立了区、街道、社区三级再就业服务网络，对下岗失业人员实施动态管理。吕梁市所有乡镇都建立了劳动保障工作机构。到11月底，各市普遍加大了对街道社区平台建设的资金投入。其中，太原市投入2 000多万元，大同市投入1 900万元。大同市坚持“高起点启动、全方位推进”的思路，所有社区平台由市里统一规划、统一设计、统一标志，类似连锁店的形式，成为大同市社区建设中一道亮丽的风景线。与此同时，各市认真贯彻落实省委办公厅、省政府办公厅关于积极推进企业退休人员社会化管理服务工作的实施意见，到11月底，全省实现社会化管理服务的企业退休人员50.4万人，占企业退休人员总数的60%。

与此同时，规划统计、生育保险、机关事业单位养老保险、劳动保障宣传、干部教育等项工作也都取得新的进展。

应当说，2003年山西省的上述成绩是在克服各种困难特别是战胜“非典”带来严重冲击的情况下取得的，确实来之不易。回顾过去一年来的工作，有很多经验体会值得总结。

一是坚持以人为本，执政为民，这是做好劳动保障工作的根本出发点和落脚点。

2003年，山西省劳动保障部门认真学习实践“三个代表”重要思想，始终把是否符合职工群众利益作为衡量一切工作的标准。无论是集中精力做好就业再就业这项最大的民生工作，还是国有企业改革中争取建立专项资金主要用于职工安置；无论是不遗余力地维护职工合法权益，还是扎扎实实做好两个确保，都贯穿了服从于群众利益这条主线，把握了正确的方向。

二是坚持各级党政领导亲自抓，有关部门协调配合，这是做好劳动保障工作的关键。

2003年，山西省委、省政府多次召开会议，安排部署劳动保障工作。主要领导亲自听取工作汇报，研究解决具体问题。各级党委、政府还建立了再就业工作一把手负责制，层层分解工作目标，加强督导检查。部门之间各负其责，加强协调联动。领导的重视、部门的配合，有力地推动了劳动保障工作的顺利开展。

三是坚持在全局中找准位置，紧密联系实际，这是做好劳动保障工作的重要前提。

2003年，山西省劳动保障部门认真贯彻落实省委、省政府和劳动保障部的工作部署，围绕全面建设小康社会目标对劳动保障工作提出的新要求，抓住经济增长点，研究建立就业与经济协调发展机制；抓住国有企业改革，理顺劳动关系，完善社保体系；抓住发展民营经济，开拓新的就业空间，扩大社会保险覆盖面；抓住对外开放和解决“三农”问题，加强劳务输出工作等等。正是由于在全局中找准了位置，在工作中服务于全局，劳动保障事业才取得了突破性进展。

四是坚持改革创新，重点突破，这是做好劳动保障工作的重要举措。

2003年年初，山西省劳动保障工作确定了“一个主题、三大任务、五项创新”的工作思路，紧紧抓住几个关系全局的重点、难点问题，寻求突破和创新，以点带面，推动了劳动保障工作的整体跨越。

五是抓好班子，不断加强制度和行风建设，这是做好劳动保障工作的重要保证。

2003年，山西省各级劳动保障部门通过开展创建“三优”文明窗口活动、深入推行政务公开、广泛开展行风评议等活动，增强了广大干部职工工作的责任感，强化了服务意识，提高了办事效率，劳动保障系统干部队伍建设得到明显加强，为圆满完成劳动保障工作提供了有力保证。2003 年，全省劳动保障系统又有 26 个单位被评为“三优”文明窗口先进单位，70 个单位达到“三优”文明窗口标准，全系统形成了想干事、想干成事、团结创新求突破的浓厚氛围，增强了执政为民的自觉性、主动性，提高了依法行政水平，提高了工作效率和服务质量，极大地促进了各项工作的开展。

（山西省劳动和社会保障厅）

内蒙古自治区

2003年，内蒙古自治区各级劳动保障部门紧紧围绕年初确定的目标任务和工作要求，克服“非典”对劳动保障工作的消极影响，以落实中央和自治区就业再就业政策为主线，进一步完善社会保障体系，切实维护劳动者的合法权益，不断加大工作力度，劳动保障工作有了新的突破，圆满完成了全年各项目标任务，为维护自治区改革发展稳定的大局做出了积极贡献。

一、就业和再就业工作取得重大进展

2003年，内蒙古自治区始终把增加就业岗位、落实再就业政策、强化再就业服务、多方筹集再就业资金、帮助困难群体就业作为首要任务来抓，认真落实再就业目标责任制，建立和完善了再就业工作联席会议制度、定期通报制度和督查制度，全力以赴推进就业和再就业工作。中央和自治区确定的各项任务均超额完成。全年累计实现就业和再就业21.5万人，比2002年多安置4.1万人，完成年度计划的107.5%。其中，下岗失业人员实现再就业15.3万人，完成计划的109.2%。通过各种渠道安置“4050”人员5.8万人，完成年度计划的144.3%。城镇登记失业率控制在4.5%之内。全年共落实再就业资金和国有企业下岗职工基本生活费6.1亿元，比2002年增加1.8亿元，增长幅度达41.9%。其中争取中央财政补助4.1亿元，内蒙古自治区各级财政支出2亿元。全区建立各类职业介绍机构1 410个，累计培训国有企业下岗职工和失业人员19.3万人，完成计划的138%，培训后实现再就业人数为16.2万人。全面启动了小额贷款担保工作，累计发放贷款8 722.8万元，在全国名列前茅。为30.8万名下岗失业人员发放了《再就业优惠证》，基本做到了应发尽发。

二、下岗失业人员基本生活得到保障，并轨工作平稳推进

截至2003年年底，内蒙古自治区滞留中心的国有企业下岗职工为2.0万人，全部得到基本生活保障，共发放基本生活保障金1.1亿元。全区除个别煤炭企业和森工集团有少量下岗职工未出中心外，全部实现由基本生活保障向失业保险并轨。全区失业保险参保人数达到221.6万人，覆盖率达99%以上，12.6万名城镇登记失业人员全部按时足额领取了失业保险金，全年失业保险基金支出为3亿元。失业保险已成为失业人员的主要生活保障形式。

三、基本养老保险工作成果得到巩固

2003年，内蒙古自治区通过狠抓政策引导、完善制度、积极扩面、规范管理、改善服务等方面的工作，确保了养老金按时足额发放，并全部实现社会化发放，企业离退休人员社会化管理服务工作取得较快进展，基本养老保险覆盖范围进一步扩大。全区69.7万名企业离退休人员全部按时足额领取了基本养老金，社会化发放率达100%，共发放基本养老金47.6亿元；全区实行社会化管理服务的企业退休人员共有54.4万人，社会化管理服务率为79.2%，比年初提高了30个百分点；全区基本养老保险参统职工人数为228.3万人，

完成了年初下达的扩面任务，其中企业参统职工人数为197.6万人，新纳入参保职工9.4万人。根据国家4部委15号文件精神，经过认真调研、测算和论证，制定下发了《自治区农垦企业基本养老保险办法》，为解决农垦企业参保，确保离退休人员养老金发放提供了政策依据。

四、基本医疗保险制度改革稳中有进，工伤保险和生育保险改革协调推进

2003年，内蒙古自治区的医疗保险制度改革围绕扩大覆盖范围、完善政策和强化管理三方面开展工作，积极探索医疗保障方式多样化、医疗服务项目管理标准化、业务经办规范化和管理干部专业化建设，整体提高了医疗保障能力和管理服务能力。全区94个统筹地区全部启动运行了基本医疗保险制度，启动率为100%。截至2003年年底，参保人数达252.5万人，比上年度增加了31万人，完成计划的101.8%；各统筹地区在组织实施基本医疗保险制度的同时，逐步拓展大额医疗保险，参保人数为198万人，占基本医疗保险参保人数的78.4%；各地积极落实和完善公务员医疗补助政策，鼓励有条件的企业建立补充医疗保险。目前，以基本医疗保险为主体，多层次的医疗保障体系正在全区逐步建立。基本医疗保险制度运行平稳，基金收支平衡，群众看病报销难、个人负担重的矛盾有所缓解。

《工伤保险条例》出台后，内蒙古自治区积极开展了调研测算、宣传培训和政策研制工作，确保工伤保险制度如期启动。按照“政策先行、协同推进”的工作思路，开展了生育保险试点工作。全区城镇职工参加工伤保险人数为36.4万人，参加生育保险人数为40.3万人。

五、劳动关系协调工作得到加强

2003年，内蒙古自治区坚持把建立和谐稳定的劳动关系作为一项重要内容来抓。一是指导和督促企业加强劳动合同管理，积极开展劳动合同鉴证和集体合同的审查工作，进一步规范了企业用工行为。全区城镇企业职工、私营企业和个体工商户从业人员、乡镇企业从业人员的劳动合同签订率分别达到95.2%、90.3%和87%。二是积极稳妥地处理了企业劳动关系，特别是国企改制过程中涉及的劳动合同变更、解除以及经济补偿问题，对于维护劳动者和企业的合法权益起到了积极作用。三是建立和完善了劳动关系三方协调机制，劳动争议仲裁办案质量不断提高。2003年，全区共受理劳动争议案件1 242件，结案1 213件，结案率达97.7%。

六、企业内部分配制度改革不断深化

2003年，内蒙古自治区指导部分国有大中型企业建立了以岗位工资为主的基本工资制度；在部分地区积极推行了工资集体协商制度；制定了自治区2003年企业工资指导线；督促指导呼和浩特、包头、赤峰、乌海、通辽等地发布了当地劳动力市场工资指导价位。

七、职业技能培训鉴定工作成效显著

一是制发了《关于做好我区高技能人才培训工程实施方案的通知》，启动了全区高技能人才培训工程，确定呼和浩特、包头、赤峰、呼伦贝尔、鄂尔多斯、阿拉善5市1盟为内蒙古实施高技能人才培养重点盟市，第一机械制造（集团）有限公司等9个高技能人才培训基地。自治区劳动保障厅与教育厅、工商联分别进行了为高等职业院校大学生开展职业资格培训工程和民营企业为高校毕业生送岗位活动，促进了新生劳动力的就业，年培训18.4万人。二是以鉴定为龙头，全力推行就业准入和职业资格证书制度。引导企业针对生产实际，开展多形式岗位培训和岗位练兵，拓宽技能人才成长通道，将企业内部培训纳入到社会化鉴定中。经批准建立的157所通用工种鉴定所和26个行业特有工种鉴定站，证书覆盖面不断扩大，质量管理不断加强，年鉴定人数上升到6.1万人。三是加强了国家职业技能鉴定的规范化、制度化管理。成立了职业技能鉴定的“一站式”服务大厅，形成了报名、资格审查、考场管理、阅卷、评分、证书发放等一整套工作流程，从而规范了鉴定秩序。2003年年底，全区有考评员2 300人，通过对考评员的培训、考核，加强了这支队伍的建设，初步在质量及结构上满足了鉴定工作的需要。四是在全国率先使用考务管理系统，在国家统一鉴定考试中全部实现计算机化管理，使职业技能鉴定工作水平在全国处于领先地位。五是结合内蒙古实际，积极与有关专家探索合作，设计完成了计算机信息高新技术办公软件应用模块蒙文考试平台，举办了两期蒙文考试平台应用培训班，并编辑出版了配套教材。通过积极调试设备和数据处理，5个新的职业国家题库在内蒙古自治区顺利启用。同时，成立了7家美国微软双认证考试站。

八、劳动保障法制建设迈出新步伐

在立法方面，《内蒙古自治区劳动合同规定》已经自治区人民政府常务会议审议通过，并于2003年12月11日正式颁布实施。积极起草并报送了《内蒙古自治区企业工资支付管理办法（草案)》。在劳动保障监察方面，以《内蒙古自治区劳动保障监察条例》的实施为契机，以开展对拖欠农民工工资、非法使用童工和清理整顿劳动力市场专项检查为重点，加大对违反劳动保障法律法规、侵犯劳动者合法权益行为的查处力度，执法监察取得了明显成效。全区劳动保障监察机构共受理并立案查处群众举报案件1 610件，结案1 552件，结案率为96.4%；主动监察各类用人单位3.9万户，完成年度任务的186%；共办理劳动保障年检1.7万户，完成计划的129.3%。通过执法监察，全区各类企业共补签劳动合同14.4万份；积极与建设等有关部门协同配合，截至春节前，为农民工和其他劳动者偿付拖欠工资报酬5.4亿元，涉及近20万人；督促企业缴纳社会保险费5 512.3万元；清退风险抵押金47.7万元；取缔非法职业中介机构73户；补办流动就业证卡8 563人，有力地维护了劳动者的合法权益。

九、劳动保障基础工作进一步加强

2003年，内蒙古自治区在边建设、边工作、边完善的原则指导下，大力推进了劳动保障平台建设。全区198个街道办事处和996个任务较重的乡镇全部建立了劳动保障事务所，并向社区居委会延伸，共建立劳动保障工作所（站）3 305个，在就业援助、离退休人员养老金发放和社会化管理服务等方面发挥了重要作用。“金保工程”建设进度不断加快，“社会保障管理信息系统2000”软件逐步在全区范围内推广使用，已有10个盟市建成了劳动力市场信息网络并统一了软件，劳动保障系统信息网络使用效率明显提高。

（内蒙古自治区劳动和社会保障厅）

辽 宁 省

一、完善城镇社会保障体系试点任务全面完成

辽宁是国家唯一进行完善城镇社会保障体系试点工作的省份。省委、省政府高度重视社保试点工作，作为全省“一号工程”来抓，坚持“准确的统计、完善的政策、合理的成本、细致的工作”的指导原则，精心组织，周密部署，积极推进。到2003年末，试点工作任务已全面完成，取得明显成效，一个独立于企业事业单位之外、资金来源多元化、保障制度规范化、管理服务社会化的社会保障体系初步形成。

（一）国有企业下岗职工基本生活保障向失业保险并轨工作圆满完成

2003年，辽宁省完成175.5万人的并轨工作，超额完成并轨计划任务15.5万人。其中，协议期满出中心的30.8万人，出中心未解除劳动关系的17.4万人，其他离岗人员63.5万人，国企新减员63.8万人。在并轨人员中，由企业承担全部经济补偿金的人数为29.5万人；享受财政资金补助的并轨人数为146万人。人均经济补偿金8 713元。全省4 801个国有企业再就业服务中心已全部关闭。已偿还拖欠并轨人员各类债务48.4亿元，偿债率达到85.6%。

（二）城镇企业职工基本养老保险制度趋于完善，个人账户一步做实

2003年，辽宁省的个人缴费比例由5%调整为8%，个人账户规模由11%调整为8%，并全部做实，企业缴费不再划入个人账户。全省累计做实个人账户基金88.8亿元，实行了全省统一管理；调整了企业退休人员基本养老金计发办法，试点期间有41.5万名企业退休人员按新办法计发了养老金，其中有80%提高了待遇，实现了新老办法的平稳过渡；建立了企业年金制度；规范了事业单位养老保险办法。未参加基本养老保险的城镇集体企业已退休人员按企业所在地城市居民最低生活保障标准按月发放生活费工作在全省实施，已有3.6万名符合政策规定的已退休人员按月领取了生活费。

（三）城市居民最低生活保障工作成效显著，实现了应保尽保

2003年，辽宁省符合低保条件的城市困难居民均被纳入低保范围，并实行动态管理，分类救助，保障人数由2000年的71.5万人增加到2003年的159.6万人，保障面达到8.2%，其中资源枯竭型破产企业职工及家属占这些企业职工及家属总数的35.6%。月人均救助额由2000年的53.9元增加到2003年的73.2元。

（四）城镇职工基本医疗保险覆盖面进一步扩大，多层次医疗保障体系初步形成

2003年，辽宁省基本医疗保险参保人数由2000年的105.1万人增加到691.4万人。全省14个市及58个单独统筹县区基本医疗保险制度改革全部建立。共有601万人参加了大额医疗费用补助，有28万人参加了补充医疗保险，有38万名灵活就业人员参加了基本医疗保险，关闭破产企业的退休人员和部分困难企业职工也被纳入医疗保险范围。

（五）社保资金筹措和管理得到加强

2003年，辽宁省强化了社会保险费征缴机制，社会保险基金主渠道作用明显增强。试点期间，社会保险费征缴收入年均增长17.3%，社会保险费收入占社保基金支出的比重达到71.3%。全省各级财政通过调整预算内支出结构、调入预算外资金和行政支出实行“零增长”等措施筹集社会保障资金。试点期间，全省地方财政筹措社保补助资金年均增长27%，财政社保补助支出占财政一般预算支出的比重由2000年的21.4%上升至2003年的27.1%。

省、市都成立了由政府部门、用人单位、工会、职工代表和有关专家等组成的社会保障监督委员会，依法对社保政策执行和基金管理情况进行监督。开设了社保监督举报电话。制定了社保基金监督管理实施办法。开展了社保资金检查活动，对发现的问题进行了及时纠正和处理。

（六）社会保障管理和服务社会化工作取得较大进展

2003年，辽宁省586个街道全部建立了城市低保科（股）、劳动保障事务所，4 162个社区有98%建立了社区社会救助站、劳动保障服务站；261.6万名企业退休人员纳入了社会化管理服务，占2003年年末企业退休人员总数的91%，城镇登记失业人员和城市低保对象全部纳入了社会化管理。

（七）社保统计指标体系和计算机网络基本形成

2003年，辽宁省共筹集2.5亿元用于信息系统建设，有6个市建成养老、医疗、失业、工伤、生育五险合一的社会保险网；8个市养老保险、医疗保险网络独立建设。全省统一开发社会保险、劳动力市场、劳动保障政策管理、城市低保、财政基金监控、地税基金征缴、统计7个子系统的应用软件已在全省范围内使用。省政府组织有关部门制定了《辽宁省社会保障统计报表制度》，将原来分散的社会保障统计报表统一起来，形成了相互衔接、相互验证的有机整体。

辽宁试点是党中央、国务院的一项重要决策，是落实“三个代表”重要思想、完善中国特色社会保障体系的重要实践。实践证明，中央关于完善城镇社会保障体系试点并首先在辽宁全省试点的决策是完全正确的，试点方案是可行的。辽宁试点的成功，为全国完善社会保障体系积累了经验。

二、就业和再就业工作取得显著成效

2003年，是辽宁省就业和再就业工作力度最大、成效最为显著的一年。在这一年里，全省各有关部门坚决贯彻落实党中央、国务院以及省委、省政府关于促进就业和再就业的一系列重要指示，始终坚持既定的工作目标不动摇，迎难而上，扎实工作，再就业扶持政策的拉动效应初步显现。

（一）继续完善政府促进就业和再就业的责任体系

2003年，辽宁省政府将就业工作指标作为对各市政府41项考核指标中的第一项，并将原只考核就业人数一项，改为考核6项指标，并确定了详细的考核内容和评分办法。各市将就业工作各项指标分解落实到各有关部门和县区，做到指标落实、任务落实、责任落实。同时，省政府加强了对再就业工作目标完成情况的考核。2003年，省再就业工作领导小组对全省就业工作进展情况进行了两次督查，推动了再就业各项目标的完成。2003年，全省实现就业和再就业96.6万人，完成全年计划的107.3%。其中：到第一产业就业8.1万人，占就业总人数的8.4%；到第二产业就业20.6万人，占21.3%；到第三产业就业67.9万人，占70.3%。

（二）抓好再就业扶持政策的制定和落实

2003年2月，辽宁省委、省政府以及省直有关部门下发了《关于进一步做好下岗失业人员再就业实施的意见》（辽委发［2003］5号）及8个配套文件、4个操作性办法。5月份，根据国务院办公厅关于加快再就业工作的通知要求，又出台了《关于进一步做好再就业工作的通知》和6个具体操作办法，完善了再就业政策扶持体系。各市在贯彻落实国家和省文件的基础上，制定了符合本地区实际的相关政策和具体操作办法，全省形成了自上而下的政策扶持体系。到年末，全省已经发放《再就业优惠证》66.5万本；筹集再就业扶持资金10.2亿元；为下岗失业人员减免税费4 072.1万元；支付社保补贴16 542万元；支付培训补贴5 600.1万元；支付职业介绍补贴2 317.3万元；发放小额信贷3 063.8万元。

（三）开展再就业援助，帮助特困群体实现再就业

2003年，辽宁省政府加大了再就业援助工作力度，年初，省政府拿出1.34亿元资金专门用于开发10万个公益性岗位，帮助就业困难群体再就业。为做好再就业援助工作，各级劳动保障部门工作人员深入社区调查情况，摸清底数，建立了就业援助档案。坚持开展"送政策、送信息、送技能、送岗位"等活动，在街道和社区大力开发公益性岗位，安排就业困难群体实现再就业。同时，在公共职业介绍机构开设了专门窗口，为就业特困人员提供职业咨询和职业介绍，建立即时援助制度，实行岗位收集、人员帮助、安排就业"三落实"。年末，全省开发公益性岗位安排大龄就业困难对象10.2万人，完成全年计划的102%。

（四）做好下岗失业人员再就业培训工作

到2003年年末，辽宁省培训下岗失业人员39.5万人，完成全年计划的132%。对下岗失业人员在继续实行免费培训的同时，进一步加强了培训与就业的结合，提高培训就业率。同时，加强了再创业培训，帮助有能力、有创业要求的失业人员发挥自身潜能，进行创业，带动更多的下岗失业人员再就业。

（五）加强街道社区劳动保障机构建设

为适应就业工作发展需要，2003年，辽宁省委、省政府高度重视街道和社区劳动保障工作平台建设，提出要在街道建立劳动保障事务所和社区劳动保障服务站。目前，全省街道全部建立了劳动保障事务所；98%的社区建立了社区劳动保障服务站。各所、站统一了名称和标识，明确了工作职责，建立了工作目标责任制，各项工作全面展开。

三、两个确保继续得到巩固

两个确保工作是落实"三个代表"重要思想的具体体现和转变作风的重要内容。2003年，辽宁省各有关部门继续把两个确保摆在工作首位，按照工作目标、政策措施和工作要求"三个不变"的方针，进一步巩固两个确保成果，促进"三条保障线"衔接。

（一）强化扩面，加大资金筹措，确保企业离退休人员基本养老金按时足额发放

2003年，辽宁省政府对扩面工作十分重视，并把这项工作作为增加基金收入、实现两个确保的重要措施，明确要求到2003年年底基本养老保险参保人数不低于2000年年底水平。按照要求，各市以外资、私营企业职工和个体从业人员为重点，不断扩大养老保险覆盖面。到年末，全省参保人数为688.5万人，完成年度计划的101%。同时，继续加大资金的筹集、调度和监督检查力度，重点对养老保险金缺口较为严重且易引发不稳定因素的地区进行检查指导，对出现的问题及时解决和处理，对部分不符合国家、省规定发放形式的县区和行业不规范的做法及时进行纠正。到年末，全省离退休人员为294.4万人，共发放基本养老金193.8亿元，除征缴的基本养老保险统筹基金外，多渠道筹集资金80.7亿元，确保了企业离退休人员基本养老金的按时足额发放。

（二）积极筹措资金，确保中心内国有企业下岗职工的基本生活

2003年，辽宁省继续把国有企业下岗职工基本生活保障向失业保险并轨作为试点工作的重要内容来抓，在稳健推进并轨工作的同时，继续按照"三三制"原则，筹集国有企业下岗职工基本生活保障资金0.48亿元，确保了中心内下岗职工的基本生活。到6月末，

全省4 801个国有企业再就业服务中心全部关闭，国有企业下岗职工全部出中心。各级政府坚持狠抓扩面补一块、加强征缴增一块、强化管理压一块、扩大就业减一块、调整财政支出贴一块、借款贷款筹一块的办法弥补失业保险基金缺口，确保符合享受失业保险待遇的人员全部纳入失业保险范围，纳入失业保险范围的人员按时足额发放失业保险金。2003 年，全省失业保险参保职工为622. 2 万人，完成年计划的 100. 4%，共发放失业保险金 25. 6 亿元。

四、劳动保障其他方面的工作得到全面推进

（一）劳动关系调整工作不断完善

2003 年，辽宁省国有企业劳动合同签订率巩固在 99%，非国有企业劳动合同签订率为 72%。加强了劳动关系协调工作，启动实施了建立和谐劳动关系 3 年行动计划，实行了用人单位等级评价制度。妥善处理劳动争议，省劳动保障厅与省总工会、省企业家协会成立了辽宁省劳动争议仲裁院，受理劳动争议案件。进一步加强对群体性突发事件的报告、监控、预防和处理工作，共接待处理人民群众来信来访 12. 6 万人次，占全省信访总量的 49%，接待处理集体上访1 810批，占全省集体上访总数的 22%。21 个省长包案已经办结 20 件，第二批省政府交办的 260 个案件，已结案 86%。

（二）劳动保障执法监察工作进一步加强

2003 年，辽宁省劳动保障监察机构日常巡查监察用人单位 5. 3 万户，劳动保障年检 5. 9 万户，群众举报专查立案3 463件，结案3 397件，结案率达 95%；开展了农民工工资支付情况和贯彻《禁止使用童工规定》两项专项执法检查，切实维护了广大劳动者和用人单位的合法权益。依法做好行政复议和行政诉讼工作，全省共受理行政复议案件 78 件，行政诉讼 41 起。

（三）深入实施企业工资收入分配制度改革

2003 年，辽宁省积极探索按劳分配与按生产要素分配相结合的分配方式，在全省 35 户企业开展了试点工作。推行企业经营者年薪制试点，在全省 160 户实行试点的国有企业中有 123 户兑现了 2002 年度企业经营者年薪。推行工资指导线制度，试行劳动力市场工资指导价位制度，全省 14 个市都制定发布了本市企业工资指导线和劳动力市场指导价位。继续在非国有企业大力推行、在改制国有企业试行工资集体协商制度，全省有 500 户企业开展了试点。同时，研究制定了灵活用工形式的小时最低工资标准。

（四）进一步做好职业技能培训

2003 年，辽宁省全面推进技工学校调整改造工作，进一步加快资源整合和高级技工学校建设步伐，提高技工培训体系的办学层次。2003 年，全省技工学校招生人数达到了 2. 8 万人，有 3 家技工学校晋升为国家重点技工学校，1 家技工学校晋升为国家高级技工学校。全面启动了高级技能人才培训工程，建成国家级高技能人才培训基地 11 家，省级高技能人才培训基地 23 家。大力推行了职业资格证书制度，全年全省鉴定各类人才 37 万人，30 万人获得了相应的职业资格证书。目前，全省累计有近 100 万人获得各类职业资格证书。

（辽宁省劳动和社会保障厅）

大　连　市

2003年，大连市劳动保障工作按照“三个代表”重要思想的要求，努力克服“非典”的不利影响，继续加大就业和再就业工作力度，积极扩大就业，不断加快完善社会保障体系建设步伐，全力巩固两个确保，全面完成了省、市年初确定的各项工作任务，劳动保障事业取得了全面发展。

一、就业和再就业

（一）就业和再就业工作成效显著

2003年，大连市组织了首次再就业项目洽谈会，鼓励、引导下岗失业人员由打工式就业向创业式就业转变。全年实现城镇就业和再就业14.1万人，同比增长15%，达到历史最高水平。其中：下岗失业人员再就业9.2万人，困难群体就业1.5万人。有1.1万名大龄失业人员在政府出资开发的公益性岗位就业，并享受了岗位补贴和社会保险补贴。

（二）全市城镇单位从业人员持续减少，就业结构日趋合理

2003年，大连市城镇单位从业人员94.2万人，比上年减少0.2万人。职工总数为88.9万人，比上年减少0.2万人，其中：在岗职工81.9万人。职工总数中第一产业1.9万人，第二产业43.3万人，第三产业43.7万人，分别占职工总数的2.1%、48.7%和49.2%。

全市失业人员总资源27.3万人，同比增长24.6%，其中：新增18.5万人，同比增长35%。城镇登记失业率为4.5%。

（三）职业技能培训的数量和质量均有较大幅度提高

2003年，大连市累计培训各类人员17万人，同比增长35%，培训后实现就业4万人，就业率达62%。共有7.7万人要求参加职业技能鉴定，同比增长2.8%。其中有5.5万人获得了资格证书，总获证率为71%，同比增长8%。高级以上获证率增长幅度达24%以上。

（四）再就业优惠政策落实及时有效

2003年，大连市累计发放《再就业优惠证》12.3万本，累计筹集再就业资金2.4亿元，拨付再就业资金2.1亿元，其中：公益性岗位补贴0.3亿元，担保资金1.4亿元。共为0.4万名再就业人员办理了减免税政策，减免税收207万元。有52.3万人次享受了减免费优惠政策，减免费0.4亿元。累计发放小额贷款689人，涉及金额0.1亿元。

二、社会保险

（一）养老保险基金10年来首次结余

2003年，大连市围绕做实养老保险个人账户和并轨等重点工作，继续深入推进试点工作。养老保险个人账户全部按月记清、做实，建账率达到100%，参保人员可以随时查询当月个人账户情况。企业离退休人员养老金水平由2000年年底的549元提高到2003年的650元，增长了18.2%。纳入社区管理的企业退休人员达到36.6万人，占企业退休人员总数的99%。企业离休人员非统筹项目已纳入统筹。未参加统筹的城镇集体企业退休人员已纳入城市低保。甘井子区中下泉地区农转城居民参加社会保险试点工作已基本结束，凌水、红

旗两镇撤镇建街后企业职工和农转城人员参加社会保险工作正在进行。

2003年，大连市养老保险参保人数达到112.4万人，同比增长3.1%。保险费征缴收入34亿元，同比增长9.7%。保险支付33.4亿元，同比增长7%。

2003年，大连市参加企业养老保险人数达106万人，同比增长4%。养老保险费征缴收入31亿元，达到历史最高，同比增长11%。养老保险待遇支付30亿元，同比增长7%，保证了38.5万名离退休人员按时足额领取了基本养老金。

（二）失业保险扩面征缴成效显著

2003年，大连市失业保险参保89.8万人，同比增长8.5%。征缴失业保险费3.6亿元，同比增长9.2%。支付6.8亿元，同比增长112.5%，增幅较大。共有28.1万名失业人员享受到了失业保险待遇，同比增长29.8%，享受待遇人数达历史最高峰。

（三）基本医疗保险制度全面建立，基金运行健康，收支基本平衡

2003年，大连市基本医疗保险制度已覆盖城镇所有单位及其城镇各类从业人员。截至年末，全市医疗保险参保人数达151.4万人，同比增长20.2%。征缴医疗保险费13.1亿元，同比增长37.9%。支付额同比增长46.2%。尽管支出速度超过了征缴速度，但收支额基本平衡。有120万人享受到了医疗保险待遇，地处县区的10户市属困难企业和破产企业近2万名退休人员的参保问题也得到了解决。

（四）社会保险基金监督管理进一步规范

2003年，大连市社会保险基金行政监督体系和监督举报网络初步建立，开通了社会保险基金监督举报电话，实施了现场监督工作，有效地保证了基金的安全性。

三、劳动工资与劳动关系

（一）加强工资宏观指导，促进职工工资增长

2003年，大连市加强对企业工资分配制度的宏观指导，发布了企业工资指导线，推出部分工种的劳动力市场指导价位及10大类企业人工成本情况。2003年，全市城镇单位职工年平均工资为16 636元，月均水平达到1 386元，同比增长15.8%，其中在岗职工年平均工资为17 561元。

（二）清债工作稳步推进

2003年，大连市累计偿还工资3.93亿元，偿还率达91%。截至2003年年底，全市还有42户企业（不含中省直企业）拖欠0.71万名职工3 879万元的工资。全市181户国有企业并轨3.87万人，支付经济补偿金5.8亿元，并轨人员全部与原企业解除劳动关系，并领取了经济补偿金和失业保险待遇。全市已清理偿还并轨企业拖欠并轨人员债务4.08亿元，偿还率为91.3%，超额完成省、市80%的工作目标。

（三）劳动争议案件数量继续增加

2003年，大连市各级劳动仲裁机构共受理劳动争议2 356件，同比增长35%；为劳动者追回各种待遇的数额创历史新高，达1 101万元。其中：涉及劳动者2 302人，同比增长28.5%；涉及劳动报酬争议案件1 389件，同比增长142.4%。劳动者胜诉率继续上升，达73%。

（四）全方位加大了劳动保障监察工作力度，成效显著

2003年，大连市通过开展民工工资专项检查、常规巡视监察、劳动保障年检、投诉举报专查等一系列专项执法大检查活动，共责令用人单位为劳动者补缴社会保险费4 959万元，补签劳动合同7万份，追发拖欠工资2 981万元，取缔非法职业中介机构154户，较好地维护了劳动者的合法权益。

（大连市劳动和社会保障局）

吉　林　省

2003年，吉林省各级劳动保障部门认真学习贯彻党的十六大、十六届三中全会和省委八届四次、五次会议精神，不断加大就业和再就业工作力度，着力推进社会保障制度改革，克服“非典”带来的不利影响，坚持两手抓，较好地完成了各项工作任务。就业和再就业工作取得积极成效。截至2003年年末，全省共开发城镇就业岗位41.95万个，城镇新增就业31.9万人，其中，下岗失业人员实现再就业24.03万人，全省城镇登记失业率为4.3%。两个确保工作成果继续得到巩固。确保了签协议进中心下岗职工基本生活费的按时足额发放，并全部代缴了社会保险费。深入开展养老保险扩面、征缴和清欠工作，全省养老保险费同比增收5.24亿元，为全省113.8万名离退休人员发放养老金79.9亿元，确保了按时足额发放。失业保险功能作用进一步增强。全省参加失业保险人数达到了292.88万人，失业保险金发放率达到100%。医疗保险制度改革稳步推进。全省参加医疗保险人数达到了230.77万人，同比增加53.88万人，医疗保险缴费率不断提高，基金收支平衡，略有结余。工资分配制度改革进一步深化，劳动关系处理工作进一步加强，劳动仲裁、劳动保障信访、劳动保障监察等在维护劳动者合法权益方面发挥了积极作用，促进了企业和社会的稳定。

一、国有企业下岗职工基本生活保障和再就业工作取得显著成效

2003年，吉林省尚有签协议进中心的下岗职工2.92万人，比年初减少12.1万人，为在中心的下岗职工全部按时足额发放了基本生活费，并代缴了社会保险费。加大再就业工作力度。各地普遍建立了再就业工作联席会议制度、定期通报制度、督导检查制度等，初步形成了一个体系比较完善、制度配套、协调联动的工作机制，对推动就业再就业工作发挥了重要作用。结合下岗失业人员再就业困难、再就业政策落实难度大的实际，在全省组织开展了“再就业扶持政策落实年”活动，并制定了“五比五看”的考核评比办法，较好地推动了各项再就业扶持政策的落实。2003年，全省发放《再就业优惠证》27.67万本，其中近17.6万人实现了再就业，有22.31万人享受了各项再就业扶持政策。其中，5.29万人享受了免缴行政事业性收费政策，6.07万名下岗失业人员享受了税收扶持政策，1.41万人享受了保险补贴政策，0.61万人享受了公益性岗位补贴政策，8.7万人享受了免费再就业服务补贴，0.23万人享受了小额担保贷款政策。全省共减免工商行政事业性收费1 851.62万元，减免税收7 800万元。全省落实再就业优惠政策补贴支出为19 477.8万元，其中，社会保险补贴2 729万元，公益性岗位补贴883万元，再就业培训补贴3 101万元，职业介绍补贴1 405万元，劳动力市场建设费10 179万元，其他支出1 180.8万元。加大了对“4050”人员再就业援助工作的力度，把全年帮助4.5万名“4050”人员再就业作为考核各级政府再就业工作实绩的一项硬指标，各市州都制定了政府购买公益性岗位的措施和办法，在社区物业管理、家政服务、机关事业单位后勤社会化服务、义务交通协勤等项目上，开发适合“4050”人员从事的保洁、保绿、保卫更夫等就业岗位，由政府出资购买，集中安置“4050”人员。在全省县以上公共职业介绍机构全部开通“4050”人员再就业绿色通道，设立专门服务窗口，配备专职工作人员，设立“4050”人员再就业援助专线，随时接受有关“4050”人员再就业求职登记及政策咨询。定期举办“4050”人员用工交流洽谈活动。从2003年8月份起，每月的第三周为“4050”人员用工交流洽谈活动日，全省县以上公共职业介绍机构统一联动，为“4050”人员举办专场交流招聘活动。到2003年年末，全省共安置“4050”人员再就业5.45万人，超过全年安置计划21个百分点。大力开展劳务输出工作。通过出台政策、鼓励输出，明确目标、完善责任，建立基地、强化服务，树立品牌、典型推动，摸清资源、规范统计，加强宣传、转变观念等措施，有力地促进了劳务输出。虽然吉林省发生了“非典”疫情，但由于措施得力，工作扎实，全省劳务输出人数与上年相比稳中有升。截至2003年年末，全省共实现劳务输出176.44万人，完成全年目标的117.63%，比上年末增加47.06万人。更为重要的是，改变了吉林省过去劳务输出总量小、盲目性大、缺乏计划和组织，特别是城镇劳务输出工作比较薄弱的局面。

二、城镇就业持续增长

2003年，吉林省的就业总量继续增长。全年城镇新就业31.9万人，比上年增加4.88万人，增长18.1%。其中：女性新就业15.12万人，占新就业人数的47.4%。在新就业的人员中，到国有企业就业的1.50万人，占就业总数的4.7%；到集体企业就业的1.12万人，占就业总数的3.5%；到私营个体就业的5.68万人，占就业总数的17.8%；到其他经济单位就业的1.91万人，占就业总数的6.0%；到乡镇企业就业的1.18万人，占就业总数的3.7%；自谋职业的6.44万人，占就业总数的20.2%；劳务输出6.99万人，占就业总数的21.9%；从事社区服务业的5.5万人，占就业总数的17.2%；其他1.58万人，占就业总数的5.0%。年末全省城镇失业人员28.43万人，比上年增加4.61万人。在年末城镇失业人员中，女性失业人员13.9万人，占失业人员总数的48.9%。城镇登记失业率4.3%，比上年增加0.7个百分点。残疾人等弱势群体就业取得成效。2003年，全省城镇有劳动能力的残疾人总数为21.3万人，累计就业17.68万人。2003年，共有12 898名残疾人实现了就业和再就业，其中，分散就业1 984人，集中就业3 413人，个体及其他形式就业7 501人。

2003年，外国人及港澳台人员在吉林就业的有所增长。截至2003年年末，在吉林省境内就业的外国人达783人。从国别上看，他们分别来自30多个国家和地区，其中，韩国人占58%，朝鲜人占17.2%，其他国家占24.8%。从分布的地区上看，延边地区占63.88%，长春地区占17.15%，其他地区占18.97%。从就业的岗位上看，高级管理人员岗位占63%，专业技术人员岗位占23.55%，其他人员岗位占13.45%。香港、台湾、澳门地区居民在吉林省境内就业的有28人。从就业的区域来看，台湾地区占83%，香港地区占13%，澳门地区占4%。从分布的地区来看，长春地区占82%，吉林地区占11.8%，其他地区占6.2%。从就业的岗位来看，高级管理人员岗位占61%，专业技术人员岗位占23.5%，其他人员岗位占15.5%。

三、劳动力市场建设步伐不断加快

2003年，吉林省加快推进劳动力市场建设“三化”试点。省劳动保障厅相继制定出台了《吉林省劳动力市场三年发展规划》《吉林省劳动力市场“三化”建设推进试点方案》和《关于建立劳动力市场“三化”建设推进试点进展情况调度检查制度的通知》等文件，提出了劳动力市场建设的总体目标和分年度工作任务。各地按照要求，研究制定工作方案，加大劳动力市场建设工作力度，全省各地共投入劳动力市场建设经费达3 000多万元。同时，进一步完善省、市、县（市、区）劳动力市场职业供求状况分析发布制度，按季向社会发布劳动力市场职业供求状况。到年末，全省已有60个市州、县（市、区）公共职业介绍机构实行了“一站式”服务。开设“4050”人员再就业援助窗口，组织开展交流洽谈活动，在促进下岗失业人员再就业方面发挥了积极成效。

四、基层劳动保障工作平台建设取得新进展

2003年，吉林省各级党委、政府重视基层工作平台建设，明确规定要为基层劳动保障工作机构增加编制，核拨经费，当地满编的，从其他部门划转编制。加强督促检查，省组成专门督查组深入基层指导工作，采取召开现场经验交流会和定期通报等措施，大力推动街镇乡和社区劳动保障工作平台建设。截至年末，全省街镇乡、社区平台建设工作取得积极成果，已建立基层劳动保障机构2 526个，其中街道243个，镇455个，乡317个，社区1 511个，组建率达100%，现已配备工作人员3 735人。为确保工作机构规范运作，全省对基层工作人员统一进行培训考核，有2 800多人通过培训考试，取得了上岗资格。全省街镇乡劳动保障事务所和社区劳动保障服务站基本做到了编制、人员、经费、工作“四到位”。

五、城镇扶困工作扎实开展

2003年，吉林省通过财政拨款、下拨低保补助资金、社会捐赠和行业企业自筹等方式，筹措城市扶困资金6 850万元，对3 370户困难企业的49万名困难职工进行了救助。其中，省本级投入资金1 448万元（省财政拨240万元，省级低保补助资金573万元，社会捐赠75万元，行业、企业自筹560万元），各市州投入5 402万元，对困难企业和困难职工采取核发补助金、买粮油肉等节日生活用品等形式进行救助慰问。在开展困难职工生活救助工作的同时，全省各级党委、政府和有关部门，企业主管部门、单位及企业领导班子，各级工会等群团组织的领导干部都在“两节”期间开展了对困难企业、困难职工家庭的走访慰问活动。据统计，全省有90多名地厅级以上干部、850名县处级干部参加了走访慰问活动，共走访慰问了320户困难企业，约2.4万户困难职工家庭。

六、职业培训工作取得积极成效

2003年，吉林省坚持把职业培训作为促进再就业的重要手段，在发挥培训主渠道作用的基础上，充分调动各类社会办学机构的积极性、主动性，动员社会各界参与再就业培训工作，收到了较好效果。截至年末，全省共培训下岗失业人员14.4万人，培训后就业率达64%，同比提高11.7%。加大企业在职职工培训力度，岗位练兵和技能竞赛活动普遍开展，在全省涌现出了一大批技术标兵和技术能手，技能人才队伍建设得到明显加强。不断加快技工学校改革步伐，根据市场需求调整专业设置，大力开展省际间联合办学，探索开展1+1或1.5+1.5对半教学的新方式，全年招收学制新生11 348人，同期增长14.97%。加强对社会职业培训机构的管理，完善政策措施，搞好年检评估，促进了培训质量的不断提高。

七、养老保险制度进一步完善

截至2003年年底，吉林省养老保险参保人数达到311.49万人，比上年末增加18.73万人；全省全口径养老基金当期征缴57.92亿元，同比增收5.24亿元，完成计划的117%；清收企业欠费5.1亿元，完成国家下达计划的221%；为全省113.8万名离退休人员发放养老金79.9亿元，确保了按时足额发放，而且调剂保障能力明显增强。企业退休人员社会化管理率达到84.2%。继续坚持省对市县“分

级负责、定额补助、自求平衡”的管理模式，建立省补助资金与各地工作实绩挂钩的激励机制，从减轻企业养老保险负担出发，将企业的缴费比例从原来的25%调整为24%，得到了企业的广泛拥护。加强和改进集体企业市县统筹办法，基本上实现了“差额缴拨改全额缴拨”“双基数改单基数”“多比例改单比例”。扎实推进集体企业市县级统筹向市级统筹平稳过渡。按照国家部署要求，经过一年的调查摸底、研究制定具体政策，把生活非常困难的7万余名农垦企业职工和离退休人员纳入到养老保险范围，解除了他们的生活困难问题。严格控制提前退休行为，特别是重点加强对政策性破产企业以及困难企业提前退休的控制和管理，做到公开、公正、透明。加强对养老保险基金的监管，强化稽核、审计和统计等基础工作，确保基金安全完整。

八、失业保险功能作用进一步增强

2003年，吉林省进一步依法推进失业保险工作，以贯彻落实《吉林省失业保险办法》为契机，组织各地集中精力狠抓失业保险扩面征缴工作。截至年末，全省参保人数达到了292.88万人，征缴失业保险费3.87亿元，比上年增长16.3%，失业保险金发放3.23亿元，发放率达到100%。积极探索失业保险促进再就业的路子，选择部分市县进行了失业保险促进再就业试点工作，较好地发挥了失业保险促进再就业的功能作用。

九、医疗保险制度改革运行平稳

截至2003年年末，吉林省参加医疗保险的人数达到了230.77万人，完成了全年210万人参保任务的110%，比上年同期增加53.88万人，增长率为30.5%。全省医疗保险缴费率为98.7%，比上年增加0.24个百分点。基金收支平衡，略有结余。积极开展医疗保险规范管理服务活动，切实解决了医疗保险管理和服务方面存在的突出问题和矛盾，促使各地完善了各项管理制度、业务经办流程和岗位责任制，提高了医疗保险管理服务质量和水平，参保职工比较满意。研究制定了《关于完善省直离休干部医疗费管理的试行办法》，不仅保证了离休干部的医疗需求，而且使医疗费过快增长和浪费的势头得到合理控制。积极开展劳动能力鉴定工作。由于始终坚持公开、公平、公正原则，做到了坚持标准，实事求是，一视同仁，公开透明。坚持实行现场检查、现场鉴定、现场结论和公示结果的做法，严密了现场秩序维护、辅助检查环节监督、异地专家封闭管理，有效地排除了各种干扰，防止了弄虚作假行为的发生。

十、工资宏观调控进一步加强

2003年，吉林省进一步深化企业分配制度改革。加强对企业总量的宏观调控，继续坚持最低工资标准和企业工资指导线发布制度，指导企业合理确定工资增长水平。年内全省第六次调整最低劳动工资标准。调整后的最低工资标准为：第一档长春、吉林市区360元/月；第二档地级市区和延吉、珲春市330元/月；第三档各县市300元/月。劳动力市场指导价位制度和企业人工成本预警预测体系建设试点稳步推进。全省9个市州全部建立劳动力市场指导价位制度，长春、吉林达200个以上，其他市州也达100个以上。职工工资水平进一步提高，2003年，全省在岗职工平均工资达到11 081元，同比增加1 091元，增长幅度达10.9%。不断深化工资分配制度改革，积极开展劳动、资本、技术和管理等生产要素参与分配的试点。全省进行岗位工资制改革的企业达1 880户，涉及职工26.98万人，比上年增加838户。在国有大中型、外商投资、股份制、私营等企业探索建立在民主管理基础上的工资集体协商制度，指导企业的职工代表与企业依法就企业工资分配制度、形式、收入水平等进行平等协商，并在协商一致的基础上签订工资协议，截至年末，全省集体协商确定工资的企业达183户，涉及职工4.13万人。

十一、劳动保障信访和劳动争议处理力度不断加大

2003 年，吉林省围绕维护企业和职工合法权益，不断加大劳动关系调整工作力度，促进企业和社会稳定。在全省建立了劳动保障信访工作目标责任制，采取与各市州签订责任状的形式，加大了督查考核力度，确保了目标责任的落实。建立了劳动保障信访协调处理制度和情况通报制度。进一步完善了厅领导信访接待日和阅批职工群众上访信制度，厅领导亲自处理重大信访案件，2003 年厅领导共完成信访接待日 19 个，共接待上访人员 350 批次 2 150人次，阅批职工群众来信 640 件。组织开展不稳定因素的排查工作，对重点企业实施监控，制定处置预案，提前工作，化解不稳定因素。据统计，2003 年全省各级劳动保障部门共接待处理职工群众来信来访33 734 件（批）次，比上年增长 86.4%。其中，处理职工群众来信2 236件，比上年下降 2%；接待职工群众上访31 498批次85 363人次，比上年分别增长 99.1% 和 33.4%；接待职工群众集体上访2 647批次53 993人次，比上年分别增长 113.9% 和 22.7%。加强劳动争议仲裁工作力度，依法处理矛盾纠纷。坚持把法制引入劳动信访工作之中，通过劳动仲裁开庭办案，有效地化解了矛盾。全年各级劳动争议仲裁委共受理劳动争议案件3 681件，比上年增长 38.4%；共涉及29 651人，比上年增长 26.9%；现已结案3 497件，结案率为 95%；案件涉及经济标的6 180万元。

十二、劳动保障监察与立法全面推进

2003 年，吉林省围绕劳动保障中心工作，不断加大劳动保障监察工作力度，通过开展劳动合同专项执法检查、维护农民工权益大检查等活动，依法规范用人单位劳动管理行为。全年全省共查办劳动保障方面的违法案件2 983 件，比上年增长了 19.5%。其中：为 41.8 万人补签了劳动合同，比上年增长 39.3%；为 35.9 万人追发工资等待遇1 076万元；督促 3 675户用人单位补缴社会保险费 1.08 亿元；清退童工 152 人；清理取缔非法职业中介机构 163 户。特别是加大对拖欠农民工工资案件的查办力度，年内在全省范围内组织开展了 3 次大规模的专项执法检查，共检查用人单位 4 860户，涉及农民工 14.72 万人，涉及拖欠农民工工资2 849万元，为23 845名农民工追回被拖欠的工资及赔偿金1 446.55万元，有力地打击了克扣农民工工资的行为，维护了农民工的权益。进一步加快立法工作步伐，通过积极工作，多方协调，制定出台了《吉林省实施〈工伤保险条例〉若干规定》和《吉林省劳动保障监察条例》，在劳动保障立法方面迈出了一大步。

十三、离退休人员保险福利水平不断提高

2003 年年末，吉林省离休、退休、退职人员人数为 130.01 万人，比上年增加 5.79 万人，增长 4.7%。按人员构成划分：离休 4.95 万人，比上年下降 10%；退休 122.73 万人，比上年增长 5.6%；退职 2.33 万人，比上年下降 4.8%。按单位性质划分：企业为 104.18 万人（其中离休 2.61 万人，退休 99.64 万人，领取定期生活费的退职人员 1.93 万人），比上年增加 6.59 万人，增长 6.8%；事业为 20.47 万人（其中离休 1.51 万人，退休 18.68 万人，领取定期生活费的退职人员 0.27 万人），比上年减少 1.02 万人，下降 4.8%；机关为 5.36 万人（离休人员为 0.83 万人，退休人员为 4.41 万人，领取定期生活费的退职人员为 0.12 万人），比上年增加 0.23 万人，增长 4.4%。

2003 年年末，吉林省保险福利费用支出 109.32 亿元，比上年增加 4.62 亿元，增长 4.4%。按支出项目划分：其中离休金为 8.3 亿元，比上年增长 2.8%；退休金为 90.25 亿元，比上年增长 3.9%；退职生活费 0.86 亿元，比上年增长 17.6%；医疗卫生费 6.62 亿元，比上年增长 7.3%；其他支出 3.3 亿元，

比上年增长14%。按不同单位支出划分：企业支出74.74亿元（其中离休金支出4.36亿元，退休金支出63.85亿元，退职生活费支出0.71亿元，医疗卫生费支出3.25亿元，其他支出2.57亿元），比上年增加2.67亿元，增长3.7%；事业支出26.98亿元（其中离休金支出2.53亿元，退休金支出21.37亿元，退职生活费支出0.1亿元，医疗卫生费支出2.42亿元，其他支出0.56亿元），比上年增加1.17亿元，增长4.5%；机关支出7.6亿元（其中离休金支出1.41亿元，退休金支出5.02亿元，退职生活费支出0.05亿元，医疗卫生费支出0.95亿元，其他支出0.17亿元），比上年增加0.79亿元，增长11.6%。

（吉林省劳动和社会保障厅）

黑 龙 江 省

2003年，黑龙江省各项劳动和社会保障工作，涉及面之广、政策性之强、难度和工作量之大，都是前所未有的。一年来，全省劳动保障战线全体干部职工，以“三个代表”重要思想为指导，在劳动保障部和省委、省政府的领导下，迎难而上、求真务实、埋头苦干，克服了资金紧张、工作压力大、要求高等诸多困难，出色地完成了年初确定的各项工作任务，为维护黑龙江省的改革发展稳定做出了应有的贡献。

一、全面实施再就业行动，努力促进下岗失业人员再就业

2003年，黑龙江省委将再就业工作确定为“十项利民行动”之首，进一步加大了推进力度，通过一年来的不懈努力，取得了突破性进展。

（一）狠抓再就业优惠政策的落实，及时解决政策执行过程中出现的问题

2003年，黑龙江省劳动保障部门从省情出发，在广辟渠道、政策扶持、技能培训、市场导向、宏观调控和组织领导等方面，不断加大工作力度。以《黑龙江省委、省政府关于贯彻落实〈中共中央、国务院关于进一步做好下岗失业人员再就业工作的通知〉的实施意见》为主体，包含税费减免、小额贷款、社保补贴、就业援助等各项扶持政策的10余个政策性文件均已出台实施。不断加强对政策落实情况的督促检查，年内开展了1次全省性的再就业政策落实情况大检查；针对不同的政策执行环节，进行了8次专项抽查。同时，主动协调各级工商、税务等部门为落实各项税费减免政策开设下岗失业人员服务窗口、简化手续，为下岗失业人员及企业享受各项政策提供方便。并通过采取设立专项监督电话等形式，对政策执行情况实施了行政、社会和舆论监督，有效地保证了各项政策不折不扣的落实。

——努力开发就业岗位。全省新增就业岗位55.79万个。按产业划分，第一产业增加5.6万个，第二产业增加12.9万个，第三产业增加37.29万个。按就业渠道划分，社区11.51万个（其中社区公益性岗位3.58万个），其他公益性岗位2.32万个，个体私营11.5万个，外资合作1.95万个，国有大中型企业主辅分离安置2.25万个，劳务输出8.66万个，劳务派遣1.4万个，灵活就业10.6万个，种植养殖业5.6万个。

——《再就业优惠证》发放，实现了应发尽发。2003年，黑龙江省劳动保障部门适时在全国率先将《再就业优惠证》的发放范围扩大到国有混岗大集体、供销社系统下岗职工，这种做法得到了国务院的肯定。截至年底，全省共发放《再就业优惠证》82.15万本，发证数量始终居全国前列。在领证人员中，国有企业下岗职工44.5万人，占54%；国有企业失业人员27.6万人，占34%；国有企业关闭破产需要安置人员7.1万人，占9%；享受最低生活保障且失业一年以上的城镇其他失业人员1.8万人，占2%；其他人员1.15万人，占1%。在上述人员中，“4050”人员为26.3万人，占总数的32%。领证人员实现再就业40.01万人，其中“4050”人员

为15.5万人。

——加强基层劳动保障工作机构建设。全省所有街道、乡镇和社区，已于年底前全部建立了劳动保障工作机构，共配备专兼职工作人员7 389人。在开展工作的同时，各地按照“六个到位”“三个衔接”的要求不断完善工作职能。普遍配备了微机、电话等办公设备，并建立了相关业务工作台账，为下岗失业人员提供了有效的劳动保障服务。

——强力推进小额贷款的发放工作。2003年，省财政筹集的5 000万元小额贷款担保资金已全部拨付各地，13个市、地共匹配担保资金1.69亿元，并先后成立了专门的担保机构。全年共为5 058名下岗失业人员发放小额贷款8 429.5万元。

——积极筹集合理使用再就业资金。全年共筹集再就业资金8.53亿元，主要用于社保补贴、公益性岗位补贴、再就业培训补贴、职业介绍补贴、劳动力市场建设、社区劳动保障工作机构经费补贴等。

（二）积极开辟就业渠道，努力增加就业岗位

2003年，黑龙江省通过组织实施再就业优惠政策，结合各地实际，大力拓展就业空间，全省初步实现了就业渠道的多元化、就业形式的多样化。一是积极发展特色旅游、商贸流通、交通运输、房地产业、文化娱乐、教育培训、体育健身、卫生保健、社会服务等第三产业。二是鼓励发展多种所有制经济吸纳下岗失业人员。三是积极发展跨地区的劳务输出。各地通过采取政府引导、企业组织、劳务中介机构介绍等办法，向省外、国外转移黑龙江省开采、种植、养殖等具有比较优势的劳动力。四是鼓励国有企业通过结构调整、重组改制和主辅分离安置下岗失业人员。五是鼓励下岗失业人员转变观念，通过从事非全日制、临时性、季节性、弹性工作实现再就业。

（三）继续实施“再就业援助行动”，帮助困难群体实现再就业

2003年，黑龙江省将实施“再就业援助行动”的重点放在了政府购买公益性岗位安置“4050”人员上，各级就业服务机构普遍推行了针对就业困难群体的送政策、送信息、送岗位、送技能、送资金“五送”工作机制，取得了较大成效。共有15.89万名“4050”人员实现了再就业。

（四）强化职业技能培训，积极开展就业和再就业服务

——通过免费职业介绍、职业培训，对下岗失业人员开展了多种形式的就业援助。截至2003年年底，黑龙江省共有职业介绍机构1 166个，其中公共职业介绍机构1 050个，工作人员2 664人。各级公共职业介绍机构普遍对下岗失业人员实行了求职登记、职业指导、职业介绍、培训申请、鉴定申报、档案管理和社会保险关系接续等“一站式”就业服务。全年共受理求职登记77.6万人次，职业介绍成功47.8万人（其中下岗失业人员32.9万人）。

——为27.3万名下岗失业人员提供了再就业培训，培训合格率为93%；培训后有17.7万人实现了再就业，培训后的就业率为70%。同时，对1.7万名有创业愿望和开业条件的下岗失业人员进行了创业培训和开业指导，培训后成功创业和实现自谋职业8 024人，创业成功率为47%。

——加强了对劳动力市场的基础建设。随着“金保工程”的实施，全省劳动力市场网络建设正在抓紧进行，计划于2004年年底前建立起全省就业信息公开发布系统。

（五）开展全方位的再就业宣传活动，努力营造良好的舆论氛围

为配合再就业工作的不断深入，2003年，黑龙江省组织实施了一系列富有成效的宣传活动。省劳动保障厅与省电视台公共频道联合主办了“就业连心桥”专题栏目、与《黑龙江日报》联合开办了“就业与社会保障”专版，加大了对再就业政策宣传和培训、就业信息发布的力度。各地通过在新闻媒体上开辟专栏、悬挂条幅标语、设立咨询台、举办培训班、深

入企业面对面开展宣传等形式，系统宣讲各项再就业优惠政策，突出宣传各地落实优惠政策的新举措、取得的新成效，以及拓宽再就业渠道的成功经验，推出了一批下岗失业人员通过自谋职业、自主创业实现再就业的典型。

黑龙江省就业和再就业工作所取得的成绩，得到了劳动保障部的充分肯定，并作为经验在全国再就业工作会议上进行了推广；中央电视台、人民日报等全国性媒体均进行了报道；10月末中央再就业工作督查组对黑龙江省再就业工作作出如下评价："黑龙江省已经建立起一整套促进再就业的政策体系、组织体系和工作体系，层层都在抓再就业优惠政策的落实。有关再就业扶持政策已经或正在为相关部门基层工作人员所掌握，为下岗失业人员所熟悉，落实得也比较好。"

二、两个确保成果继续得到巩固，完善社会保障体系工作取得了积极进展

2003年，黑龙江省通过狠抓养老保险扩面、强化养老保险基金征缴、追缴企业欠费、调用结存基金、财政补贴等办法，多方筹措基本养老保险基金；严格控制下岗职工总量，坚持按"三三制"原则，采取"先筹后补"的办法筹集下岗职工基本生活保障资金。在国家的大力支持下，全年共为企业离退休人员发放基本养老保险金118.4亿元；为中心内下岗职工发放基本生活费、代缴社会保险费7.6亿元，做到了按时足额发放。

（一）基本养老保险

2003年，黑龙江省紧紧抓住社会保险登记环节，通过扩面攻坚、劳动保障监察等手段，大力推动基本养老保险扩面工作；积极配合税务机关，狠抓缴费、申报、基金管理等重要环节，使基金征缴额逐年增加。同时，积极推进企业退休人员社会化管理服务工作。截至年底，全省基本养老保险参保人数为518.3万人，参保率已达99.2%。全省已成立社区退管机构1 200个、社保退管机构114个、企业退管组织711个，实行社会化管理服务对象已达157.8万人，占全省企业退休人员总数的88.8%，比上年同期增加116万人。

（二）失业保险

2003年，黑龙江省认真贯彻执行《黑龙江省失业保险条例》，通过完善失业保险申领办法，对申报、登记、建档、建账实行有序管理等措施，保证了失业保险基金的合理使用，从根本上杜绝了管理不严、接收不准的现象；利用"失业保险扩面攻坚月""宣传周"等形式，千方百计扩大覆盖范围、强化保费征缴，保持了基金征缴逐年增长的良好态势。截至年底，全省失业保险参保人数为510.6万人，参保率为97.5%；共收缴失业保险费6.79亿元，收缴率为84.66%，比上年增收近亿元，增幅为17.06%；人均缴费额增长26%，位居全国第四。滚存结余基金已达15.01亿元。全年共为失业人员发放失业保险金2.65亿元，拨付下岗职工基本生活保障资金3 457万元，发放率和拨付率均为100%。

（三）基本医疗保险

2003年，黑龙江省按照《国务院关于建立城镇职工基本医疗保险制度的决定》的要求，结合省情，认真制定、完善政策，抓住重点，攻克难点，积极推进城镇职工基本医疗保险制度改革。全省医疗保险覆盖面不断扩大，到年底，全省基本医疗保险参保人数为439万人，参保率为64.6%；多层次医疗保障体系已基本形成，有9个市地实行了公务员医疗补助，12个市地落实了大额医疗费用补助办法，8个市地建立了企业补充医疗保险，所有市地全部建立了离休人员医疗保障机制；困难企业职工和灵活就业人员参保问题初步得到解决，全省60余万名困难企业职工参加了医疗保险，对灵活就业人员参加医疗保险问题做出了规定；医疗保险服务管理得到强化，建立和完善了医、保、患三方制约机制，进一步减轻了参保职工个人负担。全省基金收支基本平衡、略有结余，医疗保险已步入健康发展轨道。

（四）工伤保险

按国家要求，2003年，黑龙江省劳动保

障厅成立了工伤保险处，各地也相应理顺了管理体制。《黑龙江省贯彻〈工伤保险条例〉若干规定》已经省长办公会批准下发执行。年底，在全省统一组织了贯彻《条例》和《若干规定》的宣传日活动。

三、积极开展完善城镇社会保障体系试点准备工作

2003年，黑龙江省依托“金保工程”建设，兼顾老工业基地调整改造需求，在逐企逐人调查的基础上，克服时间紧、任务重的困难，建立了全省基本养老保险和并轨人员（并轨是指国有企业下岗职工基本生活保障向失业保险并轨）数据库。围绕基本养老金计发办法改革，分别抽取1.7万人和1.3万人为样本，进行了多种模式的反复测算。预测了并轨及做实基本养老保险个人账户的资金需求，在省直10户企业实施了并轨试运行，并对试点相关配套政策进行了研究、论证。借鉴辽宁试点经验，结合本省实际，起草了《试点方案（初稿）》，并多次去劳动保障部汇报，多方征求了意见。根据劳动保障部领导和专家对试点方案的论证意见，对《试点方案》进行了多次修改，形成了上报国务院的《试点方案》送审稿。

四、劳动者权益维护工作不断深入

为切实维护劳动者的合法权益，促进劳动关系的和谐稳定，2003年，黑龙江省进一步加大了劳动争议处理和劳动保障监察工作力度。年内共立案处理劳动争议案件6 523件，已结案6 054件，结案率达92.8%。各级劳动争议仲裁机构不断健全预警机制，充分发挥了对劳动争议的事前预防、事中调处和事发监控作用，及时主动介入、妥善处理了粮食系统、黑乳集团等行业、企业因企业改组、改制而引发的大规模集体劳动争议，避免了事态的恶化，维护了社会稳定。不断推进劳动争议仲裁体制实体化、职业化建设，在哈尔滨、鸡西等地，开展了劳动仲裁院的试点。全年共对3.7万户用人单位进行了劳动保障年检，为劳动者追回工资等待遇7 473万元，清退风险抵押金722万元，纠正用人单位违反劳动保障法律法规行为7 905件，取缔非法职介机构239户，责令用人单位清退童工77人，督促用人单位缴纳社会保险费9 024万元。上半年，克服“非典”影响，开展了“规范用工管理百日攻坚战”，共补签劳动合同46.3万份。

五、围绕老工业基地振兴，发挥职能，搞好服务

按照党的十六届三中全会及《中共中央、国务院关于实施东北地区等老工业基地振兴战略的若干意见》（中发［2003］11号）要求和省委的部署，2003年，黑龙江省劳动保障部门重点做了以下几方面工作：

——做好分离企业办社会的各项基础工作，为国有企业改革提供服务。对分离企业办社会涉及的养老保险、失业保险、医疗保险等方面的资金需求进行了测算，为政府决策提供了比较可靠的依据。发挥职能优势，结合“金保工程”建设，建立了转制国有企业档案，实行信息化管理。及时研究老工业基地调整改造过程中涉及的劳动保障问题，调整完善了相关政策。

——为解决职业技能人才短缺问题，积极开展了对高技能人才的培训工作。在对全省技术工人现状认真调研的基础上，着手研究制定相关的配套政策和措施，准备为振兴老工业基地培养更多的技术工人，特别是高级技能人才。

——搞好劳动用工管理，理顺收入分配关系。大力推行劳动合同和集体合同制度，到2003年年底，全省已有504.5万名职工与企业签订了劳动合同，签订率达95.6%；9 501户企业签订了集体合同，签订率为40.1%；劳动关系三方协调机制建设取得较大进展，各市地年内全部建立起三方协调会议制度，促进了劳动关系的和谐稳定。企业工资宏观调控机制建设取得了新的进展，各地普遍建立了工资

指导线和劳动力市场指导价位制度，调整了全省企业最低工资标准，制定了非全日制用工的小时最低工资标准和工资给付、合同签订、社会保险等政策，促进了非全日制就业的健康发展。企业工资收入分配制度改革进展较快，全省已有6 042户企业实行了岗位工资制，316户企业实行了经营者年薪制，并在10户企业进行了生产要素按贡献参与分配的改革试点。

（黑龙江省劳动和社会保障厅）

上　海　市

2003年，上海市的劳动和社会保障工作以“三个代表”重要思想为指针，与时俱进、开拓创新，克服“非典”等带来的不利影响，取得了新的进展。

一、全年完成新增就业岗位46万个，城镇登记失业率4.9%

上海市在连续3年完成每年净增30万个就业岗位的市政府实事项目后，为了更好地将社会经济发展与就业紧密结合起来，从2003年起，开始实施新增就业岗位计划。2003年计划新增40万个就业岗位，并在当年被列入市政府的实事项目。经过全市各方面的共同努力，当年共实现新增就业岗位46万个，超额完成了市政府确定的新增40万个就业岗位的实事项目。截至年底，全市城镇登记失业人数为30.1万人，城镇登记失业率为4.9%，实现了年初市政府确定的将城镇登记失业率控制在5%以内的目标。

为了实现新增40万就业岗位和将城镇登记失业率控制在5%以内的目标，上海市采取多种形式开拓就业岗位，积极促进就业。首先，继续运用“4050”工程的市场化运作模式，全年新推出“4050”创业项目626个，创造就业岗位2.6万个。为了帮助有志自主创业的失业人员成功创业，市区两级开业指导机构积极将开业指导和创业培训结合起来，有针对性地开展各种形式的开业指导服务，全年累计提供开业指导服务3万人次，组织创业培训1.8万人次，经过培训和指导后的成功开业率达到61.5%。其次，进一步加强和规范非正规劳动组织建设，截至2003年年底，全市非正规劳动组织已达到2.2万家，累计吸纳从业人员22.9万人。同时，非正规劳动组织的小企业“孵化器”作用进一步增强，到2003年年底，累计已有1 000多家非正规劳动组织转制为小企业。第三，加大就业援助力度，缓解困难群体的就业矛盾。2003年，继续通过政府出资购买社区公益性岗位，安排近10万名就业特困人员进入公益性劳动组织实现就业。同时，结合城市管理的需要，开拓了一批新的公益性岗位，组建了社区卫生保洁、交通协管等公益性劳动组织，优先安排就业困难对象。

为配合上海市郊区的城镇化建设，促进农村富余劳动力实现非农就业，也是上海市促进就业的一项重要工作。通过实施农村富余劳动力和城镇劳动力享受同等的就业服务和就业优惠政策，2003年，全市已有20多万农村富余劳动力领取了“求职登记卡”，直接进入劳动力市场求职，有12万农村富余劳动力实现了非农就业。这样，上海市城乡一体化的促进就业机制基本形成。

二、全年完成职业培训19.8万人次，培训后的就业率达到69.3%

按照市委、市政府提出的“科教兴市”战略的要求，2003年，上海市制定了三年“技能振兴计划”，并从当年起正式启动。根据“技能振兴计划”的安排，上海市职业培训的重点对象由“4050”人员向青年转变；职业培训的重点层次由上岗培训向中高级职业培训转变；职业培训的重点产业方向由传统产业向数字制造业、现代服务业转变。通过对不同人群开展有针对性的职业技能提升和继续实施政府购买培训成果等形式，全年完成职业培训19.8万人次，培训后的就业率达到69.3%；其中参加中级以上职业技能培训的人数有8.6万人，占全部职业培训人数的43.5%，比上年提高4%。通过实施“技能振兴计划”和将部分高级技能培训纳入政府补贴培训经费范围等措施，上海市的高级技能培训取得了很大的成效，截至2003年年底，上海市具备高级技能的职业人才占技术性从业人员的比例由2002年的6.2%上升到9.4%。

三、职业培训公共实训基地完成实训和职业资格鉴定26.3万人次

为进一步整合上海市的职业培训资源和提升职业培训水平，由市劳动和社会保障局建设并向全市各培训机构免费开放的职业培训公共实训基地，加大了向社会开放的力度，2003年共完成实训和职业资格鉴定26.3万人次，比上年增长了近50%。按照“科教兴市”的战略要求和上海市产业结构调整后的发展方向，市职业培训公共实训基地启动了以数字制造业和现代服务业为中心的扩建和改造提升。根据上海经济发展过程中迫切需要大批高技能职业人才的要求，开展了对市区两级职业培训公共实训服务体系建设的规划调研，计划在上海市东南西北各个区域分别建设并进一步扩大公共实训基地，满足各个层次和不同产业的职业培训需求。

四、首次举办上海“灰领”职业技能大赛和“灰领”职业人才国际论坛

“灰领”职业人才，是指具有较高学识水平、较强动手能力的技能型人才。为了满足知识经济时代对技能型人才的需求，上海市在2003年推出了以“灰领”作为新型高技能人才的形象概念，并以此为主题举办了首届上海职业培训国际论坛，来自境内外的200多位专家学者参加了论坛。为了扩大“灰领”型高技能职业人才的社会影响，市劳动和社会保障局于2003年11月举行了上海首届“灰领”职业大赛，一批大赛的优胜者作为优秀高技能职业人才在上海市人才工作会议上受到了表彰。在举行“灰领”职业大赛的同时，市劳动和社会保障局还在部分高校和社区举行了“灰领”职业人才巡展，各新闻媒体也进行了大量的宣传报道，取得了较好的社会反响。“灰领”型高技能职业人才的概念正被社会广泛认可。市劳动和社会保障局根据“灰领”型职业人才的培养要求，进行了与之相适应的职业标准制定和职业资格鉴定试题库开发，首期已经公布了25个“灰领”型职业标准和培训大纲。

五、青年职业见习计划稳步推进，为解决高校毕业生的就业开创了一条新的途径

为解决青年因缺乏工作经历而影响就业的问题，上海市于2002年2月推出了青年职业见习计划，并诞生了首批青年职业见习基地。一年来，经过广泛宣传，青年职业见习计划受到了社会的广泛关注，青年职业见习基地的规模进一步扩大。截至2003年年底，上海市已在719家企事业单位建立了青年职业见习基地，累计有2.5万名青年参加了为期3～6个月的职业见习，见习后的一次就业率达到60%以上。

六、社会保障体系进一步完善

2003年，上海市的社会保险体系进一步完善，城镇养老保险的参保人数达到715.7万人，享受养老保险待遇的离退休人员达到254.6万人；失业保险在促进就业方面的积极作用得到了充分发挥；简化了生育保险的申领手续；农村养老保险的管理进一步规范；工伤保险实施前的各项准备工作基本就绪；外来从业人员综合保险的参保人数明显增加；补充养老保险覆盖面不断扩大。加强了社会保险基金管理，全年征缴社会保险基金483.9亿元，比上年增长20.5%，征缴率达到99.9%。

2003年，小城镇社会保险制度在上海市郊区全面推开。10月，市人大常委会通过了《关于同意〈上海市小城镇社会保险制度的实施方案〉的决定》，市政府颁布实施了《上海市小城镇社会保险暂行办法》和《上海市被征用农民集体所有土地农业人员就业和社会保障管理办法》，确立了“落实保障、市场就业”和“社会保障与土地处置、户籍转性整体联动”两大原则，切实解决上海市被征用土地农民的社会保障问题。10月25日，小城镇社会保险在上海市郊区全面推开。小城镇社会保险是上海市为适应郊区农村发展和保障广大农民，尤其是离土农民的根本利益而建立的一项新的社会保险制度，体现了基本保险与补充保险相结合、社会统筹与个人账户相结合的特点。小城镇社会保险实施后，上海市有关部门还相继出台了一系列配套措施，确保了小城镇社会保险在郊区积极稳妥、平稳有序地推进。截至年底，仅两个多月的时间，参加小城镇社会保险的人数已经超过2万人，其中农民和原农业人员占90%。

七、劳动保障监察力度加强

2003年，上海市劳动保障监察力度增强，全年共受理各类投诉举报1.6万件，监察用人单位2.7万户，查处各类违法案件9 500件，追缴社会保险费1.6亿元，补签劳动合同和补办用工手续3.6万人，责令用人单位补发拖欠9万名劳动者的工资6 399万元，有力地维护了劳动者的合法权益。全年共受理、审核集体合同4 200份，涉及职工约75万人。根据劳动关系多样化的趋势，为切实保护各种劳动关系状态下的职工利益，出台了《上海市企业工资支付办法》，将职工最低工资标准调整到每月570元，最低小时工资调整到每小时5元。全年受理劳动争议案件1.6万件，结案1.5万件，其中调解率达到69.6%。

八、劳动保障管理信息系统基本建成

2003年，上海市对劳动保障管理信息系统进行了升级改造，将就业和社会保障两个原来独立运行的系统实现全面对接和功能整合，形成了一个覆盖全市的劳动保障管理信息系统，并进入正常运行。劳动保障管理信息系统建立了庞大的数据库，储存了上海市从业人员、离退休人员、失业人员和外来从业人员在内的近1 000万条的个人信息和几十万户用人单位的劳动保障方面的信息，系统可以实时处理市、区县、街道乡镇近万个终端传输的信息，将劳动和社会保障管理服务落实到每一个人的每一个具体状态，实现了对劳动者“记录一生、服务一生、管理一生、收益一生”。

依托劳动保障管理信息系统，上海市公益性职业介绍服务机构的主渠道作用进一步增强，全年共发布招聘岗位59万个，受理求职登记64万人次，其中23.8万人通过公益性职业介绍服务机构的介绍成功就业。上海专业人员招聘网的入网招聘单位达到2.1万家，入网求职的个人达到14万人，累计发布招聘岗位17万多个，求职成功人数超过1.3万人。

（上海市劳动和社会保障局）

江　苏　省

2003年，江苏省按照劳动保障部和省委、省政府的决策部署，认真贯彻“三个代表”重要思想和十六大精神，克服“非典”对劳动保障工作的不利影响，坚持“两手抓”，不断加大就业再就业工作力度，继续巩固两个确保，积极推进社会保障体系建设，努力维护劳动者合法权益，团结拼搏，奋力开拓，劳动保障各项工作取得新进展。

一、就业再就业工作成效显著

2003年，江苏省根据国家有关文件精神，迅速制定出台了配套政策和实施办法，建立了再就业工作部门联席会议制度，形成了较为健全的目标、政策、责任体系。加大了再就业资金的投入，继续对生活困难的下岗失业人员开展再就业援助，建立健全了通报和监督检查制度，省政府先后于6月和9月两次组织再就业督查，有力地促进了再就业工作的开展。狠抓街道、社区劳动保障工作平台建设，全省256个省辖市市区街道都已建立了机构，并基本做到“六个到位”。截至年末，全省全年提供就业岗位144.99万个，城镇新增就业76万人，其中：净增就业56万人；年末城镇登记失业率为4.1%；下岗失业人员再就业35.5万人，其中“4050”人员再就业12.99万人，圆满完成年初省委、省政府确定的目标任务。

二、社会保险工作取得新突破

2003年，江苏省通过确定全年省补助方案、及时预拨省补助资金、强化地方保发放的责任等措施，全省各地均未发生养老金新的拖欠，确保了养老金按时足额社会化发放。同时，社会化管理服务工作进展顺利。到年底，全省社会化管理率为86.5%。特别是省试点城市泰州市社会化管理率达100%，全国试点城市南京市达93.5%，继续走在全省前列。

2003年，江苏省坚持以股份制企业、“三资”企业、私营企业和个体工商户为重点，以非正规就业、灵活就业人员、进城务工人员等为主要对象，完善参保缴费政策，采取有效措施，扩大社会保险覆盖范围，全省参保人数和缴费人数继续保持增长势头。到年末，企业养老保险参保职工779.15万人，比上年末增加68.56万人，缴费人数711.07万人，比上年末增加52.63万人，参保人数和缴费人数的增量继续位居全国前列；医疗保险参保人数835.1万人，比上年末增加144万人，参保增量和总量分别位居全国第一位和第二位；失业保险参保人数762.92万人，扭转了近年来参保人数连续下滑的局面；工伤、生育保险参保人数分别达504.05万人和504.66万人，分别比上年增加24.05万人和18.6万人；机关事业单位和农村养老保险工作也取得了新的进展，参保人数分别达到94.5万人和703万人。

社会保险基金征缴势头良好。2003年，江苏省养老、医疗、失业保险基金征缴收入分别为204.2亿元、72.68亿元和22亿元，与上年同期相比，三项基金均保持了两位数的增幅。工伤、生育保险基金收入分别达3.29亿元和3.98亿元。机关事业单位和农村养老保险基金积累也分别达33亿元和54.26亿元。

三、职业培训和技能鉴定工作得到强化

2003年，江苏省深入进行技工学校的机构调整和改革工作，从培养初级工到技师的职业资格培训体系初步形成。全省技校招收新生7.2万人，大大超过了4万人的招生计划，3万名应届毕业生的就业率超过98%。同时，深入实施“三年百万”再就业培训计划和“百镇百万”农村劳动力开发就业培训计划，2003年，全省共培训下岗失业人员51.8万人，培训后一定期限内再就业率达60%；培训农村劳动力62.72万人。

2003年，江苏省进一步加强了对职业技能鉴定质量保障与技术服务体系的建设。对5个新职业实行了全国统考，开展了计算机高新技术智能化考试，大力拓展职业技能鉴定覆盖范围，提前完成了全年鉴定人数30万、取证人数28万的任务。同时，进一步规范了职业培训和鉴定管理，对涉及社会公共利益的10个职业开展了专项治理，进一步落实了就业准入制度。

四、劳动关系调整和企业工资分配制度改革继续推进

2003年，江苏省以“维权年”活动为主线，不断推进集体合同和劳动合同制度建设。《江苏省劳动合同条例》的颁布，进一步健全完善了江苏省劳动合同制度体系，维护了劳动者和用人单位的合法权益，规范了劳动力市场秩序。

2003年，江苏省大力推行工资集体协商，完善最低工资保障制度，实行企业欠薪报告制度。加强对企业工资收入分配的指导和调节，及时发布工资增长指导线和劳动力市场价位、人工成本预测预警信息，指导企业和劳动者更好地开展工资集体协商，促使企业建立健全工资共决机制。2003年，全省在岗职工平均工资达15 581元，同比增长15.3%。最低工资标准经过调整，一、二、三、四类地区分别比上年增长了17%、21%、21%和23%。

五、劳动争议处理工作进一步加强

2003年，江苏省高度重视因企业改制、职工下岗、拖欠工资等引发的集体争议，做到优先受理，积极调解，慎重处理，适时裁决。进一步规范集体争议的处理程序和制度，形成集体争议的有效防范处理体系。各级劳动争议仲裁委员会共受理劳动争议案件3.67万件，审理结案3.78万件（含上年结转数），当年结案率达95.5%。

六、法制建设和劳动保障监察工作不断加强

2003年，江苏省劳动保障厅积极争取省人大审议出台了《江苏省劳动合同条例》和《江苏省社会保险费征缴条例》。组织开展了法律法规宣传和政策咨询活动。开展了工资支付、禁止使用童工、社会保险扩面等专项检查。各级劳动保障监察机构共检查用人单位5.995 9万户，接受群众举报3.38万件，并对10万余户用人单位进行了年检，2003年度年检单位数达到13万户以上。全年共追发劳动者工资等待遇13 288万元，督促缴纳社会保险费2.6亿元，清退风险抵押金1 073万元，清退童工529人，有力地维护了劳动者的合法权益和劳动力市场的健康有序发展。

七、劳动保障信息化工作稳步推进

2003年，江苏省进一步明确了劳动保障信息化工作的指导思想和管理体制，建立健全了“金保工程”建设领导小组，制定出台了一系列文件，形成了统一的规范标准。无锡、泰州等地积极开展“金保工程”建设的试点，为实施“金保工程”积累了经验。加快了省级劳动保障数据中心的筹建，进行了资源整合，初步构建了统一的系统平台。“江苏劳动保障”网站也即将开通运行。

八、基金监管制度进一步完善

2003年，江苏省11个省辖市成立了市级

社会保障监督委员会，45 个县（市）建立了基金监督机构，初步建立了省、市、县三级社会保障基金监管工作网络。进一步加强了社会保险基金运行的监督工作，会同有关部门建立并实施了定期联合检查制度，积极开展现场监督和非现场监督工作，基本完成了现场监督检查面60%的目标任务。

（江苏省劳动和社会保障厅）

浙 江 省

一、就业和再就业工作目标任务全面完成

2003年，浙江省各地按照“立足经济发展，注重岗位开发，坚持市场导向，完善服务体系”的工作思路，扎实推进就业和再就业工作。一是加强领导，建立和落实了就业再就业工作目标责任制。浙江省建立了就业和再就业工作联席会议制度，各地也普遍建立了相应的领导机构。二是省级有关部门和绝大部分市县制定出台了再就业配套政策，各地还结合当地实际，制定扩大了享受优惠政策的范围。三是积极筹集落实再就业资金，2003年，全省共筹集再就业资金6.5亿元。四是大力开发社区就业岗位，积极发展劳动就业服务企业和非正规组织就业，扶持下岗失业人员自主创业以及开展劳务输出等，为下岗失业人员再就业和农村劳动力转移就业开辟新的渠道。五是加强就业服务，积极开展再就业援助活动。2003年，浙江省共发放《再就业优惠证》32.8万本。六是推进城乡统筹就业试点工作，在全国率先提出了城乡统筹就业试点工作的指导意见，试点范围已扩大到10个县市。2003年，浙江省新增就业岗位53.4万个，新开发社区就业岗位10.9万个；帮助35.6万名下岗失业人员实现再就业，其中就业困难人员12.6万人。城镇登记失业率为4.2%。

二、初步建立全方位的职业培训体系

2003年度，浙江省的职业培训工作以提高劳动者素质为抓手，以再就业培训为重点，扎实推进职业培训工作。一是加大再就业培训工作力度。通过强化技能培训，推行创业培训，着力提高培训合格后的再就业率。全省全年再就业培训26.3万人，其中技能培训占再就业培训的比重达到62.4%，培训结业后再就业率为63.8%。开展创业培训8 000人，初次创业成功率达到63%，创业后新增就业岗位6 576个。二是做好农村转移劳动力的培训工作。浙江着重抓好衢州、丽水等经济欠发达市县农村劳动力转移的就业培训工作，提高农村转移劳动力的竞争就业能力。三是开始组织实施高技能人才培训工程。浙江省委、省政府决定加快建设先进制造业基地，在全省组织实施了以机电类高级工培训项目为重点的高技能人才培训工程，确定了杭州、宁波、温州、绍兴、金华、衢州、台州、舟山8个市为项目实施的重点市，设立了33个机电类高技能人才培训基地。全省培训高技能人才2.3万人。2003年，浙江省审查批准设立了3所技师学院，全省技师学院有8所。在杭州、宁波、温州等地积极实施高职院校毕业生职业资格培训工程，杭州、绍兴等地还探索建立了大中专毕业生见习基地。四是完善职业资格证书制度建设，扩大职业技能鉴定范围，提高了鉴定质量，全省职业技能鉴定38.4万人。

三、养老保险工作迈上新台阶

2003年，浙江省围绕贯彻实施《浙江省职工基本养老保险条例》，重点抓好26个经济发达县市养老保险全覆盖和13个基金支付困难县市养老保险基金收支平衡工作。萧山、余杭、富阳、玉环、黄岩、绍兴6个县市已提

前基本实现全覆盖。13个基金支付困难县市支付能力稳步提高，基金收支基本平衡。修订完善了“低门槛准入、低标准享受”的养老保险参保办法，进一步将扩面重点转移到非公有制、规模以上企业。同时，按照中央和省委、省政府关于加快推进企业退休人员社会化管理服务的要求，进一步加大了工作力度。到2003年末，浙江省养老保险参保人数为801万人，其中参保职工人数657万人，分别比上年末净增100万人和89万人；企业实际缴费人数532万人，比上年末净增72万人。企业养老保险基金收入187亿元，支出127亿元，累计结余167亿元，比上年末增加60亿元；企业养老保险基金支付能力稳定上升，支付能力达15.8个月，人均养老金达到815元。企业离退休人员127万人，养老金全部按时足额发放，社会化发放率达到100%，退休人员社会化管理服务率已达85.3%。

四、医疗保险工作取得新进展

一是基本医疗保险覆盖范围不断扩大，到2003年年底，浙江省基本医疗保险参保职工达476万人。制定出台了灵活就业人员的参保办法，到2003年年底，全省灵活就业人员参保人数已达45万人。基本医疗保险制度运行基本平稳，统筹基金与个人账户实现了双结余。

二是浙江省通过建立定点医疗机构、定点零售药店制度和医院处方外配等措施，推动了医疗机构药品降价措施的出台，为解决群众“看病贵”问题发挥了积极作用；建立了定点医疗机构考核制度，逐步规范定点医疗机构的医疗服务行为。

三是进一步完善医疗保险政策。浙江省根据基本医疗保险药品目录实施中的实际情况，适当补充了基本医疗保险用药范围。针对离休干部反映的医疗自理费用增加等问题，出台了相关政策。在医疗待遇水平明显提高的情况下，通过加强管理、完善服务，浙江省省级单位离休干部医疗费用稳中有降。

四是认真研究解决困难群体的医疗保障问题，在全省范围内组织了困难企业职工参保情况专题调研。

五是协同推进医疗卫生体制、药品流通体制改革和城乡医疗保障体制改革。

五、失业保险工作稳步推进

浙江省以非公有制企业和事业单位为重点，积极推进失业保险扩面征缴。到2003年末，全省失业保险参保人数达到396.8万人，比上年末增加6.8万人；失业保险基金征缴11.9亿元，比上年末增加1.7亿元；基金支出8.6亿元。年末领取失业保险金人数为17.4万人，比上年末减少10.1万人。全省失业保险基金收支平衡，略有结余。

六、工伤、生育保险工作力度加大

到2003年末，浙江省所有市县全部实施了工伤保险制度。全省工伤、生育保险参保人数分别达287万人和215万人，分别比上年末净增61万人和21万人。

七、建立被征地农民的基本生活保障制度

2003年，浙江省劳动和社会保障厅、国土资源厅、财政厅、民政厅、农业厅5部门联合下发了《关于建立被征地农民基本生活保障制度的指导意见》，对被征地农民的基本生活保障问题制定了分类保障的政策，确定了资金的筹集办法和待遇享受原则，并明确了有关配套措施。到年底，全省有10个市以及50多个县市出台被征地农民基本生活保障的政策；共筹集保障资金约30亿元；有30多万名被征地农民参加了基本生活保障，其中有10万名达到条件的参保对象领取了基本生活保障金。

农村养老保险继续做好整顿规范工作，在实践中探索、在探索中发展，并加强基金管理，确保基金安全。

八、劳动管理得到加强

2003年4月至8月期间，浙江省人大常

委会组织开展了《劳动法》执法大检查。全省连续开展“春雷行动”“春苗行动”和“春雨行动”。2003年，浙江省劳动保障监察机构主动检查用人单位5.3万家，涉及劳动者326.4万人，立案受理劳动者举报投诉案件2.4万件，结案率达96%；为24.8万名劳动者追回被拖欠克扣工资2.3亿元，清退抵押金920.2万元，督促补缴社会保险费1 487.7万元，依法取缔非法职业中介机构340户，清退童工502人。为切实解决建筑企业拖欠农民工工资问题，浙江省出台了有关建筑业企业建立欠薪保障制度的若干意见，从源头上解决欠薪问题。

九、劳动关系进一步规范

2003年，为进一步贯彻实施《浙江省劳动合同办法》，浙江省在全省范围内实行了劳动合同签订情况的考核制度，把劳动合同签订率纳入部门工作目标责任制的考核范围。到年底，全省签订劳动合同的职工人数达644.4万人，劳动合同签订率从上年年底的65.9%上升到77.7%。

十、做好劳动争议处理和信访工作

2003年，浙江省共处理各类劳动争议案件34 386件，比上年增长21%，其中劳动仲裁委员会立案受理劳动争议案件12 263件，比上年增长12%，涉及劳动者22 293人，结案率达94%；乡镇劳动关系协调委员会调解处理16 860件，比上年增长24%。浙江省劳动保障系统全年共处理群众来信1.3万件，接待处理群众上访10.6万人次，分别比上年增长12.2%和25.1%，其中集体上访2 908批7.1万人次。

十一、深化企业收入分配制度改革

2003年，浙江省围绕规范分配行为、探索分配机制，积极推进企业收入分配工作。一是调整全省最低工资标准。从9月1日起，浙江调整提高了全省最低工资标准，并建立了非全日制工作的最低小时工资标准。最低工资标准的实施范围也从原城镇企业扩大到所有企业。调整后的企业职工最低月工资标准为390元、430元、480元、520元4档；对应最低月工资标准，非全日制工作的最低小时工资标准分别为3.5元、3.9元、4.3元、4.7元4档。二是继续推进企业工资集体协商制度。浙江省出台了企业工资集体协商指导意见，就加强工资集体协商制度工作提出了具体要求。三是大力推行劳动力市场工资指导价位制度。浙江省有10个市实行此项制度，各地公布工资指导价位的工种比上年明显增加。继续完善企业工资指导线制度和工效挂钩办法，并对按资本、技术、经营管理等生产要素参与分配进行了积极探索。

十二、社会保障体系不断完善

2003年8月28日，浙江省出台了被征地农民的社会保障制度，维护了被征地农民的合法权益。9月1日，浙江省政府印发了《关于加快建立覆盖城乡的新型社会救助体系的通知》，进一步完善了浙江省的社会保障体系。9月4日，《浙江省失业保险条例》经浙江省第十届人民代表大会常务委员会第五次会议通过，自2004年1月1日起施行。

（浙江省劳动和社会保障厅）

宁 波 市

2003年，宁波市认真贯彻国务院、劳动保障部、省委和省政府的工作部署，扎实苦干、开拓进取，各项劳动保障工作都取得了新的成绩，在改革、发展、稳定的大局中发挥了重要作用。

一、就业和再就业工作扎实推进

（一）落实再就业扶持政策迅速有效

2003年，宁波市相继出台了一系列促进失业人员再就业的扶持政策及具体操作办法，在全市范围内形成了促进再就业的政府扶持体系并全面贯彻落实。全年全市共用于就业和再就业经费达12 840万元；市6区有12 538家用人单位享受了社会保险补贴和用工补助费，35 320名失业人员在此政策扶持下实现了再就业；共为符合条件的3 422名困难失业人员发放再就业援助费；共有3.1万名失业人员享受了再就业培训减免政策；全市各专业银行累计发放小额贷款1 444.1万元，共计324户。

（二）提前超额完成实事工程

2003年，帮困就业再次被列为宁波市政府首项实事工程，为圆满完成任务，各级政府和各有关部门采取了积极有效的措施，扎实开展再就业援助工作。

一是依托基层劳动保障与救助机构建立失业人员信息库。市劳动保障部门成功开发了就业管理计算机系统，并在此基础上建立了信息数据库。各街道、社区、乡镇劳动保障基层组织根据贴近社区、贴近百姓的特点，深入社区家庭，摸清辖区内失业人员的基本情况，做好基本数据的采集和登记工作。截至2003年年底，市5区失业人员的基本情况都已录入计算机系统，并实现了与市本级劳动保障部门的联网，对失业人员实施网上动态管理服务。

二是积极开发就业岗位。2003年，宁波市各级政府开发就业岗位，全市新增就业岗位13万个，开发社区就业岗位2.9万个，全部用于吸纳失业人员。探索开发社区公益性岗位3 553个，全部用于吸纳就业困难失业人员。市区共有非正规就业劳动组织418家，从业人员8 085名，绝大多数为大龄失业人员。

三是千方百计采集岗位信息。宁波市各级劳动保障部门继续通过洽谈会、公共职介、困难人员就业“三专”服务，街道（乡镇）、社区劳动保障与救助机构就近服务等途径，积极为失业人员寻找岗位牵线搭桥。2003年，全市共有9.5万家招聘单位登记用人，提供各类岗位76.4万个，求职者进劳动力市场94.9万人次。全市累计提供帮困就业岗位信息58 813个，帮助14 637名就业困难人员实现再就业，其中市6区累计提供帮困就业岗位41 151个，实现再就业10 228人。

四是不断加大职业培训力度。在再就业培训上，宁波市各级劳动保障部门指导各级培训机构在提高再就业培训的针对性和实效性上下工夫，针对失业人员不同对象，积极组织开展实用技能培训、职业资格培训和创业培训，极大地提高了培训后的再就业率。通过发放技能培训卡，开展“送培训上门服务”活动，进一步调动了失业人员参加技能培训的积极性和主动性。2003年，全市共组织3.1万名失业人员进行了培训，通过技能培训有89%的人员获得职业资格证书、技能培训合格证书，培训后就业率为53%。共组织756名失业人员参加了6期创业培训班，在已结业的4期424名学员中，成功创业211人，实现再就业77人，并吸纳失业人员430人。此外，职业技能鉴定工作也不断加强，全市共组织开展职业资格鉴定4.9万人。

通过以上措施，至2003年年底，全市共有61 462名失业人员实现了再就业，期末城镇实有登记失业人员41 029人，城镇登记失业率为4.02%。

（三）被征地人员、农村劳动力就业培训工作启动实施

2003年，宁波市城乡统筹就业试点工作顺利推进，城乡统一的劳动力市场框架基本构成。按照劳动者自主择业、市场调节就业、政府促进就业的方针，取消地域、身份、户籍、行业等对农村劳动力进入城镇就业的限制性政策，实现用人单位自主用工、劳动者公平竞争就业。城乡劳动者在求职登记、职业指导、职业介绍等方面，按照统一的服务内容和标准，接受统一的就业服务。按照中心城区有市场、主要乡镇有网点、街道社区有窗口的目标，基本形成了辐射所辖乡镇、街道、社区的劳动力市场框架体系。在培训方面，政策已经出台，培训网络已经建立，正按照城乡一体化的要求，启动实施灵活多样的城乡劳动力就业培训工作。至年底，全市共建立城乡培训基地104个，落实被征地人员和农村劳动力培训经费820万元，共组织2.5万名被征地人员和农村劳动力参加职业培训，通过政府目标考核、政策帮扶、城乡一体化等途径帮助实现就业的有1.6万人。

二、社会保障体系在探索中不断完善

（一）被征地人员养老保障工作稳步推进

宁波市各地党委、政府将被征地人员养老保障工作作为统筹城乡经济共同发展、维护社会稳定的重要措施之一，并于2003年1月1日开始进行被征地人员养老保障的试点工作。至年底，镇海、江北、海曙、鄞州、余姚、奉化、慈溪、科技园区、东钱湖、北仑、保税、大榭12个县（市）区434个行政村（社区）进入实质性试点运行阶段，全市累计参保人数达95 908人，按月享受养老保障待遇38 058人。为进一步推进这项工作的开展，2003年12月初，又对被征地人员养老保障的缴费和享受标准进行了调整公布。同时，市本级和大部分县（市）、区政府按照《关于做好农村养老保险交接工作的通知》，完成了农保的移交工作。农村社会养老保险工作平稳。全市90%的行政村、6 667家企业开展了此项工作，累计参保人数80万人，累计基金5.9亿元，享受人数1.7万人，累计发放养老金2 650万元。

（二）城镇职工基本医疗保险制度改革继续深化

2003年年初以来，宁波市在市级统筹范围内全面组织实施了门诊医疗统筹方案，覆盖面不断扩大，已重点将医保延伸到非公有制单位职工、失业职工、个体工商户和自由职业者，确保更多的人群享受基本医疗保险待遇。同时，进一步调整完善政策，扩大了特殊病种范围，降低了特殊病种治疗的个人承担比例，调整了转外地就医和异地定点就医政策，出台了定点零售药店考核办法、门诊就医管理办法、医保限用药目录管理办法。加强了对医疗保险的基础管理，强化了对定点医疗机构和定点零售药店的日常管理，处罚了一批医保违规单位和个人。截至年底，在甬的省部属企事业单位和部队企业离休干部的医疗费都纳入了市级统筹范围。新的医保制度运行总体平稳顺利。

（三）生育保险制度顺利实施，工伤保险制度逐步完善

《宁波市城镇企业职工生育保险暂行办法》自2003年5月1日起施行以来，新制度运行总体平稳。全市4 697名职工享受了生育保险待遇，其中市区3 609名；共支付生育基金1 094.6万元，其中市区856.45万元，女职

工享受生育保险待遇的权利得到充分保障。余姚、宁海、奉化等地也已出台实施办法。

同时，宁波市积极做好《工伤保险条例》实施前的各项准备工作，进一步扩大工伤保险覆盖面，依法完善工伤保险办法和相关政策，规范工伤认定程序。2003 年，全市3 946名工伤职工享受了工伤保险待遇，费用达到3 099.6万元。

（四）社会保险扩面和征缴工作进一步加强

2003 年，宁波市参加养老保险的人数达118.79 万人，其中离退休人数 18.06 万人，实际缴费人数 82.03 万人，比上年净增 10.77 万名。全市企业离退休人员的养老金均按时足额发放到位，期末人均月养老金已达 861 元（市本级 905 元）。全市参加医保人数达 84.25 万人，比上年底净增 11.63 万人，其中市级统筹范围内参保人数达 51.85 万人，比上年底净增 6.83 万人。全市参加失业保险的用人单位21 647家，参保人数 70.73 万人。参加工伤保险人数 47.4 万人，比上年底净增 9.1 万人。参加生育保险人数为 33.62 万人。

2003 年，宁波市养老保险基金总收入27.7 亿元。收缴失业保险基金 2.75 亿元，总收入 3.75 亿元，全市失业金享受 62.3 人次。各项社会保险的征缴率均达到了 98% 以上。共清理养老保险历年欠费2 549万元。此外，从 5 月份起，市级统筹范围原由社会保险机构征收的工伤、生育保险费已全部移交地税部门征缴，市本级还着手对五大保险实行统一申报和受理进行了前期准备，为下一步“五险合一”打下了基础。

（五）企业离退休人员社会化管理服务工作不断加强

2003 年，宁波市随着劳动保障基层组织的逐步建立、健全，企业离退休人员的养老、医疗等管理服务职能也同步向街道社区延伸，社会化管理率逐步提高。截至年底，全市17.8 万名退休人员中已有 16.3 余万人纳入社会化管理，约占离退休人数的 92%，其中社区管理率为 49.4%，居住在市三区的企业退休人员已全部纳入街道（社区）管理。部分县（市）、区还探索建立了退休职工管理中心，在中心内发放改制破产企业退休人员的养老金、报销退休人员的医疗费，为这些人员的老有所养、老有所为创造了良好的环境和条件。

（六）社会保障风险资金制度确立

2003 年，宁波市政府发出了《关于宁波市社会保障风险资金管理暂行办法》，标志着宁波市确立了社会保障风险资金制度。同年市本级基金数为9 647万元。

三、社会保障基层组织建设深入推进

宁波市从 2000 年开始进行劳动保障社会化管理服务试点工作，将劳动保障部门的部分管理服务职能向街道（乡镇）、社区延伸。经过几年的完善，基本做到机构、人员、经费、场地、制度和工作“六到位”。至 2003 年年底，全市共有 48 个街道，79 个乡镇，238 个社区已建立了基层劳动保障服务机构，工作人员达1 060人，建站率达 86.4%，市、区、街道（乡镇）、社区 4 级就业服务网络初步建立。其中市区 31 个街道，26 个乡镇，204 个社区全部建立了机构。各基层保障机构承担的失业人员、退（离）休人员、农村和外来务工、低保困难人员的管理服务职能都已开始正常运作，并利用其贴近失业人员便于开展工作的优势，承担起了相当的帮困就业职能和离退休人员社会化管理职能。2003 年，仅市区基层劳动保障服务机构就办理失业人员登记16 950人，发放失业保险金52 673人次，推荐失业人员培训16 326人次，职业介绍20 988人，办理城镇新增失业人员登记16 244人，办理外来人员就业登记91 015人，提供帮困就业岗位14 749个。为 8 万余名退休人员建立了社区管理基本信息库，发放了《退休人员管理服务联系卡》，并对其养老保险待遇享受资格进行了认定。

四、劳动保障立法和劳动关系调整工作继续得到加强

（一）劳动保障立法力度加强，劳动关系和谐稳定

2003 年，《宁波市劳动监察条例》被列为地方性法规修改项目，已形成初稿上报；《宁波市企业经济性裁员规定》《宁波市企业工资集体协商办法》和职工就业保障工作被市人大列为三大立法调研项目。同时，宁波市深入贯彻省、市劳动合同相关法规政策，进一步扩大劳动合同制度实施范围，着重抓好非公有制企业以及其他各类企业招用农民工依法签订劳动合同工作；进一步加强集体合同管理，推进集体合同和工资集体协商工作。2003 年，全市共有 4.56 万家用人单位实行劳动合同制度，99.9 万名职工签订了劳动合同，1.9 万家企业签订了集体合同。

（二）执法监察有力有效，仲裁信访公正及时

为切实保障劳动者的合法权益，维护社会稳定，2003 年，宁波市各级劳动保障部门通过开展专项检查、群众举报案件专查及参与处理突发事件、劳动年检等形式，有力有效地开展了执法监察工作。全市共监察用人单位7 623户，涉及职工 78.4 万人；受理群众举报4 665件，其中立案1 514件，举报查处结案率达 98.3%；对用人单位劳动保障实行年检11 100户。建立并运行建筑企业欠薪保障金制度、企业工资支付信用制度、企业拖欠工资情况通报制度等行之有效的企业工资支付管理机制，构建覆盖至乡镇的企业工资支付信息网络；畅通民工维权渠道，积极开展打击拖欠农民工工资行为的“春雨行动”，2003 年，共为2.1 万名外来务工人员追回被拖欠工资3 059.8万元。同时，及时公正地处理劳动争议和劳动信访案件。2003 年，全市共受理劳动争议案件3 140件，案件量比上年同期上升 17.7%，已结案2 992件，结案率为 90.3%。

（宁波市劳动和社会保障局）

安 徽 省

2003 年，安徽省各级劳动保障部门从改革发展稳定的大局出发，坚定不移地贯彻执行中央和省委、省政府的一系列决策部署，努力克服“非典”疫情和洪涝灾害带来的不利影响，积极开拓进取，奋力攻坚克难，全力以赴抓好落实，全面完成各项工作目标任务，劳动保障各项工作取得了重大进展。在安徽省政府组织的 2003 年目标责任管理考核工作中荣获第一名。

一、劳动就业

（一）城镇劳动就业

到 2003 年末，安徽省城镇职工总数为 337.78 万人，比上年减少 20.89 万人。其中国有经济 212.24 万人，集体企业 40.7 万人，其他所有制企业 84.84 万人，分别比上年减少 18.85 万人、7.5 万人和增加 5.46 万人。全省新登记城镇失业人员 33.2 万人，全年城镇失业人员再就业 29.66 万人，年末城镇登记失业人数为 25.15 万人，登记失业率为 4.1%。从失业人员就业单位情况看，在各类企业就业的 21.25 万人，在机关、事业单位就业的 0.69 万人，个体经济组织吸纳就业 7.72 万人。从就业人员的国民经济行业分类看，吸纳就业较多的为批发和零售贸易餐饮业、制造业、社会服务业、建筑业，分别占就业总人数的 17.7%、23.7%、11.1% 和 6.6%，合计占就业总人数的 59.1%。

（二）国有企业下岗职工再就业

2003 年，安徽省各地进一步健全完善了就业再就业目标责任管理制度，调整充实了各级就业再就业工作领导小组及其办公室，研究出台了一系列再就业配套政策和具体实施办法，加快下岗失业人员《再就业优惠证》发放，千方百计开发就业岗位，深入开展再就业援助活动，加大组织实施力度。省委、省政府办公厅印发了《安徽省就业再就业工作目标责任制及责任追究暂行办法》。到年底，全省下岗失业人员再就业 27.57 万人，其中领取《再就业优惠证》的下岗失业人员再就业 15.11 万人；“4050”人员实现再就业 5.41 万人，其中领证的“4050”人员实现再就业 4.11 万人。同时，进一步制定完善下岗职工出中心政策，加快出中心工作步伐，全力推进“转轨并线”。通过全省上下共同努力，安徽省已有 12 个市的国有企业下岗职工全部走出中心，在中心国有企业下岗职工由年初的 7.07 万人减少到年末的 3.15 万人，平稳出中心 3.91 万人，其中 2.27 万人实现了再就业。

（三）农村劳动力跨地区流动就业

2003 年，虽然受“非典”疫情影响，安徽省农村转移劳动力仍达到 869 万人，其中向省外转移 714 万人，比上年增长 8.8%。据测算，全省通过跨省劳务输出净收入达 280 多亿元，占农民纯收入的 46.5%，外出务工人员技能培训达 25.6 万人。截至年末，安徽省外出务工的 714 万多人主要集中在长江三角洲、珠江三角洲和京津等经济相对发达的地区，总人数高达 560 万人，占全省外出务工人员总数的 78.4%。其中，在江苏的皖籍务工人员大约有 85 万人，浙江 70 万人，上海 140 万人，江浙沪一带共 295 万人，占跨省流动就业总数的41%；广东、福建一带160万人，占22%；京、津、唐地区105万人，占15%；其他地区154万人，占22%。3月29日，省委、省政府专门召开了全省劳务输出工作会议，会上以省农村劳务输出工作领导小组的名义表彰了66个劳务输出先进单位和112名先进个人。8月份，省委、省政府两办发出了《关于进一步做好全省劳务输出工作的通知》（皖办发［2003］18号）。12月，省劳动保障厅与省社联、省城乡劳动力资源研究会联合召开了安徽省第二届“孔雀杯”返乡创业先进表彰会，表彰了何帮喜等127名返乡创业先进。这些措施有力地推动了全省农村富余劳动力的转移。

2003年，安徽省发生“非典”和遭遇严重洪涝灾害后，全省开展了一系列劳务救灾活动。“非典”过后，各地积极主动联系用工信息，截至9月底，共有组织地向东南沿海等经济发达地区输送农村富余劳动力20多万人。8月30日，由省劳动保障厅牵头与沿江三市成功举办了三市四地（合肥暨芜湖、马鞍山、铜陵三市）联动的专业技术人才大型招聘会，有5 000多人进场应聘，1 780多人与用人单位签订了意向性就业协议。9月上旬，全省各级政府共组织2万多名灾区富余劳动力到新疆摘棉花，创收2 000多万元。9月中旬，省农村劳务输出工作领导小组办公室与媒体共同筹划了“政府引导、媒体搭桥、社会联动、劳务救灾”对接活动。全国10来个省、市近400家企业提供了4万多个用工岗位。对接会当天就达成就业意向8 000多人，截至年底，18个受灾严重的县（区）在对口招聘中，有2万多人外出就业。

（四）外国人来皖就业

2003年末，在安徽省就业的外国人有128人，其中62人为当年就业。128人中，在外商独资企业就业的98人，占77%；在内资企业就业的18人，占14%；在私营企业就业的5人，占4%；在其他类型企业就业的7人，占5%。在皖就业的外国人主要来自日本、美国、德国、法国、韩国等23个国家。就业主要集中在合肥、芜湖、马鞍山、安庆、蚌埠、滁州等城市。

（五）劳动力市场建设

2003年，安徽省各地进一步贯彻落实《安徽省劳动力市场条例》，按照科学化、规范化、现代化的要求加大劳动力市场建设，进一步健全就业服务体系，依法开展劳动力市场清理整顿工作，规范市场行为，大力推进公共就业服务和“一站式”服务，公共职业介绍机构进一步完善服务功能，融职业介绍、信息发布、就业指导、技能培训、社会保险办理、劳动事务代理等服务功能为一体。劳动者自主择业、市场调节就业、政府促进就业的机制基本形成，劳动力市场在合理配置劳动力资源方面，发挥着越来越重要的作用。至年底，全省共有各级各类职业介绍机构达2 136个，其中劳动保障部门开办1 586个，其他组织开办113个，公民个人开办437个。全年各类职业介绍机构提供岗位93.62万个，办理求职登记116.2万人次，介绍成功64.67万人（其中下岗失业人员24.52万人），对求职者开展各类职业指导57.42万人。

（六）街道、社区工作平台建设

2003年，安徽省各地切实贯彻落实省编办《关于加强全省街道社区就业和社会保障管理服务机构建设的通知》（皖编办［2002］186号）和《关于乡镇劳动保障机构编制问题的通知》（皖编办［2003］118号），将街道、社区劳动保障工作平台建设作为再就业的重要工作来抓，到6月底，17个地级市199个街道和1 321个社区全部建立了劳动保障工作机构，基本做到街道、社区劳动保障机构、人员、经费、场地、制度和工作“六到位”。同时，加快县城关镇和重点乡镇的基层劳动保障工作机构建设，积极推进工作平台向县城关镇和重点乡镇延伸。到年底，县级已建劳动保障工作机构的街道共101个，占街道总数的84%；已建机构的乡镇1 017个，占乡镇总数的67%；已建机构的社区610个，占社区总数的92%。全省街道、乡镇、社区劳动保障机构共有工作人员7 580人。

二、社会保险和国有企业下岗职工基本生活保障

（一）企业职工基本养老保险

到2003年年底，安徽省参加企业职工基本养老保险社会统筹的在职职工达343.07万人，离退休人员达108.3万人，全年征收基本养老保险基金61.5亿元，征缴率达90.4%。全年支付离退休人员基本养老金73.8亿元，基本养老金全部实行社会化发放，离退休人员基本养老金均做到按时足额发放，没有发生新的拖欠。省属农垦企业职工参加当地企业职工基本养老保险问题得到解决。省属19户工程勘察设计单位由事业转制为企业，职工参加企业养老保险工作全部落实到位。全省企业退休人员社会化管理服务工作全面展开，到年底，参加社会统筹的企业退休人员中，实行社会化管理服务的达到85.4万人，占全部退休人员的81%，其中纳入社区管理的18.9万人，占退休人员的18%。基本养老保险市级统筹工作开始起步，合肥、蚌埠、淮南、淮北、马鞍山、铜陵6市制定出台了市级统筹工作方案，基本养老保险统筹层次得到提高。

（二）国有企业下岗职工基本生活保障

2003年，安徽省上下继续把确保国有企业下岗职工基本生活作为事关全局的一件大事，进一步健全完善领导体系和责任目标管理体制，坚持“三三制”筹资原则，千方百计落实国有企业下岗职工基本生活保障资金，继续加强对重点企业的监控，加大对全省国有企业下岗职工基本生活保障工作的督查力度。全年共发放国有企业下岗职工基本生活保障资金28.71亿元，其中发放基本生活费17.63亿元，代缴社会保险费9.39亿元，在中心国有企业下岗职工基本生活得到保障，并接续了他们的社会保险关系，进一步巩固了两个确保成果，维护了全省改革发展稳定大局。

（三）失业保险

2003年，根据《安徽省失业保险规定》的要求，安徽省继续扩大失业保险覆盖范围，参保人数稳步增长。年末，全省参加失业保险职工人数达到了380.8万人，较上年末增加了1.8万人，完成了当年计划的100.5%。按照《安徽省社会保险费征缴暂行规定》的要求，加大失业保险基金征缴力度，提高失业保险基金征缴率，基金收入稳步增长。2003年，全省失业保险基金收入达到7.12亿元，比上年增加了0.84亿元，增长了13.4%。其中征收失业保险费收入6.12亿元，比上年增加了6 700万元，增长了12.3%。失业保险制度的社会保障和促进再就业的功能得到进一步发挥。2003年，全省新增领取失业保险金的失业人员达到16.71万人，共有35.43万人在失业保险经办机构享受不同期限的失业保险待遇。全年失业保险基金总支出达到7.39亿元，其中支付失业人员失业保险金达到4.96亿元，支付失业人员职业培训、职业介绍补贴0.28亿元。到年末，全省有23.43万名失业人员在失业保险经办机构领取了失业保险金，是同期在中心国有企业下岗职工的6.4倍，失业保险已经成为下岗失业人员基本生活的主要保障形式。

（四）城镇职工基本医疗保险

2003年，安徽省医疗保险制度稳步运行，参保人数稳步增加，基金征缴水平进一步提高。截至年末，全省医疗保险参保人数达323.5万人，比上年末增加了50.1万人；全年共征收医疗保险基金16.87亿元，当期基金征缴率达到97%，保障了参保人员的基本医疗需求。多层次医疗保障体系进一步完善。到年末，全省所有市县均已建立了城镇职工基本医疗保险制度，所有省辖市都建立了公务员医疗补助和大病救助制度，61个县市建立了大病医疗救助制度，23个县市建立了公务员医疗补助制度。与此同时，部分地区还积极探索建立了困难企业及其职工、城镇灵活就业人员参加医疗保险的办法。医疗保险管理服务工作进一步加强。通过定点协议管理，加强了对定点药店、定点医疗机构的监督考核，部分地区

完善了定点医疗机构考核办法。医疗保险管理信息系统建设取得积极进展，多数省辖市和部分县市实现了医疗保险经办机构与定点医疗机构联网，工作效率、监控力度、服务水平进一步提高。

工伤、生育保险工作积极推进。截至2003年年末，全省有10个市实行了工伤保险社会统筹，参保职工65.7万人；5个市和部分县实行了生育保险社会统筹，参保职工23.6万人。

（五）农村养老保险

2003年，安徽省努力巩固现有的农村养老保险工作成果，尽快理顺农保管理体制；积极探索建立新的农村养老保险制度；配合劳动保障部在安徽省开展农村社会养老保险制度改革试点工作，桐城市、无为县、霍邱县和霍山县成为第一批试点地区。截至年底，安徽省共有17个市、91个县（市、区）、1 726个乡镇、19 026个村、4 943个乡镇企业开展农保工作。参保人数累计1 822 407人，本年参保人数14 242人，保费收入1 239.95万元，其中个人缴费720.74万元，集体补助519.21万元；年末领取养老金24 901人，发放养老金569.06万元，基金结余58 796.04万元。

三、职业技能培训和职业技能鉴定

（一）再就业培训和创业培训

2003年，安徽省各级劳动保障部门高度重视职业培训工作，坚持把开展职业培训提高劳动者素质作为促进就业的基础性、根本性措施来抓。各级劳动保障部门完善了免费再就业培训经费补贴办法，对再就业培训定点机构进行了复核和认定，采取措施动员和组织社会各方面力量大力开展再就业培训，“三年四十万”再就业培训计划超额完成。2001—2003年实际完成再就业培训55.8万人。经过培训，下岗失业人员的就业观念明显转变，就业能力明显增强，培训后28.4万人实现了再就业。2003年，培训下岗失业人员14.4万人，培训合格人数13.8万人，培训后再就业人数8.03万人，培训后再就业率为58%。创业培训工作全面实施。2003年确定了淮北、淮南、滁州、六安、铜陵5城市为省级创业培训重点指导城市。全省17个市普遍开展了创业培训工作，培训学员2 253人，培训合格人数1 915人，合格率为85%。培训后成功创办小企业485人，实现自谋职业650人，实现雇用就业618人，实现新增就业岗位3 588个。农村职业培训工作成效显著。2003年，各地通过农民工培训规划的制定并实施，争取财政给予经费补贴，充分调动社会培训机构的积极性，推广交流典型经验，把农村富余劳动力培训与劳务输出工作紧密结合等措施，推动了农村职业培训工作的深入开展。全年共培训农村富余劳动力40.1万人，培训合格人数36万人，培训后就业人数31万人，培训后再就业率为86%。

（二）技工学校建设

2003年，安徽省按照市场化、社会化方向实施了招生、教学和内部管理等一系列改革，促进了技工学校教育的巩固和发展。技工学校办学条件不断完善，办学水平不断提高，宿州市技工学校等3所学校经省政府批准成为安徽省重点技工学校，马钢和芜湖铁路两所技工学校通过了劳动保障部组织的国家重点技工学校复评与质量体系认证。全省技工学校97所，其中高级技工学校5所，国家级重点技工学校7所，省级重点技工学校18所。2003年，全省技工学校招收新生27 411人，同比增长61.5%。当年在校生总数达56 431人；毕业学生13 322人，就业12 749人，就业率达95.7%。其中，高级技工学校、高级技工班招生2 169人，在校生2 520人。社会职业培训机构蓬勃发展。到年底，安徽省共有社会培训机构597家，比上年增加128家，同比增长27.3%。社会培训机构全年共培训21.8万人，同比增长67%。培训后就业人数为15.9万人，占结业人数的76%。

（三）职业资格证书制度

2003年，安徽省劳动保障厅坚持一手抓扩大职业技能鉴定覆盖面，一手抓提高职业技能鉴定质量，着力推进职业资格证书制度的建立和完善。会同省教育厅、人事厅下发了《进一步推动职业学校实施职业资格证书制度的意见》，进一步推进各类职业学校毕业生的职业技能鉴定工作。会同省有关部门下发文件，在全省印刷等行业推行国家职业资格证书制度。新批职业技能鉴定所 43 个，全省鉴定所（站）达 358 个。组织 7 期考评员培训班，培训、认证考评员 800 多人，全省考评员总数达5 312人。制定下发了《关于加强职业技能鉴定质量管理有关工作的通知》，对鉴定工作的各个环节提出了具体的质量要求和质量标准，明确了质量管理的责任，并向社会公布了监督电话，受理群众举报，接受群众监督。全省参加职业技能鉴定的人数达 17.5 万人，比上一年度增长 15.5%。其中，15.4 万人取得了相应级别的职业资格证书，高级以上级别的取证率明显提高。会同有关部门组织了多场技能竞赛，有的在全国取得较好名次。

四、企业工资收入分配

2003 年，安徽省继续推进企业工资制度改革，加强企业工资收入宏观调控指导，取得了积极成效。一是根据安徽省国民经济和社会发展的主要预期目标，提出了 2003 年企业工资指导线，基准线为 12%，上线为 17%，因受“非典”因素给企业效益带来的影响，基准线、上线分别比上年降低了 1 个百分点；全省 17 个省辖市均建立了劳动力市场工资指导价位制度。二是积极探索企业工资决定机制，推行企业工资集体协商试点工作，全省有 124 户企业进行了工资集体协商的试点；在企业内部实行职工竞争上岗、岗变薪变、人员能上能下、工资能增能减的岗位工资制，到年底，全省以实行岗位工资为主的企业为5 091户，涉及职工 11.63 万人。三是积极稳妥地试行企业经营者年薪、经营者持股和股票期权。全省有 120 户企业开展了经营者年薪制试点工作，225 户企业进行了经营者持股试点，6 户企业试行了经营者股票期权。四是为进一步促进就业，适应用人单位对多种用工形式的需要，2003 年制定下发了《安徽省非全日制用工小时最低工资标准》。非全日制用工小时最低工资标准分别为 4 元、3.8 元、3.7 元、3.5 元、3.2 元、3 元 6 个标准，并从 2003 年 7 月 1 日实行。

2003 年，安徽省在岗职工工资总额 361 亿元，比上年增加 24 亿元，其中企业在岗职工工资总额 199.9 亿元，比上年增加 10.6 亿元。在企业在岗职工工资总额中，国有企业在岗职工工资总额 84.7 亿元，集体企业在岗职工工资总额 22.1 亿元，其他企业在岗职工工资总额 93.1 亿元。全省全部在岗职工年平均工资10 581元，比上年增长 13.8%；企业在岗职工年平均工资9 779元，比上年增长 16.9%，其中国有企业10 109元，集体所有制企业6 152元，其他企业10 989元，分别比上年增长 17%、9.3%、15.7%。

五、劳动关系

（一）*劳动关系调整*

2003 年，安徽省劳动关系调整工作取得积极进展。一是规范非全日制用工行为。为贯彻落实省委 18 号和劳动保障部［2003］12 号文件精神，适应灵活就业和维护劳动者的合法权益，于 2003 年 7 月 4 日出台了《安徽省非全日制用工试行办法》，该《办法》对非全日制用工范围、社会保险、劳动争议处理等方面都作了明确规定，为维护非全日制劳动者的合法权益提供了政策依据。二是全面加强劳动合同管理。重点是督促改制重组、兼并联合、出售转让、承包租赁、关闭破产等企业做好劳动合同的变更、解除、终止或续订工作。三是认真做好集体合同审核工作。截至年底，全省各级劳动保障部门共审核集体合同8 700份，按时审核率达 100%。四是三方协调机制逐步完善。年初召开了安徽省协调劳动关系三方会议第一次会议，总结、分析了 2002 年全省劳动关系协调工作情况并提出了 2003 年的工作重点，确定了安徽省协调劳动关系三方会议组成人员。同时，积极推进市级劳动关系三方协调会议制度的建立，充分发挥劳动关系三方协调机制的作用，截至年底，全省17个地级市建立了劳动关系三方协调会议制度并开展了工作。

（二）劳动争议处理

2003年，安徽省各级劳动争议仲裁委员会共受理劳动争议案件2 575件，涉及劳动者11 187人，分别比上年增长14.4%和1.7%。其中集体劳动争议案件251件，涉及劳动者8 172人；由劳动者申诉的案件2 493件，由用人单位申诉的案件82件，分别占96.8%和3.2%。当年结案2 519件，结案率为91.6%。在审结的案件中，仲裁调解的770件，仲裁裁决的1 203件，其他方式处理的546件，分别占结案数的30.5%、47.8%和21.7%。

六、法制建设

（一）劳动保障立法和法制监督

2003年，安徽省的劳动保障立法工作受到省人大、省政府的重视。《安徽省劳动合同条例（草案）》经省政府常务会议审议报送省十届人大常委会三次会议审议，于2004年2月20日颁布，自2004年5月1日正式施行。《安徽省实施〈工伤保险条例〉办法（草案）》经多次调研、修改、论证，已正式报送省政府法制办审查。劳动保障法制监督和普法工作扎实向前推进。全年共受理行政复议案件45起，处理行政诉讼案件30起，厅机关开展4次劳动保障政策法规讲座，全省劳动保障系统开展了形式多样的普法宣传咨询活动。

（二）劳动保障执法监察

2003年，安徽省各级劳动保障监察机构紧紧围绕劳动保障中心工作，以专项执法检查为重点，不断加大对劳动保障违法案件的查处力度。全年各级劳动保障监察机构共检查用人单位2.11万户，接受群众投诉举报4 604件，立案查处3 205件，处理结案3 110件，结案率达97.0%，其中对256件劳动保障违法案件实施行政处罚，处罚金额106.2万元。通过一系列的执法检查共追缴社会保险费1.4亿元，补签劳动合同21.27万份，追发劳动者工资8.36亿元，其中帮助39.4万名农民工追回工资7.69亿元。此外，还对全省1.8万户用人单位实施了劳动保障年审工作，并在连续3年年审合格的单位中开展评选“劳动保障管理信得过单位”工作，通过审核、公示，全省共有136户用人单位获得“安徽省劳动保障管理信得过单位”称号。

（安徽省劳动和社会保障厅）

福 建 省

2003年，福建省各级劳动保障部门认真贯彻党的十六届三中全会和省委七届五次、六次全会精神，紧紧围绕省委构建“三条战略通道”和省政府“以项目带动战略”的决策部署，按照全国、全省再就业工作会议和全国、全省劳动保障工作会议的部署，克服“非典”对劳动保障工作的不利影响，坚持“两手抓”，不断创新工作思路，加大就业和再就业工作力度，积极推进社会保障体系建设，努力维护劳动者的合法权益，劳动保障各项工作取得新进展。

一、构建具有福建特色的积极就业政策体系

（一）全面超额完成了省委、省政府下达的促进就业目标责任制指标

2003年是党和国家把就业再就业纳入国民经济和社会发展宏观调控目标的第一年。面对突如其来的“非典”疫情，福建省劳动保障工作在省委、省政府的领导下，坚持既定的工作目标不动摇，在建立责任体系、制定配套政策、开发就业岗位、增加资金投入、搞好就业服务等方面狠抓落实，全面超额完成了省委、省政府下达的促进就业目标责任制指标，全省新增就业岗位46万人；下岗失业人员实现再就业人数达8.4万人，完成全年任务数的112%，其中困难就业群体实现再就业人数达2.4万人，完成全年任务数的120%；再就业率连续5年保持在60%以上；城镇登记失业率为4.1%；全省劳动力市场信息网络系统达到85个（2003年新增14个），各类职业介绍机构为登记求职者介绍成功达61.6万人次，其中下岗失业人员3.66万人次；全省127个街道全部建立了劳动保障事务所，1 230个社区中有954个社区建立了劳动保障工作站，989个乡镇中有573个乡镇建成劳动保障事务所，并按照“六个到位”的要求，有效开展了社区开发就业和企业退休人员社会化管理工作；再就业优惠政策逐步落实，省、设区的市两级再就业配套政策全部出台，各项政策全部启动实施，发放《再就业优惠证》15万本；全省筹集再就业资金4.3亿元，超过了历年水平。

（二）围绕“发展”第一要务，努力构建“省内规范派遣、省外有序流动、境外劳务输出”三条就业通道，拓宽就业渠道

2003年9月，福建省正式成立了“福建省劳务派遣服务有限公司”，劳务派遣以“促进就业”为宗旨，集就业、培训、保障、维权为一体，坚持企业化经营，市场化运作，规范化管理，走法制化道路，在实现城乡劳动者就业由“自发无序”向“依法有序”转型方面发挥重要作用。2003年，省劳务派遣公司已有劳务派遣意向的求职者达1.1万名，其中9 256名通过劳务派遣实现了就业。并根据党的十六届三中全会关于“积极拓展农村就业空间，取消对农民进城就业的限制性规定，为农民创造更多就业机会”的决定，福建省取消了对农村劳动力和外省入闽劳动力进城务工的所有政策性限制，执行开放的劳动力市场政策，组织建立20多个山海劳务协作对子，加大对农村富余劳动力的培训力度，全省25个

试点县共培训农村劳动力42万人，培训后就业率达61%。截至年底，全省农村富余劳动力已经转移的（转移时间在6个月以上）达495万人，外省入闽劳动力约250万人。同时，根据国务院有关规定精神，2003年福建坚持一手抓“开明渠”，鼓励依法走出国门就业；一手抓“堵暗道”，严厉打击偷私渡，先后出台了境外就业、因私出入境、自费留学等中介管理的配套政策。新成立了18家境外就业中介机构，并建立了全省境外就业人才信息库和境外就业培训考核基地，在各级劳动力市场开设境外就业咨询服务窗口，疏通合法出境渠道。截至年底，福建境外就业中介市场框架已基本形成。据初步统计，2003年福建省在境外合法就业的人数约5万人，占全国在境外就业人数约40万人的12.5%。

（三）树立大就业观念，聚集全社会力量，形成全社会共同推进就业再就业工作的“合力”

2003年，福建省树立“全省一盘棋、城乡一体化、全社会一股劲”的大就业观念，聚集各级政府、社会团体、中介机构、劳动力市场、人才市场、企事业单位及街道社区力量，营造全社会推动就业的“合力”。省总工会、妇联、共青团等群众团体组织积极配合政府职能部门开展各种形式的促进再就业活动。如在全省组织“手牵手、再就业”行动，福州市、厦门市分别开展“春风行动”“春雨行动”，工会系统组织“863”行动（培训8万、介绍就业6万、结对帮扶3万名下岗失业人员再就业），省劳动保障厅与省总工会联合表彰“再就业先进个人”，省妇联组织评选十佳巾帼创业标兵活动等等，都在全社会产生良好效果，有力地推动了就业和再就业工作的开展。

二、稳步推进社会保险制度改革

按照加快建设与福建省经济发展水平相适应的社会保障体系的总体要求，2003年，福建省以推进企业退休人员社会化管理为重点，深化养老、失业、医疗保险制度改革，进一步完善社会保障体系建设。

（一）养老保险覆盖面继续扩大

截至2003年年底，福建省参加企业职工基本养老保险人数达231万人，比上年年底增长3.3%，覆盖面达80.7%；全省企业养老保险基金收入47.05亿元，比上年年底增长11%；为全省64.5万名企业离退休人员按时足额发放养老金45.58亿元；55.18万名企业退休人员进入社区实行社会化管理服务，比上年年底增加39.8万人，社会化管理服务率达86.6%，比上年年底增长61.6个百分点。积极推动企业年金工作，全省建立年金制度的企业已达2 500家，纳入年金制度的职工有10万余人，已有1.2万名退休人员享受企业年金；机关事业养老保险在做好政策衔接的基础上，不断建立和完善缴费、统筹、激励、服务等工作机制；农村养老保险继续抓好清理整顿“空账”“倒算”和“不规范险种”等历史遗留问题。

（二）失业保险基金收支实现平衡

截至2003年年底，全省参加失业保险人数264.5万人，比上年末增长6%，覆盖率达74.8%。失业保险基金征缴收入5.68亿元，比2002年年底增长26%；支出4.13亿元，12月底，领取失业保险金人数10万人。加大省级调剂力度，全年共下拨失业保险调剂金5 250万元。2002年失业保险金缺口最大的三明市，2003年征收6 326.6万元，支出5 304.4万元，做到当期无缺口；福州、漳州在发挥失业金促进再就业培训方面成效突出。2003年，全省失业人员月领取失业保险金人均261元，居全国第11位。

（三）医疗保险扩面工作继续取得进展

2003年，福建省参保人数已达246万人，提前超额完成劳动保障部下达的235万人和省下达的确保240万人的参保扩面任务，覆盖率达75%；及时出台了灵活就业人员的参保办法，全省已有12.2万名灵活就业人员参加了医保。基本医疗保险基金收支平衡、稳健运行，做到统筹基金和个人账户双结余。上半年，应对“非典”疫情，积极制定相关政策，全力配合有关部门做好“非典”防治工作。不断完善多层次医疗保障体系建设，省级和9个设区市都建立了公务员医疗补助办法，企业补充医疗保险的实施范围进一步扩大，福州市、厦门市已出台了社会医疗救助办法。截至年底，全省定点医疗机构1 042家，定点药店246家，方便了参保人员就医选择。同时，强化定点医疗服务管理，开发医保基金收支监控系统，省本级实施了计算机稽核、监控和就医“一卡通”试点，大部分定点医院实现了日清单传送，并开始实施病历首页的传送。

（四）工伤、生育保险制度改革稳步推进

2003年年底，福建省参加工伤保险的企业职工144.9万人，比上年末增长1.29%；参加生育保险的企业职工112.29万人，比上年末增长16.71%。为贯彻实施国务院《工伤保险条例》，2003年，福建省劳动保障厅专门成立了贯彻《工伤保险条例》工作小组，抽调骨干人员，着手进行摸底测算，制定实施方案，开展实施的前期工作。

三、实施技术工人培养工程，努力提高劳动者素质

2003年，福建省职业培训资源整合力度进一步加大，技校调整改革取得新进展，8所规模小、办学条件差的技工学校被撤并，并新批准成立了6所民办技工学校。省级、国家级重点技校达到18所，技校招生数首次突破3万人，达3.1万人；在校生均数上升到700人，毕业生就业率达95%以上。

2003年，福建省再就业培训取得新成果，顺利完成了第二轮“三年三十万”的再就业培训任务。大力推行职业资格证书制度，启动实施职业技能鉴定质量管理体系和职业资格工作网试点工作，在全国率先采用国家质量管理体系标准对职业技能鉴定机构进行认证的试点，并在全国率先实施了职业技能鉴定试卷统一编码和职业资格证书统一编码。2003年，全省参加职业技能鉴定的总人数达20.7万人，其中参加全国计算机信息高新技术考试的人数达5.2万人，数量居全国第二。9—11月，福建省劳动保障厅等15个部门在全省范围内组织开展“福建省2003年职业技能大赛”，有二、三产业31个职业（工种）的2万多名选手参加竞赛，共有139名选手获奖，其中8名选手获得了“福建省技术能手”称号，营造出全社会学习技能、提高技能、尊重技术人才的浓厚氛围。

四、劳动工资工作进一步加强

2003年，福建省各级协调劳动关系三方会议制度进一步完善，全省有50个县（市、区）建立了协调劳动关系三方会议制度，福州、泉州、龙岩3个市的所有县（市、区）已成立三方协商机制，并正在向乡镇、街道延伸。劳动合同集体合同制度进一步落实，2003年年底，全省签订劳动合同职工455万人，新增签订集体合同企业1 654家，实行工资集体协商制度的企业1 863家；企业工资宏观调控得到加强，福州、南平、漳州等市按职工技术等级重新公布了劳动力市场工资指导价位；调整了各地的最低工资标准。加强了对国有企业改制改组劳动关系处理的指导，通过省级财政补助1.38亿元，帮助3.56万名下岗职工解决解除劳动关系欠发经济补偿金问题，全省因经济补偿金问题引起的集体上访事件明显减少。

五、强化劳动监察和劳动争议处理，切实维护劳动者的合法权益

2003年，福建省进一步加大劳动保障监察专项执法检查力度，先后开展了以维护农民工合法权益为重点的农民工工资支付、劳动力市场整顿规范、就业准入执行情况3次专项大检查，并通过日常巡查和举报专查，严厉查处劳动违法行为，规范劳动用工管理，取得了预期效果。在省政府领导下，省劳动保障厅配合中央检查组对仙游县东湖村石英加工引发职业病事件进行了调查处理，并举一反三，在全省开展整顿职业病危害，维护劳动者合法权益的

活动。2003 年，全省劳动保障监察机构共检查用人单位 2.9 万户，责令用人单位补签劳动合同 36.5 万人；为 15.9 万名农民工追讨拖欠工资 1.7 亿元；取缔非法职业中介 315 家；清退童工 223 人；立案受理劳动争议案件5 596 件，平均结案率达 93%。

（福建省劳动和社会保障厅）

厦　门　市

2003年，是厦门市劳动和社会保障工作努力拼搏、继续进取的一年。厦门市委九届七次全会、市十二届人大二次会议都将就业和社会保障工作摆在十分重要的位置，明确要求厦门劳动保障系统要以实现比较充分的社会就业和建立比较健全的社会保障体系为目标，坚持以人为本，促进就业再就业和农村劳动力转移就业工作，加快社会保障体系建设，切实维护劳动者的合法权益，协调推进收入分配、劳动关系等各项工作，努力实现劳动保障事业全面持续协调健康发展。围绕目标任务，厦门市劳动保障部门以“三个代表”重要思想和党的十六大精神为指导，克服“非典”对劳动保障工作的不利影响，劳动保障各项工作得到了进一步发展。

一、积极推进居民就业和再就业

（一）大力推进城乡居民就业，就业局势基本稳定

2003年，厦门市城镇单位期末从业人员总数420 322人，失业人员再就业人数30 605人，其中持《再就业优惠证》实现再就业的下岗、失业人员有7 406人（其中“4050”人员3 270人），期末实有登记失业人员18 820人，登记失业率为4.3%，就业形势基本平稳。

（二）促进就业和再就业的政策体系初步形成，各项再就业优惠政策逐步落实

2003年，厦门市委、市政府共同研究制定了18份促进就业和再就业文件，加上以前出台的相关政策，已构成了较为完善的促进就业和再就业的政策体系；各项政策已启动实施，共发放《再就业优惠证》23 525本；失业人员享受减免行政性收费的有2 601人，享受减免税收政策的有1 037人，享受社保补贴的有2 013人，享受岗位补贴的有704人，共发放社保补贴569.07万元，岗位补贴137.06万元，再就业培训补贴242.5万元，职业介绍补贴90万元。

（三）农村富余劳动力转移取得突破性进展

2003年，厦门市委、市政府下发了《中共厦门市委、厦门市人民政府关于加快农村富余劳动力和农业人口转移的若干意见》，将农村富余劳动力培训转移工作列入为民办实事项目，建立了一整套农村富余劳动力培训、转移和考核体系。全年共召开了7场农村富余劳动力转移专场招聘会，共提供14 000个岗位；全年全市各区农村富余劳动力完成培训总数6 808人（完成计划的226.9%），实现转移就业16 713人，完成了3年转移目标任务的42%，为实现3年转移目标奠定了坚实的基础。

（四）加强职业技能培训，拓宽再就业渠道

2003年，厦门市、区职业培训机构完成失业人员培训9 376人，培训后再就业5 906人，培训后就业率达62%；职业技能鉴定工作取得了突破性进展，职业技能鉴定16 052人（同比增长83%）；积极推行“1+1”培训模式和“1+1群”创业培训模式，组织了福建省第一场“1+1群”专场推荐会，并聘请了

创业顾问团，给创业者以政策和经营方面的指导和帮助；另外，积极开展厦门市职业技能大赛，组织了厦门赛区13个项目选拔赛，全市参赛人数1 021人，选出82名优胜者参加福建全省比赛，取得了团体总分第二名的好成绩。

（五）凝聚社会合力，共同推进就业再就业工作

2003年，厦门市聚集社会各方面力量，营造全社会推动就业的合力，市总工会、妇联、共青团等群众团体积极配合政府职能部门开展各种形式的促进再就业活动，如“春雨行动”“创业者家园”培训等，都在全社会产生了良好效果，有力地推动了就业和再就业工作的开展。

（六）加强调研，为建立促进就业长效机制提供决策依据

2003年，厦门市委组织了“促进我市社会就业调研”的活动，提出了促进厦门市社会就业的若干意见，力求通过建立和完善政府促进就业的责任机制、劳动力市场机制、就业培训机制、就业服务机制，最终形成全面促进厦门市社会就业的长效机制。

二、社会保障体系得到进一步完善

（一）统一社保经办机构，基金运行安全平稳

2003年，通过整合机构，厦门市组建了市社会保险管理中心，在福建省率先完成了“五保合一”的社保服务体系。年末，基本养老、基本医疗、失业、工伤、生育保险参保人数分别为57.32万人、50.27万人、49.73万人、46.72万人、17.79万人，除生育保险外，社保覆盖面达到90%以上。全年征收基本养老、基本医疗、失业、工伤、生育保险基金分别为100 422万元、68 012万元、15 089万元、7 798万元、1 114万元，基金征缴率继续保持在98%以上，基金运行保持良好势头。

（二）积极推进养老保险体系建设

2003年，厦门市建立了社会统筹和个人账户保险模式，推行基本加企业年金的养老保险办法，形成了多层次的基本养老保险体系，职工个人缴费比例已从原来的3%提高到年底的8%，企业缴费比例相应地由19%降低到14%，减轻了企业负担，提高了职工自我保障意识，纳入年金制度的职工有6.79万人；农村社会养老保险工作克服了行政区划调整、农保机构理顺和岛内“村改居”等困难，全市征收保费1 175万元。

（三）完善医疗保险制度，社区定点医疗机构范围进一步扩大

《厦门市城镇职工基本医疗保险规定》经过3年的讨论修改，并于2003年8月在全国首次举行了立法听证，随后以市政府108号令的形式正式出台，2004年1月1日正式实施；审定了6家社区医疗机构为基本医疗保险定点医疗机构，到2003年年底，厦门市社区定点医疗机构已达50家。

（四）适时调整社会保险政策

一是为适应厦门市产业布局调整，岛内用人单位缴纳外来员工基本养老保险费比例由6%提高到8%，以后每年提高2个百分点，直至14%。二是为适应城镇化发展的需要，解决被征地农民的养老保障问题，起草了《厦门市被征地人员基本养老保险暂行办法（草案）》。三是为事业单位改制配套，草拟了《厦门市事业单位职工基本养老保险办法（草案）》，已正式上报市政府。四是为促进灵活就业，解决灵活就业人员的后顾之忧，研究制定了灵活就业人员参加社会保险的具体办法，解决了灵活就业人员参保缴费、接续养老保险关系问题。

（五）两个确保得到巩固，社会化管理服务日趋完善

2003年，厦门市确保了2.7万多名失业人员和6.7万多名企业退休人员按时、足额领取到失业金、养老金，人均基本养老金910.11元，有力地保障了退休参保人员的基本生活。不断探索社会化管理的有效形式和服务内容，至年底，全市共有6.39万名退休人员完成社会化管理，累计接收退休人员档案

56 000份，社会化管理率达到95%；并在“两节”期间筹集资金100万元，开展各项健康的文体活动，慰问了1 065名特困或重病的退休人员，其中发放慰问款33.25万元。

三、完善工资支付制度，理顺分配关系

（一）调整厦门市企业最低工资标准

2003年，厦门市岛内各区最低工资标准由470元/月提高到480元/月，同安区由350元/月提高到360元/月，并在福建省率先发布“小时工”最低工资标准。2003—2004年度非全日制工作最低小时工资标准为：岛内各区非全日制工作最低小时工资标准为每人每小时5.9元；集美区、杏林区、海沧投资区为5.5元；同安区为4.9元。

（二）加强企业工资宏观调控

2003年，厦门市有8 300户企业办理了《企业工资总额使用手册》，发布了184个工种和职位的工资指导价位，并按照不同技术等级公布了71个工种的工资价位；发布企业工资指导线，适度控制了工资增长。

四、加强劳动监察和劳动争议处理，维护劳动者的合法权益

2003年，厦门市先后开展了以维护农民工合法权益为重点的农民工工资支付、劳动力市场整顿规范、就业准入执行情况3次专项大检查，共检查用人单位3 341户，受理劳动突发事件及5人以上集体上访案件198件，查处非法职业中介机构95户，补发工资2 954万多元，补缴社会保险费284万多元。另外，建立了多层次、多渠道的劳动争议调解网络，全年处理各类劳动争议案件1 559起，结案率达100%；受理劳动保障信访12 090件，办结率为99.8%，切实维护了劳动者的合法权益，促进了社会稳定。

五、夯实劳动保障基础工作

（一）社区劳动保障平台建设全面铺开

2003年，厦门市除新设立街道鼓浪屿外，6个行政区的18个街道已全部设立劳动保障事务所，并切实做到“六个到位”，区划整合后的137个社区劳动保障工作站也于2003年11月1日挂牌成立。

（二）金保工程建设进展顺利

厦门市、区两级社会保险经办机构2003年7月1日统一启用了社会保险信息系统，以市中心为单位，市域网延伸到区社会保险经办机构，将市本级和区级社会保险数据整合起来，建立了集中统一的全市社会保险资源数据库；就业信息管理系统工程硬件设备已经到位，年底完成了系统集成。

（三）加强基层民主评议行风工作

根据福建省劳动保障厅和市纠风办的部署，2003年，通过宣传发动、统一思想、明确目标、自查自纠等措施，对工作中存在的问题加以整改，提高了劳动保障干部队伍的服务意识、办事效率和整体素质，为厦门市的经济和社会发展创造一个良好的外部环境。

另外，2003年，厦门市的劳动保障法制建设、社会保险基金监督、规划统计、新闻宣传、计划生育、安全、干部廉政等工作也都取得了进展。

（厦门市劳动和社会保障局）

江 西 省

2003 年，是江西发展进程中重要而又不寻常的一年。正如胡锦涛总书记总结这一年工作时讲的那样：“遇到的困难比预料的大，取得的成绩比预料的好。”在江西省委、省政府的领导下，在劳动保障部的关心、指导和支持下，江西各级劳动保障部门紧紧围绕中心工作，以促进就业和完善社会保障体系为重点，克服“非典”带来的困难，扎实工作，锐意进取，顽强拼搏，各项工作有了明显进展。

一、促进就业政策体系进一步完善，就业总量继续增长，就业结构进一步改善

2003 年，江西省认真贯彻中央再就业工作会议精神，按照“工作责任到位、政策落实到位、资金投入到位、措施保证到位”的要求，及时制定、完善各项就业与再就业扶持政策，创新工作机制，全面推进就业和再就业工作。到年底，全省城乡共有就业人员 2 168.2万人，与上年同比增加 37.6 万人，其中，第一产业 910.7 万人，占 42%；第二产业 568 万人，占 26.2%；第三产业 689.5 万人，占 31.8%。全省城镇净增就业岗位 26.6 万个，新增就业人员 35 万人，其中下岗失业人员再就业 16.8 万人，困难群体就业 3.7 万人。城镇登记失业率为 3.8%，低于 4.5% 的预期目标。

（一）政府促进就业的责任体系和工作机制初步形成

2003 年年初，江西省政府与 11 个设区市正式签订了目标责任书，把净增就业岗位、落实再就业政策、强化再就业服务、加大再就业投入和解决困难群体就业的具体目标进行了量化，进一步完善了目标考核办法，及时制定和完善各项扶持政策，促进就业的政策体系基本形成。各级政府普遍建立了再就业工作联席会议制度、督促检查制度和定期通报制度，再就业资金投入也有较多增加。年内全省组织开展了两次再就业工作和政策落实情况的督查，各地采取不同形式加大了工作力度，并广泛接受社会监督。

（二）再就业各项扶持政策全面启动

到 2003 年年底，江西省领取《再就业优惠证》的下岗失业人员达到 43.5 万人，占应发人数的 70%，以税费减免、小额贷款、社保补贴、免费职业介绍和职业培训为重点的再就业优惠政策已全面实施。全省有 7.1 万名下岗失业人员享受社会保险补贴 1.4 亿元（含协保补贴），公益性岗位补贴 2 800 万元，减免税收 1 690 万元，工商、税务减免收费1 062 万元；各地落实小额贷款担保基金 1.23 亿元，实际发放小额贷款达到 1.38 亿元，累计直接扶持并带动下岗失业人员再就业近 3 万人；免费职业介绍 17.2 万人次，就业培训 15.7 万人，其中免费再就业培训 13.1 万人，创业培训 1.2 万人；通过落实国有大中型企业主辅分离、辅业改制政策，已分流安置职工1 700人。

（三）公共就业服务基础设施建设初见成效

2003 年，江西省根据劳动保障部提出的“六个到位”“三个衔接”的要求，结合江西实际，按“四个一”模式，全面开展了街道社区劳动保障平台建设。全省有 97 个街道办事处、53 个城关镇已建成劳动保障事务所，分别占全省城区街道和城关镇总数的 90.7% 和 70.7%，135 个就业任务重的乡镇建成了劳动保障工作机构。全省劳动力市场建设进一步加快，在原南昌、赣州、九江、萍乡 4 个全国劳动力市场建设试点城市的基础上，新增了宜春、景德镇两个试点城市，其中 5 个设区市发布了职业供求分析报告。11 个设区市中有 10 个设区市发布了劳动力市场工资指导价位，劳动力市场秩序逐步规范。年末，全省各类职业介绍机构 649 所，全年介绍成功 39.9 万人次，其中劳动保障部门办职业介绍机构 393 所，介绍成功 31.96 万人次。

（四）再就业援助行动深入推进

针对“4050”人员就业难问题，2003 年，江西省委、省政府明确提出，把帮扶“4050”人员就业作为再就业工作的重点，采取了三条措施：一是大力开发社区保洁、保绿、保安、保养等社会公益性岗位，政府通过实行补贴的办法“购买岗位”，帮助那些男年满 50 周岁、女年满 40 周岁以上，家庭收入低于当地城镇居民最低生活保障标准的就业困难人员实现就业。二是省、市、县机关事业单位工勤岗位优先聘用“4050”人员，对招用的“4050”人员给予岗位补贴和社保补贴。三是对“4050”人员提供即时就业服务，公开承诺“只要不挑不拣，72 小时上岗”。为了帮助“4050”人员和其他下岗失业人员再就业，全省广泛开展了再就业援助行动，省市两级劳动保障部门共举办了 61 场大型招聘洽谈会，其中“4050”人员专场招聘会 14 场，累计有 1.14 万户企业提供就业岗位 58.2 万个，进场应聘的人员达 130 多万人（次）。特别是 2003 年 2 月 18 日，全省三级劳动保障部门在 83 个会场同时举办了就业和再就业春季招聘洽谈大会，当天入场求职人员达 100 多万人，应聘人数 60 多万人次，已招用上岗 7.6 万人。在完善常年性职业介绍的同时，江西省还组织了两次以“行千里路、进企业门、送万个岗、暖万人心”为主题的“再就业心连心”活动，在全国尚属首次。在大力推进小额贷款工作的基础上，全省建立起 12 个省级创业示范基地，264 家再就业基地，正式启动了省级“4050”项目开发。

（五）国有企业下岗职工基本生活保障取得明显成效

2003 年，江西省新增国有企业下岗职工 13.7 万人，减少 20.1 万人，年末实有 23.7 万人，其中进中心下岗职工占下岗职工总数的 52%。全省共筹集地方国有企业下岗职工基本生活保障资金 6.8 亿元，保障了 18 万多名国有企业下岗职工的基本生活，下岗职工基本生活费足额发放率和社会保险费足额代缴率都达到 100%。全省国有企业下岗职工协议期满出中心 5.8 万人，对出中心人员基本做到社会保险有着落、有接续，生活有保障，凡符合条件的基本纳入了失业保险或最低生活保障。

二、养老保险费征缴创历史新高，省级统筹制度进一步完善

（一）企业离退休人员养老金按时足额发放

2003 年，江西省继续坚持以确保发放为中心，进一步落实了确保发放的责任机制、省市两级直接监控机制、资金缺口事前调剂机制，确保了企业离退休人员养老金按时足额发放。全省参加基本养老保险的离退休人员 88.44 万人，共发放养老金 51.26 亿元，支付率达 100%，其中本期发放 50.2 亿元，增加支出 5.27 亿元，增长 11.6%；实现养老金社会化发放的人数达到 88.34 万人，较年初增加 59 751人，增幅 7.25%，全省养老金社会化发放率达 99.89%，较年初增加 0.23 个百分点，全省只有 6 个县市的养老金社会化发放率不足 100%。

（二）养老保险参保人数、实际缴费人数实现双增长，缴费人数增长大于离退休人数增长

2003 年，为适应经济形势和就业方式多元化的要求，江西省将个私经济从业人员和灵

活就业人员参保作为养老保险扩面的重点和突破口。年初，省政府办公厅下发了《关于江西省私营企业和城镇个体工商户参加基本养老保险及有关问题的通知》（赣府厅发［2003］3号），确定了13个养老保险扩面重点联系市县，并从8月份开始按月通报各设区市扩面的工作情况。通过各级劳动保障部门和社会保险经办机构的共同努力，3号文件促进扩面的政策效应已经开始显现。到年底，全省个私经济成分的参保人员达到17.92万人，比上年增加10.19万人，增长131.82%；个私经济从业人员的参保率达到16.76%，比上年增长了9.47个百分点。这是养老保险制度改革以来江西非公有制经济参保人数增长最快的一年。在推进个私经济从业人员扩面参保的同时，江西省还坚持扩面参保和续保缴费并重，加大接续社会保险关系力度，抓好个人预缴专户政策、社会保险补贴政策、协议保留社会保险政策的落实，通过改进服务质量、开展劳动保障事务代理、开办异地缴费和磁卡缴费等优质服务，提高工作效率，方便职工续保，促进了养老保险关系接续。到年底，全省（不含行业）与企业解除劳动关系人员共46.9万人，已接续关系人数30.9万人，接续率为66%。

2003年，全省参加基本养老保险的职工达262.51万人，较年初净增53 760人，增幅2.09%，全省实际缴费人数为225.78万人，较年初增加8.71万人，增幅4.01%，缴费人数增长大于离退休人数增长，全省实际缴费人数占参保人员总数的比例为86.01%，同比增长1.59个百分点。

（三）养老保险费征缴创历史最好水平，改变了2000年以来当期增支大于增收、基金缺口不断扩大的态势

2003年，在养老保险总体缴费比例没有增加、个私经济缴费比例下降以及“非典”疫情对基金征缴造成较大冲击的不利条件下，江西省各级劳动保障部门和社保经办机构迎难而上，采取4项措施，加大养老保险费的征缴力度。一是建立了养老保险费征缴责任制。年初，省政府与各设区市政府签订了养老保险费征缴目标责任书，将征缴责任落实到各级政府。二是落实基金征缴激励机制。继续实行对基金增收部分由同级财政按3%给予奖励，建立省级专项激励经费制度，由省政府拨出500万元专项激励经费对调剂金上缴和基金征缴工作业绩突出的社保机构进行奖励。三是强化了社会保险稽核工作。全年共查出少报、漏报缴费人数22 678人，少报、漏报金额3 945.48万元。四是加大了对改制企业、破产企业欠费的清欠力度。2003年，江西共征缴基本养老保险费43.67亿元，其中，本期征缴基本养老保险费40.77亿元，收缴率为93.27%，较上年同期增收5.35亿元，增长15.12%，高于养老金支出增加5.27亿元的水平；行业单位征缴养老保险基金12.56亿元，增收2亿元，行业单位月人均缴费基数1 150元，月人均养老金658元，实现了基金当期收支无缺口。全省月人均缴费基数达到628.96元，同比增加70.83元，增幅12.69%；全省月人均缴费基数达到在岗职工工资的87.23%，其中省本级达130%。全省清理收回企业旧欠2.89亿元，本期新增欠费比2002年有所下降，收缴改制企业预缴养老保险费3.44亿元，基金征缴达到历史最好水平。

（四）社会化管理服务工作取得重大进展，服务体系基本形成

为确保劳动保障部下达的社会化管理服务率达到80%以上的目标任务的完成，2003年，江西省着重抓了5项工作。一是层层分解目标任务。二是结合街道社区劳动保障平台建设，加大推进社会化管理服务工作的力度。三是抓好中办发［2003］16号文件的贯彻落实。四是着力抓好建立退休人员信息库、发放社会化管理服务联系卡、帮助退休人员建立互助服务组织、开展养老金领取资格认证4项基础工作。五是建立月通报制度，定期通报各设区市社会化管理服务工作的进展情况。至年底，全省实行社会化管理服务的企业退休人员已达到69.93万人，社会化管理服务率达80.14%。

（五）完善了养老保险省级统筹制度，加大了省级调剂力度

2003年，江西省基本养老保险省级统筹工作继续得到巩固，省级统筹事前调剂机制初步建立并启动，初步形成了核定基数、三级分担、缺口自筹的省级统筹新机制，加大了地方平衡养老保险基金缺口的责任，提高了各地抓扩面征缴工作的自觉性。同时，进一步完善了省级调剂金制度，省级调剂力度加大，全省（不含省本级）上缴省级调剂金7 732万元，上缴率达100%，全年下拨的省级调剂金达1.42亿元（含原省属农垦企业4 500万元）。省级统筹的范围进一步扩大，原12家省属农垦企业和全省其他农垦企业先后纳入了基本养老保险，省属转制的9大集团也顺利纳入了基本养老保险。

（六）社会保险信息系统建设稳步推进

2003年，江西省进一步完善了养老保险管理信息系统，进行了需求分析、软件开发、系统测试和培训，新的软件已在9月底前安装到位。全省114个社保机构中，建立局域网74个，占65%，其中当年新组网的县市11个；全省实行养老保险计算机处理与业务同步处理的社保机构有96个，占84%，1/3的县市养老保险业务处理实行全程计算机化。进一步加强了与清华同方的合作，形成了江西省社会保险管理信息系统建设项目合作协议文本，做好了该项目启动的各项准备工作。

（七）社会保险业务经办管理工作进一步规范，业务经办大厅建设初具规模，经办方式开始转变

2003年，省社保局开始研制“五保合一”的业务规程和软件开发，很多市县开始改变业务经办专管员模式，采用柜员制模式。计算机的应用更加广泛和日常化，业务经办大厅建设、“一站式”服务已初具规模。到年底，全省设立了经办大厅的市县有83个，占72%。

三、失业保险工作上了新台阶，保障能力进一步提高

（一）失业保险扩面工作稳步推进

2003年，江西省参加失业保险人数为215.54万人，比上年末减少11.12万人，减幅5.2%。其中：国有、集体企业参保人数148.16万人，占参保人数的68.7%，比上年末减少18.59万人；事业单位参保人数为60.85万人，占参保人数的28.23%，比上年末增加6.6万人；其他单位参保人数6.53万人，占参保人数的3%，比上年末增加8 688人。全年新增参保人数9.63万人，比上年增加0.799万人，增幅9.05%。

（二）失业保险基金征缴有了较大增长，保障能力明显提高

2003年，江西省失业保险基金收入3.095亿元，其中失业保险费收入3.005亿元，比上年增收6 079万元，增幅25.45%。全年共支出失业保险基金总额1.99亿元，其中，失业保险金支出1.04亿元，比上年增加4 883万元，增幅88.5%；医疗补助金支出1 000万元，比上年增加485万元，增幅94.02%；丧葬补助金和抚恤金支出9.52万元，比上年增加5.3万元，增幅125.6%；职业培训和职业介绍补贴支出796.34万元，比上年增加42.56万元，增幅5.65%；调剂就业服务中心资金7 705万元，比上年增加246.09万元，增幅3.3%。全年基金收支结余1.1亿元，全省累计结余8.597亿元。

（三）失业人员的生活基本得到保障

2003年，江西省领取失业保险金人数5.909万人，比上年末增加2.05万人，增长53%。全年共有8.32万人领取了失业保险金，比上年增加3.67万人，增长78.9%。当年新增领取人数4.46万人，比上年增加1.51万人，增长51.31%，平均每月新增领取人数3 716人。失业保险在两种主要保障形式中的比重达到32.4%，比上年增长了15个百分点。

四、医疗保险制度改革继续深化，工伤生育保险稳步推进

2003年，江西省主要围绕扩大医疗保险覆盖面、灵活就业人员参加医疗保险、困难人群医疗保障、离休干部医药费单独统筹、宣传《工伤保险条例》5项重点工作，积极开展工作，取得了积极进展。

（一）狠抓扩面，基本医疗保险制度运行平稳

2003年，江西省所有市、县、区全部启动了基本医疗保险，参保人数达到193.7万人，征缴医疗保险基金8.33亿元，其中统筹账户基金4.83亿元，个人账户基金3.5亿元；支出医疗保险费用6.82亿元，其中统筹账户基金支出4.1亿元，个人账户基金支出2.72亿元。全省累计结余和积累4.84亿元，其中统筹账户1.54亿元，个人账户3.3亿元，继续保持了基金收支平衡、略有结余的良好态势，各统筹地区基本医疗保险制度运行平稳。

（二）灵活就业人员参加医疗保险有了新的突破

江西省从2002年9月开始着手探索灵活就业人员参加医疗保险的问题，各地也相继出台了吸引灵活就业人员参保的相关文件，在此基础上，省劳动保障厅于2003年11月5日制定下发了《江西省城镇灵活就业人员参加基本医疗保险试行办法》。《试行办法》突出权利与义务对等的原则，建立多层保险，以适应不同缴费能力的灵活就业人员的要求。同时，在建立激励机制方面有所创新，为鼓励灵活就业人员尽早连续参保，规定超过连续缴费年限后领取保险费的50%为其缴纳高额医疗保险费或记入其个人账户。到年底，全省11个设区市中有抚州、南昌、九江、鹰潭、宜春、赣州、吉安7个设区市出台了相应办法，全省已有3.81万名灵活就业人员参加了医疗保险。

（三）困难群体的基本医疗得到保障

2003年，江西省在认真总结前几年试点经验的基础上，采取了3种形式吸纳困难企业参保。一是根据困难企业的具体情况，实行一厂一策，采取有针对性的措施吸纳其参保。二是对以低费率参保的困难企业选定一家管理规范、收费合理的定点医疗机构，承担医疗服务，以提高医保基金使用效率。三是设立不同的费率和不同的待遇标准，便于困难企业选择参保。到年底，江西已有吉安、抚州、新余、赣州、宜春、景德镇、南昌等市开展了这项工作，共吸纳22.25万名困难职工参加医疗保险。

（四）离休干部享受到了良好的医疗服务

根据中央的精神，2003年，江西省狠抓了离休干部医药费单独统筹管理工作，下发了相关配套文件，举办了全省离休干部医药费单独统筹培训班，对全省11个设区市离休干部医药费单独统筹情况进行了督查。到年底，全省所有设区市和85个县（市、区）建立了离休干部医药费单独统筹机制，且都由劳动保障部门管理。全省共有离休干部22 450人，其中纳入了医药费单独统筹的为16 170人，凡纳入统筹的离休干部，都享受到了良好的医疗服务。

（五）工伤生育保险工作稳步推进

2003年，《工伤保险条例》颁布后，江西省认真组织学习并着手《条例》实施前的各项准备工作，举办了有100多人参加的听证会，研究起草了《江西省实施〈工伤保险条例〉意见》，着手进行建立健全行政管理、经办及劳动能力鉴定机构的有关工作。认真搞好了《条例》过渡的衔接工作，主要包括政策、基金、管理程序等衔接工作。同时，积极做好女职工生育保险工作，确保了生育女职工的合法权益。到年底，江西省工伤保险参保人数为132万人，比上年增长4.8%；基金收入8 589万元，支出4 247万元，累计结余2.7亿元。全省生育保险参保人数为112万人，比上年底增长24.5%；基金收入3 361万元，支付2 239万元，累计结余9 691万元。

五、劳动合同管理进一步完善，企业工资制度改革积极推进

2003年，江西省城镇在岗职工工资总额为271.09亿元，比上年增长11.2%，其中，国有单位216.15亿元，增长8%；城镇集体单位13.78亿元，增长3.1%；其他单位41.16亿元，增长35.9%。全省城镇在岗职工平均工资为10 521元，比上年增长13.6%，扣除价格因素，实际增长12.8%，其中国有单位10 918元，城镇集体单位6 905元，其他单位10 359元。

（一）首次发布了江西省年度企业工资指导线

2003年，江西省进一步健全和完善了以工资指导线、劳动力市场工资指导价位、人工成本预测预警制度和最低工资标准制度为主要内容的企业工资收入宏观调控体系，首次发布了《江西省2003年企业工资指导线》，扩大了工资指导价位的职业（工种）范围，进一步改革了企业工资决定机制，积极做好了国有企业工资总量依法监管工作，对实施最低工资制度情况进行了专题调研。到年底，全省11个设区市均已建立了劳动力市场工资指导价位制度，发布了劳动力市场工资指导价位，46户企业开展了工资集体协商试点。

（二）建立了企业工资保障机制

2003年3月，江西省劳动保障厅会同省总工会、经贸委、企业联合会制定下发了《关于建立工资保障机制的通知》，在全省建立和完善企业工资支付制度、欠薪报告制度、欠薪不良记录制度、欠薪责任追究制度、工资集体协商制度等，进一步规范了企业工资分配，维护了劳动者的合法权益。

（三）加大了试行国有企业经营者年薪制的力度

2003年，江西铜业集团公司、江西稀有稀土金属钨业集团公司、省煤炭集团公司等单位已办理兑现上年度经营者年薪手续，江西省冶金集团公司、江西国际经济技术合作公司等单位的试点工作也已启动。各设区市也加大了试行国有企业经营者年薪制的力度，全省国有企业试行经营者年薪制的单位达72户。

（四）紧紧围绕国有企业改革，妥善调整了企业劳动关系

2003年，江西省重点抓了省煤炭、冶金、钨业、电子、江铜等集团公司15户企业的主辅分离试点工作，全省有近70%的国有企业进行了关闭、改制或破产，并妥善安置了下岗、失业及国有企业富余人员。

（五）劳动合同管理进一步完善

到2003年年底，江西省城镇企业劳动合同签订率达到95%以上，各地报送劳动保障部门审核通过的集体合同12 502份，涉及企业1.25万户，职工144.13万人。下岗职工劳动关系进一步理顺，全年从再就业服务中心转出的6.21万名下岗职工中，有1.56万人协议到期解除或终止劳动合同，占25.1%。

（六）妥善安置了驻赣部队随军家属

江西省通过“计划性安置和市场化就业相结合”的方式，拓宽随军家属的安置渠道。继2001年首批指令性安置458人之后，2003年又妥善安置驻赣部队“师团班子成员、建制营主管、军师机关的营团业务骨干、高级职称的专业技术人员”的随军家属共计122人，驻赣部队随军家属就业安置率达到94%。南京军区政治部专门致电江西省委、省政府表示衷心感谢，军区司令、政委称“这是新形势下拥军优属结合的又一丰硕成果”。

六、技校发展不断加快，职业培训稳步推进

（一）技校招生再次大幅度增长

2003年，江西省一方面克服“非典”疫情和炎热的天气影响，另一方面在学校软硬件建设和推荐就业等环节上狠下工夫，技校招生和学校发展形成了良性循环。在连续两年增长的基础上，2003年技校招生再次大幅度增长，共招收新生2.97万名，比上年增长20%。其中，江西冶金高级技校招生突破3 000人，江

西省无线电高级技校、赣州高级技校等招生均超过2 000人，大部分技校招生的增长都超过10%。技校办学体制改革逐步深化，2003年7月成立了江西省第一所民办技校——赣州育才技工学校，第二所民办技校——新东方烹饪技工学校也开始筹设，部分技校面向省内、省外两大市场，积极内引外联、招商引资，探索股份制改革的新路。技校基础建设进一步加强，2003年组建了第一个技工学校师资培训基地，组织开展了数控专业、计算机专业的师资培训工作；同时，积极争取并落实了750万元国债资金用于技校的各项基础建设，启动了国家重点技工学校的贯标复评工作，组织专家评估组对实验技工学校、工贸技工学校申报国家重点技工学校，萍乡技工学校申报国家高级技工学校进行了评估。积极做好了技校毕业生的就业工作，9月份，在上海市召开了全省技工学校毕业生赴沪推介会，沟通了江西省技校与驻沪职介机构和广大用人单位的联系，有力地促进了全省技工学校的毕业推荐工作。举办了全省技工学校乒乓球比赛，组织开展了技工学校职称评审工作。

（二）职业培训工作稳步推进

2003年，随着江西经济和社会的快速发展，全省职业培训工作呈现蓬勃发展的良好势头，社会力量办学成效显著。全省新增社会培训机构69个，到年底，全省社会力量办培训机构达到706个，涌现出江西新华电脑学院、江西省科学院计算机培训中心等信誉好、年培训规模在5 000人以上的培训机构。行业主管部门和广大企业对职工培训工作也日益重视，江铃、江铜等企业近年来创建学习型企业，职工培训工作开展得扎实深入，富有成效。2003年，全省各类培训机构共培训各类人员达40万人次。

（三）职业资格证书制度建设取得新进展

2003年，江西省职业技能鉴定工作在受到“非典”冲击的情况下，仍然保持了较高的鉴定规模。全省全年有16万人参加各级各类职业技能鉴定，共有14万人取得相应等级的职业资格证书。职业院校推行职业资格证书制度进展较快，出台了《关于进一步推动我省职业院校实施职业资格证书制度的意见》，促进了各地加大“双证制”的鉴定考核力度。全省参加秘书、电子商务师等职业全国统一鉴定的人数达到6 000人，比上年增长1倍多；高新技术考试也有较大发展，全年共有1.5万人参加各项模块考试，比上年增长36%。同时，建立了“江西省职业资格证书查询系统”，开通了全省各级劳动保障部门颁发的职业资格证书电话查询和网上查询业务，初步实现证书管理的现代化和信息化，进一步扩大了职业资格证书的社会影响力。

（四）职业培训的各项基础管理工作得到进一步加强

2003年，江西省建立了技能人才激励机制，下发了《关于健全激励机制加快技能人才队伍建设的通知》，明确规定了技能人才与其他相应专业技术人才在工资福利方面享受同等待遇。完成了31个职业（工种）题库开发，进行了技师社会化考评的准备工作，完成了全省鉴定机构的清理整顿，进一步加强了“江西职培网”的建设，全面运行国家考务管理系统，实现了鉴定信息的网络传递。

七、劳动保障法制建设进一步加强，劳动关系和谐稳定

（一）加快了立法步伐，深入开展了劳动保障法制宣传教育

2003年，江西省完成了《江西省劳动保障监察条例》的立法调研、送审、修改工作，9月26日经省十届人大常委会第五次会议审议通过并于11月1日起施行，在全国范围内首次授予劳动保障行政部门行政强制措施权。同时，抓紧进行了《江西省劳动合同条例》《江西省基本养老保险条例》《江西省职业技能鉴定条例》的立法调研、专家论证等协调工作。认真做好行政复议、行政应诉工作，省劳动保障厅共受理行政复议案件6起，并做到了复议案件100%完成。通过推进劳动保障系统

政务公开、开展“三优”文明窗口活动、行政执法责任制评议考核和政务环境评议评价活动，进一步增强了全省劳动保障部门为基层、企业、群众服务的观念，进一步提高了依法行政和依规办事水平，工作作风有了明显好转，政务环境得到明显改善。

（二）实现了省级劳动争议仲裁案件零的突破

2003 年，江西省各级劳动争议仲裁委员会共立案受理劳动争议案件1 153起，加上上期未结案案件 152 起，共计1 305起，涉及劳动者5 652人，比上年增长 20%。其中，集体劳动争议案件 131 起，比上年增加 6 起，涉及劳动者4 505 人，比上年增加1 216 人，增长 37%。全年各级劳动争议仲裁委员会审理结案 1 208起，结案率为 96.2%。在已结案件中，以仲裁裁决方式结案的案件比仲裁调解结案的案件多 151 起，仲裁裁决方式结案成为结案的主要方式；向人民法院起诉的案件为 46 起，比上年减少 20 起。同时，积极筹备了省本级仲裁庭各项准备工作，实现了省级劳动争议仲裁案件零的突破。2003 年，省劳动争议仲裁委员会已办理劳动争议案件 18 起，其中 3 起不予受理，1 起进行了调解，13 起进行了裁决，劳动者起诉的占 85%。进一步完善了信访工作制度，在全省建立起省、市、县三级立体网络，通过处理日常来信来访和坚持厅长接待日制度以及对老上访户进行专项治理等方式处理了大量的来信来访，把可能存在的不稳定因素解决在萌芽状态之中。省劳动保障厅共受理群众来信1 510件，接待上访1 219人次，其中集体上访和老上访户 82 次（批），厅长接待日共接待来访者 145 批次，435 人；列出的 8 个重复上访名单中，有 7 个已得到妥善解决，1 个经过多次调查，反映情况与调查结果不符，属要求过高。

（三）进一步加大对劳动保障的监察力度，维护了劳动者的合法权益

2003 年，江西省通过专项执法检查、举报专查、日常巡查、劳动保障年检等措施，进一步加大了劳动保障监察力度。一是围绕中心工作，集中开展了 5 项执法检查活动，取得了很好的效果。2003 年，共组织开展了农民工工资支付情况专项执法检查、治理整顿劳动力市场秩序和各项执法检查、社会保险费扩面征缴专项执法大检查、禁止使用童工专项执法检查、技术工种从业人员持证上岗专项执法检查等活动，检查用人单位 2.1 万户，为 12.91 万名农民工追回被拖欠、克扣的工资 1.2 亿元；查处发布虚假招聘信息、具有欺诈行为的职业介绍机构 69 家，收费不规范的职业介绍机构 101 家，转让《职业介绍许可证》的 18 家，超范围经营的职介机构 79 家，无证无照非法职介机构 118 家，吊销《职业介绍许可证》6 家，停业或限期整改 122 家；督促用人单位缴纳养老保险费2 289户，金额 1.2 亿元，涉及职工 19.03 万人；督促缴纳失业保险费 966 户，金额1 176.95万元，涉及职工 6.67 万人；查处非法使用童工 222 人。二是认真组织开展了劳动保障年检工作。重点检查了用人单位依法签订劳动合同情况，拖欠和克扣劳动者工资情况，向劳动者收取押金、保证金情况，社会保险费的缴纳情况，技术工种持证上岗情况，女工、未成年工特殊保护以及禁止使用童工等情况。2003 年，全省各级劳动保障监察机构年检用人单位 1.5 万户，覆盖率达到 85%。三是认真做好投诉举报案件的受理和查处工作。2003 年，全省各级劳动保障监察部门接受群众举报投诉27 863件，立案16 216件，结案率达 98%。这些举报案件中，大部分集中在拖欠工资，未缴纳社会保险费，收取押金、保证金，未签订劳动合同等方面，通过及时查处群众举报案件和专项执法检查，全省全年共检查用人单位 5.99 万户，补签劳动合同 18.2 万份，追缴社会保险费 2.8 亿元，为劳动者追回被拖欠、克扣的工资 1.6 亿元。

江西省劳动保障工作虽然取得了一定成绩，但面临的困难和问题也不少。全省下岗失业人员存量居高不下，城镇新成长劳动力和农村转移劳动力仍处于增长高峰期，全省同期经

济发展所能提供的就业岗位远远不能满足劳动力供给的需要；两个确保基础还不稳固，保障缺口较大；大多数非公有制企业尚未参加社会保险，一部分下岗失业人员社会保险关系还没有妥善接续，与灵活就业方式相适应的社会保障制度亟待完善；新形势下，协调劳动关系和维护劳动者合法权益的任务越来越重，拖欠职工工资特别是拖欠农民工工资的现象比较普遍；劳动力市场、社区劳动保障工作平台的职能尚未到位，功能还没有充分发挥出来。这些都需要在2004年及今后一段时期的工作中加以完善和提高。

（江西省劳动和社会保障厅）

山 东 省

2003年，山东省劳动和社会保障部门以“三个代表”重要思想为指导，认真贯彻党的十六大、十六届三中全会和省委工作会议精神，解放思想，干事创业，加快发展，就业再就业目标任务超额完成，企业养老保险扩面征缴工作取得重大突破，解决企业拖欠职工工资问题取得阶段性成果，社会保障体系建设取得明显进展，为全省改革发展大局做出了重要贡献。

一、就业再就业

2003年，以增加就业岗位为目标，以落实优惠政策为主线，加大资金投入，建立政府责任体系、政策法规体系和管理服务体系，山东省就业再就业工作取得了显著成效。通过组织实施“社区公益性岗位开发计划”“再就业伙伴计划”和“西输东接”工程，全省城镇实现就业再就业105万人，其中下岗失业人员再就业36万人，困难群体再就业7.5万人，分别完成年初计划的126%、180%和150%。城镇登记失业率为3.7%，低于4%的计划控制目标。新增农村劳动力输出就业80万人，完成年初计划的160%。全省首次实现了就业增长大于失业增长。

2003年，山东省劳动力市场建设步伐加快。通过大力培育以公益性为主，公办、民办、中外合资、中外合作等多种形式的劳动力市场中介服务体系，全省职业介绍机构发展到1 616家，其中各级劳动保障部门开办的公共职业介绍机构1 023家。通过劳动力市场登记求职的达228万人次，介绍成功132万人次。

二、社会保险

（一）企业养老保险

2003年，山东省企业养老保险扩面征缴实现突破。全省企业养老保险参保人数达到710.9万人，比2002年净增69.1万人。在净增参保人数中，个体工商户和自由职业者约占30%。征缴企业基本养老保险费175.4亿元，比2002年增收24.6亿元。其中征缴当期164.5亿元，征缴率为98%；清理企业欠费8.6亿元，清欠率为50.1%。企业离退休人员达到172.6万人，发放养老保险金146.9亿元，全部做到了按时足额和社会化发放。积极推进企业退休人员社会化管理服务工作。全省实行社会化管理服务的人数为143.6万人，社会化管理率为88%。济南、青岛两个全国重点联系城市分别达到96.1%和96.3%，威海、潍坊两个省级重点联系城市分别达到96%和95.1%。

（二）机关事业、农村养老保险

2003年，山东省机关事业单位养老保险稳步发展，参保人数205.7万人，征缴养老保险费66.8亿元，为46.7万名离退休人员支付养老金66.8亿元。农村养老保险呈现良好发展势头，参保农民955.8万人，基金累计结余45.15亿元。2003年有97.97万农民投保，收缴保险费7.98亿元，增长365%。全省有38.1万农民领取养老金，累计发放6 359万元。并在全国率先制定了失地农民养老保障办法。

（三）下岗和失业并轨

2003年，山东省共有3万名下岗职工在

企业再就业服务中心享受基本生活保障待遇。按照“三三制”筹集资金1.3亿元，发放基本生活费0.84亿元，代缴社会保险费0.46亿元，在企业再就业服务中心签协议的下岗职工基本生活得到切实保障。在此基础上，积极稳妥地推进下岗职工由基本生活保障向失业保险并轨。至年底，全省进“中心”的115万名下岗职工已全部出“中心”，基本实现了下岗和失业并轨。随着并轨的推进，累计领取失业保险金的人数达到47.6万人，比2002年增加2.7万人，增长11.2%。参加失业保险的人数达到719.1万人，比2002年增加18.9万人。失业保险基金收入16.4亿元，比2002年增长18.8%；支出15.2亿元，其中发放失业保险金9.7亿元，用于失业人员职业介绍补贴和职业培训补贴3 860万元。

（四）城镇职工基本医疗保险

2003年，山东省17个市、139个县（市、区）全部启动了城镇职工基本医疗保险制度，参保人数达到691.1万人。对省直管单位离休干部的医疗费实行单独拨款、费用单独核算的管理办法，切实保障了他们的医疗待遇。全省已基本形成了以基本医疗保险为主，以大额医疗补助、公务员医疗补助和企业补充医疗保险为辅的多层次医疗保障体系。

三、企业工资收入分配

2003年，山东省企业工资分配宏观调控工作进一步加强。发布了企业工资指导线，以2002年全省全部企业在岗职工平均工资10 608元为基数，2003年企业工资指导线的基准线（货币工资增长）为10%，上线为16%，下线为4%。劳动力市场价格机制初步形成，全省17个市全部发布了劳动力市场工资指导价位。有7个市建立了人工成本预测预警制度。通过集体协商确定工资的企业范围进一步扩大，有258家企业实行了工资集体协商制度。指导企业按生产要素参与收益分配的试点工作取得初步成效。解决企业拖欠职工工资取得阶段性成果。实行了企业欠薪报告制度，加强了对重点企业、重点行业的前置控制。建立了企业拖欠工资统计季报制度。全省共补发企业拖欠职工工资11.5亿元，涉及企业4 173户，职工48.6万人。企业拖欠工资总额下降到13.2亿元，比2002年下降了56%以上。

四、职业技能培训

2003年，山东省充分利用各种培训资源，大力开展了多层次、多形式的职业技能培训，初步形成了技工学校教育、在职职工培训、再就业培训、创业培训和农村劳动力转移培训协调发展的格局。全省技工学校249所，在校生21.3万人。其中高级技校30所，比2002年增加8所。2003年技工学校招生突破10万人，比2002年增长27.3%；毕业生当年就业率达到93.94%。全省技工学校组织短训23.4万人，企业组织职工培训95万人。社会力量办学机构组织培训35万人，比2002年增长70%。各级劳动保障行政部门组织再就业培训22.6万人次，培训合格率达93%，培训后就业率达76%；创业培训9 980人次，创业成功率达51%。职业技能鉴定范围不断扩大，全省有40万人参加技能鉴定考核，其中30万人获得了职业资格证书。在全国率先实施了高技能人才评选表彰制度，制定了高级技工学校毕业生与大中专毕业生享受相等待遇的政策，技能人才成长的社会环境得到明显改善。

五、劳动保障法制建设

（一）劳动保障立法

2003年，山东省劳动保障厅在广泛调研、论证的基础上，完成了《山东省社会保险稽查办法》《山东省失业保险规定》的起草工作，以省人民政府令公开发布。代省政府起草了一系列规范性文件，对有关就业再就业、职业培训、劳动工资、企业养老保险扩面征缴、离退休职工社会化管理服务、失业农民保障等社会和百姓关注的热点问题作出具体部署。狠抓了制度建设，进一步规范了行政执法监督行为，提高了全系统的依法行政行为。

（二）劳动保障监督检查

2003年，山东省开展了维护女职工、未成年工合法权益和禁止使用童工的检查，强化了对社会保险金的行政监督。全省共检查用人单位11.5万户，涉及职工923.8万人。查处各类劳动违法案件27 968件，责令用人单位补签劳动合同72万份，处罚违法克扣和拖欠劳动者工资2.46亿元，帮助23万名农民工追回工资及赔偿金2.97亿元。

（三）劳动争议处理、信访

2003年，山东省认真落实“三方”办案制度，开展疑难案件会审，依法及时、妥善地处理了大批劳动争议案件。全省共受理劳动争议案件18 846起，比2002年同期增长26%，涉及劳动者65 129人。按期结案率达95%以上。受理信访案件58 376起，其中集体上访413起，及时进行了处理，化解了社会矛盾，促进了社会稳定。

六、金保工程和基层劳动保障平台

2003年，山东省劳动保障厅数据中心已与17个市劳动保障部门实现联网，并与劳动保障部连通。青岛、淄博等市还与各县、市、区实现了联网。淄博、青岛、烟台、威海、潍坊5市已全面完成企业养老保险数据库建设。部分市已初步建立起社会保险中心城市处理模式，并逐步向“五保合一”的管理系统过渡。建立了综合统计数据远程直报系统，在全省开展了城镇劳动力就业和社会保障状况抽样调查。基层劳动保障服务机构全面建立。全省共建立街道（乡镇）劳动保障服务平台597个，其中设区的市建立258个，县级市建立81个，乡镇建立258个。

（山东省劳动和社会保障厅）

青岛市

2003年，在劳动保障部、省劳动保障厅和市委、市政府的领导下，青岛市各级劳动保障部门和各系统从事劳动保障工作的干部职工，认真贯彻“三个代表”重要思想和党的十六大、十六届三中全会精神，紧紧围绕全市改革、发展、稳定大局，开拓创新，扎实苦干，各项劳动保障工作取得了明显成效。

一、城镇就业继续保持高速增长

2003年，在“非典”对就业工作造成极大影响的情况下，青岛市各级各部门以增加就业岗位为目标，以完善落实再就业优惠政策为主线，以加大资金投入为保障，以强化管理服务为手段，努力改善就业和创业环境，城镇就业继续保持高速增长。全市通过各种渠道实现就业11.2万人，同比增长62.7%。年末，城镇登记失业率为3.75%，比2002年末下降0.05个百分点。促进就业体系进一步完善，制定下发了建立以目标责任、劳动力市场、管理服务、政策扶持、技能培训和社会保障6个子体系组成的促进就业体系的30条政策。小额贷款担保如期启动，鼓励开发岗位、鼓励吸纳就业、鼓励自谋职业和鼓励技能培训等政策全面落实，全市共拨付促进就业补贴1.03亿元。岗位开发力度进一步加大，累计开发政策扶持性岗位1.9万个。实施了过渡性就业工程，开发交通、城管、消防协管员等过渡性就业岗位7 150个，安置就业困难人员6 628人。困难群体就业问题得到较好解决，全市3.1万名有求职要求的“4045”人员，已安置2.7万人，安置率达88%。组织实施创业工程，青岛市被确定为全国10个创业示范城市之一，成立了130人的创业专家志愿团和“小老板之家”，集政策咨询、项目开发、开业指导、贷款担保、后续扶持为一体的“一条龙”创业促进平台初步建立。2003年，全市自谋职业8 700人，其中自主创业2 100人，带动就业5 000多人。

二、职业技能培训工作取得新成绩

2003年，青岛市失业培训进一步加强，将进行失业登记的失业人员全部纳入了政府补贴范围，初步建立起政府购买培训成果机制。全市培训失业人员3.1万人，其中“4045”人员5 500人。高级技能人才培养力度加大，认定了19个高级技能人才培训基地，建立了高级技能人才奖励制度。经过层层推荐、严格审核，从全市各类企事业单位评审出40名青岛市有突出贡献的技师，在全省开展的高级技能人才评比中，青岛市有9人被评为山东省有突出贡献的技师。职业培训体系进一步完善，成立了青岛市第一所高级技校，全市技工学校当年招生1.1万人，毕业生安置3 600人，安置率达99%。职业技能鉴定范围进一步扩大，全市近6万人参加技能鉴定考核，其中4.5万人获得了职业资格证书。

三、社会保障体系进一步健全完善

2003年，青岛市下岗职工出中心工作提前全面完成，顺利实现了下岗、失业并轨。企业养老保险制度进一步完善，外商投资企业养老保险缴费比例降为20%，国有、集体企业降为23%，改善了投资环境，促进了企业发展。为了维护职工利益，先后出台了延长个体、自由职业者及灵活就业人员的缴费年限，困难企业单独缴纳医疗保险费，解决统筹外“四项补贴”问题，社会保险费补缴，“协保”人员就业和生活补贴等政策。机关事业单位社会保险制度改革迈出新步伐，市内4区事业单位职工全部纳入养老保险，生育保险扩大到全部机关事业单位职工。企业退休人员社会化管理工作取得较大突破，全市纳入社会化管理的总人数达32.7万人，占全部企业退休人员的96.2%。提出了修改完善医疗保险政策的意见建议，调整了医疗保险结算办法，进一步强化医疗保险支出管理，保证了医疗保险基金收支平衡和医疗保险的稳健运行。农村养老保险工作取得新突破，按照个人缴费与集体补助、财政扶持相结合的原则，建立了统账结合的农村养老保险制度的新模式，在城阳区的试点收到了较好效果。

四、社会保险扩面征缴取得新突破

2003年，青岛市扩面工作成效显著，全市扩面新增参保职工15.4万人，净增6.6万人，企业养老保险参保职工达到90.6万人。企业养老保险基金征缴率达96.7%，失业保险达95%，医疗保险达93.7%，工伤保险达92.5%，生育保险达92.5%，机关事业单位养老、失业、医疗、工伤保险基金征缴率均达98%。清欠力度进一步加大，共追缴企业历年欠缴的社会保险费1.2亿元。积极推进困难企业固定资产变现、抵顶欠费工作，对3家企业实行资产抵顶，清欠7 086万元；对8家企业有效资产实行抵押，涉及欠费5 114.5万元。扩面征缴弥补了当期缺口，保证了社会保险待遇的按时足额发放，全市为34万名企业离退休人员发放养老金28.7亿元，为4.5万名机关事业单位离退休人员发放养老金7.7亿元，为9.3万名失业和协保人员支付失业保险金2.8亿元。

五、企业工资分配和劳动关系调整工作迈上新台阶

2003年，青岛市进一步完善了企业工资宏观调控体系，制定发布了2003年度企业工资指导线，劳动力市场工资指导价位覆盖范围扩大到457个工种，工资集体协商试点企业扩大到406户。清理欠薪工作成效显著，按照企业自筹、主管部门调剂、政府政策帮扶相结合的原则，清理企业欠薪7 827万元，涉及职工3.3万人，从根本上解决了职工长期关心的企业历史欠薪问题。出台了市属国有工业破产企业的职工安置政策，出台了“两龄”职工劳动关系调整政策，进一步理顺了劳动关系。

六、劳动保障监察执法力度进一步加大

2003年，青岛市进一步充实了劳动保障监察人员队伍，建立了综合行政执法体系，拖欠农民工工资问题得到较好解决。全市两级劳动监察机构共对5 940户用人单位进行检查，涉及劳动者58万人；立案查处劳动保障违法违规行为3 384件，结案3 260件，结案率达96.3%。通过劳动监察，责令用人单位补签劳动合同24万份，补办职业资格证书5万人，为劳动者追回工资待遇3 226万元。

七、劳动争议处理工作取得新成效

2003年，青岛市不断完善工作制度，健全管理运行机制，改革办案方式，创新审案工作机制，劳动争议仲裁案件办案质量和办案效率进一步提高。全市两级劳动争议仲裁机构共受理劳动争议案件3 812起，审理结案3 624起，按期结案率达95.5%。通过劳动争议仲裁，为劳动者追回经济损失1.1亿元，为用人单位挽回经济损失873万元，维护了劳动关系双方的合法权益。

八、劳动信访工作水平进一步提高

2003年，青岛市认真落实信访工作目标责任制，完善“一个窗口受理、归口分流办

理”的工作体制，强化信访承诺、联席会议等信访制度的落实，保证了“两节”“三级两会”及重要敏感时期劳动保障形势的稳定。共受理职工群众来信来访1 038起，2 640人次，分别比上年下降16%和5%；提供劳动保障政策咨询服务2.7万起，3.5万人次。

九、外商投资企业劳动管理服务工作进一步加强

2003年，青岛市通过推行8项服务承诺，对外商投资企业社会保险、劳动用工、劳动工资等业务实行一站式、一条龙服务，推动了劳动保障法律法规在外商投资企业的贯彻落实。加强外国人就业管理，全年办理外国人就业许可证2 462人次，就业证6 527人次，台港澳人员就业证298人次。为238家外商投资企业开展劳动事务代理，受到了外商投资企业的欢迎。

十、劳动保障管理基础进一步巩固

2003年，青岛市的劳动保障地方立法体系进一步完善，出台了《青岛市企业工资支付规定》，完成了《城镇职工基本医疗保险暂行规定》和《职业介绍管理规定》的修订送审工作。设立了劳动保障政务办理大厅，大大方便了单位和职工办理劳动保障事务。劳动力市场体系进一步完善，中高级人力资源开发中心正式启用，市政府12件实事之一的综合劳动力市场开工建设。辐射市、区、街的劳动保障信息网络基本建立。街道、社区劳动保障工作平台建设取得新进展，全市建立街道（镇）劳动保障机构107个，社区聘用劳动保障协理员383人。

与此同时，青岛市的规划统计、新闻宣传、财务管理、纪检监察、对口联系、教育培训、社保基金管理等工作都取得了新的成绩，各项劳动保障事业全面发展。深入实施“五项工程”，创建“四型机关”。全力打造“真情相助”的服务品牌，其外观标识已被国家知识产权局正式注册，并被评为市直机关3个服务名牌之一。

（青岛市劳动和社会保障局）

河 南 省

按照党中央、国务院和省委、省政府对扩大就业、促进再就业和进一步加强社会保障体系建设的要求，2003 年，河南省各级劳动保障部门克服“非典”对工作的不利影响，不断加大就业和再就业工作力度，继续巩固两个确保，积极推进社会保障体系建设，努力维护劳动者的合法权益，劳动保障各项工作取得明显成效。

一、顺利实现就业和再就业工作目标

2003 年，河南省新增城镇就业人员 76.82 万人，新增就业岗位 66.43 万个。审核发放《再就业优惠证》69.98 万本，完成目标任务的 175%。为下岗失业人员提供免费职业介绍 54.53 万人次，免费培训下岗失业人员 28.37 万人。到位小额贷款担保基金 1.4 亿元，为 4 733名下岗失业人员发放小额贷款7 570.9万元。下岗失业人员实现再就业 45.67 万人，完成省政府下达年度目标任务的 136%，超出目标任务 12.07 万人，其中“4050”人员再就业 12.98 万人，超出目标任务 3.58 万人。全省城镇登记失业率为 3.1%，低于 4.5% 的控制目标。

二、两个确保继续得到巩固

2003 年，河南省月平均下岗职工 20.55 万人，年底实有下岗职工 17.45 万人，在中心 16.33 万人。全年筹集国有企业下岗职工基本生活保障资金 7.74 亿元，使用 7.81 亿元，其中发放基本生活费 4.77 亿元，代缴三项社会保险费 2.63 亿元。进中心下岗职工全部按时足额领取了基本生活费并足额代缴了三项社会保险费。同期全省共为 157.7 万名企业离退休人员发放养老金 104.3 亿元，按时足额发放率和社会化发放率均保持 100%。国有企业下岗职工基本生活保障向失业保险并轨工作稳步推进。全省已有郑州、开封、安阳、新乡、焦作、漯河、南阳、信阳、周口 9 个省辖市开始实行并轨。全省全年领取失业保险金人数达 28.1 万人次，年底尚有领取人员 18.7 万人，在支付压力快速增大的情况下，保证了符合条件的失业人员全部足额领取失业保险金，失业保险基金支出总额 6.69 亿元，其中发放失业金 4.28 亿元。

三、社会保险扩面征缴保持较高增幅

截至 2003 年年底，河南省养老、失业、医疗保险参保人数分别达到 503.97 万人、677.5 万人和 566 万人，新增参保职工分别为 21.67 万人、7.1 万人和 28.37 万人，均超额完成全年扩面任务。2003 年，全省基本养老保险基金收入 96.52 亿元，同比增收 14.8 亿元；医疗保险基金收入 26.48 亿元，同比增收 4 亿元；失业保险基金收入 8.56 亿元，同比增收 0.85 亿元，完成基金征缴计划的 119.8%。与此同时，社会保险基金监管工作进一步加强，全省 18 个省辖市、80 多个县（市）建立了基金监管机构，理顺了监管工作体制，规范了监督程序和办法。

四、劳动关系调整和企业收入分配制度改革取得新进展

2003 年，河南省共督促企业新签劳动合同10.9 万份，续订 2.9 万份，私营企业、乡镇企业、个体工商户从业人员签订劳动合同分别达到33.8 万人、66.1 万人、28.8 万人。普遍建立了劳动关系三方协调机制，至 2003 年年底，全省通过平等协商签订集体合同累计达1.3 万份，覆盖职工 349.4 万人。企业工资决定机制改革稳步推进，全省已有1 210户企业进行了以岗位工资为主的基本工资制度改革，329 户企业进行了工资集体协商，覆盖职工17.2 万人。安阳、新乡、开封、焦作、洛阳、驻马店、三门峡、南阳8 个省辖市建立了劳动力市场工资指导价位制度。劳动争议处理工作进一步加强，全省全年共立案受理劳动争议案件5 225件，结案率为 90%。接待群众上访22.14 万人，受理群众来信3 443件。

五、劳动保障监察工作取得切实成效

2003 年，河南省全年检查用人单位57 520户，涉及劳动者 271.6 万人，督促用人单位补缴社会保险费 2.2 亿元，涉及劳动者 81.5 万人；督促用人单位补签劳动合同 50 万份，为劳动者追发工资等待遇4 480.3万元；立案受理群众举报投诉6 394件，结案率达 97.4%。

六、社区平台建设和金保工程建设进展顺利

2003 年，河南省 322 个街道、2 119个社区和1 263个工作任务重的乡镇全部如期建立劳动保障工作机构，做到了编制、人员、经费、制度、工作、场地六到位。积极争取省计委、信息产业厅支持，使河南省劳动保障信息化建设纳入省电子政务工程，金保工程列入省计委基建计划，并实现与部联网和部分数据网上传输的目标。

七、农村富余劳动力转移工作稳中有进

2003 年，河南省连续外出转移半年以上的农村劳动力达到1 310万人，其中转向省外的达600 万人以上，年实现劳务收入总额达528 亿元，对农民全年人均纯收入增长的贡献率达40%以上。截至2004 年1 月17 日，全省共偿付拖欠农民工工资 6.43 亿元，涉及农民工 27.49 万人，其中偿付 2003 年拖欠 3.49 亿元，占 2003 年拖欠总额的 90.67%，涉及农民工 18.9 万人。

八、养老保险工作情况

截至 2003 年年底，河南省企业基本养老保险参保职工 503.97 万人，其中缴费职工429.68 万人。2003 年，全省应征养老保险费90.92 亿元，实征 96.52 亿元，其中清缴以往欠费 11.34 亿元，全省养老保险费当期征缴率为 93.7%，综合征缴率达 106.2%。2003 年，全省应为 157.7 万名企业离退休人员发放养老金 104.3 亿元，实发 104.3 亿元，养老金按时足额发放率和社会化发放率均为 100%。截至年底，全省企业退休人员实行社会化管理服务124.3 万人，社会管理服务率达 81.19%。

九、失业保险工作情况

2003 年，河南省各级劳动保障部门继续把宣传贯彻国务院《失业保险条例》和《河南省失业保险条例》作为推进失业保险各项业务工作的重要内容，积极向广大失业人员、用人单位和参保职工提供免费咨询服务，及时制定或明确相关政策，完善了全省统一的失业保险制度。将尚未参保的事业单位、非公有制企业及职工作为扩面的重点和增长点，全力推进《失业保险条例》规范范围内的用人单位及其职工依法参加失业保险。2003 年，全省参加失业保险的职工达到677.5 万人，失业保险基金收入总额达到 8.56 亿元，同比增收0.85 亿元；失业保险支出总额达到 6.69 亿元，同比增加支出 0.68 亿元，其中向中心调剂下岗职工基本生活保障资金 1.51 亿元，促进失业人员再就业的两项补贴3 100万元。全省全年领取失业金人数累计达 28.1 万人次，2003 年年底还有 18.7 万人全部足额领取了失业保险金。

十、医疗保险工作情况

截至 2003 年年底，河南省医疗保险参保职工 566.8 万人，其中在职职工 440.9 万人，退休人员 125.9 万人。2003 年，全省医疗保险基金收入 26.48 亿元，其中统筹基金收入 15.32 亿元，个人账户基金收入 11.16 亿元；全省医疗保险基金支出 20.56 亿元，其中统筹基金支出 11.88 亿元，个人账户基金支出 8.68 亿元。截至年底，全省医疗保险基金累计结存 21.73 亿元，其中统筹基金结存 8.43 亿元，个人账户基金结存 13.3 亿元。

十一、工伤保险工作情况

一是加大宣传与培训力度。2003 年，河南省先后召开了全省劳动保障系统、行业系统、市地劳动保障局长培训班和全省工伤保险制度改革工作座谈会，经省政府同意印发了《工伤保险条例》宣传活动方案。二是建立机构，为《条例》实施提供组织保障。省政府建立工伤保险制度改革联席办公会议制度，省劳动保障厅增设了工伤保险处，省里的经办机构建设也在协调之中。三是调查研究，为决策提供基础依据。对 18 个市、11 个行业的 18 个单位及 6 大煤业集团开展了调研，基本摸清了家底。四是制定了《河南省实施〈工伤保险条例暂行办法〉》和一系列配套文件，保证了《工伤保险条例》2004 年 1 月 1 日在河南省的顺利实施。截至 2003 年年底，全省工伤保险参保人员 211 万人。2003 年全省工伤保险基金收入8 485.71 万元，支出4 682.31 万元。截至年底，基金结存 1.83 亿元。

十二、生育保险工作情况

2003 年，河南省生育保险基金收入 5 067.69万元，共为11 202名符合条件人员支付生育保险待遇3 117.54万元。截至年底，全省生育保险参保人员 199.29 万人，基金结存 6 443.05万元。

十三、省直离休干部医疗保障工作情况

2003 年 12 月 2 日，河南省委组织部等部门联合下发《关于印发〈河南省省直离休干部医药费保障和管理工作暂行办法〉的通知》（豫老［2003］7 号），明确由省劳动保障厅统一管理省直离休干部医药费统筹工作，并于 2004 年 1 月 1 日起实施。为确保该项工作如期实施，省劳动保障厅在内部临时成立省直离休干部医疗保障管理办公室，提前着手各项工作。12 月 23 日，与省委老干部局、省财政厅联合印发《河南省省直离休干部医疗保障管理实施细则》（豫劳社［2003］13 号），并公布第一批 15 家定点医疗机构和 10 家定点零售药店。同时，加紧开发计算机管理系统，制作省直离休干部医疗保障 IC 卡。截至年底，省直已有 579 个单位共6 943名离休干部办理了参加医疗保障手续。

（河南省劳动和社会保障厅）

湖 北 省

2003年，劳动和社会保障工作面临前所未有的机遇与挑战。党中央、国务院第一次将城镇新增就业人员和控制失业率纳入国民经济宏观调控的重要目标，第一次将“劳动者自主择业、市场调节就业、政府促进就业”的就业方针写进中央的决定，第一次将城乡劳动者平等就业作为党和国家的重要政策，第一次明确提出将城镇从业人员纳入基本养老保险，全国人才工作会议也第一次将高技能人才培养作为实施人才强国战略的重要内容。党的十六届三中全会和全国经济工作会议更是把就业作为民生之本、安国之策；把社会保障作为社会主义市场经济不可或缺的重要支柱；把维护劳动者合法权益作为立党为公、执政为民的必然要求。湖北省委、省政府各级党政领导对劳动保障工作也非常重视，先后18次召开常委会、省长办公会及专题会议听取劳动保障工作汇报，6次召开全省性的会议研究部署劳动保障工作。面对党和人民的期望和重托，省劳动保障部门齐心协力，克难攻坚，开拓创新，扎实工作，全面完成了各项劳动保障工作任务。

一、就业再就业工作

2003年，湖北省城镇新增就业岗位43万个，帮助41万名下岗失业人员实现再就业，其中“4050”人员10.1万人，双下岗失业人员家庭5.1万户6万人，年末城镇登记失业率为4.3%。全省共出台就业再就业配套政策140个；发放《再就业优惠证》41万本，企业认定证明1 526本；筹集再就业资金6.9亿元，使用6.4亿元；为从事个体经营的下岗失业人员减免行政事业性收费3 161万元，减免税收4 989万元，筹集小额贷款担保基金1.2亿元，为1 830名下岗失业人员发放小额贷款2 940万元。

二、劳动力市场建设

2003年，湖北省115家县以上劳动力市场已有112家基本达到“三化”要求，全年办理求职登记116万人，介绍成功74万人，其中，为43万名困难就业人员提供了免费职业介绍。出台了全省农村劳动力进城务工就业管理和服务的通知，全面清理了限制农村劳动力流动就业的不合理规定；组织农村劳动力开发就业110万人，其中，劳务输出28万人。申报设立了5家境外就业中介机构，向国外输出劳务人员107人。

三、职业培训和鉴定

2003年，湖北省大力开展协议培训、订单培训、定向培训、特色培训、创业培训，全省组织各类培训173万人，其中，就业前培训16万人，免费组织再就业培训32万人，农村劳动力转移培训47万人，在岗培训78万人。技工学校招生突破5万人，比上年增加1.1万人。大力拓展鉴定领域，推广计算机智能化、网络化考试，组织900多个工种、19.5万人参加了职业技能鉴定考核，为16.3万人颁发了职业资格证书。

四、社会保险扩面征缴

2003年，湖北省出台了《关于加强社会

保险费申报核定和征缴工作有关问题的通知》，实行社会保险费统一申报核定和一票征缴，14 个市、州设立了综合服务大厅。全省企业养老、机关事业养老、失业、医疗、工伤、生育保险参保人数分别达到 502 万人、58 万人、391 万人、412 万人、187 万人、180 万人；新增扩面 153 万人；接续养老保险关系 44 万多人；征收社会保险费 124 亿元，比上年增长 35%。为 167 万名参保的离退休人员发放养老金 113 亿元，为 33.8 万名失业人员发放失业保险金 5.6 亿元。

五、养老保险

2003 年，湖北省制定出台了灵活就业人员、农垦企业养老保险办法和城镇用人单位职工基本养老保险费补缴办法。将监狱系统和 31 家科研转制单位纳入了省直养老保险统筹。为 3.18 万人建立了企业年金。湖北省委、省政府出台了企业退休人员社会化管理实施办法，全省实行社会化管理服务的离退休人员达 143 万人，占离退休人员总数的 90%。机关事业单位养老保险个人账户建账率达 80%，70 个市县实行了社会化发放，社会化发放率达 77%。

六、医疗保险

2003 年，湖北省以困难企业和灵活就业人员为重点，推动医疗保险制度改革。武汉、襄樊、十堰等 14 个市州、直管市出台了困难企业医疗保险办法，参保人数达 19 万人，比上年增加 11 万人。荆门、宜昌、黄石等 9 个市州、直管市出台了灵活就业人员参保办法，参保人数达 7.7 万人。建立了离休干部医药费单独统筹办法，2 万多人参加了医药费单独统筹，占全部离休干部的 54%。加强了对医疗保险定点协议的管理，制定了医疗保险管理指标体系，全省定点医疗机构协议签订率已达 100%。针对“非典”疫情，明确了确诊、疑似和隔离人员享受基本医疗保险的政策，统筹基金共支付医疗费 70 万元。

七、失业保险

2003 年，湖北省以高等学校等事业单位和监狱系统为重点，加大对失业保险扩面稽核的力度，省直在汉高等学校扩面征缴工作取得突破性进展，在汉 52 所高等学校有 50 所办理了参保手续，新增参保人员 3.3 万人。研究起草了失业保险调剂金筹集使用办法，失业保险制度进一步完善。

八、工伤、生育保险

2003 年，湖北省劳动保障厅制定了《湖北省工伤保险实施细则》，对现行工伤保险政策进行了清理，理顺了工伤管理体制，新老制度过渡平稳。生育保险稳中有进，新增参保人数 6.4 万人。

九、下岗向失业并轨

2003 年，湖北省督促指导各地继续按照“三三制”原则筹集下岗职工基本生活保障资金 8.06 亿元，确保了在中心下岗职工基本生活费按时足额发放。多渠道促进下岗职工出中心向失业保险并轨，在中心下岗职工人数逐月下降，全省共有 14.4 万名下岗职工出中心，其中 8.03 万人与企业解除了劳动关系；年末，中心尚有下岗职工 20.12 万人。

十、用工分配

2003 年，湖北省 282 家企业进行了年薪制试点，其中省级试点 15 家，1 724户企业建立了以岗位工资为主的基本工资制度，238 户企业探索了技术、管理、资本等生产要素参与收益分配制度的问题，60% 的企业配套进行了全员竞争上岗的用工制度改革，城镇企业劳动合同签订率达到 80%，签订集体合同的企业达到3 392家。在全国率先建立了建筑业企业工资保障金制度，11 个市州建立了企业欠薪预警制度。16 个市州 47 个县市建立了劳动关系三方协商机制；16 个市州 30 多个县市建立了劳动力市场工资指导价位；801 家企业建立了工资集体协商制度。

十一、劳动关系协调和维护社会稳定

2003 年，湖北省劳动保障厅加强了对省属国有企业改制职工安置方案的测算、审批，指导 85.4% 的国有中小型企业完成了改组改制职工的安置工作，保证了企业改革的平稳进行。深入细致地做好以企业军转干部为重点的维稳工作，4 次开展不稳定因素排查，完善群体性事件处置预案、重大事件统计报告制度，直接处理 62 起群体性上访和突发事件；坚持厅长接待日制度，做好日常信访接待，全厅接待来电来访 2 万多人次，处理来信3 000多封。

十二、劳动保障法制建设

2003 年，湖北省劳动保障厅完成了《劳动保障监察条例》《劳动合同管理规定》和《工资支付规定》的起草、调研工作。对全系统干部职工进行了法制培训和考核。建立了执法评议考核制，进一步规范管理审批收费行为。加强劳动保障监察制度、机构和队伍建设。组织开展“清欠工资行动”、技术工种持证上岗、禁止非法使用童工、规范劳动力市场秩序等专项监察。年检用人单位 5.9 万户，举报案件结案率达到 97.4%，为 13 万多名民工追回、补发工资 2.47 亿元，占拖欠总额的 90% 以上，得到国务院检查组的肯定。

十三、劳动保障基础建设

2003 年，湖北省 260 个街道、908 个乡镇、2 487个社区建立了劳动保障服务所、站，覆盖面分别达到 100%、91.3%、99.2%；配备工作人员6 444人。制定了湖北省“金保工程”建设总体规划，筹资3 500万元，统一为县、市、区劳动保障局和街道、乡镇、社区劳动保障服务所、站配备计算机、打印机。基本建成省直社保费申报核定综合服务平台，省与 10 市实现了就业再就业信息联网，省养老保险数据中心与劳动保障部实现了联网。

（湖北省劳动和社会保障厅）

湖　南　省

2003年，湖南省的劳动和社会保障工作在国家劳动保障部的指导下，在省委、省政府的高度重视和有关部门的大力支持下，坚持以“三个代表”重要思想和党的十六大精神为指导，克服“非典”带来的负面影响，全面贯彻落实全国再就业工作座谈会议精神，努力扩大就业再就业，巩固和加强两个确保，着力完善社会保障体系，全面推进劳动保障各项工作，为促进经济发展、深化国企改革、维护社会稳定做出了积极努力。

一、就业和再就业取得阶段性成效

（一）就业规模扩大

2003年，湖南省从业人员总量达3 694万人，比2002年增加50.29万人，增长1.4%，其中城镇从业人员858.42万人，增长6.2%，是1995年以来增速最快的一年。新增城镇就业50万人，其中下岗失业人员再就业41万人，安排大龄就业困难对象（“4050”人员）再就业12万人，城镇登记失业率为4.5%。新增农村转移就业81万人，转移就业总人数达到736万人，劳务总收入达441亿元。

（二）就业结构调整成效显著

2003年，湖南省第一产业从业人员1 968.9万人，比2002年减少65.14万人，占从业人员总量的53.3%，下降2.5个百分点；第二产业从业人员805.29万人，增加48.03万人，占21.8%，上升1个百分点；第三产业从业人员919.81万人，增加66.59万人，占24.9%，上升1.5个百分点。

（三）公共就业服务体系更趋完善

2003年，湖南省358个街道、3 256个社区已全部建立劳动保障服务机构，配备专兼职工作人员6 000多人。全年通过社区新开发就业岗位20.3万个，安置下岗失业人员19.2万人，兴办社区就业实体3 900个，创建了177个“最充分就业社区”。职业介绍工作在全国率先开展了公共职介机构全省联动招聘，实现了长沙、株洲、湘潭3市劳动力市场信息一体化。全年进入各级劳动力市场登记招聘的用人单位8.38万家次，提供岗位59.6万个；接待求职人员90.3万人次，介绍成功35.08万人，其中下岗职工12.1万人，失业人员18.4万人，成功率为38.8%。

二、两个确保得到巩固和落实

2003年，湖南省统筹内企业离退休人员130.26万人，比上年底增加6.77万人，增长5.5%。应发基本养老金82.07亿元，实发82.07亿元，实现了按时足额发放。养老金社会化发放率达100%。

2003年，湖南省国有企业下岗职工出中心工作进展平稳，下岗职工人数大幅减少。至年底，滞留在国企再就业服务中心的下岗职工仅为19.47万人，比2002年减少20.02万人，下降50.8%。按照“三三制”原则，筹集下岗职工基本生活保障资金12.68亿元，使用12.68亿元，其中发放基本生活费9.02亿元，代缴社会保险费3.66亿元，确保了在中心、签协议的下岗职工基本生活。

三、完善社会保障体系取得新进展

2003年，湖南省企业职工基本养老保险

覆盖面进一步扩大。至年底，参保企业22 741户，参保职工317.44万人，增长1.4%；实际缴费人数268.09万人，比2002年增加14.16万人，遏制了参保缴费人数下滑的势头。基金征缴再创新高，全年征缴61.9亿元，征缴率达97.6%，比2002年增收6.57亿元，并清收企业欠费6.7亿元，第一次实现当年增收大于增支。企业退休人员社会化管理服务工作取得新的进展，社会化管理服务人数达109.31万人，社会化管理服务率达到85.2%，比2002年上升36.3个百分点。启动实施了国有农垦企业职工参加基本养老保险工作，将近30万农垦企业职工从2003年7月1日起纳入了基本养老保险，解决了多年想解决而没有解决的问题。调整完善了基本养老金计发办法，统一实行新的计发办法，保持了运行平稳。

2003年，湖南省机关事业单位养老保险参保人数达到151.25万人，比上年增加5.66万人。征收养老保险费35.04亿元。领取退休费的机关事业单位离退休人员达到37.24万人，发放退休费33.42亿元，基本保证了按时足额发放。

2003年，湖南省医疗保险扩面力度进一步加大，参保职工达423.5万人，新增参保职工25.37万人。征缴基本医疗保险费23.6亿元，增收9亿元；支出17.4亿元，增支4.8亿元。建立了离休干部医疗费用财政支持机制，启动了离休干部医疗统筹工作，提高了离休干部医疗保障水平。

2003年，湖南省失业保险承接了出中心后参保下岗职工的生活保障功能，确保了“三条保障线”的平稳衔接。参保单位26 278家，参保职工347.5万人，增长6.4%。征收失业保险费5.96亿元，收缴率为95%，创历史最好水平。全省享受失业保险待遇人数19.2万人，比2002年增加5.19万人，增长37%；领取失业保险金2.55亿元，增长48.3%，保障功能进一步增强。

四、工资分配与劳动关系管理日趋规范

（一）企业工资分配制度改革逐步深化

2003年，湖南省及时发布了全省工资增长指导线，完善企业最低工资标准体系，新增测算和发布了小时最低工资标准。14个市州按期发布了劳动力市场工资指导价位，劳动力市场价格机制初步形成。企业内部分配制度改革进一步深化，有950多户企业、近80万名职工进行了以岗位工资为主的分配制度改革。

（二）职工工资总额稳步增长

2003年，湖南省城镇职工工资总额为494.42亿元，比上年增长7.8%。其中，国有经济单位400.01亿元，增长6.8%；城镇集体单位29.04亿元，下降3.4%；其他经济类型单位65.37亿元，增长20.9%。

（三）职工平均工资显著提高

2003年，湖南省各经济类型职工年平均工资达到9 855元，比上年增长12.8%，其中，国有经济单位职工年平均工资10 484元，增长11.5%；城镇集体单位为5 108元，增长13%；其他经济类型为10 327元，增长15.3%。

（四）用人单位劳动合同签订率进一步提高

2003年，湖南省99.14万个用人单位中，有89.33万个单位与劳动者签订了劳动合同，劳动合同签订率为90.1%，比上年提高1.5个百分点。其中机关事业单位、国有及国有控股和城镇集体企业劳动合同签订率分别达到99.7%、99.6%、98.7%；外商投资企业劳动合同签订率为98.4%，比上年提高1.1个百分点；私营企业为83%，提高0.7个百分点；乡镇企业为79%，提高5个百分点。全年新签订劳动合同42.41万人，占合同签订人数的7.9%；续签合同33.81万人，占5.9%；变更合同3万人，终止合同1.55万人，解除合同10.26万人。进一步完善了劳动关系三方协调机制和集体合同制度。

五、劳动争议仲裁与信访稳定扎实有效

（一）劳动争议仲裁工作不断加强，办案质量和结案率明显提高

2003年，湖南省各级劳动争议仲裁机构共立案受理劳动争议案件3 772起（其中集体争议案件351起），在法定办案时限内结案3 545起，结案率为94%。省、市、县三级劳动争议仲裁委员会还通过庭外和解方式处理劳动争议1 789起。省本级劳动仲裁委员会全年立案受理174起，结案167起，结案率为96%；通过庭外和解方式处理劳动争议61起。

（二）人民来信来访得到妥善处理

2003年，湖南省接待群众来访9.99万人次，处理人民来信4.45万件。其中省厅直接接待上访群众11 585人次，处理人民来信5 119件。

六、职业培训和技能鉴定力量加强

（一）“百万培训工程”计划顺利完成

2003年，湖南省共对110.33万人实施了职业技能培训，其中培训下岗失业人员22.54万人，劳动预备制人员11.73万人，农村劳动力转移就业人员24万人，企业在职职工52.05万人。

（二）技校规模略有扩大，招生人数快速增长

2003年，湖南省共有各类技工学校136所，比2002年增加3所；招生4.78万人，增长16.3%，毕业生就业率为98.6%。

（三）社会力量培训机构明显增加

2003年，湖南省社会力量培训机构569个，比上年增加24个，增长4.4%；在职教职工5 917人，增长8%，其中，教师4 701人，增长19.16%；培训人数13.71万人，增长43.6%。

（四）职业技能鉴定范围进一步扩大

2003年，湖南省共有鉴定所（站）402家，取得考评员资格的有7 125人，比上年增长25%。全年共鉴定25.8万人，取得职业资格证书的有22.56万人，增长10.97%。其中，取得高级职业资格证的有15 363人；取得技师资格证的有8 214人，增长2.9倍；取得高级技师资格证的有77人，增长42.6%。

七、劳动保障立法与监察力度加大

（一）劳动保障法规体系逐步完善

按照立法计划，2003年，湖南省先后出台了《湖南省劳动合同规定》《湖南省城镇职工生育保险办法》和《湖南省工资支付监督管理办法》3部政府规章，进一步健全和完善了湖南省劳动保障法律法规体系。

（二）劳动保障监察案件处理成效显著，监察执法工作进一步加强

2003年，湖南省依法受理群众举报案件4 753件，结案4 529件，结案率达95%；出动专兼职监察员2 960人次，检查用人单位3 926家，涉及职工170.32万人；查处违法案件1 834件，补签劳动合同3万多份。

（三）开展了声势浩大的农民工工资“清欠”行动，取得明显成效

2003年，湖南省劳动保障监察机构通过对10 607家单位进行专项执法检查和受理投诉举报，查出3 562家单位在2003年拖欠农民工工资3.3亿元，清欠支付率达到99.9%，受到广大民工的赞誉。

八、社会保险基金监督工作不断推进

2003年，湖南省建立了举报案件核查、督办制度，受理举报电话和信件305起，立案核查20起，已结案19起。加强了对基金现场的监督工作，全省组织基金现场监督236次，派出监督检查人员870人次，被检查单位达425家，追回违规、违纪挪用基金1 756.27万元。出台了《社会保险稽核办法》实施细则，增强了稽核工作的计划性、协调性和可操作性。对铁路、交通、民航、煤炭、中建五局5个行业企业开展了专项审计检查工作，共检查24个总机构、48个分支机构、20余万名职工，核增单位缴费基数2.82亿元，个人缴费

基数1.44亿元。

九、破产改制企业职工分流安置工作得到加强

2003年，湖南省和各市州成立了职工分流安置工作机构，明确了人员和职责。规范了企业经济性裁员方案和改制职工分流安置方案的审核审批程序，制定了一套严格的工作标准和工作流程。做好了煤炭、有色行业第一批关闭破产矿山企业职工安置和社会保障的协调工作，维护了破产改制企业职工的合法权益。

十、劳动保障统计与金保工程建设步伐加快

2003年，湖南省加强了对金保工程建设的调度，实现了养老保险信息系统全省联网和部省联网。下岗失业人员数据库基本建成，领取《再就业优惠证》对象的基本情况实现了网上查询。加强了对公众信息网站的建设，省厅和13个市州都建立了公众信息网站，开通了湖南就业服务网和社会保险服务网。建立了一套劳动保障主要统计指标体系，实行了城镇就业集中归口统计报表制度。坚持和完善了统计数据会审制度，加强统计分析研究，提高了统计工作质量。

（湖南省劳动和社会保障厅）

广　东　省

2003年，广东省劳动保障部门按照“把握基点、突出重点、突破难点、形成亮点、全面推进”的劳动保障工作总体思路，抗“非典”、促就业、抓社保、保权益、肃行风、搞建设，各项劳动保障工作取得可喜的成绩，为全省的经济发展做出了应有的贡献。

一、机关作风建设和行风评议成果显著

2003年，广东省劳动保障部门坚持以“三个代表”重要思想为指导，深入开展以“创新观念、创新体制、创新服务、优化发展环境”为主题的机关作风建设活动，努力实现全系统感情到位、服务到位，达到职工满意、企业满意、社会满意。同时以“劳动保障优质月”活动推动行风建设，全省形成依法行政、廉政勤民的规范，创建文明服务窗口，确立了劳动保障部门“科学、公正、文明、热情、廉洁、高效、优质”的良好形象，受到社会的好评。省劳动和社会保障厅及21个地级以上市的劳动保障部门均被评为“满意”单位。

二、扎扎实实做好就业和再就业工作，就业局势保持稳定

2003年，广东省委、省政府决定在全省实施“扩大与促进就业民心工程”，把就业再就业纳入全省国民经济和社会发展宏观调控目标。各级政府进一步加大了资金投入，全省再就业资金规模达11.6亿元，其中省财政安排5.84亿元。全省为下岗失业人员减免税费2.8亿元。全省地级以上市335个街道100%建立了劳动保障工作机构，260个乡镇有249个建立了工作机构，占95.8%。20个地级以上市劳动力市场实现与省的信息联网，收集、上网信息达到320万条。全省公益性职业介绍机构共为下岗失业人员提供职业介绍服务93.4万人次，为10.51万名国有企业下岗失业人员提供职业介绍补贴1 561万元。全省共有10 598名“4050”人员在公益性岗位实现了再就业，享受岗位补贴和社保补贴1 119万元。全省共有7.12万名下岗失业人员从事个体私营经济。中山市对农村新成长劳动力实行100%培训和100%就业的政策。全省全年新增农村劳动力转移就业人数达47.8万人，其中16个扶贫开发重点县新增输出劳动力7.2万人。为32万人次的高校毕业生提供了“一条龙”的就业服务。全省共培训失业人员和国有企业下岗职工36万人，培训后再就业率达65%，有14.59万人享受再就业培训补贴6 753万元；培训农村劳动力38.5万人，培训后转移就业27.7万人，就业率达72%。

2003年，广东省纳入劳动保障部门登记管理的流动就业人数达1 180.32万人（其中外省入粤流动就业人数885.43万人，本省跨地区流动就业人数265.90万人）。特别是“非典”期间各级劳动保障部门积极采取各项有力措施，切实做好农民工“非典”防治和流动控制工作，共投入人力10万多人次，抽查使用农民工较多的企业3万余家，涉及农民工300多万人。全省农村劳动力新增转移就业47.8万人，2003年全面完成了省委、省政府确定的目标任务。

2003年，广东省城镇净增就业岗位96.59万个（其中社区就业岗位21.07万个，公益性就业岗位2.98万个），完成年度计划70万个的138%；国有企业下岗失业人员实现再就业37.4万人，其中“4050”人员实现再就业10.82万人，分别完成年度计划35万人和10万人的106.9%和108.2%；城镇登记失业率为2.9%，比上年下降0.2个百分点。广东省就业和再就业工作得到中央再就业工作督查组的充分肯定。

三、妥善分流安置下岗职工，促进劳动关系的平稳和谐

2003年，广东省国有企业改革步伐加快，产业结构调整力度不断加大。部分省属劣势企业实行关闭退出，华侨农场、粮食、有色金属等企业相继展开关闭、改制，省属企业集团的二次重组工作启动，有12万多名职工需要分流安置。为了妥善做好职工分流安置工作，结合本地的实际，广东省制定了切实可行的职工分流安置政策，保证了分流安置工作的顺利进行。到年底，劣势企业、煤炭企业、华侨农场的5万多名职工的分流安置工作已基本完成，省财政拨付了4.14亿元的安置费用，粮食企业、有色企业的职工分流安置工作已在稳步进行。另外，理顺了3.1万名下岗职工的劳动关系，劳动关系进一步得到协调平稳发展。8月份，“全国推进劳动关系三方协调经验交流会议”在珠海召开，全省各地级市的三方主要领导参加了会议。会后，部分市积极将三方协调机制逐步推广到县、区、镇，逐步形成全省的三方协调劳动关系机制网络。劳动合同管理和签订集体合同工作稳妥推进，全省签订劳动合同的职工达1 076万人。全省共签订集体合同6.17万份，覆盖企业9.48万家。

四、职业技能开发和鉴定取得重大的突破

2003年，广东省职业技能开发工作实现两大突破：一是技工学校招生和在校生数分别达9.97万人和24万人，创历史新高；二是参加职业技能鉴定的人数和获取国家职业资格证书的人数连续6年位居全国首位。技工教育和职业培训工作得到高度重视，被纳入省委、省政府“十项民心工程”。技工学校办学层次有新的提高，晋升为国家重点和省重点技校的分别有4所和5所。社会力量职业培训机构和就业训练中心共有2 644个，新认定的再就业培训定点机构297个，全年培训92.9万人，其中失业人员和国有企业下岗职工36万人，劳动预备制学员6.3万人。全省开始实施创业培训示范基地工作方案，已建立1个省级创业培训示范基地，共培训3 200多人，创业成功率达25%，就业率达75%左右。全省智力扶贫工作有了新的进展，除省财政继续支持的每年5 000名贫困家庭子女就读技工学校外，各技工学校采取“减、免、助、贷、补、勤”等措施资助的贫困生近2万名。正式与港方签署联合开发技能型人才协议，为促进粤港两地在技能人才培养、交流、使用等方面的合作创造了条件。职业资格证书制度向高校延伸，职业技能鉴定工作再创新高。全省全年参加鉴定的人数达81万人，获证62万人，分别比上年增长19.35%和9.45%。鉴定方法向着模块化、智能化、仿真化考试方向发展，网上业务受理系统开通，随到随考、送考上门服务深受社会欢迎。2003年，粤港两地职业技能鉴定合作正式启动。为了充分开发和利用人力资源，广东省人力资源管理协会于7月18日正式成立。

五、企业职工工资分配的宏观调控机制进一步得到完善

2003年，广东省探索与现代企业制度相适应的工资体制，建立企业工资收入分配的宏观调控体系，加强对企业收入分配的指导和立法监督。14个市建立了工资指导线制度和工资指导价位制度，广州、深圳、江门等地不断完善数据调查的办法，扩大工种（岗位）的调查、公布范围，广州、深圳公布的职业（工种）数已分别达232个、300个。以集体协商和个人劳动合同为基础的谈判确定工资的机制初步形成，工资集体协商工作不断取得进展，全省共签订工资集体协议5 198份，覆盖企业17 879家，涉及职工844 519人，分别是上年的2.6倍、2.7倍、2.9倍。

六、劳动保障法制建设取得新的进展

2003年，广东省劳动保障厅向省政府报送《广东省劳动合同管理规定》修改稿，省政府作出“关于修改《广东省劳动合同管理规定》第二十九条、三十条决定”。同时，向省政府上报了《广东省社会工伤保险条例（修订草案)》和《广东省社会保险基金监督条例（草案)》，并获省政府审议通过，提交省人大常委会审议。积极开展修订《广东省社会养老保险条例》调研和论证工作。研究起草了《广东省工资支付条例（草案)》。2003年是全面实施“四五”劳动保障普法规划的第3年，按照国家与省“四五”劳动保障普法规划，在全省范围内有计划、有步骤地开展了普法工作。组织全省县（区）以上劳动保障局长分期分批进行《劳动法》和社会保险法律知识的培训，计划举办6期，2003年已举办3期，参加培训的人数超过200人；组织全省地级市以上的劳动就业服务机构负责人进行法律和业务培训，已举办3期，对帮助各地正确理解和贯彻执行国家和省的就业和再就业政策法规发挥了重要作用。

七、加大劳动保障监察执法力度，劳动者合法权益得到有效的维护

2003年年初，广东省劳动和社会保障厅与省建设、经贸、外经贸、工商、工会和妇联等7个部门联合开展了工资支付情况专项检查活动；8月份，开展了对贯彻实施《禁止使用童工规定》联合执法的检查月活动；9月份，配合省人大组成3个检查组，对佛山、江门、东莞、惠州、韶关、清远6市进行了《劳动法》执法检查。年底，会同省建设厅联合转发了劳动保障部、建设部《关于切实解决建筑业企业拖欠农民工工资问题的通知》，开展了对农民工工资支付情况的大检查，各地成立了检查领导小组，制定了检查方案。2003年，全省各级劳动保障监察部门共检查用人单位14.3万户，涉及劳动者1 027万人，接受群众举报35 170件，补签劳动合同108万人，为80.1万名劳动者追发工资等待遇6.97亿元。积极推进劳动保障年审工作，充分发挥劳动保障年审的监督检查手段，参加劳动年审的用人单位共有18.4万户。加快推进工资支付监控系统建设，有效地防止了大量欠薪和经营者逃匿案件的发生。

八、劳动保障计划统计工作得到加强，加快了信息化建设步伐

2003年，广东省劳动保障厅编制了2004年广东省劳动保障事业发展计划，对各地做好劳动保障工作提出指导性意见。进一步健全劳动保障计划制度，贯彻落实《广东省劳动保障事业发展计划检查评估办法》，对全省劳动保障事业发展“十五”计划进行了中期评估，同时也对劳动保障各业务专项计划进行了检查评估，提交了《广东省劳动保障事业发展“十五”计划中期评估报告》。加强了对劳动保障统计的综合管理，制定了《广东省劳动和社会保障厅统计数据会审制度》，对年度、季度的劳动保障统计数据进行了联合审核。按季编印了《劳动保障统计》信息资料，及时通报和交流统计数据资料，实现数据资料共享。精心组织，认真完成了全省城镇劳动力就业与社会保障状况抽样调查任务，对全省8 900户家庭进行了入户调查，撰写了分析报告。

九、加快了养老保险市级统筹的步伐

到2003年年底，广东省参加企业基本养老保险的人数为1 145.75万人，比上年增长5.8%。全省企业离退休人数为195.96万人，比上年增长5.1%。全省企业月人均基本养老金710元，比上年增长8.4%，离退休人员基本生活水平得到了提高。截至2003年年底，

有6个市实行了市级统筹，其他各市全部实现市区内统筹，并积极开展市级统筹的方案制定和筹备工作。全省企业退休人员实行社会化管理服务的人数达到157.67万人，社会化管理服务率达84.8%。广东农垦、华侨农场企业全部按统一办法参加所在市基本养老保险统筹，近12万名离退休人员的基本养老金全部实行社会化发放，切实保障了基本生活。同时，解决了一批群众关注的热点、难点问题，给28 987名省直企业早期退休人员加发了补贴，给部分省属和中央驻粤企业离退休干部增发了生活补贴，基本解决了科研转制单位参加养老保险问题以及关闭破产煤炭、冶金、有色企业离退休人员、职工参加医疗保险问题；另外，还研究出台了灵活就业人员参加基本医疗保险的办法，30多名灵活就业人员参保。

十、充分发挥了失业保险的功能，为稳定职工队伍起到积极的作用

到2003年年底，广东省参加失业保险人数为954.09万人，比上年增长7.18%，其中公有制企业参保人数减少10.6万人，非公有制企业参保人数增加76.1万人，参保人数继续居全国首位；征缴失业保险费21.40亿元，比上年增长16.88%；失业保险基金支出13.20亿元，比上年增长11.39%。2003年，随着国有企业下岗职工基本生活保障向失业保险并轨工作的基本完成，失业保险已经成为主要保障形式。这一年，全省领取失业保险金人数为45.64万人，比上年增长9.8%；其中当年新增领取人数21.50万人，比上年减少1.6%。

十一、医疗保险制度不断得到完善，为防治“非典”做出贡献

2003年，广东省医疗保险覆盖范围继续扩大。全省医疗保险参保人数达到876.98万人，比上年底的717.74万人增加了159.24万人；有14个市的覆盖人数超过了10万人，其中广州、深圳和东莞市的覆盖人数超过了百万。基本医疗保险已从制度上覆盖了所有用人单位，形成了正常的保障机制。全力以赴协助做好“非典”防治工作，特事特办，确保参加医保“非典”患者得到及时有效的诊治。参加基本医疗保险的243例“非典”患者、11例“非典”疑似病例的医疗费用共570多万元，全部由医疗保险统筹基金和各种医疗补助解决，有效地发挥了医疗保险在处置突发性公共卫生事件中的作用。深圳、珠海、韶关、中山、江门、湛江、茂名、肇庆、汕头9个地级以上市出台了灵活就业人员参加基本医疗保险办法，通过劳务机构代办参保和以个人身份缴费参保的灵活就业人员达30多万人。为关闭破产国有企业的退休人员和距离法定退休年龄5年的老职工缴纳了过渡性基本医疗保险金。基本实现了失业保险的医疗待遇与基本医疗保险接轨，保证了失业人员的基本医疗要求。韶关市作为市级统筹试点城市顺利启动了市级统筹，实现了包括医疗保险在内的各项社会保险政策、管理、标准、调剂“四个统一”。目前，全省已有5个地级市实现了市级统筹。

十二、工伤保险新的条例得到顺利贯彻

2003年，广东省工伤保险参保人数达到1 120万人，在继续扩大覆盖范围的同时，按照国务院颁布的《工伤保险条例》，根据广东省的实际情况，对《广东省社会工伤保险条例》进行了修订。积极做好劳动能力鉴定工作。

十三、生育保险有了新的进展

2003年，广东省生育保险参保人数达330.76万人，比上年底的258.67万人增加72.09万人，增长27.87%。要求各地在开展医疗保险制度的同时，协同推进生育保险，将生育医疗费纳入进去，以解决生育女职工的生育医疗费用急需。

（广东省劳动和社会保障厅）

深　圳　市

第一部分：劳动工作

2003年，深圳市劳动局在深圳市委、市政府的领导下，以“三个代表”重要思想为指导，认真贯彻全国和省劳动工作会议精神，努力克服“非典”疫情的影响，落实事权下放措施，推进依法行政，减少办事环节，提高工作效率，全面完成了各项工作任务。

一、积极探索就业和再就业工作新路子，强化管理措施和服务手段，促进了居民的充分就业

（一）就业与再就业政策

2003年，深圳市劳动部门积极贯彻全国和省、市就业和再就业工作座谈会精神，确保就业和再就业工作落实，完善再就业配套文件，依据中共中央、国务院《关于进一步做好下岗失业人员再就业工作的通知》（中发［2002］12号）和深圳市委、市政府《关于进一步做好就业和再就业工作的意见》（深发［2002］14号），制定了《深圳市困难失业人员托底安置管理办法》《深圳市职业介绍机构就业服务补贴发放办法》《深圳市失业人员培训管理办法》，制定了再就业援助、失业人员培训、发放就业服务补贴、居民按比例就业、岗位开发、托底安置、小额担保贷款等13个鼓励优惠政策和再就业配套文件，形成了较为全面、配套和完整的再就业政策体系，确保了全市再就业工作在法制化、规范化轨道上推进。召开了市居民就业工作委员会第一次全体会议和全市就业和再就业工作座谈会，研究制定了跨部门再就业联动机制，拓宽了就业领域，推进了全市就业和再就业工作。全年共帮助12 422名失业人员实现了再就业，年末登记失业人员结余总额21 537人，登记失业率为2.61%，失业人员基本生活保障率和医疗保险投保率达100%。

（二）就业服务

2003，深圳市建立了适应市场经济要求的劳动就业服务体制。建立岗位开发领导机构、工作制度和开发机制，落实再就业优惠政策，用好再就业资金，加快再就业援助行动，成立了就业管理处、市劳动就业服务中心、市职业介绍中心，其中市劳动就业服务中心挂市困难失业居民就业援助中心的牌子，从而形成了行政管理、公共就业服务和市场就业服务相融合的就业管理与服务体系。劳动就业硬件建设迈出了新的一步，劳动就业大厦于4月投入使用，为劳动者提供用工手续、就业登记、职业指导、创业培训、技能测评、转业训练等“一站式”服务。基层就业工作平台建设取得突破，根据国家和省关于在街道设立劳动保障事务机构的要求，深圳市劳动、社保、编办、财政4个部门联合发布了《关于完善我市公共就业服务机构和劳动保障事务机构的意见》，规定全市各街道办事处统一设立劳动保障事务所。7月18日，市政府办公厅下发了《关于加快我市街道劳动保障事务所建设的通知》，要求各区政府及全市各有关单位加快街道劳动保障事务所的建设工作进度，切实做到机构、人员、经费、场地、制度和工作“六

到位”。全市32个街道、18个镇已经全部建立了劳动保障机构，为就业和再就业工作建立了社区服务平台。

（三）再就业培训与再就业推荐

2003年，深圳市制定发布了《深圳市失业人员培训管理办法》（深劳［2003］120号），在继续开展技能培训项目的同时，重点强化定向培训、随岗培训、创业培训等更具实效性的培训项目。同时，在再就业培训工作中实行鼓励性优惠政策，失业人员每年可参加2次由政府资助学费的技能培训，每次减免学费最高可达2 000元；由就业服务机构对参加随岗培训的失业人员发放一定生活补贴，对于路途较远的发放交通补贴。2003年，对失业人员进行就业指导12 016人次，组织公共培训7 256人次，开展再就业技能培训5 100多人次，对困难失业人员进行一对一就业指导5 324人次，完成随岗培训和定向培训210人次（其中培训后被用人单位录用的超过100人），创业培训320人次。同时，采取多种措施，开发公益性岗位；加大居民按比例就业制度实施力度；实行全市范围的就业岗位开发交流和调剂制度。特别是在“非典”疫情期间，针对服务性行业企业经营情况受到明显影响的情况，各级劳动部门积极发掘各行业岗位信息，使服务性行业企业出现的富余员工能够及时调剂到本市其他区域或其他行业企业，保持了劳动力市场的平稳和社会秩序的安定。为促进困难失业人员再就业，市劳动部门根据《深圳市困难失业人员托底安置管理办法》（深劳［2003］119号）规定，对经市、区劳动部门确认为困难失业人员的，由劳动就业服务机构采取劳务派遣或以工代赈的方式，安排从事特定工作，并按规定标准提供相关补贴。在全市失业居民中，由各级劳动部门认定为困难失业人员的2 139人。同时，各级劳动部门根据深圳市制定的再就业援助行动方案，采取多种形式的专项援助行动。劳动部门与企业建立长期协作联系，特别是对一些适合失业人员从事的行业企业，通过协议方式发展成为再就业基地，定向安置失业人员，全市已有再就业基地40家。对于有自主创业意向的失业人员，劳动部门积极组织开展创业培训，对缺乏创业资金的失业人员提供小额担保贷款援助。经市政府批准，由财政拨款2 000万元建立了小额贷款担保资金，制定了深圳市失业人员小额担保贷款实施办法，向符合条件的失业人员提供担保贷款。劳动部门共向失业人员提供小额贷款担保355人，其中241人已经通过银行领取了总额为398.5万元的贷款。

二、加强劳动力市场调控与管理，维护劳动力市场秩序

（一）市外招调员工管理

2003年是劳动部门实行事权下放的第一年，深圳市区招调员工业务实行统一政策、统一程序、统一业务规范，简化办事程序，减少办事环节，实现全市招调员工一盘棋。同时，开发招调员工网上办公系统，首次实现全市招调工信息联网，方便了办事企业，提高了工作效率和招调工的透明度、公开化程序。劳动部门按照产业发展导向调整技能人才引进方向，优化劳动力结构，全年共招调员工12 277人，其中：招工4 878名，调工3 796名，分居人员1 501名，随迁子女2 102名。占年度计划指标6 200名的198%，实际计划指标总量12 000名（包括追加计划指标量）的102.3%。计划测算与实际办理较接近。

2003年，深圳市加大了技能型人才的引进力度，严把技能型人才引进质量关，全年共引进具有高级职业资格等级以上人员1 464名，占所引进技能型人才的16.88%，具有中级职业资格等级的人员6 470名，占所引进技能型人才的74.6%；具有中级以上技术等级的人员7 934名，占所引进技能型人才的91.5%；具有大专学历以上的人员5 700名，占所引进技能型人才的65.71%，中级以上职称的740名。

（二）劳动力市场管理

2003年，深圳市按市场调节进人、政府

依法管理的原则，加强了对社会劳动力的管理服务。全市共办理外来劳务工手续人数为410.926 2万人，比上年增长11.36%，其中特区内办理92.926 2万人，特区外317.756 3万人；外省人员办理手续人数达285.932 9万人，占总数的69.62%。同时，加强了对职业介绍机构的管理，做好职业介绍机构的年审与审批工作，清理整顿非法职介机构，配合公安部门严厉打击劳务诈骗，努力维护了劳动力市场秩序。在“非典”疫情期间，按照上级要求，成立了防“非典”领导小组和工作小组，制定和落实《深圳市“非典”疫情期间严格控制外来务工人员返乡工作方案》，加强对用人单位的监管，特别是对超过300人的企业进行重点监控，建立疫情期间24小时监控制度和岗位空缺报告制度。经过全市劳动系统的共同努力，劝阻有离乡意向的务工人员10 000多人次，帮助8 000多名劳务工在本市实现了岗位调剂转换，严格控制了外来员工因“非典”恐惧而盲目返乡的现象，有效地防止了疫情扩散，为全市防“非典”工作取得阶段性成果做出了积极贡献。

（三）涉外企业和境外人员就业管理

2003年，深圳市涉外企业和境外人员就业管理向人性化服务型转变，完善了服务标准，规范了职业行为，简化了办事程序，科学设置窗口岗位，推进了信息化建设，为大企业提供“直通车”服务。外企服务以优质服务和合理的收费应对市场挑战，通过抓管理、优服务，扩大了业务覆盖面，巩固了外企管理阵地。纳入管理的境外在深就业人员9 000人次；纳入管理的驻深机构总数1 500家，中方雇员7 000人（其中档案托管的1 000人）。人力资源代理方面，向深圳市邮政局派遣劳务工213人；劳务输出在港劳工9人。此外，对外劳动服务有限公司所办企业安置就业岗位100人。

（四）政策性安置工作

2003年，深圳市制定了促进随军家属就业安置办法和实施细则，对符合条件的随军家属进行摸底，加强对随军家属的就业前职业技能培训工作，召开了随军家属安置工作动员会议，按照市区事权划分要求布置安置任务，结合招调员工工作推进随军家属就业，确保了任务的落实。全年安置随军家属60人。

（五）企业收入分配管理

2003年，深圳市加强了对企业收入分配的宏观调控，维护了企业收入的分配秩序。制定最低工资和工资增长指导线，最低工资标准为：特区内600元/月，特区外465元/月，工资增长指导线为：基准线8%，预警线14%。改进工资管理办法，取消了《工资手册》。会同国资办拟定、颁布实施了《深圳市国有企业年薪制实施办法》和《实施细则》，完成经营者增值年薪结算和经营者基本年薪核准，结算企业25家，核准企业41家。制定年度工资指导价位，涉及企业300个，比上年增长6%。完成了“深圳市企业拖欠、克扣工资问题探析与政策调整”的社科二类课题的调研和《深圳经济特区欠薪保障条例》的调研及修订工作，做好企业欠薪垫付工作，共垫付企业欠薪30宗，垫付金额436万元，对维护劳动关系和社会稳定发挥了积极作用。

三、以提高劳动者就业技能和素质为目标，加强职业培训与技能考核鉴定

（一）职业培训

深圳市劳动局确定2003年为企业培训年，把培训工作重心下移到行业和企业。组织培训处、工考办、劳动力资源管理处、高级技校、训练中心等部门有关领导组成推动企业培训支持小组，由主管副局长带领，深入30多家企业调查研究，评估了全市职业培训形势，出台了调研成果，编制了《深圳市职业培训事业发展五年规划（2004—2008）》。制定了《进一步推行行业、企业职业培训事业发展的意见》。在此基础上，大力推进行业、企业职业培训工作，重点联系指导大型企业（集团）培训基地，建立了40家企业培训基地和6家高技能人才培训基地。同时，建立了教师库和技师库，提供教师和技师为企业培训和技术改

造、技术更新服务。落实市区事权划分改革方案，将1 000万元以下企业和中级以下职业培训的民办培训机构以及37家职业培训机构划分给各区管理，统一了职业培训审批管理标准和设置标准。初级职业技能鉴定业务也下放各区管理，统一职业技能鉴定组织程序和考核标准。积极为宝安区实施“造就百万技能人才工程”提供服务和支持。联合市教育部门制定了《关于进一步推进行业、企业职业培训工作的意见》，企业培训工作有了较大发展。进一步规范职业培训机构收费行为，与教育、物价部门联合制定了民办教育机构收费规定，实行收费备案制，职业培训收费依靠市场调节，积极引导职业培训机构提高办学质量，参与市场竞争。制定了民办职业培训机构等级评估标准，开展了培训机构等级评估试点，规范职业培训机构教学管理和日常管理。开展了全市职业培训机构和技能鉴定机构年审工作，按照劳动保障部统一部署，进行了10个工种职业资格培训及考核专项治理工作。市高级技能人才训练基地建设进展顺利，建筑规模3万平方米的19层大楼主体工程已封顶。该基地将建设成为一个以培养高技能人才为主，多功能、综合性、开放式基地，作为政府投入面向全社会的职业训练的公共服务平台。全市职业培训机构达到193家，技能鉴定机构31家，职业培训总量171万人次，比上年增长47%，其中企业培训量150万人次，比上年增长50%；社会培训机构培训21万人次，比上年增长29.6%。职业培训数量与质量的大幅度提升，有效地促进了劳动者职业素质和技能水平的提高，缓和了技工供求矛盾。全市技工总量达到130万人，比上年增长12%。其中高级工以上9.7万人，占技工总量的7.5%；中级工35.8万人，占27.5%；初级工84.5万人，占65%。

（二）高级技工学校建设

2003年，深圳市的技工教育向集约化发展。高级技工学校全面启动规模扩张与品牌质量同步发展战略，在校学生161人，提前两年完成市政府既定目标，新校区项目已完成项目计划评审及前期项目筹建工作。完成高级技能人才训练基地主体建设和功能设置，并确定了设备购置清单。2003年，技师社会化培训考核、鉴定工作有新突破。在完成工业培训中心组织架构建设的基础上，加大了市场推广力度，开发了营销师、人力资源师等新的技师培训工种，开发培训新项目6个；制定了《电工、制冷空调、电梯技师与高级技师模块化培训大纲》等，完成了《PLC可编程原理及应用》等教材的编制，基本完成了《可编程控制器与变频器工作原理及应用》等4个公共模块的开发、理论及实操题库建设，技师与高级技师质量模块化开发取得进展。完成培训班级80个，培训学员3 289人次，其中技师培训班11个，共322人次；高级技师培训班3个，共67人次。技能鉴定32 736人次。同时，IT培训进入发展期，每月招生30人以上；全年招生1 194人，市场开拓取得了突破。

（三）职业技能鉴定

2003年，深圳市劳动局根据事权划分原则，落实工作责任制。将初级鉴定权下放各区劳动局。全市统一试题库，统一考核标准，统一工作制度，统一工作流程。加强了对工作人员的业务培训，通过编制通俗易懂的《报考须知》，咨询公告上墙，增设咨询人员和电话等多种手段，大大提高了考试咨询服务质量。改建新的报名中心，增设2条考试报名流水作业线，改革报名方式，通过报名软件系统升级，简化了报名工作程序，提高了工作效率，彻底解决了考生排队报名难的问题，顺利完成考核组织工作。全年共组织了7批职业技能鉴定和3批招调员工技能水平测试和全国（省）统一鉴定工作。鉴定量为74 685人次，比上年的47 651人次增长了56.7%，其中初级24 240人次，比上年增长了0.7%；中级37 699人次，比上年增长了118.0%；高级11 644人次，比上年增长了100.9%；技师为1 037人次，比上年增长了126.9%；高级技师为65人次，比上年增长了140.7%。共30 158人领取了职业资格证书，其中初级13 768人，比上年增长了14.1%；中级14 500人，比上年增长了106.5%；高级1 673人，比上年增长了73.9%；技师209人，比上年增长了301.9%；高级技师8人，比上年增长了42.9%。招调工技能水平测试共7 706人，比上年同期增长68.7%。同时，大力开发试题库，完成了服装类、装饰装修类、钟表类和电力等41个新鉴定工种试题库的开发工作。市工考办与高等职业技术学院、高级技工学校和训练中心3家单位签订了50个试题库修订协议书，已完成了其中35个试题库的修订工作。此外，完成了技能竞赛的组织实施工作，开发了中厨、服装设计、摄影师、室内设计师和FLASH动画设计5个工种的职业技能竞赛。全市480人报名参加比赛，209人进入决赛。在考评员队伍建设方面，开展了考评员评价换证工作，淘汰了一批不合格的考评员；又从社会公开招聘，经培训考核，新增加320名考评员，实现了考评员队伍的新老交替，现共有考评员1 038人。

四、依法规范和调整劳动关系，保持劳动关系的和谐稳定

（一）劳动关系协调

2003年，深圳市劳动局根据事权划分、属地管理模式，加强宏观管理，整体推进劳动关系协调工作的原则，先后召开15次座谈会，深入调查国有企业富余人员、离岗人员、企业工龄计算等问题，形成2份专题报告。加强了宏观管理和指导，与市总工会、市企业家协会联合召开了市劳动关系协调委员会第一次会议，制定了《深圳市劳动关系三方协商工作意见》《深圳市劳动关系协调暂行办法》《深圳市劳动关系协调委员会办公室工作规则》，明确了建立三方机制的各项制度，推动了三方协商机制的建设。盐田、罗湖区在各街道成立了劳动关系协调组织，为三方机制的形成提供了组织保证。积极参与制定国有企业改革员工安置政策，认真解决国企改制改组中的劳动关系问题。与国资办联合出台了《关于实施〈深圳市国有企业关闭、破产和改制中富余员工安置暂行办法〉有关问题的补充意见》（深府［2003］99号）、《关于解决市属关闭破产和改制国有企业离岗人员历史遗留问题的指导意见》（深府办［2003］56号）等国有企业改制员工安置的4项政策，积极做好政策指导与争议协调处理工作，有力地保证了国有企业改革和员工分流安置工作的顺利进行。探索建立劳动关系协调新机制，探索中介组织建立劳动争议调解机制，积极推进企业调解组织的建立，建立1 000人以上企业调解组织260家，组建率达62%；建立了罗湖、南山、盐田、龙岗4家区级劳动关系协调委员会，着力推进1 000人以上企业建立劳动争议调解组织；探索在市外商投资企业协会成立劳动关系协调中心，为促进外商企业的发展起到了积极作用。成功举办了首届“和谐劳动关系，促进社会发展”论坛，探讨了和谐劳动关系的发展方向、基础、责任、劳动争议的预防以及劳务工纳入城市主流社会等问题。首次召开了有800多人参加的全市劳动关系协调工作经验交流暨表彰大会。会上总结交流了劳动合同、集体合同和劳动争议调解工作的先进经验，表彰了60家企业、工会和劳动部门的先进单位。12月2日，《深圳商报》专题报道了先进单位名单和经验介绍，对全市劳动关系的协调工作起到了积极的推动作用。

（二）劳动合同管理

2003年，深圳市继续推进劳动合同签收办法，不断完善劳动合同制度。市劳动局下发了《关于进一步加强劳动合同管理工作指导意见》，要求各级劳动部门继续完善劳动合同签收等制度，明确变更解除劳动关系书面明示化的做法，实行政府网上服务的便捷措施，设立劳动合同管理系统，将合同法律法规政策、合同文本、变更解除合同的范本、企业合同管理经验等公布于网上，扩大劳动合同政策法规的获知面，推动企业依法管理。各级劳动部门在指导企业完善合同管理工作，实行动态管理的基础上，强化推行劳动合同签收办法，提高企业和员工签订劳动合同的自觉性。全市签订劳动合同人数为 410 万人，比上年提高了 28%，合同签订率在 90% 以上。

（三）集体协商与集体合同制度

2003 年，深圳市各级劳动部门与工会、企业家组织积极推动和指导企业建立集体协商机制，制定下发了《深圳市推行工资集体协商工作指导意见》和工资集体协商参考文本。指导企业开展工资集体协商，规范企业与员工进行工资集体协商的行为。进一步修改论证《深圳市集体协商和集体合同条例（草案）》。召开部分企业和工会、企业家协会参加的征求意见会，听取他们的意见和建议，对草案作进一步修改完善，全市集体合同签订量大幅增加，全年共签订集体合同5 385家，比上年增长 60%。同时，开展多种形式区域性行业性集体合同。为了解决小企业工会组建率低、劳动关系问题难协调的矛盾，罗湖区在南湖路港商投资一条街、社区居委会、大型综合商场开展区域性工资集体协商，在黄贝岭汽车城、东门步行街眼镜行业进行工资集体协商。南山区签订了民营企业、蛇口街道海滨社区工资集体协议。龙岗区开展建筑行业工资集体协商工作，规范了企业、包工头和员工三方的行为，有效地预防了企业拖欠工资争议的发生。市劳动局与市总工会探索专业市场工资集体协商新模式，签订了全国最大的电子市场之一——深圳赛格电子市场工资集体协商协议，覆盖企业 2 510家，涉及员工7 525人。

（四）劳动信访工作

2003 年，深圳市劳动局修改完善了《深圳市劳动局信访工作办法》《政府在线网上投诉处理暂行办法》。制定实施了《处理劳资纠纷突发事件暂行办法》《深圳市劳动局电话咨询员管理暂行办法》《局领导接访制度》《市、区劳动信访联系制度》《重大疑难案件处理制度》《局领导处理信访大要案包案责任制度》《劳动关系调整案件先导制度》，使各类信访案件的立案、转办、催办、督办、反馈等方面都进入程序化、制度化的轨道。做到有章可循，依法合理分流，初步建立起劳动信访的规范处理机制。在体制创新方面，以落实市政府关于市、区事权划分的规定为重点，进一步理顺市、区劳动信访的关系，并做好具体工作的衔接，明确了分类处理群众来访的具体意见：劳动法规政策咨询，市、区一律实行就地解答的办法；一般的上访投诉按深府［2002］200 号文件的规定执行，按管理范围，引导来访人到辖区劳动局处理；30 人以上的重大劳资纠纷，坚持实行“首接负责制”的原则，就地化解矛盾。在信息化建设方面，重点抓好电话咨询中心的创办，在市编办未批准设立专门机构之前，千方百计保持咨询投诉电话这一联系群众的渠道畅通。2003 年，先后两次改造咨询投诉电话系统，投入资金 250 万元，公开招聘 20 人。经过几个月的紧张筹备，配置 15 线人工接听的劳动咨询专线于 10 月底开通，每天接听群众来电可达1 500人次以上，群众来电的首次拨通率可达 90% 以上。而且确保了咨询电话的服务质量，使用的语言比较规范，解答的问题比较准确，极大地方便了群众与劳动部门的联系。同时，抓好信访电脑处理系统的升级改造以及滚动屏、触摸屏和智能排队机等硬件建设。由市政府批准拨款 58 万元，经政府采购公开招标后开发完成，并于 12 月 5 日起试运行。这些软、硬件的投入使用使劳动信访工作在现代化处理水平方面上了一个新台阶，群众的候访条件也得到很大改善。对群众关注的利用职业介绍进行劳务诈骗、老职工历史遗留等热点问题，市劳动信访部门以情况收集、反映、督办为职能，发挥桥梁与纽带作用。如针对利用职业介绍进行劳务诈骗问题，及时收集有关劳务诈骗信息，受理劳务诈骗的投诉，做好分流查处工作，并积极促成市有关部门组织联合打击行动，形成打击劳务诈骗活动的合力。针对国企改革中的老职工历史遗留问题，积极向有关部门反映情况，并加大了信访调解和督办力度，形成一系列文件资料，出台了国企改革中处理富余员工和离岗人员有关问题的规定。针对群众重复上访的问题，组织了专项治理活动。成立了以主管副局长为组长的领导小组，在认真排查的基础上，确定了重复上访大要案，实行局领导处理信访大要案包案责任制度，协助企业解决了深华集团、深港运输公司、大豪家具公司、沙头角进出口公司等历史遗留的重复上访大要案件。2003 年，劳动行政部门信访办公室共受理群众来信来访12 156宗（件），同比下降 16.9%；涉及44 107人次，同比减少25.4%。其中受理群众来信（含政府在线、市长专线）1 051件，同比下降 42.4%，涉及3 330人次，同比减少37.7%；受理群众来访11 105宗，同比减少13.2%，涉及40 257人次，同比减少 24.3%；受理重大劳资纠纷 151 宗，同比下降 34.9%，涉及12 856人，同比减少 37.7%，涉及金额1 689万元，同比减少 48.6%；接听群众来电116 920人次，是2002 年的 3.5 倍。其中咨询类占 62%，投诉类占 38%。及时稳妥处理涉及“非典”的劳资纠纷案件 12 宗，涉及 360人。妥善处理市信访办转来的立案件 90 件，结案率达 100%。劳动信访总量比较平稳，略有下降。群众信访反映的主要问题是：拖欠工资投诉4 016宗，占信访总量的 33%；国企改革中的经济补偿问题1 945宗，占信访总量的16%；收取押金的投诉1 580宗，占信访总量的 13%；超时加班等侵犯合法权益的投诉 730宗，占信访总量的 6%。

（五）劳动监察

2003 年，按《深圳市劳动监察系统目标管理办法要求》，深圳市劳动局在全市推行了劳动监察目标管理制度，明确了级别管辖，量化了工作指标，对执法业务提出了规范化要求。加强执法业务基础建设，实现全市劳动监察法律文书、业务统计指标体系、监察案件处理规则的统一。加强基层业务工作的指导和监督，实行全市劳动监察系统目标管理考核和案件移送管理。各区向市劳动监察大队移送重大疑难案件 25 宗（其中罗湖 8 宗、福田 2 宗、南山 15 宗）。实行用人单位遵守劳动法律法规承诺书制度，共签订承诺书 500 份，与 5 家建筑企业签订共建和谐劳动关系协议书，对世界 500 强在深投资企业等大型企业和劳动管理规范企业免予年审。加强劳动监察执法力度，打击欠薪等劳动违法行为。开展全市用人单位工资发放情况大检查暨劳动法律法规宣传月活动、禁止使用童工情况、非法职业中介机构、10 大工种从业人员持证上岗情况以及残疾人按比例就业情况等专项检查，共检查企业21 000家，涉及劳动者 330 万人；查出违法企业2 500家，为劳动者追发工资等待遇13 500万元；年检企业14 026家，涉及劳动者 178 万人。其中，全市劳动监察机构于 7 月中旬至 9 月中旬开展的非法使用童工专项整治行动，共检查企业1 999家，涉及劳动者426 284人；查出非法使用童工问题的企业 22 家，清退童工28 人。

（六）劳动争议处理

2003 年，深圳市劳动仲裁院开展了《深圳市劳动争议事业五年（2004—2008）发展规划》《如何建立与国际惯例接轨的劳动争议仲裁体制》课题调研工作，召开了市劳动争议仲裁委员会委员会议，与社保局仲裁工作作了明确分工，对保税区、大工业区两个派出庭予以委托授权，全市派出庭增加到 6 个。进一步规范仲裁行为，全面推行《关于劳动争议仲裁程序若干规定》和《关于参加劳动仲裁活动代理人资格审查规定》，严格规范仲裁程序、仲裁活动代表人资格审查等规定，实行办案量化管理，设立仲裁员办案进度图公布案量，及时完善案件结案归档环节，落实催办制度，强化监督，实现了无积案目标。创新案件审理方式，严把办案质量关，针对案件性质进行专业化分工审理，对仲裁员进行分组管理和组长负责制，建立重大疑难案件集体研讨制度，实施案件 3 级审批结案制度，试行举证责任告知和庭前明确诉求制度，保证了案件的有序进行。改革劳动仲裁程序，实行劳动仲裁收费前置、被诉人答辩期前置、收集证据材料前置等，理顺仲裁工作流程，实现了办案提速。

简化仲裁文书，制定了劳动争议仲裁程序系列规定，对文书进行格式化，提高办案效率。加强劳动仲裁软硬件建设，实施仲裁庭达标计划。深圳市劳动仲裁院全年共受理各类劳动争议案件2 574宗，其中立案1 402宗，案外调解1 172宗，共结案1 688宗，其中处理集体案件175宗，妥善处理了如运发鹏城巴士等一批重大案件，立案准确率大幅提高，及时结案率比上年提高70%~80%。据此，深圳市劳动局荣获了“广东省依法治省先进单位”称号。

五、加强基础建设，提高机关办事效率

（一）劳动信息化建设

2003年，深圳市劳动信息化建设根据市劳动信息化建设三年规划及2003年的目标管理计划，利用信息化理念和技术改造提升传统劳动管理工作模式，改造扩建了中心机房，新建了612栋机房。2003年，市劳动局集中力量建设了企业库、劳动法规库、劳动文献库、人力资源库等后台数据库。办公自动化系统、网上办公系统等劳动业务应用系统投入运行，实现了招调工子系统市区联网，研发了电话咨询中心系统，启动了市民中心信息化建设工程。劳动保障统一软件工程实现市、区联网，完成了50个劳动事务所联网的技术方案和网络安全以及IP地址的重新规划。为配合局行风评议工作，8月份组织开发了内部规章库，加载《深圳市劳动局规章制度汇编》（2003版）、《深圳市劳动局依法行政操作规范》以及各部门文件共计80多条。全局所有干部、职工都可以通过OA系统访问内部规章库。到2003年年底，4个数据库中，企业库共有用户83个，其中4个区劳动局有39个，市劳动局有44个，共有262 068家企业数据，系统运行效果良好；劳动法规库系统共收集了87 782条法律法规，全局所有干部、职工都可以通过OA系统访问法规库；劳动文献库已收集了1 578条约1 000多万字的文献资料，完成了资料分类、整理、电子数据处理和数据加载以及系统开发工作，其中内部规章库已有用户60个，95条内部规章；人力资源库完成了系统需求报告、系统分析和设计，进入编程阶段。

（二）劳动法制建设

2003年，深圳市劳动行政部门认真做好劳动立法工作，对《深圳市职业训练条例》进行了最后修改核对，经市人大法工委报省人大常委会于4月2日审议通过，5月16日由市人大正式公布，7月1日起实施。完成了《深圳市工资支付条例》的修改工作，送市政府审议。完成了“修订《深圳经济特区欠薪保障条例》”的市内调研工作。起草了多个国有企业改制富余员工安置文件。起草公布了《深圳市企业员工招调管理规定》《深圳市再就业培训管理办法》等近20个规范性文件。对市劳动局负责执行的法规和规章进行全面清理，提出了清理意见。在劳动法制宣传教育方面，制定了《市劳动局劳动法制宣传教育制度》和《市劳动局2003年普法工作方案》，组建了深圳市劳动法制宣讲团，为劳动普法工作提供了强有力的制度及人员保障。对电话咨询中心接线员进行了系统的劳动法律法规培训。按照“自愿报名”的原则，先后举办劳资员职业资格培训班46期、年审班6期，培训劳资员超过6 000人，为保障用人单位全面贯彻执行劳动法律法规打下了基础。市劳动局还与市人事局、文化局、总商会、外商协会联合对500多家用人单位（包括人才中介组织）进行了劳动法律法规培训。深入鹏基物业、深九集团、深业集团、广森投资等20多家用人单位向经营管理者和劳动者宣读劳动法律法规。同时，编印派发《劳动法制宣传挂图》2万套，《中华人民共和国劳动法》《深圳经济特区劳动合同条例》等各种劳动法律法规宣传册近15万本，以简明、形象、生动的方式对广大劳动者进行劳动法律法规宣传教育。在依法行政方面，组织召开了第一次全市劳动法制工作会议，制定了《市劳动局2003年依法行政工作方案》，下发了《市区劳动管理事权划分工作协调会会议纪要》《关于接收原蛇口、南油、华侨城受委托行使的劳动行政管理

权的通知》和《关于深化我市行政审批制度改革的实施方案》，完成了《市劳动局依法行政操作规范》和《劳动业务手册》的修订工作。对局依法行政领导小组和依法行政监督委员会成员进行了调整。组织“深圳市劳动系统行政处罚听证员资格培训班”，对市区近50名相关工作人员进行培训。处理不服区劳动部门具体行政行为的行政复议案件32宗；办理不服市劳动局行政处罚决定的行政复议案件1宗；办理不服市劳动局具体行政行为的行政诉讼应诉案件2宗。

（三）管理机制与机关作风建设

2003年，深圳市劳动局认真贯彻落实市政府关于进一步理顺市区劳动管理事权划分的意见，认真做好各项事权的交接工作，顺利实现劳动管理重心下移的目标，确保了各项劳动业务的正常运行，市区事权划分整合了劳动业务，推进了属地管理。行风评议和创建文明机关工作，按照省、市纠风办的统一部署，4—11月全系统开展了行风评议和创建文明机关活动，通过组织发动、学习动员、广泛宣传、查摆问题、接受评议、落实整改等一系列活动，建立了机关工作人员廉政档案，签订廉政目标责任书，加强敏感政务管理，完善投诉处理机制，畅通监督渠道，确保依法廉洁从政。全市劳动系统服务质量、工作效率进一步提高，廉政建设进一步加强。

（四）劳动科研活动

2003年，以深圳市劳动学会为主体，完成了“关于深圳劳动工作如何适应建设国际化城市需要”和市社科联“关于深圳就业现状研究”两大重要课题，组织了调研工作小组深入进行调查研究，收集分析国际国内有关资料，到上海、杭州、香港等地考察学习，客观评估深圳劳动工作现状，理性超前地提出对策和建议。同时，积极参加市社科联于9月14日起组织举办的深圳市首届社会科学普及周的义务咨询活动，共接受近5 000人次的劳动法规和就业政策咨询，免费派发劳动政策法规和有关宣传资料1万多份，获得市社科联的表彰。与香港有关社团机构合作，于10月17日在香港联合举办“深港两地劳动法和安全生产法专家论坛”，香港行政会议成员郑耀棠，全国人大代表、香港大律师谭慧珠，香港劳工处、企业界、教育界和深圳有关方面的领导专家踊跃参加，对推进深港两地的了解和合作，产生了积极的影响。此外，还积极参加中国劳动学会在山东济南、大连、上海等地举办的劳动关系、劳动就业等专题研讨会，并发表论文，与内地劳动部门进行交流。劳动学会组织会员单位赴沈阳、丹东、上海、西安、河南研讨考察班4批共40多人。承接了中国劳动学会在深圳地区开展企业人力资源管理师（技师）的试点培训、考核工作任务，共组织发动250多名企业人力资源管理人员报名参加培训和全国统考，为提高企业的人力资源管理水平提供了良好的服务。

（深圳市劳动局）

第二部分：社会保险工作

一、概况

2003年，深圳市首次建立农村城市化人员的养老保险和医疗保险制度。深圳市原农村养老保险制度改革滞后，制度也不完善，是低水平的养老保险，缴费标准为每人每月8～22元，养老金水平每月人均10.8元，起不到保障基本生活的作用。从2001年开始，深圳就改革农村养老保险制度进行调研。2003年下半年，深圳市委、市政府决定，继特区内农村城市化之后，特区外宝安、龙岗两区也要开展农村城市化工作，农民要变成居民。原来的农村养老保险和合作医疗制度也需要适应这一变化。于是，在两年多调研的基础上，按照与企业职工养老保险制度相衔接、政府财政补贴、国土出让金基金扶持的思路，建立了城市化人员的养老保险制度，并于11月1日正式实施，逐步推开。到年底，已为符合退休条件的400多人发放了养老金，月人均养老金800元左右，而且养老金的水平按规定每年都根据物价生活水平进行调整提高。改革原农村合作医疗制度，按照城市化人员自愿选择参加企业职工住院医疗保险或综合医疗保险的思路，建立了城市化人员的医疗保险制度。这一重大改革一步到位地解决了宝安、龙岗27万原农民的后顾之忧，成为深圳市社会保险制度建设史上的一个里程碑。

2003年上半年，一场突如其来的“非典”疫情发生后，深圳市社保局党组高度重视，分析形势，果断地采取了一系列行之有效的防治措施，积极配合支持全市控制和预防“非典”蔓延工作。一是在全国率先采取了参加医疗保险的“非典”患者及疑似患者的治疗费用不受基本医疗保险规定的限制、不受“封顶线”的限制、住院医疗费用100%记账报销的措施，共为67名“非典”及疑似“非典”病人支付住院医疗费74.9万元，保证了“非典”及疑似“非典”病人的及时住院治疗，有效地防止了疫情的进一步蔓延。二是果断暂停外来农民工养老保险退保和离退休人员指纹采集工作，改为“非典”患者的全部医疗费用直接同定点医疗机构结账，减少了人员大量聚集的机会，有效地防止了交叉感染。

2003年，深圳进一步完善了社会保险个人窗口缴费办法。过去，深圳市社会保险覆盖范围仅限于企业员工。随着国有企业改革的推进，出现了下岗职工，从1998年7月开始，为适应国有企业改革的需要，建立了个人缴费窗口，解决了下岗职工参加社会保险的问题。深圳市是一个年轻的移民城市，人员流动频繁、择业灵活，许多人已没有了传统意义上的工作单位，出现了越来越多的个体工商户、自谋职业和灵活就业人员，为切实解决这部分人群的社会保险问题，2003年，进一步完善了个人缴费窗口缴费办法，制定并实施了从业人员缴纳养老保险费操作指南，解决他们参加社会保险的问题，适应了深圳就业灵活多样的特点，既有效地支持了国有企业改革，也解除了个体工商户、自谋职业和灵活就业人员的后顾之忧，维护了社会稳定。

2003年，按照国家、广东省社会保障部门部署的全国所有城市都要在街道和社区建立社会保障服务平台，推进企业退休人员社会化管理服务的要求，深圳市社保局结合本市实际，在继续做好退休人员养老金社会化发放工作的基础上，创造了“社保管理—系统支持—社区服务”、依托社区居委会建立社会保障服务窗口的管理服务模式。采取“费随事转”的办法，优先在失业人员中聘请社保协理员，社区服务窗口电脑与社保局主机联网，为企业退休人员提供各种服务，接收管理企业退休人员和失业人员的档案，使员工由“企业人”向“社会人”转变。在市局、分局、管理站三级管理的基础上，又增加了社区居委会社保服务窗口服务层次，使服务向最基层延伸，进一步完善了独立于企事业单位之外的社会保障体系，为深化国有企业改革，解决企业办社会问题创造了条件。到年底，深圳市企业退休人员已经100%实行社会化管理服务，全市351个社区社保服务窗口已全部挂牌建立，还有10个街道办和一个模范小区增设社保服务窗口。在待业人员中聘请359名社保协理员，在各分局对社保协理员进行上岗业务培训考核后，已经全部上岗。

2003年，深圳市进一步推进社会保险信息化建设。开始启动社保IC卡项目建设，在认真规划和广泛、深入调研的基础上，完成了社会保障IC卡项目的可行性研究报告和总体设计报告等基础性工作。在推行参保网上申报的基础上，加快推进社会保险网上自助缴费系统，通过企业与社保局、银行联网，企业足不出户就可以在网上自助缴费。完成了主机软件系统升级、医疗保险标准化信息系统、社区社会保障服务网络平台、城市化人员社会保险管理系统、网上医疗保险系统、自动计发工伤奖励金等多个应用软件的开发和管理工作。制作了大型电子显示屏，安装了网络防病毒软件，进一步提升了社会保险信息化管理水平。

2003年，社保局是深圳市行风评议的重

点单位。为此，在各级各部门成立了相应的机构，一级抓一级，层层抓落实。多次举办社会保险业务知识和依法行政培训班，提高了干部职工的依法行政意识和业务水平。制定了深入开展机关作风建设暨文明优质服务竞赛活动和行风评议的有关方案，明确了要求、措施，进一步对机关作风“提速”“提质”“提神”。广泛征求市人大、市政协、有关企业和参保职工对行风建设的意见，在新闻媒体上发出通告，欢迎并接受社会监督和评议。2003 年，深圳市采取多种形式广泛宣传普及社保知识。积极主动与新闻媒体联系并向报社、电台、电视台及各报纸杂志撰写社会保险政策宣传稿，大力宣传社保政策。

2003 年，深圳市社保局开设了社会保险个人服务中心。近年来，随着深圳市场经济体制的日趋完善和国有企业的改制、改造，员工的流动性日趋频繁，面向个人服务的业务范围、业务量迅猛增加。2002 年仅劳务工的退保人数就达 25 万人次，每个退保经办点平均每天约有 300 人退保，而原有的个人服务场地狭窄，拥挤不堪，影响了正常的办公秩序和办事效率。为改善服务设施，提高服务质量，深圳市社保局克服困难，2003 年在八卦岭开设了“社会保险个人服务中心”，主要负责特区内劳务工退（转）保业务、住房公积金结算及出国留学人员退（转）保业务。中心内设银行，实现了办理业务、支付结账、咨询查询“一条龙”服务，从而为参保人提供专业化、人性化、方便快捷的社会服务。

二、各项社会保险

2003 年，深圳市进一步完善了包括养老保险、医疗保险、工伤保险、失业保险、生育医疗保险在内的比较完善的社会保险体系。到年底，全市养老保险参保 249.43 万人，同比增长 12.6%；失业保险参保 113.38 万人，同比增长 2.9%；基本医疗保险参保 161.54 万人，同比增长 26.8%；工伤保险参保 321.33 万人，同比增长 6.84%；生育医疗保险参保 53.78 万人。

（一）养老保险

2003 年，深圳市继续确保了离退休人员养老金按时足额发放，做到了一天不拖、一分不欠、一人不漏。到 12 月底，享受离退休待遇人数达50 077 人，比上年底增加5 404 人。认真做好离退休人员养老保险待遇的调整工作，全市企业离退休人员养老保险待遇自 7 月 1 日开始依法人均每月提高 81 元，人均月养老金达到1 896 元。全市离退休人员养老金 100% 实行按时足额社会化发放，离退休人员指纹采集率达 99.91%，指纹验证率达 96.6%，保证了养老保险待遇发放的准确性。组织离退休人员进行门球比赛，重阳节组织离退休人员开展登山活动。

（二）医疗保险

2003 年，深圳市对医疗保险制度进行了改革。深圳市原来只有基本医疗保险，包括综合医疗保险和住院医疗保险，保了基本但保不了大病，有的大病患者拖垮一个家庭，甚至一个企业，社会呼唤进一步提高大病保障的水平，防止出现因病致贫的问题。经过多年的调研，根据医疗保险基金收支情况和改善深圳投资环境的思路，2003 年，在原有的基本医疗保险的基础上，建立了包括地方补充医疗保险、生育医疗保险等多层次的医疗保险体系，在综合医疗保险费率降低了 0.5%，住院医疗保险费率降低了 1.2%，降幅达 60% 的情况下，医疗保险费用人年度报销最高限额由 9.2 万元提高到 31.2 万元，大大提高了大病、重病患者的医疗保险待遇。进一步规范医疗保险管理服务，将原来由社保局审核的血透和门诊大型设备检查治疗项目权限下放给各定点医院自行审核，受到医、患、保三方的普遍好评。在住院费用重新调整、与定点医疗机构重新签约的工作中，由于科学测算、事前沟通，签约工作非常顺利。全力抓好医疗保险服务工作。全年共提供门诊医疗服务 576.06 万人次，同比减少 7.2%；提供住院服务 7.68 万人次，同比增长 22.3%。进一步扩大定点药店的试点范围，到12月底，全市约定的定点药店30家，比上年底增加12家。

（三）工伤保险

2003年，深圳市继续做好工伤保险的工伤预防、工伤事故调查、工伤鉴定和补偿、工伤康复工作。工伤员工的工伤保险待遇得到了合理补偿。全年工伤事故补偿人数同比增长16.1%，补偿致残人数同比增长16.8%，依法开展医务劳动鉴定。加大工伤预防工作力度，共为27 226家没有发生工伤事故的参保单位发放工伤保险奖励金1 599万元。加大了对工伤定点医院的规范化管理和培训，使其收费更加合理规范。对工伤员工供养亲属的档案进行了系统整理。对未参保员工的工伤认定和补偿做了大量解释和协调工作，全年共处理未参保员工的工伤认定和补偿23宗。组织对即将实施的国家《工伤保险条例》进行学习，为实施《条例》做好准备。

（四）失业保险

2003年，深圳市社会保险管理局继续做好失业保险工作。对失业员工的生活状况进行调查了解，及时为他们雪中送炭。全年共核发失业保险金117 564人次，同比增长33%。为失业员工缴交住院医疗保险253.05万元，确保了失业员工的基本生活和基本医疗保障。深入到105个失业员工困难家庭调查，发放失业员工特殊社会困难补助97人，发放金额30.89万元；一次性发放失业保险金87人，发放金额57万元，保证了特困员工的基本生活。过年时走访探望特困失业员工家庭。及时足额拨付失业人员职业培训和职业推荐资金，有力地支持了再就业工作。

三、社会保险基金

（一）基金征收

2003年，按照广东省劳动和社会保障工作会议，以及深圳市委三届六次全会扩大会议提出的“合理征收社会保险基金”的要求，依法继续巩固和提高社会保险扩面征缴工作。全年各项社会保险费累计收入71.17亿元，同比增长30%。其中，征收养老保险费45.05亿元，失业保险费1.09亿元，从市劳动局转入失业保险基金4.07亿元，征收基本医疗保险费13.87亿元，地方补充医疗保险费0.48亿元，生育医疗保险费0.25亿元，工伤保险费3.40亿元，企业年金2.96亿元。社会保险基金征收率达99.8%。积极依法追缴拖欠的社会保险费，全年共依法追缴欠缴基金到账2 815万元。

（二）基金偿付

2003年，深圳市各项社会保险待遇继续得到及时、足额偿付。全年各项社会保险待遇总支付28.33亿元，同比增长27%。其中，共支付基本养老保险待遇16.64亿元，同比增长31.4%；共支付基本医疗保险费8.56亿元，同比增长18.6%；共发放失业保险金0.51亿元；共支付工伤保险补偿金2.62亿元，同比增长17.1%。基本实现了社会保险各险种的财务目标。

（三）基金管理

2003年，深圳市社会保险管理局完善了收入、支出、管理、监督、运营五权分立的基金管理框架，加强社会保险基金的监督审计，确保基金安全完整。严格将社会保险基金和行政经费分属不同的部门管理，基金和行政经费实行井水不犯河水的管理模式，从机制上杜绝基金和行政经费相互挤占挪用的可能。严格按照社会保险基金收支两条线、财政专户管理的规定，加强对社会保险基金的监督管理。在会计核算过程中，将会计监督和会计核算工作有机结合，进行有效的事前、事中、事后监督，保证会计工作规范有序进行。切实做好社保基金会计核算工作；努力做好基金预决算工作；加强社保基金的财务分析，为领导决策提供参考。努力做好内部审计和基金监督工作。完成了宝安区、龙岗区农村养老保险基金移交前的审计工作。2003年下半年，根据有关法规，在全市开展了用人单位缴交社会保险费的稽核工作，对800家企业缴交社会保险费的情况进行了稽核。2003年，国家审计署和深圳市审计局分别对深圳市社会保险基金进行了审计，均对社会保险基金的规范运作较为满意。继续努力做好对历史上投资的社会保险基金的清理回收工作。在历年清理回收的基础上，2003年共清收疑难历史投资项目追回到账款资金1 988万元，超额完成了预期清收任务。

四、法制建设

（一）社会保险规范性文件建设

2003年，深圳市社保局配合有关部门，积极做好社会保险各种规范性文件的建设工作。草拟并以深圳市政府令的形式出台了《深圳市城镇职工社会医疗保险办法》及其10个配套管理办法，于7月1日起实施，取代了自1996年7月执行的《深圳市基本医疗保险暂行规定》。完成了《深圳市事业单位职员养老保险办法》，已送人事局，待市政府批准后实施；拟定并实施《深圳市从业人员补交养老保险操作指南》，解决了长期积累的下岗、自谋职业和灵活就业人员参保难的问题；拟定了《公务员医疗补助办法》并送人事、财政等有关部门征求意见，待有关部门签发后实施；拟定《关于调入我市员工缴纳超龄养老保险费问题的规定》，并已由市政府发文实施；拟定并实施了《市属国有企业改制中员工社会保险问题的几点意见》，妥善处理了改制企业员工缴纳社会保险的问题，推动了国企改革的顺利进行。

（二）依法行政

2003年，深圳市社会保险管理局坚持以事实为依据、以法规为准绳，积极推进依法行政工作。共依法对外作出函复252件，接到行政复议和行政诉讼案件共265宗，其中行政复议案件156宗，行政诉讼109宗。在已作出复议决定和判决的204宗案件中，维持具体行政行为的案件149宗，撤销案件24宗，因撤回而终止的案件31宗，维持率为86.1%，比上年提高近8个百分点。建立依法行政内部通报制度，对各部门行政复议和行政诉讼案件的处理情况及存在的问题按季度统计通报，取得了明显效果。认真履行行政过错监督职责，调查并妥善处理了局内行政过错责任投诉案件3宗。依法妥善处理了一批历史遗留问题和突发事件，维护了社会稳定。加大了对定点医疗机构的监管和处罚力度，对违反医疗保险规定的13家定点医疗单位分别给予限期整改、暂停或取消资格的处罚，并扣回违规金额共计430万元。社会保险仲裁工作取得了突破性进展，自9月1日正式受理社保仲裁案件以来，共受理案件107宗，调解结案85宗。

（深圳市社会保险管理局）

广西壮族自治区

2003年，在自治区党委、政府的领导和劳动保障部的指导下，广西壮族自治区各级劳动保障部门坚持以党的十六大精神和“三个代表”重要思想为指导，从改革发展稳定大局出发，克服“非典”对劳动保障工作带来的不利影响，不断加大就业和再就业工作力度，继续巩固两个确保，积极推进社会保障体系建设，努力维护劳动者的合法权益，劳动保障各项工作取得显著成绩，有力地促进了广西社会和经济的发展。

一、就业再就业工作成效明显

（一）就业和再就业工作目标全面实现

2003年，广西首次把就业再就业纳入国民经济和社会发展宏观调控目标，各级党委高度重视，始终将就业和再就业工作作为一把手工程，主要领导亲自抓，并层层建立了再就业工作联席会议或领导小组，从制度上保证就业再就业任务的完成。自治区党委、自治区人民政府根据《中共中央、国务院关于进一步做好下岗失业人员再就业工作的通知》及其配套政策，制定下发了《关于进一步做好就业和再就业工作的通知》，自治区有关部门及时制定了全区再就业配套政策及实施办法。全区各级党委、政府高度重视就业再就业工作，积极建立责任体系，制定配套政策，开发就业岗位，增加资金投入，搞好就业服务，全自治区就业局势保持基本稳定。年内，城镇新增就业人数17.5万人，下岗失业人员再就业人数7.02万人，其中大龄下岗失业人员再就业2.16万人。城镇登记失业率控制在3.6%以内，低于年度控制数0.9个百分点。下岗失业人员培训后再就业率达61%。年内，全区积极的就业政策体系框架已基本完成，就业服务体系基本建立并逐步完善，就业岗位的开发取得新成效，各项再就业扶持政策得以全面落实。全区累计开发就业岗位22.1万个，其中政府开发的公益性岗位达2.36万个，共为15.3万名符合条件的下岗失业人员发放了《再就业优惠证》。在已实现再就业的下岗失业人员中，有2.8万人享受免缴行政事业性收费政策，有1.3万人享受从事个体经济或自主创业税收优惠政策，被服务型企业吸纳享受优惠政策的有8 180人，享受社会保险补贴政策的有1.84万人，享受岗位补贴政策的有1.48万人。

（二）国有企业下岗职工基本生活保障继续得到巩固

2003年，广西各地继续按照“三三制”（财政承担、社会筹集、企业筹集各1/3）原则筹集资金，共筹集下岗职工基本生活保障金0.97亿元。其中，中央和地方财政承担0.65亿元，占筹集总额的67%；社会筹集0.2亿元，占20.99%；企业自筹0.12亿元，占12.01%。全年共支付基本生活保障金1亿元，其中发放基本生活费0.59亿元，代缴社会保险费0.41亿元。全区5.28万名下岗职工基本生活100%得到保障。年末，在中心的下岗职工尚有1.21万人。

（三）劳动力市场建设取得新进展

2003年，广西各级劳动保障部门加快劳动力市场“三化”建设步伐，截至年底，全区共有 11 个地级市、64 个县（市）和 18 个城区初步建成劳动力市场，分别占地级市的 78.6%、县（市）的 84.2% 和城区的 56.3%。各级政府举办的劳动力市场对城镇新生劳动力、下岗失业人员、进城务工的农村劳动力等提供求职登记、职业指导、职业介绍、培训申请、鉴定申报、档案管理、社会保险关系接续等“一条龙”服务，定期发布当地工资指导价位和职业供求状况分析，较好地发挥了在促进就业和再就业中的作用。2003 年末，全自治区有各类职业介绍机构 237 个，比上年减少 39 个（其中劳动保障部门开办的减少 31 个），其中劳动保障部门开办的 136 个，占总数的 57.4%；全区职业介绍机构工作人员1 103人，其中劳动保障部门开办的职业介绍机构工作人员 814 人，占总人数的 73.8%；全年用人单位到各类职业介绍机构登记招聘人数为 46.4 万人，其中到劳动保障部门开办的职业介绍机构登记招聘人数为 42.5 万人，占总数的 91.6%；登记求职总人数为 68.7 万人，其中到劳动保障部门办的职业介绍机构登记求职人数为 63.4 万人，占总数的 92.3%；介绍成功人数为 34.6 万人次（介绍成功率为 50.4%，与上年基本持平），其中劳动保障部门开办的职业介绍机构介绍成功人数为 32.5 万人次，占介绍成功总人数的 93.9%。

（四）基层劳动保障服务工作机构建设取得新成果

根据《自治区党委、自治区人民政府关于进一步做好就业和再就业工作的通知》关于“所有城市的街道、县辖镇和工作任务重的乡，要设立劳动保障事务所，根据工作需要配备专职人员，负责做好下岗失业人员再就业及企业单位退休人员的社会化管理、服务工作”的要求，2003 年，广西各级劳动保障部门积极配合有关部门认真抓好基层劳动保障工作机构的建设工作。至年底，全区有 83 个街道、1 179个乡镇建立了工作机构，分别占全区街道、乡镇总数的 91.2% 和 89.3%；全区有 966 个社区共聘用了1 834名工作人员，占社区总数的 70%。其中 14 个地级市已建立工作机构的街道 72 个，乡镇 196 个，分别占市辖街道和乡镇总数的 100% 和 94.2%，基层劳动保障工作机构的建立，大大提高了劳动保障工作的社会化程度。

（五）职业技能培训稳步推进

2003 年，广西共有技工学校 64 所，比上年减少 8 所，其中高级技工学校 6 所；年内毕业生 1.42 万人，招收新生 2.59 万人，在校生 5.79 万人，分别比上年增长 2.1%、10.2% 和 12.4%，毕业生当年就业率达 91.6%。各地有就业训练中心 101 所，比上年减少 8 所。民办职业培训机构 398 所，技工学校、就业训练中心和民办职业培训机构年内共培训各类人员 27.69 万人，分别比上年增长 8.6% 和 7.6%。培训后实现就业 15.55 万人，就业率为 56.16%。结业人员中，在职职工 2.48 万人，下岗失业人员 9.3 万人，劳动预备制培训 3.1 万人，以农村劳动力为主的其他人员 11.84 万人。重点抓好高技能人才培训，建立自治区高技能人才企业培训基地 5 个，学校培训基地 8 个，全年共组织 1.3 万人参加高技能培训，0.98 万人取得高级及以上职业资格。做好下岗失业人员再就业培训，全年共培训 12.89 万人。

（六）职业技能鉴定取得新进展

2003 年，广西积极推进职业资格证书制度，职业技能鉴定规模快速增长。全自治区有 15.28 万人参加职业技能鉴定，其中 13.28 万人获得相应的职业资格证书，分别比上年增长 18.44% 和 20.77%。全自治区有职业技能鉴定所 98 个、计算机信息高新技术考试站 21 个、电子商务师培训考核站 32 个，其中：新增职业技能鉴定所 4 个、计算机信息高技术考试站 13 个、电子商务师培训考核站 2 个。职业技能竞赛活动广泛开展，先后举办广西职工职业技能大赛、广西营销职业技能大赛、广西美容美发技能大赛、广西纺织行业细纱挡车工技能竞赛、广西“厨艺新星”电视大赛等，近10 000名企业职工和社会从业人员参加了各级职业技能竞赛。通过竞赛，一大批技能人才脱颖而出，其中23人被授予广西技术能手荣誉称号，20人晋升技师职业资格。技师考评制度改革取得进展，启动了技师考评社会化管理试点工作，年内有862人通过考评取得技师或高级技师职业资格。

二、社会保障体系逐步完善

（一）城镇企业职工养老保险覆盖面进一步扩大

2003年，广西城镇企业职工基本养老保险工作继续实行“严格支出，加大收入，控制缺口”的工作方针，适应经济结构调整和就业形式的变化，以私营企业、个体工商户和灵活就业人员为重点，加强扩面征缴工作，养老保险覆盖面进一步扩大，基金征缴平稳增长。到年底，全自治区参加城镇企业职工基本养老保险的人数为264.8万人，其中在职职工198.54万人，离退休人员66.26万人。征缴基本养老保险费42.24亿元（含清理回收企业历年欠费3.8亿元），比上年增加6.62亿元，增长18.6%；当期基金征缴率为92.4%。全年累计发放企业离退休人员基本养老金46.2亿元，发放率达100%，没有出现新的拖欠。有65.09万名企业离退休人员基本养老金实行社会化发放，社会化发放率达98.1%，除农垦、林业、华侨企业外，各市、县城镇企业离退休人员基本养老金社会化发放率均达到100%。年内，根据养老保险基金缺口和工作任务完成情况等因素，从自治区级调剂金中拨出9 812万元对重点监控县（市）进行调剂。此外，还按政策规定，比照行政机关同级同类离休人员增加离休费标准，给企业离休人员增加养老金。

2003年，广西继续开展多层次养老保险工作。全自治区企业补充养老保险基金收入4 329万元，滚存结余13 719万元；个人储蓄性养老保险基金收入427万元，滚存结余1 230万元。

（二）企业退休人员普遍实行社会化管理服务

2003年，广西各级党委、政府把企业退休人员社会化管理服务工作作为深化企业改革和完善社会保障制度的一项重要工作来抓，将企业退休人员移交社会统一管理，减轻企业社会事务负担，为企业的改革、生存和发展创造有利条件。7月，自治区召开企业退休人员社会化管理服务工作会议进行部署。各地按照中央和自治区的要求，加快制定工作方案，出台相关政策，建立月调度制度和季度通报制度，加强督促检查，使这项工作取得突破性进展。年末，全自治区企业退休人员共64.91万人，实行社会化管理服务的53.09万人，社会化管理率为81.8%，比上年底的10.2%提高71.6个百分点。其中，纳入社区管理的25.09万人，占实行社会化管理的退休人员总数的47.3%；依托企业管理的24.4万人，占45.9%；由社会保险经办机构直接管理的2.8万人，占5.3%。防城港、南宁等13个市社会化管理率分别达80%以上。

（三）失业保险覆盖率进一步提高

2003年，广西出台了《广西壮族自治区失业保险办法》，进一步完善了广西失业保险制度。各级失业保险经办机构重点抓好非公有制企业和事业单位的扩面工作，取得了积极的成效。至年末，广西参加失业保险人数达219.1万人，比上年末增加3.6万人，失业保险覆盖率为74.6%。2003年，广西实现失业保险基金收入5.31亿元，比上年增收1.19亿元，增长28.9%。其中失业保险费收入5.12亿元，比上年增收1.16亿元，增长29.3%。年末，广西失业保险基金滚存结余达11.71亿元。

2003年，广西国有企业下岗职工基本生活保障向失业保险并轨步伐进一步加快，全年累计领取失业保险金人数13.8万人，其中下岗职工从第一条保障线新进入失业保险第二条保障线共0.52万人。12月份，广西当期领取失业保险金人数8.9万人，以当月全区下岗职工在中心人数1.21万人计算，领取失业保险金人数在两种保障形式中所占比例已达88%。

在失业人员大幅增加的情况下，2003年，广西各级劳动保障部门全力以赴做好失业人员的管理和服务工作。全年全区失业保险基金累计支出2.84亿元，比上年增支0.39亿元，增长15.9%，其中失业保险金支出2.32亿元，比上年增支0.48亿元，增长26.1%。

（四）基本医疗保险制度运行平稳

2003年，广西共有医疗保险统筹地区100个，参加基本医疗保险人数235.04万人，比上年增加34.04万人，增长16.93%。全年医疗保险基金收入19.05亿元，基金支出10.86亿元。年内，全区进一步完善了医疗保险政策体系，出台了《关于妥善解决我区医疗保险制度改革有关问题的通知》《关于城镇灵活就业人员参加基本医疗保险的意见》《关于加强医疗保险服务管理的通知》《关于中区直驻邕企事业单位职工参加基本医疗保险有关问题的通知》。全区已将困难企业5.53万人、特困企业1.9万人纳入基本医疗保险范围。柳州、南宁、梧州、桂林等7个市县出台了灵活就业人员的参保办法并已实施，灵活就业人员参保人数已突破2万人。全区有医疗保险定点医疗机构2 039家，定点零售药店323家。

2003年，广西多层次医疗保障体系渐趋完善，个人负担重的问题逐步得到合理解决。全区有47个统筹地区出台或实施公务员医疗补助政策，比上年增加23个；有88个统筹地区建立大额医疗费用补助办法，比上年增加10个；有59个统筹地区出台了企业补充医疗保险政策，比上年增加40个。南宁市还出台了社会医疗救助办法。在减轻参保人员个人负担的措施上，收到明显效果，全区有63个统筹地区个人负担率控制在25%以下。

（五）工伤保险工作稳步推进

2003年，国务院颁布《工伤保险条例》后，广西出台了《关于贯彻落实〈工伤保险条例〉的总体方案》和《关于贯彻〈工伤保险条例〉有关问题的通知》，确保了全区工伤保险如期启动。年内，成立了广西壮族自治区劳动能力鉴定委员会及其办公室，明确了经办机构职能。2003年，工伤保险参保人数120.33万人。当年工伤保险基金收入7 752万元，基金支出5 401万元。全年享受工伤保险待遇3 002人。

（六）生育保险工作得到进一步发展

2003年，广西的生育保险工作通过落实责任制，加强业务指导和监督，进一步规范业务管理，得到了进一步发展。部分统筹地区探索了生育保险与医疗保险同步推进的方式，有力地推动了生育保险的稳步发展。年内，全区生育保险参保人数已达111.07万人，生育保险基金收入5 439万元，基金支出3 340万元，享受生育保险待遇12 364人。

（七）农村社会养老保险工作继续得到巩固

2003年，广西各地把农村养老保险工作的重点放在理顺管理体制、规范业务操作、加强基金监督上。年内，全区参保人数186万人，保险基金滚存结余48 914万元，其中责任金48 393万元，调剂金521万元。结余基金存放在国有商业银行24 699万元，购买国债5 232万元，移交财政部门管理11 432万元，采用其他方式运营7 553万元。全区共有18 804人按规定标准领取养老保险金。全区已有7个地级市、27个县（市、区）的劳动保障部门接管了农村社会养老保险业务。

三、劳动关系调整工作得到进一步加强

2003年，广西全面加强劳动合同管理，规范企业的用工行为，依法做好劳动合同和集体合同的签订、变更和解除工作，推进各类企业特别是非公有制企业的劳动合同签订工作。年内，全区城镇企业签订劳动合同人数为181.7万人，其中，国有及国有控股企业劳动合同签订率为97.8%。签订并报送劳动保障行政部门审核集体合同的企业有8 159个，涉及职工人数为128.3万人。同时，积极探索建设劳动关系三方协调机制，全区14个市普遍建立了协调劳动关系三方机制。年内，全区共

处理劳动争议案件10 167起，比上年增长26.7%，其中，立案处理4 564起，比上年增长45.3%；结案4 261起，结案率为93.4%。劳动争议案件涉及人数为1.58万人。鉴证劳动合同40.4万份。

四、劳动保障法制建设取得新成果

2003年，广西劳动保障立法工作有新进展。出台了《广西壮族自治区失业保险办法》。做好《广西壮族自治区劳动保障监察条例》《广西壮族自治区劳动合同管理条例》的修改、协调工作。为规范工资支付行为，自治区劳动保障厅制定了《广西工资支付暂行规定》，并和建设厅联合制定出台了《关于建立建筑行业农民工工资保障金制度的通知》。

为保证《行政许可法》的贯彻实施，2003年，自治区劳动保障厅基本完成了劳动保障行政审批项目的清理工作。各级劳动保障部门进一步强化行政执法监督，不断完善行政执法监督工作制度，开展贯彻实施劳动保障法律法规的综合性监督检查，并开展就业和再就业、社会保险扩面征缴等多项专项依法治理工作。

2003年，广西各级劳动保障监察机构重点抓好农民工工资的清欠工作，通过加大监察执法力度，建立综合长效治理机制进行标本兼治，共主动监察用人单位7.26万户，劳动保障监察立案6 639件，办结6 317件；取缔非法职业中介机构75户；责令用人单位与26.9万名劳动者补签了劳动合同；责令10 437户单位进行社会保险登记，1.9万户单位缴纳社会保险费，督促征缴社会保险费达2亿元；追发劳动者工资待遇5 300万元。

五、企业工资管理取得实效

2003年，广西出台了《广西壮族自治区工资支付暂行规定》，首次建立了欠薪预警制度。年内，广西确定的工资指导线为：上线18.6%，基准线8.2%，下线0或负增长。南宁、柳州、桂林、梧州等市继续向社会发布劳动力市场工资指导价位。其中，南宁市公布357项，柳州市公布408项，桂林市公布561项，梧州市公布330项。

2003年，广西城镇职工工资总额为313.48亿元，比上年增长8.86%。其中，国有单位240.45亿元，增长7.94%；城镇集体单位16.39亿元，增长3.93%；其他单位56.64亿元，增长14.59%。全区城镇职工年平均工资为10 977元，比上年增长11.77%。其中，国有单位11 459元，增长11.77%；城镇集体单位6 366元，增长13.37%；其他单位11 326元，增长9.6%。

（广西壮族自治区劳动和社会保障厅）

海　南　省

2003 年，在国家劳动和社会保障部的指导下，在省委、省政府的领导下，海南省劳动保障部门以邓小平理论和“三个代表”重要思想为指导，认真贯彻党的十六大、十六届三中全会精神，按照全国劳动保障工作会议提出的目标任务，克服“非典”疫情给劳动保障工作带来的不利影响，广大干部职工团结一致，奋力拼搏，突出重点，协调发展，各项工作全面推进，有效地促进了海南经济和社会的健康发展。

一、就业和再就业工作目标全面实现

为了实现全省就业再就业工作目标，2003 年3 月7 日，海南省委、省政府下发了《关于进一步做好下岗失业人员再就业工作的通知》，与此相关的社保补贴、税费减免、小额贷款等配套政策也相继出台。8 月 22 日，海南省召开了全省再就业工作座谈会。9 月下旬，海南省人事劳动保障厅组织 7 个检查组对全省就业再就业工作进行了检查。10 月 9 日，厅又召开了各市县就业再就业工作情况交流会，对检查中发现的问题进行了通报，采取了七大措施狠抓就业再就业工作的落实。一是抓好各项再就业优惠政策的落实。积极运用税费减免和社保补贴、公益性岗位补贴等政策，鼓励下岗失业人员自主创业、自谋职业，鼓励企业吸纳下岗失业人员，全省已发放《再就业优惠证》22 872 本。二是加大再就业资金投入，为再就业工作提供资金支持。2003 年，全省共安排再就业资金 1. 5 亿元。三是加强劳动保障工作平台建设，强化再就业服务。全省已建立街道（乡镇）劳动保障工作机构 187 个，达到了应建数的 100%。四是积极开展下岗失业人员的培训工作，全省共培训下岗失业人员25 913人，完成全年计划的 129. 57%。五是大力开展再就业援助活动，有9 483名就业困难人员实现了再就业，完成全年任务的 105. 96%。六是积极促进下岗职工基本生活保障向失业保险并轨，做好“三条保障线”的衔接。七是国有企业下岗职工基本生活得到有效保障。全年全省共筹集资金1 651万元，为下岗职工发放基本生活费和代缴社会保险费。下岗职工足额领取基本生活费的比例和为下岗职工代缴社会保险费的比例均达到 100%。

截至 2003 年 12 月底，全省城镇新增就业岗位84 067个，完成全年任务的 129. 33%；下岗失业人员再就业33 619人，完成全年任务的 112. 06%；城镇登记失业率为 3. 4%，圆满完成了全年的就业再就业工作目标。

二、社会保障工作继续稳步推进

（一）确保了企业离退休人员养老金按时足额发放

2003 年，海南省继续把确保企业离退休人员养老金按时足额发放当作一项重点工作来抓。省人事劳动保障厅积极配合地方税务机关做好养老保险扩面、征缴工作，重点是做好个体工商业者、私营企业和外商投资企业的参保，做好下岗职工养老保险的接续工作。2003 年 7 月，省人事劳动保障厅与地税部门联合下发了《关于个人补缴养老保险费若干问题的补充通知》，扩大养老保险覆盖率，清理收回企业欠费，提高征缴率，为两个确保提供资金保证。同时，还会同有关部门出台了驻市县省属单位基本养老保险纳入省级管理的实施意见，确保驻市县省属单位离退休人员基本养老金能够按时足额发放，解决了多年悬而未决的老大难问题，有92家省属单位已平稳移交省级管理。出台了《关于国有困难企业职工参加养老保险有关问题的通知》，将未参加养老保险且已停产多年、无力缴费的国有企业退休人员及其职工纳入养老保险覆盖范围，有700余名国有困难企业职工参加了养老保险。采取用好中央和省财政补助资金、实行两个确保责任追究制度、养老金发放月报监控制度等措施，切实做好养老金的按时足额发放。2003年12月，全省企业参加基本养老保险的离退休人员28.9万人，应发养老金15亿元，实发养老金13.3亿元，除农垦系统外，全省各市县养老金基本实现了按时足额发放，社会化发放率达到100%。

同时，海南省采取多种措施，抓试点，攻难关，突出重点，全面推进企业退休人员社会化管理服务工作。年初，省人事劳动保障厅会同海口市政府，在海口市召开现场会，推动海口市试点工作的全面启动；8月，召开全省企业退休人员社会化管理服务工作现场会，使社会化管理服务工作在各市县全面铺开。2003年，企业退休人员社会化管理服务工作实现了新突破，全省进入社会化管理服务的人数达到20.9万人，社会化管理服务率达到72%。

（二）积极稳妥推进医疗保险制度改革

根据《劳动和社会保障部办公厅关于城镇灵活就业人员参加基本医疗保险的指导意见》和《劳动和社会保障部关于做好灵活就业人员参加基本医疗保险工作有关问题的通知》要求，2003年，海南省积极稳妥地推进医疗保险制度改革，省政府出台了《海南省城镇个人参加医疗保险办法》，进一步扩大基本医疗保险覆盖面。截至12月，海南省所有统筹单位都已启动了医疗保险，多数统筹单位已覆盖到企业和行业单位，基本医疗保险参保人数达到62万人，比2002年有较大幅度增长。

2003年，海南省医疗保险制度为防治“非典”发挥了重大作用。为做好防治“非典”工作，转发了《劳动和社会保障部关于做好参加基本医疗保险人员非典型肺炎防治工作的通知》和《财政部、卫生部、劳动保障部关于妥善解决非典型肺炎患者救治费用有关问题的紧急通知》，将非典型肺炎纳入基本医疗保险范围，切实保障了非典型肺炎或疑似非典型肺炎患者医疗救治所需费用。此后，又下发了《关于参保人员“非典”可疑患者强制隔离住院诊断治疗医疗费用问题的补充通知》，进一步为防治“非典”工作提供了诊断治疗医疗费用保证。

（三）积极推进工伤、失业和生育保险工作

2003年，海南省以国家新修订的《工伤保险条例》出台为契机，对海南省的《工伤保险条例》进行修订，并制定了贯彻落实《工伤保险条例》的工作方案。为加强对工伤保险的宣传，规范工伤保险操作流程，充分保障用人单位和工伤职工的合法权益，举办了两期工伤保险培训班，为新修订的《工伤保险条例》的施行做了前期准备工作。将医护及相关工作人员因履行工作职责，感染传染性非典型肺炎或因感染传染性非典型肺炎死亡的，纳入工伤保险范围。截至12月，全省工伤保险参保职工人数为68.5万人。与此同时，失业和生育保险工作得到较快发展。全省失业保险参保职工人数为57.4万人；参加生育保险的统筹单位达到10个，生育保险参保职工人数为26.6万人。

三、劳动监察工作成效明显

2003年，海南省各级劳动保障监察机构共检查用人单位4 958家，涉及劳动者19万人次；受理群众举报案件471件，结案数457件，结案率达96%；处理突发事件18件，涉及劳动者1 214人；为2 320名劳动者追回被克扣、拖欠工资475万元；取缔非法职业中介机构22家；纠正职业资格和职业培训违规单位66家；为7 066名劳动者追回抵押金42万元。先后在全省范围内开展了一系列专项检查：一是开展了为期1个月的农民工工资支付情况大检查，共检查1 147家用人单位，涉及农民工6万多人。二是在“非典”期间对148家用人单位进行了突击检查，有效地制止了用人单位大量裁减员工。三是开展全省技术工种持证上岗执法大检查，督促96家用人单位6 668名劳动者参加职业技能培训和考核。四是开展贯彻实施《禁止使用童工规定》情况的检查活动。

四、工资收入分配制度不断完善

按照“市场机制调节，企业自主分配，职工民主参与，国家监控指导”的工作思路，2003年，海南省开展政策理论研究，制定有关政策，继续完善工资增长指导线制度、劳动力市场工资指导价位制度和人工成本预测预警制度建设，为企业和劳动者提供信息和政策指导，进一步健全了企业工资收入分配的宏观调控体系。一是研究制定了《海南省2003年度企业工资增长指导意见》，经劳动和社会保障部和省政府核准后下发执行。确定并公布了企业货币平均工资增长基准线为10%；企业货币平均工资增长最高线为13%；企业支付给提供正常劳动的职工的工资不得低于当地最低工资标准。二是在海口市调查并发布了261个职位（工种）工资指导价位信息，为企业职工内部分配和劳动力市场求职者提供了参考依据，推进了劳动力市场建设。三是公布2003年度企业最低工资标准。经省政府同意，决定对2003年度企业最低工资标准不作调整。研究制定了海口市非全日制用工最低工资标准，确定每小时最低工资标准为4.5元。四是组织开展对海南省企业工资收入分配制度改革的调查研究，召开了海航、海钢、中海油等12个省骨干企业劳资处长座谈会，深入探讨海南省企业内部分配的现状、问题和今后改革的任务，拟定并上报了《海南省企业工资收入分配制度改革指导意见》，重点探索了对企业工资分配实行分类管理的办法和模式。五是开展企业人工成本分析试点，指导中海油化学公司开展化工行业人工成本分析，完成《2002年全国大化肥企业人工成本分析报告》。为引导企业降低劳动消耗，更好地处理国家、集体和个人之间的关系，合理确定员工收入水平提供了重要的参考依据。六是出台了《关于建省初期转轨的原海南行政区直属机关和行政性公司部分退休人员待遇问题的通知》，解决了部分转轨到企业的原行政单位的退休人员待遇偏低问题。

五、社会保障基金的监督工作得到加强

2003年，海南省继续贯彻落实劳动和社会保障部等7部委的要求，加强社会保障基金监管制度建设、社会保障基金收支管理现场监督和评估检查等工作。修改《海南省社会保障基金管理使用违纪行为党纪政纪处分暂行规定》《海南省社会保障基金监督管理工作细则》，进一步加强和完善了社会保障基金监管制度。认真做好社会保障基金监管的基础工作，进行社会保险内部审计规定的调研，开展申领《社会保险基金审计检查证》的培训、考试和发证工作。开展了对社会保障基金现场的监督检查，并组织省社会保障监督委员会委员与政府有关部门开展了一次基金监管情况的全面检查，全省清理回收挤占挪用基金1 023万元。

（海南省人事劳动保障厅）

重 庆 市

2003年，重庆市劳动保障系统在市委、市政府的领导下，在劳动保障部的指导下，认真贯彻党的十六大和十六届三中全会精神，实践“三个代表”重要思想，努力克服“非典”对劳动保障工作带来的不利影响，坚持“两手抓”，积极扩大就业和再就业，稳妥推进国有企业下岗职工基本生活保障向失业保险并轨，进一步巩固两个确保，加强社会保障体系建设，切实维护劳动者的合法权益，劳动保障各项工作取得了新进展。

一、就业和再就业工作取得显著成绩

2003年1—12月，重庆市国有企业下岗职工进中心2.94万人，加上2002年年底结存的11.29万人，下岗职工总数为14.23万人；同期出中心13.29万人，12月底中心结存0.94万人（中央在渝企业中心结存）。1—12月，全市新增就业岗位17.1万个，完成年计划16万个的107%；指导帮助下岗职工和城镇失业人员就业和再就业17.8万人（其中国有企业下岗职工5.51万人，城镇集体企业下岗职工1.3万人，城镇失业人员10.99万人），完成年计划14万人的127%；到12月，全市城镇登记失业率为4.1%（控制目标为4.5%）。1—12月，转移农村富余劳动力43万人，完成了年计划40万人的108%（其中劳务输出12.6万人，完成年计划10万人的126%）。在这项工作中，重庆市主要采取了以下措施：

（一）加强领导，把再就业工作摆在更加突出的位置

近年来，重庆市委、市政府始终把就业和再就业工作作为“党政一把手”工程和“民心工程”来抓，建立了一整套行之有效的再就业政策体系。2003年年初，重庆市将控制失业率和增加就业岗位作为宏观调控的重要指标，纳入国民经济和社会发展计划，把促进就业和再就业纳入各级党委、政府及有关部门工作目标责任管理体系，作为衡量各地区和有关部门领导政绩的考核内容。2003年8月全国再就业工作座谈会召开后，市委、市政府及时召开电视电话会议进行传达贯彻，要求全市进一步提高认识，统一思想，强化措施，更加扎实地做好就业和再就业工作。

（二）圆满完成国有企业下岗职工基本生活保障向失业保险并轨工作

2003年是重庆市国有企业下岗职工基本生活保障制度向失业保险制度并轨的最后一年。做好这项工作，既是对1998年以来再就业工作的检验，也是向市场就业迈出的非常关键的一步。市委、市政府高度重视“并轨”工作，进一步加强领导，市有关部门、企业主管部门和企业密切配合，形成合力，全面掌握出中心下岗职工情况，认真做好预案，加强对下岗职工的思想政治工作，筹措资金妥善处理企业与职工的债务问题、兑现经济补偿、完清社会保险欠费，做好接续社会保险关系工作，确保了下岗职工出中心后基本生活不断档，有力地促进了其尽快实现再就业。

（三）认真落实再就业扶持政策

一是落实税费减免政策。二是积极扩大再就业小额贷款规模。2003年，重庆市已有37

个区县建立了再就业小额贷款担保基金。到年底，共发放再就业小额贷款5 301.8万元，直接帮助4 770名下岗失业人员实现了就业和再就业。再就业小额贷款回收情况良好，到12月底，回收到期贷款879.2万元，回收率达96%。三是继续抓好再就业重点企业，培育相对稳定的就业渠道。确定了市级再就业重点企业64户（其中非公有制企业62户），为下岗失业人员提供就业岗位2万个。四是建立大龄就业困难对象帮扶机制。建立了社会公益性岗位调查登记和空岗申报制度，鼓励兴办社区公益性劳动组织，充分运用再就业小额贷款、岗位补贴和社会保险补贴等扶持政策，加快开发社区服务性岗位，帮助“4050”人员实现再就业。1—12月，批准成立社区公益性劳动组织120个，通过多种渠道帮助“4050”人员2.94万人实现再就业，完成年计划2.5万人的117.6%；落实岗位补贴393万元，社会保险补贴418.6万元。

（四）加大财政对再就业的资金投入

为保证“并轨”和再就业工作的顺利推进，2003年，重庆市地方财政预算安排再就业资金4.1亿元，比上年增长8.5%（其中市本级财政2.8亿元，增长7.7%），确保了国有企业下岗职工的基本生活，促进了下岗失业人员的再就业。

（五）进一步加强劳动力市场建设，强化再就业服务

2003年，重庆市加强了对用工信息的收集、发布工作，确保信息的准确性、实效性和规范性，建立了多种形式的劳动力市场信息公开发布渠道。在公共职业介绍机构开展“一站式”就业服务，为下岗失业人员开设专门窗口，提供就业服务。1—12月，全市劳动力市场信息系统联网单位收集各类空岗信息17.81万人次，办理各类求职登记11.46万人次（其中免费为5.82万名下岗失业人员办理求职登记），介绍成功6.41万人（其中下岗失业人员2.34万人）。

（六）加大职业培训工作力度，提高下岗失业人员的就业能力

2003年，重庆市认真落实再就业培训资金，进一步加强和完善再就业培训网络建设，指导开展多渠道、多层次、多形式的再就业培训，提高培训的实用性、针对性和有效性；广泛发动社会办学力量开展城镇失业人员就业前培训，并将就业训练进一步向农村劳动力转移培训和下岗失业人员创业培训延伸。1—12月，组织国有企业下岗职工再就业培训4.40万人，完成年计划3万人的146.7%；培训后再就业2.67万人，培训后再就业率为60.7%。

（七）开展再就业工作落实情况专项检查

2003年9月，重庆市在各区县和市级有关部门自查的基础上，由市委督查室、市政府督查室牵头，会同市人大、市政协有关专委会及市劳动保障局、市再就业办等部门组成检查组，抽查了15个区县和落实再就业政策的重点部门。从总的情况看，各区县和市级有关部门积极行动，进一步加大再就业工作力度，迅速形成了各级党委、政府强势推动、社会各界广泛参与的工作局面。10月，中央督查组来渝检查就业和再就业工作落实情况后指出，重庆市的就业和再就业工作走在了全国前列。

（八）统筹做好全社会就业工作

一是在城镇就业矛盾突出的情况下，2003年，重庆市仍然把农村富余劳动力转移作为“八大民心工程”之一，转移农村富余劳动力43万人。二是市劳动保障部门与教育部门等多方配合，采取积极措施，切实做好大学毕业生就业工作难的问题，2003年，安排应届大学毕业生就业近90%。三是开展了境外就业管理工作。

二、两个确保工作成果得到进一步巩固

2003年，重庆市继续坚持“三三制”筹资办法和财政兜底原则，千方百计筹措国有企业下岗职工基本生活保障和再就业资金，1—12月，共筹集再就业资金12.71亿元（其中财政安排资金9.85亿元，占77.5%），确保

了国有企业下岗职工基本生活费按时足额发放。

截至12月底，重庆市参加企业职工基本养老保险的离退休人员有91.6万人。市劳动保障部门继续密切关注重点联系地区基本养老保险基金运行动态和基本养老金发放情况，加强基本养老金调度工作，积极协调财政部门向渝东地区下拨专项补助基金2.45亿元。1—12月，全市按时足额发放企业离退休人员基本养老金51.75亿元，已连续6年未发生新的拖欠。12月底，全市企业离退休人员月人均基本养老金504元，比2002年年底增加了30元。

三、基本养老保险工作取得新进展

（一）积极做好国有企业下岗职工出中心后接续基本养老保险关系和灵活就业人员参加基本养老保险工作

2003年，重庆市研究制定了国有企业下岗职工出中心接续基本养老保险关系的有关政策措施，各区县共开设个人参保缴费专门工作窗口46个，及时为出中心的下岗职工接续了基本养老保险关系。出台了《重庆市个人参保人员参加基本养老保险试行办法》，解决了灵活就业人员参保问题。截至12月底，全市以个人身份参加企业职工基本养老保险的人员已达38.2万人，缴纳基本养老保险费5.2亿元。

（二）依法扩大企业职工基本养老保险覆盖面，协助地税部门清理回收企业欠费

2003年，重庆市新增参保单位2 490户，参保人员10.35万人，顺利完成新增参保10万人的目标任务；全市征收企业职工基本养老保险费29.27亿元。截至12月底，全市参加企业职工基本养老保险参保人数186.03万人。加大了对企业历年欠缴的基本养老保险费的清理回收工作力度，在50强企业评选中继续行使基本养老保险缴费一票否决权。对1 590户企业进行了基本养老保险费征缴稽核工作，查出少报缴费人数3 508人，少报缴费工资总额6 035.59万元，追收基本养老保险费1 696.86万元。

（三）企业职工基本养老保险基础管理工作进一步加强

2003年，重庆市完善了个人账户管理办法；全面推行退休待遇预复算制，1—11月，有2.68万名新增退休人员通过预复算制及时核定了退休待遇；基本养老保险基金结算模式已从2003年1月起全部改为按月结算模式。

（四）加强企业职工因病退休（职）鉴定工作

2003年，重庆市坚持公平、公开、公正原则，经过周密安排、精心组织，圆满完成了全市企业职工因病退休（职）鉴定工作。全市有9 060人参加鉴定，符合完全丧失劳动能力条件人数2 502人，合格率为27.62%。建立完善了病退鉴定基础数据库，将参加病退鉴定的职工和医务专家分别建库，使病退鉴定工作从粗放型管理逐步走向规范化和制度化。

与此同时，重庆市机关事业单位养老保险制度改革试点积极稳妥推进，农村养老保险基础管理得到加强。市属自收自支事业单位养老保险规范了管理，完善了措施，确保了参保单位退休人员养老金按时足额支付。积极协助有关区县抓好农村养老保险基金清理结算工作，协调落实区县农村养老保险经办机构归并到劳动保障部门管理，研究探索了逐步建立健全城乡社会保险制度有关问题。

四、失业保险功能得到进一步发挥

截至12月底，重庆市参加失业保险职工199.47万人。2003年，全市新增参保职工3.96万人，征收失业保险费2.64亿元，失业保险基金支出2.70亿元；新接收享受失业保险待遇人员5.48万人，加上2002年年底结存的9.11万人，共向14.59万人发放了失业保险金。12月底，全市仍有8.13万人享受失业保险待遇。《重庆市失业保险条例》已经市二届人大常委会第五次会议审议通过，从2004年1月1日起实施。

针对“并轨”过程中失业人员大幅增加的情况，重庆市各级劳动保障部门切实强化失业保险各项基础管理，认真做好失业人员的接收管理工作，确保符合条件的人员按时足额领取失业保险金；同时，注重发挥失业保险保障职工失业期间基本生活和促进就业的双重功效，积极开展对失业人员的培训和职业介绍工作。认真做好领取失业保险待遇期满的大龄下岗职工的接收管理工作，按规定向其发放生活费，确保基本生活不断档。截至12月底，全市失业保险经办机构共接收领取生活费的大龄下岗职工0.36万人。

五、城镇职工基本医疗保险工作取得积极进展

2003年，重庆市35个基本医疗保险统筹地区中，已有34个统筹地区的医疗保险实施方案经市政府审批同意，除渝北区和城口县外，33个统筹地区已经启动实施了基本医疗保险制度，参保人数124万人，比2002年年底增长91%，参保覆盖率为43%（其中市级统筹区参保人数50万人，比2002年年底增长192.6%）；确定基本医疗保险定点医院940家，定点零售药店359家（其中市级统筹区定点医院170家，定点零售药店33家）。截至12月底，全市基本医疗保险统筹基金累计收入5.17亿元，累计支出4.14亿元，结余1.03亿元，收支平衡，略有结余。2003年主要抓了以下几方面工作：

（一）明确目标，完善政策，努力扩大基本医疗保险覆盖面

一是明确工作目标，落实责任，分类指导，推进扩面。二是完善基本医疗保险政策。2003年，市政府出台了《重庆市城镇职工基本医疗保险市级统筹暂行办法补充规定》，对退休人员与在职职工的比例超过35%以上的参保单位征收一定的医疗保险费，解决了因退休人员比例过大而制约基本医疗保险扩面工作进展的问题。三是积极推进灵活就业人员参加基本医疗保险。制定了灵活就业人员参加基本医疗保险的意见下发各统筹地区，目前已有11个统筹地区出台了灵活就业人员、下岗失业人员参加基本医疗保险的办法。四是指导部分统筹地区制定了关闭破产企业退休人员和困难企业职工参加基本医疗保险办法，有11个统筹地区的3.01万名关闭破产企业退休人员参加了基本医疗保险，市级统筹区内关闭破产企业退休人员参加基本医疗保险办法已上报市政府审批。

（二）加强管理，完善服务，努力降低参保人员医疗费用个人负担

一是重庆市劳动保障局指导各统筹地区完善了医疗保险经办机构与各定点医疗机构的协议管理。二是基本医疗保险市级统筹计算机信息网络已与94家定点医疗机构联网，基本实现了医疗费用实时结算，简化了结算手续，缩短了结算时间。三是推行新的医疗费用结算办法，指导市医疗保险中心在9家定点医疗机构推行了在按项目付费结算的基础上，结合住院人均统筹定额支付进行结算的办法，调动了医疗机构主动参与控制医疗费用的积极性，医疗保险基金的不合理支出得到有效控制。四是市劳动保障局会同市财政局等部门对定点医疗机构执行基本医疗保险规定的情况进行了检查和考评，有效地促进了定点医疗机构加强医疗保险医疗服务管理。

（三）实行离休干部医药费单独统筹

2003年，重庆市劳动保障局在做好离休干部医疗费和未参保市级单位公费医疗管理的同时，与市有关部门共同制定了《重庆市离休干部医药费市级单独统筹管理暂行办法》等政策，积极开展离休干部医疗费统筹工作。首批市级机关、企事业和中央在渝单位的2 891名离休干部已纳入单独统筹。

（四）加强对基本医疗保险的社会监督工作

2003年，重庆市聘请市内医院具有一定威望和代表性的临床专家组成市基本医疗保险专家委员会，对基本医疗保险管理中的专业性疑难问题提出处理意见。在参加市级统筹的各

界人士中聘请基本医疗保险义务监督员，对定点医疗机构、定点零售药店及医疗保险经办机构工作进行社会监督。

六、实施《工伤保险条例》的各项准备工作已基本就绪

2003 年，重庆市及时制定了贯彻落实《工伤保险条例》的总体方案，完成了相关数据调查摸底工作，建立了数据库。起草了《重庆市工伤保险实施暂行办法》，已经市政府审议通过，从 2004 年 1 月 1 日起实施。市有关部门已同意组建市工伤保险经办机构和市劳动能力鉴定机构。开展了《工伤保险条例》政策宣传咨询活动，广泛宣传实施《工伤保险条例》的重大意义、有关政策，为工伤保险制度的实施打下了良好的舆论基础。截至年底，实施《工伤保险条例》的各项准备工作已基本就绪。2003 年，全市共受理工伤认定案件8 390件，结案8 360件，组织劳动能力鉴定8 506人次。

七、社会保障基金监督机制得到完善，监督作用有效发挥

2003 年，重庆市劳动保障局会同市监察局等部门印发了《关于加强社会保障基金监督管理工作的实施意见》，构建了部门间综合协调的社会保障基金监管制约机制，为劳动保障行政部门逐步实现对社会保障基金的全过程监管提供了政策依据。建立了社会保险基金管理情况定期报告制度，及时掌握社会保险基金动态变化情况，为开展社会保险基金非现场监督工作提供了前提条件。积极开展社会保险基金现场监督工作。与市地税局联合开展社会保险费申报专项审计试点工作，委托中介机构对 20 户缴费单位申报基本养老保险费、失业保险费的情况进行了专项审计，审计出漏报缴费人数2 139人，应补缴社会保险费 442.6 万元。会同市监察局等部门对全市社会保险基金的资产和负债情况进行了专项检查，基本摸清了社会保险基金的家底。市社会保障监督委员会办公室拟制了《重庆市社会保障监督委员会章程》等规定，明确了工作职责，规范了工作程序，各级社会保障监督委员会的社会监督作用正在逐步发挥。

八、社区社会保障工作机构建设和企业退休人员社会化管理服务工作进展顺利

2003 年，重庆市已批准所有街道（102 个街道）、240 个就业和社会保障工作任务重的镇建立社区社会保障工作机构，其中 150 余个街道（镇）社区社会保障工作机构已经在社会保障服务大厅开展窗口式服务和“一站式”办公，取得了良好的社会效益。为进一步加强社区社会保障工作机构建设，规范社区社会保障工作，《中共重庆市委办公厅、重庆市人民政府办公厅关于社区社会保障工作机构建设及工作开展的指导性意见》已经下发，将对今后一个时期的社区社会保障工作机构建设及工作开展起到积极的推动作用。

2003 年，重庆市贯彻中办发［2003］16 号文件、渝委办发［2003］22 号文件精神，及时召开了全市企业退休人员社会化管理服务工作会议。各级劳动保障部门及养老保险经办机构以深化企业改革、维护社会稳定和不断提高企业退休人员生活质量为宗旨，遵循因地制宜、分类指导、多种管理形式并存的原则，按照先大后小、先易后难、先破产企业后其他企业、先试点后推开的办法，积极推进企业退休人员社会化管理服务工作。截至 12 月底，78.8 万人实行了社会化管理服务（其中社区管理 23.2 万人），覆盖率达到 86.4%。

九、社会保障信息系统建设取得较大进展

2003 年，经过多次论证和修改，重庆市社会保障信息系统建设总体规划已顺利通过专家评审。通过对劳动保障现有各业务流程和资源深入调研，初步确定了系统业务流程和资源整合方案，落实了项目建设的代理业主。顺利通过了建设项目一期工程可行性研究报告的评审，并开始工程建设的初步设计，前期准备工

作进展顺利。制定了《重庆市社会保障（个人）卡数据规范》，经劳动保障部专家认可，并通过了市质量技术监督局组织的专家评审，将设立为重庆地方标准，为实现社会保障“一卡通”做好了准备。加快企业职工基本养老保险计算机信息管理系统应急改造，正式启动了养老保险业务软件双轨运行试点，业务应用软件主要功能已达到设计要求，进入实用化阶段，先期试点区县已从11月起开始用新系统办理业务。

十、劳动保障监察工作成效显著

2003年，重庆市各级劳动保障部门紧紧围绕劳动保障中心工作，加强劳动保障监察机构和队伍建设，规范执法行为，加大执法检查力度，保证了劳动保障法律法规的贯彻实施，维护了劳动者的合法权益。

（一）开展“百日追薪”专项执法检查，维护农民工的合法权益

在连续两年开展维护农民工合法权益执法检查取得明显成效，为农民工追回大批被拖欠工资的基础上，2003年，重庆市继续开展了维护农民工合法权益专项执法检查，至年底，重庆市全年查出被拖欠农民工工资2.17亿元，涉及农民工13.75万人，已督促用人单位补发工资1.05亿元。通过专项执法检查，严厉打击了恶意拖欠、克扣农民工工资的违法行为，有效地维护了农民工的合法权益，及时处理和化解了矛盾，维护了社会稳定。

（二）继续清理整顿劳动力市场秩序，深入开展推行国家职业资格证书和实行就业准入制度执法检查工作

2003年，重庆市共检查职业介绍机构370个，下达劳动保障监察指令书56份，对9个严重违反职业介绍法律法规的职业介绍机构处以罚款，取缔非法职业中介机构70个，有力地维护了劳动力的市场秩序，保护了求职者的合法权益。检查职业技能培训机构140个，取缔非法培训机构9个，责令29个违规培训机构限期整改；检查企业739户，涉及应持证从业人员4.75万人，对340户企业下达了整改指令书，督促企业制定了对1.6万余名未持证上岗的技术工人在年内组织培训、取得相应职业资格证书的计划。

（三）加大日常主动检查力度，及时查处举报案件

截至2003年年底，重庆市各级劳动保障监察机构共主动检查用人单位1万余户，涉及职工87.8万余人（次），受理群众来信来访等各种方式举报案件6 654件，立案查处5 106件，结案率达97.6%。

十一、劳动关系协调工作不断加强，企业工资收入分配制度改革继续推进

2003年，重庆市劳动保障局积极推进劳动合同、平等协商和集体合同、三方协调劳动关系“三项基本制度”建设。会同市总工会和市企业家协会总结了贯彻实施《劳动法》《工会法》以来全市推进“三项基本制度”建设工作情况，评选表彰了一批先进集体、先进个人。组建了平等协商指导员队伍。全市有15 001户企业建立了平等协商机制，占应建制企业数的88.7%；近4 400户企业的集体合同经劳动保障行政部门审核生效，覆盖职工200多万人。

2003年，重庆市劳动保障局会同市有关部门制发了贯彻劳动保障部等3部委印发的《国有大中型企业主辅分离辅业改制分流安置富余人员的劳动关系处理办法》的具体措施，规范了工作程序。制发了《关于非全日制就业劳动关系问题的通知》，规范了非全日制用工行为，促进了灵活就业，保障了非全日制就业人员的合法权益。拟制了农民进城务工、大龄就业困难对象在公益性岗位就业的劳动关系问题和出租汽车企业与驾驶员之间的劳动关系问题的处理意见。

2003年，重庆市劳动保障局继续推进企业工资收入分配制度改革，强化工时制度审批。制发了2003年度国有及国有控股企业工资总量宏观调控办法，对2002年度国有及国

有控股企业工资进行清结算，审核了2003年工资总量调控方案。完善了《重庆市市级国有控股集团公司经营者年薪制试行办法》，对机电、轻纺、化医、水务控股集团公司2002年度经营者年薪进行清结算。在经济开发区、忠县继续开展工资指导线试点。发布了330多个岗位工种的工资指导价位。会同市总工会、市企业家协会制发了《推进工资集体协商的意见》。对企业实行不定时工作制和综合计算工时工作制度进行了严格审批。

十二、劳动争议仲裁工作大胆创新

2003年，重庆市各级劳动争议仲裁机构面对劳动争议案件持续大幅度增长，涉外劳动争议频繁发生，劳动争议调解难度继续加大的形势，强化基础建设和各项管理工作，规范办案程序，处理了一系列重大、疑难、复杂案件，案件处理质量受到当事人的普遍认同和司法界的赞誉。共处理劳动争议案件17 383件，其中立案受理6 147件，较2002年增长15.8%，涉及劳动者20 307人；已结案16 878件，结案率达97.1%。在受理的案件中，集体劳动争议案件数量达128件，涉及劳动者4 550人；拖欠劳动报酬、工伤待遇、劳动合同纠纷案件在受理案件总数中分别占37.3%、25.9%和21%。同时，加强了对劳动合同的审查鉴证工作，采取有效措施预防劳动争议发生，共鉴证劳动合同12.26万份，纠正违法或无效劳动合同7 630份。

2003年，重庆市劳动争议仲裁委员会在全国率先实行劳动争议仲裁风险提示制度，指导劳动者审慎对待自己的申诉权利。召开了全市首届劳动争议仲裁委员会主任会议，总结了劳动争议处理制度恢复15年来的工作成绩，表彰了“十佳仲裁员”“十佳仲裁委员会”和40多名“爱岗敬业仲裁员”。在重庆摩托车行业协会设立了劳动争议仲裁分庭，及时处理该协会各会员企业间的劳动争议，这是全国第一个设在行业的专业化仲裁庭；大力提倡和鼓励基层劳动争议仲裁机构在案件集中的街道（镇）设立仲裁分庭（派出庭）。

十三、职业技能开发工作在开拓中前进

2003年，重庆市职业技能开发工作取得显著成绩，技工学校招收新生2.44万人，再次刷新历史纪录；职业技能培训鉴定工作全方位拓展，16万人通过职业技能鉴定取得了职业资格，比2002年增长60%。

（一）技工学校招生工作取得新成绩

2003年，重庆市66所技工学校共招收新生24 438人，比2002年增加4 982人，增幅25.6%，校均招生370人。其中重庆机械高级技工学校招收新生2 250人，五一高级技工学校招收新生2 007人，均为历史最高水平。同时，技工学校应届毕业生就业形势喜人，14 249名技工学校应届毕业生已就业13 918人，就业率达97%以上，许多技工学校的毕业生供不应求。

（二）以推行职业资格证书制度为重心，着力拓展培训鉴定工作覆盖面

2003年，重庆市大力加强国家统考职业的技能培训鉴定工作，参加秘书、计算机高新技术等职业培训鉴定统一考试的人数达到1.8万人；近6 000人参加了重庆市企业人力资源管理师、企业经营管理师的培训鉴定工作。积极推动高职院校学生职业技能培训鉴定工作。

（三）实施启动高技能人才培训工程

2003年，重庆市在确定4个国家级培训基地和12个市级培训基地的基础上，将高级技能人才培训与企业职工培训、高职院校学生职业培训工程相结合，截至年底，已有重庆大学等培训基地启动了培训工作。

（四）农民工职业培训工作开始启动

在充分调研的基础上，2003年，重庆市劳动保障局制发了《关于在农民工职业培训工作中贯彻落实中共重庆市委关于加快实施城镇化战略的决定的意见》，各区县劳动保障部门已开始对农民工进行职业培训。

（五）加强职业技能开发的宣传工作

2003年，重庆市继续开展职业技能开发

宣传月活动，大力宣传职业资格证书制度、就业准入制度，扩大了技工学校的社会影响。积极组织职业技能竞赛活动，营造了尊重技能、尊重人才的良好社会氛围。

十四、劳动保障法制建设取得新成绩

2003年，重庆市的劳动保障法制工作紧紧围绕劳动保障工作中的重点、热点、难点问题，进一步加强劳动保障地方立法和政策研究，加大行政执法工作力度，强化执法监督和法制宣传，取得了新成绩。市劳动保障局被市政府办公厅评为政府部门法制工作先进单位。

（一）劳动保障地方立法取得新的突破

2003年，重庆市编制了全市劳动保障地方立法5年计划，包括8个地方法规和6个政府规章项目，准备用5年左右时间，基本构建起重庆市劳动保障地方法规、规章框架。其中《重庆市失业保险条例》已于2003年9月26日经市二届人大常委会第五次会议审议通过，从2004年1月1日起实施，成为重庆市第一个社会保险地方法规。《重庆市职工生育保险办法》和《重庆市劳动合同规定》已进入最后论证修改阶段，很快将上报市政府审议。

（二）强化执法监督，推动依法行政

根据市委、市政府关于建立服务型政府的要求，深化行政审批制度改革，2003年，重庆市劳动保障局再次对现行行政审批项目进行了清理。认真做好行政复议和应诉工作，1—12月共立案处理行政复议案件99件，已结案的案件中撤销和变更的案件减少，维持率上升；4件行政应诉案件全部胜诉。

（三）加强劳动保障政策和理论研究工作

2003年，重庆市劳动保障局组织开展了加快城镇化进程、促进农村富余劳动力转移就业、保障农民工劳动和社会保险权益、健全社会保障体系等调研工作，形成了调研报告上报市委、市政府，其中许多政策建议被吸收进了市委关于加快城镇化进程的决定和市委二届四次全会决定。制发了《关于企业职工基本养老保险扩面征缴工作有关问题的通知》，将用人单位与劳动者之间发生的基本养老保险争议案件全部纳入劳动争议仲裁受理范围；研究制定了贯彻劳动保障部关于非全日制用工劳动保障有关问题处理意见的具体措施和贯彻《禁止使用童工规定》的意见；参与了企业信用体系建设方案的制定和试点工作。

（四）研究解决劳动保障行政执法中存在的突出问题

2003年，重庆市劳动保障局召开了区县行政执法工作研讨会，研究劳动者维权、社会保险费征缴等热点问题；与法院、市政府法制办专门就行政执法工作中的劳动关系认定、工伤认定等热点、难点问题深入研讨和磋商，并达成一定共识，为进一步规范和推动劳动保障行政执法工作创造了条件。

十五、劳动保障规划财务工作得到进一步加强

2003年，重庆市建立了劳动保障规划财务工作定点联系制度，加强了对基层规划财务工作的指导。检查评估了2003年度全市劳动保障事业发展计划和“十五”规划执行情况，促进了落实；在已编制下发的2004年度计划中突出了就业和再就业、社会保险、劳动保障监察和劳动保障信息化建设等工作指标。积极改进统计工作手段，全面完成了上报劳动保障部的统计年报和定期报表工作，加强统计分析，为领导决策服务。积极筹措工作经费，确保了劳动保障各项工作的顺利进行；管好用好劳动保障事业发展经费，加大了对区县劳动保障事业的支持力度。

十六、劳动保障系统队伍自身素质进一步提高

（一）大力开展党风廉政建设和反腐败工作

2003年，重庆市劳动保障部门认真贯彻落实中纪委第二次全会等会议精神，以抓好“艰苦奋斗，廉洁从政”教育为重点，积极开展党风廉政教育，落实党风廉政建设责任制，

认真抓好领导干部廉洁自律，深入开展民主评议行风工作。积极查处违纪案件，为完成劳动保障各项工作任务提供了坚强的政治保证。

（二）进一步加强干部队伍建设

2003年，重庆市劳动保障局认真贯彻《党政领导干部选拔任用工作条例》，坚持“用好的作风选人，选作风好的人”，把好用人、进人关口，加强干部职工的思想政治教育，积极实施事业单位人事制度改革，进一步优化了干部队伍结构，提高了干部队伍整体素质。切实做好劳动保障系统老干部管理服务工作和计划生育管理工作。

（三）抓好精神文明建设，切实转变工作作风

2003年，重庆市劳动保障部门继续深入开展创建“三优”文明窗口活动，评选出“三优”文明窗口先进单位19个、达标单位51个，有力地促进了劳动保障系统精神文明建设。市劳动保障局以创建市直机关“党建工作先进单位”和“文明单位”活动为契机，加强机关党的思想、组织和作风建设，发挥党组织的战斗堡垒作用和党员的先锋模范作用，有力地促进了机关政治文明、精神文明和物质文明的协调发展，荣获市直机关“文明单位”称号。

2003年，重庆市劳动和社会保障局共办理市人大代表建议69件，市政协提案68件，得到市人大代表和市政协委员的认可。

（重庆市劳动和社会保障局）

四　川　省

2003年，在省委、省政府的重视和领导下，四川省各级劳动保障部门坚持以邓小平理论和“三个代表”重要思想为指导，深入学习、全面贯彻党的十六大、中央经济工作会议和省委八届二次全会的精神，按照完善政策、规范管理、突出重点、狠抓落实的工作要求，克服“非典”对劳动保障工作的负面影响，认真贯彻全国、全省再就业工作会议和全国劳动保障工作会议工作部署，以促进就业和再就业为重点，继续巩固两个确保成果，扩大社会保险覆盖面，不断提高征缴率，切实维护劳动者的合法权益，协调推进各项工作，全面完成了全年各项目标任务，为全省改革发展稳定做出了重要贡献。

一、两个确保成果进一步巩固

2003年，四川省各级劳动保障部门继续把两个确保作为重点工作来抓，采取多种行之有效的措施，有力地保障了国有企业下岗职工基本生活费和离退休人员养老金按时足额发放，维护了社会稳定。

2003年，四川省国有企业下岗职工进入再就业服务中心的共有27.1万人，全年发放下岗职工基本生活费4.4亿元，代缴社会保险费3.8亿元，下岗职工基本生活费发放率和社会保险费代缴率均达到100%。

2003年，四川省共发放养老金119.7亿元，其中企业离退休人员养老金113.2亿元，养老金按时足额发放率达到100%，没有发生新的拖欠。企业离退休人员养老金全部实现了社会化发放。

二、就业和再就业工作力度加大，就业局势基本稳定

2003年是就业工作纳入国民经济和社会发展宏观调控目标的第一年。当年，四川省将扩大就业特别是促进再就业摆在了十分突出的位置，多渠道开发就业岗位，狠抓再就业政策落实，进一步强化各项就业服务，全面启动和实施再就业救助工程，同时积极做好大学毕业生就业和进一步加强对进城务工农民的就业管理服务工作，取得了显著的成绩。

2003年，四川省城镇单位在岗职工总人数出现了自1996年以来连续7年持续减少后的首次增加，国有单位、城镇集体单位在岗职工人数出现了减少幅度趋缓的好势头。到年末，全省城镇单位在岗职工486.7万人，比上年末增加5.5万人。其中，国有单位315.9万人，减少11.1万人；城镇集体单位48.7万人，减少4万人；其他各种经济类型单位122.1万人，增加20.6万人。

2003年，四川省城镇下岗失业人员就业再就业成效显著。全年全省共有下岗职工39.8万人，其中新增2.5万人；在下岗职工总数中，国有企业下岗职工32.6万人，其中新增1.3万人。全年全省共有城镇登记失业人员77.2万人，其中新增43.3万人，新增人数在2002年的基础上又增加了5.1万人。全年全省城镇下岗失业人员需要就业的达117万人，就业形势严峻。由于各级党委、政府的高度重视，措施有力，全年有52.2万名城镇下岗失业人员实现了就业和再就业，比上年增加

7.9万人，增长17.8%。下岗失业人员中实现再就业的有36.7万人，同比增长32.3%；“4050”等救助对象实现再就业7.2万人，完成全年目标任务的143.5%。

下岗职工中，全年共有7.4万人实现了再就业，其中国有企业6.1万人。到2003年末，四川省还有下岗职工16.8万人，其中国有企业13.6万人。

城镇登记失业人员中，有38.1万人通过多渠道实现就业和再就业，就业再就业人数比上年增加6.5万人。其中，到国有企业就业的4.6万人，增加0.7万人；到城镇集体企业就业的3.4万人，减少0.9万人；到其他单位就业的9.1万人，增加2.6万人；从事个体私营经济的21万人，增加4万人。到非国有企业和从事个体经营就业的占了整个就业人数总数的85.4%，同比提高了0.4个百分点。截至2003年末，全省实有城镇登记失业人员33.1万人，同比减少0.7万人，年末城镇登记失业率为4.4%，低于5%的计划控制目标，城镇登记失业率逐年攀升的势头得到控制。

2003年，四川省劳动力市场建设继续加强。到年末，除省本级已建成劳动力市场综合性服务场所和信息网络外，全省有成都、自贡、攀枝花、泸州、德阳、绵阳等16个地级以上城市已建成比较规范的劳动力市场综合服务场所，其中遂宁、宜宾、乐山等10个地级以上城市已建成劳动力市场信息广域网或局域网；宜宾、攀枝花两市的劳动力市场信息广域网在实现区、县全覆盖的同时，已开始向街道、社区延伸；成都、绵阳、宜宾、乐山、泸州5市已按要求开展了劳动力市场职业供求状况的分析发布工作。所有这些，对四川省公共职业介绍工作的开展起到了明显的促进作用。

2003年，四川省职业中介组织得到进一步规范和发展，特别是公共职业介绍机构的服务领域不断拓展，服务水平、服务质量有了新的提高，在促进下岗失业人员实现就业和再就业中发挥了重要作用。全年全省1 439个职业介绍机构共办理登记求职98.1万人次，比上年增加3.3万人次；提供职业指导服务102.6万人次，比上年增加29.5万人次；职业介绍成功57.1万人次，求职成功率为58.2%，其中为24.1万名下岗职工和就业转失业人员提供了职业指导和职业介绍服务。

2003年，四川省劳务输出总量进一步增加。全省全年直接组织劳务输出16.8万人，比上年增加1.3万人。

到2003年年底，四川省社区就业实体发展到28 556个，比上年增长108.2%。全年新安置下岗失业人员8万人，社区就业实体从业人员达16.8万人。

三、继续深化企业收入分配制度改革，协调规范劳动关系

2003年，四川省继续稳步推进劳动合同制度和集体合同制度，指导企业加强劳动合同管理。依法正确处理企业关闭破产和改制中的劳动关系，加强对非全日制用工中的劳动关系问题研究。重视劳动关系协调工作，建立了四川省劳动关系协调委员会，继续开展劳动关系三方协调工作。

到2003年末，四川省签订劳动合同的职工585.9万人，劳动合同签订率为87.5%。城镇企业签订劳动合同人数为349.5万人，劳动合同签订率为95.7%。其中国有企业劳动合同签订率达98.6%，集体企业达95.7%，私营企业为87.6%，劳动合同制职工人数分别达到154.7万人、44万人、55万人。此外，个体工商户劳动合同签订率为57.3%，涉及职工人数32.7万人。

2003年，四川省签订集体合同的企业数达到9 332户，涉及职工178.3万人。其中：国有企业2 234户，涉及职工101.7万人；集体企业3 885户，涉及职工39.7万人；外商投资企业130户，涉及职工2.4万人；私营企业2 105户，涉及职工6.9万人。

2003年，四川省职工工资总额为626亿元，比上年增加64.5亿元，增长11.5%；其中在岗职工工资总额为604.5亿元，比上年增加65.4亿元，增长12.1%。全省社会平均工资为11 595元，比上年增加1 327元，增长12.9%。其中在岗职工平均工资为12 441元，比上年增加1 258元，增长11.2%，扣除物价上涨因素，在岗职工平均工资实际增长9.2%。2003年，国有单位在岗职工平均工资13 923元，增长12.4%；城镇集体单位在岗职工平均工资8 723元，增长18.0%；其他单位在岗职工平均工资10 038元，增长8.7%。

2003年，全省企业单位在岗职工平均工资11 594元，比上年增长12.5%；事业单位在岗职工平均工资13 420元，增长10.1%；机关单位在岗职工平均工资14 327元，增长9.1%。全省国有企业在岗职工平均工资14 021元，增长16.2%。其中中央企业在岗职工平均工资18 391元，增长16.3%；地方国有企业在岗职工平均工资10 558元，增长15.6%。

2003年，四川省企业工资宏观调控体系进一步健全，企业分配制度改革不断深化。首次发布全省企业工资指导线，2003年企业职工工资增长基准线为10%，上线为15%，下线为职工实际平均工资零增长或负增长。首次发布全省非全日制用工小时最低工资标准，2003年具体标准为四档：4元、3.7元、3.3元、2.8元。新增6个市建立实施劳动力市场工资指导价位制度。继续开展国有企业经营者年薪制试点，推行企业工资集体协商制度，推进企业人才收入分配激励机制的建立健全，促进企业人才资源向人才资本的转变。制定出台有关政策，着力从制度措施上解决拖欠农民工工资问题，切实维护劳动者的合法权益。开展国有企业工资内外收入监督检查和工资总额调控工作。截至2003年年底，全省试行年薪制的企业为230户，试行工资集体协商的企业达672户。18个市、州发布了本地年度工资指导线。成都、宜宾、乐山、遂宁、攀枝花、德阳、泸州、广安分别发布220个、191个、173个、148个、166个、112个、170个、158个当地主要职业和工种的工资指导价位。

四、各项社会保险工作顺利开展

（一）养老保险

截至2003年末，四川省参加企业职工基本养老保险的职工为418万人，比上年增加6.8万人，全年累计新增扩面30.9万人。全省养老保险缴费人数为389.5万人，比上年增加9.5万人，参保缴费率达到93.2%，比上年提高0.8个百分点。实行企业养老保险办法的参保职工建立个人账户人数为399.5万人，建账率为99.99%，比上年提高0.89个百分点。全年征收基本养老保险费107.4亿元，征缴率为94.7%。

2003年，四川省机关事业单位养老保险制度改革试点工作进一步完善。机关事业单位参保职工年末人数为96万人。全年征收基本养老保险费30.2亿元，征缴率为96.1%。

2003年，四川省参保离退休人员总数为187.5万人，比上年增加9.4万人。全省全部实现养老金全额缴拨，保证了养老金的按时足额发放，全年共发放养老金119.7亿元，其中企业离退休人员养老金113.2亿元，按时足额发放率达100%。企业离退休人员养老金全部实现了社会化发放，发放人数为182.9万人。全省企业退休人员社会化管理服务率已达到86.5%，比上年提高了41.6个百分点。

农村社会养老保险改革规范工作继续进行。到2003年末，四川省农村参加养老保险的有369.1万人，领取养老保险金的有11.3万人。

（二）失业保险

2003年，四川省失业保险扩面征缴工作稳步推进，参保人数基本保持稳定，失业保险费收入继续增加，基金支撑能力得到增强。全年全省失业保险新增扩面19万人，年末参保人数为367.2万人。全年共征收失业保险费7.9亿元，实现征缴率为93.5%，比上年提高0.2个百分点。全年共有22.2万名失业人员享受失业保险待遇，比上年增加0.1万人。全年支付失业保险金3亿元，确保了失业人员的基本生活。全年共划拨下岗职工基本生活保障资金3.4亿元，为下岗职工按时足额领取基本生活费提供了资金保障。

（三）医疗保险

2003年，四川省城镇职工基本医疗保险制度改革进一步深化。全省继续狠抓医疗保险参保扩面和服务管理工作，积极探索建立社会医疗救助制度的办法和措施，出台了《城镇灵活就业人员参加基本医疗保险的意见》，多层次医疗保障体系进一步完善，医疗保险管理与服务水平全面提高。到年末，全省启动实施医疗保险制度的县（市、区）数达到180个，占全省县（市、区）总数的99.4%。医疗保险覆盖人数达到531.2万人，同比增加50.6万人。全省21个市（州）和省本级全部实施了补充医疗保险政策和公务员医疗补助政策，实施补充医疗保险政策的县（市、区）173个、实施公务员医疗补助政策的县（市、区）143个，纳入公务员医疗补助的人群达到56.8万人，参加补充医疗保险的人数达到354.6万人。基金收支情况良好，全省共征收基本医疗保险基金30.8亿元，征缴率达到96.9%，比上年提高1.1个百分点，基金支出26.9亿元，全年统筹基金收支平衡。

（四）工伤、生育保险

2003年，四川省工伤、生育保险工作稳步开展，《工伤保险条例》的实施准备工作进展顺利。省政府出台了《四川省人民政府关于贯彻〈工伤保险条例〉的实施意见》，各项配套政策已陆续出台，各地正在抓紧制定实施方案。到年底，全省已有161.4万名职工参加了工伤保险；有7 120名伤残职工和338名因工死亡职工获得补偿，4 611名职工享受职业病待遇。有165.1万名职工参加了生育保险；全年共有12 790名职工享受生育保险待遇。

五、大力开展职业培训，提高职业技能鉴定质量

2003年，四川省通过继续组织实施《第二期“三年四十万”再就业培训计划》，全省共组织22.8万名下岗失业人员参加了再就业培训，职业培训后再就业率达到72.4%。其中组织培训国有企业下岗职工8.1万名，培训后再就业率为71.6%。

2003年，四川省共有技工学校125所，其中，国家级重点技工学校9所；省部级重点技工学校28所；高级技工学校9所；职业培训学院29所。技工学校的培训层次进一步提高，培训实力增强。2003年，全省技工学校招收新生3.6万人，比上年增加0.7万人；毕业学生1.7万人，比上年增加0.2万人；在校学生7.4万人，比上年增加2.3万人。短期培训人数呈上升趋势，全年全省技工学校培训社会人员结业数为10.4万人，比上年增长14.3%。技工学校工作得到进一步发展。

2003年，四川省加强了对民办职业培训机构的综合管理，规范办学行为。全省开展了对民办职业培训机构的年核工作，截至年末，全省民办职业培训机构有848个，全年共培训各类人员23.7万人次，比上年增加2.2万人次。

2003年，四川省就业训练中心共158所，全年共培训下岗职工和各类求职人员16.7万人，培训后就业率为71%。

2003年，在四川全省范围内开展了职业技能鉴定质量大检查，并对鉴定机构进行了年检。清理、停办了一批鉴定机构，规范了鉴定行为，鉴定质量有所提高。当年全省有38.2万人参加职业技能鉴定，获得职业资格证书的人数为32.8万人，比上年略有增加。

六、加大劳动保障监察执法工作力度，切实维护劳动者的合法权益

2003年，四川省劳动保障厅把维护劳动者的合法权益作为践行“三个代表”重要思想的具体行动，会同省建设厅、省总工会制定下发了《关于加强建设业企业农民工劳动工资管理和监督工作的通知》。建立了劳动保障监察机构与社保经办机构互通情况的制度。加强了劳动保障监察机构队伍建设和劳动保障监

察的执法工作，市（州）一级普遍建立了劳动保障监察机构，县（市、区）级劳动保障监察机构增加了46个。开展了督促企业用工签订劳动合同、依法参加社会保险、贯彻《禁止使用童工规定》及职工工资支付的专项检查，并在整顿劳动力市场秩序、规范企业用工行为、查处拖欠农民工工资等方面加大了监察执法力度。同时，加强了对劳动争议的处理工作，维护了劳动者的合法权益。

2003年，四川省劳动保障监察机构主动监察用人单位5.2万户；督促用人单位与38.3万名劳动者补签了劳动合同，同上年相比，增长69.5%；为37.5万名劳动者追回拖欠工资1.5亿元，分别比上年增长60.3%和3.4倍；督促4 909户用人单位为33.3万名劳动者办理了社会保险登记，分别增长29.9%和48.9%；督促8 854户用人单位为99.8万人缴纳社会保险费3.1亿元，分别增长31%、81.6%和119%；帮助2.4万名劳动者追回风险抵押金380万元；取缔非法职业中介机构288户；纠正违反职业资格和职业培训的单位946户；审查用人单位规章1.78万件，纠正用人单位违法违规数0.5万件；接受群众举报立案10 737件，结案10 649件，结案率达99%。

2003年，四川省各级劳动保障部门在加强已全部组建完成的劳动争议仲裁委员会工作的基础上，继续在用人单位开展建立劳动争议调解委员会的工作，到年末，全省用人单位建立劳动争议调解委员会已达11 025个，组建率为92.3%，其中国有企业组建率达100%。

2003年，四川省劳动争议仲裁三方机制继续得到完善，劳动争议处理工作力度进一步加大。全年全省共处理劳动争议案件6 950件，其中集体争议案件258件，结案率为96%。促进了劳动关系的和谐以及社会的稳定。

劳动争议仲裁员、调解员队伍不断壮大。截至2003年末，四川省劳动争议仲裁员已达1 098人，其中专职356人，兼职742人。用人单位专职调解员达11 230人，兼职调解员达19 450人。

全省继续推进劳动争议处理体制向乡镇延伸，有条件的乡镇（街道）建立了劳动争议处理机构。

七、劳动保障法制工作取得新进展

2003年，四川省劳动保障法制工作取得新进展。劳动保障行政审批制度改革取得初步成效，行政行为进一步规范。各级劳动保障部门普遍推行了政务公示制度，行政执法责任制进一步完善。

2003年，四川省各级劳动保障部门共接到行政复议申请128件，符合受理条件并依法受理的108件。在受理的行政复议案件中，中途撤回的10件，决定维持的73件，撤销的19件，确认违法或限期履行的1件，未结案的5件。2003年，全省劳动保障部门共办理行政应诉案件83件，从审理结果看，中途撤诉的11件，维持的47件，撤销的14件，未结案的11件。

八、劳动保障基础建设进一步加强

2003年，四川省各地抓住贯彻中央12号文件和省委31号文件的契机，将平台建设作为落实再就业政策和完善劳动保障服务网络的一项十分重要的基础性工作，从政策措施、工作内容、操作程序到具体要求，层层推进，落实到最基层，基本达到了平台建设“六个到位”的工作目标。总体上看，全省基层工作平台建设取得了突破性进展，省、市、县、街道社区4级劳动保障工作网络体系已初具规模。到2003年末，全省194个街道已全部建立了劳动保障所，落实工作人员506人；重点乡镇已建立劳动保障所2 491个，有专兼职工作人员4 196人；2 242个社区聘用劳动保障工作人员3 472人。此外，在其他工作任务重的乡镇确定了1 071个劳动保障工作机构，现有专兼职工作人员1 578人。

2003年，按照劳动保障部的要求，四川省劳动保障厅编制了“金保工程”项目计划书，完成了金保工程可行性研究报告的编制工作。以“金保工程、养老先行”为突破口，推动省市两级社会保险数据中心的建设，在10个市开展了试点。截至年底，部、省已联网，多数试点市已基本完成基础数据的清理，实现了交换数据的集中和上报。

九、劳动保障政务调研与科学研究成效显著

2003年，四川省仅省劳动保障厅机关及直属单位就形成调研成果20篇，对推动劳动保障理论与实践创新发挥了重要的作用。

2003年，四川省紧紧围绕十六大确定的奋斗目标和四川跨越式发展的要求开展劳动保障对策研究，其中完成的四川省重点科技项目“四川省社会保障社会化管理服务研究”课题，达到国内同类研究成果的领先水平。

2003年，四川省劳动保障部门与省内有关大专院校、科研机构的科研交流协作工作得到进一步加强。重视专家咨询工作，组织省劳动保障厅专家委员会开展专题调研和研讨活动，全年共编辑《专家咨询与建议》4期，为省委、省政府领导和有关部门决策提供了科学依据，促进了四川省劳动和社会保障工作决策的民主化、科学化；编辑发行《劳动与社会保障工作研究》4期，对开拓思路、指导工作发挥了积极的作用。

（四川省劳动和社会保障厅）

贵 州 省

2003年，贵州省劳动保障系统深入学习贯彻党的十六大精神，以“三个代表”重要思想为指导，在省委、省政府的领导和劳动保障部的指导下，认真贯彻全国再就业工作会议和再就业工作座谈会精神，落实中央的一系列方针政策，克服“非典”造成的影响，继续巩固两个确保，积极促进就业和再就业，完善社会保障体系，建立稳定和谐的劳动关系，积极推进工资制度改革，加大劳动保障监察工作力度，努力维护职工群众的合法权益，全省劳动和社会保障事业全面发展。

一、就业和再就业工作目标全面完成

2003年，是党和政府把就业再就业作为国民经济宏观调控目标之一的第一年。贵州省各级党委、政府认真贯彻落实中央关于再就业工作的各项方针政策，把再就业工作列入重要议事日程，纳入工作目标，加强督促检查。上半年，全省集中力量研究制定政策，基本建立了一整套符合贵州省情的促进再就业政策体系。进入7月以来，再就业扶持政策逐步进入全面实施阶段。全国再就业工作座谈会后，省委、省政府召开再就业工作座谈会，进一步研究制定落实政策的措施，全面推动了全省的再就业工作。从省到9个市州地都调整和充实了再就业工作领导小组，建立了由劳动保障、计划、经贸、监察、财政、建设、人行、国税、地税、工商、编办、总工会、统计和物价等部门组成的联席会议制度，实行再就业工作的统一指挥和统筹安排，针对再就业工作中存在的问题，及时研究具体措施，指导和推动再就业工作。贵阳、六盘水等市政府把再就业工作列为政府的10件大事之一，提出就业再就业要抓好“四个结合”，有力地推动了工作；龙里县要求四大班子一把手必须帮助1～2名“4050”人员实现再就业。全省建立了目标考核责任体系，将促进再就业和落实再就业优惠政策的目标任务分解到各地各部门，层层签订再就业工作目标责任书，有效地推动了再就业政策的落实。

贵州省财政加大了再就业资金的投入，2003年，共下拨资金3.6亿元，其中，基本生活保障资金2.1亿元，再就业各项补贴资金4 000万元，劳动力市场建设资金1 127万元，小额贷款担保资金9 660万元。全省各商业银行系统已为2 806名下岗失业人员发放小额贷款5 016万元；工商、税务等部门共为44 285名下岗失业人员再就业免收行政事业性收费544万元；税务部门为22 166名下岗失业人员减免税收3 149万元。全省共为下岗失业人员提供社保补贴340万元，岗位补贴116万元；使用再就业培训补贴1 234万元，共培训下岗失业人员5.79万人；使用职业介绍补贴603万元；劳动力市场建设费3 774万元。全年共有16.1万名下岗失业人员领取了《再就业优惠证》，凡是申领并符合条件的均已发放到位，占测算应发证人数的77.06%。

在编制部门的大力支持下，贵州省以机构、人员、资金、场地、职责和工作“六到位”为重要内容狠抓了基层机构的建设。截至2003年底，80个城市街道建立街道劳动保障工作机构，占应建数的100%，配备专职工作人员303人；837个乡镇已建立劳动保障机构，配备工作人员1 717人；663个社区聘用专兼职劳动保障工作人员1 205人。不少地方的工作平台已经承担并开始履行促进再就业、退休人员管理、劳动保障统计等项职责。平台作用的发挥，为劳动保障工作真正落到实处创造了基础性条件。

为了适应再就业工作的需要，在统计部门的支持下，2003年，贵州省建立了相关统计指标的月调度和周调度制度，开展了全省城镇劳动力就业抽样调查。各级劳动保障部门内部进一步建立健全了统计综合会审制度，加强了对劳动保障核心数据的会审。全省劳动保障、统计、工商、城管等部门间初步建立了就业报表会审机制。社区基础台账建设也已在部分社区初见成效。

2003年，贵州省加强宣传教育和舆论引导，营造良好的社会氛围。各地狠抓了再就业优惠政策的宣传，许多地方采取多种形式，教育和引导下岗失业人员树立自主创业、竞争就业的新观念，鼓励和支持下岗失业人员通过临时就业、阶段性就业和弹性就业等灵活多样的就业方式实现再就业。贵阳市在全省率先开通“12333”，遵义市开通了就业网站，为广大群众提供电话咨询和查询服务。全省开展了再就业工作和政策落实情况专项督查，针对存在的问题，认真做好整改。通过努力，2003年贵州省实现新增就业17.81万人，其中促进下岗失业人员再就业8.64万人（其中持证下岗失业人员7.5万人，“4050”人员1.64万人），其他失业人员就业完成12.3万人，城镇登记失业率控制在4%左右，圆满地完成了贵州省委、省政府和劳动保障部交给的任务。

贵州省继续推进农村富余劳动力流动就业。2003年，全省农村劳动力外出就业人数为63.3万人，其中，跨省就业人数为50.2万人，劳动保障部门有组织输出8.3万人。截至2003年底，在外就业人数为289.8万人，其中，跨省就业人数为226万人。

二、两个确保继续得到巩固

截至2003年底，贵州省6.3万名进入再就业服务中心、签订协议的国有企业下岗职工全部按时足额领到了基本生活费并代缴了社会保险费。符合条件的1.33万名失业人员按规定领到失业保险金。积极探索促进国有企业下岗职工转出再就业服务中心、与失业保险并轨的路子，2003年全省从中心转出18 428名国有企业下岗职工。企业离退休人员基本养老金做到了100%按时足额发放，全省没有发生新的养老金拖欠，社会化发放率达100%。

三、社会保障体系建设进一步完善

（一）养老保险制度改革继续深化，扩面征缴取得显著成绩

2003年，贵州省以统一全省制度、促进非公有经济参保和启动离退休人员社会化管理服务为主线，加快改革步伐。全省放开了新办法计发基本养老金的封控比例，开展缴费人员中断缴费后补缴养老保险费的试点，调整了新参保企业补缴养老保险费的比例，基本建立了全省统一的企业职工基本养老保险制度。贵州省采取“区别情况、因地制宜”的办法，实行多种方式，启动离退休人员社会化管理服务工作。截至2003年底，全省企业退休人员社会化管理工作已初步展开，完成了劳动保障部下达的全年目标。全省基本养老保险以城市和个体私营经济比较发达的县为重心，以私营企业、外商投资企业、城镇个体工商户和灵活就业人员为重点的扩面工作取得明显成效。在国家统一部署下，贵州省农垦企业参加城镇企业职工基本养老保险的问题得到较好解决。贵阳市从本市个体私营经济发展较快、灵活就业人员较多的实际出发，出台了灵活就业人员参加社会保险的政策，以灵活就业人员为重点，做好扩面征缴工作。遵义市把养老保险扩面和清欠工作纳入对各级政府和有关部门的考核内容，除把目标任务分解下达以外，还建立了财政兜底机制，有效地调动了县一级重视和强化

社会保险费征缴的积极性。2003 年全省共扩面 9.8 万人，截至年底，参保职工人数达到 120 万人，参保离退休人员 47.98 万人。2003 年，当期征缴养老保险费 25.21 亿元，收缴率达 92.84%；清理回收养老保险欠费 1.97 亿元，首次实现养老保险费的清欠大于新欠；实发养老金 32.86 亿元。

（二）城镇职工基本医疗保险制度改革稳步推进

2003 年，贵州省启动了在筑省级机关事业单位职工基本医疗保险，全省 9 个市、州、地和 70% 以上的县启动了医疗保险。省和部分统筹地区出台了灵活就业人员参加医疗保险的政策，扩大了医疗保险的覆盖范围。在广泛调研的基础上，省劳动保障部门与省药监、财政、卫生、经贸、物价等部门联合下发了《关于在〈贵州省基本医疗保险药品目录〉（第一版）增补部分民族药的通知》。全省城镇职工基本医疗保险制度基本建立，医疗保险的政策体系基本具备，基本医疗保险、企业补充医疗保险、国家公务员医疗补助、大额医疗救助、灵活就业人员参加医疗保险等多层次医疗保障体系已基本形成。在筑省级机关事业单位职工医疗保险 6 月 1 日启动以来，运行基本平稳。截至 2003 年底，全省医疗保险参保人数达到 134.12 万人，其中，在职职工 95.9 万人，退休人员 38.22 万人。离休干部医疗费保障机制全面实施。各地建立了离休干部医药费保障机制，省属企业离休人员按属地原则参加企业离休干部医药费单独统筹。贵阳市制定了对市属和省属企业和原未享受公费医疗事业单位的离休干部医药费实行单独统筹的具体办法，并从 10 月份开始实施。

（三）做好工伤保险实施的准备工作

2003 年，贵州省劳动保障厅完成了《贵州省实施〈工伤保险条例〉办法（代拟稿）》的起草工作。各地、市、州对本行政区域内用人单位的数量、所属行业、职工人数、工伤发生率等基本情况的调查摸底工作也已完成，为全面实施工伤保险奠定了基础。截至 2003 年底，全省工伤保险参保职工为 1.26 万人。

（四）失业保险制度逐步健全

2003 年，贵州省劳动保障厅按照《贵州省失业保险办法》的要求，制定了《贵州省失业保险调剂金管理规定》，建立了失业保险调剂金制度。完善了跨省失业人员失业保险关系转迁办法。截至年底，全省失业保险参保人数为 128 万人。2003 年，失业保险征缴收入 2.14 亿元，清理欠费 0.91 亿元，收缴率为 82%；领取失业保险金人数为 1.33 万人。

（五）企业破产改制职工安置平稳推进

2003 年，是贵州省企业改制破产力度最大的一年，劳动保障部门共审核制定 22 户破产职工安置方案及 4 户企业改制职工安置方案，拟定了全省粮食购销企业、供销合作社、省林业系统企业改制职工的安置办法，完成了民航体制改革机构下划的各种劳动保障关系的接续。

四、劳动保障执法监察力度进一步加大，劳动关系总体和谐、稳定，劳动者的合法权益得到切实保障

2003 年，贵州省劳动保障监察制度基本建立，劳动保障执法监察进一步强化。全省开展的劳动力市场专项清理整顿，查处恶意拖欠、克扣农民工工资，保护妇女儿童合法权益，社会保险费收缴、清欠等专项监察活动取得明显成效。在清理解决被克扣和无故拖欠农民工工资的专项活动中，全省劳动保障监察部门共收到农民工举报投诉案件3 375件，结案3 068件，结案率为 90.9%。共为农民工追讨被拖欠、克扣的工资报酬17 542万元，涉及农民工 13.6 万人。一年来，全省主动监察检查各类用人单位2.2 万户，涉及劳动者 62 万人；劳动保障年检 1.13 万户；对5 690户参保单位实施了社会保险费征缴专项稽核，占参保单位户数的 63.24%，涉及职工 67.77 万人，占企业参保人数的 68.69%。共检查清理出单位少报、漏报养老、失业保险费缴费基数 4 亿元，少报、漏报缴费人数 2.4 万人。

2003 年，贵州省劳动关系调整制度基本建立，劳动关系基本稳定。劳动合同制度在国有企业普遍实行，集体协商签订集体合同的工作取得进展。劳动关系三方协调机制得到进一步增强。劳动争议处理工作逐步纳入规范化、法制化轨道，劳动争议仲裁已成为处理劳动争议的有效渠道。2003 年，全省共受理劳动争议案件1 792件，结案率为93.69%。各地还普遍建立了预防处理群体性突发事件的工作机构，开展群众重复上访问题的专项治理，配合有关部门及时处理突发事件。

2003 年，贵州省企业工资分配制度改革积极推进，职工工资水平稳步提高。在国家宏观调控的指导下，企业内部工资收入分配制度已实现了由企业根据自身生产经营特点自主确定。在继续执行最低工资保障制度、工资指导线制度和劳动力市场工资指导价位制度，在部分地区进行人工成本预测预警制度试点的基础上，2003 年，在 12 户企业进行了工资集体协商制度试点，在 5 户国有企业进行了经营者年薪制试点。

（贵州省劳动和社会保障厅）

云 南 省

2003 年，云南省劳动保障系统以“三个代表”重要思想为指导，深入学习贯彻党的十六大精神，克服“非典”对劳动保障工作的负面影响，努力完成就业和再就业、完善社会保障体系、维护劳动者合法权益三大任务，着力抓好基层劳动保障工作平台和金保工程两项工程的建设，全省劳动保障事业呈现出蒸蒸日上的新局面。

一、突出重点，措施有力，就业再就业工作目标全部实现

2003 年，是云南省把就业和再就业纳入国民经济和社会发展宏观调控目标的第一年。省政府把“增加就业岗位，帮助 12 万名下岗失业人员实现再就业”作为向社会承诺要重点办好的 8 件实事之一。一年来，全省各级党委、政府对就业再就业给予了前所未有的高度重视，各部门通力合作，扎实工作，在建立责任体系、制定配套政策、开发就业岗位、增加资金投入、搞好就业服务等方面狠抓落实。特别是 2003 年中央召开了全国再就业工作座谈会和省委、省政府召开全省再就业工作会议后，各地进一步加大工作力度，就业再就业人数增速明显加快。经过扎实工作，云南省就业和再就业的政策体系日趋完善，就业和再就业的指导服务体系基本建立，就业和再就业的扶持资金有所增加，就业和再就业的舆论环境得到改善，“党委重视、政府主抓、各方参与、社会支持”的就业和再就业工作局面初步形成。2003 年，全省共开发就业岗位 20.2 万个，比省政府确定的 20 万指标多 0.2 万个；帮助 14.8 万名下岗失业人员实现了再就业，比省政府公布的 12 万名指标多 2.8 万人；发放《再就业优惠证》16.9 万册；全省期末城镇登记失业率为 4.1%，控制在省政府确定的 4.5% 的目标以内。云南省的就业和再就业工作得到了中央再就业政策落实督查组的充分肯定。

二、抓住机遇，深化改革，社会保障体系建设取得明显进展

（一）两个确保得到巩固

2003 年，云南省为确保参统企业离退休人员基本养老金按时足额发放，主要采取了三项措施：一是多方筹集资金，以弥补当期养老保险金的巨额缺口。上半年，争取到中央转移支付的养老保险专项补助资金 152 860 万元，省级财政补助 2 亿元，弥补了当期收支的巨额缺口。二是积极配合地税部门做好社会保险费征缴和欠费回收工作，全年共清理企业欠缴养老保险费 2 亿元，超额完成劳动和社会保障部下达的 1.8 亿元的清欠指标。三是调整了养老保险费率。原中央行业统筹单位按劳动保障部、财政部两部的通知调整，地方参统单位费率高于 25% 的都下调 1 个百分点，个人费率统一调至 8%。到 2003 年底，全省参保离退休人员达 77 万人，其中，参加企业职工基本养老保险统筹的离退休人员为 71.97 万人。全年实发参统企业离退休人员基本养老金 56.65 亿元，做到了按时足额发放，社会化发放率为 98.8%。在确保国有企业下岗职工基本生活费按时足额发放和参保失业人员足额领取失业保险金方面，2003 年，全省共筹集基本生活保

障金22 537.2万元，发放20 619.1万元，确保了全省在中心的3.65万名下岗职工按时足额领到基本生活费，保障率达100%。参加失业保险的11.8万名失业人员都按时足额领取了失业保险金，较好地发挥了失业保险对失业人员的救助作用。

（二）劳动保障法制监察得到加强

一是劳动保障法制工作顺利推进。在深入调查论证的基础上，2003年，云南省劳动保障厅起草并向省政府上报了《云南省最低工资规定（修订稿）》《云南省劳动合同规定（修订稿）》《云南省劳动争议处理办法》3个政府规章。二是劳动保障监察机构在执法监察中发挥了重要作用。全省劳动保障监察机构共对82 155户用人单位进行了劳动保障执法年审，涉及劳动者202.1万人，纠正用人单位违反规章制度5 873件，对1 678户不遵守劳动保障法规的用人单位下达了限期整改指令书，对181户严重违反劳动保障法规的用人单位进行了处罚。督促用人单位补签劳动合同6.3万人，补缴社会保险费7 000多万元。三是在省本级对养老、医疗、失业、工伤、生育五大保险实行统一登记，为社会保险费统一征缴打下了基础；同时，按省政府要求，积极指导昆明、玉溪两市做好社会保险费地税统一征缴试点工作。

（三）社会保障监督工作日趋规范

一是在省政府对云南省社会保障监督委员会进行调整后，及时召开了第一次委员会会议，通过了《云南省社会保障监督委员会章程》，对社会保障监督工作的重大问题进行了分析研究，为基层社会保障监督机构起到了积极的示范作用。二是及时指导地县两级建立健全社会保障监督组织机构。截至年底，全省劳动保障部门已设立基金监督机构129个，已有16个地、州、市和123个县（市、区）成立了监督委员会，开通社会保障监督举报电话147部。三是加强了社会保险基金专项检查工作。对全省16个地、州、市及129个县（市、区）2002年度失业保险基金、下岗职工基本生活保障金、城镇职工基本医疗保险基金的管理、使用情况进行了清查规范和专项检查，对少数县存在的违规违纪问题进行了整改督办。四是认真搞好养老保险费的专项稽核工作。稽核涉及的职工达65万人，占参统职工的40.3%；共查出少报、漏报缴费工资总额人数1.3万人，补缴基本养老保险费802万余元。

（四）社会保险覆盖范围进一步扩大

2003年，云南省城镇职工参加基本养老保险人数达256万人（含机关事业单位、参统离退休人员），参保人数比上年底增长1.55%；参加失业保险人数为183万人，与上年同期基本持平；参加基本医疗保险人数为281.5万人，比上年同期增长18.1%；参加工伤保险人数为142万人，比上年同期增长13%；参加生育保险人数为136.1万人，比上年同期增长9.8%。除失业保险因为一些事业单位资金不落实影响参保外，其他社会保险扩面都超额完成了省政府下达的指标。

三、以人为本，细致工作，维护劳动者的合法权益成效明显

（一）全力做好改革改制单位的劳动保障工作

一是积极推进企业退休人员社会化管理服务，尽量减轻企业的社会负担。2003年，云南省企业退休人员实行社会化管理服务的人数已达55.33万人，社会化管理服务率从2002年的25%上升至77.8%。二是对关闭破产、改制企业的职工安置方案认真审核，保证了企业改革、改制中职工安置方案稳妥、社会保障办法明确。三是对关闭破产企业涉及劳动保障方面的问题进行了解惑释疑，帮助国有企业领导干部和劳资工作人员掌握相关政策，为企业改革中做好职工安置工作打下了良好的基础。

（二）加强劳动合同管理

为配合深化国有企业改革工作，2003年，云南省及时指导各地、州、市抓好劳动合同解除、终止、变更或重新签订工作。同时，对全省在职职工人数进行了一次较全面的调查，摸清了在职职工底数，为加强劳动合同、集体合同管理，规范劳动用工行为提供了可靠的第一手资料。

（三）深化企业工资分配制度改革

按照云南省政府要求，2003 年，省劳动保障厅完成了《云南省国有及国有控股企业工资收入总额管理办法》《云南省国有独资及国有控股企业经营者年薪收入暂行办法的补充意见》的草拟、上报工作。制定下发了《关于实行企业欠薪报告制度的通知》，加强了对欠薪企业的监控。为推进国有及国有控股企业经营者年薪收入的试点工作，云南省劳动保障厅与财政厅、经贸委联合下发了《关于 2002 年度企业经营者年薪收入结算及 2003 年企业经营者年薪收入试点工作的通知》，及时给参与 2002 年试点的昆钢集团等 7 户企业经营者兑现了年薪，并将 2003 年的试点企业扩大到 15 户。此外，还完成了省本级和 15 个地区 2003 年企业工资指导线的测算、发布工作；发布了省本级 2003 年劳动力市场工资指导价位，并指导 8 个试点地区完成了劳动力市场工资指导价位的发布工作。

（四）劳动关系三方协调机制进一步完善

一是指导全省 16 个地、州、市在建立三方协调机制的基础上，进一步完善工作机制，定期召开三方联席会议，及时研究和处理涉及劳动关系方面的难点、热点问题。二是督促 16 个地、州、市政府所在地的县（市、区）以及企业较集中、职工人数较多的市县建立劳动关系三方协调机制。截至 2003 年年底，全省已有 89 个市县建立了劳动关系三方协调机制。

（五）重视信访和劳动争议仲裁工作，切实维护社会稳定

2003 年，云南省劳动和社会保障厅制定下发了《信访工作十项制度》，进一步规范了信访工作程序。在全省范围内对涉及劳动保障方面群众重复上访的问题进行了专项整治，对清理出来的问题逐一分析研究，并进行了处理。同时，针对农民工工资支付存在的突出问题，组织开展了对农民工工资支付情况的专项检查，共查处拖欠或克扣农民工工资案件 1 245 件，涉及农民工 48 388 人，涉及金额 3.93 亿元，责令用人单位补发农民工工资及赔偿金 1.28 亿元。

2003 年，云南省各级劳动保障部门共处理群众来信 6 655 件，其中集体来信 335 件，涉及职工 29 132 人；接待群众来访 73 022 起，其中集体来访 484 起，涉及职工 44 766 人。受理劳动争议案件 1 457 件，涉及职工 4 408 人，其中集体争议案件 94 件，涉及职工 3 141 人。劳动争议处理结案率达到 97%。

四、建设两项工程，夯实劳动保障工作基础

（一）基层劳动保障工作平台建设有重大进展

截至 2003 年年底，云南省 129 个县（市、区）所辖的 57 个街道已全部建立了劳动保障所；851 个社区中，有 637 个建立了劳动保障工作站，占社区总数的 74.8%；1 517 个乡镇中，已有 1 301 个建立了劳动保障所，占乡镇总数的 85%。全省基层劳动保障工作站（所）共有专兼职工作人员 2 007 人。基层劳动保障工作平台的建设，对工作重心下移、承担下岗失业人员再就业管理服务、企业退休人员实行社会化管理服务、完善社会保障体系、促进企业深化改革等发挥了积极作用。

（二）金保工程前期准备工作基本完成

2003 年，云南省在组织领导、设备配置、网络建设、应用软件开发、人员培训等方面已为金保工程建设打下了一定基础。云南省金保工程一期建设项目建议书已通过省政府信息办组织的论证。省政府向劳动保障部出具了金保工程建设投资承诺函。云南省的可行性研究报告已获得劳动保障部批准同意，有关工作正在抓紧进行。截至 2003 年年底，云南省已建成较完备的医疗保险信息系统；16 个地、州、市中有 10 个建立了集中式就业服务和失业保险资源数据库，有 50 个县市建立了劳动力市场局域网；有 5 个地、州、市实现了养老保险数据联网集中的要求。

（云南省劳动和社会保障厅）

西藏自治区

2003年，在西藏自治区党委、政府的重视和领导下，在国家劳动和社会保障部的关心、帮助和支持下，西藏自治区各级劳动保障部门认真贯彻“三个代表”重要思想和党的十六大精神、区党委六届四次全委（扩大）会议精神，坚持预防“非典”和业务工作两手抓，把促进就业再就业工作摆在突出位置，不断加大工作力度，继续巩固两个确保，积极推进社会保障制度建设，加强劳动争议仲裁和劳动保障监察工作，努力维护劳动者的合法权益，推进企业收入分配制度改革，指导企业做好内部收入分配工作。在西藏自治区各级劳动保障部门的共同努力和有关部门的大力配合下，各项劳动保障工作取得新的进展。为维护社会局势稳定，促进经济发展发挥了积极作用。

一、就业和再就业工作目标全面实现

2003年，西藏自治区党委、政府高度重视就业再就业工作，把就业再就业纳入国民经济和社会发展宏观调控目标之一，及时召开全区就业再就业工作座谈会，下发了《中共西藏自治区委员会、西藏自治区人民政府关于贯彻〈中共中央、国务院关于进一步做好下岗失业人员再就业工作的通知〉的意见》，责成有关部门制定配套政策措施，并组成督查组分赴地市和有关部门检查中央和自治区有关就业再就业工作决策部署的贯彻落实情况。西藏自治区各级劳动保障部门深入贯彻落实全国和全区就业再就业工作座谈会精神，始终坚持既定的工作目标不动摇，明确责任，分解任务，克服困难，迎难而上，扎实工作。在积极筹措就业再就业资金的同时，狠抓就业再就业服务，使就业再就业工作取得了较大成绩。一是主动与有关部门协商加快制定促进就业再就业的有关配套政策措施，出台了税费减免、小额贷款、免费服务等配套政策。制定了《西藏自治区职业技能培训补贴和职业介绍补贴使用管理办法》《西藏自治区贯彻落实〈国务院办公厅关于做好农民进城务工管理和服务工作的通知〉的意见》。并根据《中华人民共和国劳动法》和《劳动力市场管理规定》，制定下发了《西藏自治区贯彻〈劳动力市场管理规定〉实施细则》等。二是及时调整工作部署和对策，努力克服“非典”对就业工作带来的不利影响，以劳动力市场需求为导向，采取“联合、委托、自办”等灵活方式，大力开展就业培训，努力提高下岗职工和失业人员的技能水平，增强就业能力。2003年，共举办各类培训班215期，共培训下岗失业人员12 981人，培训就业率为57%。三是继续开展了计算机操作、美容美发、保健按摩、中式烹调、电工、焊工等工种的职业技能鉴定工作，对1 390名考核鉴定合格者颁发了相应的职业资格证书。并指导各地（市）开展工人技术等级的考核工作，对各地（市）参加2002年及2003年机关事业单位技术工人晋升技术等级考试合格的4 145名工人进行了审核颁证。同时，会同教育部门在自治区综合中专进行了学业证书与职业资格证书并重的就业准入制度的试点工作。四是继续抓好职业介绍工作，在做好日常职业介绍服务工作的同时，举办了两期拉萨地区劳务洽谈会，昌都、林芝两地区也相继举办了劳务洽谈会，参加洽谈会的用人单位共263家，提供就业岗位2 712个，入场求职者达8 187人（次），现场达成意向性供需协议4 839人（次）。五是加强劳动力市场管理。按照“条件成熟、资质合格、无偿服务、逐步规范”的思路，在严格审核的基础上，批准了7家民办职业中介机构。在西藏电视台开设了用工信息专栏，及时发布用工信息，在《西藏日报》连载了就业再就业政策问题解读。同时，开展了对用工单位用工备案、就业登记、资质审核等工作。

通过西藏自治区各级劳动保障部门的共同努力，全区16 371名下岗失业人员（含下岗职工216人）实现了就业再就业，其中通过劳动力市场竞争实现就业的12 600人，占全区新增就业总人数的77%，完成年初确定目标任务的两倍。实现了坚决将城镇登记失业率控制在4.5%以内的计划控制目标。

二、两个确保继续得到巩固，养老保险工作进一步规范

2003年，西藏自治区各级劳动保障部门把两个确保作为重点工作，积极筹措落实资金，协商有关部门规范落实相关政策，完善工作措施，确保了国有企业下岗职工基本生活费和企业离退休人员养老金按时足额发放。

（一）确保了国有企业下岗职工基本生活费的按时足额发放

截至2003年年底，西藏自治区国有企业下岗职工247人，筹集下岗职工基本生活保障费293万元。其中：企业自筹37万元，社会筹集52万元（主要是失业保险基金调剂），财政负担204万元。全区共发放下岗职工基本生活保障费279万元，发放率为100%。通过“三三制”筹措资金方式，确保了下岗职工基本生活费按时足额发放。同时，还在节假日期间，通过召开下岗职工座谈会、走访困难和特困下岗职工家庭、开展慰问活动等形式，把党和政府的关心及时送到他们手中。共慰问、走访企业下岗职工、失业人员245人（户），发放慰问金11.6万元。

（二）确保了企业离退休人员养老金按时足额发放

2003年，西藏自治区社会保险经办机构把按时足额发放基本养老金作为工作重点，狠抓落实，在各级财政等有关部门的大力支持下，保证了统筹范围内的企业离退休人员基本养老金按时足额发放。截至年底，西藏自治区参加基本养老保险社会统筹的单位达1 336家，参统在职职工达44 633人。全区领取基本养老金的企业离退休人员达28 147人，应支付养老金总额为45 407万元，实际支付养老金45 407万元，支付率为100%。全区企业离退休人员养老金实行社会化发放的人数达27 584人，社会化发放率为98%。没有发生拖欠养老金的现象，确保了企业离退休人员养老金按时足额发放，为维护社会稳定做出了积极贡献。

为督促做好两个确保工作，西藏自治区继续实行了社会保险基金征缴按季向社会公示制度，接受社会的监督。

（三）加大了调研力度，制定出台了有关规定，使养老保险工作进一步规范

1. 根据《国务院批转〈劳动保障部等部门关于辽宁省完善城镇社会保障体系试点情况报告〉的通知》和自治区领导批示精神，西藏自治区劳动保障厅会同区党委政策研究室及有关部门共同草拟了《西藏自治区建立完善社会保障体系的意见（征求意见稿）》。按照《中共中央办公厅、国务院办公厅关于转发〈劳动和社会保障部等部门关于积极推进企业退休人员社会化管理服务工作的意见〉的通知》，草拟并与其他12个部门会签的《关于推进企业退休人员社会化管理服务工作的工作方案》已由区党委、区政府办公厅批转下发全区贯彻执行。并进行了养老保险新旧制度衔接的相关政策调整工作，稳步实现了向统一基本养老保险制度的平稳过渡。在调查研究的基础上制定下发了《关于认真做好股份制企业、城镇集体企业、城镇私营企业及其从业人员参

加基本养老保险统筹工作的通知》。这些政策措施，为养老保险工作的顺利开展提供了有力的政策保证。

2. 按时完成了企业退休人员养老金调整审核工作。根据劳社部发［2002］16号和劳社部函［2002］359号文件精神，西藏自治区劳动保障厅会同自治区财政厅制定下发了《西藏自治区关于2002年调整我区企业退休人员基本养老金的通知》。同时，负责对全区27 340名企业退休人员增加养老金进行了核定审批，确保了全区企业退休人员增加的养老金从2003年5月份开始进入退休待遇中。

3. 加快社会保险个人账户的建账工作，保障广大参保人员的合法权益。建立养老保险个人账户，是促进职工积极参加养老保险的有效措施，也是计算养老金的重要依据，关系到参保职工的切身利益。全区社会保险经办机构全体干部职工，克服困难，创造条件，与参加基本养老保险统筹的单位共同努力，为参保职工建立了养老保险个人账户。截至2003年年底，全区建账率达80%，区直建账率达90%以上。其中区直系统进行个人账户转移36人（次），清退个人账户63人，清退金额为1.43万元。

4. 认真做好工人退休审批和安置工作。在认真审核、严格把关的基础上，西藏自治区认真开展了企业退休人员退休的审批工作。全区共审批退休人员2 634人。同时，完成了193人的跨省安置。按照西藏自治区房改办的部署，完成了全区党政机关、事业单位跨省安置退休工人住房补贴的审核呈报工作。

三、社会保险费征缴清欠率继续提高

2003年，西藏自治区各级社会保险经办机构加大工作力度，及时制定下发了《关于转发〈社会保险稽核办法〉的通知》，组织开展了全区养老保险费专项稽核检查工作。截至年底，征缴基本养老保险费27 687万元，征缴率为93.05%，较2002年提高2.05个百分点。养老保险基金全年共支出46 849万元。清欠历年欠费2 050万元。全区失业保险应参统单位1 491家，实际参统单位1 301家；应参统职工71 526人，实际参统职工63 877人。全区共征收失业保险费3 829万元，征缴率为92%，较2002年提高15个百分点；清欠历年欠费146万元。两项基金征缴率都保持了较高增幅。社会保险基金监管工作进一步加强，在全区开展了社会保险稽核工作，发现问题及时纠正，确保了社会保险基金的安全运行。

四、基本医疗保险制度改革试点工作取得新进展

基本医疗保险试点工作在认真做好参保登记、缴费核定、基金征缴和参保人员医疗费用支付、结算工作的同时，加大了相关政策的拟定和调整工作，保证了基本医疗保险制度的平稳运行。

（一）调整政策

2003年，针对拉萨地区城镇职工基本医疗保险制度改革试点过程中反映的问题，根据自治区党委、政府的统一部署，自治区劳动保障部门积极主动与财政、卫生、药监等部门协商，对拉萨地区城镇职工基本医疗保险制度进行了相关政策的调整完善和补充。在调整政策的过程中，主动听取社会各方面的意见，从坚持国家有关城镇职工基本医疗保险制度改革的原则、切实维护广大参保职工利益出发，慎重对待，认真研究社会各方面提出的意见、建议，在与有关部门反复协商的基础上，对拉萨地区城镇职工基本医疗保险制度有关政策进行了调整和完善，经自治区政府常务会议研究通过，呈报区党委审定后，调整的相关政策从2003年8月1日起开始执行。同时，制定了《西藏自治区公务员医疗补助实施细则》《跨省安置退休人员医疗费管理办法》和《转诊转院管理办法》，进一步完善了有关政策。通过对政策的调整，参保职工个人负担有所降低，就医结算等手续初步简化，个人账户的管理水平和作用进一步提高，调整后的药品目录基本符合实际，保障了参统职工的基本医疗保

险需求，方便了参统职工就诊就医，基本达到了让参保职工满意的目的。通过实行公务员医疗补助，加强对定点医院、药店的协议管理等办法，有效地发挥了医疗保险在确保参保职工医疗需求方面的作用。

（二）进一步降低了参保人员的医疗费用

截至2003年年底，拉萨地区参加基本医疗保险统筹的单位达456家，参统职工60 371人。其中，在职职工42 299人，退休人员18 142人；医疗保险基金总收入9 210万元，统筹基金总支出6 432万元。两级医疗保险管理中心严格审核医疗费用，并及时结算、拨付符合政策规定的费用。共审核住院治疗3 708人（次），医疗费用2 725万元，基本医疗保险统筹基金支付1 660万元，统筹基金支付率为60.92%。全年审核门诊特殊病种3 253人（次），基本医疗保险统筹基金支付210万元，统筹基金支付率为65.7%。个人负担进一步降低，得到广大参保人员的肯定，收到了良好的社会效益。

（三）调整药品目录

2003年，西藏自治区总结试点工作经验，结合自治区的用药习惯和药品疗效，及时提出了药品目录调整的意见和调整方案，组织有关专家进行目录的调整。根据专家组遴选确定的基本医疗保险乙类药品调整意见，制定下发了《关于发布基本医疗保险药品调整目录的通知》，增加了158种西藏自治区常用的西药和中成药，删除了2种药品，自治区藏医院常用的425种藏药以及区内其他藏药厂生产的准字号藏药纳入了基本医疗保险统筹基金支付范围。这次调整，为扩大参保职工用药范围起到了积极作用。

（四）明确“非典”患者的医疗费报销问题

2003年，按照国家劳动保障部的通知要求，西藏自治区劳动保障厅及时制定下发了《关于做好参加医疗保险和享受失业保险人员非典型肺炎防治工作有关问题的紧急通知》，会同自治区人事厅、财政厅、卫生厅转发了《关于因履行工作职责感染非典型肺炎工作人员有关待遇问题的通知》。《通知》明确了西藏自治区参保职工和相关人员患传染性非典型肺炎的医疗费报销问题，在一定程度上稳定了参保职工的思想。

五、劳动关系调整工作进一步加强

一是继续加大推行劳动合同制的工作力度，规范用工行为，维护劳动者的合法权益。截至2003年年底，西藏自治区签订劳动合同的职工达70 280人，在集体协商的基础上，有609家企业签订了集体合同。全年依法鉴证劳动合同3 420份，督促企业和个人续签劳动合同848份，责令更改无效合同123份，鉴证集体合同6份。二是针对劳动争议仲裁案件大幅攀升的实际，各级劳动保障部门强化劳动争议仲裁工作，加大劳动争议仲裁案件的处理力度。全年共立案505件，涉及人员8 500人，涉及金额1 898.86万元。结案435件，其中调解270件，仲裁74件，结案率为86%。为农民工追讨回工资和挽回资金1 234.8万元。三是加大劳动保障监察执法力度，坚决查处侵犯劳动者合法权益的行为。全年共检查用人单位4 493家，受理举报案件453起，涉及8 020人，涉及金额2 000余万元，追讨拖欠农民工工资1 354.07万元。对拉萨市区8家民办职业介绍机构进行了清理整顿，进一步规范了职业介绍中介服务组织的行为。

六、企业收入分配制度改革继续推进

以进一步加强工资总额宏观调控为重点，按照“市场机制调节、企业自主分配、职工民主参与、国家监督指导”及“两低于”的原则，西藏自治区认真审核国有企业调整职工工资方案。2003年审批了西藏自治区外经贸、区贸易、区粮食等所属11家企业的调资方案，涉及职工612人。加强调查研究，制定出台了《西藏自治区企业最低工资暂行规定》。结合西藏自治区实际，初步拟定了《西藏自治区企业工资指导线制度试行办法》。

七、各项基础工作得到巩固和提高

（一）认真做好信访工作

针对职工有关劳动就业、社会保险、拖欠农民工工资等热点、难点问题上访率不断攀升，职工群众来信来访数量不断增多的情况，全区各级劳动保障部门加强信访工作。本着有信必复、有问必答、耐心细致、有理有据的原则，热情接待，严格按有关政策规定进行答复、办理，化解各种矛盾，较好地完成了群众来信来访工作，促进了劳动关系的和谐稳定。

（二）认真做好计划、统计工作

为更好地适应西藏自治区劳动保障事业的发展需要，全面把握劳动保障事业的发展趋势，根据劳动和社会保障部《关于开展劳动保障事业发展十五计划中期评估工作的通知》要求，自治区劳动保障厅认真填报了各项数据指标，撰写了评估报告，全面反映了西藏自治区劳动保障事业的发展情况，为做好劳动保障工作打下了良好的基础。按时完成了西藏自治区劳动保障综合统计年报、劳动保障季报工作；汇总上报了2002年度社会保险基金决算报表和2003年度社会保险基金预算报表，为国家了解西藏自治区的劳动保障工作进展情况提供了依据。

2003年，西藏自治区各级劳动保障部门狠抓各项工作的落实，取得了一定成绩，但也应清醒地认识到，劳动保障工作还面临着许多困难和挑战。一是就业形势严峻，总量矛盾没有缓解，结构性矛盾依然突出，国有企业用人需求减少，分流安置任务较重；城镇新生劳动力不断增加，区内外农村剩余劳动力转入城镇，就业压力进一步加大，经济社会发展所急需的高素质劳动力短缺。二是完善社会保障体系的任务十分艰巨，企业养老保险和失业保险扩面工作进展缓慢，基金征缴难度加大，养老保险参保职工人数逐年减少，退休人员逐年增加，统筹基金缺口逐年增大。部分单位不能按月及时申报和缴纳养老保险费，有的地（市）还未完全实现养老保险地（市）级统筹，增大了社会保险基金的支付风险；基本医疗保险制度还需完善政策和逐步扩大试点地区；工伤保险即将推行，生育保险制度需加紧建立。三是由于社会保险计算机管理信息系统尚未建立，管理手段落后，制约工作效率的提高，不能适应建立完善社会保障体系的要求。四是调整劳动关系和维护劳动者合法权益、促进劳动关系和谐稳定的任务繁重。劳动者的合法权益不时受到侵害，对劳动保障监察和劳动争议仲裁工作提出了更高的要求。五是西藏自治区劳动保障部门管理手段、办公条件和干部队伍素质等还不能更好地适应工作的需要。

（西藏自治区劳动和社会保障厅）

陕　西　省

2003年是全面贯彻落实党的十六大和陕西省第十次党代会精神，全面建设小康社会、实现西部经济强省三步走的开局之年。面对繁重艰巨的工作任务，全省劳动保障系统深入学习和实践“三个代表”重要思想，认真贯彻落实党中央、国务院和省委、省政府关于劳动保障工作的一系列重要指示和重大决策，紧紧围绕改革发展稳定的大局，努力克服“非典”疫情的不利影响，坚持两手抓，团结一致，扎实苦干，积极推进就业再就业工作，继续巩固两个确保，不断完善社会保障体系，圆满地完成了年初确定的目标任务，劳动保障各项工作得到全面发展。

一、就业再就业目标任务全面实现

2003年是国家把就业再就业纳入国民经济和社会发展宏观目标的第一年。年初，根据陕西省经济社会发展情况，陕西省委、省政府确定了全省的就业再就业目标任务，并与各市（区）政府签订了目标责任书。上半年，尽管有“非典”疫情的影响，经济增长受到一些冲击，但经过各方面的共同努力，尤其是全国和全省再就业工作座谈会后，陕西省各级党委、政府进一步加强了对就业再就业工作的领导，全省各级劳动保障部门始终坚持把就业再就业作为突出工作来抓，工作进度明显加快。到12月底，全省新增就业人数达到27.4万人，有16.81万名下岗失业人员实现了再就业，“4050”人员实现再就业2.92万人，登记失业率为3.5%，超额完成了年初确定的目标任务。

（一）以全面贯彻落实各项扶持政策为重点，积极推进就业再就业工作的开展

截至2003年年底，陕西省已发放《再就业优惠证》17万本，共为14.3万名下岗失业人员减免税费2 000多万元。有262户服务性和商贸企业办理了《吸纳下岗失业人员认定证明》，经认定的国有企业实行主辅分离安置富余人员6 678人。制定了小额贷款担保的管理和操作办法，全省共筹集小额贷款担保资金1.2亿元，共向617名下岗失业人员发放了贷款，积极促进下岗失业人员依靠自主创业实现再就业。

（二）以大龄下岗失业人员再就业为重点，满腔热情地开展再就业援助活动

2003年，陕西省纳入基本生活保障范围的大龄下岗失业人员共有8.29万人，为了切实解决这些人员再就业过程中遇到的困难和问题，各级劳动保障部门通过免费职业指导和技能培训、优先提供公益性就业岗位等10项再就业援助措施，积极帮助他们实现再就业。

（三）以劳动力市场为依托，加强了就业再就业培训和服务工作

2003年，陕西省劳动力市场建设步伐进一步加快，管理服务日趋规范，“三化”试点城市信息网络建设进展顺利。积极实施了第二期“三年四十万”再就业培训计划，2003年，陕西省各类培训机构为下岗失业人员免费再就业培训10.5万人，免费职业介绍服务8.56万人。积极实施劳动预备制度，主动适应新形势，加快技工学校等职业培训机构的改革步伐，取得了显著成效。技校招生再创新高，

2003 年共招收新生 3.61 万人，较上年净增 1.1 万人，为陕西省的经济发展储备了技能型人才。职业技能鉴定工作继续得到加强，有力地促进了就业准入和资格证书制度的稳步推进。全省共有 15 万人参加了鉴定考试，近 14 万人获得职业资格证书，比过去有较大增加。在国家组织的各类技能竞赛和技术能手评选中，陕西省选手均取得了较好成绩。

（四）劳务输出工作力度不断加大，超额完成了全年的劳务输出任务

为了促进劳务输出工作的开展，2003 年，陕西省“两办”联合下发了《关于做好劳务输出工作的若干意见》，强调把劳务输出作为新的产业做大做强。省劳动保障厅按照《若干意见》的要求，会同教育、农业、财政等有关部门拟定了 10 个方面的配套实施办法。这 10 个办法实施后将会基本上消除农村富余劳动力转移的体制性、政策性障碍，进一步推动陕西省劳务输出工作加快发展。2003 年，有些市还出台了凡参加劳务输出的下岗职工可继续保留劳动关系、社会保险关系等一系列优惠政策；咸阳市在全省率先设立了 200 万元的劳务输出基金。据统计，2003 年全省劳务输出已经达到 228.8 万人，超额 33.8 万人完成了全年劳务输出的目标任务。

二、两个确保继续得到巩固，为维护社会稳定发挥了重要作用

2003 年，面对养老保险费收支缺口巨大的严峻形势，陕西省劳动保障厅与财政、税务等部门一起，通过扩大覆盖面、加强稽核、清理欠费等措施，强化基金征缴；同时，积极争取中央财政的支持，千方百计筹集资金，共为全省 97 万多名企业离退休人员发放基本养老金 68.5 亿多元，做到了“不漏一人、不欠一分、不拖一天”的承诺。

2003 年，按照省政府的要求，陕西省各级劳动保障部门加强领导，周密部署，精心操作，积极稳妥地做好下岗职工基本生活保障向失业保险并轨工作，全省共有 8.8 万人平稳出中心，保持了企业和社会的稳定。对纳入保障范围的下岗职工，各市按照“三三制”原则多方筹措资金，确保了国有企业下岗职工基本生活费按时足额发放。

2003 年“双节”期间，省上还安排1 000 万元帮困资金，对特困职工进行了帮困救济。各市也积极筹措资金，帮助困难企业职工过好“双节”，维护了社会稳定。

三、社会保险制度改革稳步推进，社会保障体系进一步完善

（一）积极推进养老保险制度改革，进一步完善省级统筹制度

一是将企业职工个人养老保险缴费比例从 6% 调整到了 7%，将原行业统筹企业缴费费率全部调整到 20%，使陕西省企业养老保险缴费费率实现了统一。二是进一步加强了企业职工退休审批工作。2003 年年初，陕西省政府办公厅转发了省劳动保障厅提出的《关于规范企业职工退休审批工作管理的意见》，进一步明确了企业职工退休审批程序，完善了退休审批制度。三是及时研究解决养老金新老计发办法过渡中的问题，使全省新办法覆盖面达到了 76.2%，为 2004 年全面实行养老金计发新办法奠定了基础。四是认真做好破产企业养老保险工作，保证了企业破产工作的顺利实施。同时，制定了转制单位离退休人员待遇调整的有关政策，促进了转制工作的顺利进行。五是全力推进企业退休人员社会化管理服务工作，全省实现社会化管理的退休人员达到 80.4 万人，社会化管理率达到 84%，超额完成了目标任务。

（二）失业保险制度得到完善，保障作用明显增强

一是进一步加强了失业保险法制建设，完善了失业保险制度。2003 年，陕西省劳动保障厅积极配合省政府法制办，切实做好《陕西省〈失业保险条例〉实施办法》的起草、修改、送审工作，7 月份，省政府正式颁布，并从 8 月 1 日起实施。《实施办法》的出台，

标志着陕西省失业保险工作走上了法制化、规范化、制度化的轨道。二是全面推行失业保险基金市级统筹，进一步明确了各级政府对失业保险工作的管理责任。通过完善省级调剂金制度，进一步增强了失业保险基金的调控能力。在全省建立了失业保险金发放责任追究制度和监督检查制度，确保了失业保险金按月足额发放。三是积极发挥失业保险对促进再就业的作用，共支付职业培训和职业介绍补贴1 723万元，免费职业培训6.5万人，为下岗失业人员基本生活保障调剂资金2 500万元。

（三）城镇职工基本医疗保险及工伤保险、生育保险工作稳步推进

一是进一步完善医疗保险政策。2003年，陕西省出台了灵活就业人员参保办法，实现了医疗保险参保范围的新突破。二是重视解决困难人群的医疗保障，切实做好国有企业下岗失业人员和破产企业退休人员医疗保险关系的接续工作，保证了这些职工的基本医疗待遇。三是通过对全省定点医疗机构和零售药店进行考核检查，加强了医疗保险管理和服务，规范了医、患、保三方的行为，提高了医疗保险制度运行的质量。四是积极推进工伤保险和生育保险工作。国务院《工伤保险条例》颁布后，省劳动保障厅认真做好《条例》施行前的准备工作，联合有关部门起草了《陕西省〈工伤保险条例〉实施办法》（送审稿），已经省政府法制办审定完毕上报省政府审议，2004年将颁布实施。省上还成立了陕西省劳动伤残鉴定中心，已正式开展工作。生育保险工作也取得了较快发展，全省已有6个市本级和杨凌示范区及40个县（市、区）启动实施了生育保险。

同时，为落实离休干部生活待遇，陕西省劳动保障厅积极主动与有关部门共同研究，拟定了《陕西省离休干部离休费医药费财政支持机制试行办法》，并以“两办”文件下发实施，全省11个统筹地区全部出台了离休干部医疗保障实施细则，在陕西省建立了离休干部医疗费财政支持机制。

（四）较好地完成了社会保险扩面征缴任务

截至2003年年底，陕西省参加养老保险企业2.2万户，职工265万人，新增参保职工16.49万人；共征缴养老保险费50.4亿元，增收7.2亿元，超额完成了目标任务。全省失业保险参保人数323.26万人，净增7.54万人，覆盖率达到82.5%；失业保险基金收入4.2亿元。全省参加基本医疗保险的职工301万人，占应参保职工人数的80.2%，净增41万人，超额完成了扩面任务。在此基础上，全省有234万名职工参加了大额医疗费用补助保险，保证了患大病职工医疗待遇的落实。全省参加工伤、生育保险的职工分别达到52万人和24万人。

（五）社会保险基金监管工作得到加强

2003年，陕西省进一步完善了社会保险基金全程监管机制，规范了现场监督程序和办法。对挤占挪用社会保险基金的案件，加大查处工作力度，收回资金6 000多万元，及时制止了各类违规违纪行为的发生。针对部分企业存在有钱不缴、前清后欠的问题，11月，省劳动保障厅与省财政厅共同开展了对欠费企业实施现场监督工作，取得了明显成效。社会保障监督委员会机构建设工作进展顺利，全省已有10个市（区）和部分县成立了社会保障监督委员会，为下一步全面开展社会保障监督工作创造了有利条件。

四、劳动保障法制建设进一步加强，为就业再就业和社会保障政策的贯彻落实提供了有力的法制保障

一是完成了《陕西省劳动监察条例》起草、修改、送审的各项工作，已经省人大常委会审议通过并颁布实施，从而使劳动保障执法监察工作实现了法制化，真正做到了有法可依、依法行政。省劳动保障厅还成立了省劳动保障监察总队，进一步加强了劳动保障监察机构建设。同时，《陕西省企业工资支付条例》也已完成调研论证工作，并送省政府审定，有

望在2004年上半年颁布实施。二是突出重点，加大劳动保障监察执法力度。2003年春节期间，省劳动保障厅在全省范围内开展了农民工工资支付情况专项检查活动，检查各类用人单位6 000多户，涉及农民工8万多人，补发拖欠工资及赔偿金额共计1 033万元。从2003年12月1日开始，按照省委、省政府的统一部署，在全省范围内集中开展了清理追缴拖欠农民工工资专项整治活动。截至年底，专项整治工作已取得了阶段性成果，共追缴补发企业拖欠的农民工工资4 004万元，切实维护了广大农民工的合法权益，保持了社会稳定。三是以落实就业再就业政策、督促企业参加社会保险、缴纳社会保险费为重点，切实做好经常性的劳动保障监察工作，促进了各项劳动保障政策的落实。

五、企业工资分配宏观调控工作逐步完善，劳动争议处理工作进一步加强，劳动关系基本保持和谐稳定

2003年，陕西省以工资指导线为主要调控手段，工效挂钩、工资总额包干等办法有机结合的工资宏观调控体系运行良好，企业逐步建立了工资正常增长机制。企业工资决定机制改革进一步深化，工资总额管理继续得到了加强。2003年，对236户省级国有企业实行了工效挂钩，对29户企业进行了年薪制结算。同时，以岗位工资为主的基本工资制度已在陕西省企业普遍推广。全省协调劳动关系三方会议制度得到加强，11个市（区）全部建立了三方会议制度，并已开始运转。以集体企业、私营企业和个体工商户为重点，积极推行劳动合同制度，这三类企业签订劳动合同的人数持续增加。同时，切实做好外资企业的劳动管理工作，建立了以劳动用工登记和员工就业登记为主要内容的劳动用工管理制度。劳动争议处理工作进一步加强，2003年，全省共立案受理劳动争议案件2 822件，结案率为90%。认真开展了排查不稳定因素和群体性事件隐患工作，及时妥善地做好群众来信来访工作，维护了企业和社会稳定。

六、基层劳动保障机构建设圆满完成，金保工程进展顺利

街道社区劳动保障机构和金保工程建设是陕西省2003年年初确定必须抓好的两项任务。尤其是街道社区劳动保障机构建设，在时间紧、任务重的情况下，经过上半年的积极努力、紧张工作，全省已建立街道劳动保障事务所138个、社区劳动保障工作站1 287个、乡镇劳动保障事务所1 048个，圆满地完成了目标任务。在金保工程建设方面，陕西省已成为第一批实现与劳动保障部联网的省份，并且在使用统一研发的养老保险管理信息系统软件的基础上，建立了标准统一、较为完善的省、市级养老保险基础资源数据库，受到了劳动保障部的充分肯定。

此外，陕西省劳动保障厅还积极与新闻媒体加强联系，认真组织宣传稿件，广泛宣传两个确保、就业再就业政策以及取得的成就，社会反响较好，有力地促进了陕西省劳动保障工作的顺利开展。

2003年，陕西省劳动保障系统及其广大干部职工在做好以上工作的同时，认真学习贯彻“三个代表”重要思想和党的十六届三中全会精神，增强了做好新形势下劳动保障工作的责任感和紧迫感。在各项工作中，切实抓好目标任务的落实，建立了自下而上、层层负责的工作目标责任体系。积极开展创建“三优一满意”文明窗口活动和行风建设活动，切实转变职能，改进工作作风，加强队伍建设，劳动保障部门的凝聚力和战斗力进一步增强，保证了各项工作任务的顺利完成。

（陕西省劳动和社会保障厅）

甘　肃　省

2003年，在省委、省政府的领导和劳动保障部的指导下，甘肃省各级劳动保障部门认真贯彻落实全国劳动保障工作会议精神，按照全国和全省再就业工作会议的部署安排，把扩大就业、促进再就业，两个确保和加快社会保障体系建设作为重中之重，克服“非典”疫情的不利影响，突出工作重点，加大工作力度，狠抓工作落实，较好地完成了各项目标任务，为维护全省改革发展稳定大局，加快推进甘肃省全面建设小康社会进程做出了积极贡献。

一、全力以赴做好就业和再就业工作

2003年，按照全国及全省再就业工作座谈会的部署安排，甘肃省上下把扩大就业、促进再就业作为第一位的工作，层层建立责任制，狠抓再就业工作责任、政策、资金和机构的落实，全省就业和再就业工作进展顺利，工作目标如期实现。截至2003年12月底，全省城镇登记失业率为3.4%，实现了控制在4.5%以内的工作目标；全省新增就业岗位10.8万个，下岗失业人员再就业8.6万人，其中“4050”人员实现再就业3.2万人，超额完成了全年新增就业10万人，下岗失业人员再就业8万人，其中“4050”人员再就业3万人的目标任务。2003年，甘肃省在再就业工作中重点加强“六大体系”的建设。一是建立目标责任体系。年初，将再就业工作任务纳入全省劳动和社会保障工作目标责任体系，省政府与各市、州、地签订了目标责任书。全省再就业工作座谈会上进一步明确了2003年全省再就业工作“1083”的目标任务，即新增就业岗位10万个，下岗失业人员再就业8万人，其中“4050”人员再就业3万人，将目标任务层层分解落实。二是建立组织领导体系。2003年，全省上下切实加强了对再就业工作的组织领导，建立了“两纵两横”的组织领导体系。“两纵”，是指各级政府从上到下建立一把手责任制，各有关部门从上到下建立再就业工作推动机制；“两横”，是指省政府成立了以省委常委、常务副省长徐守盛任组长，17个部门为成员单位的省再就业工作领导小组，各市、州、地也成立了相应的领导机构。三是建立政策扶持体系。根据全国再就业工作座谈会明确的政策界限，省政府于8月28日制定出台了《关于进一步完善下岗失业人员再就业政策的通知》（甘政发［2003］77号），省劳动保障厅也陆续制定出台了一系列促进下岗失业人员的配套政策，就扩大享受范围、完善资金管理、加快街道社区劳动保障平台建设等又作了具体规定，初步建立起了全省再就业的政策扶持体系。四是建立工作平台体系。截至2003年12月底，全省14个市、州、地都建立了本级的就业服务管理机构，105个街道、339个乡镇、1 026个社区建立了劳动保障工作机构。五是建立培训工作体系。2003年1—12月，全省上下通过劳动保障部门组织培训、行业系统培训、企业重点培训等方式，共培训下岗失业人员15.52万人。举办了领导干部、政府工作人员、国有企业负责人和就业服务机构负责人参加的再就业政策培训班，印发再就业政策汇编3 500多册。六是建立工作推动体系。一方面加大再就业宣传力度，为再就业工作创造良好的社会舆论氛围。2003 年，在全省范围内集中开展了再就业宣传活动，省上成立了再就业宣传活动领导小组，统一领导和协调全省再就业宣传工作。各级劳动保障部门利用电视、广播、报纸等新闻媒体，通过开辟再就业政策专栏、制作专题节目、印发宣传资料、开通就业服务网站、公布政策咨询热线等方式，开展了各种形式的宣传活动。另一方面，加大再就业督查工作力度，集中开展了再就业政策落实情况专项督查，在各地、各有关部门自查的基础上，2003 年 9 月，省委、省政府派出 11 个督查组，对各地再就业工作情况进行了专项督查。通过督查，有力地促进了再就业政策的落实。截至 2003 年 12 月底，全省共为符合申领条件的下岗失业人员发放《再就业优惠证》12.5 万本；全省 14 个市、州、地确定了小额贷款担保机构，落实担保基金4 517万元，已为符合条件的1 283名下岗失业人员核发小额贷款2 781.9万元。

二、进一步巩固两个确保

2003 年，按照党中央、国务院和省委、省政府的部署安排，甘肃省始终坚持把两个确保摆在突出位置，千方百计筹资金，千辛万苦保发放，不断巩固两个确保。截至 2003 年 12 月底，全省国有企业下岗职工 11.35 万人，其中在中心的 11.02 万人，占 97%，在中心的下岗职工基本生活费保发放率达到 100%。2003 年 1—12 月，全省共为 50.1 万名企业离退休人员发放基本养老金 41.73 亿元，基本养老金综合保发放率为 100%。积极探索下岗职工出中心向失业保险并轨的办法和途径，对企业新裁减人员和出中心的下岗职工，按规定及时提供失业保险；对协议期满暂时无法解除劳动关系滞留在中心的下岗职工，继续运用现有渠道筹集的资金保障其基本生活，对符合条件的由民政部门纳入城市居民最低生活保障。

三、加快社会保障体系建设

一是进一步加强养老保险工作。截至 2003 年 12 月底，全省养老保险参保人数 139.96 万人，覆盖面为 96.28%；基本养老金社会化发放人数 49.49 万人，社会化发放率达到 98.79%。积极推进企业退休人员社会化管理服务工作，制定了《甘肃省企业退休人员社会化管理服务工作实施意见》，截至 2003 年年底，全省企业退休人员实行社会化管理人数 41.87 万人，占企业退休人数的 83.53%。二是逐步完善失业保险制度。截至 2003 年年底，全省失业保险参保人数 162.08 万人，占年覆盖计划 163 万人的 99.38%；1—12 月，全省累计为 8.4 万名失业人员发放失业保险金 1.45 亿元。三是稳步推进城镇职工基本医疗保险制度改革。截至 2003 年年底，全省 14 个市、州、地和甘肃矿区，以及铁路、电力、长庆油田 3 家跨省的行业企业全部启动，参保人数 145.99 万人，占全年计划参保人数 144 万人的 101.4%。全省共确定定点医疗机构1 838家，定点零售药店1 328家，其中兰州地区具有定点资格的医疗机构 414 家，零售药店 241 家。加快多层次医疗保障体系建设，全省有 6 个统筹地区实施了公务员医疗补助，有 7 个统筹地区和电力、铁路两个行业实施了职工大额医疗费用补助，有 4 个统筹地区和电力、铁路实施了企业补充医疗保险，有 7 个统筹地区和电力、铁路、长庆油田实施了慢性特殊疾病门诊医疗费用补助。四是积极开展工伤保险工作。认真贯彻落实《工伤保险条例》，出台了《甘肃省贯彻〈工伤保险条例〉实施意见》，抓紧制定配套政策，认真开展了宣传和培训工作，积极做好《条例》实施前的各项准备工作。五是切实加大社会保险费清欠工作力度。2003 年 4 月，省政府专门召开了全省清理追缴企业拖欠社会保险费工作电视电话会议，省劳动保障厅与有关部门联合下发了《关于开展清理追缴企业拖欠社会保险费工作的通知》，制定了欠费企业补缴能力评估办法和清欠计划。截至2003年年底，全省共清理追缴企业欠缴的社会保险费2.09亿元。

四、深化企业工资收入分配制度改革

2003年，甘肃省逐步推行劳动力市场工资指导价位制度，兰州、白银、金昌等6市共发布259个工种的劳动力市场价格。省劳动保障厅认真组织开展工资集体协商和企业经营者年薪制试点，会同有关部门修订下发了《甘肃省国有及国有控股企业经营管理者年薪制试行办法》，并进行了试点。出台了《甘肃省企业工资指导线试行办法》，调整了全省最低工资标准，由原来一类地区280元/月、二类地区260元/月、三类地区240元/月调整为一类地区340元/月、二类地区320元/月、三类地区300元/月。制定并公布了《甘肃省非全日制工作最低小时工资标准》。

五、加强劳动关系协调

2003年，甘肃省全面实行劳动合同制度，截至年底，全省订立劳动合同的企业职工达145万人，劳动合同签订率达91%；积极推行集体合同制度，全省签订集体合同的企业2 277户，涉及职工83.27万人。省上成立了劳动关系协调委员会，全省14个市、州、地全部建立了三方协调机制。加大劳动争议处理工作力度，2003年各级劳动争议仲裁机构共受理劳动争议案件1 304件，上年度结转65件，共计受理1 369件，全年共结案1 300件，结案率为95.8%。积极做好群众来信来访工作，2003年，省劳动保障厅共接待群众来信来访1 797件次，涉及5.65万人次。

六、做好职业技能培训工作

2003年，甘肃省加强技工学校建设，成立了张掖市技工学校和天水轴承仪器厂技工学校；报劳动保障部批准，兰州铁路技工学校、甘肃省化工技工学校晋升为国家级重点技工学校。积极开展技工学校综合评估工作，对全省77所技工学校进行了全面评估，评出合格技工学校44所，保留办学资格技工学校12所，撤销11所。加大技工学校招生工作力度，2003年技校共招生6 169人，增长24%，扭转了技校招生人数逐年下滑的局面。积极开展就业培训工作，全年共培训下岗失业人员15.52万人，其中下岗职工8.9万人，失业人员6.62万人；培训国有企业职工56 617人。进一步扩大职业技能鉴定范围，截至2003年年底，全省共对16个行业、124个工种、4.5万人进行了国家职业技能鉴定。

七、加大劳动保障监察工作力度

2003年，甘肃省组织开展了劳动保障年检、群众举报案件专查、常规巡视检查和各类专项检查等多种形式的监察活动，集中开展了农民工工资支付专项检查及贯彻实施《禁止使用童工规定》等大检查活动。截至12月底，共检查用人单位3.6万户，涉及劳动者97.27万人，补签劳动合同14.06万份，追缴社会保险费4 751.2万元，追发劳动者工资1.09亿元，其中帮助农民工追缴工资及赔偿金8 528.8万元。

八、加强思想建设和党风廉政建设

2003年，甘肃省劳动保障厅把加强思想建设和党风廉政建设摆在重要位置。一是加强思想建设。组织广大干部职工认真学习马列主义、毛泽东思想和邓小平理论，学习实践“三个代表”重要思想。2003年，省劳动保障厅制定下发了《关于认真学习贯彻党的十六大精神的安排意见》和《关于认真组织学习“三个代表”重要思想学习纲要的通知》，在劳动保障系统集中开展了“三个代表”重要思想学习实践活动。二是加强作风建设。根据省委的部署安排，开展了“两个务必”作风教育活动。在全省劳动保障系统开展了创建“三优”文明单位活动，积极推行《省直机关工作规范》，认真实施政务公开，各项业务工作基本做到职责范围、管理权限、政策规定、办事程序、收费标准、办事结果、责任追究

"七公开"，所有工作人员实行亮牌办公。大兴调查研究之风，2003 年，重点开展了再就业、两个确保、工资分配和社会保障体系建设等专项调研。三是加强廉政建设。把党风廉政建设责任制纳入 2003 年目标管理计划，层层签订了《2003 年党风廉政建设工作目标责任书》。制定出台了《党风廉政建设责任制考核办法》等 7 个配套文件，从全省有关部门和企业特邀监督员 87 名，对劳动保障系统党风廉政建设开展经常性的监督。

九、积极做好"非典"防治工作

2003 年，面对突如其来的"非典"疫情，全省上下认真贯彻落实党中央、国务院和省委、省政府的决策部署，在确保劳动保障各项工作顺利开展的同时，认真做好"非典"防治工作，先后下发了《关于做好外出及外来务工人员非典防治工作的紧急通知》《关于妥善解决非典型肺炎患者救治费用有关问题的紧急通知》等文件。同时，积极做好职业介绍、社会保险经办、职业培训、职业技能鉴定、劳动争议处理等"窗口单位"的非典型肺炎防治工作。

2003 年，甘肃省的劳动保障工作之所以进展顺利，较好地完成了预定的任务，主要是省劳动保障厅采取了"突出五抓"的工作措施。

一是突出抓协调配合。省委、省人大、省政府、省政协始终高度重视两个确保、就业再就业和社会保障体系建设等工作，切实加强对劳动保障工作的领导。省委、省政府领导同志多次主持召开省委常委会、省政府常务会、省长办公会专门研究部署劳动保障工作，还多次深入基层进行专题调研。省人大领导经常了解劳动保障工作情况，11 月 26 日，十届人大常委会第 7 次会议还专门听取了省劳动保障厅厅长朱志良的述职。省政府建立协调会议制度，主管省长每季度召开一次协调会，省劳动保障厅每月召开一次协商会，及时沟通情况，研究解决问题。同时，省劳动保障厅主动加强与经贸、财政、地税、工会、审计等部门的协调配合，互相支持，各负其责，建立了劳动保障部门主管，各部门通力协作的工作格局。

二是突出抓工作落实。为了确保劳动保障工作各项目标任务和政策的落实，从 2001 年起省政府与 14 个市、州、地签订《甘肃省社会保障工作目标管理责任书》。各地也建立了目标管理责任制，层层分解任务，责任落实到人。切实加大了督查工作力度，对重大工作部署、重要政策措施的贯彻落实情况和重点工作的进展情况，定期不定期地进行督促检查。继续实行劳动保障工作情况月通报制度，接受社会各界的监督。对问题多的地区和特困企业，加强重点监控。

三是突出抓新闻宣传。2003 年，围绕就业和再就业工作，甘肃省劳动保障厅与省委宣传部、省财政厅共同组织开展了下岗职工再就业宣传月活动，与甘肃日报联合开展了"关注再就业"系列报道；配合中央电视台就业服务栏目拍摄制作了再就业典型专题节目，与甘肃电视台公共频道共同制作了关注再就业与农民工权益保护专访。集中组织开展了全省维护进城务工人员合法权益宣传咨询活动、全省《工伤保险条例》颁布实施宣传日活动。与甘肃电视台都市频道共同策划摄制了走进甘肃——劳动保障篇专题纪录片，对劳动保障工作进行全方位的宣传。

四是突出抓工作创新。2003 年，甘肃省劳动保障厅坚持把创新贯穿于劳动保障工作的各个方面，以创新促工作，以创新求发展。围绕做好再就业工作，确定了甘肃省再就业工作"2345"的工作思路，即坚持 2 个结合，把就业再就业工作与西部大开发、工业强省战略紧密结合；抓住 3 个要点，大力培育新的就业增长点、突出下岗失业人员再就业工作重点、解决"4050"人员就业难点；实现责任、政策、资金和组织 4 个落实；做好集中传达中央和省上再就业会议精神、开展就业情况调查、开展再就业援助、再就业政策落实情况督查和再就业宣传 5 项工作。各地按照这个思路，狠抓落实，取得了较好的效果。在就业再就业工作中突出抓再就业政策的创新，全国再就业工作座谈会之后，甘肃省下发了《关于进一步完善下岗失业人员再就业政策的通知》，在明确国家有关政策界限的同时，结合实际，在扩大享受范围、加强资金管理、加快基层劳动保障平台建设等方面都有突破，劳动保障部的《劳动保障信息》对此作了全面通报，肯定了甘肃省的做法。及时调整全省劳务输出的工作思路，实施“走出去”的战略，将过去以输出农村劳动力为主转变为农村劳动力输出与城市下岗失业人员输出并举。针对全省养老金保发放工作中的问题，提出了对各地养老金保发放资金实行补助包干的办法，2003 年开始在全省实行。针对以往劳动年检不被企业重视的情况，主动与工商部门联系，实行了工商和劳动保障联检制度，促进了劳动保障各项政策在企业的落实。

五是突出抓队伍建设。始终注意加强全省劳动保障系统干部队伍建设，树立劳动保障部门勤政廉洁、高效务实的作风。2003 年以来，围绕学习胡锦涛同志“七一”重要讲话精神，要求全省劳动保障干部树立“立党为公、执政为民”的理念和“群众利益无小事”的观念，想群众之所想，急群众之所急，积极主动地为人民群众排忧解难，扎扎实实地为人民群众办实事。

（甘肃省劳动和社会保障厅）

青 海 省

2003年，青海省劳动和社会保障工作以党的十六大和十六届三中全会精神为指导，全面贯彻“三个代表”重要思想，认真落实青海省第十届三次全委会、全国再就业工作座谈会精神，围绕全省改革发展稳定的大局，服务于青海经济发展和结构调整，以就业和再就业工作为重点，继续巩固两个确保，进一步完善社会保障体系，切实维护劳动者的合法权益，加强劳动保障信息系统建设，协调推进各项劳动和社会保障事业的发展，劳动和社会保障各项工作都取得了重要的成绩。

一、就业和再就业形势基本稳定

2003年，青海省把就业和再就业作为工作的重点，各级劳动保障部门全面贯彻落实全国和青海省再就业工作会议精神，进一步明确新时期促进就业和再就业工作的指导思想、目标任务和政策措施，认真贯彻青海省委、省政府的工作部署，狠抓就业再就业工作目标责任制的落实，大力拓展就业渠道，广开就业门路，落实就业再就业的各项优惠政策，有力地促进了青海的就业和再就业工作。

（一）继续实行就业和再就业工作目标责任制

2003年，青海省委、省政府将安置城镇失业人员就业、国有企业下岗职工再就业、控制城镇登记失业率纳入政府目标责任制管理。各级党委、政府切实把就业工作摆上了重要议事日程，将就业和再就业工作目标层层分解，签订目标责任书，并作为考核各级领导和有关部门工作的重要内容。同时，建立了“联席会议、督促检查、定期通报”三项制度，进一步加大工作力度，狠抓落实。各级政府职能部门间相互配合、联手运作，确保了全年就业和再就业任务的完成。

（二）认真落实各项就业扶持政策

2003年，青海省根据国家有关政策，结合青海实际，陆续出台了与国家8个促进再就业文件相配套的15个政策性文件，确定了“经济拉动、政策扶持、市场服务、政府调控、社会保障”五大支柱和大力发展中小企业、第三产业等7个领域以及税费减免、小额贷款等10项积极的就业政策基本框架。为进一步完善政策，促进就业再就业工作，及时解决政策落实中发现和遇到的问题，对企业吸纳失业人员签订劳动合同期限、小额担保贷款的对象范围、社会保险补贴政策范围、培训补贴兑现程序、职业补贴享受对象及补贴标准、税费减免对象等及时进行了调整，进一步从政策上、制度上为就业工作顺利完成，贯彻落实各项优惠扶持政策提供了保障。全年共审核发放《再就业优惠证》8.9万册，享受税收减免、社会保险补贴政策的服务型企业安置人员达9 447人。将社区就业作为当前扩大就业的主攻方向，全省社区公益性岗位享受社会保险补贴4 019人，享受岗位补贴3 954人。着力推进小额担保贷款和小额担保借款工作，向1 007名下岗失业人员发放小额担保贷款1 229.85万元，为244人提供小额借款122万元，有效地促进了部分下岗失业人员实现再就业。

（三）努力开发就业岗位

2003年，青海省通过政策扶持，强化管

理和服务，积极开发就业岗位，加大了就业安置。充分发挥非公有制经济、中小企业和具有比较优势的劳动密集型企业在扩大就业中的作用，开拓就业岗位。应用社保补贴、税收减免扶持政策，鼓励各类服务型、民营加工型企业以及中小企业等吸纳下岗失业人员再就业。2003年，全省服务型企业吸纳、安置持《再就业优惠证》的下岗失业人员8 500人。为帮助就业困难群体实现就业和再就业，在行政事业单位开展“清岗腾位”、在社区开发公益性岗位安置大龄下岗失业人员，全年安置“4050”人员7 246人。支持和鼓励开展灵活多样的就业方式，积极推行劳务派遣试点工作，先后制定了《关于建立劳务型企业有关问题的通知》《关于促进灵活就业暂行办法》，为灵活就业人员提供了政策保障。紧紧抓住西部大开发的历史机遇，利用重点工程项目建设、基础设施建设中农民工需求的实际，主动协调、疏通渠道，为国家和青海省重点项目建设提供劳动力，努力扩大就业岗位。

（四）强化就业服务

2003年，青海省劳动力市场体系建设不断完善，职业介绍工作不断加强，业务范围不断拓展，就业服务水平进一步提高。强化了省外劳务输出，加入了华南劳务协作组织，并在北京、西藏、新疆、广东、福建等地建立了劳务工作服务机构，境外就业服务机构也正在筹建。实施大龄特困下岗失业人员就业援助行动，开发岗位与扶持政策并举，劳动关系变更与社保接续衔接，开展“一站式”服务。大力开展再就业培训，就业培训体系初步形成并发挥了作用。认真实施全省第二期“三年十万”再就业培训计划，2003年，培训下岗失业人员达3.85万人，其中，培训国有企业下岗职工1.2万人，创业培训5 443人。加强职业技能培训和鉴定工作，全年开展职业技能鉴定1.1万人（次）。

（五）坚持城乡统筹就业，做好农村富余劳动力的转移就业

2003年，青海省本着“公平对待、合理引导、完善管理、搞好服务”的原则，将劳务输出作为促进农村经济发展，维护社会稳定和增加农民收入的一条主要途径，打破地域、行业限制，在做好省内流动就业工作的同时，帮助农民“东进、西出、南下、北上”到内地参与市场竞争。全年实现农村剩余劳动力转移就业达60余万人（次），其中，跨省流动就业12.4万人（次），占外出务工总人数的20.6%。开展农村剩余劳动力转移就业前培训4.1万人，通过培训参加职业技能鉴定并获取证书的达1 000人。

2003年，通过青海省上下的共同努力，全年下岗失业人员实现就业和再就业6.2万人，其中下岗职工就业1.69万人；城镇登记失业率为3.8%，控制在4%以内。全面完成了青海省委、省政府确定的就业和再就业目标任务，全省就业和再就业形势保持了基本稳定。

二、两个确保成果继续得到巩固

2003年，青海省各级劳动保障部门按照中央确定的两个确保工作目标、政策措施和工作要求“三个不变”的方针，加强领导，狠抓落实。按照“三家抬”的筹资原则，积极筹集下岗职工基本生活保障资金，加强养老保险基金省级统筹，配合地税部门征缴养老、失业保险费，认真做好缴费基数的核定、稽核工作，提高了基金调剂和保障能力。同时，对下岗失业人员基本生活保障、养老金发放、社会保险基金征缴等重要工作每月都与有关部门协调，对重点地区和困难企业实行重点监控，使两个确保成果继续得到巩固。一是确保了企业离退休人员养老金按时足额发放，为参加统筹的16万名企业离退休人员发放养老金15.62亿元；二是确保了国有企业下岗职工基本生活，全省下岗职工按时足额享受了基本生活保障，共支付保障金2.1亿元。积极做好全省下岗职工出中心向失业保险并轨工作，下岗职工出中心享受失业保险待遇的人数达1万人。

三、社会保障体系不断完善

（一）全面深化养老保险制度改革

2003年，青海省养老保险制度改革以广覆盖、促收缴、保发放、社会化管理和信息化建设为主线，进一步加强了基础管理工作。狠抓了养老保险扩面和期满出中心下岗职工、国有破产企业一次性安置人员养老保险的接续工作。全省参加城镇职工基本养老保险人数达到56.5万人。积极推进企业退休人员社会化管理工作，社会化管理覆盖面达到70%。继续加强了养老保险缴费基数核定、稽核和个人账户的记账工作，基础管理进一步加强。

（二）积极推进失业保险制度改革

2003年，青海省失业保险以抓扩面、促征缴、保发放为重点，保证了失业人员的基本生活。把扩面作为重点，逐步将具有一定经济规模、效益好、劳动关系稳定的私营企业纳入失业保险范围，扩大了覆盖面。全省参加失业保险的人数已达33.2万人，参保率达到了90%。继续做好缴费工资基数、参保职工人数、缴费额的审核工作，失业保险基金收入达0.89亿元，完成年度目标任务的109%。稳妥推进国有企业下岗职工由基本生活保障向失业保险并轨，享受失业保险待遇的人数达2.09万人。

（三）加强医疗保险制度改革

2003年，青海省继续以完善政策和推进信息化建设为重点，推进医疗保险制度改革并加强管理。一年来，青海省医疗保险制度运行平稳，医疗保险参保面不断扩大，全省参加医疗保险的职工达到55.71万人。全年医疗保险基金实现了收支平衡，略有结余。继续完善医疗保险政策，公务员医疗补助开始实行，公务员医疗费负担水平有所降低；制定出台了《灵活就业人员参加基本医疗保险办法》《青海省离休干部医疗保障管理暂行办法》。采取灵活措施，将困难职工纳入基本医疗保险，减轻了困难职工个人的医疗费用负担。以基金管理为核心的医疗保险各项管理工作进一步规范，进一步完善基金监控措施，控制不合理医疗费的增长。各地都建立健全了各项管理制度，加强了基金征缴，提高了服务水平。开展“三项改革”试点，完成了医疗保险信息网络升级改造项目。

（四）工伤保险实施前的各项准备工作已基本完成

2003年，青海省劳动保障厅在为贯彻《工伤保险条例》进行调研的基础上，向省人民政府上报了《〈工伤保险条例〉实施办法》，为全面启动实施工伤保险奠定了基础。

四、工资收入分配制度改革不断深化，劳动监察、仲裁和劳动保障法制建设进一步加强

（一）企业内部分配制度改革不断深化

2003年，青海省劳动保障厅测算了青海省2003年工资指导线水平并发布实施。根据国家劳动力市场“三化”建设和企业工资收入分配制度改革的要求，抓好青海劳动力市场工资指导价位调查和信息发布，重点对西宁地区、海西州、海东地区和海北州部分企业在岗职工工资进行了调查、汇总和分析，公布了西宁地区172个岗位、海西州51个岗位、海东地区59个岗位、海北州68个岗位的工资指导价位。积极开展工资集体协商工作，继续开展国有企业工资内外收入监督检查，进一步规范用人单位工资支付行为。积极探索建立企业人工成本预测预警制度，抽样调查企业365户，职工6.93万人。通过调查、收集、整理企业人工成本信息，向社会发布了11个行业人工成本信息，为企业加强人工成本控制与管理，合理确定人工成本水平提供依据。根据《工资支付暂行规定》，进一步探索规范用人单位工资支付行为的有关措施，遏制发生新的拖欠。

（二）规范劳动关系协调工作

2003年，青海省认真贯彻全国劳动工资工作会议精神，全面加强劳动合同管理，在全省开展了劳动关系状况调查。召开了青海省协调劳动关系三方会议第二次会议，积极发挥劳

动关系三方协调机制作用，开始在州、地、市建立劳动关系三方协调机制。加大劳动争议处理工作力度，及时妥善处理劳动争议案件，全年受理劳动争议案件378件，结案348件，结案率为92%，维护了劳动关系的和谐稳定。

（三）劳动保障执法监察工作得到加强

2003年，青海省进一步加大劳动保障行政执法检查力度，重点检查用人单位恶意拖欠职工工资、拖欠克扣农民工工资、不与劳动者签订劳动合同、不参加社会保险和收取劳动者风险抵押金等问题，打击非法职业中介机构，规范用工行为。青海省各级劳动保障监察部门对5 000多户用人单位进行了年检，补签劳动合同5万多份。2003年，青海省全年拖欠农民工工资总额达5 700万元，通过检查和清欠工作，已清欠4 600万元，清欠率达80%。与此同时，继续做好群众上访、举报、投诉案件的查证处理和社会保险基金的监督检查工作。

五、劳动和社会保障信息系统建设和社区平台建设取得实质性进展

根据劳动保障部和青海省政府的部署，按照两大系统、三层结构、四大功能的要求，2003年，省劳动保障厅编制了青海省劳动保障工作信息管理系统，即“金保工程”方案，已上报省政府立项审批。

2003年，青海省积极推进社区劳动保障工作平台建设。全省县级以上3个城市的31个街道均建立了街道劳动保障事务所，建立机构率达到100%，工作任务重的188个乡镇、221个社区建立了劳动保障工作站，西宁、海东地区乡镇劳动保障事务所建成率分别达到100%和97%。

（青海省劳动和社会保障厅）

宁夏回族自治区

2003 年，宁夏回族自治区劳动保障工作在自治区党委、人民政府的领导下，在国家劳动和社会保障部的指导下，全区劳动保障系统的广大干部职工以“三个代表”重要思想为指导，全面贯彻落实党的十六大和十六届三中全会精神，与时俱进，锐意进取，真抓实干，务实创新，大力促进就业再就业，加快建设社会保障体系，努力维护劳动者的合法权益，各项工作都呈现了良好的发展势头，取得了显著成就。

一、两个确保进一步得到加强

（一）确保了企业离退休人员养老金按时足额发放

截至 2003 年年底，宁夏回族自治区参保离退休人数达 14.26 万人，与上年同期相比净增加5 400人，增幅为 3.94%。共支付离退休人员养老金115 600万元，支付率为 100%，与上年同期相比，养老金支付总额增加10 000万元。离退休人员养老金社会化发放率为 100%。广泛开展了“送温暖”慰问活动，为特困国有企业下岗职工发放了生活补助金，对特困企业离退休人员进行了一次性补助。

（二）国有企业下岗职工基本生活保障进一步得到巩固

2003 年年底，宁夏回族自治区国有企业下岗职工人数 1.75 万人，其中：进中心签协议下岗职工人数 0.63 万人，按时足额为其发放了基本生活保障金，支付率达到 100%。

（三）把两个确保作为解决困难群众生产和生活问题、确保社会稳定的重大政治任务

按照中央［1998］10 号文件和宁党发［1998］29 号文件精神，2003 年，宁夏各级劳动保障部门把两个确保作为解决困难群众生产和生活问题、确保社会稳定的重大政治任务，一级抓一级，层层抓落实，连续几年没有发生过拖欠现象。而且在领导机制、保障模式、筹措资金、确保发放等方面建立了切实可行的规章制度，摸索出了一整套行之有效的做法。按照“分级管理、层层负责”的原则，采取“逐月审核、动态管理、按时拨付、足额兑现”的办法，对进入中心并签订了协议的所有下岗职工按时足额发放了基本生活费，并按规定标准及时代缴了养老、医疗和失业保险费，从未发生过拖欠现象。

二、就业再就业工作取得新的进展

2003 年，宁夏实现城镇新就业 4.5 万人，比上年 3.65 万人增加 0.85 万人，增幅为 18.9%，其中：下岗失业人员实现再就业 2 万人；城镇登记失业人员控制在 3.75 万人，比上年 3.54 万人新增 0.21 万人，增幅为 5.9%，城镇登记失业率控制在 4.4% 以内；全年完成劳务输出 55.6 万人次，比年初计划增加 3.6 万人次，增幅为 6.9%，其中有组织的输出 8.32 万人次，全区劳务收入达到 6.7 亿元。

（一）明确责任，强化目标管理

2003 年年初，宁夏回族自治区人民政府把新增就业 4.5 万人，城镇登记失业率控制在 4.4% 以内，劳务输出 52 万人次，作为为人民群众办的 12 件实事之一公开向社会承诺。为了保证目标任务的完成，各市县都把净增就业

岗位、落实再就业政策、强化再就业服务、加大再就业资金投入和帮助困难群体就业5项具体工作目标层层分解，作为考核各级政府和各有关部门工作是否落实的重要内容，从措施办法、资金投入和督促检查等方面给予保证；各级劳动保障部门按照已建立的就业再就业工作督查月报制度，按月通报各市县的工作进展情况，使就业再就业目标实施有了制度保证。

（二）政府促进，分类指导，整体推进

根据宁夏山川差别、城乡差别比较突出和各地就业工作中的实际问题，自治区劳动保障厅在自治区政府的安排部署下，先后与下岗失业人员较多、就业再就业任务艰巨的石嘴山市密切配合，承办了全区就业再就业工作现场会，推介石嘴山市就业和再就业工作中的成功经验；与农村剩余劳动力较多的固原市配合，承办了全区劳务输出工作现场会，现场观摩了固原市劳务输出工作；在银川市召开了援助“4050”困难群体再就业座谈会，观摩、推介银川市援助“4050”人员再就业的好做法；9月底，召开了国有企业下岗职工出中心再就业安排部署会议，下半年为4 323名下岗职工顺利出中心并妥善安置其再就业制定了政策措施和工作程序；在西吉县召开了劳务输出基地建设座谈会，在银川市召开了维护劳动者合法权益现场会。力求以现场会的形式推介先进典型、推广新鲜经验，分地区、有重点地打开工作局面，推动就业再就业各项政策全面落实，探索做好就业再就业工作的新路子。

（三）市场就业机制初步形成，就业服务功能不断完善

2003年，宁夏充分发挥劳动力市场导向作用，为用人单位和有就业愿望的劳动者提供中介服务。各级劳动保障部门及公共就业服务机构针对下岗失业人员的特点，组织职业介绍洽谈会，开展送岗位、送信息和政策宣传活动，免费为下岗失业人员开展求职登记、职业指导、职业介绍、档案托管、失业保险金领取、社会保险关系接续等“一站式”服务和承诺服务。对就业困难群体实行免费职业介绍和劳动保险事务代理，开设了“4050”人员和大中专毕业生就业服务窗口。全年共举办了50多次就业再就业洽谈会，为下岗失业人员提供5.4万多个就业岗位，近6 000多名下岗失业人员和用人单位达成了用工协议。

（四）加大区内劳务协作力度，推动劳务输出工作

2003年，由于受“非典”疫情的影响，宁夏回族自治区的劳务输出工作遇到了很大的困难。为了合理配置劳动力资源，增加农民收入，自治区人民政府决定组织10万名农民工参加区内重点项目工程建设。自治区劳动保障厅承担了组织工作，积极与有关部门密切配合，协调有关厅局与劳务输出任务重的市县签订了用工协议，加大劳动保障执法监察力度，确保农民工工资能按期支付，维护了广大农民工的合法权益。区内的劳务协作有效地增加了农民收入，受到山区农民的欢迎。

（五）统筹兼顾，将大中专毕业生纳入劳动就业范畴

大中专毕业生就业问题涉及千家万户，是社会、家庭关注的热点问题，宁夏回族自治区党委、政府对此高度重视。2003年，自治区政府《关于进一步做好普通高等院校毕业生就业工作的通知》下发以后，自治区劳动保障厅积极联系协调，在区内确定了接收毕业生就业培训实习的企业共49家，涉及专业60多个，提供培训实习岗位2 065个。同时，和自治区教育厅共同向社会发布了相关信息。在区外驻北京、上海、福建、广东等劳务管理处共发回用人信息160余条，提供就业岗位2 400多个，其中适合大学毕业生就业的岗位694个，境外就业岗位80多个。组织2 425名职业院校的毕业生参加了全区统一鉴定考试，大部分毕业生取得了国家职业资格证书，为职业学校毕业生实现自主就业创造了条件。8月16日至20日，全区各级公共职业介绍机构还举办了“2003年宁夏下岗失业人员和大中专毕业生就业洽谈会”，共提供就业岗位27 270个，进场求职的各类人员25 513人。通过组织招聘

会、洽谈会等方式，2003年，自治区劳动就业部门共帮助200多名大中专毕业生到区外就业，协调38名应届普通高等院校毕业生到区内企业参加培训实习。

三、就业培训工作不断深化

2003年，宁夏回族自治区培训城镇各类失业人员3.2万人，比上年2.9万人增加0.3万人，增幅为10.3%。其中培训下岗失业人员1.08万人，培训合格率达到90%，培训后的再就业率达到62%。年内共组织1.71万各类院校毕业生和企业、社会、机关事业等单位职工参加了职业技能鉴定，有1.62万人取得职业资格证书，获证率为51.3%。为了提高劳动者的就业竞争力，自治区进一步加大培训工作力度，充分发挥各类职业培训学校就业训练中心和社会力量办学单位的作用，积极实施“三年六万”培训计划，狠抓培训质量和效果，有针对性地开展下岗失业人员职业技能培训、订单培训、创业培训、街道社区服务人员就业培训及劳务输出前的培训，增强广大下岗失业人员和农村剩余劳动力的就业能力。并将培训范围拓宽到大中专院校从事就业指导的教师和农村劳动力转移服务机构，提高了他们的职业指导水平和业务素质。

四、社会保险工作稳步推进

（一）养老保险覆盖面进一步扩大

2003年，宁夏回族自治区养老保险参保职工达到46.45万人，当期新增扩面1.16万人；全年征缴基本养老保险费达到11.15亿元，完成全年目标任务的111.17%，比上年10.02亿元增加1.13亿元，增幅为11.18%。其中：当期应缴纳基本养老保险费10.89亿元，实际征缴10.35亿元，征缴率为95%，比上年同期增收1.03亿元，增长11.05%。社保基金征缴力度进一步加大，截至2003年年底，全区共清理历年欠费8 000万元，与上年同期相比增收919万元，增长12.82%，完成全年目标任务的103.44%。

2003年，宁夏回族自治区从制度建设入手，针对养老保险工作中存在的新问题和一些历史遗留问题，下发了《关于完善我区城镇企业职工基本养老保险政策有关问题的通知》，进一步完善了养老保险政策。拟定、报批了《关于推进企业退休人员社会化管理服务工作的意见》，全区社会化管理服务面达到40%以上。在社会保险基金征缴方面，加大了缴费基数的稽核清欠力度，创办了基金征缴大厅，方便了参保职工。

（二）医疗保险的社会效能进一步显现

2003年，宁夏回族自治区劳动保障厅制定并以自治区政府名义相继出台了《关于城镇从业人员个人缴费参加医疗保险的意见》（宁政办发［2003］51号）、《宁夏回族自治区城镇职工基本医疗保险定点医疗保险机构管理办法实施细则》等相关政策措施。这些政策措施的出台实施，进一步完善了医疗保险政策。截至2003年年底，全区已有20个市、县的48.05万名在职职工和退休人员参加了基本医疗保险，其中在职职工35.38万人，退休职工12.67万人。全区基本医疗保险收入28 104万元，其中当年征缴26 392万元，收缴率为95.8%，清理历年欠费555万元，清欠率为41.5%。离休干部医疗费按规定实报实销。城镇职工基本医疗保险统筹基金全年支出21 653万元，基本做到了收支平衡、略有结余。

（三）在重点推进医疗保险制度改革的同时，工伤、生育、失业保险也都有了长足的发展

截至2003年年底，宁夏开展工伤保险的有：银川市、永宁县、石嘴山市、盐池县、泾源县5个市县，参保人数为15.22万人。生育保险仍在银川市试点，2003年全年参加生育保险的职工达15.07万人，征收生育保险费344万元，支付生育保险金265万元。失业保险的保障功能得到了充分发挥，对部分市县失业保险基金管理工作中存在的问题进行了督查和整改，全区参加失业保险的人数达到36.33万人，全区共征缴、清欠失业保险费7 421.39

万元，征缴率达到93%。全年共为1.57万名下岗失业人员发放失业保险金2 305万元。

（四）妥善解决困难群众的生产和生活问题

2003年，宁夏针对困难群体就业、社会保险方面出台了一系列政策措施。国有企业下岗职工基本生活保障向失业保险并轨工作取得了突破性进展，采取政府购买公益性岗位，实施再就业援助等办法，促使出中心的下岗职工顺利地实现了再就业。为认真解决就业困难群体特别是“4050”人员就业难问题，加大了政府购买就业岗位和清理机关事业单位治安、卫生、收发等就业岗位的工作力度。政府开发购买的托幼、绿化、保洁等公益性岗位和机关事业单位、企业腾出的门卫、保安等岗位，优先安置“4050”人员和困难下岗职工就业，并给予安置人员社会保险补贴和用人单位岗位补贴。提请自治区人民政府发布了《关于妥善解决困难企业职工医疗保险有关问题的意见》（宁政办发［2003］50号），适度调整了死亡职工遗属生活费标准、下岗职工基本生活费标准和失业保险金标准，为困难群众提供了实实在在的帮助。

（五）积极推进企业退休人员社会化管理服务工作

根据《关于贯彻落实中办发［2003］16号文件有关问题的通知》（劳社部发［2003］20号）要求，为积极推进和规范企业退休人员社会化管理服务工作，宁夏回族自治区劳动保障厅积极参与了方案的制定和调研，并积极做好各项准备工作。研究制定全区的总体实施方案，并根据不同地区和企业的情况提出不同的要求，做好政策指导。选择银川市、石嘴山市进行试点，并将一些经济效益较好的大中型企业集团作为推进社区管理工作的重点，先形成服务模式，逐步过渡，最后移至社区。

五、高举维权旗帜，切实维护劳动者的合法权益

劳动保障监察、劳动争议处理工作为消除矛盾、化解纠纷、维护劳动者和用人单位双方合法权益，确保社会稳定发挥了应有的作用。2003年，宁夏完善了劳动仲裁三方办案制度，提高了案件审理质量。截至年底，全区城乡企业签订劳动合同62.14万人，其中：城镇企业签订劳动合同50.1万人，签订率达到99.6%；乡镇企业签订劳动合同1.65万人，签订率为91.6%；私营企业签订劳动合同3.4万人，签订率为58.2%；个体工商户签订劳动合同4.2万人，签订人数占同口径人数的45.2%。有1 432户企业与职工签订了集体劳动合同，涉及职工42.15万人。2003年以来，宁夏把追讨克扣、拖欠农民工工资作为维权的重点，通过在银川市召开维护劳动者合法权益现场会，有力地促进了维权工作。全区各级劳动保障监察队伍全年为63 820名农民工追回拖欠工资7 637万元。全区各级劳动保障部门共受理劳动争议案件567件，其中结案557件，结案率为98%。信访工作为化解矛盾、维护稳定做出了积极贡献。

六、积极创新劳动保障工作环境

2003年，宁夏回族自治区劳动和社会保障厅党组高度重视，将创新劳动保障工作环境摆上重要议事日程，进行了全面部署。相继成立了厅创新劳动保障工作环境领导小组及领导小组办公室和行政审批事项及政策性文件清理调研工作小组、政事分开调研小组、政务公开调研工作小组、集中服务调研工作小组4个工作机构，通过学习考察、调查研究、群众酝酿、民主讨论，先后制定了《宁夏回族自治区劳动和社会保障厅政务公开实施方案》《宁夏回族自治区劳动和社会保障厅政务集中服务方案》等工作方案和多项政务服务及对外办事制度。通过精心筹备，自治区劳动保障厅政务服务大厅于10月正式成立运行。政务服务大厅遵循业务公开、一门受理、分工协作、统一办理结果、统一印章文书的办事原则，实行“一站式”服务和及时办结、限时办结的方式，承担的主要职能是对劳动保障工作政策法

规的咨询、查询和宣传，劳动保障行政审批和办理事项的受理、办理、告知以及方便服务对象办事的各种延伸服务。劳动保障厅机关的32项业务中，有29项集中在政务大厅办理，实行劳动保障业务一门受理，办理结果由大厅统一对外出具。这种做法在全国省级劳动保障厅还是首例。既最大限度地实行了政务公开，又方便了群众办事，也提高了工作效率，群众和社会反响较好。劳动保障政务服务大厅的运行，进一步深化了劳动保障制度改革，建立了规范透明的政策环境、优质高效的服务环境、公平有序的市场环境、依法办事的法制环境、文明诚信的人文环境，树立了劳动保障系统执政为民的良好社会形象，从而使“群众利益无小事”的理念得到了很好的贯彻实施。

七、大力加强劳动保障政策宣传工作

为了保证各项政策措施的贯彻落实，宁夏各地把2003年作为再就业优惠政策落实年，进一步加强了宣传工作，充分利用各种新闻媒体，采取各种方式，开展了一系列宣传活动。劳动保障部门将中央和自治区制定的优惠政策编印成册，向有关部门和社会广为散发。通过大力宣传促进就业和再就业工作的典型和下岗失业人员自谋职业、自主创业的典型，推进市场就业机制的不断完善，积极引导下岗失业人员转变就业观念，使他们多渠道、多形式地实现就业和再就业。

八、劳动保障自身建设不断加强

劳动保障工作之所以能取得今天这样的成就，得益于我们有一支特别能吃苦、特别能战斗的劳动保障干部队伍。2003年是领导最重视、工作力度最大、政策出台最多、资金投入最多的一年，也是劳动保障系统干部最苦、最累的一年。劳动保障系统的干部职工发扬艰苦奋斗的光荣传统，努力践行“三个代表”重要思想，以维护最广大人民群众的根本利益为己任，不断加强学习，提高自身政治理论和业务素质，精神文明建设取得了丰硕成果。

一是认真组织党员干部学习十六大报告、“三个代表”重要思想、胡锦涛总书记学习考察西柏坡时的重要讲话和《毛泽东、邓小平、江泽民关于艰苦奋斗、居安思危、保持党同人民群众血肉联系的论述》。按照“两个务必”和“八个坚持、八个反对”的要求，联系思想工作实际，进行学、查、改，并制定了切实可行、针对性强的整改措施。同时，把机关思想作风整顿活动和“学习郑培民做人民满意的劳动保障人”及“创先争优”活动结合起来，充分调动党员干部的积极性，推进各项劳动保障工作的完成。

二是积极推进行政审批制度改革，在全面清理行政审批事项上下工夫。2003年，宁夏回族自治区劳动保障厅清理了自1988年以来的各类文件5 123份，在此基础上清理出行政审批事项56项。按照行政审批事项改革的要求，该取消的取消，该保留的保留，该下放的下放，该简化手续的简化手续。经两次厅务会逐项研究、党组会审定，清理出的56项行政审批事项中，保留35项，调整12项，下放2项，取消14项，改变办理方式3项，划出2项。对仍保留的行政审批事项，从事项名称、审批依据、申报条件和所需材料、办理程序、办理时限、责任处室和责任人及投诉举报方式等方面都作了进一步明确和规范，并在《宁夏日报》《宁夏劳动保障政务信息网》上公开，为2004年7月1日开始实施行政许可法打下了良好的基础。

三是制定了《劳动保障厅创新经济发展环境五项制度》，即岗位责任制、首问责任制、限时办结制、责任追究制、绩效考评制。对涉及服务基层和群众的办理事项，在办理时限、服务质量、投诉举报和责任追究等方面都作出了承诺，主动接受服务对象和社会的监督。

四是党风廉政建设工作常抓不懈。2003年，宁夏回族自治区劳动保障厅党组把抓党风廉政建设和反腐败工作作为践行“三个代表”重要思想，推动劳动保障工作的龙头来抓，认

真贯彻落实中共中央、自治区关于党风廉政建设和反腐败工作的部署，加强领导，明确职责，从抓教育、抓制度、抓创新等方面入手，狠抓党风廉政建设各项任务的落实，取得了良好的效果。厅党组一班人在认识上明确，在实际工作中坚持把党风廉政建设与劳动保障业务工作一起研究、一起部署、一起督促检查、一起总结考核，形成了“两手抓”“两手都要硬”的工作格局。在抓党风廉政教育方面，更加注重针对性和实效性，在教育的方式上，突出了“四个一”的特点，即：一个灌输，一个引导，一个警示，一个制约。并在自治区劳动保障系统开展了牢记“两个务必”、践行“三个代表”重要思想为主题的多种形式的党风廉政教育系列活动。

2003 年，宁夏的劳动保障工作是任务非常繁重的一年，也是取得显著成绩的一年，是各项工作全面驶入快车道的一年。2003 年的工作，必将为今后劳动保障各项工作打下坚实的基础。但依然存在着一些困难和问题，主要是就业形势依然严峻，市场就业的机制需进一步完善，劳动力素质有待于进一步提高；社会保险扩面征缴缺乏强有力的手段，基金支撑能力较弱；一些劳动者的合法权益受到侵害得不到及时纠正的现象依然存在。这些问题和困难，宁夏劳动保障部门将在今后的工作中认真研究解决。

（宁夏回族自治区劳动和社会保障厅）

新疆维吾尔自治区

2003年，在新疆维吾尔自治区党委、政府的领导下，全区各级劳动保障部门以“三个代表”重要思想为指导，认真贯彻全国和自治区再就业工作会议精神，继续巩固两个确保，加大就业再就业工作力度，落实再就业优惠政策，积极推进社会保障体系建设，加大劳动保障法制建设，使自治区劳动和社会保障的各项工作都取得了新的进展，为维护自治区的改革、发展、稳定大局做出了贡献。

一、两个确保继续巩固

2003年，新疆维吾尔自治区各级劳动保障部门，按照中央关于两个确保“三不变”的原则，与有关部门密切合作，想方设法筹措资金，同时加强了对各地基本养老保险基金的调剂，巩固养老金社会化发放成果，确保了国有企业下岗职工基本生活保障金和企业离退休人员养老金按时足额发放。全区先后为8.58万名国有企业下岗职工支付基本生活保障金4.68亿元，其中代缴社会保险费2.14亿元。为企业39.4万名离退休人员发放养老金36亿元。全区企业离退休人员养老金社会化发放率继续保持100%。

二、就业再就业工作目标任务超额完成

（一）就业和再就业

2003年，新疆维吾尔自治区各级劳动保障部门通过各种途径实现就业和再就业37.09万人（地方28.94万人、兵团8.15万人），完成全年35万人就业任务的106.59%。其中，下岗失业人员再就业17.65万人（含兵团5.4万人），占实现就业总人数的47.58%。城镇登记失业率为3.8%。按就业人员类别划分，全区城镇新成长劳动力就业3.89万人，下岗失业人员就业17.65万人，大中专毕业生就业4.27万人，技校毕业生就业1.28万人，军队转业干部、复员退伍军人就业0.68万人，企业分流安置富余职工就业1.87万人，就业转失业人员就业7.45万人。按经济类型划分，国有经济单位就业3.04万人，占已就业人员总数的8.2%；集体经济单位就业3.76万人，占已就业人员总数的10.14%；个体、私营及“三资”经济组织就业18.59万人，占已就业人员总数的50.12%；其他经济组织就业11.7万人，占已就业人员总数的31.54%。按产业划分，第一产业就业3.96万人，占已就业人员总数的10.68%；第二产业就业8.48万人，占已就业人员总数的22.86%；第三产业就业24.65万人，占已就业人员总数的66.46%。按就业形式划分，全区实现稳定就业13.87万人，占37.40%，灵活就业23.22万人次，占62.60%。2003年，全区农村劳动力外出就业人数356 965人，外来劳动力就业人数571 576人，境外就业2 614人。

（二）落实再就业优惠政策

2003年，新疆维吾尔自治区狠抓再就业政策的落实，有力地推动了全区的就业再就业工作。一是下岗失业人员《再就业优惠证》发证率已达93%。全区符合领取《再就业优惠证》条件的下岗失业人员有21.7万人（其中兵团5万人），已有20.18万名下岗失业人员领取了《再就业优惠证》（含兵团3.48万

人)，发证率为93%（其中地方发证率为100%）。二是街道、社区劳动保障平台建设基本实现机构、人员、经费、场地、制度、工作“六到位”。全区已建立街道（乡镇）、社区劳动保障工作机构2 140个，街道（重点镇）、社区组建率达到100%，其中，街道劳动保障工作机构135个，乡镇劳动保障工作机构331个，社区劳动保障工作站1 674个；共配备专兼职人员3 131人，其中，专职人员占87%，兼职人员占13%。三是小额担保贷款已全面启动。全区15个地、州、市都建立了担保基金，共筹集担保基金1.16亿元，其中兵团筹集1 500万元。全区15个地、州、市全面启动了小额担保贷款，已有2 452名下岗失业人员获得了小额担保贷款，共贷款3 858.2万元。四是“4050”就业困难群体援助工作力度加大。全区统一开展“4050”就业困难人员就业帮扶活动，各地紧紧依托街道社区平台，积极开发公益性岗位帮助“4050”人员实现再就业。全区有再就业要求的“4050”下岗失业人员3.36万人，其中地方1.98万人，已实现再就业1.85万人，再就业率为93.3%，完成了“4050”人员基本实现再就业的目标计划。五是税费减免、社保补贴、岗位补贴政策得到全面落实。在已领取《再就业优惠证》的20.18万人中，通过享受优惠政策自谋职业实现就业再就业的9.06万人。全区累计支付社会保险补贴资金939.4万元，岗位补贴资金3 001.3万元，再就业培训补贴资金3 722.9万元，职业介绍补贴资金776.4万元，劳动力市场建设资金3 363.4万元。六是积极开展再就业服务。全区各级公共职业介绍机构免费职业介绍12.43万人，职业指导24万人次。

三、完善社会保险制度成效显著

（一）养老保险

2003年，新疆维吾尔自治区劳动和社会保障厅进一步完善基本养老保险的政策规章，出台了《新疆维吾尔自治区企业退休人员社会化管理服务暂行办法》《新疆维吾尔自治区地方国有农牧企业参加基本养老保险社会统筹实施办法》《关于灵活就业人员和自由职业者参加基本养老保险社会统筹的通知》《关于外来工和农民工参加基本养老保险社会统筹的通知》《关于事业单位和国有企业改制中职工参加基本养老保险社会统筹有关问题的通知》，下发了《关于进一步做好企业离休干部与自治区行政机关离休干部离休费待遇平衡工作的通知》《关于民营企业统一执行自治区基本养老保险交费费率的函》《关于军队复员退伍人员重新工作后工作时间和工龄计算的函》等一系列政策性文件。进一步强化了基本养老保险的制度建设。截至12月底，全区养老保险参保人数为158.8万人（含离退休人员），比上年净增4.88万人，完成年计划的97.6%。全年养老基金应征缴32.27亿元，实际征缴31.56亿元，基金征缴率为97.8%。离退休人员39.4万人，比上年净增6 100人。全年支出养老金36亿元，确保养老金100%发放。养老金社会化发放人数为37.44万人，社会化发放率为99.5%。2003年，企业退休人员社会化管理目标为28万人，已实现社会化管理服务的退休人员为28.6万人，超额完成了任务，全区社会化管理服务率达到78.2%。

（二）失业保险

2003年，新疆维吾尔自治区继续加大对失业保险工作的宣传力度，编印了《失业保险政策问答》《失业保险宣传手册》共7.5万本，免费发放到各地、州、市。截至年底，参加失业保险人数为135.13万人，比上年净增5.82万人，超额完成了自治区人民政府和劳动保障部下达的覆盖135万人的目标任务。全区参加失业保险人员中，企业占63.1%，事业占36.5%，其他占0.4%。2003年，全区新增领取失业保险金人数5.25万人，国有企业领取人数占新增领取人数的98%。其中领取失业保险金的下岗转失业人员比上年增加1 298人，同期增幅为12%。全区为7.97万名失业人员发放失业保险金和支付其他失业保险待遇资金1.57亿元。停止领取失业保险金人数为4.02万人。截至12月底，全区失业保险基金收入48 516.47万元，超额完成了收入4亿元的目标任务。其中，失业保险费收入47 191.46万元，比上年同期增加5 988.3万元，增长14.5%。全年失业保险应缴额47 329.05万元，实际缴额44 738.42万元，收缴率为94.5%。补缴历年欠费2 453.04万元，清欠率为54%。截至年底，全区15个地、州、市（除昌吉、吐鲁番）已有13个地、州、市实现了失业保险地级统筹。

（三）医疗保险

2003年，新疆维吾尔自治区坚持城镇职工基本医疗保险制度改革和医疗卫生、药品生产流通体制改革“三改并举”的方针，着力完善基本医疗保险制度，强化医疗保险基础管理，加大监督检查力度，完成了各项工作目标任务。截至年底，自治区14个地、州、市（不含石河子市）参加基本医疗保险职工人数达到176.18万人。其中，在职职工131.05万人，退休职工45.13万人，为应参保职工人数的86.86%，比上年增加了28.14万人，增幅为19.01%，超额17.46%完成了劳动和社会保障部、自治区人民政府下达的医疗保险扩面150万人的目标任务。截至12月底，全区14个地、州、市（不含石河子市）共有基本医疗保险定点医疗机构1 414家，基本医疗保险定点零售药店303家。

（四）工伤、生育保险

2003年，新疆维吾尔自治区出台了《新疆维吾尔自治区〈工伤保险条例〉实施办法》，工伤参保人数为31.83万人，比上年同期增加了2.32万人，完成年计划的23.22%。工伤基金收缴2 248万元，支出1 161万元，基金累计结余7 290万元。享受工伤待遇人数为593人。实行地区工伤保险统筹管理的有乌鲁木齐市、阿克苏地区和伊犁地区。截至12月底，全区已开展城镇职工生育保险的有吐鲁番地区、阿克苏地区、阿勒泰地区、喀什地区、乌鲁木齐市、克孜勒苏州和塔城地区，参加生育保险的职工人数达到32.14万人，比上年增加了2.42万人，增幅为8.15%。其中，乌鲁木齐市、阿克苏地区实行了生育保险的地级统筹。

四、职业技能培训力度加大

2003年，新疆维吾尔自治区立足于提高劳动者的就业能力、创新能力和创业能力，大力开展职业技能培训，全面推行职业资格证书和就业准入制度，启动和实施高科技人才培训工程，积极开展职业技能竞赛活动，为自治区职业培训工作的转机、振兴、突破和扩张打下了坚实的基础。全区培训各类人员97.23万人，完成全年目标任务的120.3%。其中，就业再就业培训41.38万人，有30.03万人培训后实现了就业再就业。全区地方新鉴定和发放职业资格证书6.95万本，全区技术岗位职业资格证书持有人数49.08万人，约占从业人员总数的20.8%。全区完成高级技能人才培训1.2万多人，使高级技能人才达到8万多人，约占技术技能岗位从业人员的5.1%。开展了117个职业工种技能竞赛活动，参赛人数达19.7万人。新疆维吾尔自治区的韩玲、赵军两名选手分获蜡染、中式烹调全国竞赛第一名，荣获“全国技术能手”称号。韩玲还代表中国队赴印度参加了“世界第六届残疾人职业技能大赛”，获优秀奖。

五、劳动关系调整和企业收入分配制度改革继续推进

2003年，新疆维吾尔自治区积极推进集体协商和集体合同制度，完善劳动关系三方协调机制，确保了劳动关系三方协调工作的顺利开展。认真贯彻落实《自治区劳动合同管理办法》，依法加强劳动合同管理，推进了劳动合同管理的法制化、规范化。国有企业、大集体企业及大中型企业的劳动合同签订率达到90%以上。加强劳动争议预警预报，大力推进劳动争议调节组织建设，完善劳动争议处理制度，及时依法处理劳动争议案件，全年审理结

案2 826起，结案率为91.7%。积极构建市场化的工资决定机制，有11个地、州、市推行了工资指导线和劳动力市场工资指导价位制度。继续强化最低工资制度的贯彻实施，向全社会发布了自治区非全日制用工小时最低工资标准，向自治区人民政府提出了调整自治区企业最低工资标准的意见。指导企业积极推行经营者年薪制，自治区已审批了51家区属企业的经营者年薪收入方案。

六、劳动保障监察执法力度不断加大

2003年，新疆维吾尔自治区通过劳动保障监察登记制度和目标责任制、劳动保障检查年审、专项检查、日常巡视监察、群众举报检查等形式，加大劳动保障监察执法力度，维护劳动者的合法权益。全区各级劳动保障监察机构对1.87万户各类用人单位进行了年审，向4 012家用人单位提出整改意见24 100多条，补签劳动合同7.4万人；补缴社会保险费8 500多万元；立案查处举报案件4 618起，结案4 412起，结案率为95.5%。对3 760户个体工商户进行了排查，查处非法使用童工案件214起，涉及童工293人。检查从事职业中介活动的组织262家，对98家中介组织下达了限期整改指令书和行政处理决定。按照自治区党委、自治区人民政府和劳动保障部的要求，开展了对农民工工资支付情况的专项检查，全年追缴拖欠职工工资2.98亿元，其中追缴拖欠农民工工资2.57亿元，维护了农民工的合法权益。

七、劳动保障法制建设取得新进展

2003年，新疆维吾尔自治区颁布实施了《集体合同条例》，重新修订了《新疆维吾尔自治区劳动合同管理办法》，出台了《新疆维吾尔自治区〈工伤保险条例〉实施办法》《新疆维吾尔自治区城镇职工生育保险办法》，自治区劳动保障厅会同自治区建设厅制定下发了《新疆维吾尔自治区预防和制止建筑企业拖欠职工工资的若干规定》，下发了《新疆维吾尔自治区劳动力市场管理规定实施细则》。劳动保障普法任务得到落实，按照《自治区劳动保障系统2003年度普法工作安排》，开展了劳动保障“四五”普法教育和考核工作。全区劳动保障部门参加普法考核的干部职工8 200多人，合格率为93%。依法加强行政复议等行政执法监督工作。全区共受理行政复议案件57起，结案49起。

八、各项基础工作取得新成效

2003年，新疆维吾尔自治区劳动保障信息化建设稳步推进，“金保工程”建设已取得新成就。投资3 000万元的首期工程全面实施，机房建设、总集成及产品供货项目已完成，应用系统开发与实施，办公自动化项目需求分析已基本完成，即将进入设计、编码阶段。11个地、州、市制定了“金保工程”建设规划方案，部分地、州、市已着手实施。社会保险业务管理得到加强，业务流程进一步规范，工作效率和服务质量有了新的提高。劳动保障政策宣传力度加大，组织开展了再就业、职业培训、规范劳动合同、企业退休人员社会化管理服务、维护劳动者合法权益、《工伤保险条例》等声势较大的专项宣传活动，有力地支持了业务工作的开展。统计信息、信访等工作也取得了新的成绩。

（新疆维吾尔自治区劳动和社会保障厅）

新疆生产建设兵团

2003年，新疆生产建设兵团各级劳动保障部门在兵团党委的领导下，以邓小平理论和“三个代表”重要思想为指导，认真贯彻党的十六大和十六届三中全会精神，按照国家劳动和社会保障部的安排部署，紧紧围绕兵团改革、发展、稳定的大局，明确目标，突出重点，团结奋斗，开拓创新，圆满地完成了各项任务，开创了兵团劳动保障工作的新局面。

一、积极推进就业再就业工作

2003年，兵团各级劳动保障部门认真贯彻落实全国再就业工作会议和兵团再就业工作会议精神和国家、自治区及兵团的各项就业再就业政策，制定了具体措施，为全面做好兵团就业再就业工作提供了政策保证。加强了对《再就业优惠证》的规范管理和再就业资金的投入，在中央财政的大力支持下，全面启动了小额担保贷款，全年有520人申领到小额担保贷款。对“4050”就业困难群体开展多种形式的就业和再就业帮扶援助活动，积极开展了有针对性、实用性和有效性的再就业培训和创业培训，提高下岗失业人员的就业和创业能力。进一步完善就业服务和基础设施建设，为下岗失业人员提供就业服务。通过宣传、引导，下岗失业人员的就业观念有所转变。继续完善各方协调、定期通报和督促检查“三项制度”，初步形成了各部门分工协作、全社会齐抓共管的工作格局，确保了各项目标的落实。在确保年初5.2万名下岗职工基本生活并为其代缴社会保险费的基础上，超额完成了各项就业再就业指标：通过各种途径实现就业8.14万人，安置下岗失业人员5.42万人（其中“4050”人员再就业3 370人），新增劳动力就业2.73万人，分别完成全年计划的111.19%、108.49%（141%）和116.95%。城镇登记失业率控制在3%以内。与此同时，统筹兼顾，认真做好高校毕业生的就业工作。2003年，全兵团共安置未就业的大中专毕业生到团场一线就业6 581人，其中安置地方大中专毕业生2 660人。兵团的就业和再就业工作受到中央督查组的好评。

二、社会保险工作取得较大进展

（一）养老保险

2003年，兵团继续确保企业离退休人员养老金按时足额发放和社会化发放；开展了原国有单位职工脱离原单位后补缴养老保险费工作；制定了机关事业单位聘用人员、灵活就业人员、自由职业者和外来人员的参保政策；全面推进离退休人员社会化管理工作，创建了具有兵团特色的离退休人员社会化管理模式，实现社会化管理人数为35.90万人，覆盖面达87%，超额完成劳动保障部下达的任务。截至2003年年底，兵团参加基本养老保险的在职职工657 272人，实际缴费人数634 548人，离退休人员435 152人。2003年，基本养老保险基金征缴收入156 156万元，基金收缴率为98.9%，兵团离退休人员基本养老金全年支出325 772万元。全年完成补缴历年欠费6 209万元，清欠率为64%，当年新增欠费1 733万元，期末累计欠费5 154万元。

（二）失业保险

2003年，兵团参加失业保险的人数为

51.40 万人，征缴收入为10 141万元，领取失业保险金人数为 17.66 万人次，比上年增加 5.07 万人次。

（三）医疗保险

按照“扩大范围、完善政策、强化管理、平稳运行”的工作思路，2003 年，兵团狠抓扩面征缴工作，完善政策体系建设，加强“两定”基础管理，强化了督促检查，初步建立起适应兵团事业发展需要的、覆盖广大职工的、多层次管理的基本医疗保险制度。截至 2003 年年底，兵团医疗保险参保人数为 100.3 万人，其中，参保在职职工 60.03 万人，参保离退休人员 40.1 万人。基本医疗保险基金收缴率达 99.24%；补缴医疗保险费 795 万元，补缴率为 93.97%。

（四）工伤保险

2003 年，兵团在继续做好工伤认定、劳动鉴定、工伤保险待遇正常及时支付的基础上，重点开展了《工伤保险条例》启动实施前的各项准备工作，确保工伤保险平稳运行。兵团参加工伤保险职工为 53.57 万人，享受工伤保险、职业病待遇人数为 0.12 万人，工伤保险基金收缴率达 99.6%；补缴历年欠费 404 万元，清欠率为 58%。

（五）生育保险

2003 年，兵团按照“以收定支、收支平衡”的原则，实行统一参保、统一管理。基金管理实行了分定费率、分别列账、分开支付的管理办法，进一步规范管理，加大了生育保险覆盖面，确保女职工的切身利益，计划生育 4 项手术费用已纳入基本医疗保险管理。兵团参加生育保险职工为 53.53 万人，享受生育保险待遇人数为 1.62 万人，生育保险基金收缴率达 99.55%；补缴历年欠费 517 万元，补缴率为 70%。

三、加强劳动关系调整和劳动保障监察工作，维护劳动者的合法权益

2003 年，兵团制定下发了《新疆生产建设兵团劳动合同管理办法（试行）》，为全面规范劳动关系奠定了基础。调整、充实了劳动关系三方协调委员会，制定了《新疆生产建设兵团劳动争议仲裁办案规则》等 10 余个办法，进一步规范了劳动争议处理工作。2003 年，兵、师两级劳动争议仲裁委员会共立案处理劳动争议 712 件，结案 691 件，结案率为 97.05%，其中，裁决结案 456 件，调解结案 93 件，其他方式结案 142 件。集体劳动争议 18 件，涉及劳动者 168 人，分别下降了 57.14% 和 86.67%。立案处理行政复议案件 31 起，结案率达 100%。加大了劳动保障监察力度，对在检查中发现的侵害职工权益的问题进行了及时处理，切实维护了劳动者的合法权益。全年共检查各类用人单位2 393户，涉及员工 26.32 万人；接受群众举报1 080件，立案 610 件，结案率为 90%；督促企业新签订劳动合同 5.1 万份；为民工追回被拖欠的工资 1 245万元；督促企业缴纳社会保险费1 633万元。继续推进企业工资收入分配制度改革，加强对企业职工工资的宏观管理，继续推进劳动力市场工资指导价位和企业人工成本管理预测预警试点工作，团场职工工资收入分配逐步理顺。妥善做好关闭破产企业职工的安置工作，认真处理群众来信来访，维护了社会稳定。

四、社区平台建设和劳动力市场建设速度加快

2003 年，兵团加强对社区平台建设的统一规划和指导，加快建立具有兵团特色的社区劳动保障平台建设步伐。截至年底，兵团已建立社区劳动保障工作站（所）366 个，在政策宣传、就业服务、离退休人员社会化管理服务方面开始发挥重要作用。按照国家劳动力市场“三化”建设要求，根据各师地域分布，兵团规划建立劳动力市场 13 个，兵、师两级已建成劳动力市场 11 个。各级劳动就业服务机构建立健全了下岗失业人员求职登记、用工信息、技能培训、推荐安置、社保接续“五个台账”和下岗失业原因、家庭状况、就业意愿、安置去向“四个清”以及“一站式”就业服务。截至2003年年底，全兵团开展下岗失业人员免费职业介绍4.8万人（次）；免费职业指导6.4万人（次）；举办各类下岗失业人员求职和劳务洽谈会23场，参加交流活动人数4.1万人（次），通过现场交流实现就业0.9万人。同时，自行设计开发了《兵团劳动档案管理系统软件》，顺利完成了兵团劳动力市场信息管理系统的统一采购和新增网络设备的安装调试工作，确保了网络操作系统和应用软件的正常运行。

五、职业培训工作取得了较好成效

2003年，兵团注重对团场职工业余技校工作的指导，发挥团场职工业余技校的作用。全兵团共有团场职工业余技校160所，注册学员8万人，开展各类培训16万人次，初步形成了师、团、连的培训体系。积极开展再就业培训和创业培训，全年培训下岗失业人员2万人，培训再就业率为60%；开展创业培训班36期，培训学员906人。加强了工、交、建、商企业在职职工的职业技能培训。实施国家职业资格证书制度和就业准入制度，积极组织协助各行业开展多种形式的适应企业生产需要的专业技能培训和职工技术等级晋升培训，并在14个行业全面推行职业资格证书制度，初步形成了较完善的培训体系。职业技能鉴定工作逐步加强，全年41 032人经（考核）鉴定取得职业资格证书。2003年，兵团各技工学校实际录取新生2 733人，年末在校学生5 286人。年内组织1 700名毕业生参加“双证”考核，考核合格率达96%。全年毕业2 229人，就业率达100%。

六、劳动力引进、管理工作得到加强

2003年，兵团在广泛开展西部地区劳务协作的基础上，加强省际间的沟通联系，建立了比较稳固的劳务合作关系，外来劳动力引进与管理工作逐步趋向规范。全年，兵、师、团三级有计划、有组织、有目的地从河南、四川、江苏、青海、陕西、山西、甘肃等省引进季节性劳动力43万人，其中从疆内引进季节性拾花工11万人。累计拾花113.8万吨，支付拾花费4.63亿元，拾花工人均纯收入1 000元左右。

（新疆生产建设兵团劳动和社会保障局）

劳动和社会保障
大事记

2003年劳动和社会保障大事记

1月2日至5日　中共中央总书记胡锦涛到内蒙古考察工作。重点就切实解决好群众生产生活问题，不断完善社会保障体系，进一步做好“两个确保”和“三条保障线”工作进行调研。张左己同志陪同考察。

1月2日至4日　国务院副总理温家宝到山西省看望贫困地区农民和城市困难职工。温家宝同志强调，扩大就业和搞好社会保障，是各级党委和政府的重要职责，要坚决落实中央关于鼓励就业和再就业的政策措施，积极发展服务业、中小企业和非公有制经济，使其逐步成为增加就业的主渠道。步正发同志陪同考察。

1月3日　王东进同志主持召开国家协调劳动关系三方会议第4次全体会议。会议增补、调整了国家协调劳动关系三方会议成员，通报第3次三方会议议定事项的落实情况和三方赴各地调研情况，讨论通过了《国家协调劳动关系三方会议办公室工作规则》、《集体协商规则》、2003年工作要点，讨论了《劳动仲裁员管理暂行规定》。

1月3日至19日　张小建同志率中办、国办督查二组先后赴辽宁省和内蒙古自治区，对两省区解决困难群众生产生活问题工作情况进行督促检查。听取辽宁省、内蒙古自治区党委、政府主要负责同志及地市党政领导的情况汇报；召开了座谈会；考察部分企业、社区、劳动力市场、社保机构和再就业基地等。督查结束时，与两省区党政负责同志交换了意见。

1月5日　国务院办公厅发出《关于做好农民进城务工就业管理和服务工作的通知》（国办发［2003］1号）。要求各级建设、劳动保障等有关部门要重点做好对建设施工企业拖欠和克扣农民工工资违法行为的查处工作，严厉打击恶意拖欠、克扣农民工工资的违法行为。加大对农民工劳动合同的监督检查力度，及时受理劳动合同纠纷，用人单位必须以法定货币形式支付农民工工资。

1月7日　国务院办公厅发出《关于转发国家经贸委等部门关于解决国有困难企业和关闭破产企业职工基本生活问题的若干意见》（国办发［2003］2号）。要求地方各级人民政府和有关部门继续落实和完善现有各项政策，通过多种渠道做好对关闭破产企业职工的安置、各项社会保险接续及困难企业职工生活问题。

1月8日　国务院总理朱镕基主持召开国务院第148次总理办公会议，听取辽宁省完善城镇社会保障体系试点工作情况汇报等。张左己、刘永富同志出席。

1月9日至17日　王东进同志代表劳动和社会保障部和中华全国总工会在四川、重庆开展送温暖活动。

1月10日　劳动和社会保障部发出《转发财政部、国家税务总局关于下岗失业人员再就业有关税收政策问题的通知》（劳社部发［2003］2号）。要求各地劳动保障部门结合本地区、本部门的实际情况，研究制定落实办法，为下岗失业人员再就业创造良好的环境。

1月13日至14日　国务院副总理吴邦国在山西省考察工作。张左己同志陪同考察。

1月19日至21日　中共中央政治局常委

黄菊在甘肃省考察工作。张左已同志陪同考察。

1月20日至22日　中澳社会保障基金监管研讨会在上海举行。刘永富同志、澳大利亚家庭和社区服务部部长万斯通女士和上海市副市长冯国勤出席开幕式并致辞。刘永富同志在“中国社会保障制度改革情况”专题中作主旨发言。开幕式后，刘永富同志与万斯通女士共同举行记者见面会并回答记者的提问。

1月22日　劳动和社会保障部发出《关于印发2003年劳动和社会保障工作要点的通知》（劳社部发［2003］1号）。明确了2003年劳动和社会保障工作要继续巩固两个确保，加大就业和再就业工作力度，加快社会保障制度改革步伐，切实维护劳动者的合法权益，协调推进各项劳动保障事业的发展等方面重点工作。

1月24日　张小建同志会见以泰国国家发展党秘书长、国家劳动部部长素瓦·立达攀洛为团长的泰国国家发展党代表团一行，就两国劳动就业、失业保险等方面的问题交换了意见。

1月29日　张左已、张小建同志与来部的全国妇联副主席、书记处第一书记顾秀莲同志就女职工就业与再就业工作交换意见。

2月10日　劳动和社会保障部发出《2003年劳动和社会保障事业发展计划的通知》（劳社部发［2003］3号）。提出全年新增就业岗位800万个，城镇登记失业率控制在4.5%左右，继续巩固两个确保，使全国失业保险参保人数达到10 620万人，养老保险人数达到11 220万人，不断扩大医疗保险覆盖面，力争使全国参保人数达到10 000万人。

2月13日　全国老龄工作委员会第五次全体会议在北京召开，国务院副总理、全国老龄工作委员会主任李岚清出席会议并讲话。张左已同志出席会议并作了题为《深入学习贯彻十六大精神，加快完善社会保障体系》的发言。

2月18日　张小建同志出席全国妇女创业与再就业工作会议，并作了题为《全面贯彻全国再就业会议精神，努力做好就业和再就业工作》的讲话。

2月18日至19日　全国医疗保险工作座谈会在福建省福州市召开，王东进、刘永富同志出席会议，王东进同志作了题为《深入学习贯彻十六大精神，开创医疗工伤生育保险事业新局面》的讲话。会议总结回顾了1998—2002年医疗、工伤、生育保险工作，部署2003年主要工作。各省（自治区、直辖市）劳动保障厅（局）主管厅（局）长、经办中心主任及部属有关单位人员参加会议。其间，王东进、刘永富同志对福建省进行了工作调研，并出席了福建省劳动和社会保障工作会议。

2月24日　张左已、李其炎同志分别会见吉尔吉斯斯坦社会基金会主席科尔迪别科夫一行，并进行工作会谈。张左已同志与科尔迪别科夫签署了劳动和社会保障部与吉尔吉斯斯坦社会基金会的合作协议。

2月27日　张左已同志签署劳动和社会保障部第16号令，发布《社会保险稽核办法》。对社会保险经办机构依法对社会保险费缴纳情况和社会保险待遇领取情况进行核查的工作职责，社会保险经办机构及社会保险稽核人员开展稽核工作的职权，承担的义务和稽核内容、工作程序等作出具体规定。

2月27日至28日　中国社会保险学会医疗保险分会首届代表大会暨2003年医疗保险论坛在北京举行。王东进同志出席会议并讲话，王建伦同志出席会议并致辞。大会选举产生了分会第一届理事会理事和常务理事，聘请王东进同志为名誉会长。

3月3日　劳动和社会保障部发出《关于转发〈中国人民银行关于商业银行办理养老保险个人账户基金人民币协议存款的通知〉的通知》（劳社部发［2003］4号）。明确了养老保险个人账户基金办理协议存款工作，规定了对已经做实并集中省级社会保险经办机构管理的养老保险个人账户基金的规范运作程序。

3月5日　国务院发出《国务院批转劳动保障部等部门关于辽宁省完善城镇社会保障体系试点情况报告的通知》（国发［2003］6号）。《通知》指出，建立和完善社会保障体系，是健全社会主义市场经济体制的客观要求，关系改革发展稳定大局。各地区和有关部门要充分认识做好这项工作的重要意义，加强领导，狠抓落实。要认真学习借鉴辽宁省试点经验，结合本地实际，积极稳妥地开展工作。劳动保障部等部门要继续加强指导，总结经验，及时研究新情况、新问题，不断推进社会保障体系建设。

同日　劳动和社会保障部发出《关于印发〈社会保障基金现场监督规则〉的通知》（劳社部发［2003］5号）。《规则》对现场监督人员条件、实施现场监督前的准备工作、现场监督内容、现场监督后材料归档等问题提出具体要求。

3月11日　劳动和社会保障部发出《关于调整基本养老保险个人缴费比例的通知》（劳社部发［2003］6号）。《通知》对个人费率尚未全部达到8%的地区，要求劳动保障部门尽快研究调整实施方案，报省级政府审定后组织实施。

3月12日　十届全国人大一次会议在人民大会堂举行记者招待会，劳动和社会保障部部长张左己、民政部副部长杨衍银就就业和社会保障、最低生活保障等问题回答了中外记者提问。

3月15日　政协第十届全国委员会常务委员会召开第一次会议，李其炎同志当选为社会和法制委员会主任，王建伦同志当选为社会和法制委员会副主任。

3月19日　劳动和社会保障部召开会议，中组部副部长王东明宣读中央决定，经中央决定，张左己同志不再担任劳动和社会保障部部长和党组书记职务，另有任用；郑斯林同志任劳动和社会保障部部长、党组书记。郑斯林同志讲话，张左己同志主持会议并讲话。王东进、步正发、张小建、刘永富、崔会烈及李伯勇、林用三、王建伦、于光汉、严忠勤、何光等同志和部属各单位司局级干部、离退休支部书记出席会议。

3月19日至27日　李其炎同志率团出席国际劳工局第286次理事会。其间，李其炎同志与国际劳工组织总干事索马维亚，国际劳工局执行主任塔比奥拉、斯卡莱特和胡廷等高级官员进行了座谈，并就加强中国与国际劳工组织的交流与合作，特别是中国就业论坛有关筹备工作进行交流。

3月19日　劳动和社会保障部发出《关于做好关闭破产国有企业职工安置方案审核工作的通知》（劳社部函［2003］35号）。明确了职工安置方案的审核范围、主要内容和审核要求。

3月20日　劳动和社会保障部发出《关于调整原行业统筹企业基本养老保险缴费比例的通知》（劳社部发［2003］7号）。自2003年1月1日起，对各地原行业统筹企业缴纳基本养老保险费的比例，统一调整到位。

3月21日　劳动和社会保障部召开机关干部大会，传达贯彻十届全国人大一次会议、全国政协十届一次会议精神。郑斯林同志主持会议并就传达学习“两会”精神提出要求，王东进、王建伦同志分别传达人大和政协会议精神。步正发、刘永富、李伯勇、林用三、严忠勤、何光同志出席，部机关全体干部、事业单位司局级干部和离退休党支部书记参加。

3月21日至22日　全国劳动保障系统纪检监察工作座谈会在福建省厦门市召开，崔会烈同志出席会议，并作了题为《贯彻落实中央纪委第二次全会精神，推动劳动保障系统纪检监察工作的深入发展》的工作报告。会议总结了2003年全国劳动保障系统开展纪检监察工作的情况，部署了2004年任务，对下一步工作提出具体要求。北京、山西、上海等10个省（区、市）劳动保障厅（局）纪检组在会上做了经验交流。各省（自治区、直辖市）和计划单列市劳动保障厅（局）纪检组长、监察室主任参加了会议。

3月24日至27日　步正发同志赴山东省就劳动保障工作进行调研。其间，分别召开座谈会听取省、部分市劳动保障厅局工作汇报，考察了济南市职业介绍中心、医疗保险中心，区劳动保障服务中心、街道社区劳动保障服务站，招远市农村养老保险中心，青岛市劳动就业训练中心，与山东省领导交换了意见。法制司、农村保险司负责同志参加。

3月25日　国务院副总理黄菊主持召开会议，听取郑斯林同志关于劳动保障工作汇报。国务院副秘书长尤权及劳动保障部王东进、张小建、刘永富、崔会烈同志出席。

3月27日至4月4日　刘永富同志带领国务院完善城镇社会保障体系试点工作小组成员单位有关同志赴辽宁、吉林和黑龙江省调研。

3月28日　中共中央政治局进行第三次集体学习，胡锦涛总书记主持，中国人民大学曾湘泉教授、中国社会科学院蔡昉研究员就“世界就业发展趋势和我国就业政策研究”进行讲解，并提出研究建议。中共中央政治局同志认真听取讲解，并就有关问题进行深入讨论。郑斯林、张小建同志参加学习，办公厅、劳科院负责同志随同。

3月31日至4月3日　王东进同志赴湖南省就劳动保障工作进行调研。其间，考察了湖南省社保中心，听取湖南省部分市县劳动保障工作汇报，与湖南省政府领导就劳动保障工作交换意见。

4月5日　郑斯林同志主持召开会议，研究国际劳工组织官员派克·阿罗先生因非典型肺炎病故善后处理工作等。国务院副秘书长高强、外交部副部长王光亚、北京市副市长张茅及李其炎同志出席。

4月8日　劳动和社会保障部召开全国劳动和社会保障厅局长座谈会，传达贯彻党中央、国务院有关会议精神，研究部署当前主要工作，郑斯林同志主持会议并作重要讲话。郑斯林同志在讲话中指出，充分认识做好劳动保障工作的重要意义，进一步增强责任感、使命感和紧迫感。在继续抓好劳动保障各项政策措施落实的同时，重点抓好再就业、巩固两个确保、困难群众生产生活、维护劳动者合法权益和社会保障体系试点工作。切实转变工作作风，加强党风廉政建设。北京、吉林、江西、湖北、四川、新疆、陕西7省区市劳动保障部门负责同志就贯彻落实全国再就业工作会议精神的进展情况作了交流发言。李其炎、王东进、步正发、张小建、刘永富及林用三、王建伦同志出席会议。各省（自治区、直辖市）及计划单列市和新疆生产建设兵团劳动保障厅（局）长参加会议。

4月9日　国务院副总理黄菊主持召开会议，听取劳动保障部关于再就业工作汇报和召开全国再就业工作座谈会的筹备情况汇报。郑斯林、张小建同志出席。

4月10日　王东进同志与民建中央常务副主席张榕明一行就农民工工资、劳动保护、社会保障等问题座谈。

4月11日　郑斯林、王东进同志与全国总工会副主席、书记处第一书记张俊九，副主席孙宝树等同志就加强劳动保障部门与工会组织的工作联系、维护职工合法权益等问题进行座谈。

4月14日　郑斯林同志主持召开会议，传达全国非典型肺炎防治工作会议精神，部署劳动保障部防治非典型肺炎工作。李其炎、王东进、步正发、刘永富同志出席。

同日　受国家发展和改革委员会委托，中国国际工程咨询公司在劳动保障部组织召开“金保工程”项目评估会，李其炎同志出席会议并讲话。评估组专家在听取项目介绍的基础上，现场考察了劳动保障部信息化建设情况。规划财务司、信息中心负责同志参加。

4月16日　国务院总理温家宝主持召开国务院第5次常务会议，讨论通过《工伤保险条例（草案）》，郑斯林同志列席。4月27日，国务院总理温家宝签署中华人民共和国国务院第375号令，发布《工伤保险条例》。明确规定国务院劳动保障行政部门负责全国的工伤保险工作，劳动保障行政部门制定工伤保险的政策、标准。并对工伤保险基金的构成、缴纳、管理，工伤认定的范围、程序，劳动能力鉴定的标准及工伤保险待遇、监督管理、法律责任等提出了具体要求和法律依据，共八章六十四条。《条例》是我国第一部工伤保险法规，是继1951年《劳动保险条例》后关于工伤保险制度的一次重大突破。

同日　劳动和社会保障部发出《关于印发三年三千种职业培训教材开发计划的通知》(劳社部发［2003］8号)。要求各地劳动保障部门和国务院有关部门劳动保障工作机构结合本地、本部门的实际情况，于2003—2005年组织实施。

4月16日至18日　全国劳动工资工作座谈会在广西南宁市召开。王东进同志出席会议并作《与时俱进，锐意创新，开创劳动工资工作新局面》的报告。各省区市劳动保障厅局分管厅领导及部属有关单位负责同志参加会议。其间，王东进同志就劳动保障工作在广西、深圳进行调研。

4月18日　郑斯林、张小建同志出席西部远程培训项目开播仪式。郑斯林同志宣布西部远程培训正式开播，张小建同志讲话。

同日　劳动和社会保障部发出《关于贯彻落实〈禁止使用童工规定〉的通知》(劳社部发［2003］9号)。就全面落实国务院《禁止使用童工规定》，严厉打击非法使用童工行为，明确了各有关部门切实履行的法定职责，要求各地结合实际情况对在打击非法使用童工工作中存在的问题，制定切实可行的工作计划，扎实抓好《禁止使用童工规定》的贯彻落实，全面准确把握《禁止使用童工规定》的有关政策界限。

同日　劳动和社会保障部发出《关于做好参加基本医疗保险人员非典型肺炎防治工作的通知》(劳社厅明电［2003］6号)。对参加基本医疗保险人员非典型肺炎防治等工作提出了明确要求。

4月25日　郑斯林同志主持召开会议，传达中央国家机关工委关于非典型肺炎防治工作会议精神，对劳动保障部下一步工作提出要求。王东进同志传达了全国爱卫会召开的开展爱国卫生运动推动卫生防病工作电视电话会议精神。步正发、张小建、刘永富同志出席。

4月26日　根据国务院第6次常务会议议定的意见，国务院建立再就业工作部际联席会议制度和再就业工作定期通报制度。部际联席会议由劳动保障部为牵头单位，发展改革委等13个部门和单位组成，国务院办公厅参加。部际联席会议办公室设在劳动保障部。部际联席会议的主要职责是，在国务院直接领导下开展工作，定期交流工作进展情况，协调解决政策落实中的难点问题，督促检查各部门政策落实情况和工作情况，统一协调各部门行动，指导推动全国再就业工作。对再就业工作中的重大问题，及时向国务院报告。

同日　国务院办公厅发出《关于做好国务院2003年立法工作的几点意见和国务院2003年立法工作计划的通知》(国办发［2003］36号)。在完善社会保障体系需要制定、修订的行政法规中，《劳动和社会保障监察条例》被列入74件需要抓紧研究，条件成熟时适时提请审议的法律、行政法规中。

5月2日　劳动和社会保障部、国家统计局联合发布《2002年劳动和社会保障事业统计公报》。

5月5日　中共中央办公厅、国务院办公厅发出《转发〈国家发展和改革委员会关于当前经济发展主要情况和政策建议〉的通知》(中办发［2003］13号)。在千方百计扩大就业、努力解决困难群体的生活问题中，明确了认真落实全国再就业工作会议确定的各项政策措施，加强“两个确保”，搞好“三条保障线”的衔接，总结和逐步推广辽宁省完善社会保障体系试点经验等项工作。

5月6日　国务院再就业工作部际联席会议召开第一次全体会议，国务院副总理黄菊主持会议并讲话。郑斯林同志就联席会议制度的建立和近期再就业工作安排作了汇报，张小建同志对《国务院办公厅关于加快推进再就业工作的通知（代拟稿）》作了说明。部际联席会议各成员单位负责同志出席会议。

5月7日　郑斯林同志主持召开司局级干部大会。通报“非典”对当前经济工作的影响情况，并就做好“非典”防治和当前劳动保障工作提出要求。李其炎、步正发、张小建、刘永富同志出席。

5月8日　劳动和社会保障部发出《关于印发劳动保障系统政务公开工作标准的通知》（劳社厅发［2003］7号）。要求各级劳动保障部门认真组织落实。

5月9日　国务院再就业工作部际联席会议办公室第一次会议在劳动和社会保障部召开，郑斯林同志出席会议并讲话，张小建同志主持会议。联席会议办公室成员及各成员单位联络员参加会议。

5月12日　国务院办公厅发出《关于加快推进再就业工作的通知》（国办发［2003］40号）。通知要求各级政府和有关部门要加强领导，落实责任。加强对就业和再就业工作的组织协调，全面贯彻各项再就业扶持政策，落实再就业资金，大力开发就业岗位，多渠道拓宽就业门路。强化就业服务，建立再就业援助制度，巩固“两个确保”的成果，做好“三条保障线”的衔接。

5月14日至17日　国务院副总理黄菊到重庆市进行再就业和“非典”防治工作专题调研。视察了重庆市劳动力市场、街道社会保障机构，与部分实现再就业的下岗职工进行座谈，听取重庆市委、市政府的工作汇报。郑斯林同志陪同。

5月14日　财政部、劳动和社会保障部联合发出《关于加强社会保险基金财务管理有关问题的通知》（财社［2003］47号）。对社会保险费的征缴、社会保险费基金管理等各项工作作出统一规范。

5月15日　张小建同志主持召开会议，研究非典型肺炎对我国就业形势的影响。来自发展改革委、发展研究中心、中国社科院、清华大学、人民大学等单位的专家和部属有关单位负责同志参加会议。

5月16日　李其炎同志主持召开部属有关单位负责同志会议，研究部署劳动保障部防控“非典”工作，并成立部防“非典”领导小组。部署了下一阶段具体防控工作。

5月19日　劳动和社会保障部发出《关于贯彻落实工伤保险条例的通知》（劳社部发［2003］11号）。对开展《条例》的学习和宣传工作，搞好现有政策向《条例》过渡的衔接工作及加强组织领导，全面推进工伤保险工作等提出了明确要求。

5月20日　郑斯林同志与教育部部长周济、副部长袁贵仁等同志就大学毕业生就业等事宜进行座谈。张小建同志出席。

5月22日　国务院再就业工作部际联席会议第二次全体会议在劳动和社会保障部召开，郑斯林同志主持会议，国务院副秘书长尤权、张小建同志和联席会议成员单位有关同志参加会议。

5月23日　劳动和社会保障部召开加快推进再就业工作电视电话会议，传达党中央、国务院领导同志关于做好再就业工作的重要指示精神，贯彻《国务院办公厅关于加快推进再就业工作的通知》，交流部分省市再就业工作经验，部署在防治非典型肺炎的形势下，进一步推动再就业政策措施落实工作。郑斯林同志作重要讲话，会议由张小建同志主持，刘永富同志出席。天津、江西和湖北等省市劳动保障厅局主要负责同志分别介绍了再就业工作经验。部属各单位和北京市劳动保障局的主要负责同志在北京主会场参加会议，一些省市政府领导和各省（自治区、直辖市）及省会城市、计划单列市、新疆生产建设兵团劳动保障厅（局）主要负责同志在各地分会场参加会议。

同日　劳动和社会保障部发出《关于因履行工作职责感染传染性非典型肺炎工作人员有关待遇问题的通知》（劳社部发电［2003］2号）。对因履行工作职责而感染传染性非典型肺炎的医护人员及相关人员的有关待遇作了明确规定。

5月26日　劳动和社会保障部办公厅发出《关于城镇灵活就业人员参加基本医疗保险的指导意见》（劳社厅发［2003］10号），对灵活就业人员参加基本医疗保险作出具体规定。

5月27日至6月21日　李其炎同志率中国三方代表团出席在日内瓦举行的第91届国际劳工大会并作发言。其间，与国际劳工组织总干事索马维亚、国际劳工局高级官员及15位出席大会的代表团团长进行工作会谈。

5月27日　张小建同志到全国政协社会和法制委员会作关于就业和再就业情况的汇报。

5月28日　国务院总理温家宝主持召开国务院第9次常务会议，研究关于做好2003年普通高等学校毕业生就业工作等问题。郑斯林同志列席。

5月29日　国务院副总理黄菊主持召开会议，听取郑斯林同志关于劳动和社会保障有关情况汇报。王东进、步正发、刘永富、崔会烈同志出席。

同日　国务院办公厅发出《关于做好2003年普通高等学校毕业生就业工作的通知》（国办发［2003］49号）。对普通高等学校毕业生就业工作作出具体安排。

5月30日　劳动和社会保障部发出《关于非全日制用工若干问题的意见》（劳社部发［2003］12号），对非全日制用工的劳动关系、工资支付、社会保险、劳动争议处理、管理服务等作出了明确规定。

同日　劳动和社会保障部发出《关于抓紧做好再就业有关工作的紧急通知》（劳社厅明电［2003］9号）。明确了为贯彻全国加快推进再就业工作电视电话会议精神，近期工作重点是加快再就业政策实施办法的制定出台、加快街道社区劳动保障工作平台建设、加快再就业优惠证的发放及加快建立再就业工作通报制度等。

6月3日　张小建同志出席2003年全国高校毕业生就业工作电视电话会议，并作题为《切实履行劳动保障部门职责从五个方面入手努力做好高校毕业生就业工作》的发言。

同日　劳动和社会保障部发出《关于印发2003年高职院校毕业生职业资格培训工程的通知》（劳社部发［2003］13号）。《通知》对2003年高职院校毕业生职业资格培训工程的实施范围、内容及措施提出明确要求。

6月4日　劳动和社会保障部发出《关于贯彻落实国务院办公厅关于做好2003年普通高等学校毕业生就业工作的通知若干问题的意见》（劳社部发［2003］14号）。要求各级劳动保障部门积极组织实施“高职毕业生职业资格培训工程”和多种形式的创业培训。发挥公共职业介绍机构的作用，加强职业指导和就业信息服务，加强失业登记和组织管理，加强劳动力市场管理，为高校毕业生就业创造良好的环境。

同日　劳动和社会保障部发出《关于执行中韩互免养老保险缴费临时措施协议的通知》（劳社厅发［2003］12号）。该协议的签署，确保了中韩两国在对方国工作的人员避免双重缴纳养老保险费。

6月5日　劳动和社会保障部发出《关于农垦企业参加企业职工基本养老保险有关问题的通知》（劳社部发［2003］15号）。决定从2003年7月1日起，各地要按规定将农垦企业及其职工纳入当地基本养老保险范围。对农垦企业的保险范围、管理原则、缴费标准进行了统一规定。

6月5日至9日　国务院副总理黄菊赴湖北省考察工作，其间，考察了武钢集团等大型企业，与部分国有企业负责人进行座谈，走访了武汉市劳动力市场，听取湖北省委、省政府的工作汇报。并在武汉主持召开座谈会，与部分省政府负责同志研究国有企业改革和再就业工作。郑斯林同志参加。

6月12日　劳动和社会保障部发出《关于表彰第一届至第五届国家技能人才培育突出

贡献奖单位的决定》（劳社部发［2003］17号）。对第一届至第五届中华技能大奖和全国获得者所在的保定天威集团有限公司等46家单位进行表彰，授予“国家技能人才培育突出贡献奖”。

同日　劳动和社会保障部发出《关于加强劳动保障监察工作的通知》（劳社厅函［2003］289号）。要求各级劳动和社会保障部门进一步加强劳动者合法权益的维护。要突出重点，严肃执法，改进工作方式，完善预警机制。帮助企业进一步全面贯彻执行劳动保障法规和政策，增强职工劳动保护意识，改善企业生产和职工生活条件，规范劳动用工，有效制止违法行为。

6月13日　劳动和社会保障部发出《关于进一步推动再就业培训和创业培训工作的通知》（劳社部发［2003］18号）。要求各地劳动保障部门加大再就业培训和创业培训工作力度，建立再就业培训机构资质认定制度，形成动员全社会力量参与再就业培训的工作格局。建立和完善培训经费补贴与再就业效果直接挂钩的工作机制，提高再就业培训的有效性和经费的使用效果。全面推广创业培训与小额贷款等优惠政策整体推动的工作模式，提高下岗失业人员创业成功率。

6月16日　张小建同志主持召开“非典与就业”电话研讨会，分析“非典”疫情对就业的影响，研究疫情缓解后做好就业与再就业工作的对策措施。部属有关单位负责同志和北京市劳动保障局负责同志在主会场参加会议，上海市劳动保障局、广东省劳动保障厅有关负责同志分别在当地分会场参加了会议，会议通过三方电话会议系统进行了交流。

6月19日　郑斯林同志会见澳大利亚新任驻华大使唐茂思先生，双方就就业、社会保障及中澳合作等共同关心的问题交换了意见。

同日　中共中央办公厅、国务院办公厅发出《关于转发劳动和社会保障部等部门〈关于积极推进企业退休人员社会化管理服务工作的意见〉的通知》（中办发［2003］16号）。明确职工办理退休后，其管理服务工作与原企业分离，养老金实行社会化发放，人员移交城市街道和社区实行属地化管理，由社区服务组织提供相应的管理服务。要求各级党委和政府及各有关部门高度重视，切实加强组织领导，努力创造条件，加快实施步伐，务求取得应有成效。

6月24日至28日　张小建同志率国务院联合调查组赴福建省，就贵州在福建省务工人员患矽肺病事件进行调查。卫生部、公安部、农业部、工商总局、安全监管局等部门及全国总工会有关人员参加调查。

6月27日　劳动和社会保障部召开兴起学习贯彻“三个代表”重要思想新高潮大会。郑斯林同志作重要讲话，对兴起学习贯彻“三个代表”重要思想新高潮进行动员部署。李其炎同志主持会议。办公厅、培训就业司、医疗保险司、机关服务中心、社保中心、技术指导中心党组织就加强党建和思想政治工作，一手抓防治“非典”，一手抓劳动保障工作的体会作了经验交流发言。王东进、步正发同志及部机关处级以上干部、事业单位司局级干部、离退休党支部书记参加会议。

6月30日　王东进同志主持召开国家协调劳动关系三方会议第五次全体会议，中华全国总工会副主席孙宝树和中国企业联合会/企业家协会副会长陈兰通出席会议并讲话。会议听取了第四次会议议定事项落实情况的报告、全国推进三方协调劳动关系工作经验交流会议筹备情况的通报、关于“非典”对劳动关系影响的预测分析和对策建议的报告，以及第91届国际劳工大会有关情况的通报。

同日　劳动和社会保障部发出《关于转发国家税务总局关于落实再就业税收优惠政策减少税收收入有关问题的通知》（劳社部发［2003］19号）。

同日　劳动和社会保障部发出《关于贯彻落实中办发［2003］16号文件有关问题的通知》（劳社部发［2003］20号）。对各地劳动保障部门做好企业退休人员社会化管理服务工作提出具体要求，明确了检查评估内容。

7月3日　郑斯林同志主持召开会议，研究国际社会保障协会第28届全球大会筹备工作。李其炎、刘永富、王建伦同志出席。

7月4日　郑斯林同志主持召开部党组理论学习中心组扩大会议，学习胡锦涛同志在“三个代表”重要思想理论研讨会上的讲话。李其炎、王东进、步正发、刘永富、崔会烈同志出席。

7月4日至5日　张小建同志出席湖北省委、省政府召开的加快社区建设促进就业和社会保障工作现场会议。并在湖北省召开山西、江苏、江西、湖北、广东5省劳动保障厅负责同志再就业工作座谈会。同时，还就大学生就业问题和再就业政策落实工作分别召开高校有关人员和大学生代表参加的座谈会，湖北省各市州劳动保障局局长参加的座谈会，并考察了武汉市劳动力市场。

7月7日至13日　王东进同志赴青海省出席全国工伤保险条例培训班，并作题为《认真贯彻落实〈工伤保险条例〉，建立健全有中国特色的工伤保险制度》的讲话。各省（自治区、直辖市）及计划单列市、省会城市和新疆生产建设兵团劳动保障厅（局）分管工伤保险的厅局长、处长、经办机构负责人及部属有关单位负责同志参加会议。其间，王东进同志赴青海省、陕西省进行调研。

7月8日　国务院总理温家宝主持召开国务院第14次常务会议，研究部署增加农民收入和妥善处理因防治“非典”引发的矛盾和纠纷等工作。郑斯林同志列席会议。

7月8日至11日　李其炎同志出席政协第十届全国委员会常务委员会第二次会议。并代表社会和法制委员会及做好扩大就业和社会保障工作专题组向主席会议作了汇报。

7月9日　郑斯林同志会见美国美中关系全国委员会会长何立强先生，介绍了我国劳动和社会保障的最新发展情况，讨论了双方在就业和社会保障领域加强交流与合作事宜。国际司负责同志随同。

7月13日至16日　全国劳动保障规划财务工作座谈会在江苏省扬州市召开，李其炎同志出席会议并作题为《突出重点，狠抓落实，努力推动劳动保障规划财务工作》的讲话，对围绕劳动保障中心工作进一步做好规划财务工作作了部署，对当前和今后一个时期的劳动保障规划工作提出明确要求。各省（自治区、直辖市）及计划单列市、新疆生产建设兵团劳动保障厅（局）规划财务处处长、部分主管规划财务工作的厅（局）长参加会议。其间，李其炎同志先后听取扬州、镇江市劳动保障局关于劳动保障信息化建设情况的汇报，考察了镇江市劳动力市场、社会保险经办大厅和劳动保障信息化建设情况。

7月15日至17日　张小建同志赴天津、上海市就就业和再就业工作进行调研。

7月16日　国务院副总理黄菊主持召开会议，听取劳动保障部关于就业和再就业工作情况的汇报。国务委员华建敏、国务院副秘书长尤权同志出席会议，郑斯林、张小建同志出席并作汇报。

7月18日　劳动和社会保障部在吉林省延吉市召开部分地区维护企业稳定工作座谈会。王东进同志出席会议并作题为《以“三个代表”重要思想为指导切实做好维护稳定工作》的讲话。会议总结了做好维护稳定工作的基本经验，分析了当前维护稳定工作的形势和存在的主要问题，提出工作建议与措施。吉林省副省长李斌出席会议，办公厅、劳动工资司负责同志及北京、天津、河北、山西、内蒙古、辽宁、吉林、黑龙江、山东、广东10省区市劳动保障厅（局）分管厅局长参加会议。

7月19日　劳动和社会保障部召开全国再就业工作进展情况碰头会，郑斯林同志出席会议并讲话，张小建同志主持会议。会议交流了各地再就业工作最新进展情况，研究分析工作中存在的主要问题及对策措施。各省（自治区、直辖市）及新疆生产建设兵团劳动保障厅（局）分管再就业工作的负责同志和部属有关单位负责同志参加会议。

7月23日至26日　郑斯林同志赴吉林、黑龙江两省调研社会保障体系试点问题。

7月23日　张小建同志主持召开再就业工作部际联席会议办公室第二次会议。13个成员单位的办公室成员和联络员参加。

7月24日至26日　国务院副总理黄菊赴河南省考察就业和再就业工作。其间，考察了有关企业，走访了郑州市职业介绍中心、街道劳动保障事务所，召开就业和再就业工作座谈会，听取河南省委、省政府工作汇报。张小建同志陪同考察。

7月25日　步正发同志出席全国政协社会和法制委员会专题调研会议，就“灵活就业人员的社会保障问题”介绍情况。

7月28日　劳动和社会保障部信息化工作领导小组举行社会保险管理信息系统核心平台二版发布会，李其炎同志出席发布会并讲话。部属有关单位负责同志、部分地方劳动保障部门代表、国内外信息技术公司代表和有关新闻单位的记者参加发布会。

7月29日　劳动和社会保障部邀请中央纪委原副书记刘丽英作党风廉政建设报告。李其炎同志主持报告会，王东进、步正发、崔会烈同志出席，部机关处以上干部、事业单位司局级干部和离退休党支部书记参加。

7月30日　国务院总理温家宝主持召开国务院第16次常务会议，研究促进房地产市场健康发展和推进就业再就业工作。郑斯林同志列席会议。

同日　步正发同志出席全国维护妇女儿童权益先进集体和先进个人表彰电视电话会议。全国劳动保障系统中北京市劳动监察大队等4个单位、广西自治区劳动保障厅监察处雷震等15名同志分别被评为全国维护妇女儿童权益先进集体、先进个人。法制司负责同志随同。

7月30日至31日　全国社会保险局局长会议在湖北省武汉市召开。刘永富同志出席会议并作了《认真学习贯彻“三个代表”重要思想，进一步做好社会保险经办工作》的讲话，全国各省（自治区、直辖市）及计划单列市、新疆生产建设兵团劳动保障厅（局）分管社会保险的厅（局）长和社会保险经办机构负责同志出席会议。

7月31日至8月2日　国务院副总理黄菊赴山西省就就业和再就业工作进行调研。其间，主持召开了正在山西省进行就业和再就业工作调研的国务院再就业工作部际联席会议成员单位小组会议。张小建同志及再就业工作部际联席会议成员单位有关同志出席会议并陪同调研。

7月31日　劳动和社会保障部、财政部、国务院国有资产监督管理委员会联合发出《关于印发国有大中型企业主辅分离辅业改制分流安置富余人员的劳动关系处理办法的通知》（劳社部发［2003］21号）。制定了国有企业改制分流中劳动关系处理政策，明确了劳动保障部门审核国有企业改制分流安置富余人员方案工作的各项细则及要求。

8月1日至3日　国务院总理温家宝在黑龙江、吉林两省考察工作并在长春市主持召开振兴东北老工业基地座谈会。郑斯林同志随同参加。

8月4日至8日　全国推进三方协调劳动关系工作经验交流会在广东省珠海市召开，王东进同志出席会议并作题为《与时俱进，开拓创新，努力探索中国特色协调劳动关系三方机制》的讲话。其间，王东进同志先后考察了韶关市社会保险服务大厅、市第二人民医院、市劳动力市场、街道办事处劳动保障事务所、珠海市劳动保障局及深圳市劳动就业服务中心，听取了韶关、珠海、深圳市劳动保障工作汇报。

8月7日　国务院发出《关于华福周任职的通知》（国人字［2003］109号）、中共中央组织部发出《华福周同志任职》（组任字［2003］162号）。批准华福周同志任劳动和社会保障部副部长、党组成员（列步正发同志之后）。

8月9日至23日　劳动和社会保障部与

中国残联共同主办的第二届全国残疾人职业技能竞赛开幕式在上海市举行，张小建同志出席开幕式并致辞。23 日，竞赛在北京闭幕，国务院副总理回良玉、全国政协副主席郝建秀出席闭幕式并会见参赛选手。张小建同志在闭幕式上宣读《关于授予陈国强等同志“全国技术能手”荣誉称号的决定》。经过上海、广州、北京 3 个赛区的比赛，共有 23 名选手分别夺得各竞赛项目的全国决赛冠军，被授予“全国技术能手”称号。

8 月 11 日至 12 日　全国部分地区劳动保障监察工作座谈会在山东省青岛市召开，步正发同志出席会议并讲话。山东省劳动保障厅厅长矫学柏、青岛市副市长吴经健在会上发言，北京、浙江、湖北、大连、青岛等地劳动保障厅（局）作了经验交流发言。

8 月 15 日至 16 日　中共中央、国务院在北京召开全国再就业工作座谈会。会议的主要任务是，以“三个代表”重要思想和十六大精神为指导，检查贯彻落实 2002 年全国再就业工作会议精神和《中共中央、国务院关于进一步做好下岗失业人员再就业工作的通知》的情况，总结交流再就业工作经验，研究解决存在的问题，进一步推动再就业工作。中共中央总书记胡锦涛出席会议并发表重要讲话。胡锦涛指出，各级党委和政府要从贯彻落实“三个代表”重要思想和十六大精神的战略高度，从坚持立党为公、执政为民的战略高度，从实现全面建设小康社会宏伟目标的战略高度，充分认识做好就业和再就业工作的重要性、紧迫性和长期性，切实加强对再就业工作的领导，坚决落实中央关于促进再就业工作的方针政策和各项措施，发动社会各界共同努力，开拓创新，扎实工作，不断取得再就业工作的新成绩。国务院总理温家宝主持会议并讲话。国务院副总理黄菊作会议总结。中共中央政治局常委曾庆红、李长春出席会议。各省（自治区、直辖市）及计划单列市、新疆生产建设兵团党委、政府负责同志，中央和国家机关有关部门主要负责同志，解放军有关单位、武警部队和有关大型国有企业的负责同志等出席。郑斯林、张小建、王建伦同志出席会议，李其炎、王东进、步正发、刘永富、林用三同志列席会议。

8 月 16 日　劳动和社会保障部召开全国劳动保障厅局长座谈会，传达贯彻全国再就业工作座谈会精神，加快推进再就业工作，部署下半年劳动保障工作。郑斯林同志出席会议并讲话，李其炎同志主持会议，河北、黑龙江、福建、湖南、广东、重庆、贵州、陕西 8 省市的劳动保障厅（局）主要负责同志就贯彻全国再就业工作座谈会精神，结合各地实际作了发言。王东进、步正发、张小建、刘永富、林用三、王建伦同志出席，部属各单位主要负责同志、各省（自治区、直辖市）及计划单列市、新疆生产建设兵团劳动保障厅（局）主要负责同志参加会议。

8 月 15 日　国家发展和改革委员会正式批复劳动和社会保障部报送的电子政务社会保障工程社会保险信息化系统分工程一期建设项目建议书，标志着劳动保障信息化建设的主体工程——金保工程已经在国家正式立项。12 月 22 日，劳动保障部《关于报送金保工程可行性研究报告（中央部分）的函》，经国家发展改革委员会批复同意。金保工程立项工作取得重大进展。

8 月 18 日　劳动和社会保障部召开机关干部大会，传达贯彻全国再就业工作座谈会精神。郑斯林同志出席会议并讲话，李其炎同志主持会议，王东进、步正发、刘永富同志分别传达胡锦涛、温家宝、黄菊同志的讲话，张小建同志介绍全国再就业工作座谈会会议情况。部机关全体干部、事业单位司局级干部、离退休党支部书记参加会议。

8 月 20 日　国务院再就业工作部际联席会议召开第三次全体会议。国务院副总理黄菊与联席会议全体成员合影并作重要指示。会议传达中央领导同志在全国再就业工作座谈会小组讨论时的讲话精神，讨论通过开展再就业政策落实情况督查活动的方案，通报贯彻会议精神的下一步工作安排及几项再就业政策研究情况。郑斯林同志主持会议，国务院副秘书长尤权、张小建同志和联席会议13个成员单位负责同志出席会议。

8月22日　劳动和社会保障部发出《关于授予陈国强等同志“全国技术能手”荣誉称号的决定》（劳社部发［2003］22号）。对在第二届全国残疾人职业技能竞赛中获得各项目全国决赛第一名的选手陈国强等23名同志，授予“全国技术能手”荣誉称号，颁发奖章、证书和奖牌。对获得各工种全国决赛前5名的选手晋升一级职业资格，并颁发相应的职业资格证书。

8月27日　劳动和社会保障部与中国职工教育和职业培训协会联合召开贯彻《民办教育促进法》推动民办职业培训事业发展座谈会。全国政协副主席、民进中央常务副主席、中华职教社副理事长张怀西，全国政协委员、中国职协会长林用三，劳动和社会保障部副部长张小建出席会议并讲话，部属有关单位负责同志和全国人大教科文卫委员会教育室、教育部职业技术教育中心研究所等单位的专家及有关负责同志参加会议。

8月27日至28日　中国—东盟养老保险扩大覆盖范围高层研讨会在广西柳州召开，王东进同志出席研讨会并讲话。来自柬埔寨、越南等9个东盟成员国负责劳动保障工作的高级官员参加研讨会，并就中国和东盟各成员国共同关心的养老保险扩大覆盖范围问题和如何加强中国与东盟劳动保障领域合作问题进行讨论。

8月28日至9月1日　国务院副总理黄菊带领国务院有关部门负责同志，赴辽宁省就社会保障体系试点、就业和再就业工作、老工业基地调整改造等进行调研。其间，先后到阜新、锦州等老工业城市考察企事业单位，到锦州市劳动保障服务中心、鞍山市再创业服务中心、大连市戚秀玉职业介绍所考察工作，与求职和参加培训的下岗职工亲切交谈。还听取了辽宁省委、省政府和大连市委、市政府的工作汇报。对辽宁省完成社会保障体系试点工作任务，做好再就业和东北老工业基地改造等工作提出要求。刘永富同志参加调研。

8月29日　郑斯林同志与来部的全国人大副委员长、全国妇联主席顾秀莲，全国妇联副主席、书记处第一书记黄晴宜进行座谈。李其炎、步正发、华福周、张小建、崔会烈同志及部属有关单位负责同志出席。

8月30日至9月5日　步正发同志到宁夏、甘肃考察劳动保障部挂职干部并就劳动保障工作进行调研。其间，先后听取了宁夏自治区、甘肃省有关领导和党委组织部、地市负责同志对劳动保障部挂职干部的情况介绍。听取了两省区劳动保障厅及石嘴山市、天水市劳动保障局的工作汇报。

9月9日至16日　崔会烈同志赴新疆、甘肃进行调研。其间，先后听取了两省（区）劳动保障厅、新疆生产建设兵团及乌鲁木齐、石河子、敦煌等市劳动保障工作和纪检监察工作情况汇报；考察了自治区机关事业单位养老保险基金管理中心、区中心劳动力市场及乌鲁木齐市社会保险经办机构、职业培训中心和职业介绍中心。调研期间，崔会烈同志分别同自治区政府、新疆生产建设兵团领导进行了座谈。

9月16日至17日　全国部分省市医疗保险专题座谈会在浙江省杭州市召开，王东进同志出席会议并作题为《抓好灵活就业人员参加医疗保险积极促进就业和再就业》的讲话。浙江省副省长陈加元出席会议并致辞，北京、浙江等10个省市劳动保障部门有关同志作了经验交流发言。部属有关单位负责同志、部分省（自治区、直辖市）分管厅（局）长、医疗保险经办机构负责人参加会议。其间，考察了浙江省省级医疗保险服务中心和杭州市基本医疗保险管理服务中心，听取了浙江省和杭州市劳动保障工作汇报，与浙江省省委领导交换了意见。

9月19日至21日　中国劳动学会2003年年会暨学术研讨会在山东省济南市召开。王东进同志出席会议并作题为《完善劳动和社会保障制度促进灵活就业健康发展》的讲话，会议就灵活就业方式下的劳动关系和社会保障问题进行研讨。有关专家、学者及部属有关单位负责同志参加会议。

9月22日至26日　中国工会第十四次全国代表大会在京举行，胡锦涛、吴邦国、温家宝、贾庆林、曾庆红、黄菊、吴官正、李长春、罗干等党和国家领导人出席开幕式。王东进、华福周及祝晏君同志出席大会，王东进同志当选为中华全国总工会第十四届执行委员会副主席，祝晏君同志当选为中华全国总工会第十四届执行委员会主席团委员。

9月23日　劳动和社会保障部部长郑斯林签署第17、18、19号部令，颁布实施《工伤认定办法》《因工死亡职工供养亲属范围规定》《非法用工单位伤亡人员一次性赔偿办法》。《工伤认定办法》共21条，对工伤认定期限、工伤认定程序及工伤认定事项等作出具体规定。《因工死亡职工供养亲属范围规定》共7条，明确了因工死亡职工供养亲属的范围、领取供养亲属抚恤金的条件及领取供养亲属抚恤金的终止规定。《非法用工单位伤亡人员一次性赔偿办法》共10条，对非法用工单位伤亡人员一次性赔偿作出具体规定。3个部令均于2004年1月1日起施行。

9月23日至24日　全国劳动和社会保障信息化工作座谈会在江西省南昌市召开。李其炎、华福周同志出席会议并讲话，江西省副省长孙刚出席会议并致辞。会议的主要内容是，全面部署2003—2004年金保工程各项任务，督促加快养老保险部省联网进度，部署就业和失业保险管理、医疗保险监测等项业务的信息化工作。各省（自治区、直辖市）劳动保障厅（局）负责同志参加会议。

9月25日　劳动和社会保障部发出《关于妥善处理国有企业下岗职工出中心再就业有关问题的通知》（劳社部发［2003］24号）。对国有企业原则上不再建立再就业服务中心，企业新的减员原则上不再进入再就业服务中心等问题作出具体规定。

9月26日　劳动和社会保障部发出《关于劳动能力鉴定有关问题的通知》（劳社部发［2003］25号）。《通知》对加强和规范劳动能力鉴定管理，做好《工伤保险条例》实施前劳动能力鉴定的准备工作提出要求，并明确了劳动能力鉴定的各项具体工作。

9月27日　劳动和社会保障部召开部分地区劳动保障信访工作协调会议，专题研究、交办解决群众进京上访量明显增多的问题。刘永富同志出席会议并讲话，传达了中央领导同志的批示、中央国家机关有关部门信访工作协调会议精神和部党组提出的5项贯彻落实措施，部署了近期工作任务，对做好当前的信访工作提出要求。会议还通报了当前劳动保障信访工作情况。北京、天津、河北、山西、内蒙古、辽宁、吉林、黑龙江、江苏、山东、河南、湖北、湖南13个省（自治区、直辖市）劳动保障厅（局）分管信访工作的厅（局）长和有关人员出席。

9月29日　郑斯林同志主持部党组理论学习中心组学习，结合劳动保障工作实际，谈学习贯彻“三个代表”重要思想的体会。郑斯林、李其炎、王东进、步正发、华福周、刘永富同志出席。

同日　国务院主持召开会议，研究城镇职工基本医疗保险、医疗卫生体制和药品流通体制改革有关问题。王东进同志出席会议，医疗保险司负责同志随同参加。

同日　刘永富同志向全国人大内务司法委员会汇报妇女就业再就业和权益保护方面的情况。法制司、培训就业司、劳动工资司、医疗保险司有关同志参加。

9月30日　劳动和社会保障部、建设部联合发出《关于切实解决建筑业企业拖欠农民工工资问题的通知》（劳社部发［2003］27号）。《通知》要求，各级劳动保障部门和建设行政主管部门定期对建筑业企业工资支付情况进行监督检查，严厉打击拖欠和克扣农民工工资行为；加强对建设、开发项目的监管，确保建筑业企业农民工工资来源；加强对农民工劳动合同管理，指导企业依法与农民工签订劳动合同；规范用工行为；建立健全农民工工资支付监控制度；建立企业工资支付信用制度；完善工作机制，疏通处理渠道；充分发挥协调劳动关系三方机制作用，共同采取措施解决拖欠农民工工资问题。

10月1日至4日　中共中央总书记胡锦涛到湖南省考察关心群众生产生活工作。王东进同志随同。

10月9日至11日　崔会烈同志赴辽宁省调研劳动保障信访工作情况。其间，先后听取了省劳动保障厅、信访办，抚顺、沈阳、本溪市劳动保障局、信访办情况汇报。调研结束时，与辽宁省领导交换了意见。

10月11日至14日　中国共产党第十六届中央委员会第三次全体会议在北京举行。全会由中央政治局主持，中共中央总书记胡锦涛作重要讲话。全会听取和讨论了胡锦涛受中央政治局委托所作的工作报告，审议通过了《中共中央关于完善社会主义市场经济体制若干问题的决定》。《决定》提出，要逐步统一城乡劳动力市场，要把扩大就业放在经济社会发展更加突出的位置，实施积极的就业政策，努力改善创业和就业环境，要推进收入分配制度改革，完善按劳分配为主体、多种分配方式并存的分配制度。要加快建设与经济发展水平相适应的社会保障体系，完善企业职工基本养老保险制度。健全失业保险制度，继续完善城镇职工基本医疗保险制度、医疗卫生和药品生产流通体制的同步改革。继续推行职工工伤和生育保险，完善城市居民最低生活保障制度。郑斯林同志出席会议。

10月11日至19日　第三期全国劳动保障厅局长培训班在北京举办。步正发同志出席开班式并作动员讲话，在培训班结业式上为学员颁发证书。培训班以“三个代表”重要思想为指导，根据中央对县处级以上领导干部的培养目标和要求，系统学习劳动保障业务和有关知识，提高劳动保障系统省、地两级领导层的业务素质，强化厅局长队伍的能力建设，进一步推进劳动保障事业的发展。部属16个单位的负责同志和5位专家学者为培训班授课。人事教育司、教育培训中心负责同志参加。117名省（自治区、直辖市）劳动保障厅（局）长、地市劳动保障局新任局长参加培训。

10月13日　劳动和社会保障部发出《关于加强兼职劳动仲裁员队伍建设有关问题的意见》（劳社部发［2003］28号）。对兼职劳动仲裁员的聘任管理和培训等作出规定。

10月16日　中办、国办组织召开全国再就业情况中央督查组全体会议，郑斯林同志介绍督查方案，国务院副秘书长尤权同志讲话并对督查工作提出要求，中办副主任毛林坤同志主持会议。张小建、崔会烈同志出席，中办、国办以及再就业工作部际联席会议成员单位有关同志参加会议。

10月19日　国务院发出《国务院关于编制2004年中央预算和地方预算的通知》（国发［2003］25号）。要求各级财政要努力增加社会保障支出，确保国有企业下岗职工基本生活费、企业离退休人员基本养老金、城市居民最低生活保障金按时足额发放；继续实施政策性破产，做好关闭破产企业人员安置，推动失业人员再就业工作；认真总结辽宁省完善城镇社会保障体系改革试点经验，支持在吉林和黑龙江两省进行扩大试点工作。

10月19日至31日　按照中央要求，张小建同志率再就业工作督查组第五组赴吉林省和浙江省，对再就业政策和工作落实情况进行专项督促检查。崔会烈同志率再就业工作督查组第九组赴广东省和广西壮族自治区，对再就业工作和政策落实情况进行专项督促检查。

10月20日至21日　部分省市完善养老保险制度座谈会在河南郑州召开，刘永富同志出席会议并听取地方劳动保障部门和有关专家对完善养老保险制度的意见和建议。16个省市的养老保险工作负责同志、社保局长、专家参加会议。其间，刘永富同志到郑州市进行工作调研。

10月23日至27日　国务院副总理黄菊赴吉林、黑龙江两省考察老工业基地调整改造工作。刘永富同志随同。

10月24日　劳动和社会保障部召开传达十六届三中全会精神大会。郑斯林同志传达十六届三中全会会议情况，步正发、华福周同志分别传达了胡锦涛同志在十六届三中全会第一次、第二次全体会议上的讲话。郑斯林同志对学习贯彻十六届三中全会精神，进一步做好劳动保障工作提出要求。李其炎同志主持会议，部属各单位司局级干部、离退休党支部书记参加会议。

10月25日　十届全国人大常委会举行第五次会议。郑斯林同志受国务院委托向大会报告就业和再就业工作情况。

10月26日至29日　李其炎同志出席全国政协社会和法制委员会专题研讨会。学习贯彻十六届三中全会精神，并围绕就业和非公有制经济发展的法制环境两个专题进行交流研讨。全国政协社会和法制委员会副主任、各省（自治区、直辖市）及计划单列市政协社会和法制委员会主任参加。

10月29日　华福周同志出席中央人才工作协调小组（中央西部地区人才开发协调小组）第三次会议。

同日　劳动和社会保障部发出《关于工伤保险费率问题的通知》（劳社部发［2003］29号）。明确了确定工伤保险费率的原则。

11月3日至4日　王东进同志出席企业薪酬体系建设高级国际研讨会并讲话。会议就企业薪酬制度建设、分配方式、调整机制以及政府的调控措施等进行深入讨论。国务院发展研究中心、澳大利亚昆士兰大学等中外专家学者，中国石油天然气总公司、上海宝钢公司等大型国企负责同志参加会议。

11月5日　步正发同志前往北京市东城区、朝阳区参加维护进城务工人员合法权益普法宣传活动，向进城务工人员赠送了维权手册，到建筑工地看望了务工人员。北京市副市长孙安民一同参加活动。根据劳动保障部统一部署，从11月5日起到11月底，全国各地劳动保障部门组织开展了维护进城务工人员合法权益普法宣传活动。

11月6日　郑斯林同志主持召开国务院再就业工作部际联席会第四次会议暨再就业督查情况通报会议，国务院副秘书长尤权、国务院再就业工作部际联席会议各成员单位负责同志及参加督查的全体同志参加会议。13个中央再就业督查组的负责同志通报了对25个省（自治区、直辖市）及新疆生产建设兵团再就业工作开展督查的情况，国务院副秘书长尤权对做好向国务院领导同志的汇报及下一步的工作进行了部署。

11月6日至7日　华福周同志到天津市就金保工程建设情况进行专题调研。听取了天津市政府的情况汇报及市劳动保障局关于金保工程立项进展情况、可研报告编写和近年信息化建设的情况汇报。考察了市数据中心和容灾备份中心、天津市社会保险基金管理，走访了下岗职工家庭。

11月7日　张小建同志出席教育部召开的2004年全国普通高校毕业生就业工作会议并讲话。

11月12日　全国劳动保障系统人事教育工作座谈会在四川省成都市召开，步正发同志出席会议并讲话。人事教育司、教育培训中心负责同志及四川省劳动保障厅负责同志出席会议。其间，步正发同志在四川省进行工作调研，并就劳动保障工作分别与省委、省政府及成都市领导同志交换了意见。

11月12日至14日　东北三省扩大试点方案研讨会在吉林省长春市召开，刘永富同志出席会议并讲话，会议结合辽宁试点实践对吉、黑两省扩大试点的实施方案进行了研讨。吉林省副省长李斌出席会议，辽宁省社会保险试点工作领导小组秘书长韩世福，辽、吉、黑三省劳动保障厅负责同志出席会议。

11月13日　华福周同志到北京市专题调研金保工程建设情况。其间，北京市副市长孙安民介绍了北京市劳动保障信息化工作情况，听取了市劳动保障局负责同志关于全国劳动保障信息化工作座谈会后金保工程立项进展情况及近年信息化建设情况的汇报，考察了市职介中心、社保中心、医保中心、电话咨询中心和计算机房。

同日　劳动和社会保障部发出《关于印发〈工伤保险条例〉宣传提纲的通知》（劳社部发［2003］30号）。对《工伤保险条例》的宣传工作作出部署。

11月18日　国务院副总理黄菊主持召开会议，听取国务院再就业工作部际联席会议关于再就业工作督查情况汇报并对进一步做好再就业工作提出要求。中共中央办公厅副主任毛林坤、国务院副秘书长尤权出席会议，郑斯林同志代表13个督查组汇报了再就业工作和政策落实的督查情况，并对下一步工作安排提出了建议，张小建同志和民政部、财政部等部门的负责同志分别汇报了对督查中发现问题的整改措施，崔会烈同志和国务院再就业工作部际联席会议各成员单位的负责同志，中共中央、国务院有关部门的负责同志及劳动保障部有关司局同志出席会议。

11月19日至20日　王东进同志出席中国劳动法学研究会会员代表大会暨完善劳动保障法律制度研讨会并讲话。

11月21日　王东进同志前往北京市调研，听取了北京市劳动保障局和西城区劳动保障局关于劳动争议仲裁工作的汇报，考察了西城区劳动保障局劳动争议仲裁厅和社会保险服务中心。

11月27日至29日　中央经济工作会议在北京举行。中共中央总书记胡锦涛在会上发表重要讲话，着重强调做好明年经济工作需要把握的重要原则和重大问题。在论述认真解决好关系人民群众切身利益的问题时指出，各级党委和政府要把促进就业放在突出位置。认真落实中央确定的促进就业再就业的各项政策措施，建立健全与我国经济发展水平相适应的社会保障体系，要抓紧健全各项社会保障制度，继续做好“两个确保”工作，抓好失业保险和城市居民最低保障制度的落实，搞好“三条保障线”的衔接。国务院总理温家宝在讲话中系统总结了今年的经济工作，并就做好明年经济工作作了具体部署。郑斯林、李其炎同志出席会议。

12月1日　郑斯林同志主持召开会议，传达中央经济工作会议精神。王东进、华福周、崔会烈同志出席。

12月2日　劳科院召开庆祝建院十周年纪念大会。王东进同志出席会议并作题为《紧扣时代脉搏肩负历史使命》的讲话，华福周、刘永富、崔会烈同志出席会议。

12月2日至3日　张小建同志率国务院残工委检查组赴四川省检查残疾人事业“十五”计划纲要执行情况，分别听取四川省及成都市残工委工作汇报，召开吸纳残疾人就业的企业负责人和残疾人代表座谈会以及社区工作人员座谈会，考察成都市残疾人就业服务中心等。中国残联副理事长孙先德参加了检查。

12月6日　为配合《工伤保险条例》的宣传，王东进同志前往北京市劳动保障局，在北京市劳动保障网站上就工伤保险问题回答网民提问；随后，前往北京齿轮总厂，现场解答职工关于工伤保险政策的问题，并向工伤保险培训班学员、车间工人赠送《工伤保险条例》和有关学习材料。北京市副市长孙安民随同参加。

12月9日　王东进同志出席贯彻《国务院办公厅关于切实解决建设领域拖欠工程款问题的通知》电视电话会议并讲话。

12月11日至13日　国务院副总理黄菊到天津市考察工作，先后考察企业改革和生产经营情况，并走访了天津市创业培训中心，了解当地再就业和社会保障情况。黄菊同志强调，要继续做好就业再就业和社会保障工作，认真落实中央制定的关于促进再就业的一系列政策措施，加强就业技能培训和就业信息服务，改善创业和就业环境，鼓励通过灵活多样的形式实现就业再就业，调整财政支出结构，进一步增加社会保障支出，继续巩固“两个确保”，切实加强城市“低保”工作，努力完善城镇职工基本养老保险、基本医疗保险制度，扩大各项社会保险的覆盖面。张小建同志陪同。

12月19日至20日　中共中央、国务院在北京召开全国人才工作会议。中共中央总书记胡锦涛在会上发表重要讲话，指出，把实施人才强国战略作为党和国家一项重大而紧迫的任务抓紧抓好，努力造就数以亿计的高素质劳动者、数以千万计的专门人才和一大批拔尖创新人才。温家宝在会议上讲话，曾庆红在会议结束时作总结讲话。在京的中共中央政治局常委出席会议。郑斯林、王东进、步正发、华福周、张小建、刘永富、崔会烈同志和各省、自治区、直辖市劳动保障厅局长出席会议。

12月21日　国务院副总理黄菊与出席全国劳动和社会保障工作会议的代表座谈并发表重要讲话。黄菊同志强调，要以邓小平理论和“三个代表”重要思想为指导，从全局和政治的高度重视劳动保障工作，增强主动性和创造性，大力促进就业再就业，加快建设社会保障体系，努力维护劳动者的合法权益。会议由郑斯林同志主持，李其炎、王东进、步正发、华福周、张小建、刘永富、崔会烈、王建伦同志出席会议。各省（自治区、直辖市）及计划单列市、新疆生产建设兵团劳动保障厅（局）长，部属单位主要负责同志，国务院有关部门的负责同志参加会议。

12月21日至22日　全国劳动和社会保障工作会议在京召开。会议的主要任务是，以邓小平理论和“三个代表”重要思想为指导，按照党中央、国务院的重要决策和黄菊同志在全国劳动和社会保障工作会议代表座谈会讲话精神，回顾总结2003年的劳动保障工作，研究安排2004年工作，进一步统一思想，振奋精神，同心协力，锐意进取，努力实现劳动保障事业全面持续协调健康发展。郑斯林同志作题为《同心协力锐意进取努力实现劳动保障事业全面持续协调健康发展》的讲话。李其炎同志主持会议，王东进同志在会议结束时作总结讲话。会议传达学习了胡锦涛、温家宝、曾庆红同志在全国人才工作会议上的重要讲话和黄菊同志在与出席全国劳动和社会保障工作会议代表座谈时的重要讲话精神。步正发、华福周、张小建、刘永富、崔会烈和王建伦同志出席会议。各省（自治区、直辖市）及计划单列市、新疆生产建设兵团劳动保障厅（局）长及有关同志，国务院有关部门的同志，部属单位主要负责同志参加会议。

12月23日　劳动和社会保障部发出《关于印发2004年就业再就业专项计划的通知》（劳社部发［2003］35号）。明确了2004年就业再就业的总体计划和要求。

同日　国家发展和改革委员会正式批复劳动和社会保障部新建办公楼项目初步设计方案和投资概算（发改投资［2003］2269号）。根据批复，劳动保障部新建办公楼工程总建筑面积17 155平方米，工程总投资10 087万元。

12月26日　郑斯林同志会见印度新任驻华大使苏理宁先生，向客人介绍劳动保障部的工作职能及我国劳动和社会保障制度改革情况，双方探讨了加强两国在劳动和社会保障领域合作事宜。国际合作司负责同志陪同。

同日　劳动和社会保障部发出《关于授予马元国等同志“全国技术能手”荣誉称号的决定》（劳社部发［2003］33号）。《决定》对获得各工种全国决赛第一名至第五名的马元国等19名选手，授予“全国技术能手”荣誉称号，晋升一级职业资格，并颁发相应的职业资格证书。

12月31日　劳动和社会保障部发出《关于贯彻实施〈行政许可法〉的意见》（劳社部发［2003］36号）。对贯彻实施《行政许可法》的各项工作提出具体要求。

同日　劳动和社会保障部发出《关于贯彻落实中共中央、国务院关于进一步加强人才工作决定做好高技能人才培养和人才保障工作的意见》（劳社部发［2003］37号）。《意见》对加快高技能人才培养，实施“三年五十万”

新技师培养计划，完善高技能人才选拔机制，完善国家职业资格证书制度，建立高技能人才开发交流机制，提高高技能人才的待遇水平，加大对高技能人才的表彰奖励力度等作出规定。

同日　劳动和社会保障部发出《关于印发〈三年五十万新技师培养计划〉的通知》（劳社部发［2003］38 号）。《通知》对 2004 年到 2006 年新技师培养计划的目标任务及各项工作作出具体安排。

2003年劳动和社会保障十大新闻

一、十六届三中全会通过的《中共中央关于完善社会主义市场经济体制若干问题的决定》对深化劳动就业体制改革，推进收入分配制度改革，加快建设社会保障体系提出新的目标任务

2003年10月11日至14日，中国共产党第十六届中央委员会第三次全体会议在北京召开。全会高度评价了十一届三中全会特别是十四大确定社会主义市场经济体制改革目标以来，我国经济体制改革在理论和实践上取得的重大进展，审议通过了《中共中央关于完善社会主义市场经济体制若干问题的决定》。《决定》提出，要逐步统一城乡劳动力市场，加强引导和管理，形成城乡劳动者平等就业的制度。要把扩大就业放在经济社会发展更加突出的位置，实施积极的就业政策，努力改善创业和就业环境。要推进收入分配制度改革，完善按劳分配为主体、多种分配方式并存的分配制度，坚持效率优先、兼顾公平，各种生产要素按贡献参与分配。要加快建设与经济发展水平相适应的社会保障体系，完善企业职工基本养老保险制度，坚持社会统筹与个人账户相结合，逐步做实个人账户。建立健全省级养老保险调剂基金，在完善市级统筹的基础上，逐步实行省级统筹，条件具备时实行基本养老金的基础部分全国统筹。健全失业保险制度，继续完善城镇职工基本医疗保险制度、医疗卫生和药品生产流通体制的同步改革。继续推行职工工伤和生育保险。完善城市居民最低生活保障制度。

二、全国再就业工作座谈会召开，中央组织开展推动政策和工作落实的督查活动

2002年9月全国再就业工作会议以来，各地认真贯彻执行中央的方针政策和工作部署，就业和再就业工作取得了积极进展。2003年3月，“两会”提出，要确保实现全年新增就业800万人以上，帮助下岗失业人员再就业400万人以上，其中“4050”人员实现再就业100万人以上，城镇登记失业率控制在4.5%左右的目标任务。为进一步落实会议精神和中央确定的方针政策，确保完成目标任务，加大工作力度，加快工作节奏，2003年8月15日至16日，中共中央、国务院在北京召开全国再就业工作座谈会，会议分析了就业和再就业形势，对进一步推进就业和再就业工作进行再动员、再部署，提出了明确的工作要求，充分体现了新一届中央领导集体对这项工作的高度重视，体现了对广大人民群众切身利益的极端关切。

根据全国再就业工作座谈会精神，10月下旬，中央派出13个督查组对25个省、自治区、直辖市和新疆生产建设兵团的就业再就业工作进行了全面督查。整个督查活动采取地方自查和中央督查相结合、听取汇报和实地检查相结合、了解面上情况与随机抽查相结合的方式开展工作。此次督查活动，有力地推动了各地就业和再就业工作的开展，对于改进工作中存在的问题，完善各项政策的制定和执行，如期实现全年目标，具有十分重要的作用。

三、努力造就数以亿计的高素质劳动者成为我国人才强国战略的重要组成部分

中共中央、国务院12月19日至20日在北京召开全国人才工作会议。中共中央总书记、国家主席胡锦涛在会上发表重要讲话。他强调指出，人才问题是关系党和国家事业发展的关键问题。全党同志必须从全局和战略的高度，以高度的政治责任感和历史使命感，把实施人才强国战略作为党和国家一项重大而紧迫的任务抓紧抓好，努力造就数以亿计的高素质劳动者、数以千万计的专门人才和一大批拔尖创新人才，建设规模宏大、结构合理、素质较高的人才队伍，充分发挥各类人才的积极性、主动性和创造性，开创人才辈出、人尽其才的新局面，大力提升国家核心竞争力和综合国力，为全面建设小康社会和实现中华民族的伟大复兴提供重要保证。

四、《工伤保险条例》发布

4月27日，国务院总理温家宝签署第375号国务院令，发布《工伤保险条例》，2004年1月1日起正式实施。《条例》为保障因工作遭受事故伤害或者患职业病的职工获得医疗救治和经济补偿，促进工伤预防和职业康复，分散用人单位的工伤风险提供了法律依据。《条例》是我国第一部工伤保险法规，是继1951年《劳动保险条例》后关于工伤保险制度的一次重大突破。围绕《条例》实施前的准备工作，劳动保障部相继出台一系列的配套政策，对工伤认定办法、工伤保险费率确定、劳动能力鉴定、因工死亡职工供养亲属范围的规定以及非法用工单位伤亡人员的一次性赔偿办法等问题进行了明确规定。《条例》的发布，是贯彻落实党的十六大精神和“三个代表”重要思想的具体体现，是推进工伤保险制度改革的必然要求，是社会保障法制化进程中具有里程碑意义的大事，标志着工伤保险制度改革进入了一个新的发展阶段。

五、积极防治“非典”，劳动保障工作两手抓、两不误

面对突如其来的“非典”疫情，全国各族人民在党中央、国务院的坚强领导下，团结一致、同心同德，取得了抗击“非典”战役的阶段性胜利。在抗击“非典”的过程中，各级劳动保障部门始终坚持一手抓防治“非典”，一手抓业务工作，做到“非典”防治和劳动保障业务工作两不误。劳动保障部相继发出紧急通知，对各地劳动保障部门防治“非典”工作进行了统一部署，要求各地劳动保障部门要充分认识防控非典型肺炎工作的重要性、复杂性和艰巨性，妥善处理与“非典”疫情有关的劳动关系以及工资待遇、因履行职责而感染传染性非典型肺炎人员的工伤待遇等问题，积极做好农民工的安全有序流动、各地参加基本医疗保险人员的住院就医，以及技工学校、职业培训机构和就业服务机构非典型肺炎防控等工作。各地劳动保障部门站在全局高度，有针对性地采取各种措施，扎实工作，在全力做好“非典”防治工作的同时，进一步做好就业和社会保障工作，坚定不移地完成2003年劳动保障工作的各项目标任务。

六、城市街道社区劳动保障机构普遍建立

2003年，各地大力推进街道社区劳动保障平台建设，为下岗失业人员建立服务网络，聘用了专门的劳动保障工作人员，基本做到机构、人员、经费、场地、制度和工作“六到位”，为做好就业和再就业工作，推进社会化管理，完善社会保障体系，实现新时期劳动保障事业的新发展奠定了坚实的基础。

七、企业退休人员社会化管理服务工作在全国轰轰烈烈地展开

2003年6月19日，中共中央办公厅、国务院办公厅发出通知，转发劳动保障部等13个部门和单位制定的《关于积极推进企业退休人员社会化管理服务工作的意见》。《意见》

明确，职工办理退休手续后，其管理服务工作与原企业分离，养老金实行社会化发放，人员移交城市街道和社区实行属地管理，由社区服务组织提供相应的管理服务。通知下发后，各地认真贯彻落实两办通知精神，积极探索推进社会化管理服务工作的有效途径和方法，务求完成2003年年底80%的企业退休人员实现管理服务社会化的目标，保障广大企业退休人员晚年生活安定，提高生活质量，维护社会稳定。

八、金保工程国家立项

金保工程是利用先进的信息技术，以中央、省、市三级网络为依托，支持劳动和社会保障业务经办、公共服务、基金管理和宏观决策等核心应用，覆盖全国的统一的劳动和社会保障电子政务工程。2003年7月，金保工程在国家正式立项，工程建设全面启动。金保工程的立项和实施，不仅为劳动保障事业的持续稳定发展奠定了坚实的基础，对国民经济和社会健康发展也将产生重要的作用，标志着劳动保障信息化建设进入了国家级项目行列，开始驶入我国信息化建设的快车道。

九、《社会保险稽核办法》施行

2003年2月27日，劳动保障部制定颁布《社会保险稽核办法》，4月1日开始施行。《办法》规定社会保险经办机构依法对社会保险费缴纳情况和社会保险待遇领取情况进行核查。其中，社会保险待遇领取人丧失待遇领取资格后本人或者他人继续领取待遇或以其他形式骗取社会保险待遇的，情节严重的将被处以500~1 000元的罚款，构成犯罪的将被追究刑事责任。《办法》的出台将进一步规范社会保险稽核工作，确保社会保险费应收尽收，维护参保人员的合法权益。

十、灵活就业等非全日制用工劳动保障有章可循

2003年5月26日和5月30日，劳动保障部先后下发《关于城镇灵活就业人员参加基本医疗保险的指导意见》和《关于非全日制用工若干问题的意见》。《关于城镇灵活就业人员参加基本医疗保险的指导意见》明确规范了灵活就业人员的参保方式、激励措施和待遇水平等问题，对解决我国因经济体制改革和产业结构调整所带来的灵活就业人员逐步增加的问题将起到重要的指导作用。《关于非全日制用工若干问题的意见》规定用人单位应当按时足额支付非全日制劳动者的工资，且小时工资不得低于当地政府颁布的小时最低工资标准，并明确非全日制用工应当参加基本养老保险，用人单位也应当按照国家有关规定为建立劳动关系的非全日制用工缴纳工伤保险费。《意见》的颁布将进一步规范用人单位非全日制用工行为，保障劳动者的合法权益，促进非全日制就业健康发展。

劳动和社会保障
统计资料

一、2003年度劳动和社会保障事业发展统计公报

2003年度劳动和社会保障事业发展统计公报

劳动和社会保障部　国家统计局

2003年，在党中央、国务院的正确领导下，劳动保障各项工作全面推进，就业和再就业工作力度不断加大，两个确保继续得到巩固，社会保障体系建设积极推进，劳动者合法权益得到维护。

一、劳动就业

就业总量继续增长，就业结构进一步改善。年末全国城乡就业人员74 432万人，比上年末增加692万人。其中第一产业就业人员36 546万人，占全国城乡就业人员的49.1%；第二产业16 077万人，占21.6%；第三产业21 809万人，占29.3%。城镇就业人员25 639万人，比上年末增加859万人。其中，城镇单位就业人员10 970万人，比上年末减少16万人；城镇私营企业和个体经济组织就业人员4 922万人，比上年末增加654万人。在城镇单位就业人员中，在岗职工人数为10 492万人，比上年末减少66万人。

全年全国下岗失业人员实现再就业的有440万人，其中“4050”人员120万人。年末全国城镇登记失业人数为800万人，城镇登记失业率为4.3%，比上年末上升0.3个百分点。

国有企业下岗职工基本生活继续得到保障。年末国有企业（含国有联营企业、国有独资公司）下岗职工260万人，比上年末减少150万人。其中进入再就业服务中心的下岗职工194万人，比上年末减少145万人，绝大多数进入再就业服务中心的下岗职工基本生活得到保障。

劳动力市场建设继续推进。劳动力市场信息网络初步建成，全国共有108个城市实现了市内联网，92个城市实现了按季度发布职业供求分析报告。年末全国各类职业介绍机构31 109所，其中劳动保障部门办的公共职业介绍机构21 515所。全国公共职业介绍机构全年成功介绍职业1 155万人次，比上年增加178万人次，增长18%。

职业培训工作取得明显成效。年末全国技工学校2 970所，在校学生193万人，比上年末增加40万人；全国技工学校全年面向社会开展培训和再培训227万人次，比上年增长8.8%。年末全国就业训练中心3 307所，社会培训机构19 139所，全年共开展培训1 166万人次，比上年增长8.8%。全年有549万名失业人员和下岗职工参加了再就业培训，其中29万人参加了创业培训。全年共有126万城镇未能继续升学的初高中毕业生参加了劳动预备制培训。

职业技能鉴定工作有了新进展。年末全国职业技能鉴定机构7 252个。全年共有687万人参加了职业技能鉴定，其中584万人获得职业资格证书，职业技能鉴定平均通过率为85%。

二、社会保险

（一）养老保险

年末全国离退休人员4 523万人，比上年末增加300万人。其中离休人员141万人，退休人员4 382万人。

城镇基本养老保险覆盖面继续扩大。2003年年末，全国参加基本养老保险的人数为15 506万人，比上年末增加770万人。其中，参保职工11 646万人，参保离退休人员3 860万人，分别比上年末增加518万人和252万人。全国企业参保人数为13 882万人，比上年增加603万人。其中，参保职工10 325万人，参保离退休人员3 557万人，分别比上年末增加395万人和208万人。

全年企业离退休人员养老金基本做到了按时足额发放。到年末，企业退休人员实行社会化管理人数达到2 933万人，比上年末增加1 499万人，社会化管理率达到84.5%。

全年全国基本养老保险基金收入3 680亿元，比上年增长16%。其中征缴收入3 044亿元，同比增长19.3%。各级财政补贴基本养老保险基金530亿元，其中中央财政补贴474.3亿元。全年全国基本养老保险基金支出3 122亿元，同比增长9.8%。期末基本养老保险基金累计结余2 207亿元。

有条件的地区积极推进农村养老保险事业。年末全国参加农村养老保险的人数为5 428万人，共积累农村养老保险基金259.3亿元，比上年末增加26亿元，全年共有198万农民领取了养老金，当年支付保险金15亿元。

（二）医疗保险

城镇职工基本医疗保险覆盖面进一步扩大。年末全国绝大部分地级以上统筹地区组织实施了基本医疗保险，参保人数10 902万人，比上年末增加1 501万人。其中参保职工7 975万人，参保退休人员2 927万人，分别比上年末增加1 049万人和452万人。全年基本医疗保险基金收入890亿元，支出654亿元，年末个人账户基金滚存结余积累291亿元，统筹基金滚存结余379亿元。

（三）失业保险

失业保险的作用进一步增强。年末全国参加失业保险的人数为10 373万人，比上年末增加191万人。年末全国领取失业保险金人数415万人，比上年末减少25万人。全年失业保险基金收入249亿元，支出200亿元，分别比上年增长15.5%和7.2%。年末基金滚存结余304亿元。

（四）工伤保险

工伤保险制度改革继续深化。年末全国参加工伤保险的职工有4 575万人，比上年末增加169万人。全年工伤保险基金收入38亿元，支出27亿元，年末基金滚存结余91亿元。全年共有33万人享受了工伤保险待遇。

（五）生育保险

生育保险进一步发展。年末全国参加生育保险的职工有3 655万人，比上年末增加167万人。全年生育保险基金收入25亿元，支出13亿元，年末基金滚存结余42亿元。全年共有36万名职工享受了生育保险待遇。

（六）社会保险基金监督

社会保险基金行政监督体系和监督举报网络初步建立。到年底，全国已有19个省（区、市）建立了省级社会保障监督委员会，30个省（区、市）和205个地市劳动保障部门开通了社会保险基金监督举报电话。

三、工资分配

全年城镇单位在岗职工平均工资14 040元，比上年增长13%，扣除价格因素，实际增长12%。国有单位在岗职工平均工资14 577元，城镇集体单位8 678元，其他单位14 574元。

企业工资收入分配宏观调控体系建设和工资决定机制改革积极推进。全国31个省（区、市）建立了最低工资保障制度，22个省（区、市）制定了小时最低工资标准。29个省（区、市）建立了工资指导线制度，124个大中城市发布了劳动力市场工资指导价位，18个大中城市发布了行业人工成本。29万多家企业建立了工资集体协商制度。

四、劳动关系

下岗职工劳动关系进一步理顺。全年从再就业服务中心转出下岗职工153.6万人，其中解除或终止劳动合同的占47%。国有大中型企业主辅分离、辅业改制分流安置富余人员工作稳步开展。劳动保障部全年共审核备案22家中央企业职工分流安置方案，涉及改制企业775户，职工15万人。

劳动争议案件数量继续增长。全年各级劳动争议仲裁委员会立案受理劳动争议案件22.6万件，涉及劳动者80万人，分别比上年增长22.8%和31.7%。其中集体劳动争议案件1.1万件。全年各级劳动争议仲裁委员会审理结案22.4万件（包括上年结转的案件1.6万件），结案率为92%。

五、劳动立法与监察

劳动保障立法取得新的进展。2003年4月，国务院发布了《工伤保险条例》。劳动保障部制定出台了工伤保险、最低工资、集体合同、企业年金等方面的部颁规章。全年各地制定劳动保障方面的地方性法规和规章28件。

各地劳动保障监察机构加大维权力度，严肃查处违反劳动保障法律法规的行为，并在全国范围内重点组织开展了农民工权益保护等专项检查活动。

全年各地劳动保障监察机构主动检查用人单位110.7万户次，立案调查处理劳动保障违法案件26.4万件，查处群众举报案件16.6万件，年检用人单位117.2万户。通过各项日常和专项监察执法活动，督促用人单位为劳动者补缴社会保险费37.2亿元，督促8.8万户用人单位办理了社会保险申报登记，责令用人单位补发劳动者工资27亿元，责令用人单位与895万名劳动者补签劳动合同，责令用人单位清退非法收取劳动者的风险抵押金1.2亿元，取缔非法职业中介机构6 585户。

年末全国劳动保障监察机构3 223个。各地劳动保障部门配备劳动保障监察员4.3万人，其中专职监察员1.9万人，兼职监察员2.4万人。

注：1. 本公报中的各项统计数据均未包括香港特别行政区、澳门特别行政区和台湾省。

2. 本公报中的有关数据为正式统计数据，与《中华人民共和国2003年国民经济和社会发展统计公报》中的部分数据有所不同。

二、统 计 资 料

（一）综　合

历年国内生产总值、增长及构成

年份	国内生产总值	第一产业	第二产业	第三产业
一、绝对数（亿元）				
1997	74 462.6	14 211.2	37 222.7	23 028.7
1998	78 345.2	14 552.4	38 619.3	25 173.5
1999	82 067.5	14 472.0	40 557.8	27 037.7
2000	89 442.2	14 628.2	44 935.3	29 878.7
2001	95 933.3	14 609.9	49 069.1	32 254.3
2002	102 398.0	14 883.0	52 982.0	34 533.0
2003	116 694.0	17 247.0	61 778.0	37 669.0
二、比上年增长（%）				
1998	7.8	3.5	8.9	8.3
1999	7.1	2.8	8.1	7.5
2000	8.0	2.4	9.6	7.8
2001	7.3	2.8	8.7	7.4
2002	8.0	2.9	9.9	7.3
2003	14.0	15.9	16.6	9.1
三、构成（%）				
1997	100	19.1	50.0	30.9
1998	100	18.6	49.3	32.1
1999	100	17.6	49.4	32.9
2000	100	16.4	50.2	33.4
2001	100	15.2	51.1	33.6
2002	100	14.5	51.7	33.7
2003	100	14.8	52.9	32.3

注：比上年增长（%）按可比价格计算。

历年分城乡就业人员年末人数

单位：万人

年份	合计	按城乡分	
		城镇	乡村
1997	69 820	20 781	49 039
1998	70 637	21 616	49 021
1999	71 394	22 412	48 982
2000	72 085	23 151	48 934
2001	73 025	23 940	49 085
2002	73 740	24 780	48 960
2003	74 432	25 639	48 793

注：1990 年以后从业人员数字根据 2000 年人口普查数进行了调整。

历年分产业就业人员年末人数　　单位：万人

年份	合计	就业人数		
		第一产业	第二产业	第三产业
1997	69 820	34 840	16 547	18 432
1998	70 637	35 177	16 600	18 860
1999	71 394	35 768	16 421	19 205
2000	72 085	36 043	16 219	19 823
2001	73 025	36 513	16 284	20 228
2002	73 740	36 870	15 780	21 090
2003	74 432	36 546	16 077	21 809

历年城镇就业人员构成　　单位：万人

年份	合计	#单位就业人员	#私营个体就业人员
1995	19 040	15 301	2 045
1996	19 922	15 221	2 329
1997	20 781	15 036	2 669
1998	21 616	12 696	3 232
1999	22 412	12 130	3 467
2000	23 151	11 613	3 404
2001	23 940	11 166	3 658
2002	24 780	10 985	4 267
2003	25 639	10 970	4 922

注：1. 城镇就业人员合计数由国家统计局根据人口抽样调查和劳动力抽样调查推算得出。

2. 单位就业人员数是国家统计局统计数，私营个体就业人员数是国家工商行政管理总局统计数。

3. 数据来源：国家统计局、国家工商行政管理总局。

历年城镇分经济类型单位就业人员构成　　单位：万人

年份	合计	国有单位	集体单位	股份合作单位
1997	20 781	11 044	2 883	
1998	21 616	9 058	1 963	136
1999	22 412	8 572	1 712	144
2000	23 151	8 102	1 499	155
2001	23 940	7 640	1 291	153
2002	24 780	7 163	1 122	161
2003	25 639	6 876	1 000	173

续表

年份	联营单位	有限责任公司	股份有限公司	私营企业
1997	43		468	750
1998	48	484	410	973
1999	46	603	420	1 053
2000	42	687	457	1 268
2001	45	841	483	1 527
2002	45	1 083	538	1 999
2003	44	1 261	592	2 545
年份	港澳台商投资单位	外商投资单位	个体	其他
1997	281	300	1 919	3 093
1998	294	293	2 259	5 698
1999	306	306	2 414	6 837
2000	310	332	2 136	8 162
2001	326	345	2 131	9 159
2002	367	391	2 269	9 643
2003	409	453	2 377	9 908

历年分登记注册类型职工年末人数及增长情况　　单位：万人

年份	合计	在岗	国有单位	在岗
1997	14 668		10 766	
1998	14 314	12 337	10 044	8 809
1999	13 928	11 773	9 675	8 336
2000	13 468	11 259	9 260	7 878
2001	12 892	10 792	8 710	7 409
2002	12 517	10 558	8 103	6 924
2003	10 969	10 492	6 875	6 621

年份	城镇集体单位	在岗	其他单位	在岗	全部职工人数比上年增长（%）
1997	2 817		1 085		
1998	2 458	1 900	1 812	1 628	-2.5
1999	2 233	1 652	2 020	1 785	-2.7
2000	2 008	1 447	2 200	1 935	-3.3
2001	1 753	1 241	2 429	2 142	-4.3
2002	1 527	1 071	2 887	2 563	-2.9
2003	999	951	3 094	2 920	-12.4

历年企业、事业、机关单位职工人数

年份	企业				事业	
	合计	国有	集体	其他	合计	国有
1998	10 524	6 394	2 320	1 810	2 729	2 595
1999	10 112	5 998	2 095	2 019	2 745	2 611
2000	9 628	5 564	1 867	2 197	2 761	2 622
2001	9 054	5 017	1 612	2 425	2 758	2 617
2002	8 713	4 446	1 388	2 879	2 731	2 588
2003	7 172	3 067	820	2 910	2 724	2 582

年份	事业		机关		
	集体	其他	合计	国有	集体
1998	131.9	1.8	1 061.2	1 055.2	6.0
1999	132.5	1.7	1 070.8	1 065.7	5.1
2000	136.0	3.0	1 079.4	1 074.5	4.9
2001	137.1	4.2	1 079.6	1 075.4	4.2
2002	136.0	7.0	1 073.0	1 069.0	4.0
2003	131.9	9.8	1 072	1 067.7	3.8

历年分登记注册类型在岗职工工资总额及增长情况

年份	工资总额（亿元）				全部在岗工资总额比上年增长（%）
	合计	国有单位	城镇集体单位	其他单位	
1997	9 405.3	7 211.0	1 253.4	940.8	3.6
1998	9 296.5	6 812.5	1 021.6	1 462.4	0.2
1999	9 875.5	7 160.8	962.7	1 752.0	6.2
2000	10 656.2	7 612.9	919.0	2 124.3	7.9
2001	11 830.9	8 355.6	864.6	2 610.7	11.0
2002	13 161.1	8 948.6	828.1	3 384.4	11.2
2003	14 743.5	9 693.9	829.4	4 220.3	12.0

历年分登记注册类型在岗职工平均工资及增长情况

年份	平均工资（元）				全部在岗职工平均工资比上年增长（%）	
	合计	国有单位	城镇集体单位	其他单位	货币工资	实际工资
1997	6 470	6 747	4 512	8 789	4.2	1.1
1998	7 479	7 668	5 331	8 972	6.6	7.2
1999	8 346	8 543	5 774	9 829	11.6	13.1
2000	9 371	9 552	6 262	10 984	12.3	11.4
2001	10 870	11 178	6 867	12 140	16.0	15.2
2002	12 422	12 869	7 667	13 212	14.3	15.2
2003	14 040	14 577	8 678	14 574	13.0	12.9

历年全国企业、事业、机关单位职工平均工资

年份	职工平均工资（元）					
	全部职工平均工资	企业				事业
		合计	国有	集体	其他	合计
1997	6 470	6 322	6 647	4 443	8 788	6 867
1998	7 479	7 405	7 644	5 264	8 970	7 620
1999	8 346	8 168	8 350	5 670	9 828	8 665
2000	9 371	9 189	9 324	6 144	10 985	9 634
2001	10 870	10 453	10 619	6 667	12 136	11 491
2002	12 422	11 873	12 109	7 426	13 206	13 246
2003	14 040	13 578	14 028	8 401	14 575	14 564

年份				机关		
	国有	集体	其他	合计	国有	集体
1997	6 925	5 743	9 530	6 990	6 994	6 338
1998	7 689	6 206	10 858	7 740	7 746	6 675
1999	8 748	6 970	10 913	8 925	8 930	7 827
2000	9 749	7 388	10 560	10 020	10 025	8 718
2001	11 640	8 518	14 628	12 125	12 136	8 960
2002	13 438	9 399	15 568	14 005	14 020	9 302
2003	14 770	10 448	15 147	15 736	15 757	9 742

注：1998、1999、2000、2001、2002、2003 年只包括在岗职工的平均工资。

分地区企业、事业、机关单位在岗职工平均工资和离岗职工平均生活费

（2003）

单位：元

地区	全部职工		企业单位	
	在岗职工平均工资	离岗职工平均生活费	在岗职工平均工资	离岗职工平均生活费
全国	**14 040**	**2 966**	**13 578**	**2 660**
北京	25 312	7 325	23 904	6 719
天津	18 648	2 686	18 285	2 559
河北	11 189	3 493	11 027	2 815
山西	10 729	2 324	10 498	2 177
内蒙古	11 279	3 590	10 219	3 213
辽宁	13 008	1 890	12 801	1 712
吉林	11 081	1 867	10 767	1 572
黑龙江	11 038	1 531	10 412	1 215
上海	27 304	4 332	26 934	4 052
江苏	15 712	4 212	14 461	3 984
浙江	21 367	6 530	18 267	5 311
安徽	10 581	2 528	9 779	2 380
福建	14 310	2 774	13 766	2 612
江西	10 521	1 883	9 885	1 731
山东	12 567	3 851	11 975	3 340
河南	10 749	1 772	10 696	1 702
湖北	10 692	3 048	10 049	2 782
湖南	12 221	2 427	11 595	2 142
广东	19 986	4 447	18 752	3 520
广西	11 953	2 714	11 547	2 459
海南	10 397	2 054	8 802	1 793
重庆	12 425	3 690	11 977	3 438
四川	12 441	3 983	11 594	3 777
贵州	11 037	3 350	11 042	3 181
云南	12 870	6 022	12 474	5 809
西藏	26 931	13 578	20 356	13 179
陕西	11 461	2 527	11 458	2 348
甘肃	12 307	4 079	11 588	3 978
青海	15 356	5 200	14 693	5 050
宁夏	12 981	5 568	12 420	5 243
新疆	13 255	6 536	12 446	6 414

续表

地区	事业单位		机关单位	
	在岗职工平均工资	离岗职工平均生活费	在岗职工平均工资	离岗职工平均生活费
全国	**14 564**	**5 459**	**15 736**	**10 149**
北京	30 130	13 377	30 688	16 482
天津	19 182	6 921	21 534	7 831
河北	11 167	7 351	12 080	12 619
山西	11 084	3 676	11 341	8 065
内蒙古	12 557	4 205	13 868	10 929
辽宁	13 023	4 064	14 850	9 698
吉林	11 453	4 271	12 260	11 051
黑龙江	12 428	4 682	13 955	10 929
上海	27 617	12 131	31 835	9 881
江苏	17 017	6 968	22 705	13 341
浙江	26 367	9 794	29 998	21 239
安徽	11 308	4 574	13 105	6 981
福建	15 221	4 056	16 627	8 062
江西	11 083	2 999	11 931	5 574
山东	13 684	8 099	13 809	9 173
河南	10 739	2 524	11 032	4 110
湖北	11 492	4 263	12 867	8 157
湖南	13 050	4 316	12 835	6 755
广东	21 483	6 323	26 136	16 904
广西	11 934	4 404	14 153	7 563
海南	13 036	6 040	15 091	8 946
重庆	12 946	7 963	14 455	11 636
四川	13 420	5 516	14 327	9 275
贵州	10 821	4 583	11 406	6 089
云南	13 450	6 015	13 211	12 857
西藏	27 785	14 211	31 102	14 707
陕西	11 527	4 949	11 320	6 147
甘肃	13 063	5 263	13 860	8 287
青海	15 830	6 297	16 713	7 471
宁夏	14 037	8 009	13 859	12 909
新疆	14 473	6 909	15 670	15 485

历年全国居民消费价格指数

年份	全国居民消费价格指数（以上年为100）	城市居民消费价格指数（以上年为100）	农村居民消费价格指数（以上年为100）
1998	99.2	99.4	99.0
1999	98.6	98.7	98.5
2000	100.4	100.8	99.9
2001	100.7	100.7	100.8
2002	99.2	99.0	99.6
2003	101.2	100.9	101.6

历年城乡居民收入

年份	城镇居民人均可支配收入（元）	农村居民人均纯收入（元）	扣除物价因素比上年增长（%）	
			城镇居民人均可支配收入	农村居民人均纯收入
1997	5 160	2 090	3.4	4.3
1998	5 425	2 162	5.8	4.3
1999	5 854	2 210	9.3	3.9
2000	6 280	2 253	6.4	2.0
2001	6 860	2 366	8.2	4.2
2002	7 703	2 476	13.4	4.8
2003	8 472	2 622	9.0	4.3

（二）就业与失业

分地区城镇单位就业人员年末人数

（2003）

单位：万人

地　区	合计	企业	事业	机关
全　国	**10 970**	**7 172**	**2 724**	**1 072**
北　京	491.2	388.7	78.6	23.9
天　津	191.0	145.4	33.3	12.4
河　北	499.2	302.6	138.9	57.7
山　西	356.9	233.6	84.7	38.7
内蒙古	244.4	148.2	68.3	27.8
辽　宁	500.2	346.6	114.7	38.9
吉　林	291.9	188.6	79.5	23.5
黑龙江	515.3	387.7	92.9	34.6
上　海	342.1	267.1	59.1	15.9
江　苏	608.5	410.7	153.7	44.1
浙　江	392.8	261.2	95.2	36.4
安　徽	354.6	213.7	104.1	36.8
福　建	344.6	247.1	68.8	28.7
江　西	267.7	150.8	82.9	33.9
山　东	778.5	515.8	187.0	75.7
河　南	701.7	439.6	176.9	85.2
湖　北	502.4	325.4	128.3	48.5
湖　南	401.6	225.7	121.0	54.9
广　东	781.1	547.3	164.4	69.4
广　西	271.7	149.4	94.9	27.4
海　南	73.5	49.1	16.7	7.7
重　庆	210.2	141.2	51.5	17.5
四　川	505.7	301.6	146.6	57.4
贵　州	197.5	111.1	56.0	30.4
云　南	253.3	133.5	82.6	36.0
西　藏	17.4	5.2	6.1	6.1
陕　西	330.3	199.9	92.3	38.1
甘　肃	195.4	113.6	57.8	24.1
青　海	42.7	22.9	13.2	6.5
宁　夏	61.6	39.3	16.0	6.4
新　疆	244.7	159.6	58.2	26.8

分地区城镇单位在岗职工人数

（2003）

单位：万人

地　区	全部职工	企业单位	事业单位	机关单位
全　国	**10 492**	**6 797**	**2 644**	**1 050**
北　京	436	340	74	23
天　津	175	132	32	11
河　北	487	292	137	57
山　西	348	227	82	38
内蒙古	240	145	67	27
辽　宁	484	334	112	38
吉　林	287	185	78	23
黑龙江	488	363	91	34
上　海	279	212	53	14
江　苏	579	388	149	42
浙　江	373	247	91	35
安　徽	338	201	101	36
福　建	334	239	67	28
江　西	257	143	81	33
山　东	762	503	184	75
河　南	682	424	175	84
湖　北	486	315	123	48
湖　南	379	208	118	54
广　东	764	535	160	69
广　西	256	140	89	27
海　南	72	48	16	8
重　庆	206	137	51	17
四　川	487	288	143	56
贵　州	189	106	53	30
云　南	244	128	80	35
西　藏	14	4	5	5
陕　西	319	193	89	38
甘　肃	189	110	55	24
青　海	41	22	13	6
宁　夏	59	37	16	6
新　疆	238	154	58	27

分地区城镇私营个体就业人员年末人数

（2003）

单位：万人

地　区	合计	城镇私营企业			城镇个体从业人员
		小计	投资者	雇工	
全　国	**4 922**	**2 545**	**520**	**2 025**	**2 377**
北　京	197.8	160.6	34.7	125.9	37.2
天　津	54.9	42.5	10.0	32.4	12.5
河　北	142.2	58.4	8.9	49.5	83.8
山　西	99.8	72.7	5.3	67.4	27.1
内蒙古	108.5	35.7	7.2	28.5	72.8
辽　宁	344.8	152.3	19.9	132.4	192.5
吉　林	83.7	31.9	7.0	24.9	51.8
黑龙江	171.0	52.5	9.8	42.7	118.5
上　海	179.4	158.1	33.4	124.7	21.2
江　苏	352.7	236.3	39.4	196.8	116.4
浙　江	349.2	218.3	39.0	179.2	130.9
安　徽	199.6	70.8	11.9	58.9	128.9
福　建	128.4	75.5	14.6	60.8	52.9
江　西	116.2	42.7	6.8	35.9	73.5
山　东	353.8	203.0	42.2	160.8	150.8
河　南	139.0	41.0	11.7	29.3	98.0
湖　北	202.4	71.0	14.7	56.3	131.4
湖　南	199.9	82.6	25.1	57.5	117.3
广　东	513.9	276.9	62.2	214.7	237.0
广　西	113.4	35.8	7.2	28.6	77.6
海　南	40.0	23.5	5.8	17.7	16.6
重　庆	109.1	56.3	10.6	45.6	52.8
四　川	184.3	81.4	17.1	64.2	102.9
贵　州	46.0	18.8	4.7	14.1	27.2
云　南	93.6	26.6	5.6	21.0	67.0
西　藏	9.7	2.8	0.4	2.4	6.8
陕　西	184.8	122.5	44.0	78.5	62.3
甘　肃	58.1	25.9	5.5	20.4	32.3
青　海	31.0	14.3	1.9	12.4	16.7
宁　夏	20.6	12.3	3.1	9.2	8.3
新　疆	94.3	42.3	10.2	32.2	52.0

历年城镇失业人数及失业率（年末登记数）

年份	城镇失业人数（万人）	失业率（%）
1997	577	3.1
1998	571	3.1
1999	575	3.1
2000	595	3.1
2001	681	3.6
2002	770	4.0
2003	800	4.3

分城市城镇就业人员和登记失业人员情况
（2003）

城市名称	城镇从业人员年末人数（千人）	年末尚有失业人员人数（千人）	登记失业率（%）
石家庄	88.8	2.6	2.9
太原	109.8	4.0	3.5
呼和浩特	60.5	2.3	3.7
大连	189.5	9.9	5.0
长春	160.0	5.7	3.4
南京	150.0	6.5	4.2
杭州	154.5	7.1	4.4
合肥	71.6	3.3	4.4
福州	75.5	2.5	3.2
南昌	95.4	3.3	3.3
济南	142.2	5.6	3.8
郑州	108.5	3.2	2.8
武汉	246.4	12.0	4.6
长沙	119.3	5.2	4.2
广州	262.5	7.3	2.7
贵阳	76.5	3.1	3.9
昆明	74.2	1.9	2.5
兰州	63.8	1.9	2.9
西宁	44.5	1.8	3.8
银川	34.8	1.2	3.1
乌鲁木齐	60.5	2.3	3.7
宁波	97.9	4.1	4.0
厦门	42	1.9	4.3
青岛	184.7	7.2	3.8
深圳	81.8	2.2	2.6

分地区城镇登记失业人数和登记失业率
（2003）

地　　区	失业人数（万人）	失业率（%）
北　　京	7.0	1.4
天　　津	12.0	3.8
河　　北	25.7	3.9
山　　西	13.1	3.0
内 蒙 古	17.6	4.5
辽　　宁	72.0	6.5
吉　　林	28.4	4.3
黑 龙 江	35.0	4.2
上　　海	30.1	4.9
江　　苏	41.8	4.1
浙　　江	28.3	4.2
安　　徽	25.1	4.1
福　　建	14.6	4.1
江　　西	21.6	3.6
山　　东	41.3	3.6
河　　南	26.3	3.1
湖　　北	49.3	4.3
湖　　南	37.1	4.5
广　　东	35.5	2.9
广　　西	14.9	3.6
海　　南	3.6	3.4
重　　庆	16.2	4.1
四　　川	33.1	4.4
贵　　州	11.2	4.0
云　　南	12.1	4.1
陕　　西	13.9	3.5
甘　　肃	9.3	3.4
青　　海	3.1	3.8
宁　　夏	3.8	4.4
新　　疆	9.9	3.5
新疆生产建设兵团		

分地区城镇登记失业人员情况

（2003）

单位：人

地　　区	上年末结转登记失业人员	本年新登记的失业人数	女性	由就业转失业人数	本年失业人员就业人数
北　　京	60 152	203 123	86 866	138 059	179 240
天　　津	128 993	76 071	39 557	56 043	84 800
河　　北	221 642	248 957	117 278	105 552	203 818
山　　西	145 243	111 245	36 777	26 140	125 974
内 蒙 古	162 671	244 084	109 172	105 785	215 118
辽　　宁	755 715	848 496	365 081	668 211	729 504
吉　　林	238 160	268 731	123 656	106 068	222 567
黑 龙 江	416 103	314 135	163 784	127 020	380 456
上　　海	287 807	488 445	205 057	408 844	448 574
江　　苏	421 650	607 656	290 590	408 169	532 430
浙　　江	277 306	392 841	183 754	219 802	356 024
安　　徽	234 351	331 993	164 098	193 645	296 621
福　　建	149 647	251 793	115 539	91 703	250 270
江　　西	177 572	306 696	143 628	63 592	264 697
山　　东	397 434	669 491	318 185	269 191	632 290
河　　南	253 993	233 784	115 656	117 370	213 590
湖　　北	446 627	495 056	258 662	172 939	446 955
湖　　南	303 905	300 799	145 979	129 511	260 286
广　　东	364 946	716 657	326 127	356 337	679 145
广　　西	147 116	239 565	119 507	99 024	223 898
海　　南	39 959	33 711	22 004	11 133	37 218
重　　庆	161 775	137 670	66 626	72 253	109 942
四　　川	338 165	433 472	205 344	258 704	381 456
贵　　州	110 843	128 542	63 345	38 121	123 033
云　　南	98 035	188 346	89 156	95 777	164 839
陕　　西	135 094	142 986	94 550	48 117	138 590
甘　　肃	86 559	110 310	53 967	52 125	103 372
青　　海	28 534	47 591	21 496	26 399	45 382
宁　　夏	35 408	47 171	22 439	15 055	45 036
新　　疆	98 972	224 998	100 358	76 971	225 235
新疆生产建设兵团	27 876	17 300	8 787	12 536	16 293

续表

地区	本年末实有登记失业人数	女性	长期失业者	本年末从业人员总数	登记失业率（%）
北京	69 579	28 707	39 245	4 804 801	1.4
天津	120 264	62 537	48 106	3 040 000	3.8
河北	256 917	124 008	69 161	6 330 705	3.9
山西	130 514	39 196	44 000	4 234 525	3.0
内蒙古	175 889	93 556	77 514	3 767 811	4.5
辽宁	720 049	459 809	43 202	10 319 000	6.5
吉林	284 324	138 977	96 328	6 356 000	4.3
黑龙江	349 782	178 456	84 296	7 883 542	4.2
上海	301 134	122 533	205 207	5 820 000	4.9
江苏	418 448	221 545	212 786	9 834 700	4.1
浙江	282 740	135 711	174 510	6 460 624	4.2
安徽	251 477	135 195	111 790	5 926 348	4.1
福建	146 218	69 491	78 799	3 455 400	4.1
江西	216 198	94 299	42 147	5 791 700	3.6
山东	412 792	204 926	209 504	10 900 000	3.6
河南	263 070	117 557	85 297	8 134 010	3.1
湖北	493 498	259 087	108 012	10 961 042	4.3
湖南	371 322	142 180	101 516	7 944 071	4.5
广东	354 611	161 687	136 839	12 046 153	2.9
广西	148 581	72 300	56 165	4 015 329	3.6
海南	36 452	16 801	12 136	1 035 666	3.4
重庆	161 583	80 184	86 151	3 791 250	4.1
四川	330 984	157 239	128 146	7 120 000	4.4
贵州	111 784	49 509	35 114	2 648 847	4.0
云南	121 156	59 377	56 393	2 844 519	4.1
陕西	139 490	61 587	59 114	3 846 851	3.5
甘肃	93 095	46 677	34 981	2 659 043	3.4
青海	30 743	17 057	17 193	788 655	3.8
宁夏	37 543	15 462	10 912	806 580	4.4
新疆	99 135	46 750	31 361	2 765 585	3.5
新疆生产建设兵团	28 414	14 424	13 718	929 225	3.0

历年国有企业下岗职工人数

单位：万人

	期末下岗职工人数	当年新增	当年减少	再就业人数
1998 年年初结余	691.8			
1998 年	594.8	562.2	659.3	609.9
1999 年	652.5	618.6	557.7	490.5
2000 年	657.2	445.5	440.8	360.5
2001 年	515.4	234.3	376.2	226.8
2002 年	409.9	162.1	267.6	120.2
2003 年	260.2	103.0	249.0	85.3
合计	—	2 125.7	2 301.6	1 893.2

注：1. 国有企业包括国有联营企业和国有独资公司。

2. 6 年下岗职工总量为 2 818 万人，即 1998 年年初结余数加上各年新增下岗职工数之和。

历年分地区国有企业下岗职工人数

单位：万人

地　区	1998年年底	1999年年底	2000年年底	2001年年底	2002年年底	2003年年底
全　国	**594.8**	**652.5**	**657.2**	**515.4**	**409.9**	**260.2**
北　京	5.7	2.9	6.7	1.6		
天　津	6.0	14.8	12.1	7.1	8.0	
河　北	18.3	20.7	20.8	23.6	26.8	25.7
山　西	18.0	20.9	22.3	18.0	19.2	19.5
内蒙古	14.9	13.1	10.0	7.9	2.5	2.0
辽　宁	58.9	70.8	67.2	37.0	7.4	
吉　林	34.0	34.4	41.9	27.4	19.3	6.7
黑龙江	52.8	74.1	69.9	49.1	44.2	34.1
上　海	10.8	11.1	5.6	0.5		
江　苏	24.5	17.6	14.4	8.4	1.9	0.5
浙　江	11.4	6.5	3.6	1.3	0.3	
安　徽	24.9	30.6	25.2	16.4	7.1	3.1
福　建	3.1	2.9	2.0	1.2		
江　西	24.7	26.2	32.4	34.4	30.1	23.7
山　东	18.4	14.9	13.2	4.9	1.7	
河　南	25.5	28.8	30.1	25.9	25.0	17.5
湖　北	38.6	45.5	50.7	48.1	46.7	32.2
湖　南	48.1	52.5	50.0	49.1	42.1	19.5
广　东	23.4	16.8	10.1	4.3	0.5	
广　西	7.1	12.8	15.7	10.9	5.3	1.2
海　南	7.1	3.9	2.5	2.0	0.8	0.3
重　庆	11.1	13.5	14.5	13.0	11.3	0.9
四　川	28.8	29.9	38.7	36.3	31.3	13.6
贵　州	10.6	11.0	12.0	9.1	9.6	8.8
云　南	5.5	5.9	5.6	5.4	3.6	2.5
西　藏				0.1		
陕　西	30.6	32.5	28.8	29.8	29.2	24.9
甘　肃	13.7	15.7	18.2	16.6	15.0	11.4
青　海	3.8	6.1	9.5	6.6	5.3	3.4
宁　夏	3.4	4.0	4.3	4.0	2.7	1.8
新　疆	7.6	8.7	9.6	8.7	7.8	4.2
新疆生产建设兵团	3.6	3.4	9.4	6.4	5.2	2.8

注：国有企业包括国有联营企业和国有独资公司。

历年分地区国有企业下岗职工再就业人数

单位：万人

地 区	1998 年	1999 年	2000 年	2001 年	2002 年	2003 年	6 年合计
全 国	**609.2**	**490.5**	**360.5**	**226.8**	**120.2**	**83.1**	**1 890.3**
北 京	7.0	4.9	4.5	4.0	1.3		21.7
天 津	2.9	4.6	5.4	5.1	2.6	2.1	22.7
河 北	18.8	12.4	21.0	18.2	9.8	4.7	84.9
山 西	23.5	12.9	9.1	8.0	6.3	5.2	65.1
内蒙古	26.0	20.0	15.8	8.2	4.7	0.5	75.2
辽 宁	49.0	48.5	34.3	17.4	3.2	0.7	153.1
吉 林	36.4	20.8	7.1	14.6	6.3	4.4	
黑龙江	65.7	48.0	37.6	23.3	8.0	1.0	183.6
上 海	17.2	17.9	13.4	3.6	0.5		52.6
江 苏	29.2	18.8	9.0	7.1	4.1	0.8	69.0
浙 江	12.0	10.4	8.6	1.8	0.5		33.3
安 徽	22.8	13.0	6.2	7.2	5.9	2.1	57.2
福 建	12.2	5.8	5.3	2.1	0.6		
江 西	17.4	11.2	7.2	2.4	4.8	2.9	45.8
山 东	30.2	17.3	10.6	5.1	1.6	0.4	65.2
河 南	34.8	27.5	28.1	23.4	20.1	10.4	144.3
湖 北	40.2	35.3	32.1	9.9	5.7	7.0	130.2
湖 南	43.7	48.7	15.9	9.5	5.5	9.7	
广 东	16.2	22.6	5.5	1.8	0.4		46.6
广 西	14.6	12.7	7.3	3.8	3.5	3.1	
海 南	1.5	4.0	2.3	0.3	0.7	0.2	9.0
重 庆	13.0	9.8	12.1	6.5	4.7	5.5	51.6
四 川	32.2	26.1	25.7	23.0	10.8	12.0	129.8
贵 州	6.3	5.1	4.4	1.8	1.0	0.9	19.5
云 南	2.9	1.9	1.2	0.9	0.7	0.5	8.1
西 藏				0.1			
陕 西	14.8	12.4	15.7	4.6	0.4		
甘 肃	5.1	9.0	4.1	3.9	1.1	2.8	25.9
青 海	2.7	1.7	3.6	2.7	1.5	1.6	13.9
宁 夏	1.4	0.3	0.8	1.5	1.2	0.7	5.9
新 疆	9.4	5.3	4.4	2.6	1.8	1.8	25.3
新疆生产建设兵团	0.4	1.7	2.3	2.2	0.8	2.1	9.5

注：国有企业包括国有联营企业和国有独资公司。

企业下岗职工情况

（2003）

单位：万人

	上年末结转下岗职工人数	本年新增下岗职工人数	本年减少下岗职工人数	年末实有下岗职工人数				
					男性		女性	
						50岁以上		40岁以上
全国总计	**614.9**	**127.9**	**322.1**	**420.7**	**232.6**	**74.0**	**188.0**	**72.9**
一、国有企业、国有联营企业、国有独资公司	406.2	103.0	249.0	260.2	146.4	47.2	113.8	45.0
#国有企业	394.0	96.2	238.8	251.4	140.4	46.2	111.0	43.8
#中央直属企业	37.7	3.2	16.8	24.1	13.7	4.5	10.5	4.0
#亏损企业	318.1	50.6	172.9	195.8	110.6	36.5	85.2	32.3
二、城镇集体企业	318.1	50.6	172.9	195.8	110.6	36.5	85.2	32.3
三、其他企业	20.7	3.4	7.9	16.1	8.3	2.5	7.9	2.4

分地区企业下岗职工情况

（2003）

单位：万人

地区	上年末结转下岗职工人数	本年新增下岗职工人数	本年减少下岗职工人数
全国	**614.9**	**127.9**	**322.1**
北京			
天津	14.6	1.5	9.9
河北	36.8	13.1	17.2
山西	23.5	14.2	13.6
内蒙古	2.5		0.5
辽宁	44.6	4.3	32.6
吉林	24.7		13.6
黑龙江	69.9	41.9	50.5
上海			
江苏	2.6		2.0
浙江	0.3		0.3
安徽	16.4	0.3	8.0
福建			
江西	33.9	16.0	22.8
山东	3.0		3.0
河南	49.4	8.2	17.7
湖北	66.8	17.8	39.1
湖南	66.9		28.7
广东	6.8	0.5	1.1
广西	5.9		4.4
海南	0.9		0.6
重庆	17.7	4.1	15.6
四川	37.4	2.5	23.0
贵州	11.6	2.1	2.5
云南	4.8		1.2
西藏			
陕西	35.9		
甘肃	16.7		3.9
青海	5.3		1.8
宁夏	3.0	0.7	1.8
新疆	7.8	0.7	4.4
新疆生产建设兵团	5.2		2.3

续表

地区	年末实有下岗职工人数	男性	50岁以上	女性	40岁以上
全国	**420.7**	**232.6**	**74.0**	**188.0**	**72.9**
北京					
天津	6.2	3.8		2.4	
河北	32.7	18.8	4.8	14.0	5.1
山西	24.1	14.2	3.6	9.9	3.3
内蒙古	2.0	1.2	0.5	0.8	0.4
辽宁	16.3	8.9	2.7	7.4	2.7
吉林	11.1	6.8	0.8	4.2	1.1
黑龙江	61.3	32.6	9.7	28.8	11.8
上海					
江苏	0.6	0.2	0.1	0.4	0.2
浙江					
安徽	8.6	4.9	1.1	3.7	1.2
福建					
江西	27.1	15.2	4.9	12.0	4.4
山东					
河南	39.9	22.3	5.8	17.6	5.6
湖北	45.6	22.2	10.0	23.4	12.4
湖南	38.2	20.8	8.2	17.4	6.5
广东	6.1	3.5	1.5	2.6	1.4
广西	1.5	0.9	0.3	0.6	0.3
海南	0.4	0.3	0.1	0.1	0.1
重庆	6.2	4.1	1.9	2.1	1.1
四川	16.8	9.5	2.6	7.4	2.7
贵州	11.2	6.4	1.7	4.8	1.9
云南	3.6	2.0	0.7	1.6	0.5
西藏					
陕西	35.9	21.0	10.1	14.9	7.0
甘肃	12.8	6.8	1.8	6.0	1.8
青海	3.4	2.0	0.2	1.4	0.4
宁夏	2.0	1.0	0.2	1.0	0.3
新疆	4.2	2.0	0.3	2.1	0.4
新疆生产建设兵团	2.8	1.3	0.2	1.5	0.3

分地区国有企业下岗职工情况

（2003）

单位：万人

地区	上年末结转下岗职工人数	本年新增下岗职工人数	进入再就业服务中心人数	本年减少下岗职工人数	从再就业服务中心转出人数	#解除终止劳动关系人数
全国	**394.0**	**96.2**	**20.7**	**238.8**	**148.6**	**69.2**
北京						
天津	8.0			8.0	3.9	2.6
河北	27.1	12.1	2.0	13.9	10.5	0.8
山西	17.6	8.2	5.5	9.8	8.1	1.1
内蒙古	2.5			0.5	0.5	0.1
辽宁	7.4	1.5		8.8	2.9	2.3
吉林	19.3			12.6	12.1	3.1
黑龙江	44.2	37.1		47.2	2.7	1.1
上海						
江苏	1.6			1.3	1.3	0.8
浙江						
安徽	6.3			3.5	3.5	2.1
福建						
江西	30.1	13.7		20.1	6.2	1.6
山东	1.7			1.7	1.4	0.5
河南	23.5	4.9	3.0	12.0	11.2	1.4
湖北	42.5	11.6	6.3	24.8	13.0	9.7
湖南	39.5			20.0	20.0	3.4
广东	0.5			0.5	0.5	0.1
广西	5.3			4.1	4.1	3.1
海南	0.8			0.5	0.5	0.1
重庆	11.3	2.9	2.9	13.3	13.3	13.3
四川	31.2	1.3		19.0	16.5	11.6
贵州	9.6	1.5	0.2	2.2	1.8	0.6
云南	3.4			1.1	1.1	0.4
西藏						
陕西	24.9					
甘肃	15.0			3.7	3.6	1.1
青海	5.3			1.8	1.8	1.7
宁夏	2.7	0.7		1.7	1.2	0.9
新疆	7.8	0.7	0.7	4.3	4.3	4.2
新疆生产建设兵团	5.2			2.3	2.3	1.6

续表 1

地　区	#再就业人数	#协议到期人数	#再就业人数	#登记失业人数	年末实有下岗职工人数	男性	50 岁以上
全　国	**83.1**	**96.3**	**49.1**	**18.0**	**251.4**	**140.4**	**46.2**
北　京							
天　津	2.1	3.5	1.6	1.4			
河　北	4.7	5.9	1.5	0.5	25.3	14.9	3.8
山　西	5.2	2.8	1.4	0.2	16.0	8.3	3.0
内蒙古	0.5	0.4	0.4		2.0	1.2	0.5
辽　宁	0.7	1.1					
吉　林	4.4	10.8	3.8	1.0	6.7	3.8	0.6
黑龙江	1.0	2.7	1.0		34.1	19.1	5.7
上　海							
江　苏	0.8	1.1	0.6	0.3	0.3	0.1	0.1
浙　江							
安　徽	2.1	3.3	1.8	1.1	2.7	1.8	0.2
福　建							
江　西	2.9	5.8	2.8	0.8	23.7	13.7	4.5
山　东	0.4	0.6	0.2	0.4			
河　南	10.4	7.3	6.7	0.4	16.4	9.4	2.2
湖　北	7.0	7.9	6.6	1.0	29.3	14.3	6.4
湖　南	9.7	14.5	6.7	1.7	19.5	10.8	4.8
广　东							
广　西	3.1	2.7	1.5	1.1	1.2	0.7	0.3
海　南	0.2	0.2	0.1		0.3	0.2	0.1
重　庆	5.5	7.8	1.5	4.4	0.9	0.6	0.3
四　川	12.0	9.0	6.1	1.1	13.5	7.8	2.2
贵　州	0.9	1.3	0.4	0.2	8.8	5.2	1.3
云　南	0.5	0.7	0.5	0.1	2.3	1.5	0.6
西　藏							
陕　西					24.9	14.6	7.0
甘　肃	2.8	1.0	0.8	0.1	11.4	6.3	1.7
青　海	1.6				3.4	2.0	0.2
宁　夏	0.7	0.5	0.2	0.2	1.8	0.9	0.2
新　疆	1.8	3.3	1.2	1.9	4.2	2.0	0.3
新疆生产建设兵团	2.1	1.9	1.7	0.2	2.8	1.3	0.2

续表2

地　区	女性	40岁以上	进入再就业服务中心人数	签协议人数
全　国	**111.0**	**43.8**	**190.3**	**189.4**
北　京				
天　津				
河　北	10.3	3.4	15.7	15.7
山　西	7.7	2.6	15.0	14.2
内蒙古	0.8	0.4	2.0	2.0
辽　宁				
吉　林	2.9	0.7	2.9	2.9
黑龙江	15.0	6.8	17.4	17.4
上　海				
江　苏	0.2	0.1	0.3	0.3
浙　江				
安　徽	1.0	0.2	2.7	2.7
福　建				
江　西	10.0	3.8	12.3	12.3
山　东				
河　南	7.1	2.1	15.3	15.3
湖　北	15.0	8.0	18.3	18.3
湖　南	8.7	3.3	19.5	19.5
广　东				
广　西	0.5	0.2	1.2	1.2
海　南	0.1	0.1	0.3	0.3
重　庆	0.3	0.2	0.9	0.9
四　川	5.7	2.2	10.9	10.9
贵　州	3.6	1.4	6.3	6.3
云　南	0.8	0.5	2.3	2.3
西　藏				
陕　西	10.3	4.9	24.9	24.9
甘　肃	5.1	1.6	11.0	11.0
青　海	1.4	0.4	3.4	3.4
宁　夏	0.9	0.3	0.6	0.6
新　疆	2.1	0.4	4.2	4.2
新疆生产建设兵团	1.5	0.3	2.8	2.8

国有企业再就业服务中心资金筹集与使用情况

（2003）

单位：亿元

	上期末资金结转额	本期资金筹集额				
		合计	企业自筹	社会筹集	失业保险基金调剂	财政安排
总计	**7.5**	**120.0**	**19.4**	**17.3**	**14.2**	**83.3**
#中央直属企业		13.8	2.7	1.3	1.1	9.7
#亏损企业	6.2	102.4	14.7	14.8	12.3	72.9

	本期资金使用额					本期资金结余数
	合计	基本生活费	养老保险费	医疗保险费	失业保险	
总计	**121.4**	**71.8**	**35.0**	**6.3**	**5.2**	**6.1**
#中央直属企业	13.7	7.8	3.8	0.9	0.5	0.1
#亏损企业	101.9	59.2	28.8	5.3	4.5	6.7

分地区国有企业再就业服务中心资金筹集与使用情况

（2003）

单位：亿元

地区	上期末资金结转额	本期资金筹集额				
		合计	企业自筹	社会筹集	社会筹集：失业保险基金调剂	财政安排
全国	**7.5**	**120.0**	**19.4**	**17.3**	**14.2**	**83.3**
北京						
天津		2.2	0.9			1.2
河北		8.8	2.2	1.2	1.0	5.4
山西	0.2	7.4	0.6	0.9	0.9	5.9
内蒙古		1.0	0.1	0.1		0.8
辽宁	0.1	0.5	0.3			0.1
吉林	1.6	4.1	0.1	0.1	0.1	3.9
黑龙江	0.4	4.9		0.2	0.2	4.7
上海						
江苏	0.6	1.7	0.4	0.7	0.4	0.6
浙江						
安徽	0.3	2.8	0.5	0.8	0.7	1.5
福建						
江西	0.1	6.8	1.0	0.8	0.8	4.9
山东		0.1				0.1
河南	1.4	7.7	1.5	1.7	1.6	4.5
湖北	0.9	8.1	2.0	1.1	0.7	5.0
湖南	1.9	12.7	3.0	1.8	1.2	7.9
广东	0.7	0.2	0.1			0.1
广西	0.1	1.0	0.1	0.2		0.6
海南		0.2				0.1
重庆	-1.6	11.8	1.5	0.5	0.5	9.9
四川	0.1	8.6	2.3	1.6	1.2	4.8
贵州	0.6	3.0	0.3	0.1	0.1	2.6
云南	0.1	2.3	0.3	0.7	0.7	1.2
陕西	0.3	10.5	0.2	1.7	1.1	8.6
甘肃	0.1	4.1	1.1	1.0	1.0	2.0
青海		2.1	0.1	0.2	0.2	1.8
宁夏		0.7	0.1	0.1	0.1	0.5
新疆		4.7	0.5	1.6	1.6	2.6
新疆生产建设兵团	-0.3	2.2		0.1	0.1	2.1

续表

地区	本期资金使用额					本期资金结余数
	合计	基本生活费	养老保险费	医疗保险费	失业保险	
全国	**121.4**	**71.8**	**35.0**	**6.3**	**5.2**	**6.1**
北京						
天津	2.2	1.6	0.4	0.1		
河北	8.8	5.8	2.3	0.4	0.3	
山西	7.3	4.1	2.0	0.6	0.2	0.3
内蒙古	1.1	0.6	0.3	0.1		-0.2
辽宁	0.5	0.4	0.1			0.1
吉林	3.0	1.8	1.0	0.2	0.1	2.7
黑龙江	5.3	3.7	1.2	0.2	0.3	
上海						
江苏	2.2	1.2	0.5	0.1	0.1	0.1
浙江						
安徽	2.9	1.8	0.8	0.1	0.1	0.2
福建						
江西	6.1	3.2	2.0	0.6	0.2	0.8
山东	0.1	0.1				
河南	7.8	4.8	1.8	0.6	0.2	1.3
湖北	8.3	5.7	1.5	0.3	0.9	0.6
湖南	12.7	8.0	3.0	0.4	0.3	1.9
广东	0.2	0.1	0.1			0.7
广西	1.0	0.6	0.3	0.1		
海南	0.2	0.1	0.1			
重庆	14.0	7.4	6.0		0.7	-3.8
四川	8.7	4.4	2.9	0.5	0.4	
贵州	3.0	1.5	0.9	0.2	0.1	0.7
云南	2.1	1.1	0.7	0.2	0.1	0.3
西藏						
陕西	10.5	6.2	3.1	0.9	0.4	0.3
甘肃	4.1	2.6	1.2	0.2	0.2	
青海	2.1	1.1	0.8	0.1	0.1	
宁夏	0.7	0.4	0.2			
新疆	4.7	2.5	1.5	0.3	0.3	
新疆生产建设兵团	1.9	1.1	0.5	0.2	0.1	

职业介绍工作情况

（2003）

单位：万人

	本年末职业介绍机构个数（个）	本年末职业介绍机构人数	本年登记招聘人数	本年登记求职人数	#女性
总计	**31 109**	**9.7**	**3 832.0**	**3 060.2**	**1 356.3**
劳动保障部门办	21 515	6.5	2 909.2	2 169.5	971.0
#县（区）及以上	3 886	2.7	2 504.8	1 712.4	765.0
街道	4 293	1.1	143.1	179.0	88.0
乡镇	13 336	2.6	261.2	278.1	118.0
其他组织办	3 107	1.2	206.1	249.5	111.7
公民个人办	6 487	2.0	716.6	641.2	273.6

	下岗职工	失业人员	获得职业资格人员	本年职业指导人数
总计	**386.8**	**1 049.9**	**460.4**	**1 611.0**
劳动保障部门办	288.5	856.9	340.5	1 294.1
#县（区）及以上	243.7	742.5	303.0	1 048.4
街道	30.8	63.2	18.3	108.8
乡镇	14.0	51.3	19.2	136.9
其他组织办	43.3	64.8	36.0	103.1
公民个人办	55.0	128.2	83.9	213.8

	本年介绍成功人数	#女性	#下岗职工	#失业人员	#获得职业资格人员
总计	**1 586**	**730.5**	**194**	**574.4**	**306.6**
劳动保障部门办	1 155.5	535.6	148.5	481.4	228.8
#县（区）及以上	891.7	417.5	125.4	406.3	194.9
街道	94.1	45.5	15.9	47.6	13.7
乡镇	169.6	72.7	7.2	27.6	20.2
其他组织办	121.5	53.8	18.6	34	23.7
公民个人办	309.1	141	26.9	59	54.1

分地区职业介绍工作情况

(2003)

单位：万人

地　　区	本年末职业介绍机构个数（个）	本年末职业介绍机构人数	本年登记招聘人数
全　　国	**31 109**	**9.7**	**3 832**
北　　京	413	0.3	58.2
天　　津	158	0.1	43.1
河　　北	1 729	0.5	119.9
山　　西	941	0.3	21
内 蒙 古	1 410	0.3	38.9
辽　　宁	1 542	0.4	127.1
吉　　林	1 243	0.3	39.6
黑 龙 江	1 266	0.3	77.3
上　　海	424	0.5	132.6
江　　苏	2 351	0.7	1 194
浙　　江	2 128	0.5	335.3
安　　徽	2 136	0.6	93.6
福　　建	847	0.2	111.3
江　　西	649	0.2	55.8
山　　东	1 616	0.6	212.7
河　　南	1 151	0.4	107.1
湖　　北	887	0.3	108.7
湖　　南	815	0.2	59.6
广　　东	1 560	0.8	505.5
广　　西	237	0.1	46.4
海　　南	43		5
重　　庆	281	0.1	30.4
四　　川	1 439	0.5	101.1
贵　　州	408	0.1	17.9
云　　南	1 662	0.3	38.9
西　　藏	19		0.6
陕　　西	2 258	0.6	53.3
甘　　肃	557	0.1	14.9
青　　海	282	0.1	35.5
宁　　夏	207	0.1	17.9
新　　疆	249	0.1	24.8
新疆生产建设兵团	201		3.9

续表 1

地区	#下岗职工	#失业人员	#获得职业资格人员	本年职业指导人数
全国	**386.8**	**1 049.9**	**460.4**	**1 611.0**
北京	2.4	22.7	9.0	35.1
天津	46.2	28.6	6.3	41.8
河北	9.6	27.2	32.5	83.7
山西	5.6	6.3	1.4	13.7
内蒙古	5.2	26.8	2.6	19.4
辽宁	26.5	80.8	20.2	111.9
吉林	13.0	18.8	7.5	33.4
黑龙江	34.4	33.1	7.3	43.1
上海	13.9	55.7	7.9	78.8
江苏	7.9	94.3	45.3	88.0
浙江	19.3	71.5	41.6	108.0
安徽	13.6	26.4	8.9	57.4
福建	5.6	23.5	6.7	48.7
江西	15.4	24.8	7.2	33.0
山东	13.0	63.9	25.5	117.0
河南	35.9	24.7	18.9	66.0
湖北	24.8	48.2	24.4	79.4
湖南	29.6	45.0	28.0	55.1
广东	12.8	163.7	102.0	162.5
广西	3.0	23.5	5.9	30.9
海南	0.9	1.0	0.4	7.4
重庆	3.6	16.4	5.5	21.3
四川	16.4	48.3	15.7	102.6
贵州	4.1	7.5	1.6	13.1
云南	3.7	17.4	6.9	43.1
西藏		0.7	0.1	0.7
陕西	10.1	16.8	11.6	39.1
甘肃	4.0	7.7	2.3	14.3
青海	1.8	5.8	1.8	33.1
宁夏	1.1	4.2	0.9	9.4
新疆	2.3	13.5	3.6	17.3
新疆生产建设兵团	1.1	1.1	0.7	2.7

续表2

地　区	本年介绍成功人数	#女性	#下岗职工	#失业人员
全　国	**1 586.0**	**730.5**	**194**	**574.4**
北　京	32.2	14.2	1.2	12.1
天　津	64.9	25.3	12.1	16.5
河　北	66.6	31.5	5	15.3
山　西	17.9	6.3	3.6	4.4
内蒙古	30.2	11	3.7	17.3
辽　宁	84.2	40.4	12.9	45.2
吉　林	28.2	13.2	7.9	12.2
黑龙江	52.2	23.5	19.3	17.8
上　海	38.7	18.5	6.7	20.3
江　苏	95.5	57.8	3.2	52.6
浙　江	156.2	57.5	9.9	37.9
安　徽	64.7	29.6	8.1	16.5
福　建	49.3	26.5	3	12.9
江　西	39.9	19.7	8.3	11.4
山　东	132.1	63.9	8.8	40.4
河　南	75.9	29.3	19.5	17.2
湖　北	74.1	35.1	14.9	28.7
湖　南	35.1	17.7	12.1	18.4
广　东	200.2	104	6.7	81
广　西	34.6	17.3	1.6	15.5
海　南	3.3	1.7	0.5	0.3
重　庆	16.1	8.3	2.3	9.5
四　川	57.1	25.3	8	29.9
贵　州	10.5	4.9	2.1	4.5
云　南	28.1	12.1	1.5	11.5
西　藏	0.8	0.6		0.6
陕　西	32.8	13.8	5	7.1
甘　肃	10.1	4.6	2.6	3.8
青　海	33.3	7.5	1	3.7
宁　夏	5	2.3	0.6	2.8
新　疆	13.9	5.2	1.1	6.5
新疆生产建设兵团	2.7	1.7	0.8	0.7

劳动就业服务企业、社区就业实体和生产自救基地综合情况

（2003）

单位：万人，亿元

	年末实有实体数（个）	#本年新举办	上年末就业人数	#女性	本年增加就业人员
总计	**240 009**	**60 597**	**564.0**	**255.9**	**145.1**
一、按企业类型分组					
1. 劳动就业服务企业	51 068	3 630	376.9	163.6	40.6
#股份合作制企业	7 951	741	39.4	15.5	6.5
2. 社区就业实体	175 680	54 113	153.6	77.4	94.6
3. 生产自救基地	13 261	2 854	33.5	14.9	9.9
二、按产业分组					
1. 第一产业	6 597	997	6.5	2.5	2.7
2. 第二产业	29 477	3 524	197.1	82.2	24.6
3. 第三产业	203 935	56 076	360.4	171.2	117.8

	#女性	#失业人员	#下岗职工	#富余人员	#其他人员
总计	**66.6**	**65.7**	**43.2**	**15.5**	**20.6**
一、按企业类型分组					
1. 劳动就业服务企业	16.7	17.8	8.5	6.6	7.6
#股份合作制企业	2.5	3	1.4	1	1.1
2. 社区就业实体	45.3	43.8	32	7.7	11.1
3. 生产自救基地	4.6	4.1	2.7	1.2	1.9
二、按产业分组					
1. 第一产业	1	1.2	0.9	0.2	0.3
2. 第二产业	7.9	9.6	7.6	3.4	4
3. 第三产业	57.7	54.9	34.8	11.9	16.3

	本年减少就业人数	年末实有就业人数	#女性	#残疾人
总计	**134.9**	**574.1**	**267.2**	**6.7**
一、按企业类型分组				
1. 劳动就业服务企业	86.1	331.4	144.7	3.0
#股份合作制企业	5.7	40.3	16.1	0.3
2. 社区就业实体	37.8	210.4	107.8	3.2
3. 生产自救基地	11.1	32.3	14.6	0.5
二、按产业分组				
1. 第一产业	1.8	7.3	2.4	0.1
2. 第二产业	52.0	169.6	71.7	1.7
3. 第三产业	81.1	397.1	193.0	4.9

续表

	工资总额	增加值	上缴税金	#所得税
总计	**271.9**	**424.8**	**97.1**	**24**
一、按企业类型分组				
1. 劳动就业服务企业	207.9	390.1	90.8	22.7
#股份合作制企业	27.7	44.9	15	4
2. 社区就业实体	55.5	29.3	4.7	1
3. 生产自救基地	8.5	5.4	1.6	0.4
二、按产业分组				
1. 第一产业	3.1	5.8	1.6	0.5
2. 第二产业	98	184.1	42.1	10
3. 第三产业	170.7	234.9	53.4	13.5

	利润	资产总计	流动资产	固定资产净值
总计	**73.8**	**2 682.7**	**1 574.6**	**656.4**
一、按企业类型分组				
1. 劳动就业服务企业	68.9	2 535	1 511.5	596.1
#股份合作制企业	11.4	419	208.6	139.9
2. 社区就业实体	3.5	98.1	39.2	42.2
3. 生产自救基地	1.4	49.6	23.9	18.1
二、按产业分组				
1. 第一产业	1.1	46.5	25.3	18.3
2. 第二产业	25.7	1 163.7	702.8	288.2
3. 第三产业	47	1 472.6	846.6	349.8

	其他资产	负债及所有者权益总计	负债	所有者权益
总计	**451.8**	**2 682.7**	**1 684.9**	**997.9**
一、按企业类型分组				
1. 劳动就业服务企业	427.5	2 535.0	1 616.5	918.6
#股份合作制企业	70.5	419.0	246.1	172.9
2. 社区就业实体	16.7	98.1	46.8	51.4
3. 生产自救基地	7.6	49.6	21.6	27.9
二、按产业分组				
1. 第一产业	2.9	46.5	30.0	16.5
2. 第二产业	172.7	1 163.7	762.9	400.8
3. 第三产业	276.2	1 472.6	892.0	580.6

（三）职业培训与技能鉴定

历年技工学校综合情况 单位：万人，亿元

年份	技工学校个数（个）	招生人数	在校学生人数	毕业生人数	在职教职工人数	文化技术理论课教师	生产实习指导教师	兼职教师人数
一、绝对数								
1991	4 269	54.4	142.2	45.4	22.1	7.5	2.3	1.2
1992	4 392	60.2	155.6	45.7	33.6	11.1	3.8	1.5
1993	4 477	66.4	171.7	49.7	33.5	11.2	3.8	1.8
1994	4 430	71.4	187.1	55.7	34.0	11.4	3.8	1.7
1995	4 521	74.6	189.0	68.5	33.7	11.5	3.9	1.9
1996	4 467	72.7	191.8	68.1	33.5	11.5	3.9	2.0
1997	4 395	73.4	193.2	69.9	32.8	11.6	3.9	2.6
1998	4 362	59.5	181.3	69.5	30.6	11.0	3.8	2.7
1999	4 098	51.5	156.1	66.2	26.9	11.2	3.8	2.9
2000	3 792	50.4	140.1	64.6	24.0	10.5	3.5	2.7
2001	3 470	55.1	134.7	47.7	22.0	10.0	3.4	2.6
2002	3 075	73.3	153.0	45.4	20.3	9.5	3.2	2.6
2003	2 970	91.6	193.1	45.3	20.2	9.6	3.4	3.0
二、比上年增长（%）								
1992	2.9	10.5	9.4	0.6	52.4	48.4	64.2	25.1
1993	1.9	10.3	10.3	8.8	-0.4	1.1	0.7	22.0
1994	-1.0	7.7	9.0	11.9	1.5	2.1	0.4	-3.9
1995	2.1	4.5	1.0	23	-1.0	0.9	1.6	8.2
1996	-1.2	-2.6	1.5	-0.5	-0.5	-0.2	0.4	5.9
1997	-1.6	1.0	0.7	2.7	-2.0	0.5	0.5	33.5
1998	-0.8	-19	-6.1	-0.7	-6.9	-4.6	-4.0	0.8
1999	-6.1	-13.3	-13.9	-4.6	-11.9	1.9	-0.1	9.5
2000	-7.5	-2.3	-10.2	-2.5	-11.0	-6.9	-6.7	-6.3
2001	-8.5	9.4	-3.8	-26.1	-8.3	-4.9	-3.7	-4.1
2002	-11.4	33.0	13.6	-4.8	-7.4	-5.0	-6.8	-2.4
2003	-3.4	24.9	26.2	-0.3	-0.7	1.5	7.3	17.4

续表

年份	经费来源总计	事业经费	公司经费	经费支出总计	人员经费	教学经费	培训社会人员人次数	培训社会人员结业人数
一、绝对数								
1991	17.8	6.9	2.6	18.6	7.3	4.3	61.6	47.6
1992	28.0	7.9	2.7	22.3	8.7	5.3	61.5	49.5
1993	33.5	9.1	3.1	27.8	11.1	6.5	61.3	54.2
1994	45.3	11.9	3.9	36.7	16.6	8.6	84.2	68.7
1995	53.7	13.2	4.4	43.3	19.8	10.4	89.9	71.3
1996	59.6	15.9	5.4	48.7	23.3	10.8	113.4	93.0
1997	68.4	24.1	5.3	66.3	28.4	14.1	137.5	110.7
1998	64.9	24.1	4.7	66.4	29.9	14.7	165.1	129.0
1999	59.7	21.7	4.6	59.9	26.9	20.8	149.1	144.6
2000	56.9	21.9	3.2	59.4	27.5	19.5	158.5	156.7
2001	68.1	23.6	3.2	64.6	31.6	22.0	151.7	163.9
2002	67.4	28.2	2.8	67.1	33.5	24.1	208.6	196.9
2003	81.4	30.5	28.0	80.5	36.3	29.0	226.9	223.7
二、比上年增长（%）								
1992	57.5	15.2	4.8	20.2	18.8	22.9	-0.2	4.1
1993	19.7	15.0	11.8	24.5	28.3	23.3	-0.4	9.3
1994	35.1	29.7	26.6	32.0	49.7	31.4	37.4	26.8
1995	18.6	11.1	14.3	18.0	18.9	21.8	6.8	3.9
1996	11.1	20.6	20.9	12.4	17.7	3.1	26.1	30.3
1997	14.7	51.7	-2.3	36.3	21.9	30.9	21.2	19.1
1998	-5.0		-11.2	0.1	5.5	3.9	20	16.5
1999	-8.1	-9.9	-1.2	-9.7	-10.1	42.1	-9.7	16.5
2000	-4.6	0.8	-30.1	-0.9	2.3	-6.2	6.3	8.4
2001	19.7	7.7	0.6	8.7	15.0	12.6	-4.3	4.6
2002	-1.1	19.4	-13.6	3.8	5.8	9.4	37.6	20.2
2003	20.8	8.2	900.8	20.0	8.4	20.6	37.6	20.2

分地区技工学校综合情况

（2003）

地区	技工学校个数（个）	劳动预备制度定点培训机构数	在职教职工人数（人）	女性	文化技术理论课教师	高级讲师	讲师	助理讲师
全国	**2 970**	**1 222**	**202 190**	**77 750**	**95 900**	**19 096**	**44 883**	**23 502**
北京	47	19	3 957	1 901	1 517	259	675	395
天津	79	10	6 051	2 546	2 364	650	1 022	530
河北	168	18	10 462	3 717	5 541	1 030	2 335	1 248
山西	107	54	8 062	3 416	3 787	670	1 544	1 003
内蒙古	55	39	4 102	1 844	2 286	350	1 214	539
辽宁	174	54	11 142	4 781	4 831	1 280	2 345	990
吉林	117	62	5 261	2 562	3 005	591	1 514	754
黑龙江	147	71	9 454	3 985	5 108	1 098	2 162	937
上海	84	16	3 973	1 511	1 534	223	819	368
江苏	148	27	10 840	3 797	4 956	910	2 204	1 497
浙江	87	31	5 616	2 050	3 003	413	1 164	907
安徽	95	26	4 705	1 467	2 307	544	1 177	462
福建	93	36	3 911	1 433	2 073	257	832	595
江西	66	31	5 538	2 028	2 621	631	1 247	673
山东	244	159	20 684	7 210	9 731	2 457	4 104	2 309
河南	167	81	11 484	4 597	5 264	1 042	2 383	1 463
湖北	127	66	10 389	3 475	5 240	1 181	2 714	1 143
湖南	136	67	8 185	3 006	3 799	804	1 865	806
广东	186	52	12 783	4 832	6 080	733	3 022	1 890
广西	64	17	5 012	1 973	2 390	349	1 370	544
海南	12	2	796	319	370	55	127	144
重庆	66	20	3 496	1 217	1 466	402	746	260
四川	125	54	8 200	3 206	3 978	681	2 009	1 005
贵州	56	13	2 747	1 029	1 184	172	635	309
云南	48	21	4 466	1 815	2 221	363	1 109	519
陕西	131	72	8 870	3 179	3 725	945	1 699	774
甘肃	56	28	3 260	1 323	1 566	235	836	388
青海	15	6	1 224	479	589	94	293	175
宁夏	12	12	1 293	568	690	174	289	204
新疆	58	58	6 227	2 484	2 674	503	1 428	671

续表 1

地　区	大学本科以上	生产实习指导教师	高级实习指导教师	一级实习指导教师	二级实习指导教师	三级实习指导教师	技师	一体化教师
全　国	**57 329**	**34 359**	**2 897**	**9 632**	**10 202**	**4 261**	**4 338**	**22 701**
北　京	974	569	24	140	144	105	60	592
天　津	1 264	1 112	100	261	346	97	112	571
河　北	2 919	1 558	174	508	371	154	198	1 030
山　西	2 149	1 069	102	338	319	131	83	520
内蒙古	1 140	550	46	139	135	63	114	540
辽　宁	3 001	2 171	373	546	639	271	140	598
吉　林	2 074	615	77	150	153	47	63	403
黑龙江	2 567	1 307	124	365	326	134	284	684
上　海	862	593	25	110	185	64	106	255
江　苏	3 297	2 066	86	480	696	251	375	1 172
浙　江	2 099	1 034	35	266	296	115	244	615
安　徽	1 296	599	59	161	188	85	30	467
福　建	968	643	22	139	206	142	64	500
江　西	1 673	1 012	117	308	280	145	113	683
山　东	5 907	3 640	382	1 203	1 282	494	279	2 730
河　南	3 363	2 158	152	637	672	257	241	1 246
湖　北	2 801	2 000	166	655	588	216	282	1 246
湖　南	2 416	1 507	113	530	447	188	170	790
广　东	4 288	2 843	125	690	775	438	501	2 437
广　西	1 439	963	29	207	344	158	119	803
海　南	277	90	2	22	37	16	3	96
重　庆	971	646	73	136	117	77	71	272
四　川	1 970	1 319	145	391	379	155	178	876
贵　州	613	372	12	112	133	34	23	284
云　南	1 341	805	59	201	254	123	44	679
陕　西	2 285	1 544	179	408	344	201	208	1 006
甘　肃	929	352	12	102	154	36	27	541
青　海	357	170	13	75	59	8	15	61
宁　夏	449	82	4	26	43	4	4	133
新　疆	1 640	970	67	326	290	52	187	871

续表2

地　区	兼职教师人数（人）	文化技术理论课教师	生产实习指导教师	实习工厂和校办企业个数（个）	实习工厂和校办企业纳税额（万元）	实习工厂和校办企业利润额（万元）	经费来源总计（万元）	事业经费
全　国	**30 497**	**19 098**	**9 112**	**1 629**	**5 763**	**12 222**	**814 111**	**305 457**
北　京	1 050	784	262	22	290.0	240.0	42 440.0	24 350.0
天　津	611	394	166	54	145.8	127.8	20 501.8	8 245.9
河　北	1 378	926	425	111	59.6	168.6	25 289.8	8 968.9
山　西	712	405	280	37	107.1	155.7	36 940.1	6 955.4
内蒙古	736	573	150	32	55.8	-11.8	11 685.3	5 862.7
辽　宁	1 191	699	435	119	591.5	137.4	37 935.8	13 031.0
吉　林	588	318	224	37	70.9	120.3	12 945.9	6 351.4
黑龙江	1 154	740	403	76	40.1	434.6	23 076.5	12 256.7
上　海	733	596	128	19	148.1	97.9	21 578.0	7 231.6
江　苏	2 420	1 826	594	83	360.5	264.2	65 040.2	20 114.5
浙　江	915	667	230	90	327.4	2 976.9	51 592.1	18 836.2
安　徽	964	564	322	28	57.8	54.2	17 270.5	5 570.3
福　建	935	674	240	13	6.3	18.9	16 599.5	6 493.3
江　西	1 095	691	384	33	54.3	27.2	16 287.2	5 858.9
山　东	3 526	1 188	715	171	1 163.6	4 635.5	85 524.4	31 567.1
河　南	1 454	1 005	447	81	457.0	437.3	34 909.2	14 034.2
湖　北	1 589	917	617	76	126.3	211.8	30 187.0	8 762.3
湖　南	1 063	693	344	63	115.3	529.9	25 532.8	7 376.3
广　东	2 347	1 490	825	66	644.1	641.4	103 414.1	40 179.0
广　西	627	421	198	46	156.1	93.2	24 209.1	9 747.2
海　南	111	87	24	2		1.0	5 389.8	1 939.8
重　庆	612	391	209	31	239.2	151.7	16 336.1	5 636.6
四　川	1 307	881	354	60	193.6	81.8	22 287.8	8 774.4
贵　州	293	136	129	26	11.8	2.0	8 103.9	3 204.7
云　南	625	405	220	53	129.6	186.2	13 535.4	7 323.0
陕　西	1 289	869	392	109	68.6	5.0	7 742.2	2 280.6
甘　肃	343	222	121	31	74.1	143.7	11 886.6	2 747.0
青　海	117	74	43	10		54.0	3 466.9	1 698.1
宁　夏	97	97		5	17.1	17.4	5 006.9	2 299.0
新　疆	615	365	231	45	51.2	218.6	17 395.8	7 760.9

续表 3

地　区	公司经费	企业经费	学费	经费支出总计（万元）	教学支出	基建投资	人员经费
全　国	**27 975**	**83 061**	**370 757**	**804 813**	**290 268**	**118 443**	**363 319**
北　京	350	1 490	15 520	39 950	21 480	5 280	13 190
天　津	373.8	1 131.8	9 999	20 692.3	7 182.7	1 078.7	11
河　北	187.9	2 402.8	9 657.1	24 170.7	6 508.6	2 114.8	14 473.1
山　西	833.8	4 943.5	23 635.2	35 441.2	12 606.4	5 271.2	17 089
内蒙古		2 810.7	2 565.6	11 574.9	2 832.8	699.8	7 636
辽　宁	3 540	7 202.8	12 809.6	40 067.9	12 446.5	6 172.5	20 240.8
吉　林	68.6	2 127.4	3 795.3	11 097.1	2 898.1	1 165.8	5 814.6
黑龙江	400.3	6 176.6	3 686.4	22 327.3	6 528.5	668.3	14 429.3
上　海	831.2	2 031.3	11 001.5	20 739.3	7 272.2	1 075.4	12 120.7
江　苏	1 360	6 266.8	35 212.6	71 625.6	24 443.2	15 577.2	31 372.9
浙　江	1 400.2	4 483.6	26 607.6	47 646.9	15 973	8 499.2	19 059.2
安　徽	660	2 470	8 290.1	15 782.9	5 770.3	1 551.5	7 811.1
福　建	67.6	1 585.9	8 320.8	15 658.1	6 255.1	1 449.7	7 458.3
江　西	130	962.4	9 335.9	20 242.2	6 279.4	6 212	7 750.8
山　东	2 330.5	8 257.4	43 369.4	83 342.6	32 249.2	11 426.4	39 667
河　南	1 675.8	4 456.8	14 376.9	35 805.3	12 240.4	4 078.6	17 752.6
湖　北	2 343.2	3 857.9	14 213	27 927.4	8 892	4 284.6	14 381.7
湖　南	859.3	1 568.6	15 540.8	25 203.4	8 811.6	4 410	10 949.5
广　东	2 034.8	3 889.9	51 915.4	112 603	45 418.9	21 902.9	43 656.5
广　西	368.8	407	10 536.9	23 695.5	7 149.2	3 240.8	11 748
海　南	1 200	258	1 990	5 586.6	1 612.3	1 787.1	2 096.2
重　庆	1 260.6	2 079.3	6 188.4	7 942.3	2 726.6	1 478.2	3 505.1
四　川	910.2	2 101.4	10 423.9	22 235.7	8 381.4	2 613.3	11 037.5
贵　州	912.6	1 521.3	1 972.5	8 095.7	3 482.3	502	4 044.7
云　南	1 343.5	972.1	2 860.5	13 115.1	6 205.8	510.4	6 011.4
陕　西	72.8	286.4	5 037.6	6 959.1	2 837.1	587.2	2 921.9
甘　肃	2 207	4 285.2	2 505.1	10 753.7	2 921.5	2 501.6	5 235.4
青　海	5	462.7	1 301.1	3 042.4	992.1	359.7	1 690.6
宁　夏			1 364	4 554.7	1 860.8	172.1	1 287.9
新　疆	247.1	2 571.2	6 724.4	16 933.9	6 009.8	1 772.3	8 875.9

分地区技工学校培训情况

（2003）

单位：人

地　区	招生学校数（所）	招生人数	高级班学生	女生	农业户口学生	在校学生人数	女生
全　国	**2 442**	**916 363**	**90 503**	**303 037**	**499 936**	**1 931 423**	**622 916**
北　京	47	28 817	1 198	10 259	16 794	71 187	25 695
天　津	65	16 796	746	5 897	5 381	51 977	20 806
河　北	148	30 215	1 098	11 156	13 073	73 875	33 685
山　西	105	24 641	836	7 866	16 125	50 241	18 321
内蒙古	49	9 053	598	2 748	2 124	18 813	5 701
辽　宁	129	35 764	1 359	8 830	11 129	61 334	15 894
吉　林	80	11 348	889	3 737	5 096	23 058	7 623
黑龙江	93	17 104	1 303	5 251	2 659	31 789	12 164
上　海	44	16 382		4 259	3 529	45 111	12 405
江　苏	129	71 764	14 000	24 226	36 582	151 628	55 199
浙　江	80	33 494	3 879	8 969	18 012	70 650	21 775
安　徽	87	27 411	2 169	11 550	14 088	56 431	22 093
福　建	85	31 872	2 112	11 354	23 292	66 439	24 842
江　西	63	29 700	3 182	12 433	20 237	67 342	26 218
山　东	189	105 896	23 303	35 508	66 749	212 811	72 167
河　南	119	56 856	4 406	17 118	38 561	112 422	37 049
湖　北	125	53 884	1 460	20 178	21 586	97 186	681
湖　南	107	47 807	4 908	17 882	32 098	87 931	32 331
广　东	141	99 703	10 730	25 878	48 980	239 537	57 842
广　西	60	25 912	563	8 313	15 047	57 933	20 432
海　南	12	4 220	430	1 137	1 235	7 753	2 358
重　庆	62	24 438	955	8 274	16 423	41 735	15 604
四　川	121	35 608	2 936	14 846	28 058	73 678	30 095
贵　州	30	8 301	730	2 526	4 102	17 204	5 152
云　南	41	12 414	859	4 112	7 392	30 434	10 469
陕　西	115	36 191	3 694	12 077	20 760	71 962	24 112
甘　肃	41	6 169	614	2 085	2 883	12 356	4 308
青　海	8	1 251	223	454	709	2 483	798
宁　夏	9	2 700	391	979	899	6 783	2 187
新　疆	58	10 652	932	3 135	6 333	19 340	4 910

续表 1

地 区	高级班学生	毕业生人数	获得初级职业资格	获得中级职业资格	获得高级职业资格	培训社会人员人次数	女性
全 国	**164 178**	**452 566**	**55 098**	**335 236**	**15 991**	**2 269 294**	**575 431**
北 京	2 128	14 952	3 405	8 944	193	73 463	20 492
天 津	1 900	13 023	6 169	5 937	181	39 917	13 175
河 北	1 896	16 439	2 759	10 284	2 238	88 354	24 577
山 西	1 493	13 544	578	12 137	51	25 385	7 215
内蒙古	932	5 939	81	4 017	345	46 601	14 537
辽 宁	1 769	14 984	4 254	9 575	444	153 732	47 710
吉 林	2 127	6 426	1 444	4 323	145	74 517	15 735
黑龙江	1 905	11 135	1 415	7 737	121	91 812	37 134
上 海		15 240	3 315	8 080	214	73 782	18 087
江 苏	26 288	26 755	1 748	22 515	1 941	138 380	30 362
浙 江	7 378	15 933	2 452	12 852	423	98 733	19 395
安 徽	2 520	13 322	3 073	7 986	314	104 650	18 825
福 建	3 473	16 826	5 597	9 075	106	55 924	8 726
江 西	6 051	13 777	362	8 891	1 067	42 432	14 212
山 东	39 089	46 247	1 998	35 490	3 481	233 821	53 825
河 南	7 320	27 430	2 306	22 377	223	115 000	30 852
湖 北	2 375	23 374	921	20 228	508	91 685	30 118
湖 南	9 864	22 831	1 475	19 265	712	47 495	14 474
广 东	23 219	43 033	2 005	39 033	917	149 817	30 784
广 西	585	14 188	3 302	10 235	237	37 842	5 723
海 南	973	1 786	121	1 246	50	9 874	2 809
重 庆	3 136	15 271	1 533	8 947	109	27 588	7 658
四 川	5 443	17 339	1 123	13 246	237	98 915	26 733
贵 州	1 599	5 075	340	3 831	280	22 353	5 512
云 南	1 707	7 047	506	5 485	447	46 914	12 375
陕 西	5 354	14 723	539	13 267	179	79 014	19 758
甘 肃	1 389	4 881	568	2 838	595	51 255	14 739
青 海	382	683	8	517	158	13 947	5 384
宁 夏	472	2 098		1 324	3	9 516	1 837
新 疆	1 411	8 265	1 701	5 554	72	126 576	22 668

续表2

地区	上年末结转人数	培训社会人员结业人数	按培训对象分组				
			下岗职工	失业人员	劳动预备制学员	在职职工	其他
全国	**85 362**	**2 237 318**	**252 214**	**252 438**	**137 585**	**1 255 594**	**339 487**
北京	4 267	72 717	6 367	11 493	4 938	37 926	11 993
天津	672	39 671	7 814	6 074	940	21 223	3 620
河北	1 402	85 584	13 000	4 497	5 563	50 091	12 433
山西	3 416	26 590	1 729	1 285	1 915	20 081	1 580
内蒙古	2 027	47 078	7 133	7 496	1 438	27 501	3 510
辽宁	1 165	151 075	15 659	58 645	1 563	65 639	9 569
吉林	197	74 507	6 159	5 745	311	16 573	45 719
黑龙江	556	136 427	21 687	21 454	6 112	79 050	8 124
上海	2 013	69 940	7 524	9 245	4 835	38 129	10 207
江苏	5 997	128 164	11 137	12 753	5 933	76 338	22 003
浙江	2 106	92 368	7 862	13 641	3 216	34 124	33 525
安徽	882	96 791	15 304	16 835	5 708	44 440	14 504
福建	1 181	64 248	5 141	1 747	1 841	38 044	17 475
江西	3 340	54 583	10 698	1 763	2 794	31 964	7 364
山东	3 701	172 232	10 553	10 365	27 470	112 363	11 481
河南	5 949	113 920	17 133	17 679	8 432	62 636	8 040
湖北	2 066	102 032	10 174	11 610	9 660	58 840	11 748
湖南	2 372	44 548	9 010	8 699	2 941	18 939	4 959
广东	25 458	117 288	12 490	7 490	14 170	70 277	12 861
广西	1 550	37 677	1 975	674	3 619	24 794	6 615
海南		8 841	576	290	1 232	6 542	201
重庆	1 068	53 294	2 991	3 470	1 800	40 661	4 372
四川	1 731	104 131	12 788	6 591	8 179	60 406	16 167
贵州	57	22 195	1 395	767	148	17 829	2 056
云南	1 292	52 682	2 845	1 549	1 032	43 066	4 190
陕西	3 345	76 149	16 282	5 851	2 318	44 156	7 542
甘肃	5 362	50 922	5 454	1 598	1 177	32 002	10 691
青海		13 847	482	311	290	12 308	456
宁夏		7 612	814	790		4 859	1 149
新疆	2 190	120 205	10 038	2 031	8 010	64 793	35 333

续表 3

地　区	按获取证书分组			就业人数	
	初级职业资格	中级职业资格	高级职业资格		技工学校学生
全　国	**389 241**	**384 762**	**140 139**	**866 906**	**405 975**
北　京	11 955	11 384	5 139	24 730	13 460
天　津	15 249	3 825	2 516	18 120	12 296
河　北	8 438	14 158	7 444	29 558	13 426
山　西	2 845	3 072	2 930	17 214	9 120
内蒙古	3 872	5 188	4 604	20 165	3 961
辽　宁	21 801	13 116	4 849	59 893	11 993
吉　林	9 024	2 989	711	12 036	5 459
黑龙江	17 116	14 817	8 533	23 269	7 333
上　海	12 719	10 755	2 982	20 690	12 210
江　苏	29 631	18 931	6 784	64 301	25 089
浙　江	37 807	13 198	3 909	32 024	13 778
安　徽	8 837	19 255	3 229	22 758	12 749
福　建	13 212	6 759	1 642	39 740	15 838
江　西	6 788	13 634	3 952	15 164	13 160
山　东	46 827	52 457	13 503	97 403	46 247
河　南	15 273	20 413	9 012	52 858	23 390
湖　北	7 146	16 476	6 379	48 254	20 681
湖　南	4 603	6 834	1 927	33 280	22 485
广　东	26 064	36 862	10 449	62 664	38 057
广　西	9 571	6 283	1 520	18 675	12 998
海　南	1 862	986	151	1 771	1 440
重　庆	7 445	8 368	2 576	23 099	14 321
四　川	12 425	24 524	9 415	28 999	16 217
贵　州	2 529	3 988	658	6 210	4 470
云　南	7 344	15 799	8 889	6 225	4 701
陕　西	12 678	12 706	6 307	30 322	17 451
甘　肃	7 488	6 174	1 921	15 688	4 260
青　海	79	397	657	13 717	683
宁　夏	870	2 006	1 115	1 906	1 020
新　疆	27 743	19 408	6 436	26 173	7 682

分地区就业训练中心综合情况

（2003）

地区	就业训练中心个数（个）	拥有实习场地	劳动预备制度定点培训机构数	在职教职工总人数（人）	教师	兼职教师人数（人）	经费来源总计（万元）	财政补助费
全国	**3 307**	**3 002**	**2 147**	**37 424**	**21 803**	**25 720**	**99 590.2**	**25 088.5**
北京	19	19	15	614	336	648	5 859	313.9
天津	19	19	11	367	117	242	1 526.2	56.4
河北	233	214	159	2 086	1 329	1 469	3 585.6	722.1
山西	100	70	34	717	448	338	885.1	287.3
内蒙古	123	100	42	852	470	538	1 614.2	535.3
辽宁	137	137	102	1 394	967	1 234	577.3	260.4
吉林	68	68	54	501	280	334	978.2	494.6
黑龙江	165	135	129	1 388	847	670	3 591.5	2 313.5
上海								
江苏	146	121	90	1 455	779	1 721	9 459.6	938.7
浙江	104	100	36	649	273	890	4 446.1	1 624.8
安徽	94	94	49	889	577	703	1 770	340
福建	124	97	61	653	293	755	1 817.5	494.9
江西	116	116	104	1 639	912	1 185	1 718.6	917.9
山东	147	147	147	3 717	2 225	1 787	11 810.1	1 219.3
河南	148	138	87	1 426	782	1 744	4 415.3	1 325.7
湖北	154	148	123	2 186	1 190	1 151	3 251.3	696.7
湖南	298	298	266	4 654	2 909	1 821	7 468.5	2 097.3
广东	222	216	130	3 897	2 324	2 366	16 834.9	3 882
广西	101	90	63	594	222	658	2 317.8	423.7
海南	30	24	21	545	365	96	115.7	78.5
重庆	42	41	18	299	177	350	1 067.8	303.1
四川	158	148	89	1 362	787	1 255	3 297.4	1 661.5
贵州	81	48	10	505	288	376	1 003.1	465.7
云南	119	95	73	908	569	547	1 347.3	531.6
陕西	117	117	105	1 986	1 033	1 533	2 112.8	350
甘肃	90	74	59	541	337	403	1 045.8	442.8
青海	31	8	21	206	118	164	526.6	83.9
宁夏	25	24	4	181	80	188	168.3	111.9
新疆	96	96	45	1 213	769	554	4 978.7	2 115.4

续表 1

地　　区				经费支出总计（万元）		
	职业培训补贴	有偿培训收入	其他收入		教学经费	人员经费
全　　国	**32 667.4**	**33 067.7**	**8 766.6**	**94 230.7**	**59 513.3**	**30 749.7**
北　　京	1 468.2	3 582	494.9	4 821.8	2 992.7	1 611.5
天　　津	1 023.2	435.2	11.4	1 220.6	784.4	429
河　　北	1 804.3	896.9	162.3	3 302.8	1 747.3	1 488.2
山　　西	79.1	490.5	28.2	1 650.9	820.5	821.3
内 蒙 古	883.5	99.1	96.3	1 559	1 080.7	448.1
辽　　宁	263.6	34.4	18.9	568.5	393.1	175.4
吉　　林	223.6	221	39	764.1	370.7	393.4
黑 龙 江	610.4	522.9	144.8	3 420.7	2 603	801.9
上　　海						
江　　苏	4 994.2	3 052.1	474.6	8 833.5	4 586.5	3 813.8
浙　　江	948.1	1 744.8	128.4	3 597.4	2 321.4	112.7
安　　徽	820	490	120	1 680	1 040	580
福　　建	586.4	652.8	83.5	1 463.2	852.9	578.4
江　　西	470.5	160.4	169.9	1 573.9	1 059.1	514.8
山　　东	4 128	2 577.1	3 885.7	12 133.9	8 638.3	3 417.2
河　　南	1 832.6	949.8	307.2	4 227.6	2 881.8	1 237.2
湖　　北	1 404	991.9	158.8	3 485.1	2 039.5	1 393.7
湖　　南	2 964.3	2 258.9	148	7 235.5	4 776.9	2 275.9
广　　东	2 352.8	9 939.2	661	15 433.6	11 108.8	4 044.6
广　　西	969.8	838.4	85.9	2 878.6	1 441.3	743.7
海　　南	2.5	34.6		115.7	68.8	46.9
重　　庆	380.2	195.1	189.4	1 049.1	691.5	357.6
四　　川	1 052.6	462	121.3	3 121.6	2 200.7	915.5
贵　　州	275.3	228.8	33.4	884.8	511.4	343.1
云　　南	567	182.7	66.1	1 676.2	738.2	437.8
陕　　西	308.3	1 254.7	199.8	1 929.8	1 169.8	760
甘　　肃	484.5	118	0.5	1 048.2	411.2	636.4
青　　海	180.1	32.6	230	487.5	179.6	307.9
宁　　夏	31.6	20.4	4.4	159.2	91.1	68.1
新　　疆	1 558.9	601.4	703	3 908	1 912.4	1 995.6

续表 2

地区	就业训练人数（人）	女性	上年末结转人数	结业人数（人）	按训练对象分组			
					劳动预备制学员	下岗职工	失业人员	其他人员
全国	**5 990 485**	**2 789 048**	**185 752**	**5 796 603**	**521 829**	**1 238 715**	**2 201 358**	**1 834 701**
北京	254 713	57 665	8 149	234 327	2 904	5 951	43 107	182 365
天津	63 906	33 121	1 817	62 189	412	8 698	31 692	21 387
河北	445 876	192 860	6 415	478 983	49 598	99 913	87 465	242 007
山西	79 611	28 141	4 297	96 656	11 145	26 354	14 065	45 092
内蒙古	201 535	103 805	946	199 260	3 596	36 113	125 525	34 026
辽宁	364 057	211 356	5 121	356 633	11 590	48 006	276 273	20 764
吉林	62 877	31 335	3 680	62 204	2 860	33 190	18 236	7 918
黑龙江	252 689	104 569	14 459	243 912	56 996	123 483	56 090	7 343
上海								
江苏	666 588	320 785	13 025	588 283	21 839	28 064	304 979	233 401
浙江	270 906	132 035	387	252 860	4 299	8 896	149 194	90 471
安徽	135 137	64 200	3 331	132 711	5 212	28 379	74 318	24 802
福建	228 382	121 663	1 948	223 567	13 889	26 194	73 496	109 988
江西	156 856	71 162	4 880	155 057	14 573	64 061	51 524	24 899
山东	274 014	138 315	12 560	245 299	48 513	44 164	96 217	56 405
河南	314 331	168 979	8 684	328 379	20 947	141 598	86 098	79 736
湖北	552 381	264 143	15 828	537 863	58 390	125 465	176 353	177 655
湖南	342 127	168 811	23 556	336 916	106 552	141 130	80 914	8 320
广东	424 287	178 100	27 979	386 335	31 463	30 749	116 468	207 655
广西	124 007	51 948	2 425	123 321	4 757	16 423	49 029	53 112
海南	17 152	9 024		17 152	2 536	5 216	6 265	3 135
重庆	64 116	29 307	982	62 802	2 021	9 299	40 759	10 723
四川	167 061	74 684	4 836	161 919	5 854	41 081	88 013	26 971
贵州	61 760	27 727	808	61 509	969	24 719	19 044	16 777
云南	74 549	34 751	5 227	73 672	9 265	12 870	35 863	15 674
陕西	150 000	63 117	10 897	144 226	22 599	52 072	19 840	49 715
甘肃	61 726	31 777	2 286	60 276	5 321	24 081	21 048	9 826
青海	26 573	13 423	679	26 016		7 728	14 165	4 123
宁夏	30 833	16 199	411	30 629	411	6 577	10 902	12 739
新疆	122 435	46 046	139	113 647	3 318	18 241	34 416	57 672

续表 3

地区	按训练期限分组			按获取证书分组			就业人数（人）
	六个月以下	六个月至一年	一年以上	初级职业资格	中级职业资格	高级职业资格	
全　国	**5 269 633**	**371 476**	**155 494**	**1 902 106**	**498 137**	**65 908**	**3 768 636**
北　京	231 091	1 646	1 590	33 309	25 914	3 460	185 529
天　津	59 276	2 636	277	33 971	2 375	35	27 918
河　北	392 051	58 831	28 101	82 183	7 311	653	252 787
山　西	89 288	4 778	2 590	9 401	2 362	812	58 751
内蒙古	194 155	4 260	845	32 631	2 863	330	161 732
辽　宁	350 995	1 029	4 609	50 044	4 919	440	215 140
吉　林	52 575	8 358	1 271	16 143	10 295	289	39 244
黑龙江	206 117	29 250	8 545	57 823	27 635	10 563	154 968
上　海							
江　苏	546 028	30 487	11 768	97 297	33 917	2 974	421 291
浙　江	248 526	1 127	3 207	116 848	16 678	2 014	173 996
安　徽	121 694	8 301	2 716	38 010	11 875	8 954	73 948
福　建	220 642	1 748	1 177	41 047	7 987	447	178 028
江　西	139 390	10 609	5 058	90 405	10 924	1 972	112 605
山　东	209 352	22 160	13 787	120 129	15 020	2 557	166 463
河　南	313 033	13 444	1 902	75 863	25 021	3 930	211 476
湖　北	470 474	57 064	10 325	205 046	74 295	7 009	342 476
湖　南	258 635	49 527	28 754	179 971	87 744	1 122	277 671
广　东	359 430	21 900	5 005	223 696	63 342	9 391	232 028
广　西	114 998	6 441	1 882	45 908	3 810	406	83 406
海　南	15 099	215	1 838	6 213	536	101	7 238
重　庆	61 333	1 052	417	12 003	3 800	346	38 597
四　川	151 693	8 050	2 176	139 996	18 168	2 285	115 382
贵　州	60 112	236	1 161	28 992	1 238		44 853
云　南	66 782	3 299	3 591	50 642	5 833	975	52 598
陕　西	120 100	13 510	10 616	37 680	8 510	2 457	90
甘　肃	55 599	4 359	318	18 691	3 584	90	34 030
青　海	25 663	353		221	530	79	1 639
宁　夏	29 882	8	739	4 801	1 664	589	19 908
新　疆	105 620	6 798	1 229	53 142	19 987	1 628	84 844

分地区社会力量办职业培训机构综合情况

（2003）

地　区	职业培训机构个数（个）	劳动预备制度定点培训机构数	在职教职工人数（人）	教师	兼职教师（人）	经费来源总计（万元）
全　国	**19 139**	**2 758**	**175 317**	**115 785**	**58 643**	**585 455.0**
北　京	457	45	7 656	3 905	4 175	16 677.8
天　津	252	10	4 218	2 350	1 615	7 182.5
河　北	947	98	9 378	6 002	2 753	23 527.3
山　西	253	101	2 051	1 312	562	3 271.9
内蒙古	253	16	1 531	1 091	559	1 079.7
辽　宁	695	87	5 353	3 371	1 655	11 067.1
吉　林	691	294	3 649	2 666	1 001	3 125.8
黑龙江	896	138	4 129	2 931	1 183	4 557.1
上　海	436	22	9 640	3 576	936	13 344.0
江　苏	1 348	118	14 151	9 158	5 837	32 184.3
浙　江	1 054	89	6 673	4 356	3 258	1 430.6
安　徽	597	155	5 491	3 796	1 484	8 044.2
福　建	377	95	3 184	2 203	1 686	6 257.0
江　西	705	134	5 736	4 202	1 732	4 426.7
山　东	1 184	216	14 471	10 603	4 025	36 223.3
河　南	1 110	115	9 183	6 396	2 894	11 207.2
湖　北	914	134	7 426	5 493	2 106	7 477.4
湖　南	569	167	5 917	4 701	1 922	8 341.7
广　东	2 422	116	15 966	11 731	5 098	24 930.4
广　西	398	75	4 306	2 780	1 022	9 937.9
海　南	139	34	786	452	465	292.8
重　庆	896	69	9 227	6 675	3 587	8 051.7
四　川	848	199	7 679	4 971	2 590	8 988.2
贵　州	196	35	3 883	2 207	1 452	2 552.1
云　南	205	76	1 295	903	368	1 059.4
陕　西	500		5 200	3 000	2 200	318 000.0
甘　肃	345	65	2 814	1 978	806	6 707.6
青　海	111	13	630	465	201	332.5
宁　夏	93	13	610	439	133	392.6
新　疆	248	29	3 084	2 072	1 338	4 784.3

续表 1

地　区	有偿培训收入	经费支出总计（万元）	教学经费	人员经费	培训人数（人）	女性	上年末结转人数
全　国	**395 121.3**	**395 550.8**	**190 495.2**	**171 427.4**	**5 666 541**	**2 281 026**	**360 936**
北　京	10 725.1	13 709.0	7 825.9	4 016.2	399 761	129 891	21 415
天　津	6 801.1	6 521.7	4 002.5	2 519.2	110 581	33 475	10 712
河　北	12 722.9	22 410.3	9 509.0	6 096.0	164 132	59 517	11 432
山　西	2 226.4	2 305.3	1 039.0	1 110.8	90 335	33 677	4 557
内蒙古	833.2	793.9	359.4	339.4	29 744	16 586	1 961
辽　宁	9 289.0	17 993.9	3 780.3	3 886.7	117 022	57 901	9 341
吉　林	2 760.0	2 735.7	1 256.9	1 310.0	73 163	40 757	2 754
黑龙江	3 654.0	3 150.8	1 331.9	1 781.4	92 712	33 921	5 651
上　海	10 037.0	12 618.0	7 384.0	4 076.0	198 308	84 722	37 089
江　苏	23 481.8	29 920.6	11 222.1	18 058.3	711 608	341 803	14 494
浙　江	1 384.0	1 440.3	809.7	593.4	375 312	147 144	10 716
安　徽	6 514.1	6 938.6	3 880.7	243.6	217 960	77 783	21 704
福　建	3 851.2	5 533.3	2 536.9	2 316.5	121 039	49 725	4 166
江　西	3 295.7	3 705.7	1 872.1	1 558.4	167 902	2 216	33 664
山　东	27 466.0	36 113.1	19 059.2	15 880.4	355 883	143 461	21 069
河　南	7 818.8	8 460.1	3 894.2	3 202.3	261 660	119 544	22 544
湖　北	5 571.5	6 314.2	2 981.6	2 870.8	193 414	90 749	15 431
湖　南	6 715.3	7 361.2	3 181.2	3 162.7	137 096	52 008	9 433
广　东	19 816.9	22 832.4	12 191.5	7 287.9	550 409	209 249	19 452
广　西	6 129.4	6 407.3	4 001.0	2 330.2	120 006	62 435	15 080
海　南	185.7	201.5	50.3	120.1	42 115	23 141	2 615
重　庆	6 484.7	7 272.7	3 914.2	3 281.1	364 175	126 220	21 583
四　川	5 011.8	6 938.6	3 570.4	3 209.9	236 480	104 933	23 351
贵　州	1 854.0	2 372.2	1 258.3	1 088.8	128 319	43 467	6 973
云　南	847.5	645.4	214.6	122.1	27 460	10 434	981
陕　西	200 000.0	150 000.0	75 000.0	75 000.0	150 000	85 000	3 000
甘　肃	5 734.2	6 086.9	1 799.7	4 195.1	73 619	38 640	3 925
青　海	59.1	339.3	191.8	147.5	21 723	11 630	548
宁　夏	366.1	381.3	241.0	104.3	18 879	9 949	192
新　疆	3 484.8	4 047.5	2 135.9	1 518.2	115 724	41 048	5 103

续表2

地区	结业人数（人）	按培训对象分组				按培训期限分组		
		劳动预备制学员	下岗职工	失业人员	其他人员	六个月以下	六个月至一年	一年以上
全　国	**5 235 695**	**603 183**	**559 606**	**990 161**	**3 082 745**	**4 340 649**	**620 675**	**274 371**
北　京	395 702	14 721	9 431	90 892	280 658	378 748	8 642	8 312
天　津	110 581	4 117	18 837	23 181	64 446	93 579	14 157	2 845
河　北	150 388	9 475	21 983	23 422	95 508	131 394	17 407	1 587
山　西	84 355	17 297	11 070	7 403	48 585	75 755	3 407	5 193
内蒙古	27 787	3 045	4 214	7 510	13 018	22 903	4 351	533
辽　宁	96 144	5 301	21 309	27 292	42 242	81 452	12 031	2 661
吉　林	66 624	28 264	16 036	13 215	9 109	62 531	3 334	759
黑龙江	89 488	26 075	21 730	9 486	32 197	77 047	11 098	1 343
上　海	163 478	1 414	12 799	66 661	82 604	152 129	11 102	247
江　苏	679 553	28 185	31 397	153 522	466 449	584 257	53 699	41 597
浙　江	329 840	16 533	14 977	70 335	227 995	306 237	11 961	11 642
安　徽	208 538	64 305	17 075	17 792	109 366	106 078	70 606	31 854
福　建	102 296	13 627	8 417	9 723	70 529	96 483	3 522	2 291
江　西	165 345	36 007	30 455	51 452	47 431	96 409	37 719	31 217
山　东	326 550	71 088	24 313	41 002	190 147	271 996	44 542	10 012
河　南	245 218	25 340	49 660	50 925	119 293	216 041	23 392	5 785
湖　北	182 429	50 152	31 140	29 882	71 255	146 994	17 952	17 483
湖　南	121 372	27 845	17 389	10 843	65 295	92 538	22 123	6 711
广　东	474 967	30 664	23 342	37 013	383 948	387 579	73 446	13 942
广　西	109 549	22 745	10 463	14 702	61 639	71 265	27 532	10 752
海　南	40 525	12 654	6 092	9 306	12 473	33 546	3 849	3 130
重　庆	351 647	24 057	50 692	69 787	207 111	304 796	34 540	12 311
四　川	219 179	44 813	34 757	46 300	93 309	178 920	25 123	15 136
贵　州	120 922	4 746	22 144	29 070	64 962	88 899	20 664	11 359
云　南	28 207	2 159	2 050	14 326	9 672	26 212	672	1 323
陕　西	140 000		10 000	15 000	115 000	70 000	50 000	20 000
甘　肃	66 840	9 535	16 514	14 131	26 660	59 205	7 020	615
青　海	21 222	94	4 151	12 486	4 491	21 011	117	94
宁　夏	18 248	757	3 623	9 113	4 755	17 247	893	108
新　疆	98 701	8 168	13 546	14 389	62 598	89 398	5 774	3 529

续表3

地　　区	按获取证书分组				就业人数（人）
	初级职业资格	中级职业资格	高级职业资格	结业证书	
全　　国	**1 219 120**	**874 866**	**169 878**	**2 971 831**	**3 314 249**
北　　京	81 049	80 913	16 235	217 505	255 016
天　　津	68 912	19 876	5 219	16 574	56 396
河　　北	26 935	36 213	1 206	86 034	73 465
山　　西	12 483	5 697	629	65 546	35 893
内 蒙 古	5 018	5 352	1 231	16 186	14 003
辽　　宁	34 854	19 280	4 540	37 470	62 652
吉　　林	23 815	11 209	8 939	22 661	40 458
黑 龙 江	18 924	13 987	2 150	54 427	40 706
上　　海	59 857	56 142	13 733	33 746	146 796
江　　苏	129 067	62 844	9 094	478 548	510 483
浙　　江	95 329	45 587	7 532	181 392	190 410
安　　徽	21 976	39 968	2 413	144 181	159 041
福　　建	14 640	9 676	1 444	76 536	68 120
江　　西	24 231	51 779	21 136	68 199	78 048
山　　东	68 058	47 343	3 875	207 274	213 909
河　　南	50 284	31 580	4 586	158 768	145 175
湖　　北	26 075	39 264	7 574	109 516	99 577
湖　　南	34 695	22 618	979	63 080	81 979
广　　东	118 159	73 071	19 516	264 221	258 782
广　　西	25 692	8 676	345	74 836	66 430
海　　南	8 295	1 778	601	29 851	32 104
重　　庆	37 708	52 169	11 889	249 881	212 352
四　　川	48 740	66 755	11 817	91 867	137 028
贵　　州	24 248	13 908	554	82 212	51 306
云　　南	12 083	2 528	1 463	12 133	18 058
陕　　西	100 000	30 000	8 000	2 000	120 000
甘　　肃	5 897	7 137	958	52 848	29 304
青　　海	368	23	12	20 819	13 369
宁　　夏	3 745	411	101	13 991	9 734
新　　疆	37 983	19 082	2 107	39 529	93 655

分地区职业技能鉴定综合情况

（2003）

单位：人

地　区	年末职业技能鉴定机构数（个）	鉴定所数	鉴定站数	工考委数
全　国	**7 252**	**4 780**	**2 293**	**179**
行业合计	1 131		1 128	3
地方合计	6 121	4 780	1 165	176
北　京	86	86		
天　津	93	61	23	9
河　北	275	251	24	
山　西	239	238		1
内蒙古	158	111	45	2
辽　宁	113	113		
吉　林	194	189	5	
黑龙江	103	103		
上　海	43	35	8	
江　苏	141	107	10	24
浙　江	216	99	117	
安　徽	362	135	227	
福　建	298	292	6	
江　西	354	244	110	
山　东	288	150	138	
河　南	403	229	112	62
湖　北	385	385		
湖　南	372	365	3	4
广　东	655	602	53	
广　西	216	112	44	60
海　南	44	44		
重　庆	144	144		
四　川	122	66	56	
贵　州	149	149		
云　南	154	154		
西　藏	10		10	
陕　西	182	88	94	
甘　肃	56	56		
青　海	53	26	13	14
宁　夏	41	40	1	
新　疆	112	62	50	
新疆生产建设兵团	60	44	16	

续表 1

地　区	年末考评人员人数	本年鉴定考核人数		
			初级	中级
全　国	**155 971**	**6 875 444**	**2 461 777**	**3 338 421**
行业合计	56 821	1 105 420	249 368	486 792
地方合计	99 150	5 770 024	2 212 409	2 851 629
北　京	644	274 668	92 204	135 770
天　津	1 676	154 308	106 367	39 554
河　北	1 620	342 132	178 408	113 410
山　西	2 715	192 526	50 138	112 772
内蒙古	2 516	66 730	13 133	44 628
辽　宁	2 569	53 037	18 655	24 973
吉　林	2 430	238 037	99 013	97 098
黑龙江	6 601	103 489	42 486	45 282
上　海	2 922	138 841	43 828	66 316
江　苏	5 693	353 470	137 286	183 711
浙　江	3 902	379 451	222 482	135 811
安　徽	5 312	174 982	53 964	105 087
福　建	123	207 621	69 453	126 642
江　西	3 320	158 670	38 783	99 369
山　东	4 237	302 334	130 114	143 489
河　南	6 038	174 760	51 176	100 907
湖　北	3 784	163 036	28 131	105 285
湖　南	7 135	251 955	73 641	142 938
广　东	12 043	748 930	315 801	378 123
广　西	1 743	152 710	68 078	73 527
海　南	538	13 254	7 089	4 174
重　庆	3 240	199 611	91 366	83 247
四　川	3 734	382 110	125 792	205 710
贵　州	3 564	56 469	14 757	32 856
云　南	4 927	153 518	38 250	83 540
西　藏	60	6 231	2 257	2 108
陕　西	3 000	142 572	34 492	79 144
甘　肃	1 551	45 076	9 969	25 547
青　海	759	11 132	1 970	4 326
宁　夏	423	17 121	2 895	8 595
新　疆	325	70 056	29 257	34 359
新疆生产建设兵团	6	41 187	21 174	13 331

续表 2

地　区	高级	技师	高级技师	本年获取证书人数	初级
全　国	**969 477**	**96 653**	**9 116**	**5 839 222**	**2 124 504**
行业合计	345 449	20 515	3 296	892 494	208 524
地方合计	624 028	76 138	5 820	4 946 728	1 915 980
北　京	43 218	3 180	296	251 909	86 910
天　津	8 350	37		144 457	99 820
河　北	43 590	6 155	569	255 002	137 132
山　西	22 632	5 785	1 199	173 914	47 155
内 蒙 古	8 088	703	178	66 363	12 995
辽　宁	9 409			49 117	17 227
吉　林	37 965	3 907	54	193 894	80 426
黑 龙 江	11 636	3 773	312	93 834	39 603
上　海	16 967	11 244	486	126 774	41 326
江　苏	29 137	3 057	279	321 556	126 368
浙　江	18 851	2 245	62	333 487	197 453
安　徽	14 459	1 396	76	154 446	46 571
福　建	11 035	477	14	175 696	62 420
江　西	20 391		127	137 310	33 368
山　东	26 911	1 820		226 290	105 588
河　南	18 707	3 371	599	156 888	46 399
湖　北	26 964	2 301	355	161 165	27 987
湖　南	22 683	12 488	205	220 642	63 400
广　东	49 731	4 908	367	567 630	253 773
广　西	10 025	955	125	132 680	61 269
海　南	1 617	350	24	10 396	6 081
重　庆	24 022	850	126	160 627	73 869
四　川	47 979	2 473	156	327 835	103 145
贵　州	8 593	249	14	50 370	13 204
云　南	30 939	789		133 213	32 518
西　藏	1 866			6 190	2 239
陕　西	27 350	1 586		139 420	33 981
甘　肃	9 560			39 420	9 107
青　海	4 251	557	28	10 108	1 810
宁　夏	5 516	115		16 208	2 821
新　疆	5 087	1 184	169	68 855	28 860
新疆生产建设兵团	6 499	183		41 032	21 155

续表 3

地 区	中级	高级	技师	高级技师
全 国	**2 870 097**	**768 890**	**69 501**	**6 230**
行业合计	401 194	267 989	12 867	1 920
地方合计	2 468 903	500 901	56 634	4 310
北 京	124 320	38 135	2 320	224
天 津	36 847	7 761	29	
河 北	97 176	18 842	1 664	188
山 西	101 514	19 603	4 685	957
内 蒙 古	44 464	8 023	703	178
辽 宁	23 288	8 602		
吉 林	78 106	32 174	3 153	35
黑 龙 江	40 806	10 253	2 893	279
上 海	59 694	15 148	10 172	434
江 苏	167 200	25 238	2 476	274
浙 江	118 692	15 366	1 976	
安 徽	94 496	12 581	798	
福 建	105 801	7 258	206	11
江 西	86 910	16 905		127
山 东	102 986	16 571	1 145	
河 南	91 220	15 936	2 872	461
湖 北	104 231	26 299	2 293	355
湖 南	133 590	15 361	8 214	77
广 东	278 887	31 568	3 221	181
广 西	61 646	8 903	776	86
海 南	3 100	1 075	132	8
重 庆	66 741	19 255	667	95
四 川	182 486	39 928	2 139	137
贵 州	30 039	6 932	181	14
云 南	73 556	26 641	498	
西 藏	2 092	1 859		
陕 西	77 516	26 387	1 536	
甘 肃	22 407	7 906		
青 海	4 008	3 836	433	21
宁 夏	8 148	5 133	106	
新 疆	33 738	4 926	1 163	168
新疆生产建设兵团	13 198	6 496	183	

（四）劳动关系

历年劳动争议处理情况

单位：件

年份	上期未结案件数	案件受理情况		
		当期案件受理数	集体劳动争议案件数	劳动者申诉案件数
1996	2 634	47 951	3 150	41 697
1997	2 864	71 524	4 109	68 773
1998	3 475	93 649	6 767	84 829
1999	3 840	120 191	9 043	114 152
2000	6 374	135 206	8 247	120 043
2001	8 739	154 621	9 847	146 781
2002	12 472	184 116	11 024	172 253
2003	16 276	226 391	10 823	215 512

年份	劳动者当事人人数（人）	集体劳动争议劳动者当事人人数（人）
1996	189 120	92 203
1997	221 115	132 647
1998	358 531	251 268
1999	473 957	319 241
2000	422 617	259 445
2001	556 230	286 680
2002	608 396	374 956
2003	801 042	514 573

续表

年份					案件处理情况	
					结案数	处理方式
	变更劳动合同	解除劳动合同	终止劳动合同	其他		仲裁调解
1996					46 543	24 223
1997	2 992	10 337	5 344	8 917	70 792	32 793
1998	2 840	13 069	4 752	9 515	92 288	31 483
1999	3 469	18 108	8 031	8 626	121 289	39 550
2000	3 829	21 149	10 816	12 549	130 688	41 877
2001	4 254	29 038	10 298	15 276	150 279	42 933
2002	3 765	30 940	12 908	17 562	178 744	50 925
2003	5 494	40 017	12 043	13 131	223 503	67 765

年份	案件处理情况					本期未结案数
			处理结果			
	仲裁裁决	其他方式	用人单位胜诉	劳动者胜诉	双方部分胜诉	
1996	12 789	9 531	9 452	23 696	13 395	3 024
1997	15 060	22 939	11 488	40 063	19 241	3 596
1998	25 389	35 155	11 937	48 650	27 365	4 836
1999	34 712	47 027	15 674	63 030	37 459	6 536
2000	54 142	34 669	13 699	70 544	37 247	10 892
2001	77 250	35 096	31 544	71 739	46 996	13 081
2002	77 340	50 479	27 017	84 432	67 295	17 844
2003	95 774	59 954	34 272	109 556	79 475	19 164

劳动争议处理情况

（2003）

单位：件

	上期未结案数	案件受理情况		
		当期案件受理数	集体劳动争议案件数	用人单位申诉案件数
总计	**16 276**	**226 391**	**10 823**	**10 879**
1. 国有企业	4 263	48 771	3 623	3 158
2. 集体企业	1 483	30 218	1 519	1 357
3. 港、澳、台及外资企业	2 061	23 391	1 121	1 124
4. 股份制联营	1 981	23 451	733	884
5. 有限责任公司	3 056	47 814	1 801	2 438
6. 私营企业	1 895	31 537	1 248	1 257
7. 个体工商户	386	9 603	343	270
8. 机关社团事业	488	5 937	221	255
9. 其他	663	5 669	214	136

	劳动者申诉案件数	劳动者当事人人数（人）	女性当事人人数（人）	集体劳动争议劳动者当事人人数（人）
总计	**215 512**	**801 042**	**221 569**	**514 573**
1. 国有企业	45 613	309 439	121 307	294 794
2. 集体企业	28 861	97 501	19 123	47 796
3. 港、澳、台及外资企业	22 264	89 621	19 769	45 798
4. 股份制联营	22 567	63 649	8 096	18 456
5. 有限责任公司	45 376	126 537	24 053	54 613
6. 私营企业	30 280	73 627	19 418	37 720
7. 个体工商户	9 333	19 763	5 314	6 880
8. 机关社团事业	5 682	9 532	2 179	3 704
9. 其他	5 536	11 373	2 310	4 812

续表 1

	争议原因				
	履行劳动合同				变更劳动合同
	劳动报酬	保险福利	工伤	职业培训	
总计	**76 774**	**44 434**	**31 747**	**1 211**	**5 494**
1. 国有企业	12 637	11 025	4 936	313	1 796
2. 集体企业	10 168	6 903	3 586	213	684
3. 港、澳、台及外资企业	7 775	3 807	3 425	186	480
4. 股份制联营	8 351	4 676	2 568	221	701
5. 有限责任公司	16 903	9 307	7 464	91	823
6. 私营企业	12 244	5 358	6 633	103	513
7. 个体工商户	4 571	925	2 213	30	116
8. 机关社团事业	1 367	1 423	390	16	215
9. 其他	2 758	1 010	532	38	166

					案件处理情况
	解除劳动合同	终止劳动合同	下岗	其他	结案数
总计	**40 017**	**12 043**	**1 540**	**13 131**	**223 503**
1. 国有企业	10 702	3 671	570	3 121	49 528
2. 集体企业	4 944	1 918	438	1 364	29 376
3. 港、澳、台及外资企业	5 090	1 608	49	971	20 692
4. 股份制联营	3 561	1 217	185	1 791	23 557
5. 有限责任公司	8 310	1 708	102	3 106	48 105
6. 私营企业	4 231	1 039	44	1 372	31 092
7. 个体工商户	917	281	57	493	9 312
8. 机关社团事业	1 524	382	54	566	6 062
9. 其他	738	219	41	347	5 779

续表 2

	处理方式			处理结果
	仲裁调解	仲裁裁决	其他方式	用人单位胜诉
总计	**67 765**	**95 774**	**59 954**	**34 272**
1. 国有企业	13 592	23 344	12 592	9 375
2. 集体企业	9 783	12 487	7 106	4 370
3. 港、澳、台及外资企业	6 511	9 182	4 999	3 101
4. 股份制联营	7 105	10 082	6 370	4 193
5. 有限责任公司	14 322	20 356	13 427	6 567
6. 私营企业	10 432	11 910	8 750	3 712
7. 个体工商户	3 229	3 807	2 276	880
8. 机关社团事业	1 806	2 160	2 096	1 239
9. 其他	985	2 446	2 338	835

			本期未结案数	案外调解争议数
	劳动者胜诉	双方部分胜诉		
总计	**109 556**	**79 475**	**19 164**	**58 451**
1. 国有企业	24 636	15 517	3 506	11 404
2. 集体企业	16 298	8 708	2 325	8 231
3. 港、澳、台及外资企业	9 733	7 858	4 760	9 276
4. 股份制联营	9 954	9 410	1 875	3 897
5. 有限责任公司	21 845	19 693	2 765	11 711
6. 私营企业	15 878	11 502	2 340	8 172
7. 个体工商户	5 462	2 970	677	3 848
8. 机关社团事业	2 730	2 093	363	1 050
9. 其他	3 020	1 724	553	862

分地区劳动争议处理情况

（2003）

单位：件

地区	上期未结案件数	案件受理情况				
		当期案件受理数	集体劳动争议案件数	用人单位申诉案件数	劳动者申诉案件数	劳动者当事人人数（人）
全　国	**16 276**	**226 391**	**10 823**	**10 823**	**10 879**	**215 512**
北　京		14 199	111	516	111	14 088
天　津	557	3 436	42	91	42	3 394
河　北	158	5 412	210	398	210	5 202
山　西	144	2 635	76	340	76	2 559
内蒙古	21	1 453	44	104	44	1 409
辽　宁	867	9 744	761	231	817	8 927
吉　林	506	3 681	153	486	153	3 528
黑龙江	93	6 183	318	286	318	5 865
上　海	1 510	15 626	347	335	347	15 279
江　苏	2 917	36 675	2 984	603	2 984	33 691
浙　江	498	12 263	516	378	516	11 747
安　徽	174	2 575	82	251	82	2 493
福　建	39	5 629	312	261	312	5 317
江　西	152	1 153	23	131	23	1 130
山　东	1 498	18 846	1 663	709	1 663	17 183
河　南	1 255	5 225	105	981	105	5 120
湖　北	490	5 571	651	681	651	4 920
湖　南	152	3 772	437	351	437	3 335
广　东	3 321	42 228	429	2 069	429	41 799
广　西	149	4 415	45	203	45	4 370
海　南		234	8	2	8	226
重　庆	105	6 147	121	128	121	6 026
四　川	899	6 850	986	256	986	5 864
贵　州	159	1 792	81	139	81	1 711
云　南	57	1 457	45	94	45	1 412
西　藏	18	505	34	416	34	471
陕　西	260	2 822	48	75	48	2 774
甘　肃	65	1 304	18	82	18	1 286
青　海	16	361	25	31	25	336
宁　夏	20	567	32	42	32	535
新　疆	148	2 933	98	135	98	2 835
新疆生产建设兵团	28	698	18	18	18	680

续表 1

地　区	女性当事人人数	集体劳动争议劳动者当事人人数（人）	争议原因			
			履行劳动合同			
			劳动报酬	保险福利	工伤	职业培训
全　国	**221 569**	**514 573**	**76 774**	**44 434**	**31 747**	**1 211**
北　京		6 133	6 120	3 233	1 123	345
天　津		11 535	1 053	850	470	9
河　北	4 932	11 203	1 420	856	1 276	
山　西		3 885	503	570	32	107
内蒙古		2 145	268	572	88	12
辽　宁	90 740	180 249	4 057	1 092	2 054	22
吉　林	8 912	22 539	760	940	632	
黑龙江	4 815	10 105	3 179	631	894	13
上　海		5 765	5 249	4 835	841	76
江　苏	19 276	14 403	11 173	6 828	5 416	40
浙　江		9 691	3 516	2 597	3 543	17
安　徽	4 651	8 172	363	598	227	13
福　建	8 879	16 628	1 622	929	1 418	
江　西		4 505	326	365	102	5
山　东	17 979	38 137	5 230	5 045	2 414	101
河　南	4 782	16 578	1 238	1 571	890	17
湖　北		15 891	965	1 720	437	20
湖　南	2 100	4 025	382	808	559	53
广　东	43 432	98 680	20 335	3 139	5 644	61
广　西	3 794	5 789	1 062	1 735	265	8
海　南	23	14	89	56	14	
重　庆	3 188	4 550	2 290	762	1 595	54
四　川		3 515	1 996	1 526	340	206
贵　州		3 535	446	526	143	2
云　南	1 412	3 141	324	348	49	10
西　藏		8 000	408	51	15	
陕　西		1 446	719	914	52	2
甘　肃	509	1 689	352	304	230	1
青　海	225	355	124	42	91	
宁　夏	498	362	131	179	79	
新　疆	1 422	1 740	884	573	729	17
新疆生产建设兵团		168	190	239	85	

续表 2

地区	争议原因					案件处理情况	
	履行劳动合同						
	变更劳动合同	解除劳动合同	终止劳动合同	下岗	其他	结案数	处理方式
							仲裁调解
全　国	**5 494**	**40 017**	**12 043**	**1 540**	**13 131**	**223 503**	**67 765**
北　京	994	1 328	419	287	350	13 928	2 527
天　津	114	395	90		455	3 026	752
河　北		1 172	564	124		5 384	1 864
山　西	349	493	238		343	2 598	858
内蒙古	99	254	69		91	1 392	454
辽　宁	68	1 449	541	37	424	9 668	2 193
吉　林	123	593	408	5	220	3 810	1 273
黑龙江	124	518	479	165	180	6 087	2 183
上　海	90	1 740	257		2 538	15 434	5 327
江　苏	857	7 008	2 655	58	2 640	37 806	9 511
浙　江	70	1 642	429		449	12 023	5 923
安　徽	48	677	334	71	244	2 519	770
福　建	119	974	314	73	180	5 226	2 104
江　西	23	182	40		110	1 208	427
山　东	369	2 851	1 256	156	1 424	17 626	5 764
河　南	146	789	172	80	322	5 509	1 576
湖　北	210	1 395	366		458	5 829	1 865
湖　南	189	937	341	165	338	3 393	1 256
广　东	414	10 120	1 207	235	1 073	40 751	11 073
广　西	157	761	223	18	186	4 261	681
海　南	3	72				206	19
重　庆	260	838	193		155	6 067	2 135
四　川	475	1 472	766		69	7 596	3 305
贵　州	24	280	184		187	1 733	476
云　南	61	295	104		266	1 471	346
西　藏	9	19			3	453	278
陕　西	40	887	150		58	2 775	1 053
甘　肃	3	287	49	2	76	1 300	379
青　海	1	37	11	6	49	350	128
宁　夏	3	60	51	5	59	557	165
新　疆	31	407	93	53	146	2 826	1 007
新疆生产建设兵团	21	85	40		38	691	93

续表 3

地区	案件处理情况					本期未结案数	案外调解案件数
	处理方式		处理结果				
	仲裁裁决	其他方式	用人单位胜诉	劳动者胜诉	双方部分胜诉		
全　国	**95 774**	**59 954**	**34 272**	**109 556**	**79 475**	**19 164**	**58 451**
北　京	7 806	3 595	3 761	5 189	4 978	271	
天　津	1 237	1 037	1 164	1 289	573	967	
河　北	2 696	824	341	2 267	2 776	186	
山　西	1 387	353	197	1 976	425	181	
内蒙古	567	371	235	729	428	82	136
辽　宁	5 975	1 500	1 853	6 174	1 641	943	494
吉　林	2 210	317	537	2 639	634	377	
黑龙江	3 244	660	191	5 024	872	189	791
上　海	4 691	5 416	2 591	5 866	6 977	1 702	
江　苏	4 801	23 494	4 726	16 534	16 546	1 786	
浙　江	3 478	2 622	1 148	5 073	5 802	738	1 150
安　徽	1 203	546	287	1 255	977	230	512
福　建	2 131	991	377	2 143	2 706	442	5 556
江　西	578	203	74	868	266	97	605
山　东	8 093	3 769	3 669	8 472	5 285	2 718	3 770
河　南	3 358	575	720	3 266	1 523	971	2 431
湖　北	2 357	1 607	674	2 616	2 539	232	283
湖　南	1 445	692	325	1 068	2 000	531	1 789
广　东	24 334	5 344	4 585	20 872	15 294	4 798	20 879
广　西	2 995	585	645	2 144	1 472	303	5 603
海　南	154	33	7	39	160	28	21
重　庆	1 799	2 133	1 539	2 583	1 945	185	11 236
四　川	3 686	605	2 426	4 820	350	153	758
贵　州	773	484	453	901	379	218	18
云　南	539	586	161	576	734	43	243
西　藏	79	96	14	352	87	70	91
陕　西	1 145	577	779	1 204	792	307	70
甘　肃	739	182	113	946	241	69	333
青　海	147	75	97	179	74	27	33
宁　夏	330	62	130	380	47	30	456
新　疆	1 341	478	361	1 682	783	255	667
新疆生产建设兵团	456	142	92	430	169	35	526

（五）劳动保障监察

劳动保障监察案件结案情况

（2003）　　单位：件

	案件分类			
	养老保险费征缴	失业保险费征缴	医疗保险费征缴	职业中介
总计	41 490	15 492	5 136	6 305

	案件分类			
	女职工特殊劳动保护	劳动合同的订立和解除	收取风险抵押金	克扣、无故拖欠工资
总计	2 114	64 264	23 617	89 348

	案件分类			案件处理情况
	工作时间和休息、休假	职业资格与职业培训	其他	责令限期改正
总计	11 987	10 893	13 621	170 155

	案件处理情况			
	行政处罚决定	行政处罚分类		
		警告	罚款	其他行政处罚
总计	22 011	7 562	16 980	931

劳动保障监察工作情况

（2003）

	主动监察		群众举报专查结案数（万件）
	检查单位数（万户）	涉及劳动者人数（万人）	
总计	110.7	7 987.4	16.6

	劳动保障年检单位数（万户）	补签劳动合同（万人）	追发劳动者工资等待遇	
			涉及劳动者人数（万人）	金额（亿元）
总计	117.2	895.0	602.5	27.2

	社会保险费征缴		
	督促缴费		督促登记单位数（万户）
	单位数（万户）	金额（亿元）	
总计	14.9	37.2	8.8

	取缔非法职业中介机构（户）	清退风险抵押金金额（万元）	审查用人单位规章数（万件）	纠正用人单位违法规章数（万件）
总计	6 585	11 871.0	61.3	16.0

（六）社会保障

历年全国离休、退休、退职人员年末人数

年份	合计	离休人员	退休人员	领取定期生活费的退职人员	离退休、退职人数与职工人数的比例（以离退休、退职人数为1）
一、绝对数（万人）					
1985	1 637.0	112.0	1 476.0	49.0	1:7.5
1990	2 301.0	182.0	2 037.0	82.0	1:6.1
1995	3 094.1	199.5	2 802.9	91.7	1:4.8
2000	3 875.8	169.7	3 621.0	85.1	1:3.5
2001	4 017.7	158.7	3 777.8	81.2	1:3.2
2002	4 222.8	152.9	3 990.4	79.5	1:3.0
2003	4 523.4	140.9	4 303.1	79.4	1:2.7
二、比上年增长（%）					
1985	10.8				
1990	4.5	5.2	4.9	-5.7	
1995	5.6	-0.7	6.5	-4.5	
2000	4.0	-3.5	4.4	3.4	
2001	3.7	-6.5	4.3	-4.4	
2002	5.1	-3.7	5.6	-2.1	
2003	7.1	-7.8	7.8	-0.1	

注：本表包括民政部门和总后勤部事业单位支付离休、退休、退职费的人数。

历年企业单位离休、退休、退职人员年末人数

年份	合计	离休人员	退休人员	领取定期生活费的退职人员
一、绝对数（万人）				
1995	2 366.1	100.7	2 195.2	70.2
2000	2 977.9	86.6	2 821.6	69.7
2001	3 072.4	79.7	2 925.5	67.2
2002	3 261.4	79.7	3 116.0	65.7
2003	3 486.4	73.7	3 345.9	66.8
二、比上年增长（%）				
1995	5.7	0.1	6.2	-2.6
2000	3.8	-2.4	4.0	5.4
2001	3.2	-8.0	3.7	-3.6
2002	6.2	-8.1	6.5	-2.2
2003	6.9	-8.2	7.4	1.7
三、构成（以合计为100）				
1995	100.0	4.3	92.7	3.0
2000	100.0	2.9	94.8	2.3
2001	100.0	2.6	95.2	2.2
2002	100.0	2.5	95.5	2.0
2003	100.0	2.1	96.0	1.9

注：本表不包括民政部门支付离休、退休、退职费的人数。

分地区离休、退休、退职人员年末人数（一）

（2003）

单位：人

地区	合计	离休人员	退休人员	领取定期生活费的退职人员
全国	**45 234 656**	**1 408 943**	**43 031 372**	**794 341**
#民政部门	235 797		235 797	
总后事业单位	32 068	1 313	30 431	324
北京	2 031 434	57 999	1 926 273	47 162
天津	1 143 872	21 671	1 108 323	13 878
河北	1 916 485	90 422	1 790 449	35 614
山西	1 165 470	71 682	1 079 907	13 881
内蒙古	787 910	27 700	748 806	11 404
辽宁	3 270 607	111 593	3 090 852	68 162
吉林	1 322 188	49 526	1 249 400	23 262
黑龙江	2 290 856	86 935	2 159 013	44 908
上海	2 548 250	34 370	2 482 047	31 833
江苏	3 018 714	76 807	2 875 009	66 898
浙江	1 638 420	34 266	1 560 621	43 533
安徽	1 413 023	53 171	1 336 625	23 227
福建	862 760	20 308	828 559	13 893
江西	1 027 293	20 504	995 990	10 799
山东	2 116 823	121 920	1 946 497	48 406
河南	2 043 231	95 476	1 924 549	23 206
湖北	2 246 993	45 859	2 162 783	38 351
湖南	1 965 265	44 448	1 898 594	22 223
广东	2 302 941	55 939	2 230 938	16 064
广西	1 002 500	17 243	973 511	11 746
海南	329 791	5 125	307 808	16 858
重庆	1 067 049	13 373	1 033 624	20 052
四川	2 328 902	33 523	2 258 803	36 576
贵州	733 297	18 285	708 741	6 271
云南	1 053 422	31 230	1 011 370	10 822
西藏	59 689	733	58 778	178
陕西	1 126 271	44 202	1 056 155	25 914
甘肃	697 466	23 714	661 426	12 326
青海	233 790	8 269	221 010	4 511
宁夏	193 417	7 110	182 646	3 661
新疆	1 028 203	51 001	946 884	30 318
新疆生产建设兵团	472 053	33 226	420 747	18 080

注：本表包括民政部门和总后勤部支付离休、退休、退职费的人数。

分地区离休、退休、退职人员年末人数（二）

（2003）

单位：人

地　区	合计	女性	离休人员	退休人员	领取定期生活费的退职人员
全　国	**44 966 791**	**18 720 496**	**1 407 630**	**42 765 144**	**794 017**
北　京	1 795 637	944 496	57 999	1 690 476	47 162
天　津	1 106 385	539 328	21 671	1 070 836	13 878
河　北	1 910 799	710 263	90 422	1 784 763	35 614
山　西	1 152 185	378 302	71 682	1 066 622	13 881
内蒙古	784 390	267 612	27 700	745 286	11 404
辽　宁	3 267 679	1 520 871	111 593	3 087 924	68 162
吉　林	1 300 114	521 887	49 526	1 227 326	23 262
黑龙江	2 285 793	808 237	86 935	2 153 950	44 908
上　海	2 545 662	1 407 751	34 370	2 479 459	31 833
江　苏	3 014 197	1 337 249	76 807	2 870 492	66 898
浙　江	1 623 701	740 471	34 266	1 545 902	43 533
安　徽	1 405 468	518 461	53 171	1 329 070	23 227
福　建	858 443	319 749	20 308	824 242	13 893
江　西	1 018 527	394 684	20 504	987 224	10 799
山　东	2 111 231	805 470	121 920	1 940 905	48 406
河　南	2 027 250	772 262	95 476	1 908 568	23 206
湖　北	2 238 682	971 586	45 859	2 154 472	38 351
湖　南	1 952 964	807 995	44 448	1 886 293	22 223
广　东	2 293 137	1 043 008	55 939	2 221 134	16 064
广　西	994 741	387 032	17 243	965 752	11 746
海　南	327 167	154 288	5 125	305 184	16 858
重　庆	1 065 787	429 741	13 373	1 032 362	20 052
四　川	2 325 183	853 943	33 523	2 255 084	36 576
贵　州	723 789	274 320	18 285	699 233	6 271
云　南	1 051 415	407 392	31 230	1 009 363	10 822
西　藏	51 464	19 710	733	50 553	178
陕　西	1 125 385	399 374	44 202	1 055 269	25 914
甘　肃	689 946	222 953	23 714	653 906	12 326
青　海	230 439	69 132	8 269	217 659	4 511
宁　夏	192 440	65 230	7 110	181 669	3 661
新　疆	1 027 902	418 400	51 001	946 583	30 318
新疆生产建设兵团	468 889	209 299	33 226	417 583	18 080

注：本表不包括民政部门支付离休、退休、退职费的人数。

分地区企业单位离休、退休、退职人员年末人数

(2003)

单位：人

地区	总计				
	合计	女性	离休人员	退休人员	领取定期生活费的退职人员
全国	**34 864 070**	**15 169 954**	**737 059**	**33 459 051**	**667 960**
北京	1 465 327	768 670	31 897	1 389 693	43 737
天津	940 450	451 377	12 288	915 891	12 271
河北	1 429 281	551 065	40 232	1 360 298	28 751
山西	885 022	295 052	36 016	838 996	10 010
内蒙古	551 063	199 290	11 775	530 463	8 825
辽宁	2 805 596	1 357 749	67 737	2 674 203	63 656
吉林	1 041 799	420 874	26 089	996 363	19 347
黑龙江	1 870 578	673 667	50 234	1 783 187	37 157
上海	2 200 379	1 216 809	19 693	2 150 719	29 967
江苏	2 401 884	1 133 411	35 857	2 304 769	61 258
浙江	1 249 655	594 017	14 215	1 198 806	36 634
安徽	1 050 363	406 378	24 765	1 005 830	19 768
福建	626 401	237 224	9 591	606 892	9 918
江西	761 054	317 083	10 409	741 222	9 423
山东	1 617 945	678 241	62 228	1 522 628	33 089
河南	1 453 341	582 051	41 470	1 392 407	19 464
湖北	1 803 066	813 737	25 165	1 744 165	33 736
湖南	1 429 600	608 466	20 707	1 389 885	19 008
广东	1 739 063	834 588	26 813	1 700 724	11 526
广西	669 039	289 693	7 879	652 936	8 224
海南	264 001	133 200	2 918	244 927	16 156
重庆	825 623	346 837	6 830	800 937	17 856
四川	1 680 677	630 379	17 507	1 633 324	29 846
贵州	472 507	190 886	7 799	459 856	4 852
云南	721 479	308 600	13 119	700 012	8 348
西藏	25 105	10 139	136	24 902	67
陕西	843 930	312 325	22 757	803 430	17 743
甘肃	503 429	178 587	13 549	481 251	8 629
青海	150 395	48 896	3 524	144 612	2 259
宁夏	138 553	49 061	2 915	133 674	1 964
新疆	803 442	333 391	39 819	737 054	26 569
新疆生产建设兵团	444 023	198 211	31 126	394 995	17 902

注：本表不包括民政部门支付离休、退休、退职费的人数。

续表 1

地区	1. 内资企业				
	合计	女性	离休人员	退休人员	领取定期生活费的退职人员
全　国	**34 523 779**	**15 020 450**	**732 496**	**33 128 685**	**662 598**
北　京	1 432 573	752 199	31 697	1 357 834	43 042
天　津	878 707	442 021	12 176	854 523	12 008
河　北	1 419 515	547 106	40 031	1 350 917	28 567
山　西	883 902	294 562	35 998	837 897	10 007
内蒙古	550 249	199 043	11 765	529 661	8 823
辽　宁	2 785 408	1 347 409	67 472	2 654 439	63 497
吉　林	1 038 914	419 302	26 032	993 660	19 222
黑龙江	1 867 707	672 393	50 214	1 780 339	37 154
上　海	2 156 421	1 192 501	19 509	2 107 535	29 377
江　苏	2 359 783	1 107 791	35 688	2 263 604	60 491
浙　江	1 221 769	580 218	14 046	1 171 801	35 922
安　徽	1 047 734	405 010	24 699	1 003 309	19 726
福　建	611 202	229 814	9 536	592 019	9 647
江　西	760 661	316 890	10 409	740 859	9 393
山　东	1 594 680	670 476	59 737	1 502 669	32 274
河　南	1 448 982	580 111	41 385	1 388 173	19 424
湖　北	1 794 802	810 636	25 110	1 736 067	33 625
湖　南	1 425 299	606 274	20 655	1 385 671	18 973
广　东	1 717 621	822 210	26 634	1 679 562	11 425
广　西	666 653	288 752	7 856	650 651	8 146
海　南	263 968	133 195	2 918	244 894	16 156
重　庆	820 565	345 094	6 731	796 056	17 778
四　川	1 677 652	629 306	17 492	1 630 470	29 690
贵　州	472 111	190 603	7 793	459 471	4 847
云　南	720 497	308 033	13 099	699 050	8 348
西　藏	25 105	10 139	136	24 902	67
陕　西	843 187	311 987	22 753	802 759	17 675
甘　肃	503 138	178 430	13 545	480 992	8 601
青　海	150 395	48 896	3 524	144 612	2 259
宁　夏	137 510	48 628	2 915	132 631	1 964
新　疆	803 046	333 210	39 815	736 663	26 568
新疆生产建设兵团	444 023	198 211	31 126	394 995	17 902

续表 2

地区	①国有企业				
	合计	女性	离休人员	退休人员	领取定期生活费的退职人员
全国	**23 936 375**	**9 767 159**	**600 854**	**22 941 332**	**394 189**
北京	863 183	448 165	20 702	824 299	18 182
天津	600 387	279 205	9 482	584 244	6 661
河北	989 336	355 789	29 437	945 275	14 624
山西	735 992	226 754	32 398	697 243	6 351
内蒙古	316 881	114 419	8 646	302 926	5 309
辽宁	1 826 795	805 231	53 196	1 736 068	37 531
吉林	822 134	308 698	23 603	786 840	11 691
黑龙江	1 572 604	506 673	46 974	1 494 461	31 169
上海	1 378 673	762 406	15 783	1 352 467	10 423
江苏	1 251 362	537 401	24 867	1 210 046	16 449
浙江	510 828	218 938	9 718	488 131	12 979
安徽	684 520	239 998	19 725	656 586	8 209
福建	408 734	149 100	7 505	394 595	6 634
江西	594 074	237 682	9 434	577 781	6 859
山东	900 964	346 198	38 872	843 201	18 891
河南	1 005 620	369 769	32 932	960 131	12 557
湖北	1 281 030	568 960	21 458	1 241 035	18 537
湖南	1 045 788	424 358	18 150	1 013 473	14 165
广东	1 075 300	496 952	20 882	1 046 318	8 100
广西	501 834	211 631	6 413	489 821	5 600
海南	241 756	121 196	2 567	223 188	16 001
重庆	572 789	222 238	5 342	556 307	11 140
四川	1 193 001	429 419	15 205	1 156 211	21 585
贵州	413 042	160 109	7 276	401 487	4 279
云南	576 597	238 915	11 030	559 128	6 439
西藏	24 934	10 084	136	24 733	65
陕西	687 981	240 329	20 410	656 240	11 331
甘肃	429 878	149 288	12 057	411 205	6 616
青海	126 756	40 581	3 427	121 472	1 857
宁夏	115 552	40 419	2 872	110 855	1 825
新疆	744 576	308 080	39 229	681 091	24 256
新疆生产建设兵团	443 474	198 174	31 126	394 474	17 874

续表 3

地　区	②集体企业				
	合计	女性	离休人员	退休人员	领取定期生活费的退职人员
全　国	**6 174 638**	**3 193 572**	**61 894**	**5 946 594**	**166 150**
北　京	202 955	108 358	1 334	183 213	18 408
天　津	186 269	101 499	1 642	180 246	4 381
河　北	193 198	94 298	5 273	181 229	6 696
山　西	123 154	56 630	2 968	117 017	3 169
内 蒙 古	63 068	25 280	555	61 749	764
辽　宁	638 345	402 369	8 001	608 022	22 322
吉　林	160 347	84 567	1 628	152 945	5 774
黑 龙 江	208 779	119 617	2 160	201 678	4 941
上　海	474 634	262 473	831	458 699	15 104
江　苏	574 130	316 471	4 018	557 313	12 799
浙　江	245 413	123 958	873	234 704	9 836
安　徽	256 057	122 317	2 924	243 263	9 870
福　建	155 476	64 475	1 240	151 701	2 535
江　西	129 859	65 763	691	126 924	2 244
山　东	420 974	214 825	10 188	406 220	4 566
河　南	235 549	112 962	3 796	228 323	3 430
湖　北	356 768	170 980	2 675	341 030	13 063
湖　南	291 641	141 090	1 685	285 818	4 138
广　东	399 456	207 483	3 487	393 855	2 114
广　西	102 292	52 075	668	99 984	1 640
海　南	19 332	10 323	323	18 939	70
重　庆	128 708	71 533	580	124 437	3 691
四　川	258 980	100 886	552	253 081	5 347
贵　州	39 175	21 154	295	38 460	420
云　南	72 138	37 908	483	71 017	638
西　藏	171	55		169	2
陕　西	122 046	58 919	1 550	114 975	5 521
甘　肃	57 275	21 928	1 181	54 449	1 645
青　海	21 648	7 835	67	21 273	308
宁　夏	14 856	6 507	21	14 732	103
新　疆	21 945	9 034	205	21 129	611
新疆生产建设兵团					

续表 4

地区	③其他企业				
	合计	女性	离休人员	退休人员	领取定期生活费的退职人员
全国	**4 412 766**	**2 059 719**	**69 748**	**4 240 759**	**102 259**
北京	366 435	195 676	9 661	350 322	6 452
天津	92 051	61 317	1 052	90 033	966
河北	236 981	97 019	5 321	224 413	7 247
山西	24 756	11 178	632	23 637	487
内蒙古	170 300	59 344	2 564	164 986	2 750
辽宁	320 268	139 809	6 275	310 349	3 644
吉林	56 433	26 037	801	53 875	1 757
黑龙江	86 324	46 103	1 080	84 200	1 044
上海	303 114	167 622	2 895	296 369	3 850
江苏	534 291	253 919	6 803	496 245	31 243
浙江	465 528	237 322	3 455	448 966	13 107
安徽	107 157	42 695	2 050	103 460	1 647
福建	46 992	16 239	791	45 723	478
江西	36 728	13 445	284	36 154	290
山东	272 742	109 453	10 677	253 248	8 817
河南	207 813	97 380	4 657	199 719	3 437
湖北	157 004	70 696	977	154 002	2 025
湖南	87 870	40 826	820	86 380	670
广东	242 865	117 775	2 265	239 389	1 211
广西	62 527	25 046	775	60 846	906
海南	2 880	1 676	28	2 767	85
重庆	119 068	51 323	809	115 312	2 947
四川	225 671	99 001	1 735	221 178	2 758
贵州	19 894	9 340	222	19 524	148
云南	71 762	31 210	1 586	68 905	1 271
西藏					
陕西	33 160	12 739	793	31 544	823
甘肃	15 985	7 214	307	15 338	340
青海	1 991	480	30	1 867	94
宁夏	7 102	1 702	22	7 044	36
新疆	36 525	16 096	381	34 443	1 701
新疆生产建设兵团	549	37		521	28

续表 5

地区	2. 港、澳、台投资企业				
	合计	女性	离休人员	退休人员	领取定期生活费的退职人员
全国	**165 534**	**76 985**	**1 209**	**161 437**	**2 888**
北京	885	444	6	837	42
天津	29 265	8 190	107	28 903	255
河北	6 424	2 406	123	6 171	130
山西	753	303	12	739	2
内蒙古	431	168	6	425	
辽宁	12 420	6 148	174	12 132	114
吉林	952	472	10	926	16
黑龙江	2 355	1 127	20	2 335	
上海	17 583	9 723	74	17 274	235
江苏	23 645	15 146	82	23 116	447
浙江	19 660	9 751	121	19 057	482
安徽	921	414	33	887	1
福建	8 073	3 767	14	7 992	67
江西	343	169		313	30
山东	7 755	2 492	76	7 068	611
河南	2 253	915	53	2 178	22
湖北	6 631	2 360	51	6 511	69
湖南	685	313	12	667	6
广东	17 245	9 923	168	17 003	74
广西	1 385	554	19	1 306	60
海南	3	2		3	
重庆	2 015	435	7	1 970	38
四川	1 674	567	9	1 580	85
贵州	392	280	6	381	5
云南	804	471	15	789	
西藏					
陕西	547	234	4	475	68
甘肃	123	58	3	92	28
青海					
宁夏					
新疆	312	153	4	307	1
新疆生产建设兵团					

续表 6

地区	3. 外商投资企业				
	合计	女性	离休人员	退休人员	领取定期生活费的退职人员
全国	**174 757**	**72 519**	**3 354**	**168 929**	**2 474**
北京	31 869	16 027	194	31 022	653
天津	32 478	1 166	5	32 465	8
河北	3 342	1 553	78	3 210	54
山西	367	187	6	360	1
内蒙古	383	79	4	377	2
辽宁	7 768	4 192	91	7 632	45
吉林	1 933	1 100	47	1 777	109
黑龙江	516	147		513	3
上海	26 375	14 585	110	25 910	355
江苏	18 456	10 474	87	18 049	320
浙江	8 226	4 048	48	7 948	230
安徽	1 708	954	33	1 634	41
福建	7 126	3 643	41	6 881	204
江西	50	24		50	
山东	15 510	5 273	2 415	12 891	204
河南	2 106	1 025	32	2 056	18
湖北	1 633	741	4	1 587	42
湖南	3 616	1 879	40	3 547	29
广东	4 197	2 455	11	4 159	27
广西	1 001	387	4	979	18
海南	30	3		30	
重庆	3 043	1 308	92	2 911	40
四川	1 351	506	6	1 274	71
贵州	4	3		4	
云南	178	96	5	173	
西藏					
陕西	196	104		196	
甘肃	168	99	1	167	
青海					
宁夏	1 043	433		1 043	
新疆	84	28		84	
新疆生产建设兵团					

分地区事业单位离休、退休、退职人员年末人数

（2003）

单位：人

地　区	总计				
	合计	女性	离休人员	退休人员	领取定期生活费的退职人员
全　国	**7 200 516**	**2 740 306**	**332 586**	**6 785 862**	**82 068**
北　京	228 836	121 375	13 168	212 831	2 837
天　津	112 621	77 681	5 239	106 174	1 208
河　北	321 869	122 009	22 942	295 809	3 118
山　西	176 113	61 292	15 395	157 944	2 774
内蒙古	156 086	48 597	6 528	147 994	1 564
辽　宁	353 562	137 141	25 394	324 394	3 774
吉　林	204 691	85 183	15 120	186 837	2 734
黑龙江	287 831	99 095	18 729	263 781	5 321
上　海	299 145	165 428	8 561	288 769	1 815
江　苏	488 398	177 381	21 791	462 548	4 059
浙　江	282 820	122 345	8 977	268 661	5 182
安　徽	247 471	85 385	12 743	232 038	2 690
福　建	160 539	63 271	4 671	153 685	2 183
江　西	183 786	59 805	4 554	178 134	1 098
山　东	340 912	92 540	30 522	300 864	9 526
河　南	396 237	137 764	28 545	365 481	2 211
湖　北	312 626	108 996	10 747	299 019	2 860
湖　南	381 330	154 506	13 213	366 267	1 850
广　东	397 930	164 369	12 678	382 532	2 720
广　西	215 912	68 326	3 836	209 366	2 710
海　南	44 691	16 815	630	43 592	469
重　庆	166 341	66 000	3 092	161 953	1 296
四　川	445 057	165 056	7 682	432 903	4 472
贵　州	161 957	59 493	3 752	157 492	713
云　南	207 244	72 022	7 288	198 353	1 603
西　藏	16 072	5 741	203	15 826	43
陕　西	213 695	69 947	11 954	196 794	4 947
甘　肃	135 629	34 412	5 109	128 652	1 868
青　海	45 016	12 891	1 356	42 639	1 021
宁　夏	38 082	12 226	1 956	35 286	840
新　疆	158 166	63 588	4 919	150 839	2 408
新疆生产建设兵团	19 851	9 626	1 292	18 405	154

注：本表不包括民政部门支付离休、退休、退职费的人数。

分地区机关单位离休、退休、退职人员年末人数

（2003）

单位：人

地　区	总计				
	合计	女性	离休人员	退休人员	领取定期生活费的退职人员
全　国	**2 902 205**	**810 236**	**337 985**	**2 520 231**	**43 989**
北　京	101 474	54 451	12 934	87 952	588
天　津	53 314	10 270	4 144	48 771	399
河　北	159 649	37 189	27 248	128 656	3 745
山　西	91 050	21 958	20 271	69 682	1 097
内 蒙 古	77 241	19 725	9 397	66 829	1 015
辽　宁	108 521	25 981	18 462	89 327	732
吉　林	53 624	15 830	8 317	44 126	1 181
黑 龙 江	127 384	35 475	17 972	106 982	2 430
上　海	46 138	25 514	6 116	39 971	51
江　苏	123 915	26 457	19 159	103 175	1 581
浙　江	91 226	24 109	11 074	78 435	1 717
安　徽	107 634	26 698	15 663	91 202	769
福　建	71 503	19 254	6 046	63 665	1 792
江　西	73 687	17 796	5 541	67 868	278
山　东	152 374	34 689	29 170	117 413	5 791
河　南	177 672	52 447	25 461	150 680	1 531
湖　北	122 990	48 853	9 947	111 288	1 755
湖　南	142 034	45 023	10 528	130 141	1 365
广　东	156 144	44 051	16 448	137 878	1 818
广　西	109 790	29 013	5 528	103 450	812
海　南	18 475	4 273	1 577	16 665	233
重　庆	73 823	16 904	3 451	69 472	900
四　川	199 449	58 508	8 334	188 857	2 258
贵　州	89 325	23 941	6 734	81 885	706
云　南	122 692	26 770	10 823	110 998	871
西　藏	10 287	3 830	394	9 825	68
陕　西	67 760	17 102	9 491	55 045	3 224
甘　肃	50 888	9 954	5 056	44 003	1 829
青　海	35 028	7 345	3 389	30 408	1 231
宁　夏	15 805	3 943	2 239	12 709	857
新　疆	66 294	21 421	6 263	58 690	1 341
新疆生产建设兵团	5 015	1 462	808	4 183	24

注：本表不包括民政部门支付离休、退休、退职费的人数。

截至年末分地区由民政部门支付离休、退休、退职费的人数

（2003）

单位：人

地区	合计	退休人员	本年接收	其中：退休人员
全国	**235 797**	**235 797**	**11 507**	**11 507**
北京	37 487	37 487	973	973
天津	5 686	5 686	100	100
河北	13 285	13 285	839	839
山西	3 520	3 520	185	185
内蒙古	2 928	2 928	118	118
辽宁	22 074	22 074	509	509
吉林	5 063	5 063	390	390
黑龙江	2 588	2 588	394	394
上海	4 517	4 517	632	632
江苏	14 719	14 719	537	537
浙江	7 555	7 555	76	76
安徽	4 317	4 317	81	81
福建	8 766	8 766	203	203
江西	5 592	5 592	34	34
山东	15 981	15 981	590	590
河南	8 311	8 311	339	339
湖北	12 301	12 301	812	812
湖南	9 804	9 804	163	163
广东	7 759	7 759	1 523	1 523
广西	2 624	2 624	45	45
海南	1 262	1 262	37	37
重庆	3 719	3 719	138	138
四川	9 508	9 508	209	209
贵州	2 007	2 007	23	23
云南	8 225	8 225	50	50
西藏	886	886		
陕西	7 520	7 520	617	617
甘肃	3 351	3 351	122	122
青海	977	977	2	2
宁夏	301	301		
新疆	3 164	3 164	766	766

注：本表退休人员含离休人员人数。

历年全国离休、退休、退职费

年份	离休、退休、退职费用总额（亿元）						平均每人离休、退休、退职费用（元）	
	合计	民政部门支付	总后事业单位	企业	事业	机关		企业
一、绝对数								
1985	145.6	3.7					935	
1990	396.2	7.2		307.1	62.6	26.4	1 760	1 664
1995	1 305.6	19.4		915.6	275.6	114.1	4 335	3 976
2000	2 733.3	36.4	3.4	1 846.6	635.2	251.6	7 190	6 318
2001	3 072.0	44.3	3.4	1 988.5	768.9	313.8	7 784	6 573
2002	3 659.4	51.0	3.6	2 417.2	873.0	369.2	8 881	7 633
2003	4 148.9	56.7	3.6	2 684.6	1 032.4	431.9	9 485	7 957
二、比上年增长（%）								
1990	24	-4.0					19.1	
1995	25.1	10.9		25.8	24.4	20.6	18.6	20.7
2000	12.9	23.0	9.7	10.2	19.6	17.2	8.7	6.3
2001	12.4	21.7		7.7	21.0	24.7	8.3	4.0
2002	19.1	15.1	5.9	21.6	13.5	17.7	14.1	16.1
2003	13.4	11.2		11.1	18.3	17.0	6.8	4.2

注：1. 本表数字不包括离休、退休、退职职工的医疗卫生费。
2. 本表 1985 年的数字不包括据有关规定发给离休、退休、退职职工的肉类等价格补贴。
3. 事业单位包括民政部门和总后事业单位支付离休、退休、退职费的数据。

历年全国企业、事业、机关单位离休、退休、退职人数及人均离休、退休、退职费

	总计			企业				
				合计			离休人员	
	年末人数（万人）	离休、退休、退职费（亿元）	人均离休、退休、退职费（元）	年末人数（万人）	离休、退休、退职费（亿元）	人均离休、退休、退职费（元）	年末人数（万人）	离休金（亿元）
一、绝对数								
1990	2 270.6	388.9	1 713	1 845.8	307.1	1 664	92.9	25.4
1995	3 065.5	1 285.9	4 311	2 366.0	915.6	3 976	100.7	66.2
2000	3 848.0	2 693.6	7 137	2 978.0	1 846.6	6 318	86.7	105.3
2001	3 989.9	3 024.3	7 717	3 072.4	1 988.5	6 573	79.7	113.7
2002	4 196.0	3 604.8	8 807	3 261.4	2 417.2	7 633	79.7	143.7
2003	4 496.7	4 088.6	9 407	3 486.4	2 866.2	7 957	73.7	135.2
二、比上年增长（%）								
1991	5.8	18.3	14.9	4.7	16.9	14.2	4.7	18.5
1995	5.7	25.3	18.7	5.7	25.8	20.7		16.5
2000	4.0	12.8	8.5	3.8	10.2	6.3	-2.3	5.0
2001	3.7	3.9	8.1	3.2	7.7	4.0	-8.1	8.0
2002	5.2	19.2	14.1	6.2	21.6	16.1		26.4
2003	7.2	13.4	6.8	6.9	18.6	4.2	-7.5	-6.0

注：1. 本表不包括民政部门和总后事业单位支付离休、退休、退职费的数字。
2. 退休人员包括退职人员。

续表1

		退休人员			事业 合计		
	人均离休金（元）	年末人数（万人）	退休金（亿元）	人均退休金（元）	年末人数（万人）	离休、退休、退职费（亿元）	人均离休、退休、退职费（元）
一、绝对数							
1990	2 734	1 752.9	281.7	1 607	293.2	55.4	1 889
1995	6 574	2 265.3	849.4	3 857	496.2	256.2	5 310
2000	12 007	2 891.3	1 741.3	6 142	619.3	595.4	9 923
2001	13 666	2 992.7	1 874.8	6 373	654.4	721.2	11 324
2002	18 032	3 181.6	2 273.4	7 364	661.1	818.4	12 442
2003	17 627	3 412.7	2 549.4	7 732	720.1	972.1	14 077
二、比上年增长(%)							
1991	15.8	4.7	16.8	14.1	10.1	23.3	17.4
1995	19.0	5.9	26.6	21.1	5.9	25.6	12.3
2000	8.3	4.0	10.6	6.4	6.7	19.4	14.4
2001	13.8	3.5	7.7	3.8	5.7	21.1	14.1
2002	31.9	6.3	21.3	15.6	1.0	13.5	9.9
2003	-2.2	7.2	12.1	5.0	8.9	18.8	13.1

	离休人员			退休人员			机关 合计	
	年末人数（万人）	离休金（亿元）	人均离休金（元）	年末人数（万人）	退休金（亿元）	人均退休金（元）	年末人数（万人）	离休、退休、退职费（亿元）
一、绝对数								
1990	44.2	11.3	2 557	249.0	44.1	1 771	131.6	26.4
1995	48.3	36.4	7 490	447.9	219.8	5 066	203.3	114.1
2000	39.7	54.8	13 666	579.6	540.6	9 655	250.7	251.6
2001	37.8	60.4	15 589	616.6	660.9	11 049	263.1	313.8
2002	35.4	66.2	18 072	625.6	752.2	12 110	273.6	369.2
2003	33.3	65.9	19 200	686.8	906.2	13 809	290.2	431.9
二、比上年增长(%)								
1991	5.9	18.6	15.2	10.8	24.5	18.1	11.5	23.5
1995	-1.0	19.0	21.2	6.7	26.8	11.6	6.3	20.6
2000	-2.0	10.3	14.7	7.3	20.5	14.6	-0.3	17.2
2001	-4.8	10.2	14.2	6.4	22.2	14.4	4.9	24.7
2002	-6.3	9.6	15.9	1.5	13.8	9.6	4.0	17.7
2003	-5.9	-0.5	6.2	9.8	20.5	14.0	6.1	17.0

续表 2

	机关						
		离休人员			退休人员		
	人均离休、退休、退职费（元）	年末人数（万人）	离休金（亿元）	人均离休金（元）	年末人数（万人）	退休金（亿元）	人均退休金（元）
一、绝对数							
1990	2 006	41.8	11.0	2 632	89.8	15.4	1 715
1995	5 783	46.9	35.8	7 553	156.4	78.3	5 223
2000	10 020	40.0	53.6	12 885	210.7	198.0	9 451
2001	12 215	37.6	61.5	15 866	225.5	252.3	11 570
2002	13 759	33.9	66.9	18 711	239.7	302.3	12 988
2003	15 319	33.8	68.4	20 197	256.4	363.5	14 654
二、比上年增长（%）							
1991	16.7	9.6	19.1	13.7	12.4	26.6	19.2
1995	12.7	-1.9	12.2	12.7	9.1	24.9	13.9
2000	11.9	-7.4	12.1	15.6	1.2	18.7	11.5
2001	21.9	-6.0	14.7	23.0	7.0	27.4	22.4
2002	12.6	-9.8	8.8	17.9	6.3	19.8	12.3
2003	11.3	-0.3	2.2	7.9	7	20.2	12.8

历年全国离休、退休、退职人员保险福利费用构成情况

年份	合计	离休金	退休金	退职生活费	医疗卫生费	其他
一、绝对数（亿元）						
1990	465.2	34.6	239.4	5.0	76.2	110.0
1995	1 522.4	121.9	986.3	15.3	236.3	162.6
2000	3 040.5	201.1	2 305.7	30.3	346.9	156.5
2001	3 337.2	223.4	2 618.7	27.8	312.9	154.4
2002	3 870.7	263.7	3 143.0	33.4	266.0	164.6
2003	4 359.9	269.5	3 592.1	37.6	271.3	189.4
二、比上年增长（%）						
1991	19.2	11.6	13.4	14.0	24.0	31.0
1995	24.9	18.1	28.7	23.4	22.6	12.9
2000	12.3	8.1	13.3	11.4	8.4	12.0
2001	9.8	11.1	13.6	-8.3	-9.8	-1.3
2002	16.0	18.0	20.0	20.1	-15.0	6.6
2003	12.6	2.2	14.3	12.6	2.0	15.1
三、构成（以合计为 100）						
1990	100	7.4	51.5	1.1	16.4	23.6
1995	100	8.0	64.8	1.0	15.5	10.7
2000	100	6.6	75.8	1.0	11.4	5.2
2001	100	6.7	78.5	0.8	9.4	4.6
2002	100	6.8	81.2	0.9	6.9	4.2
2003	100	6.2	82.4	0.8	6.2	4.3

注：本表不包括民政部门支付的离休、退休、退职费。

历年全国企业单位离休、退休、退职人员保险福利费用构成情况

年份	合计	离休金	退休金	退职生活费	医疗卫生费	其他
一、绝对数（亿元）						
1994	869.9	48.3	561.9	9.1	142.5	108.1
1995	1 082.5	57.2	722.5	11.4	166.8	124.6
2000	2 071.1	99.4	1 618.8	24.0	224.5	104.4
2001	2 193.7	108.2	1 762.4	20.7	204.2	97.2
2002	2 596.6	137.7	2 152.2	25.5	179.5	101.7
2003	2 866.0	135.0	2 412.0	29.0	182.0	109.0
二、比上年增长（%）						
1995	24.4	18.4	28.6	25.3	17.1	15.3
2000	9.8	5.1	10.6	10.6	6.0	9.1
2001	5.9	8.9	8.9	-13.7	-9.0	-6.9
2002	18.4	27.3	22.1	23.2	-12.1	4.6
2003	10.4	-2.0	12.1	13.7	1.4	7.2
三、构成（以合计为100）						
1994	100.0	5.6	64.6	1.0	16.4	12.4
1995	100.0	5.3	66.7	1.1	15.4	11.5
2000	100.0	4.8	78.2	1.2	10.8	5.0
2001	100.0	5.0	80.4	0.9	9.3	4.4
2002	100.0	5.3	82.9	1.0	6.9	3.9
2003	100.0	4.7	84.2	1.0	6.4	3.8

注：本表不包括民政部门支付的离休、退休、退职费。

历年分地区人均离休、退休、退职费

地区	2002					
	合计		企业			
			离休人员		退休人员	
	离休、退休、退职费（亿元）	人均离休、退休、退职费（元）	离休金（亿元）	人均离休金（元）	退休金（亿元）	人均退休金（元）
全　国	**3 604.8**	**8 807**	**143.7**	**18 032**	**2 273.4**	**7 364**
北　京	199.9	11 186	9.9	19 389	140.6	9 881
天　津	103.9	9 998	2.5	19 527	64.9	7 477
河　北	153.9	9 074	7.2	17 135	92.9	7 596
山　西	87.4	7 979	5.8	15 311	52.3	6 417
内蒙古	60.9	8 025	2.2	17 018	33.9	6 516
辽　宁	243.2	7 725	15.6	21 089	168.3	6 447
吉　林	98.5	8 115	4.4	14 139	64.2	6 959
黑龙江	147.3	7 362	10.6	18 967	99.0	6 123
上　海	269.9	11 089	6.0	29 408	210.2	10 068
江　苏	214.5	8 428	7.7	19 719	168.3	8 019
浙　江	163.1	11 363	2.9	19 496	99.7	9 083
安　徽	104.5	8 032	4.8	17 067	59.5	6 360
福　建	72.9	9 797	1.8	19 948	37.3	7 303
江　西	70.2	7 457	1.4	12 110	39.5	5 864
山　东	199.9	10 291	11.9	18 663	115.5	8 353
河　南	146.8	7 847	6.6	14 074	84.8	6 458
湖　北	137.2	7 369	4.3	14 044	93.2	6 570
湖　南	115.2	6 969	2.9	15 239	70.9	5 993
广　东	181.7	8 721	5.1	16 152	101.5	6 753
广　西	69.9	8 422	1.2	14 304	36.0	6 739
海　南	20.1	6 319	0.7	19 215	11.7	4 618
重　庆	71.0	6 679	1.1	15 094	44.5	5 397
四　川	168.7	7 714	3.3	16 778	97.3	6 194
贵　州	63.1	9 420	1.7	19 986	34.0	7 895
云　南	103.1	10 551	2.9	20 263	52.7	8 111
西　藏	9.5	21 037		11 652	2.7	12 827
陕　西	82.2	8 071	3.6	15 062	48.4	6 619
甘　肃	62.9	9 924	2.6	18 418	37.4	8 236
青　海	29.5	13 477	0.8	24 446	14.5	10 521
宁　夏	17.1	9 138	0.5	13 413	10.0	7 742
新　疆	99.1	12 818	6.5	25 933	59.1	11 114
新疆生产建设兵团	37.5	8 249	5.1	16 033	28.7	7 170

注：1. 本表不包括民政部门和总后事业单位支付离休、退休、退职费的数字。

2. 退休人员包括退职人员。

续表 1

地区	2002							
	事业				机关			
	离休人员		退休人员		离休人员		退休人员	
	离休金（亿元）	人均离休金（元）	退休金（亿元）	人均退休金（元）	离休金（亿元）	人均离休金（元）	退休金（亿元）	人均退休金（元）
全国	**66.2**	**18 072**	**752.2**	**12 110**	**66.9**	**18 711**	**302.3**	**12 998**
北京	5.8	19 639	28.9	13 730	3.6	27 589	11.2	18 462
天津	1.2	24 800	16.0	14 258	1.2	28 654	18.0	48 627
河北	4.1	16 890	31.3	11 508	4.9	17 342	13.5	12 656
山西	2.3	15 463	16.3	11 289	3.3	16 071	7.3	11 789
内蒙古	1.1	15 175	14.6	10 142	1.6	15 666	7.5	11 599
辽宁	5.0	16 451	39.8	12 060	3.6	17 605	11.0	13 171
吉林	2.5	13 960	21.4	11 017	1.4	15 088	4.7	11 859
黑龙江	2.2	12 642	22.7	11 379	4.1	23 950	8.8	9 276
上海	3.0	31 569	42.5	15 396	2.0	32 231	6.2	18 324
江苏	2.0	11 022	33.7	10 905	0.7	4 989	2.3	3 348
浙江	2.3	25 297	39.2	17 019	3.4	31 150	15.5	21 580
安徽	2.3	16 846	25.7	12 044	2.9	15 785	9.3	10 129
福建	1.3	25 926	21.7	14 661	1.7	23 775	9.1	14 261
江西	0.7	13 637	18.5	10 527	1.0	14 652	9.1	13 269
山东	7.6	20 054	43.3	14 633	6.1	17 581	15.6	12 150
河南	4.5	14 902	32.8	10 280	3.8	14 156	14.3	10 631
湖北	2.3	18 077	25.2	9 234	1.8	15 171	10.4	9 039
湖南	1.6	16 841	28.6	9 094	1.4	15 201	9.8	8 299
广东	3.1	23 807	49.3	13 248	3.8	20 182	18.9	13 013
广西	0.8	17 303	21.9	10 742	1.0	17 262	9.0	12 364
海南	0.2	22 649	5.0	12 051	0.4	21 759	2.0	12 732
重庆	0.5	15 763	15.6	10 135	0.7	19 449	8.5	12 220
四川	1.6	20 597	42.4	10 739	1.9	19 491	22.2	12 030
贵州	0.8	19 393	16.2	11 498	1.4	18 969	9.1	11 509
云南	1.7	20 781	25.0	12 701	3.2	27 654	17.6	18 184
西藏	0.1	39 703	3.9	26 478	0.2	59 357	2.7	29 460
陕西	2.1	17 187	20.9	11 155	1.5	14 972	5.7	10 585
甘肃	1.2	23 598	14.7	13 157	1.3	21 710	5.7	13 329
青海	0.4	25 009	8.1	18 850	0.9	26 684	4.8	16 195
宁夏	0.3	16 696	4.3	12 075	0.4	14 870	1.5	11 228
新疆	1.2	25 276	20.4	14 853	1.6	24 248	10.3	15 228
新疆生产建设兵团	0.3	24 525	2.3	14 537	0.2	25 372	0.8	19 186

续表 2

地区	2003			
	总计		企业	
			合计	
	离休、退休、退职费（亿元）	人均离休、退休、退职费（元）	离休、退休、退职费（亿元）	人均离休、退休、退职费（元）
全　国	**4 088.6**	**9 407**	**2 684.6**	**7 957**
北　京	208.9	11 637	153.0	10 299
天　津	107.2	9 746	80.9	8 695
河　北	164.9	8 888	105.9	7 639
山　西	94.3	8 206	60.9	6 841
内蒙古	70.2	9 081	39.0	7 164
辽　宁	245.3	7 598	186.7	6 758
吉　林	102.7	8 080	71.5	7 087
黑龙江	191.7	8 915	137.7	7 840
上　海	294.4	11 740	235.7	10 866
江　苏	304.2	10 993	188.4	8 079
浙　江	193.1	12 599	120.1	10 188
安　徽	110.6	7 977	66.3	6 378
福　建	87.4	10 745	51.2	8 771
江　西	77.4	7 786	45.2	6 115
山　东	216.1	10 499	145.1	9 321
河　南	164.1	8 314	98.1	6 892
湖　北	169.1	8 182	112.7	6 876
湖　南	147.4	8 175	89.5	6 779
广　东	231.1	10 409	142.4	8 574
广　西	85.4	9 262	48.8	8 025
海　南	21.4	6 559	13.2	5 014
重　庆	76.2	7 232	48.9	5 996
四　川	180.2	7 879	105.9	6 418
贵　州	70.4	9 981	40.2	8 727
云　南	108.1	10 467	59.0	8 359
西　藏	11.0	22 384	3.2	13 449
陕　西	94.3	8 766	60.4	7 547
甘　肃	70.2	10 492	43.1	8 781
青　海	30.6	13 536	16.7	11 331
宁　夏	18.5	9 799	11.3	8 231
新　疆	104.5	10 296	70.2	8 908
新疆生产建设兵团	37.5	8 083	33.4	7 591

续表 3

地区	2003			
	企业			
	离休人员		退休人员	
	离休金（亿元）	人均离休金（元）	退休金（亿元）	人均退休金（元）
全　国	**135.2**	**17 627**	**2 549.4**	**7 732**
北　京	7.9	18 504	145.1	10 055
天　津	2.7	21 703	78.2	8 521
河　北	7.3	17 871	98.6	7 326
山　西	5.5	14 757	55.4	6 494
内蒙古	1.9	15 955	37.1	6 963
辽　宁	12.8	18 437	174.0	6 458
吉　林	4.4	15 874	67.1	6 841
黑龙江	8.2	15 483	129.5	7 603
上　海	6.3	31 375	229.5	10 675
江　苏	8.3	22 496	180.1	7 847
浙　江	2.9	20 675	117.2	10 061
安　徽	4.4	16 425	61.9	6 114
福　建	2.1	22 491	49.1	8 548
江　西	1.4	12 559	43.9	6 018
山　东	11.6	18 861	133.5	8 927
河　南	6.4	14 586	91.7	6 648
湖　北	4.6	16 296	108.1	6 712
湖　南	3.1	15 724	86.4	6 643
广　东	4.4	15 202	138.0	8 457
广　西	1.3	16 250	47.5	7 917
海　南	0.6	20 046	12.5	4 830
重　庆	1.1	15 540	47.8	5 914
四　川	2.8	15 524	103.0	6 316
贵　州	1.6	20 448	38.6	8 520
云　南	2.7	19 599	56.3	8 134
西　藏		14 793	3.1	13 441
陕　西	3.5	15 425	56.8	7 317
甘　肃	2.5	18 334	40.6	8 509
青　海	0.8	23 248	15.9	11 042
宁　夏	0.5	16 998	10.8	8 050
新　疆	6.6	16 609	63.6	8 497
新疆生产建设兵团	5.0	16 058	28.4	6 947

续表 4

地　区	2003					
	事业					
	小计		离休人员		退休人员	
	离休、退休、退职费（亿元）	人均离休、退休、退职费（元）	离休金（亿元）	人均离休金（元）	退休金（亿元）	人均退休金（元）
全　国	**972.1**	**14 077**	**65.9**	**19 200**	**906.2**	**13 809**
北　京	36.9	16 761	2.7	13 730	34.2	17 058
天　津	17.6	15 330	1.4	27 557	16.2	14 772
河　北	37.4	11 849	3.7	15 885	33.7	11 527
山　西	21.9	12 843	2.5	16 186	19.4	12 513
内蒙古	20.3	13 353	1.2	18 241	19.1	13 123
辽　宁	43.0	11 953	4.4	16 309	38.5	11 596
吉　林	24.6	11 706	2.5	15 667	22.0	11 376
黑龙江	38.1	14 302	3.9	20 363	34.2	13 831
上　海	49.1	16 730	2.8	31 726	46.3	16 265
江　苏	83.5	22 892	5.3	30 069	78.2	22 529
浙　江	51.6	19 365	2.3	25 197	49.3	19 158
安　徽	30.4	12 742	2.4	18 994	28.0	12 393
福　建	25.1	16 053	1.4	29 809	23.7	15 626
江　西	21.3	11 783	0.7	15 628	20.6	11 679
山　东	49.4	14 398	6.7	19 643	42.8	13 823
河　南	45.2	11 996	4.4	15 047	40.8	11 740
湖　北	39.6	13 149	1.4	12 321	38.2	13 182
湖　南	43.9	12 518	2.5	22 263	41.3	12 192
广　东	61.5	15 518	3.2	24 768	58.3	15 208
广　西	23.0	10 715	0.6	15 284	22.4	10 627
海　南	5.7	12 658	0.1	19 818	5.6	12 536
重　庆	17.9	11 107	0.5	17 919	17.4	10 983
四　川	48.9	11 245	1.5	18 868	47.4	11 104
贵　州	18.9	12 113	0.7	19 350	18.2	11 933
云　南	28.9	13 934	1.6	20 539	27.3	13 681
西　藏	4.6	29 262	0.1	29 282	4.6	29 262
陕　西	25.0	11 939	2.0	16 528	23.0	11 661
甘　肃	19.4	15 188	1.1	21 549	18.3	14 928
青　海	7.8	17 665	0.3	23 030	7.4	17 478
宁　夏	5.0	13 219	0.3	17 386	4.7	12 999
新　疆	23.6	15 218	1.2	22 946	22.4	14 952
新疆生产建设兵团	3.0	16 090	0.4	27 137	2.7	15 271

续表5

地区	2003					
	机关					
	小计		离休人员		退休人员	
	离休、退休、退职费（亿元）	人均离休、退休、退职费（元）	离休金（亿元）	人均离休金（元）	退休金（亿元）	人均退休金（元）
全　国	**431.9**	**15 319**	**68.4**	**20 197**	**363.5**	**14 654**
北　京	19.0	21 264	3.1	24 430	15.9	20 732
天　津	8.7	15 859	1.1	24 346	7.7	15 123
河　北	21.6	14 068	6.0	21 825	15.6	12 369
山　西	11.5	12 990	3.1	15 145	8.4	12 341
内蒙古	10.8	14 268	1.7	17 923	9.1	13 735
辽　宁	15.6	14 696	3.3	17 464	12.3	14 099
吉　林	6.7	12 671	1.4	16 200	5.2	11 969
黑龙江	15.9	12 481	2.7	14 728	13.3	12 111
上　海	9.5	21 466	2.0	32 924	7.5	19 630
江　苏	32.3	45 541	5.6	48 282	26.7	45 003
浙　江	21.4	24 502	3.3	30 204	18.1	23 698
安　徽	13.8	12 855	2.8	17 112	11.1	12 099
福　建	11.1	15 170	1.5	24 053	9.5	14 315
江　西	10.8	14 800	0.8	13 241	10.0	14 941
山　东	21.5	13 644	5.7	18 705	15.8	12 435
河　南	20.8	11 970	3.9	14 784	17.0	11 472
湖　北	16.9	13 255	1.9	17 205	15.0	12 889
湖　南	14.1	10 608	1.7	17 265	12.4	10 085
广　东	27.2	16 697	3.7	20 872	23.5	16 183
广　西	13.6	13 695	1.0	17 517	12.6	13 467
海　南	2.5	13 623	0.4	21 482	2.1	12 807
重　庆	9.4	12 194	0.6	17 721	8.8	11 926
四　川	25.5	12 536	1.6	17 675	23.9	12 300
贵　州	11.3	12 746	1.3	18 562	10.0	12 256
云　南	20.2	16 889	2.2	20 179	17.9	16 553
西　藏	3.2	32 554	0.2	38 607	3.1	32 302
陕　西	9.0	13 414	1.9	19 653	7.1	12 381
甘　肃	7.7	15 278	1.0	19 600	6.6	14 774
青　海	6.1	17 739	0.8	26 399	5.2	16 846
宁　夏	2.3	15 735	0.4	18 082	1.9	15 312
新　疆	10.8	14 866	1.5	22 836	9.3	14 074
新疆生产建设兵团	1.1	20 945	0.2	28 709	0.9	19 516

全部离休、退休、退职人员人数及保险福利费用构成情况
（2003）

	离休、退休、退职人员年末人数（万人）				
	合计	女性	离休人员	退休人员	领取定期生活费的退职人员
总计	**4 496.7**	**1 872.0**	**140.8**	**4 276.5**	**79.4**
一、企业	3 486.4	1 517.0	73.7	3 345.9	66.8
1. 内资企业	3 452.4	1 502.0	73.2	3 312.9	66.3
①国有企业	2 393.6	976.7	60.1	2 294.1	39.4
②集体企业	617.5	319.4	6.2	594.7	16.6
③其他企业	441.3	206.0	7.0	424.1	10.2
2. 港、澳、台商投资企业	16.6	7.7	0.1	16.1	0.3
3. 外商投资企业	17.5	7.3	0.3	16.9	0.2
二、事业	720.1	274	33.3	678.6	8.2
三、机关	290.2	81	33.8	252	4.4

	保险福利费用构成（亿元）					
	合计	离休金	退休金	退职生活费	医疗卫生费	其他
总计	**4 359.9**	**269.5**	**3 592.1**	**37.6**	**271.3**	**189.4**
一、企业	2 866.2	135.2	2 411.6	29.2	181.6	108.6
1. 内资企业	2 835.3	134.6	2 383.9	28.9	180.5	107.5
①国有企业	2 071.7	109.3	1 715.7	16.9	142.9	86.8
②集体企业	401.3	11.5	359.1	7.3	15.7	7.8
③其他企业	362.4	13.8	309.1	4.7	21.9	12.9
2. 港、澳、台商投资企业	14.9	0.2	13.6	0.2	0.5	0.4
3. 外商投资企业	15.9	0.4	14.1	0.1	0.6	0.8
二、事业	1 031.7	65.9	848.1	5.5	59.6	52.6
三、机关	462.0	68.4	332.3	2.9	30.1	28.2

分地区全部离休、退休、退职人员保险福利费用构成情况

（2003）

单位：万元

地区	合计	离休金	退休金	退职生活费	医疗卫生费	其他
全国	**43 599 053.3**	**2 695 138.5**	**35 920 788.2**	**375 660.6**	**2 712 966.2**	**1 894 499.9**
北京	2 311 786.5	137 786.6	1 765 777.0	25 801.7	222 572.8	159 848.4
天津	1 136 250.0	51 122.5	978 888.5	7 165.5	64 498.4	34 575.1
河北	1 761 592.6	170 778.7	1 410 939.7	16 856.6	112 133.0	50 884.6
山西	1 003 677.9	110 957.7	787 058.1	5 342.4	60 990.5	39 329.2
内蒙古	741 854.3	49 271.7	620 653.3	4 524.9	39 734.9	27 669.5
辽宁	2 559 786.3	204 879.2	2 119 806.6	21 032.9	106 313.4	107 754.2
吉林	1 093 223.1	82 987.2	902 459.3	8 629.9	66 175.7	32 971.0
黑龙江	2 052 220.6	147 425.9	1 646 924.3	17 518.2	135 178.2	105 174.0
上海	2 962 753.1	110 812.1	2 681 121.2	23 084.1	19 040.7	128 695.0
江苏	3 238 683.5	192 183.5	2 668 997.0	44 550.8	196 206.6	136 745.6
浙江	2 137 029.6	84 762.6	1 702 279.1	27 377.1	206 310.3	116 300.5
安徽	1 184 264.3	95 492.6	973 076.4	9 358.8	78 722.1	27 614.5
福建	912 974.1	50 491.7	784 728.0	9 596.5	38 707.4	29 450.5
江西	828 352.6	29 268.5	719 693.6	4 067.2	54 394.8	20 928.4
山东	2 273 045.2	240 055.6	1 810 088.3	23 961.8	112 038.3	86 901.2
河南	1 727 706.9	146 418.0	1 432 502.2	11 021.6	86 262.1	51 503.0
湖北	1 844 236.0	78 661.5	1 486 418.5	15 685.2	152 750.5	110 720.3
湖南	1 565 749.1	72 850.8	1 331 392.8	7 547.6	91 352.4	62 605.4
广东	2 590 169.0	112 734.7	2 050 374.9	11 114.4	279 342.0	136 603.0
广西	900 085.9	28 750.0	741 571.0	5 269.9	46 111.6	78 383.4
海南	228 330.4	11 598.4	193 367.8	4 872.2	14 569.2	3 922.8
重庆	834 388.4	22 340.0	697 085.9	7 135.7	72 845.2	34 981.6
四川	1 873 839.4	59 116.4	1 658 671.5	15 943.5	71 614.9	68 493.1
贵州	770 703.1	36 435.4	630 542.0	2 287.6	66 449.3	34 988.8
云南	1 148 669.5	65 211.2	964 353.5	5 468.4	68 163.1	45 473.3
西藏	116 673.1	2 357.6	103 447.6	142.7	6 380.2	4 345.0
陕西	1 022 115.5	73 509.7	821 005.9	7 289.6	79 066.9	41 243.4
甘肃	734 907.5	45 976.5	618 911.7	4 518.2	33 004.5	32 496.6
青海	311 591.2	19 971.5	267 849.1	2 358.7	5 900.5	15 511.4
宁夏	201 007.8	12 000.4	155 967.7	1 751.7	15 556.7	15 731.3
新疆	1 129 111.6	93 111.6	895 008.2	16 666.1	83 722.1	40 603.6
新疆生产建设兵团	402 275.2	55 818.6	299 827.6	7 719.0	26 857.8	12 052.2

分地区企业单位离休、退休、退职人员保险福利费用构成情况

(2003)

单位：万元

地区	合计	离休金	退休金	退职生活费	医疗卫生费	其他
全国	**28 661 965.8**	**1 352 070.3**	**24 115 928.1**	**291 834.4**	**1 815 649.6**	**1 086 483.4**
北京	1 667 203.0	79 385.4	1 368 764.2	23 297.7	136 835.7	58 920.0
天津	848 424.2	26 627.3	752 174.4	5 905.4	39 801.8	23 915.3
河北	1 145 103.6	73 432.6	943 196.7	9 750.2	86 096.0	32 628.1
山西	653 410.1	55 139.2	527 508.0	3 273.6	44 723.6	22 765.7
内蒙古	420 925.2	19 453.2	345 425.7	2 968.4	30 539.4	22 538.5
辽宁	1 944 228.1	127 515.9	1 645 253.5	18 401.1	76 787.1	76 270.5
吉林	747 388.0	43 596.7	638 503.4	7 107.3	32 463.7	25 716.9
黑龙江	1 481 824.4	81 727.5	1 193 023.5	10 783.7	104 784.1	91 505.6
上海	2 372 993.9	62 649.0	2 187 086.2	21 467.1	15 726.8	86 064.8
江苏	2 002 890.8	83 017.1	1 714 685.4	37 469.4	118 913.6	48 805.3
浙江	1 348 282.9	29 148.5	1 091 786.9	21 079.6	147 533.2	58 734.7
安徽	710 736.5	43 742.9	594 148.0	7 273.5	47 522.1	18 050.0
福建	537 538.7	21 033.8	466 886.9	4 737.4	25 114.3	19 766.3
江西	485 876.0	13 775.5	424 237.5	3 294.2	33 417.4	11 151.4
山东	1 528 979.8	116 487.1	1 241 851.9	17 971.1	77 590.8	75 079.0
河南	1 038 963.3	63 754.2	873 789.6	8 673.0	58 004.1	34 742.4
湖北	1 231 594.4	45 661.1	1 045 830.1	13 316.4	104 741.0	22 045.8
湖南	950 184.2	30 925.6	826 715.7	5 573.8	55 146.4	31 822.7
广东	1 601 729.6	43 721.8	1 305 804.5	6 744.9	177 608.1	67 850.3
广西	518 565.3	12 809.8	417 655.5	3 259.0	30 551.7	54 289.3
海南	141 443.6	6 378.5	118 397.2	4 485.5	9 869.6	2 312.8
重庆	539 876.6	10 858.1	452 565.4	5 482.4	51 267.5	19 703.2
四川	1 103 130.3	28 423.8	984 578.4	11 772.0	44 536.2	33 819.9
贵州	438 710.4	16 352.1	363 131.3	1 603.4	36 486.4	21 137.2
云南	638 648.1	27 117.8	530 583.0	3 929.9	49 028.0	27 989.4
西藏	34 592.8	207.1	29 873.2	49.9	2 976.4	1 486.2
陕西	654 885.7	35 095.1	538 447.5	5 878.1	51 340.2	24 124.8
甘肃	454 215.7	24 891.7	385 011.9	3 196.8	23 034.9	18 080.4
青海	168 965.6	8 123.0	148 516.5	1 002.7	1 737.3	9 586.1
宁夏	123 769.9	4 717.8	99 098.1	889.5	10 938.5	8 126.0
新疆	769 241.3	66 308.3	594 886.7	13 605.4	67 299.8	27 141.1
新疆生产建设兵团	357 643.7	49 992.8	266 511.3	7 591.9	23 234.0	10 313.7

分地区事业单位离休、退休、退职人员保险福利费用构成情况

（2003）

单位：万元

地　区	合计	离休金	退休金	退职生活费	医疗卫生费	其他
全　国	**10 317 447.6**	**659 489.8**	**8 481 410.3**	**54 507.6**	**596 348.1**	**525 691.8**
北　京	424 889.5	26 989.2	271 725.7	2 001.1	56 132.0	68 041.5
天　津	189 509.6	13 806.1	154 285.3	955.7	13 602.0	6 860.5
河　北	389 833.4	37 035.4	321 710.2	2 749.5	15 693.8	12 644.5
山　西	230 082.0	24 796.7	181 942.9	1 604.6	10 978.9	10 758.9
内蒙古	208 510.0	12 492.2	186 392.7	978.0	5 197.6	3 449.5
辽　宁	447 916.0	44 451.8	360 812.2	2 107.0	18 109.4	22 435.6
吉　林	269 837.3	25 288.5	213 714.7	1 034.2	24 234.3	5 565.5
黑龙江	400 817.9	39 139.4	328 283.0	4 129.0	20 034.8	9 231.7
上　海	493 780.2	28 027.0	428 365.0	1 574.0	2 407.1	33 407.1
江　苏	888 520.8	52 884.3	740 022.6	5 147.3	53 412.5	37 054.1
浙　江	556 026.8	23 015.9	448 068.1	4 921.3	40 020.5	40 001.0
安　徽	321 569.1	23 970.0	271 952.3	1 654.3	17 652.5	6 340.0
福　建	258 878.4	14 059.2	226 871.6	3 603.4	7 619.6	6 724.6
江　西	226 645.5	7 450.7	199 354.2	578.8	13 562.6	5 699.1
山　东	515 511.2	66 677.7	415 766.4	4 068.8	21 048.3	7 950.1
河　南	469 927.7	43 973.0	394 044.1	1 421.4	17 772.6	12 716.7
湖　北	430 957.0	14 444.8	320 475.8	1 381.1	34 913.2	59 742.1
湖　南	461 258.1	25 222.5	388 096.6	1 042.4	22 627.4	24 269.1
广　东	690 799.9	31 779.1	535 932.6	1 844.6	76 044.2	45 199.4
广　西	239 557.1	6 160.3	208 715.1	1 406.9	9 657.6	13 617.2
海　南	59 887.1	1 498.2	54 358.9	232.9	2 779.4	1 017.7
重　庆	192 580.9	5 161.7	163 789.8	854.5	13 486.5	9 288.4
四　川	507 104.5	14 886.0	449 633.4	2 662.6	18 440.4	21 482.1
贵　州	207 919.3	7 328.7	173 114.5	362.5	18 498.4	8 615.2
云　南	300 591.9	15 738.1	260 766.9	1 304.8	11 424.4	11 357.7
西　藏	48 045.5	612.0	44 138.7	38.7	1 831.8	1 424.3
陕　西	271 411.3	19 758.1	214 828.2	920.4	21 557.0	14 347.6
甘　肃	201 630.3	10 813.2	173 293.0	602.4	7 599.8	9 321.9
青　海	80 980.2	3 406.1	71 315.8	609.3	3 170.4	2 478.6
宁　夏	53 162.6	3 298.2	40 924.9	440.8	3 256.7	5 242.0
新　疆	246 948.7	11 819.6	213 456.5	2 160.7	11 345.8	8 166.1
新疆生产建设兵团	32 357.8	3 506.1	25 258.6	114.5	2 236.5	1 242.1

分地区机关单位离休、退休、退职人员保险福利费用构成情况

（2003）

单位：万元

地　区	合计	离休金	退休金	退职生活费	医疗卫生费	其他
全　国	**4 619 640.0**	**683 578.3**	**3 323 449.8**	**29 318.6**	**300 968.5**	**282 324.7**
北　京	219 694.0	31 412.0	125 287.1	502.9	29 605.1	32 886.9
天　津	98 316.2	10 689.1	72 428.8	304.4	11 094.6	3 799.3
河　北	226 655.6	60 310.7	146 032.8	4 356.9	10 343.2	5 612.0
山　西	120 185.8	31 021.8	77 607.2	464.2	5 288.0	5 804.6
内蒙古	112 419.1	17 326.3	88 834.9	578.5	3 997.9	1 681.5
辽　宁	167 642.2	32 911.5	113 740.9	524.8	11 416.9	9 048.1
吉　林	75 997.9	14 102.0	50 241.2	488.4	9 477.7	1 688.6
黑龙江	169 578.3	26 559.0	125 617.8	2 605.5	10 359.3	4 436.7
上　海	95 979.0	20 136.1	65 670.0	43.0	906.8	9 223.1
江　苏	347 271.9	56 282.1	214 289.0	1 934.1	23 880.5	50 886.2
浙　江	232 719.9	32 598.2	162 424.1	1 376.2	18 756.6	17 564.8
安　徽	151 958.7	27 779.7	106 976.1	430.9	13 547.5	3 224.5
福　建	116 557.0	15 398.7	90 969.5	1 255.7	5 973.5	2 959.6
江　西	115 831.1	8 042.3	96 101.9	194.2	7 414.8	4 077.9
山　东	228 554.1	56 890.9	152 470.0	1 921.9	13 399.2	3 872.1
河　南	218 815.9	38 690.8	164 668.5	927.2	10 485.4	4 044.0
湖　北	181 684.6	18 555.6	120 112.6	987.7	13 096.3	28 932.4
湖　南	154 306.8	16 702.6	116 580.5	931.4	13 578.6	6 513.7
广　东	297 639.5	37 233.8	208 637.8	2 524.9	25 689.7	23 553.3
广　西	141 963.5	9 779.9	115 200.4	604.0	5 902.3	10 476.9
海　南	26 999.7	3 721.7	20 611.7	153.8	1 920.2	592.3
重　庆	101 930.9	6 320.2	80 730.7	798.8	8 091.2	5 990.0
四　川	263 604.6	15 806.6	224 459.7	1 508.9	8 638.3	13 191.1
贵　州	124 073.4	12 754.6	94 296.2	321.7	11 464.5	5 236.4
云　南	209 429.5	22 355.3	173 003.6	233.7	7 710.7	6 126.2
西　藏	34 034.8	1 538.5	29 435.7	54.1	1 572.0	1 434.5
陕　西	95 818.5	18 656.5	67 730.2	491.1	6 169.7	2 771.0
甘　肃	79 061.5	10 271.6	60 606.8	719.0	2 369.8	5 094.3
青　海	61 645.4	8 442.4	48 016.8	746.7	992.8	3 446.7
宁　夏	24 075.3	3 984.4	15 944.7	421.4	1 361.5	2 363.3
新　疆	112 921.6	14 983.7	86 665.0	900.0	5 076.5	5 296.4
新疆生产建设兵团	12 273.7	2 319.7	8 057.7	12.6	1 387.3	496.4

历年全国社会保险基金收支及累计结余情况　　单位：亿元

年份	合计	基本养老保险	失业保险	医疗保险	工伤保险	生育保险
一、基金收入						
1990	186.8	178.8	8.0			
1995	1 006.0	950.1	35.3	9.7	8.1	2.9
2000	2 644.5	2 278.1	160.4	170.0	24.8	11.2
2001	3 101.9	2 489.0	187.3	383.6	28.3	13.7
2002	4 048.7	3 171.5	215.6	607.8	32.0	21.8
2003	4 882.9	3 680.0	249.5	890.0	37.6	25.8
二、基金支出						
1990	151.9	149.3	2.5			
1995	877.1	847.6	18.9	7.3	1.8	1.6
2000	2 385.6	2 115.5	123.4	124.5	13.8	8.3
2001	2 748.0	2 321.3	156.6	244.1	16.5	9.6
2002	3 471.5	2 842.9	186.6	409.4	19.9	12.8
2003	4 016.4	3 122.1	199.8	653.9	27.1	13.5
三、累计结余						
1990	117.3	97.9	19.5			
1995	516.8	429.8	68.4	3.1	12.7	2.7
2000	1 327.5	947.1	195.9	109.8	57.9	16.8
2001	1 622.8	1 054.1	226.2	253.0	68.9	20.6
2002	2 423.4	1 608.0	253.8	450.7	81.1	29.7
2003	3 313.8	2 206.5	303.5	670.6	91.2	42.0

历年全国基本养老保险基金收支及期末结余情况

单位：亿元

年份	合计	企业	事业、机关
一、基金收入			
1990	178.8	178.8	
1995	950.1	950.1	
2000	2 278.1	2 088.3	189.8
2001	2 489.0	2 235.1	253.0
2002	3 171.5	2 783.6	387.8
2003	3 680.0	3 209.4	470.6
二、基金支出			
1990	149.3	149.3	
1995	847.6	847.6	
2000	2 115.5	1 970.0	145.4
2001	2 321.3	2 116.5	204.4
2002	2 842.9	2 502.8	340.1
2003	3 122.1	2 716.2	405.9
三、累计结余			
1990	97.9	97.9	
1995	429.8	429.8	
2000	947.1	761.0	186.1
2001	1 054.1	818.6	233.2
2002	1 608.0	1 243.5	364.5
2003	2 206.5	1 764.8	441.7

历年全国参加基本养老保险职工人数及离休、退休、退职人员人数

单位：万人

年份	职工		离休、退休、退职人员	
	合计	企业（含其他）	合计	企业（含其他）
1990	5 200.7	5 200.7	1 086.6	1 086.6
1995	8 737.8	8 737.8	2 358.3	2 358.3
2000	10 447.5	9 469.9	3 380.6	3 169.9
2001	10 801.9	9 733.0	3 380.6	3 171.3
2002	11 128.8	9 929.4	3 607.8	3 349.2
2003	11 646.5	10 324.5	3 860.2	3 556.9

历年分地区基本养老保险年末参保人数

单位：万人

地区	1998		1999		2000	
	合计	离休、退休、退职人员	合计	离休、退休、退职人员	合计	离休、退休、退职人员
全国	**11 203.1**	**2 727.3**	**12 485.4**	**2 983.6**	**13 617.4**	**3 169.9**
北京	351.7	106.5	378.8	108.8	391.7	116.3
天津	263.8	74.6	274.3	76.2	288.2	80.1
河北	532.3	113.1	544.9	118.9	634.3	137.4
山西	337.1	71.4	365.7	79.1	416.1	78.0
内蒙古	256.5	55.5	285.6	61.2	295.1	62.5
辽宁	895.1	242.6	945.3	257.7	1 030.0	281.0
吉林	365.7	87.1	399.5	89.5	387.5	93.6
黑龙江	600.4	145.6	617.1	150.9	624.9	158.5
上海	583.8	189.6	662.6	225.3	675.3	234.2
江苏	790.8	176.4	821.6	188.5	890.3	200.3
浙江	378	96.6	516.5	106.8	561.7	114.4
安徽	349.9	77.7	389.2	86.9	415.2	93.3
福建	202.9	49.7	219.7	52.3	230.7	56.0
江西	299.8	64.1	313.2	66.7	327.4	72.6
山东	713.2	134.3	939.1	169.9	1 008.6	180.0
河南	599.5	115.9	677.3	124.6	729.5	135.0
湖北	520.5	107.4	577.7	122.4	597.1	131.5
湖南	412.6	101.9	419.5	105.1	438.8	111.5
广东	599.9	143.4	766.4	161.3	1 172.0	173.7
广西	221.5	46.4	263.6	60.2	239.4	54.5
海南	85.8	23.8	111.5	29.5	129.1	29.9
重庆	247.3	67.0	264.5	74.6	270.5	78.4
四川	494.9	138.0	527	148.5	571.7	159.5
贵州	131.5	34.2	149	37.9	165.4	40.5
云南	208.9	59.7	223.5	63.1	252.3	68.2
西藏	6.7	1.8	7.1	2.1	7.3	2.1
陕西	278.4	70.7	274.2	73.8	296.3	78.0
甘肃	174.5	39.7	184.2	41.6	187.1	43.4
青海	47	11.8	49.5	12.7	50.5	14.1
宁夏	52.6	11.4	55.4	12.0	57.0	12.5
新疆	118.1	30.0	135	33.8	140.3	35.0
新疆生产建设兵团	106.4	36.3	106.5	38.9	111.2	40.9

续表

地区	2001		2002		2003	
	合计	离休、退休、退职人员	合计	离休、退休、退职人员	合计	离休、退休、退职人员
全国	**14 182.5**	**3 380.6**	**14 736.6**	**3 607.8**	**15 506.7**	**3 860.2**
北京	425.9	124.3	436.2	133.2	448.5	141.5
天津	281.4	85.2	296.0	91.4	283.3	97.6
河北	641.4	145.3	643.5	154.0	665.5	163.6
山西	365.6	81.8	361.8	85.4	364.4	88.1
内蒙古	290.6	65.3	292.9	70.8	300.9	72.6
辽宁	1 022.7	288.9	1 039.2	302.2	1 070.4	315.5
吉林	389.1	99.6	397.7	104.9	427.0	115.5
黑龙江	692.5	178.5	689.8	187.4	714.3	196.0
上海	683.5	239.9	699.8	246.9	715.6	254.6
江苏	888.1	212.7	1 063.5	252.9	1 135.2	271.4
浙江	610.4	125.1	701.1	132.6	801.2	144.2
安徽	432.7	98.5	432.3	102.8	456.6	113.6
福建	242.0	58.4	285.1	61.6	364.2	79.4
江西	328.8	78.2	339.8	82.6	355.9	93.4
山东	1 022.6	191.3	1 043.0	205.3	1 135.9	219.3
河南	736.6	141.9	757.8	161.5	751.1	171.0
湖北	612.1	137.7	628.8	147.2	732.4	177.9
湖南	603.4	148.0	616.5	157.7	636.2	167.5
广东	1 370.3	187.0	1 405.4	193.5	1 482.2	203.8
广西	248.9	58.7	257.2	63.5	264.8	66.3
海南	108.2	30.5	111.2	31.9	116.7	33.6
重庆	270.3	82.3	280.3	87.8	280.0	92.4
四川	578.9	169.4	589.2	178.1	605.5	187.5
贵州	159.0	42.4	168.9	44.9	168.0	48.0
云南	243.1	69.6	252.1	74.1	257.3	77.8
西藏	7.1	2.6	7.0	2.6	7.3	2.8
陕西	345.4	83.4	352.0	90.8	362.4	97.4
甘肃	188.4	45.3	188.0	48.1	192.0	51.2
青海	51.9	14.9	54.2	15.0	56.4	15.9
宁夏	57.9	13.2	59.0	13.7	60.7	14.3
新疆	148.1	35.7	152.1	36.5	160.0	39.4
新疆生产建设兵团	110.3	41.9	110.0	43.1	109.2	43.5

分地区基本养老保险基本情况

(2003)

地区	参保职工（万人）		离休、退休、退职人员年末人数（万人）	基金收支情况（万元）		
	年末数	企业（含其他）		基金收入	基金支出	累计结余
全国	**11 646.5**	**10 324.5**	**3 860.2**	**36 799 793**	**31 221 058**	**22 065 401**
北京	307.0	297.1	141.5	1 663 306	1 475 353	378 691
天津	185.7	178.4	97.6	852 741	817 207	221 073
河北	501.9	410.1	163.6	1 487 934	1 230 766	872 288
山西	276.3	276.3	88.1	940 865	708 988	701 009
内蒙古	228.3	197.2	72.6	600 943	531 052	268 420
辽宁	754.9	688.6	315.5	2 623 065	2 173 763	1 557 866
吉林	311.5	300.3	115.5	923 387	811 094	258 991
黑龙江	518.3	468.0	196.0	1 547 627	1 351 845	732 467
上海	461.1	394.3	254.6	2 942 041	2 895 766	743 332
江苏	863.8	775.7	271.4	2 615 091	2 332 601	1 193 700
浙江	657.0	594.2	144.2	2 173 528	1 493 128	2 006 702
安徽	343.1	323.1	113.6	812 206	740 298	247 157
福建	284.8	230.8	79.4	731 491	663 249	464 774
江西	262.5	242.3	93.4	593 132	536 315	304 829
山东	916.7	710.9	219.3	2 637 041	2 190 979	1 754 944
河南	580.0	504.0	171.0	1 441 656	1 203 326	971 519
湖北	554.4	501.1	177.9	1 197 485	1 176 227	434 851
湖南	468.7	317.4	167.5	1 363 588	1 189 872	757 407
广东	1 278.5	1 145.7	203.8	3 055 375	1 972 110	4 567 456
广西	198.5	195.0	66.3	502 828	462 505	333 686
海南	83.1	62.3	33.6	228 031	210 100	106 219
重庆	187.6	183.3	92.4	575 475	536 253	155 727
四川	418.0	397.2	187.5	1 729 205	1 451 783	1 111 592
贵州	120.0	106.4	48.0	415 840	348 341	320 611
云南	179.6	162.4	77.8	718 964	616 629	454 622
西藏	4.4	3.5	2.8	48 028	48 216	-260
陕西	265.0	265.0	97.4	742 622	685 370	207 032
甘肃	140.8	134.8	51.2	473 073	427 163	200 118
青海	40.5	37.9	15.9	159 085	156 661	6 600
宁夏	46.5	42.9	14.3	165 889	114 540	157 788
新疆	120.6	113.5	39.4	511 057	370 862	465 478
新疆生产建设兵团	65.7	64.7	43.5	315 156	292 640	74 146
中国人民银行	16.4		3.4			
中国农业发展银行	5.2		0.3	12 038	6 056	34 566

分地区养老金社会化发放人数情况

地　　区	2003 年 12 月		
	养老金实发人数（人）	社会化发放人数（人）	社会化发放率（%）
全　　国	**35 570 222**	**35 384 721**	**99.5**
北　　京	1 414 780	1 414 780	100.0
天　　津	949 169	949 169	100.0
河　　北	1 415 720	1 415 720	100.0
山　　西	879 088	879 088	100.0
内 蒙 古	697 062	697 062	100.0
辽　　宁	2 941 104	2 941 104	100.0
吉　　林	1 138 358	1 091 976	95.9
黑 龙 江	1 830 253	1 820 026	99.4
上　　海	2 200 379	2 200 379	100.0
江　　苏	2 463 726	2 452 218	99.5
浙　　江	1 271 693	1 271 693	100.0
安　　徽	1 088 143	1 088 143	100.0
福　　建	645 355	645 355	100.0
江　　西	856 099	854 057	99.8
山　　东	1 725 994	1 725 994	100.0
河　　南	1 577 311	1 577 311	100.0
湖　　北	1 710 505	1 710 505	100.0
湖　　南	1 299 390	1 299 390	100.0
广　　东	1 959 635	1 959 635	100.0
广　　西	663 285	650 926	98.1
海　　南	289 435	205 247	70.9
重　　庆	916 287	916 287	100.0
四　　川	1 829 021	1 829 021	100.0
贵　　州	467 822	467 795	100.0
云　　南	725 216	716 513	98.8
西　　藏	28 142	27 322	97.1
陕　　西	972 528	972 528	100.0
甘　　肃	500 988	500 988	100.0
青　　海	159 109	159 109	100.0
宁　　夏	142 624	135 240	94.8
新　　疆	382 346	380 485	99.5
新疆生产建设兵团	429 655	429 655	100.0

注：养老金实发人数和社会化发放人数指企业、企业化管理的事业单位及其他参保人员中的离退休人员。

历年失业保险、医疗保险、工伤保险、生育保险基本情况

年份	一、失业保险：年末参保职工人数（万人）	一、失业保险：全年发放失业保险金人数（万人）	一、失业保险：全年发放失业保险金（万元）	二、生育保险：年末参保职工人数（万人）
一、绝对数				
1995	8 238.0	261.3	81 964	1 500.2
2000	10 408.4	329.7	561 984	3 001.6
2001	10 354.6	468.5	832 563	3 455.1
2002	10 181.6	657.0	1 167 736	3 488.2
2003	10 372.4	741.6	1 334 448	3 655.4
二、比上年增长（%）				
2000	4.8	21.5	76.3	2.5
2001	-0.6	42.1	48.1	15.1
2002	-1.7	40.2	40.2	1.0
2003	1.9	12.9	14.3	4.8

年份	三、基本医疗保险：年末参保人数（万人）：职工	三、基本医疗保险：年末参保人数（万人）：离休、退休、退职人员	四、工伤保险：年末参保职工人数（万人）	四、工伤保险：年末享受工伤待遇的人数（万人）
一、绝对数				
1995	702.6	43.3	2 614.8	7.1
2000	2 862.8	924.2	4 350.3	18.8
2001	5 470.7	1 815.2	4 345.3	18.7
2002	6 925.8	2 475.4	4 405.6	26.5
2003	7 974.9	2 926.8	4 574.8	29.5
二、比上年增长（%）				
2000	89.7	66.2	9.8	25.0
2001	91.1	96.4	-0.1	-0.6
2002	26.6	36.4	1.4	41.7
2003	15.1	18.2	3.8	11.3

历年分地区基本医疗保险年末参保人数

单位：万人

地区	1999		2000		2001	
	合计	离休、退休、退职人员	合计	离休、退休、退职人员	合计	离休、退休、退职人员
全国	**2 065.4**	**555.9**	**3 786.9**	**924.2**	**7 285.9**	**1 815.2**
北京	235.0	75.5	232.6	81.9	240.7	89.4
天津	20.2	3.1			139.6	46.8
河北	32.3	7.0	159.9	35.4	282.5	61.5
山西	78.0	11.5	72.1	11.4	157.3	34.4
内蒙古	13.4	2.4	103.7	22.1	196.9	45.5
辽宁	63.9	21.7	109.5	36.6	313.6	90.4
吉林	46.1	8.7	40.2	8.5	124.2	27.8
黑龙江	38.3	9.5	52.1	15.1	308.3	89.2
上海	555.6	197.3	569.6	204.3	680.5	238.9
江苏	56.5	15.0	307.3	71.9	456.0	113.5
浙江	200.1	52.9	228.0	67.5	352.7	100.0
安徽	5.7	1.0	61.5	13.3	232.8	53.6
福建	4.2	1.4	77.8	18.9	171.0	38.3
江西	51.6	7.3	61.4	9.5	71.6	12.2
山东	216.2	44.2	253.3	48.7	490.2	86.0
河南	36.6	10.0	296.2	58.4	460.3	94.8
湖北	24.2	4.9	133.9	11.6	255.4	54.5
湖南	8.6	3.4	127.3	30.4	351.6	83.7
广东	124.1	16.3	350.3	41.6	544.8	84.4
广西	8.6	1.6	10.2	2.1	150.1	33.4
海南	17.8	3.6	33.9	5.1	40.9	8.5
重庆	10.1	2.3	9.7	2.4	36.8	9.7
四川	197.9	50.6	261.2	74.1	437.6	128.3
贵州					31.1	6.9
云南			69.5	15.9	185.7	45.6
西藏						
陕西	14.5	3.7	130.5	28.2	231.4	49.4
甘肃	4.0	0.7	5.0	1.2	109.9	23.6
青海	1.9	0.3	12.7	2.6	38.3	12.6
宁夏			5.4	1.1	17.2	4.0
新疆					116.2	25.3
新疆生产建设兵团			11.9	4.6	60.8	22.8

续表

地区	2002		2003	
	合计	离休、退休、退职人员	合计	离休、退休、退职人员
全国	**9 401. 2**	**2 475. 4**	**10 901. 7**	**2 926. 8**
北京	321. 1	113. 2	436. 1	134. 7
天津	250. 2	103. 8	254. 7	108. 5
河北	330. 4	73. 0	383. 2	84. 7
山西	216. 7	49. 5	245. 5	51. 3
内蒙古	221. 7	54. 2	252. 3	66. 1
辽宁	619. 0	188. 7	697. 7	217. 2
吉林	176. 9	39. 8	230. 8	55. 3
黑龙江	392. 8	108. 2	435. 2	122. 1
上海	694. 8	245. 9	709. 6	250. 6
江苏	690. 9	183. 2	815. 0	227. 6
浙江	423. 4	117. 0	510. 3	139. 5
安徽	273. 4	65. 6	318. 2	79. 8
福建	230. 0	54. 7	247. 8	61. 8
江西	106. 6	22. 7	188. 2	45. 7
山东	625. 6	119. 5	691. 1	138. 0
河南	537. 4	115. 2	567. 9	126. 9
湖北	338. 1	80. 6	416. 6	110. 1
湖南	398. 1	108. 3	423. 5	116. 1
广东	717. 7	118. 8	877. 0	146. 4
广西	201. 8	54. 1	235. 0	66. 1
海南	52. 6	11. 5	63. 1	15. 4
重庆	58. 7	18. 0	121. 8	41. 7
四川	480. 6	150. 1	531. 2	173. 8
贵州	94. 6	26. 6	134. 1	38. 2
云南	238. 4	65. 0	281. 5	81. 4
西藏			6. 0	1. 8
陕西	261. 8	65. 1	301. 0	77. 4
甘肃	124. 1	26. 0	146. 0	32. 8
青海	51. 1	16. 3	56. 4	17. 8
宁夏	36. 8	10. 1	48. 1	12. 7
新疆	148. 1	35. 6	176. 4	45. 2
新疆生产建设兵团	87. 6	35. 0	100. 3	40. 1

分地区基本医疗保险基本情况

（2003）

地区	年末参保人数（万人）		基金收支情况（万元）		
	职工	离休、退休、退职人员	基金收入	基金支出	累计结余
全　　国	**7 974.9**	**2 926.8**	**8 899 652**	**6 538 736**	**6 706 463**
北　　京	301.5	134.7	680 951	544 354	245 435
天　　津	146.2	108.5	195 347	204 036	58 554
河　　北	298.4	84.7	266 861	178 845	224 387
山　　西	194.2	51.3	102 891	48 961	89 995
内 蒙 古	186.2	66.1	114 895	85 804	94 648
辽　　宁	480.4	217.2	380 300	262 647	309 144
吉　　林	175.4	55.3	99 115	70 722	78 846
黑 龙 江	313.2	122.1	154 843	112 356	115 326
上　　海	459.1	250.6	1 215 590	1 170 618	465 984
江　　苏	587.4	227.6	733 229	555 503	519 956
浙　　江	370.8	139.5	589 217	338 695	611 633
安　　徽	238.4	79.8	168 696	116 234	133 246
福　　建	185.9	61.8	264 851	166 915	289 949
江　　西	142.5	45.7	80 489	61 669	52 079
山　　东	553.0	138.0	486 904	363 008	320 953
河　　南	441.0	126.9	283 377	195 924	261 344
湖　　北	306.6	110.1	248 495	141 552	214 573
湖　　南	307.4	116.1	271 930	201 598	190 474
广　　东	730.6	146.4	1 009 690	573 139	1 256 457
广　　西	169.0	66.1	190 483	108 574	144 986
海　　南	47.7	15.4	40 557	33 316	25 329
重　　庆	80.0	41.7	55 219	38 564	37 196
四　　川	357.4	173.8	366 763	269 754	357 314
贵　　州	95.9	38.2	69 346	38 323	55 444
云　　南	200.1	81.4	276 196	227 008	190 686
西　　藏	4.2	1.8	10 866	11 160	7 373
陕　　西	223.6	77.4	122 598	92 733	95 840
甘　　肃	113.2	32.8	86 925	72 231	43 956
青　　海	38.6	17.8	39 193	25 120	37 616
宁　　夏	35.4	12.7	43 669	22 236	31 755
新　　疆	131.2	45.2	199 255	165 651	120 294
新疆生产建设兵团	60.3	40.1	50 911	41 486	25 691

历年分地区失业保险参保人数

单位：万人

地区	1999		2000		2001	
	年末参保职工人数	全年发放失业保险金人数	年末参保职工人数	全年发放失业保险金人数	年末参保职工人数	全年发放失业保险金人数
全国	**9 852.0**	**271.4**	**10 408.4**	**329.7**	**10 354.6**	**468.5**
北京	306.2	4.3	306.2	10.9	287.2	12.5
天津	204.4	7.3	216.9	11.1	214.3	14.7
河北	543.2	3.3	542.2	7.2	513.2	10.5
山西	257.6	2.4	254.8	3.3	286.0	4.3
内蒙古	215.6	4.7	220.4	6.4	217.7	11.9
辽宁	695.0	15.5	693.7	23.8	656.7	35.3
吉林	291.9	3.3	279.3	5.1	283.8	13.2
黑龙江	528.0	8.4	526.3	6.0	532.6	15.8
上海	431.6	50.8	434.9	38.7	430.7	40.9
江苏	755.6	13.0	764.1	43.8	766.5	53.7
浙江	365.5	22.7	388.6	34.5	391.1	46.5
安徽	345.8	4.0	368.7	14.4	375.2	13.3
福建	146.4	3.7	167.3	7.0	239.6	12.5
江西	211.1	0.9	226.8	0.8	235.9	2.5
山东	624.3	12.2	715.9	18.6	700.2	28.8
河南	631.0	5.1	671.0	9.6	676.1	17.4
湖北	517.6	6.8	497.9	16.5	420.8	33.1
湖南	353.0	5.8	346.5	4.7	352.0	8.4
广东	440.7	13.0	748.5	27.3	819.5	31.3
广西	225.4	3.0	224.6	3.8	217.7	6.2
海南	56.2	0.5	56.2	0.9	56.1	1.5
重庆	204.5	4.7	210.0	4.9	210.0	10.0
四川	461.9	65.2	470.2	16.2	412.2	20.4
贵州	126.2	0.6	138.7	0.6	136.4	1.5
云南	181.0	4.5	191.2	5.2	190.7	7.7
西藏	5.7		5.7		6.3	
陕西	314.0	1.1	309.8	2.3	304.9	3.8
甘肃	159.3	2.6	172.0	2.2	162.7	2.5
青海	49.3	0.3	43.8	1.2	35.7	2.0
宁夏	37.2	0.4	34.1	0.7	34.7	1.1
新疆（含兵团）	166.7	1.4	182.5	1.9	188.2	5.1

续表

地区	2002		2003	
	年末参保职工人数	全年发放失业保险金人数	年末参保职工人数	全年发放失业保险金人数
全　国	**10 181. 6**	**657. 0**	**10 372. 4**	**741. 6**
北　京	299. 6	14. 2	306. 6	14. 1
天　津	196. 3	17. 8	193. 5	15. 2
河　北	488. 6	14. 2	484. 2	13. 5
山　西	278. 9	5. 1	284. 1	9. 9
内 蒙 古	219. 7	17. 9	221. 6	11. 6
辽　宁	591. 2	101. 1	622. 2	135. 6
吉　林	284. 0	24. 3	292. 9	25. 1
黑 龙 江	466. 0	26. 2	479. 0	22. 1
上　海	436. 0	34. 6	441. 1	30. 6
江　苏	735. 6	76. 7	761. 6	88. 3
浙　江	390. 0	47. 9	396. 8	36. 5
安　徽	378. 8	22. 3	380. 8	33. 3
福　建	249. 5	17. 7	266. 4	18. 1
江　西	226. 7	5. 2	215. 5	8. 2
山　东	701. 2	38. 4	719. 1	47. 6
河　南	670. 4	22. 5	680. 0	30. 1
湖　北	416. 1	33. 7	390. 1	35. 4
湖　南	326. 6	14. 1	347. 5	18. 3
广　东	890. 2	41. 6	954. 1	46. 2
广　西	215. 5	10. 2	219. 1	13. 8
海　南	60. 2	2. 5	57. 7	2. 9
重　庆	205. 3	12. 9	199. 5	14. 2
四　川	402. 9	21. 6	400. 0	22. 2
贵　州	132. 2	2. 3	128. 0	2. 4
云　南	183. 2	8. 6	183. 0	11. 9
西　藏	7. 1		7. 1	
陕　西	315. 7	8. 8	323. 3	11. 5
甘　肃	161. 0	3. 9	162. 1	8. 0
青　海	32. 2	2. 2	33. 2	2. 0
宁　夏	35. 7	1. 4	36. 3	1. 4
新疆（含兵团）	185. 2	7. 2	186. 5	11. 7

分地区失业保险基本情况

（2003）

单位：万人

地　区	年末参保人数					
	合计	一、企业	国有企业	集体企业	其他企业	外商投资企业
全　国	**10 372**	**8 030**	**4 884**	**1 125**	**2 021**	**693**
北　京	306.6	231.6	111.2	14.6	105.8	26.3
天　津	193.5	158.9	102.1	20.6	36.2	29.1
河　北	484.2	364.7	250.1	45.8	68.8	18.6
山　西	284.1	236.1	210.2	24.1	1.7	1.0
内蒙古	221.6	157.2	86.2	17.9	53.1	3.5
辽　宁	622.2	486.3	248.4	124.6	113.3	35.9
吉　林	292.9	245.1	201.7	22.3	21.0	2.9
黑龙江	479.0	429.8	327.7	71.4	30.8	13.4
上　海	441.1	314.6	112.9	40.3	161.4	65.0
江　苏	761.6	606.3	266.4	130.4	209.5	80.2
浙　江	396.8	292.5	83.2	43.7	165.7	29.4
安　徽	380.8	290.6	188.8	59.6	42.1	5.4
福　建	266.4	214.2	74.0	24.2	116.0	59.3
江　西	215.5	154.6	136.4	11.7	6.4	0.9
山　东	719.1	568.0	389.1	100.3	78.6	34.0
河　南	680.0	512.0	343.0	91.5	77.5	10.3
湖　北	390.1	283.5	222.5	30.3	30.7	10.7
湖　南	347.5	228.5	191.5	23.1	13.8	4.9
广　东	954.1	858.0	262.9	86.8	508.3	237.7
广　西	219.1	134.3	102.5	13.3	18.6	3.6
海　南	57.7	48.5	42.4	3.2	2.9	1.8
重　庆	199.5	160.4	119.3	29.1	12.0	4.0
四　川	400.0	276.6	191.8	22.1	62.8	7.2
贵　州	128.0	88.6	79.0	5.1	4.5	0.8
云　南	183.0	125.2	78.2	17.2	29.8	1.5
西　藏	7.1	3.2	3.2			
陕　西	323.3	257.1	212.0	31.6	13.5	3.7
甘　肃	162.1	121.3	93.3	12.9	15.1	0.5
青　海	33.2	22.1	20.2	0.6	1.2	
宁　夏	36.3	26.6	20.5	1.7	4.4	0.2
新疆（含兵团）	186.5	133.4	113.6	4.5	15.4	1.1

续表

地区	年末参保人数		领取失业保险金人数
	事业单位	其他单位	
全　国	**2 175.3**	**167.8**	**741.6**
北　京	75.0		14.1
天　津	34.6		15.2
河　北	118.5	0.9	13.5
山　西	47.5	0.5	9.9
内蒙古	59.8	4.5	11.6
辽　宁	102.5	33.4	135.6
吉　林	47.5	0.3	25.1
黑龙江	48.6	0.5	22.1
上　海	66.8	59.8	30.6
江　苏	146.1	9.3	88.3
浙　江	89.2	15.2	36.5
安　徽	89.5	0.7	33.3
福　建	49.9	2.3	18.1
江　西	60.8	0.1	8.2
山　东	149.1	2.1	47.6
河　南	163.1	4.9	30.1
湖　北	105.7	0.9	35.4
湖　南	118.6	0.5	18.3
广　东	72.9	23.2	46.2
广　西	84.5	0.2	13.8
海　南	8.8	0.5	2.9
重　庆	36.4	2.7	14.2
四　川	122.3	1.1	22.2
贵　州	39.3	0.1	2.4
云　南	56.8	1.0	11.9
西　藏	3.9		
陕　西	64.4	1.8	11.5
甘　肃	40.4	0.4	8.0
青　海	10.8	0.3	2.0
宁　夏	9.5	0.2	1.4
新疆（含兵团）	52.6	0.5	11.7

分地区失业保险基金收支情况

（2003）

单位：万元

地区	本年基金收入			
	合计	失业保险费	利息收入	财政补贴收入
		单位缴费		
全　　国	**2 495 178**	**2 331 001**	**29 761**	**82 980**
北　　京	125 844.4	124 184.6	1 400.1	14.1
天　　津	56 578.8	56 223.9	352.6	
河　　北	91 349.1	86 592.9	1 313.6	35.8
山　　西	37 974.2	37 139.6	768.7	51.6
内 蒙 古	36 925.2	33 209.1	281.5	3 066.6
辽　　宁	168 145.3	143 876.6	592.2	21 446.1
吉　　林	53 674.2	48 453.7	670.5	2 745.0
黑 龙 江	84 046.0	67 944.4	1 252.8	2 442.1
上　　海	260 916.4	259 736.4	1 160.6	
江　　苏	235 174.4	218 953.4	2 544.5	10 293.5
浙　　江	134 360.6	118 913.2	2 432.0	11 854.4
安　　徽	70 237.8	60 996.4	442.3	8 197.0
福　　建	61 422.5	56 843.2	220.2	4 337.2
江　　西	30 953.2	30 050.5	567.7	169.5
山　　东	184 019.0	170 134.6	2 513.8	2 335.8
河　　南	85 576.9	82 757.5	1 755.1	956.6
湖　　北	76 482.4	64 024.2	672.6	10 215.0
湖　　南	61 624.7	59 577.6	1 727.6	191.5
广　　东	246 585.2	232 135.5	3 662.2	310.0
广　　西	43 111.1	41 276.7	941.6	589.8
海　　南	11 791.7	11 619.8	81.0	81.5
重　　庆	26 476.3	26 375.6	80.8	19.9
四　　川	84 169.3	79 669.1	1 192.2	3 298.6
贵　　州	31 467.4	30 477.5	890.2	58.8
云　　南	44 576.7	44 067.0	454.6	5.0
西　　藏	3 575.2	3 514.4	60.7	
陕　　西	41 349.1	40 245.6	43.5	9.4
甘　　肃	29 828.4	27 260.1	328.2	254.8
青　　海	9 023.6	8 921.3	85.8	
宁　　夏	7 813.5	7 383.3		
新疆（含兵团）	60 105.9	58 443.7	1 271.7	1.0

续表 1

地区	其他收入	本年基金支出				
		合计	失业保险金	医疗补助金	丧葬补助金和抚恤金	职业培训补贴
全国	**51 436**	**1 998 294**	**1 314 448**	**92 905**	**3 690**	**137 173**
北京	245.5	91 986.7	60 783.2	6 471.5	35.1	1 621.4
天津	2.3	44 301.0	37 515.4	3 366.3	46.7	1 722.4
河北	3 406.8	54 367.9	27 078.9	2 881.3	65.9	1 819.2
山西	14.2	31 686.0	12 676.2	836.2	4.9	1 686.3
内蒙古	367.9	28 948.0	21 975.9	698.1	24.0	1 147.4
辽宁	2 230.4	255 706.2	237 785.0	6 923.8	1 420.5	5 283.7
吉林	1 805.1	41 120.1	32 338.9	170.9	23.9	2 509.4
黑龙江	12 406.7	34 281.3	26 644.7	1 867.8	121.3	1 045.6
上海	19.4	266 759.8	62 762.8	13 467.0	119.3	85 298.5
江苏	3 383.1	204 922.8	138 449.0	11 934.4	129.0	5 492.9
浙江	1 161.0	85 046.9	75 690.0	3 681.6	92.9	1 454.5
安徽	602.0	73 224.3	49 007.6	3 672.7	153.7	1 358.0
福建	21.9	40 714.8	34 342.0	1 970.8	43.2	1 175.2
江西	165.6	19 930.8	10 400.6	1 000.6	9.5	459.6
山东	9 034.9	151 937.3	97 043.5	3 180.0	357.9	6 016.6
河南	107.7	66 910.1	42 833.9	4 330.7	124.9	2 687.6
湖北	1 570.7	70 495.7	55 556.0	3 616.7	207.4	1 738.5
湖南	128.0	46 049.8	25 456.9	1 290.1	24.2	3 512.6
广东	10 477.6	132 008.1	103 726.5	10 741.6	381.9	1 561.5
广西	303.1	27 029.5	22 805.3	1 060.8	26.0	1 612.3
海南	9.4	8 278.1	7 788.8	26.9	9.9	349.7
重庆		27 006.9	20 218.4	269.0	70.2	1 225.1
四川	9.5	66 575.1	30 181.2	2 904.3	43.2	1 315.8
贵州	41.0	5 868.9	4 038.9	182.1	9.7	108.5
云南	50.2	35 239.4	24 011.3	1 690.9	48.1	1 483.2
西藏		267.0	6.2	0.2		120.2
陕西	1 050.7	22 207.3	18 126.8	1 015.1	48.4	1 706.3
甘肃	1 985.5	30 540.6	14 494.2	752.4	8.8	580.6
青海	16.5	4 877.2	2 180.6	41.3	5.5	401.6
宁夏	310.0	2 682.9	2 304.7	8.1	15.6	186.1
新疆（含兵团）	509.6	27 323.8	16 224.9	2 852.1	17.4	476.8

续表 2

地　区	本年基金支出				年终滚存结余
	职业介绍补贴	调剂用于再就业服务中心资金	农民合同制工人一次性生活补助	其他支出	
全　国	**107 135**	**230 009**	**21 789**	**91 146**	**3 035 302**
北　京	4 938.0	24.0	688.0	17 425.6	113 377.3
天　津	1 520.9		84.1	45.3	33 369.3
河　北	399.8	19 461.4	819.4	1 842.0	174 289.6
山　西	38.9	13 821.2	2 507.6	114.7	89 906.9
内蒙古	319.4	4 284.5	25.7	473.1	45 763.7
辽　宁	2 886.4	317.5	520.1	569.3	−48 796.9
吉　林	212.5	4 392.9		1 471.8	44 993.1
黑龙江	140.6	3 463.4	4.0	993.8	151 175.4
上　海	79 244.7		1 635.6	24 232.0	83 001.9
江　苏	9 404.8	32 077.3	5 530.8	1 904.8	213 908.4
浙　江	832.1	516.8	1 797.6	981.4	151 615.3
安　徽	561.2	13 652.4	76.3	4 742.5	32 030.3
福　建	181.3	2 351.1	650.9	0.3	81 086.4
江　西	336.8	7 705.0	10.0	8.8	76 330.7
山　东	969.7	21 865.6	3 255.2	19 248.9	226 438.6
河　南	419.2	15 109.0	1 320.6	84.2	179 953.9
湖　北	713.4	7 448.5	166.2	1 049.1	55 771.4
湖　南	1 231.7	14 224.9	77.4	232.1	126 834.7
广　东	254.5	2 583.7	1 567.5	11 190.7	409 290.2
广　西	86.1	601.7	87.2	750.1	108 787.3
海　南	30.7	1.5		70.6	25 929.5
重　庆	742.1	4 426.6	55.3	0.3	14 646.1
四　川	591.0	31 404.0	115.2	20.5	129 616.0
贵　州	163.0	1 137.3	185.8	43.6	109 990.4
云　南	208.9	6 887.2	122.3	787.5	98 209.1
西　藏	58.3	76.0		6.0	13 624.8
陕　西	28.5	1 072.9	17.3	192.0	74 165.4
甘　肃	124.1	12 842.6	81.5	1 656.6	57 114.0
青　海	33.0	2 201.9	2.0	11.4	15 514.3
宁　夏	149.7	−187.9		206.7	17 537.1
新疆（含兵团）	308.2	6 246.7	385.7	790.2	129 816.2

历年分地区工伤保险基本情况

单位：人

地区	1999		2000		2001	
	年末参保职工人数	享受工伤待遇人数	年末参保职工人数	享受工伤待遇人数	年末参保职工人数	享受工伤待遇人数
全国	**39 602 843**	**151 736**	**43 502 744**	**188 221**	**43 453 489**	**187 086**
北京			2 126 718	6 493	2 046 539	1 334
天津	78 193	8				
河北	1 539 641	5 009	1 522 771	4 001	1 631 029	8 151
山西	839 458	428	773 491	405	717 751	152
内蒙古	212 967	3 960	222 944	3 953	267 209	5 349
辽宁	3 709 989	47 914	4 091 713	48 384	3 905 915	50 162
吉林	674 313	21 150	669 483	20 294	307 164	11 206
黑龙江	1 037 972	132	1 302 014	478	1 043 613	854
上海						
江苏	4 542 827	5 607	4 502 482	7 045	4 739 356	6 558
浙江	2 310 633	1 681	2 120 934	4 624	2 196 715	5 621
安徽	606 369	72	747 247	759	734 204	2 046
福建	1 289 519	1 316	1 329 657	1 875	1 590 411	2 295
江西	1 453 112	1 553	1 370 570	1 654	1 377 713	1 891
山东	2 496 937	6 405	2 794 293	4 689	2 854 635	6 125
河南	1 698 551	2 825	1 881 505	3 138	1 960 065	5 059
湖北	1 837 949	20 586	1 849 517	17 635	1 823 231	13 385
湖南	479 862	1 146				
广东	7 983 202	10 285	9 606 577	46 042	9 900 946	51 773
广西	1 367 965	2 062	1 265 640	1 139	1 240 567	1 000
海南	516 324	191	739 978	150	695 253	267
重庆	329 118	1 257	273 511	780	250 126	940
四川	2 252 743	8 521	2 011 111	6 218	1 793 195	4 553
贵州	18 666	6	17 357	6	17 029	6
云南	996 389	7 753	991 437	7 018	972 559	6 028
西藏						
陕西	269 815	416	263 581	263	245 033	618
甘肃	116 003	108	83 741	68	95 355	176
青海	92 811	285	94 292	160	70 731	435
宁夏	138 658	338	123 826	241	113 911	290
新疆	252 790	78	267 937	343	305 346	423
新疆生产建设兵团	460 067	554	458 417	366	557 888	389

续表

地区	2002		2003	
	年末参保职工人数	享受工伤待遇人数	年末参保职工人数	享受工伤待遇人数
全国	**44 056 394**	**265 069**	**45 748 335**	**328 508**
北京	2 210 814	7 227	2 428 990	12 056
天津				
河北	1 467 338	3 957	1 456 909	4 108
山西	463 086	582	484 432	400
内蒙古	238 403	2 431	318 332	2 786
辽宁	3 905 379	59 638	3 458 000	72 825
吉林	365 921	15 438	371 226	12 100
黑龙江	1 189 600	9 014	1 309 403	10 952
上海				
江苏	4 799 950	12 842	5 030 194	17 195
浙江	2 260 040	9 787	2 877 043	14 183
安徽	698 037	3 059	679 906	3 930
福建	1 706 913	2 952	1 722 504	5 954
江西	1 292 539	1 934	1 296 637	2 982
山东	2 777 033	10 796	2 818 274	15 192
河南	2 187 900	6 890	2 106 114	4 958
湖北	1 831 567	17 124	1 891 875	14 276
湖南			85 942	292
广东	10 499 142	80 367	11 200 081	96 663
广西	1 172 636	2 163	1 203 323	3 258
海南	688 606	619	681 660	993
重庆	296 539	733	264 538	1 627
四川	1 673 945	6 065	1 614 084	12 069
贵州	13 464	17	12 639	18
云南	889 603	8 639	841 140	12 094
西藏				
陕西	255 671	421	350 523	766
甘肃	87 342	149	79 902	207
青海	65 518	302	66 063	440
宁夏	159 667	471	152 179	903
新疆	294 482	545	410 765	3 811
新疆生产建设兵团	565 259	907	535 657	1 470

分地区工伤保险基本情况

（2003）

地　　区	参保职工人数（人）	基金收入（万元）	基金支出（万元）	累计结余（万元）	享受工伤待遇人数（人）	
					合计	一至四级
全　　国	**45 748 335**	**375 889**	**271 318**	**912 186**	**294 683**	**38 483**
北　　京	2 428 990	28 197	23 953	29 395	10 059	2 522
天　　津						
河　　北	1 456 909	4 869	4 019	8 421	3 822	519
山　　西	484 432	1 013	749	3 287	382	40
内 蒙 古	318 332	1 758	928	1 863	2 393	391
辽　　宁	3 458 000	21 247	21 689	39 412	65 191	13 234
吉　　林	371 226	1 428	1 032	2 984	11 804	1 077
黑 龙 江	1 309 403	5 096	3 497	8 431	9 641	1 243
上　　海						
江　　苏	5 030 194	33 217	27 989	75 922	15 099	3 770
浙　　江	2 877 043	22 394	12 662	68 754	13 875	507
安　　徽	679 906	4 604	2 792	7 347	3 872	224
福　　建	1 722 504	19 696	8 006	59 786	3 663	211
江　　西	1 296 637	8 850	5 132	27 564	2 475	458
山　　东	2 818 274	14 530	11 549	34 956	12 695	2 800
河　　南	2 106 114	5 798	4 020	16 562	4 457	1 433
湖　　北	1 891 875	4 148	2 912	15 273	13 499	3 598
湖　　南	85 942	4 821	4 825	13 919	261	6
广　　东	11 200 081	133 372	94 142	370 110	95 863	1 085
广　　西	1 203 323	10 249	6 123	29 375	3 002	404
海　　南	681 660	3 705	2 649	14 390	922	41
重　　庆	264 538				856	153
四　　川	1 614 084	16 330	12 213	38 253	7 120	2 655
贵　　州	12 639	171	61	447	18	2
云　　南	841 140	16 472	12 839	22 333	10 037	785
西　　藏						
陕　　西	350 523	1 488	886	2 818	692	226
甘　　肃	79 902	325	344	1 126	185	62
青　　海	66 063	1 654	1 680	897	329	329
宁　　夏	152 179	1 118	1 049	1 246	190	18
新　　疆	410 765	3 221	1 804	7 396	1 048	305
新疆生产建设兵团	535 657	6 118	1 774	9 919	1 233	385

续表

地区				享受职业病待遇人数（人）				
	五至六级	七至十级	其他	合计	一至四级	五至六级	七至十级	其他
全　国	**25 750**	**111 518**	**118 932**	**28 136**	**19 506**	**2 958**	**2 544**	**3 128**
北　京	1 543	5 994		1 407	841	229	337	
天　津								
河　北	294	1 614	1 395	141	111	17	13	
山　西	21	126	195					
内蒙古	750	1 024	228	250	56	98	64	32
辽　宁	9 216	34 300	8 441	6 744	5 653	499	300	292
吉　林	2 248	8 252	227	267	98	86	83	
黑龙江	1 523	4 531	2 344	1 113	440	66	286	321
上　海								
江　苏	910	4 398	6 021	1 721	1 407	61	152	101
浙　江	359	2 295	10 714	141	22	7	13	99
安　徽	274	675	2 699	9		3	2	4
福　建	197	1 202	2 053	2 180	1 164	621	196	199
江　西	273	856	888	435	404	22	7	2
山　东	1 218	3 407	5 270	2 052	1 127	371	392	162
河　南	534	676	1 814	358	156	15	26	161
湖　北	2 725	5 757	1 419	613	302	174	115	22
湖　南	11	122	122	20	5	2	13	
广　东	1 113	28 991	64 674	89	43	8	23	15
广　西	246	723	1 629	57	6		3	48
海　南	19	41	821	55	1			54
重　庆	154	349	200	732	488	93	147	4
四　川	970	2 347	1 148	4 611	4 246	241	61	63
贵　州		6	10					
云　南	712	2 789	5 751	1 693	530	130	225	808
西　藏								
陕　西	182	96	188	59	58	1		
甘　肃	4	14	105	10	2	1		7
青　海				94	94			
宁　夏	21	60	91	711	2			709
新　疆	87	599	57	2 508	2 194	207	83	24
新疆生产建设兵团	146	274	428	66	56	6	3	1

历年分地区生育保险基本情况

单位：人

地区	1999	2000	2001	
	年末参保职工人数	年末参保职工人数	年末参保职工人数	享受待遇人数
全国	**29 453 554**	**30 016 395**	**34 550 557**	**244 869**
北京				
天津	75 497			
河北	1 429 444	1 380 158	1 315 476	7 612
山西	1 216 432	1 131 829	1 080 399	2 500
内蒙古	264 619	264 708	279 192	2 655
辽宁	1 981 709	2 288 627	2 277 558	12 016
吉林	565 177	551 065	239 563	659
黑龙江	503 179	702 903	681 812	1 915
上海			4 436 661	653
江苏	4 465 128	4 576 600	4 834 639	46 015
浙江	2 138 565	2 000 168	1 876 402	16 786
安徽	335 164	238 391	233 986	1 466
福建	996 621	938 275	1 181 935	9 387
江西	1 419 753	1 293 785	1 201 528	8 304
山东	2 654 384	3 255 450	3 318 382	34 305
河南	2 160 850	2 002 863	1 963 637	10 676
湖北	1 890 646	1 912 960	1 821 375	10 929
湖南	155 634		37 041	98
广东	2 103 160	2 315 665	2 500 681	23 655
广西	1 006 401	1 125 761	1 135 325	12 183
海南			107 764	596
重庆	247 782	255 546	235 863	2 217
四川	1 918 669	1 881 954	1 781 030	15 614
贵州	11 696	11 148	10 867	20
云南	966 711	954 694	961 061	11 689
西藏				
陕西	57 147	52 622	45 862	783
甘肃	75 305	60 014	50 312	309
青海	85 381	85 145	66 366	540
宁夏	105 738	93 696	86 603	1 466
新疆	237 952	254 626	305 219	3 299
新疆生产建设兵团	384 810	387 742	484 018	6 522

续表

地　区	2002		2003	
	年末参保职工人数	享受待遇人数	年末参保职工人数	享受待遇人数
全　国	**34 882 321**	**283 105**	**36 554 162**	**363 816**
北　京				
天　津				
河　北	953 849	6 895	940 908	4 311
山　西	843 197	3 042	843 391	2 493
内蒙古	233 676	1 052	403 282	1 735
辽　宁	2 160 980	12 486	1 991 090	14 666
吉　林	326 821	1 383	340 173	1 180
黑龙江	1 532 309	12 084	1 675 292	27 488
上　海	4 528 525	36 516	4 610 582	40 737
江　苏	4 860 631	40 730	5 040 625	72 415
浙　江	1 936 864	18 562	2 150 367	21 155
安　徽	236 497	1 550	238 558	1 868
福　建	1 237 079	9 639	1 393 519	14 469
江　西	1 094 188	6 772	1 087 337	5 640
山　东	3 227 504	38 441	3 364 535	40 852
河　南	2 059 339	11 311	1 991 625	11 153
湖　北	1 827 436	7 778	1 821 199	6 190
湖　南	33 675	470	32 796	366
广　东	2 586 749	24 796	3 307 594	30 042
广　西	1 067 871	10 642	1 110 668	12 364
海　南	231 543	2 197	283 814	2 168
重　庆	198 767	1 415	164 980	688
四　川	1 664 450	11 884	1 651 039	12 790
贵　州	8 869	55	8 876	58
云　南	868 783	10 222	827 883	14 210
西　藏				
陕　西	54 034	724	146 427	1 158
甘　肃	51 307	351	68 207	393
青　海	43 237	460	51 843	922
宁　夏	150 055	1 749	150 702	1 929
新　疆	297 154	3 745	321 587	4 161
新疆生产建设兵团	566 932	6 154	535 263	16 215

分地区生育保险基本情况

（2003）

地　　区	参保职工人数（人）	享受待遇人数（人）	基金收入（万元）	基金支出（万元）	累计结余（万元）
全　　国	**36 554 162**	**363 816**	**257 612**	**134 624**	**419 864**
北　　京					
天　　津					
河　　北	940 908	4 311	1 968	1 197	5 355
山　　西	843 391	2 493	1 510	1 112	3 324
内 蒙 古	403 282	1 735	963	414	1 513
辽　　宁	1 991 090	14 666	9 241	4 986	17 263
吉　　林	340 173	1 180	1 186	222	4 469
黑 龙 江	1 675 292	27 488	2 716	1 857	3 284
上　　海	4 610 582	40 737	71 382	28 080	85 454
江　　苏	5 040 625	72 415	40 120	21 490	78 287
浙　　江	2 150 367	21 155	18 220	8 806	43 760
安　　徽	238 558	1 868	1 280	618	1 471
福　　建	1 393 519	14 469	7 908	5 389	8 984
江　　西	1 087 337	5 640	3 251	2 735	9 679
山　　东	3 364 535	40 852	21 942	12 278	29 851
河　　南	1 991 625	11 153	3 980	3 485	5 502
湖　　北	1 821 199	6 190	4 052	1 840	8 960
湖　　南	32 796	366	340	247	468
广　　东	3 307 594	30 042	27 740	15 798	49 983
广　　西	1 110 668	12 364	7 327	4 286	13 049
海　　南	283 814	2 168	1 730	546	2 365
重　　庆	164 980	688			
四　　川	1 651 039	12 790	9 355	4 960	20 309
贵　　州	8 876	58	29	13	73
云　　南	827 883	14 210	13 922	9 612	16 218
西　　藏					
陕　　西	146 427	1 158	611	354	676
甘　　肃	68 207	393	315	157	477
青　　海	51 843	922	507	315	495
宁　　夏	150 702	1 929	647	362	275
新　　疆	321 587	4 161	2 942	1 846	2 435
新疆生产建设兵团	535 263	16 215	2 428	1 619	5 885

农村社会养老保险情况

（2003）

地区	开展工作的地区和单位（个）				
	地级	县级	乡镇	村	乡镇企业
全　国	**250**	**1 870**	**27 578**	**389 431**	**84 775**
北　京		13	192	3 980	2 294
天　津					
河　北	11	143	1 467	29 280	999
山　西	11	116	1 497	10 896	6 582
内蒙古	10	58	865	7 490	
辽　宁	13	59	888	9 688	5 031
吉　林	6	29	444	1 046	14
黑龙江	13	98	877		
上　海	13	89	1 058	21 947	3 090
江　苏		10	127	2 000	13 899
浙　江		89	1 314	19 967	23 623
安　徽	11	32	1 289	29 297	7 097
福　建	17	90	1 726	19 026	4 943
江　西	9	82	1 065	15 295	
山　东	11	95	1 487	17 300	7 564
河　南	17	148	1 831	83 471	3 870
湖　北	14	91	1 148	18 753	423
湖　南		13	55	206	
广　西	13	96	1 792	24 697	871
海　南	14	85	1 127	9 787	299
重　庆	2	22	245	3 607	1 221
四　川	1	16	614	4 622	133
贵　州	19	100	2 898	29 802	2 114
云　南		1	26	377	1
西　藏	14	103	1 145	7 822	293
陕　西	10	99	1 613	14 145	356
甘　肃	1	9	194	1 345	54
青　海	7	23	193	2 000	
宁　夏		15	140		
新　疆	12	44	242	1 366	4
深　圳	1	2	19	219	

续表 1

地　　区	年末参保人数（万人）			年末领取人数（万人）	
	合计	本年参保人数	本年乡企参保人数	本年领取养老金人数	本年退保转移死亡人数
全　　国	**5 427.7**	**223.9**	**139.7**	**197.6**	**58.6**
北　　京	33.7	3.9	0.7	1.2	0.1
天　　津					
河　　北	233.0	0.5	0.1	3.6	0.7
山　　西	202.0	2.0	0.2	0.7	0.1
内 蒙 古	93.3			0.3	0.1
辽　　宁	215.5	0.8	64.2	2.0	0.1
吉　　林	10.0	0.2	0.1	0.1	0.2
黑 龙 江	179.1	0.5		2.7	0.3
上　　海	312.0	0.9	0.5	2.4	20.1
江　　苏	125.0	5.0	57.0	39.9	5.7
浙　　江	795.8	50.4	12.9	50.4	7.1
安　　徽	469.4	6.7	1.7	5.7	4.2
福　　建	182.2	1.4	1.1	2.5	1.1
江　　西	156.2	2.3		1.2	0.6
山　　东	190.0	0.1		20.5	0.5
河　　南	955.8	98.0	1.0	38.1	5.0
湖　　北	182.6	2.2		3.5	2.1
湖　　南	14.4	14.4			
广　　西	173.1	0.2		2.9	1.6
海　　南	186.1			1.9	2.0
重　　庆	34.7	0.3		0.8	
四　　川	38.4	0.2	0.2	0.9	0.1
贵　　州	369.1	7.4		11.3	4.8
云　　南	6.0	0.1			0.1
西　　藏	133.2	0.3		3.2	0.4
陕　　西	89.7	15.3		0.4	1.4
甘　　肃	9.8				0.1
青　　海	13.8				0.1
宁　　夏	13.0				
新　　疆				1.1	0.2
深　　圳	11.0	10.8		0.3	0.1

续表 2

地区	上年基金滚存结余	本年保险资金收入	本年保费收入	个人缴费	集体补助	本年基金运营收益	其他收入
全国	**2 326 440.2**	**434 161.7**	**359 832.1**	**137 518.0**	**218 562.9**	**67 201.0**	**8 817.7**
北京	50 050.5	25 829.1	24 197.6	3 359.4	20 938.2	1 529.4	2.1
天津							
河北	48 131.7	1 988.9	568.6	385.3	49.1	1 594.0	1.3
山西	27 561.0	3 260.0	2 400.0	1 920.0	480.0	860.0	1.0
内蒙古	11 582.6	102.4	17.0	4.5		95.1	2.2
辽宁	71 846.0	10 207.2	7 909.8	6 775.0	1 134.8	2 396.6	
吉林	7 828.0	353.0	261.0	49.0	211.0	92.0	
黑龙江	36 903.0	612.0	116.0	116.0		496.0	
上海	60 131.9	1 974.0	800.6	646.6	154.3	1 111.3	61.9
江苏	400 883.0	124 914.0	105 346.0	36 126.0	69 220.0	14 067.0	5 501.0
浙江	503 094.8	133 752.5	120 523.3	35 574.4	84 948.9	12 531.0	698.2
安徽	218 250.7	12 075.8	6 857.0	3 618.8	3 213.1	6 103.1	816.7
福建	57 400.9	2 834.9	1 240.0	720.7	519.2	1 562.5	32.5
江西	75 971.0	5 695.7	3 478.9			2 216.8	
山东	51 964.1	1 056.7	60.7	46.3	14.4	997.1	
河南	375 014.1	94 129.1	79 837.8	43 174.9	36 662.9	12 822.1	1 469.2
湖北	36 487.9	1 178.9	517.5	417.6	99.9	655.8	5.6
湖南	653.2						
广西	40 525.0	953.5	102.6	99.1	3.5	830.6	20.2
海南	49 067.1	1 099.0	11.8	11.8		1 087.2	
重庆	12 444.6	655.8	174.5	162.9	12.0	281.3	
四川	10 088.5	692.5	200.4			492.1	
贵州	65 369.7	3 888.8	1 602.3	1 519.1	83.2	2 267.2	19.3
云南	1 635.3	73.3	37.7	13.7	24.0	35.4	0.2
西藏	65 149.6	3 308.2	1 278.0	1 246.9	31.2	2 030.2	
陕西	17 802.0	421.3	80.4	67.4	13.0	330.4	10.7
甘肃	3 062.4	95.3	27.0	10.0	17.0	68.4	
青海	910.0						
宁夏	738.0						
新疆	19 128.2	2 741.1	2 185.8	1 452.5	733.3	461.9	93.5
深圳	6 765.4	268.6				186.4	82.2

续表3

地区	本年保险资金支出	本年保险金支出	养老金支出	退保金、继承保证金、丧葬费等支出	本年提取管理费		其他支出
					比例	金额	
全国	**170 296.3**	**150 439.0**	**97 248.6**	**52 930.1**	**3**	**9 059.9**	**63 005.5**
北京	2 029.3	1 250.5	887.2	363.2	3	727.5	51.3
天津							
河北	1 048.8	691.1	303.9	387.2	3	16.0	341.6
山西	392.0	320.0	200.0	120.0	3	72.0	
内蒙古	81.2	46.3	26.3	25.6	3		21.9
辽宁	3 126.1	2 283.3	862.5	1 420.7	3	842.8	
吉林	267.0	253.0	252.0	1.0	3		14.0
黑龙江	399.0		394.0		3		5.0
上海	2 489.1	1 996.0	836.3	1 159.7	3	8.8	484.2
江苏	56 135.0	51 650.0	35 087.0	16 563.0	3	3 092.0	1 393.0
浙江	57 875.9	55 444.9	43 862.9	11 582.0	3	1 148.9	1 282.1
安徽	15 804.1	15 036.3	4 064.6	10 968.8	3	188.6	606.2
福建	1 439.8	1 025.0	569.1	456.0	3	37.7	379.0
江西	1 172.9	938.0	302.9	635.1	3	114.2	120.7
山东	539.7	475.6	276.2	96.6	3	166.8	52 481.2
河南	17 651.2	11 291.8	6 358.9	4 933.0	3	2 274.4	4 085.9
湖北	1 153.5	923.3	210.1	233.7	3	15.1	215.2
湖南							
广西	1 472.0	1 307.7	664.0	643.7	3	1.3	163.0
海南	1 251.3	644.6	115.6	529.0	3	0.1	606.6
重庆	511.7	506.7	479.1	27.7	3	5.0	
四川	328.4	75.1			3	4.6	248.7
贵州	2 892.0	2 420.4	737.0	1 683.4	3	116.7	354.9
云南	107.0	106.5	55.5	51.1	3	1.2	0.5
西藏	655.3	625.1	450.7	174.4	3	6.3	24.0
陕西	819.4	543.4	74.2	469.2	3	155.0	120.9
甘肃	83.7	83.4	6.9	77.0	3	0.3	
青海							
宁夏							
新疆	496.2	431.5	129.7	301.8	3	64.7	
深圳	74.8	69.4	42.2	27.2	3		5.5

续表4

地区	本年末基金滚存结余						
	合计			银行存款	购买国债	财政管理	其他
		责任金	调剂金				
全国	**2 593 074.9**	**2 427 683.3**	**147 513.9**	**1 104 139.9**	**353 283.4**	**652 296.8**	**437 518.7**
北京	73 850.2	72 909.8	940.6	502.7			73 347.7
天津							
河北	49 374.8	47 706.0	1 668.8	29 217.2	13 689.4	3 290.5	3 177.7
山西	30 429.0	30 029.0	400.0	10 746.0	16 118.0	765.0	2 800.0
内蒙古	11 603.9	10 916.0	353.9	2 899.1	568.1	7 358.3	778.4
辽宁	78 927.1	79 849.8	–922.6	42 310.5	18 244.4	7 710.0	10 671.3
吉林	7 914.0	7 914.0		6 686.0	50.0	1 092.0	86.0
黑龙江	37 116.0	33 583.0	3 533.0	25 020.0	6 906.0		5 190.0
上海	59 616.8	59 299.1	317.8	23 852.5	1 086.3	27 787.3	6 890.7
江苏	469 662.0	423 127.0	46 535.0	220 860.0	52 961.0	57 278.0	138 563.0
浙江	578 971.4	569 302.5	9 668.9	228 886.4	72 552.6	201 056.1	76 476.3
安徽	215 195.2	203 149.1	12 045.3	115 516.6	15 386.0	64 737.8	19 055.1
福建	58 796.0	57 421.1	1 374.9	35 608.6	15 990.3	5 169.1	2 028.1
江西	81 625.8	75 934.9	4 557.8	3 369.8	14 832.8	58 023.7	5 399.5
山东	51 821.4	659.8	45 604.8	2 169.7	799.6	3 907.1	
河南	451 492.0	439 608.9	11 882.7	158 205.0	96 241.6	156 943.1	40 101.8
湖北	36 513.4	36 388.1	125.2	24 428.6	4 786.4	1 739.3	5 559.0
湖南	653.2	582.7	70.6	625.7	13.1	14.5	
广西	40 006.5	40 032.1	–25.6	26 875.7	1 570.3	4 673.5	6 887.0
海南	48 914.8	48 393.3	521.5	24 698.8	5 231.5	11 431.5	7 553.0
重庆	12 588.7	12 278.1	310.6	11 129.7	87.0		1 372.1
四川	10 452.6			5 640.9	745.8	1 634.5	2 431.4
贵州	67 219.0	63 757.8	3 461.2	31 229.0	4 169.4	14 955.0	16 865.6
云南	1 601.5	1 489.0	112.5	1 288.1			313.5
西藏	67 802.5	64 867.0	2 935.5	56 577.6	6 974.5	755.9	3 494.6
陕西	17 403.9	17 257.8	146.1	6 632.4	3 066.3	5 055.2	2 650.1
甘肃	3 074.0	3 061.3	12.8	1 791.7		24.6	1 257.7
青海	910.0	910.0		845.0	65.0		
宁夏	738.0	738.0		646.0	91.0		1.0
新疆	21 373.1	20 164.8	1 208.3	549.6	855.0	16 894.9	3 073.6
深圳	7 428.0	6 353.4	674.5	5 331.2	202.0		1 494.8

广东省劳动和社会保障厅

2003年，广东劳动保障工作取得了可喜成绩，为促进全省经济社会全面、协调、率先发展做出了新贡献。全省城镇净增就业人数96.59万人，国有企业下岗失业人员实现再就业37.4万人，其中“4050”人员实现再就业10.82万人。城镇登记失业率为2.9%，比上年下降0.2个百分点，就业形势保持稳定。技校招生再创新高，达9.97万人，在校学生规模达24万人。全省职业技能鉴定人数达81.4万人。截至2003年年底，全省参加养老、失业、医疗、工伤和生育保险的人数分别达1145.75万人、954.09万人、876.98万人、1120.01万人和330.76万人，分别比上年增长了5.8%、7.2%、22.2%、6.7%和27.9%。全省劳动关系调整机制进一步健全，劳动保障工作法制化、信息化步伐加快，省劳动保障厅和21个地市劳动保障部门在民主评议行风活动中均被评为“满意”单位。

中共中央政治局委员、广东省委书记张德江（中）视察参观广东省职业培训和技工教育成果展览。

在行风建设和行风评议中，省劳动保障厅和21个地市劳动保障部门被评为“满意”单位。图为行风评议电视动员大会省厅主会场一角。

为加强劳动力的开发与利用，成立了广东省人力资源管理协会。图为协会成立暨首届人力资源管理演讲会场景。

广东省各级劳动保障部门积极为失业人员和大中专毕业生提供就业岗位，深受社会各界和劳动者的欢迎。图为省厅和广州市劳动保障局联合举办大专院校毕业生专场招聘会的场面。

深圳市劳动和

深圳市劳动和社会保障局在原市劳动局和市社会保险局的基础上组建而成。近年来，原深圳市劳动局和社会保险局多次被劳动保障部、省劳动保障厅评为先进单位和文明窗口，被省政府，市委、市政府分别评为依法行政先进单位、“文明单位”、创建“好班子”先进单位。

近两年来，该局坚持制度创新，着力解决劳动保障工作的难点、热点问题，推进劳动保障事业的全面发展。

初步建立起竞争性较强、开放程度较高、运行有序的劳动力市场体系。2003年末，深圳市共有职业介绍机构105家，比2002年末增长54.41%；全年登记求职、登记空缺岗位分别比上年增长8.52%、28.12%；成功介绍74.19万人，比上年增长15.36%，较好地发挥了劳动力市场在配置劳动力资源中的基础性作用。就业服务体系不断完善，形成了政府行政管理、公共就业服务和市场就业服务相融合的就业管理与服务体系，为劳动者提供就业登记、职业指导和介绍、创业培训、技能测评、转业训练等“一站式”服务。全市32个街道、18个镇已经全部建立了劳动保障机构，全市351个社区建立了劳动保障服务窗口。

确保企业退休人员养老金按时足额发放，努力做到五个100%，即：户籍职工基本养老保险参保率99.8%；养老保险待遇100%按时足额支付；养老金通过银行社会化发放率100%；企业退休人员依托街道办事处、社区社会化管理率100%；通过指纹验证，养老保险待遇支付准确率100%。

不断解放思想，进行社会保险制度创新，按照与企业职工养老保险制度相衔接、政府财政补贴、土地出让金扶持的思路，建立了农村城市化人员的养老保险制度。改革原农村合作医疗制度，城市化人员医疗保险与企业职工医疗保险直接接轨，建立城市化人员的医疗保险制度，切实解决了城市化人员的养老和医疗保险问题。

建立基本医疗保险和地方补充医疗保险等多层次医疗保险体系，切实解决好因病致贫的问题。建立了地方补充医疗保险，对因病自付医疗费用数额较大、造成生活水平低于本市最低生活保障水平的，可以申请基本医疗费用补助。出台低保对象参加医疗保险政策，低保对象住院医疗保险费按本

劳动保障部部长郑斯林（左一）到深圳调研。

深圳职业培训快速发展，为经济发展和社会进步提供了强有力的人才支持。图为广东省省长黄华华视察广东省职业培训和技工教育成果展深圳展区时，亲切看望深圳市第一个以农民身份调入深圳的高级技工杨广。

社会保障局

市上年度城镇职工月平均工资的1%缴纳，参保经费统一由福利彩票公益金列支，享受医疗保险待遇按《深圳市城镇职工社会医疗保险办法》执行。

适应国有企业改革和灵活就业的需要，建立个人缴费窗口，允许个人缴纳养老和医疗保险费，切实解决个体工商户和灵活就业人员的社会保险问题。代企业发放内部退养生活费，并为内部退养员工和在个人缴费窗口缴费的参保员工免费保管个人档案。

同时，建立了政府统筹、行业指导、政府公共培训、企业培训和社会培训共同发展的职业培训体制，建立收入分配宏观调控体系，引导职工收入合理增长，完善劳动关系协调处理机制，劳动保障法制建设和行风建设等方面也取得了可喜成绩。

深圳市正式启动就业和再就业工程“关爱·自立”行动，力促2.5万失业人员年内实现再就业，把全市的城镇登记失业率控制在3.5%以内。图为广东省副省长谢强华等领导在大会上为再就业基地授牌。

深圳市劳动保障局把听取群众意见作为改进工作的动力，每年都分别召开各种类型的座谈会，广泛听取基层和群众的意见。图为该局在行风评议“回头查”活动中，举行企业劳动人事干部座谈会的情景。

深圳市劳动局和深圳市社会保险局合并为市劳动和社会保障局，深圳市劳动保障事业发展进入了一个新的时期。图为深圳市主管劳动保障工作的副市长梁道行（左）和市劳动保障局局长管林根一同为新成立的市劳动保障局揭牌。

上海市社会保险基金结算管

上海社保职工上街发放劳动保障宣传资料

上海市社会保险基金结算管理中心是上海市劳动保障局下属的社保经办机构，承担全市基本养老保险、补充养老保险、基本医疗保险、失业保险、生育保险、工伤保险、小城镇社会保险、残疾人就业保障金、外来务工人员综合保险和小企业欠薪保障基金的统一征收，负责各类参保人员账户管理。

按照党中央、国务院的总体部署和上海市委、市政府的要求，在劳动保障部的关心指导以及上海市劳动保障局的直接领导下，上海市社保中心系统1200名职工结合上海的实际，积极探索先进的理念、创新的机制、优质的服务，以昂扬向上的团队精神创造性地开展工作。全市社保基金征缴率历年保持在99%以上，近年来基金征缴额以每年20%的速度递增；全市460余万从业人员建立了养老保险账户，250余万离退休人员建立了养老金支付账户并全面实现了社会化发放，全市的社会化服务管理工作也在探索中展开。全系统实现了社会保险业务经办计算机化，参保对象管理动态化，社保信息交换网络化，基金征缴结算电子化，业务受理操作标准化。连续两次被劳动保障部评为集体一等功单位，后又获得全国“五一”劳动奖状的殊荣。

加拿大社会保险专家来沪考察社会保险工作

近年来，上海社保努力将“以人为本”的宗旨落实到业务操作过程中、落实到“窗口”服务过程中、落实到各项管理过程中，并从中凝练出自己的工作理念：让群众受益最大化。

目前，上海社保人均账户管理6500人，年人均征缴基金4500万元。劳动者不管是何种身份、处于何种劳动状态，都能准确、及时地建立起正常的社会保险关系，享受相应的社会保险待遇。

多年来，上海社保牢固树立“群众利益无小事”的观点，全心全意为劳动者服务，赢得了广大参保者的赞誉。近两年来，每年的全市行风、政风评议、测评，全市社保系统均名列前茅。四年来全系统共获得部级先进集体3项、先进个人4名；获得上海市市级机关系统文明单位称号以及“双文明”“双十佳”等集体荣誉28项；先后有41人次荣获市“三八”红旗手、市新长征突击手称号。

在成绩面前，上海社保自我加压、锤炼内功。自编全系统岗位应知应会教材，形成10个分册共178万字的培训教材，全体职工分批参加了全脱产岗位业务培训。近三年来，全系统职工还结合社保实践撰写论文共655篇。

目前上海社保又提出“坚持以人为本理念，争创一流管理，提供一流服务，建设一流队伍”的奋斗目标，实现上海社保事业的持续协调发展。

中心

党和国家领导人胡锦涛、黄菊视察上海社会保险工作

劳动保障部部长张左己考察上海社会保险工作

上海市社保职工业余合唱团被评为上海市职工合唱节“十佳合唱团”

佛山市顺德区劳

劳动保障部副部长华福周在广东省劳动保障厅和佛山市领导的陪同下，到顺德区考察调研。

几年来，顺德区劳动保障局坚持以党的六大精神和“三个代表”重要思想为指导，真贯彻落实劳动保障各项政策法规，有效推了劳动保障事业的发展。

一、大力促进就业再就业。区委、区政认真贯彻落实就业和再就业工作各项政策，定了促进本区劳动力就业的各项优惠政策和励措施，建成了区、镇（街道）、村（居）级劳动服务机构和信息网络。2003年，全区级劳动服务机构共进行失业登记20513人次成功推荐就业18308人次，城镇登记失业率制在2.5%以下。10个镇（街道）建立了统管理的劳动力市场，共有民营职介机构1家，确定失业人员定点培训机构8家。2003以来，先后开办厨师、面点师、美容、美

顺德区劳动服务中心新办公大楼启用剪彩仪式。

2003年9月，顺德区劳动保障局、社会保险基金管理局在大良中心公园举行“劳动保障咨询日”活动。

动和社会保障局

营业员、家政服务、计算机操作等30个工种62期培训班，免费培训失业人员2347人，经培训后就业1690人，再就业率为72%。

二、不断完善社会保障制度。目前，顺德已建立了基本养老保险、基本医疗保险、工伤保险、失业保险和城乡居民合作医疗保险制度。2003年共征收各项社会保险费2.2亿元，基金征缴率为98.7%，参保单位37787个，参加养老保险42.5万人，医疗保险44.6万人，工伤保险42.6万人，失业保险42.6万人。全区197个村（居）全部确定参加城乡居民合作医疗保险，其中188个已完成首次参保手续，占应参保村（居）的95.4%，完成参保手续68.55万人。

三、全面推进国家职业资格证书制度。2003年，全区各类技能培训24183人，核发职业资格证书19684人，其中，高级技能921人，中级技能7291人，初级技能11472人。推行了相关行业从业人员持证上岗工作，成立职业技能鉴定所。完善社会力量办学机构的管理，建立和完善了技能鉴定质量督导机制、培训质量跟踪、培训机构信誉档案和工作报表等制度。

四、规范企业劳动保障管理。抓好企业劳动年审工作，建立了区、镇（街道）、村（居）三级企业用工和工资支付监控信息系统。2003年，全区共对2536家企业进行日常劳动监察检查，及时清理企业拖欠工资3788.13万元，涉及职工24024人，被区政府评为维护社会稳定工作先进单位。

五、加强劳动争议调解仲裁工作。区、镇（街道）劳动保障部门设立了劳动争议仲裁庭。2003年，依法处理劳动争议4679起，涉及人数18589人，金额5984.93万元。实行全员劳动合同制和集体协商签订集体合同制，推进和完善了区、镇（街道）劳动关系三方协调机制建设。

顺德区劳动保障局、交通局、总工会和工商联联合举办顺德首届汽车维修竞技大赛。

2003年5月，顺德区召开劳动保障系统开展作风建设年活动动员大会。

常德市劳动和社会保障局

劳动保障部副部长李其炎考察湖南省常德市劳动保障工作

宽敞明亮的社会保险服务大厅

一条龙的再就业服务

声势浩大的劳动保障政策宣传日活动

劳动力市场招聘活动人潮涌动

近年来，常德市劳动保障局以服务群众为宗旨、以群众满意为标准，开拓创新，扎实工作，全市劳动保障事业得到了长足发展。先后被劳动保障部确定为全国劳动力市场“三化”建设试点、全国下岗职工出中心试点、全国社区就业重点联系城市、全国规划财务试点、全国先进培训中心等。2002年，常德市劳动保障局被劳动保障部授予“集体一等功”。2003年，该市就业再就业和“两个确保”工作列湖南省第一名，受到省政府表彰。

常德市劳动力市场大楼于2002年5月建成并投入运行，目前已成为全市职业介绍服务、劳动预备职业教育、职业技能鉴定开发、下岗失业职工转岗转业培训、社会保险费征缴发放、社会劳动力供求信息发布、劳动监察举报和劳动争议仲裁处理中心。市劳动力市场是全国首批100家“三化”建设试点单位、湖南省“十强”劳动力市场、湖南省劳动保障系统“三优文明窗口”，成为湘西北地区劳动力资源集散中心，为优化配置劳动力资源，促进地方经济发展做出了积极贡献。

佛山市劳动和社会保障局

佛山市劳动保障局自2001年9月组建以来，在局党组的带领下，全体干部职工以“三个代表”重要思想为指导，深入贯彻党的十六大和十六届三中全会以及全国再就业工作会议精神，围绕就业再就业、完善社会保障体系、维护劳动者合法权益等重点工作，振奋精神，真抓实干，使全市劳动保障各项工作不断取得新的进展。

2003年，全市劳动保障部门重点抓四方面的工作：**一是认真抓好就业和再就业工作。**通过加强劳动力市场建设和社区劳动保障平台建设，认真落实并放宽再就业优惠政策，以及开展职业技能培训，提高失业人员再就业能力，多方面促进下岗失业人员成功实现再就业。全市全年城镇登记失业人员66978人，共安置失业人员就业38834人，城镇登记失业率为2.3%，比广东省的警戒线低1.2个百分点。**二是不断完善社会保障体系。**以养老保险、医疗保险、失业保险、工伤保险及城市居民最低生活保障制度为主要内容的社会保障体系在全市基本形成。截至2003年年底，全市参加养老保险119万人，参加工伤保险120万人，参加医疗保险92万人，参加失业保险89万人。**三是加强劳动保障监察，积极维护劳动者合法权益。**2003年共为10.67万名劳动者追回工资13144万元，检查用人单位34086家，年审用人单位27363家，下达劳动监察限期整改指令书2705份，作出劳动行政处理决定书169份，处理群众举报投诉案件8255宗，处理30人以上的职工集体上访事件117宗，受理劳动争议案件6854宗，已结案6732宗，结案率达98%。**四是认真抓好劳动保障系统行业作风建设，提高干部队伍素质。**全市劳动保障部门认真开展民主评议行风活动，经过组织发动、自查自评、接受评议、整改提高四个阶段，历时8个多月，使劳动保障系统的行风建设取得明显进步。

今后，佛山市劳动保障局将根据劳动保障部和省委、省政府的部署要求，结合佛山实际，重点抓好以下几项工作：一是进一步做好再就业工作，尤其是要抓好农村富余劳动力的培训转移就业工作。二是进一步完善社会保障体系，加大扩面征缴力度，加快养老保险大市统筹，同时积极抓好农村医疗保险和农村养老保险工作的落实。三是进一步维护劳动关系双方合法权益。四是进一步加强劳动保障队伍自身建设，全面提高干部队伍素质。

劳动保障部副部长李其炎考察市劳动就业服务中心

东莞市社会保障局

1. 东莞市农（居）民基本医疗保险全面实施
2. 东莞市社会保障系统干部职工精心打造“社会保险之夜”文化品牌
3. 劳动保障部副部长王东进深入东莞市社会保障局调研，并与局中层以上干部合影

为适应市场取向改革的需要，东莞市1984年7月以企业养老保险为突破口，迈出了社会保险工作的第一步。此后20年，东莞市社会保障局认真贯彻国家的方针政策，积极稳妥推进社会保障制度改革，通过实施全市统筹和扩面征缴等措施，逐步扩大社保覆盖范围，健全社保险种，维护基金安全，优化各种保险待遇的发放，完善了全市社会保障体系，有效地保障了劳动者的合法权益，减轻了企业和职工的负担。

到目前为止，全市职工基本养老、基本医疗、失业、工伤和生育保险的覆盖范围已经从国有企业、集体企业向外商投资企业、私营企业和个体工商户等非国有企业稳步拓展，参保对象从固定工、合同工向临时工全面推进，初步建起了涵盖全市城镇和农村、保险项目齐全、制度建设规范、管理服务科学的社会保险体系。到2003年年底，全市职工养老保险参保人数达100万人，失业保险参保100万人，职工医疗保险参保106万人，工伤保险参保150万人，生育保险参保16万人；农民养老保险的参保人数达到59.65万人，社保基金征缴率达99.59%。2003年累计按时足额发放各项待遇13.1亿元。

在社会保险事业长足发展的同时，社保队伍也不断成长壮大。东莞市社会保障局在加强领导班子和干部职工的政治思想教育，提高防腐拒变能力的基础上，通过狠抓内部规范化管理，提高工作效率，实施政务公开，推进社保工作的社会化管理和提高服务水平，创造了良好的社保政务环境和社保发展环境。东莞市社会保障局的各项工作得到社会各界的肯定，2002年12月被劳动保障部授予“集体一等功”。

今后，东莞市社会保障局将紧紧围绕全市经济社会发展战略，以人为本，以“加快建设同经济发展水平相适应的社会保障体系”为中心，力求在推动城乡一体，优化结构，全面深化社保制度改革方面有新的突破；在管理规范化、信息化，全面提高管理服务水平方面有新的突破；在强化社保队伍建设，切实转变作风，全面加强机关效能建设方面有新的突破；在优化投资环境，密切党和政府与人民群众关系方面有新的突破，从而不断建立健全与全市经济发展水平相适应的社保体系。

郴州市劳动和社会保障局

劳动保障部副部长王东进(右三)在湖南省劳动保障厅厅长赵湘平(右一)的陪同下考察郴州市劳动保障工作

局长、党组书记　谢革非同志

郴州市劳动保障局是主管全市劳动保障事务的行政部门。1996—1998、1999—2001年先后两次连续三年荣摘湖南省劳动保障系统综合考评桂冠；2000年12月被劳动保障部、人事部评为“全国劳动保障系统先进集体”，近期又荣获“湖南省再就业工作先进单位”称号。

团结务实的局领导班子

“一站式”办公服务大楼

湖南郴州、广东韶关两地百家企业大型招聘会

佛山市顺德区社会保险基金管理局

2002年关智峰局长被评为全国劳动保障系统先进个人，受到广东省副省长谢强华的亲切接见

局领导关智峰（中）、黎驹（左）、黎辉雄参加“社保咨询日”活动

“社保咨询日”活动中，我局职工为群众解答社保问题

佛山市顺德区社会保险基金管理局驻医院办公室

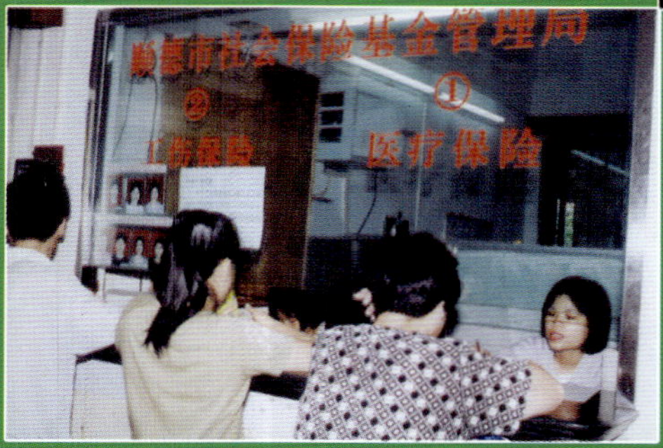

顺德区社会保险基金管理局按照“依法推进、高效管理、优质服务”的指导方针，重点围绕加大社会保险扩面力度、完善社会保险制度、加强管理提高服务水平三个方面推进工作。上半年，该局贯彻落实《广东省工伤保险条例》，并在保证各项社会保险业务顺利开展的基础上，积极配合区委、区政府全力推行顺德区城乡居民合作医疗保险制度，良好的服务质量及服务效率得到了广大群众的认可。

1—6月，共征缴各项社会保险费6.5亿元，征缴率98%，支付各项社会保险金4.6亿元。参保单位39474个，参加养老保险42.9万人，参加医疗保险49.6万人(含离退休人员5.3万人)，参加工伤保险42.9万人，参加失业保险43.1万人。

按照佛山市政府的工作要求，社会保险从7月1日起实施市级统筹，进一步提高了社会保险的抗风险能力。今后的主要工作将围绕实施社会保险市级统筹、发放社保等进行，主要包括：

一、加强社保政策宣传工作，对实施市级统筹后的社保费费基费率及相应的待遇调整进行广泛宣传报道，加深群众对社会保险市级统筹的认识。

二、准确核定参保单位的行业分类，做好工伤保险按不同缴费率征收的工作。

三、加快对过渡性养老金计算办法的调整，完成区原养老保险待遇计算办法向省计算办法过渡。

四、加快社保卡发放工作的落实，稳妥推进社保卡的使用。

五、继续加大力度，完成合作医疗保险系统的支付程序开发和网络建设，完善新社保业务系统，提高数据的安全性。

六、进一步跟进合作医疗保险服务，做好承办机构承保和支付待遇等具体工作。

七、加快办公自动化及网站建设，方便市民网上查询及申报资料等，提高办公自动化水平。

八、贯彻落实《广东省工伤保险条例》，完成工伤医疗康复中心的建设，逐步建立工伤预防、工伤补偿、工伤康复三位一体的工伤保险制度。

深圳市宝安区劳动局

宝安区劳动局全体干部职工开展整顿机关作风系列教育活动

宝安区劳动局局长　张助浪

劳动监察执法人员到企业进行日常执法检查

休息日，宝安区劳动局工作人员走上街头，开展法律宣传活动

2003年，宝安区劳动局在宝安区委、区政府的正确领导和深圳市劳动局的指导下，团结一心，开拓创新，奋发进取，紧紧围绕改革、发展、稳定的大局，突出抓住劳资关系调整、就业与再就业、职业技能培训三个工作重点，积极推进企业分配制度改革，大力加强劳动法制宣传教育，狠抓机关作风和队伍建设，坚持依法行政，各项工作上了一个新台阶，荣获“深圳市依法治市工作先进单位”称号。

2003年，宝安区劳动局在劳动关系调整方面成绩显著。全区全年共受理群众来信1120件，接待群众来访16867起共43991人，同比上升13.3%，劳动信访办结率达89.3%，劳资纠纷调处力度进一步加大，及时处理重大劳资纠纷179宗，比上年增长14%；通过执法检查、工资监控和劳资纠纷处理等各种手段，累计为12万工人追回欠薪1.09亿元，全年处理欠薪逃匿案件159起，共为14048名工人垫付工资715.44万元；全区全年共立案受理劳动争议案件5456起，同比增长30.9%，涉案人数19445人，涉案金额1.2亿元，结案率达95.6%。

宝安区劳动局对特困下岗、失业人员开展重点帮扶行动，与各再就业网点加强信息沟通和联络，在泰华房地产公司等7家企业建立再就业援助基地，免费举办创业培训班等，以各种形式帮助下岗失业人员实现再就业。经过不懈努力，宝安区有就业愿望的下岗人员的再就业率达到80%，下岗人员的基本生活保障率达到100%。2003年，宝安区劳动局大力推进造就百万技能人才工程，全区共有大小培训单位118个，开设培训工种47个，技能培训总量达52100人次，同比增长108%。

今后，宝安区劳动局将继续围绕加强对劳动关系的调整，稳步促进就业与再就业，加大劳动法规宣传力度，全面推进职业技能培训等几个重点开展工作，务求取得新的突破。

中国长江三峡工程开发总公司

为兴建长江三峡工程，开发长江上游水电资源，经国务院批准，中国长江三峡工程开发总公司（简称中国三峡总公司）于1993年9月27日正式成立。

中国三峡总公司是三峡工程的项目法人，全面负责工程建设的组织实施和所需资金的筹集、使用、偿还以及工程建成后的经营管理。1996年，装机容量271万千瓦的葛洲坝电厂划归中国三峡总公司。2002年，中国三峡总公司成为国家授权投资的机构。

中国三峡总公司按照社会主义市场经济规律管理三峡工程建设，实行项目法人负责制、招标投标制、建设监理制和合同管理制。在工程施工及项目所需物资、设备采购中充分引入竞争机制，采用公开招标方式；在建设过程中严格合同管理，严格工程监理，严格控制工程质量、建设进度和成本，同参与工程建设的设计、施工、监理单位一道，确保三峡工程“一流的工程质量，一流的现代化管理，一流的文明施工”。

三峡工程建成后，中国三峡总公司将控有2100万千瓦的发电能力，年发电量约1000亿千瓦时。中国三峡总公司还将利用其经济实力和技术能力继续开发长江上游干支流的水力资源，并开展水电科学研究、技术咨询及其他多种经营活动。中国三峡总公司将在长江上游金沙江相继建设溪洛渡、向家坝、乌东德、白鹤滩等四个梯级电站，装机容量3850万千瓦，相当于两个三峡工程。2002年9月，中国三峡公司作为主发起人，设立了中国长江电力股份有限公司，经营管理葛洲坝电厂和三峡电厂发电资产。2003年10月，长江电力A股发行成功，11月18日，长江电力A股在上海证券交易所上市。

1997年11月，经中国人民银行批准，由中国三峡总公司控股的非银行金融机构——三峡财务有限责任公司成立，专门服务于中国三峡总公司及其成员单位和三峡工程建设。

中国三峡总公司办公大楼

中国三峡总公司培训中心国际报告厅

中国三峡总公司培训中心概貌

中国三峡总公司培训中心位于举世瞩目的三峡工程坝区，背依青山，面临长江，环境幽雅，设施齐全，经28公里的“三峡专用公路”与宜昌相通，经水路与巫峡、翟塘峡、大宁河小三峡、九畹溪、神农溪、泗溪等著名风景名胜紧密相连，既是国内水利水电工程师教育培训基地，又是国家教育部命名的“全国大学生教学实习与社会实践基地”，也是国家人事部批准成立的“中国三峡总公司博士后科研工作站”。

建设中的三峡工程

长江三峡水利枢纽工程是治理和开发长江的战略性工程，集防洪、航运、发电效益于一体。大坝坝址位于湖北省宜昌市三斗坪。三峡工程是中国，也是世界最大的水利枢纽工程。水库正常蓄水位175米，总库容393亿立方米，有效防洪库容221.5亿立方米，可使荆江河段防洪标准由十年一遇提高到百年一遇；水电站总装机容量1820千瓦，年平均发电量846.8亿千瓦时，并可显著改善长江从宜昌至重庆660公里的航道，万吨级船队可直达重庆港。三峡工程是中华民族几代人的梦想。1993年三峡工程由论证阶段走向了实施阶段。

2003年三峡工程建设圆满实现蓄水、通航、发电三大目标。至年底有6台机组投产，全年发电86亿千瓦时，有效缓解了华中、华东电力紧张的局面。三峡工程进入边建设边生产、边运行的阶段，工程的综合效益得到初步发挥。

深圳市南山区劳动局

深圳市南山区劳动局党委书记、局长　张伟建

2003年，南山区劳动局在区委、区政府的正确领导和市劳动局的指导下，坚持依法行政，不断完善劳动力市场工作机制，加大劳动关系调整力度，战胜“非典”，使全区劳动工作取得新的成绩。被市委、市政府授予“依法治市先进单位”“文明示范窗口单位”称号；被市劳协委评为“劳动关系协调工作先进单位”和“劳动合同管理工作先进单位”；同时还被南山区委、区政府授予计划生育达标先进单位、党风廉政教育先进单位、保密工作先进单位等光荣称号。

依法行政，党风廉政建设取得新成果。全面推进依法行政工作，落实“一岗双责”制，加强机关作风建设，行风评议获得南山区行风评议团及群众的一致好评。

应对形势，劳动关系调整推出新举措。出台了《劳动关系协调试行办法》《南山区劳动局处理群体性突发劳资纠纷工作预案》《南山区欠薪应急专项资金管理制度》，大大提高了对劳资纠纷的应急处置能力，对辖区内用人单位的监控和处理效率明显加强。

在全市率先开展了民营企业工资集体协商协议签订活动，所有签订工资集体协商协议的企业，无一宗劳资纠纷，维护了劳资双方的合法权益，和谐了劳动关系，从源头上杜绝了劳动纠纷的发生。

狠抓服务，“窗口”建设上台阶。建成南山区蛇口劳动综合服务大厅，将劳动业务窗口搬进了工业区，提供“一条龙”服务；改善原有服务大厅软、硬件，劳动窗口业务服务上了新台阶。

重心下移，劳动保障进社区。在全区8个街道办事处建立了劳动保障所，在80个社区居委会建立了劳动保障业务窗口，三级就业服务和社会保障体系基本建立起来，使全区就业服务工作更贴近居民。

深圳市南山区劳动局领导班子成员：局长张伟建（左三）、副局长吴克宁（左二）、副局长李建新（左五）、副局长林红（右一）、调研员房志国（左一）、调研员邓家雄（左四）

失业员工感谢劳动局领导对他们的关心

深圳市南山区劳动局坚持以优质高效的服务水平为企业和员工服务，图为劳动服务大厅一角

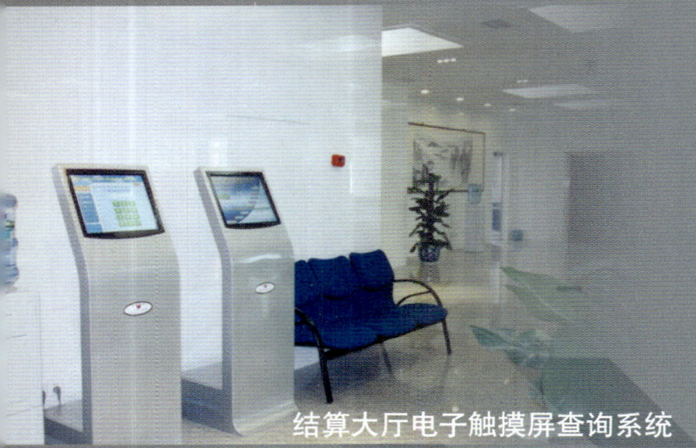

结算大厅电子触摸屏查询系统

结算大厅一侧

结算大厅剪影

江苏省社会保险基金管理中心

成立于1989年的江苏省社会劳动保险事业处，于2000年更名为江苏省社会保险基金管理中心，现有干部职工49人。主要负责全省77个市、县（市、区）企业养老保险经办机构的业务指导，并直接经办原行业统筹单位和部分部省属企业44万职工和13万多名离退休人员的基本养老保险业务。

近年来，在省劳动保障厅的正确领导下，中心领导班子坚持以“三个代表”重要思想为指导，认真贯彻党中央、国务院和省委、省政府的决策和部署，解放思想，与时俱进，不断加强制度建设、机制创新，加大工作推进力度，先后采取了一系列行之有效的措施，全省企业养老保险工作不断取得新的进展。尤其是2003年，全省企业养老保险工作呈现诸多“亮点”。省级安排资金8.82亿元，补助34个困难市、县，确保了全省企业离退休人员养老金按时足额社会化发放；扩面工作取得自1992年以来的最好成绩，参保人数达779.15万人，总量和增量均位居全国前列；基金大幅增收，自1997年以来首次实现略有盈余；超额完成清欠任务，实现清欠大于新欠；企业退休人员社会化管理服务工作迎难而上，超额完成劳动保障部下达的目标任务。

党的十六届三中全会提出，“坚持以人为本，树立全面、协调、可持续的发展观，促进经济社会和人的全面发展”。面对新的形势和任务，中心领导班子紧紧围绕江苏“两个率先”的奋斗目标，坚持以人为本，树立和落实科学发展观，确立正确的政绩观，进一步增强紧迫感、责任感和使命感，加快建立覆盖面更加宽广、功能更加完备的养老保险体系，为江苏经济社会全面协调稳定发展提供“稳定器”和“安全网”。

长春市社会保险公司

长春市社会保险公司领导班子，自左向右：
杨丽华、刚占朋、张发文、张美源、朱凤海

吉林省副省长李斌（左一）、长春市副市长张安顺（中）参加社会保险宣传日活动，右为长春市社会保险公司总经理张发文

劳动保障部副部长刘永富（右一）、吉林省副省长李斌（中）到长春市社会保险公司视察工作

宽敞、繁忙的业务大厅

长春市社会保险公司自1993年成立以来，始终秉承“为政府分忧，为企业解难，为职工服务”的宗旨，不断创新思路，健全完善各项社会保险制度，多项工作取得全国领先成绩，多次得到国家、省、市表彰，为国有企业改革、东北老工业基地的振兴创造了良好的环境。

一、基金征缴增长率、基金积累增长率连创新高。1998—2003年间，基金征缴平均每年增幅达28.5%，基金积累平均增幅达33.2%，均位居全国前列。

二、首创一个体系、两个中心。2000年长春市社会保险局率先在全国建立独立征缴体系，成立社会保险关系管理中心和社会保险基金资产管理中心。截至2003年年底，通过社会保险独立征缴体系的执法监察，共收缴基金5.15亿元，扩面3.7万人；个人缴费参保续保人员突破8万人，累计征缴基金4亿元；社会保险基金资产管理中心首创资产抵押办法清收企业欠费，抵押资产总额达2亿元，变现归还基金0.4亿元。

三、多项基础工作获劳动保障部首肯。2000年，长春市被确定为养老金社会化发放重点联系城市。同年，省级统筹社会化发放率达100%，受到劳动保障部的通报表扬；同年，长春市被确定为“五险合一”核心平台计算机系统开发四个试点城市之一，开发的“五险合一”计算机信息系统在全国首家通过验收。2003年年底社会化管理率为96.9%，位居全国前八名。

四、制度创新走在全国前列。长春市社会保险公司率先在全国社保系统建立企业缴费基数承诺制度和公示制度，规范企业参保行为；首创结构式目标责任体系，实行“处（科）级干部竞争上岗、职工双向选择”，建立了上岗、待岗、下岗动态管理机制，激活人力资源潜力，2003年人均征缴基金达1000万元。

几年来，长春市社会保险公司的工作得到了劳动保障部、省社会保险公司和长春市政府的肯定，多次被授予先进基层党组织、先进工作单位等荣誉称号。2000年和2003年分别受到市政府的通报表彰；2002年，在长春市第31届劳模评选活动中被评为模范集体。因工作业绩突出，张发文总经理2002年荣立全国劳动保障系统个人一等功，后荣获全国五一劳动奖章。

北京团兴劳动和社会保险服务有限公司

北京团兴劳动和社会保险服务有限公司是原北京市劳动保障局所属的本市大型劳务派遣企业。1997年以来，面对下岗职工再就业和大量流动人口就业而用人单位又不愿承担过多管理职责的状况，公司大胆尝试将劳动关系主体与用人主体相分离的劳务派遣方式来解决供求双方的困难，受到双方的欢迎与认可。到1998年年底，即吸纳800余名下岗职工、2000余名各类流动人员实现了就业与再就业。目前，团兴公司派遣员工已达13000多人，广泛分布于北京市通信、IT、市政、住宅、建材、旅游饭店、商业服务、建筑、油田、制冷、图书、政府机关等19个行业，350余家单位。与此同时，还实现了跨地域派遣，与全国10余个省市及地区建立了劳务输出入关系。派遣员工的素质、类型也从原来的一般员工扩展到拥有大学本科、研究生学历的专业技术人员与管理人员。

团兴公司在多年的探索与实践中体会到，做好劳务派遣工作，必须着重抓好以下几项工作：

第一，建立广泛的联系沟通渠道，准确了解和掌握派遣需求信息。

第二，建立和形成劳动力资源来源渠道，使之招之能来，挥之能去。

第三，实行规范化操作和管理，维护供求双方的合法权益。

第四，努力培养和形成一支优秀的管理团队。

第五，不断拓展服务领域，实行全方位社会化服务。

随着社会经济的发展，灵活就业方式的日益普遍和趋于多样化，劳务派遣必将在促进就业方面发挥更大、更积极的作用。

与广大用人单位保持经常性的沟通交流是促进劳务派遣业务不断发展的基础。图为公司领导与企业座谈的情景。

努力提高派遣员工素质是促进劳务派遣业务不断扩大的重要保证。图为公司与客户企业共同组织派遣员工培训的情景。

以人为本，强化团队意识，激励上进是员工管理的基本理念。图为公司与客户单位对派遣员工进行表彰的情景。

维护派遣员工的合法权益是调动其积极性的重要手段。图为派遣员工在良好的工作环境中工作。

贵州省劳动保障厅对劳动保障工作早安排、早布置。元旦刚过就召开全省工作会议，研究部署全年劳动保障工作。

贵州省劳动和社会保障厅

共中央政治局常委、国务院副总理黄菊（前排中）在贵州省委书记钱运录（前排右一）的陪同下考察贵阳市劳动力市场。

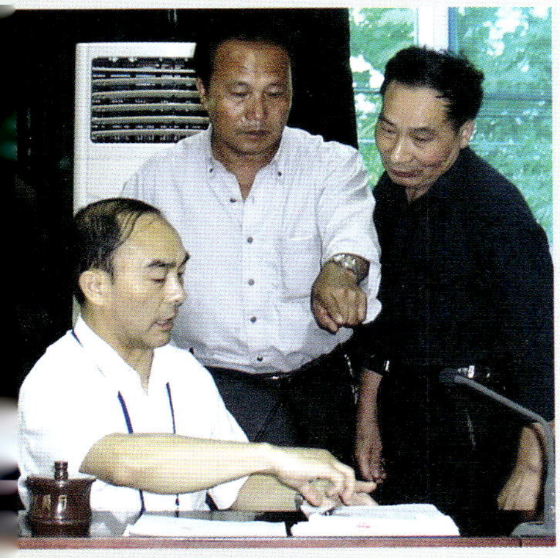

省厅和安顺市劳动保障监察部门在查处某企业拖欠民工的工资问题。

2003年，贵州省劳动保障系统深入学习贯彻党的十六大精神，以“三个代表”重要思想为指导，认真贯彻全国再就业工作会议和再就业工作座谈会精神，全省劳动保障事业全面发展。

就业和再就业工作目标全面完成，“两个确保”继续得到巩固。实现新增就业17.81万人，其中促进下岗失业人员再就业8.64万人（包括持证下岗失业人员7.5万人，“4050”人员1.64万人），其他失业人员就业完成12.3万人，城镇登记失业率控制在4%左右。

养老保险制度改革继续深化，扩面征缴取得显著成绩；城镇职工基本医疗保险制度改革稳步推进；做好工伤保险实施的准备工作，完成了《贵州省实施〈工伤保险条例〉办法（代拟稿）》的起草工作；失业保险制度逐步健全。截至2003年年底，全省养老保险参保职工人数达到120万人，医疗保险参保人数达到134.12万人，工伤保险参保职工为1.26万人，失业保险参保人数为128万人。离休干部医疗费保障机制全面实施。

劳动保障监察制度基本建立，劳动保障执法监察进一步强化。劳动关系调整制度基本建立，劳动关系基本稳定。企业工资分配制度改革积极推进，职工工资水平稳步提高。

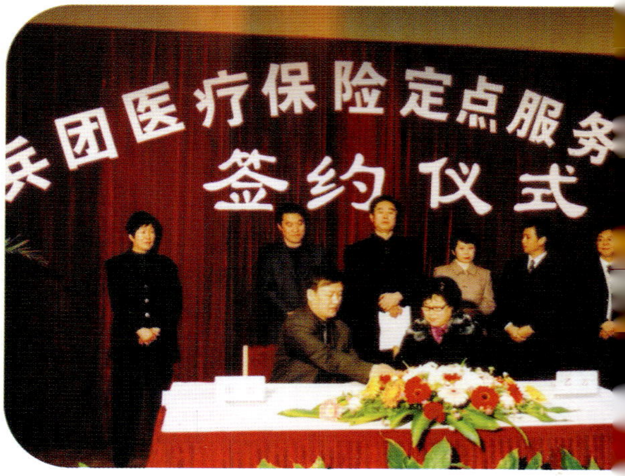

新疆生产建设兵团
劳动和社会保障局

兵团政委陈德敏、兵团党委常委马荣在兵团劳动保障局进行调研。

兵团司令员张庆黎（右一）在兵团劳动保障局进行调研。

兵团劳动保障局领导班子是一个开拓创新、求真务实、团结奋进的领导集体。

兵团劳动保障局局长刘正杰深入兵团职工家中，走访慰问就业困难的下岗失业人员。

兵团劳动保障局分别与乌鲁木齐市各家定点医疗机构、定点药店签订协议。